Louise LaJaine

L'ÉTAT DU MONDE

Édition 1987-1988

Annuaire économique et géopolitique mondial

sous la direction de François Géze, Yves Lacoste, Annie Lennkh, Thierry Paquot et Alfredo G.A. Valladão.

LA DÉCOUVERTE/ BORÉAL

Paris/Montréal

Conception et direction: François Gèze, Yves Lacoste, Annie Lennkh, Thierry Paquot, Alfredo G.A. Valladão.

Coordination: Annie Lennkh.

Réalisation: Serge Cordellier, Annie Lennkh.

Collaboratrices, collaborateurs:

Jean-Pierre Angelier, Pierre Abramovici, Paul Balta, Jean-Claude Barbier, Marie-Chantal Barre, Françoise Barthélémy, Martine Barthélémy, Jean-Philippe Béja, Maurice Bertrand, Geneviève Bibes, Marcel Blanc, Mohamed Larbi Bouguerra, André Bourgey, Jean-Claude Boyer, Paul Brennan, Anton Brender, Corinne Bret, Claire Brisset, Alain Brossat, Michel Cahen, Michel Caillat, David Camroux, Monique Chemillier-Gendreau, Jean Chesneaux, Bertrand Chung, Charles Condamines, Yvan Conoir, François Constantin, Serge Cordellier, Nathalie Coste-Cerdan, Dominique Darbon, Martial Dassé, André Daussy, Hélène Delorme, Bernard Diallo, Jean-Jacques Dufaure, Michel Durand, Alain Echegut, Carlos Gabetta, José Garçon, Véronique Garros, Alain Gascon, François Gaulme, Laurent Gbagbo, Nicole Grimaud, Bernard Guillou, Yves Hardy, François-Xavier Harispe, Pierre Haski, Christiane Hurtig, Amnon Kapeliouk, Anne Kraft, Elizabeth Kremp, Guy Labertit, Alain Labrousse, Daniel Latouche, Alain Le Diberder, Antoine Lefébure, Jacques Leruez, Rémy Leveau, Philippe L'Hoiry, Jean-Pierre Liégeois, Alain Lipietz, Manuel Lucbert, Jean-François Médard, Ezzedine Mestiri, Éric Meyer, Patrick Michel, Frédéric Mounier, Valérie Niquet-Cabestan, François Nivolon, Sven Ortoli, Thierry Paquot, Pierre-Yves Péchoux, Jean-Louis Peyroux, Cédric Philibert, Hughes Portelli, Michel de Pracontal, François Raillon, Jean-Pierre Raison, Dominique Redor, Alain Ricard, Anne-Marie Romero, Luc Rosenzweig, Olivier Roy, Jean-François Sabouret, Ignacy Sachs, Regula Schmid, Thomas Schreiber, Sidbe Semporé, Rudolf Slánský Jr, Daniel Solano, François Soudan, François Taillandier, Christian Thibon, Anne de Tinguy, Patrick Tissier, Marie-France Toinet, Pierre Tournier, Alfredo G.A. Valladão, Olivier Vallée, Semih Vaner, Francisco Vergara, Roger de Weck, Michel Wieviorka, Cérès Wissa Wassef, Catherine Wihtol de Wenden, Max-Jean Zins.

Cartographie: Claude Dubut, Anne Le Fur (Association française pour le développement de l'expression cartographique, AFDEC).

Bibliographie: Suzanne Humberset (la plupart des ouvrages et revues cités peuvent être consultés au Centre de documentation internationale sur le développement et la libération des peuples, CEDIDELP, 14 rue de Nanteuil, 75015 Paris, tél. 45-31-43-38).

Statistiques: Francisco Vergara.

Traduction: Anne Valier (espagnol).

Dessins: Plantu (dessins parus dans Le Monde, Le Monde diplomatique, Le Monde de l'éducation, Croissance des jeunes nations, Phosphore, Témoignage chrétien).

Fabrication: Monique Mory.

Pour toute information sur la projection Dymaxion figurant en couverture de ce livre, contacter le Buckminster Fuller Institute, 1743 S. La Cienega Bvd., Los Angeles, Californie, 90035 États-Unis [tél. (213) 837-77-10].

© Buckminster Fuller Institute pour la carte de couverture.

© Éditions La Découverte, Paris, 1987.
ISBN 2-7071-1699-8

© Éditions du Boréal Express, Montréal
Dépôt légal: 4e trimestre 1987
Bibliothèque nationale du Québec
ISBN 2-89052-206-7

Table des matières

Avant-propos

*A*nnuaire géopolitique et économique mondial, L'état du monde
est salué régulièrement, depuis sa première édition en 1981,
comme un remarquable instrument de travail pour qui veut
comprendre et suivre les réalités de son temps.

La parution de L'état du monde coïncide avec la rentrée scolaire
et universitaire. Son contenu, entièrement renouvelé, fait le point sur
l'actualité de l'année 1986 et sur les premiers mois de 1987. Les
informations sont donc les plus récentes possibles.

Comme dans les éditions précédentes, les différents articles font
le bilan de l'année écoulée pour cent quatre-vingt-quinze États ou
territoires de la planète. Les événements les plus significatifs dans
les domaines politique, économique, diplomatique, social et culturel y sont reliés aux grandes tendances qui structurent en profondeur les relations internationales.

Outre l'actualité de l'année pays par pays, une série d'articles
thématiques proposent une réflexion sur quelques-uns des grands
problèmes stratégiques qui se posent à l'échelle mondiale ; d'autres
font le point sur des questions, des événements et des tendances qui
méritent une attention particulière.

Le dossier de cette année, intitulé « Les médias dans le monde »,
s'efforce de rendre compte des mutations profondes qui s'opèrent
dans la presse, l'édition et l'audiovisuel et dont les enjeux, loin
d'être purement économiques, sont devenus une dimension importante de la géopolitique mondiale.

Sources de références sur l'actualité des années quatre-vingt, la
série L'état du monde contribue aussi à écrire l'histoire du temps
présent. Faire le bilan d'une année exige une sensibilité à la fois à
l'actualité et à l'histoire ; la rigueur de l'analyse n'exclut pas
l'esprit de synthèse. Fondé sur une approche résolument pluridis-
ciplinaire, L'état du monde s'assure chaque année la collaboration
de plus d'une centaine de spécialistes aux compétences professionnelles à la fois variées et complémentaires.

Dans le souci d'améliorer la qualité de cet annuaire, nous restons
attentifs aux suggestions de nos lecteurs.

François Gèze
Yves Lacoste
Annie Lennkh
Thierry Paquot
Alfredo G.A. Valladão

Présentation

L'ÉTAT DU MONDE 1987 comporte sept grandes parties :

1. QUESTIONS STRATÉGIQUES

Huit articles de fond traitent des principaux problèmes stratégiques qui ont agi en profondeur sur le déroulement des événements dans le monde : nouveaux développements dans les négociations Est-Ouest sur le contrôle des armements, montée des tensions dans le commerce mondial et en particulier celui des produits agricoles, effets du contre-choc pétrolier sur les politiques énergétiques, évolution des positions de la communauté internationale face au régime de l'apartheid et aux conflits d'Afrique australe ; mais aussi, prise de conscience – notamment dans le monde occidental – des défis que représentent, pour l'idéal démocratique, la présence de fortes communautés d'immigrés et la menace du terrorisme comme moyen d'action politique à l'échelle internationale.

2. LE JOURNAL DE L'ANNÉE

La chronologie des principaux événements mondiaux, de juin 1986 à mai 1987, est complétée par un récapitulatif des changements et reconductions de chefs d'État de juin 1986 à mai 1987.

3. ÉTATS ET ENSEMBLES GÉOPOLITIQUES

Cent soixante-dix États souverains et vingt-cinq territoires non indépendants (colonies, pays associés à un État, etc.) sont passés en revue.

a) *Les trente-quatre États* ont été choisis et classés par ordre d'importance « géopolitique » mettant en relation superficie, nombre d'habitants et produit national brut par habitant. Pour chaque État, on trouvera une analyse des principaux développements politiques, économiques et sociaux de l'année écoulée. Chaque texte est accompagné de tableaux statistiques et d'une bibliographie sélective des titres les plus récents. Cette année, cinq États traités antérieurement dans cette section (Birmanie, Norvège, Pérou, Tanzanie, Tunisie) sont présentés dans la section « Les trente-trois ensembles géopolitiques », afin de présenter plus en détail cinq nouveaux États : la Colombie, le Mozambique, le Portugal, le Vietnam et la Yougoslavie. Cette permutation se poursuivra dans les prochaines éditions, de façon à pouvoir aborder plus en détail l'actualité de « petits États ».

b) *Les trente-trois ensembles géopolitiques.* Cette section rappelle les développements politiques et économiques de l'année dans chacun des États qui composent les ensembles géopolitiques, constitués en fonction de caractéristiques communes (géographiques, culturelles, géopolitiques). La présentation de chaque ensemble est accompagnée de tableaux statistiques et d'une carte démographique.

La rubrique « Peuples sans État » (peuples fixés sur leur propre territoire, au sein d'un ou plusieurs États, ou dispersés dans le monde) est consacrée à la situation des Basques, des Tibétains et des Tsiganes.

4. L'ÉVÉNEMENT

Trente-neuf articles sont classés dans les rubriques suivantes : le monde en guerre, organisations internationales, controverses, sport et cultures, mouvements sociaux, questions économiques, santé, sciences et techniques, portraits. Articles courts, qui font le point sur une question d'actualité, en ouvrant des pistes vers une recherche indépendante.

5. TENDANCES

Sept articles de fond permettent d'appréhender le travail imperceptible de la « longue durée » et de suivre les lentes évolutions qui ne font que rarement la une des médias.

6. DOSSIER

Cette rubrique est consacrée cette année aux médias dans le monde.

Onze articles analysent les aspects techniques, économiques et géopolitiques des transformations observées dans la presse écrite, l'édition et l'audiovisuel.

7. STATISTIQUES MONDIALES

Cette partie complète de façon synthétique l'information apportée dans l'annuaire. Outre un tableau de bord de l'économie mondiale en 1986, on y trouvera des données sur les principales productions agricoles, minières, métallurgiques, industriel les et énergétiques..

Les ensembles géopolitiques

Dans cet annuaire, on a choisi de regrouper en trente-trois « ensembles géopolitiques » les cent quatre-vingt-quinze États et territoires non indépendants qui se partagent la surface du globe, à l'exception des sept très grands États (URSS, États-Unis, Chine, Inde, Brésil, Indonésie, Canada), dont on peut considérer qu'ils forment chacun un ensemble géopolitique. Qu'entend-on par « ensemble géopolitique » et quels ont été les critères de regroupement retenus?

Contrairement à ce qui se passait encore au lendemain de la Seconde Guerre mondiale, plus aucun État ne vit aujourd'hui replié sur lui-même. Les relations entre États s'intensifient, mais elles deviennent aussi de plus en plus complexes. Aussi est-il utile de les envisager à différents niveaux d'analyse spatiale :

– D'une part, *au niveau planétaire*. Il s'agit des relations de chaque État (ou de chaque groupe d'États) avec les grandes puissances : les États d'Europe occidentale, le Japon et surtout les deux superpuissances,

les États-Unis et l'Union soviétique. L'une et l'autre ont en effet des rapports plus ou moins « bons » et importants avec les autres États, chacune d'elles ayant sa « zone d'influence » dominante (l'Amérique latine et l'Europe occidentale pour les États-Unis, l'Europe orientale et l'Indochine pour l'Union soviétique).

– D'autre part, dans le cadre de chaque *ensemble géopolitique*. Définir un ensemble géopolitique est une façon de voir les choses, de regrouper un certain nombre d'États en fonction de caractéristiques communes. On peut évidemment opérer différents types de regroupement (par exemple : les États communistes, les États musulmans, etc.). On a choisi ici de regrouper des territoires d'États voisins les uns des autres dans des ensembles ayant environ trois à quatre mille kilomètres pour leur plus grande dimension (certains sont plus petits et quelques-uns plus grands).

Considérer qu'un certain nombre d'États font partie d'un même ensemble géopolitique ne veut pas

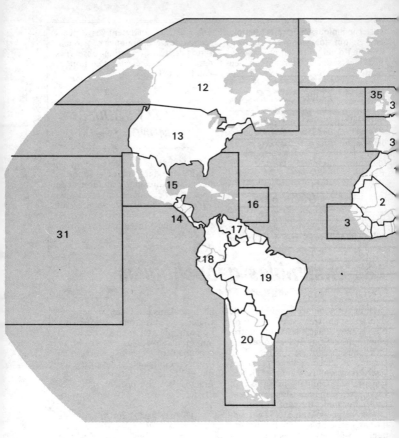

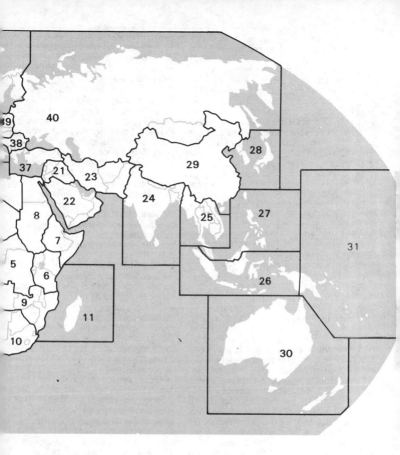

dire que leurs relations soient bonnes, ni qu'ils soient politiquement ou économiquement solidaires les uns des autres (certains d'entre eux peuvent même être en conflit plus ou moins ouvert, comme l'Éthiopie et la Somalie dans l'ensemble dénommé « Afrique du Nord-Est »). Cela signifie seulement qu'ils ont entre eux des relations (bonnes ou mauvaises) relativement importantes, du fait même de leur proximité. Cela implique aussi que ces États ont des caractéristiques communes jugées relativement importantes et des problèmes assez comparables : même type de difficultés naturelles à affronter, ressemblances culturelles, etc. Chaque État a évidemment, au sein d'un même ensemble, ses caractéristiques propres. Mais c'est en les comparant avec celles des États voisins qu'on saisit le mieux ces particularités et que l'on comprend les rapports mutuels.

Ce découpage en trente-trois ensembles géopolitiques constitue – soulignons-le – une façon de voir le monde. Elle n'est ni exclusive ni éternelle. Chacun des ensembles géopolitiques proposés dans cet ouvrage peut être aussi englobé dans un ensemble plus vaste : on peut, par exemple, regrouper dans un grand ensemble que l'on dénommera « Méditerranée américaine », les États d'Amérique centrale et des Antilles et ceux de la partie septentrionale de l'Amérique du Sud. Mais on peut aussi subdiviser certains ensembles géopolitiques, si l'on considère que les États qui les composent forment des groupes de plus en plus différents ou antagonistes : au sein de

l'ensemble dénommé « Indochine », le contraste est par exemple de plus en plus marqué entre les États communistes (Vietnam, Laos, Cambodge) et les autres.

On ne peut aujourd'hui comprendre un monde de plus en plus complexe si l'on croit qu'il n'y a qu'une seule façon de le représenter ou si l'on se fie seulement à une représentation la plus complète, parce que la plus globalisante. Les grandes « visions » qui soulignent l'opposition entre le *Centre* et la *Périphérie*, le *Nord* et le *Sud*, l'*Est* et l'*Ouest*, le *socialisme* et le *capitalisme* sont certes utiles. Mais elles apparaissent de plus en plus insuffisantes, parce que beaucoup trop schématiques. Il faut combiner les diverses représentations du monde, les croiser les unes avec les autres.

Pour définir chacun des trente-trois ensembles géopolitiques passés en revue, nous avons pris en compte les intersections de divers ensembles de relief comme les grandes zones climatiques, les principales configurations ethniques ou religieuses et les grandes formes d'organisation économique, car tous ces éléments peuvent avoir une grande importance politique et militaire.

On trouvera dans les éditions 1981 à 1983 de *L'état du monde* la description des caractéristiques géographiques, ethniques et culturelles de chacun des ensembles géopolitiques. Ces descriptions n'ont pas été répétées dans cette édition afin de réserver plus de place au rappel de l'actualité.

Yves Lacoste

Les cartes démographiques

Les cartes présentées pour chacun des pays et des ensembles géopolitiques permettent de visualiser la répartition de la population dans le monde.

Le procédé de représentation choisi est celui du semis de points égaux, répartis proportionnellement à la population totale. La répartition est faite à l'intérieur de zones de comptage plus ou moins fines, suivant l'état plus ou moins détaillé des recensements de population. Sur ces bases, les points sont mis en place en tenant compte de la géographie locale (vallées peuplées, plateaux désertiques...).

Suivant l'échelle des cartes de cet ouvrage et les quantités de population, la signification d'un point varie de 100 000 à 500 000 habitants (et même un million exceptionnellement). En règle générale, les cartes sont construites sur la base de 1 point pour 100 000 habitants; pour les pays très peuplés, comme l'Inde et la Chine, 1 point représente 500 000 habitants.

Si cette représentation par points est la manière la plus fidèle et la plus efficace de représenter la répartition de la population, elle a toutefois une limite qui concerne la population urbaine : les points sont souvent jointifs et dessinent une « nébuleuse », efficace au seul niveau de la perception des densités. Il est alors indispensable de présenter les agglomérations urbaines par des cercles proportionnels à leur quantité de population (précisée en outre par un chiffre accolé au cercle). Le seuil inférieur est choisi suivant l'importance relative de la fonction urbaine dans les pays ou ensembles régionaux présentés.

Ainsi, la formule adoptée dans ces cartes permet une visualisation à deux niveaux : l'appréhension globale de la distribution géographique des habitants d'un pays et des densités de population, et la lecture analytique des quantités.

Claude Dubut, Anne Le Fur

Attention, statistiques

Comme pour les éditions précédentes, un important travail de compilation de données recueillies auprès des services statistiques des différents pays et d'organismes internationaux a été réalisé afin de présenter aux lecteurs, dès septembre 1987, le plus grand nombre possible de résultats concernant l'année 1986.

Les informations portent sur la démographie, la culture, la santé, les forces armées, le commerce extérieur et les grands indicateurs économiques. Pour les 34 « grands États », les données de 1965, 1975 et 1986 sont fournies afin de permettre la comparaison dans le temps et de dégager certaines tendances. Dans la section « Les 33 ensembles géopolitiques », les résultats de 1986 sont consignés pour les 170 États souverains de la planète et pour 16 territoires non indépendants.

Les décalages que l'on peut observer, pour certains pays, entre les chiffres présentés dans les articles et ceux qui figurent dans les tableaux (ceux-ci font l'objet d'une compilation séparée) tiennent, entre autres, à la variété des indicateurs utilisés, à la diversité des sources et au fait que les tableaux privilégient les données « officielles ».

Il convient de rappeler que *les statistiques, si elles sont le seul moyen de dépasser les impressions intuitives, ne reflètent la réalité économique et sociale que de manière très approximative.* D'abord parce qu'il est rare que l'on puisse mesurer directement un concept économique ou social : l'indice du chômage, par exemple, mesure certainement un phénomène lié au chômage, mais pas le chômage lui-même. Ensuite, l'erreur de mesure est plus importante dans les sciences sociales que dans les sciences exactes. L'imprécision due à des facteurs techniques peut être encore aggravée par la simple malhonnêteté de ceux qui peuvent tirer profit de chiffres « enjolivés ». Il faut savoir aussi que la définition des concepts et les méthodes pour mesurer la réalité qu'ils recouvrent sont différentes d'un pays à l'autre, malgré les efforts d'homogénéisation accomplis depuis vingt ans. Enfin, les méthodologies évoluant au sein d'un même pays, les chiffres ne sont pas toujours comparables dans le temps.

On trouvera au début de la section « Statistiques mondiales » les définitions qui aideront à mieux interpréter les données présentées.

Francisco Vergara

Symboles et abréviations utilisés dans les tableaux statistiques

Afr	Afrique	**Liby**	Libye
A L	Amérique latine	**Mad**	Madagascar
Ang	Angola	**Mal**	Malaisie
A & N Z	Australie, Nouvelle-Zélande	**M-O**	Moyen-Orient
A P S	Autres pays socialistes	**Mau**	Île Maurice
Arg	Argentine	**Nig**	Nigéria
Ar S	Arabie saoudite	**Nor**	Norvège
Asi	Asie	**N-Z**	Nouvelle-Zélande
Aus	Australie	**Oug**	Ouganda
Bah	Bahreïn	**Pak**	Pakistan
Bar	Barbades	**P-B**	Pays-Bas
Bel	Belgique	**PCD**	Pays capitalistes développés
Bré	Brésil	**PIB**	Produit intérieur brut
CAEM	Conseil d'assistance économique mutuelle	**PMN**	Produit matériel net
		PNB	Produit national brut
Cam	Cameroun	**Por**	Portugal
Can	Canada	**PS**	Pays socialistes
CdI	Côte d'Ivoire	**PVD**	Pays en voie de développement
CEE	Communauté économique européenne	**Réu**	Réunion
Chi	Chine populaire	**RD**	République dominicaine
Com	Comores	**RSA**	Rép. sud-africaine
Dnk	Danemark	**R-U**	Royaume-Uni
Égy	Égypte	**Sén**	Sénégal
Esp	Espagne	**Sin**	Singapour
E-U	États-Unis	**S L**	Sri Lanka
Eur	Europe occidentale	**Som**	Somalie
Fin	Finlande	**Suè**	Suède
Fra	France	**Sui**	Suisse
h.	hommes	**Syr**	Syrie
hab.	habitants	**Tan**	Tanzanie
H K	Hong-Kong	**TEC**	Tonne d'équivalent charbon
Ide	Inde	**Tha**	Thaïlande
Ind	Indonésie	**Tri**	Trinidad et Tobago
Ira	Iran	**Tur**	Turquie
Irk	Irak	**URS**	Union soviétique
Isr	Israël	**Ven**	Vénézuela
Ita	Italie	**YN**	Yémen du Nord
Jap	Japon	**You**	Yougoslavie
Ken	Kénya	**YS**	Yémen du Sud
Kow	Koweït	**Zai**	Zaïre
(L)	Licences		

Notations statistiques : .. non disponible ; – négligeable.

QUESTIONS STRATÉGIQUES

Est-Ouest.
Surenchères au désarmement

Deux mots choc symbolisent et expliquent le tournant inopiné pris dans les relations entre les États-Unis et l'URSS à partir de l'automne 1986 : la *perestroïka* (qui peut aussi se traduire par reconstruction) et l'« Irangate ». Le régime soviétique, sous l'impulsion de Mikhaïl Gorbatchev, est engagé dans la tentative de modernisation la plus hardie depuis la mort de Staline. Le nouveau secrétaire général du parti communiste (PCUS) mène campagne, personnellement, pour des réformes en profondeur dans les appareils de gestion économique et politique du pays. Il ne s'agit évidemment pas de mettre en cause le « socialisme », mais au contraire d'en assurer le fonctionnement efficace et d'en finir avec la gabegie héritée des années Brejnev.

L'équilibre
de la faiblesse

Cette véritable offensive contre les blocages et les viscosités du système soviétique – quoi que l'on puisse penser de ses possibilités de succès – menace directement bon nombre d'intérêts acquis au sein du Parti et de l'appareil de production. En quelques mois, Mikhaïl Gorbatchev s'est fait beaucoup d'ennemis, et la résistance à la *perestroïka* s'organise et se durcit.

Mais si le numéro un soviétique semble bien en place, son pouvoir n'est pas entièrement assuré. Il ne peut mener de front un tel combat à l'intérieur du régime et une politique de confrontation internationale. La « reconstruction » exige une longue période de détente et de coopération avec l'Occident. D'où les propositions de désarmement en rafales

présentées par le Kremlin depuis le grand discours de Mikhaïl Gorbatchev, le 15 janvier 1986, exposant son plan de démantèlement de toutes les armes nucléaires du globe avant l'an 2 000. D'où également, les « ouvertures » en direction de l'Europe de l'Ouest, de la Chine ou du Japon, l'intention déclarée de se désengager du conflit afghan et de jouer les puissances « raisonnables » au Moyen-Orient et dans le Golfe arabo-persique. Pour consolider son pouvoir, le secrétaire général du PCUS a besoin de calme à l'extérieur, en particulier d'une relation stable, prévisible et si possible amicale avec le principal adversaire : les États-Unis.

A Washington, le scandale de l'« Irangate » est venu couronner l'échec et la perte d'autorité de l'administration Reagan. A la moitié de son deuxième mandat, le président américain n'est plus qu'un « canard boiteux », étroitement contrôlé par le Sénat et la Chambre des représentants. Le reaganisme a raté son test le plus important : l'économie. Six ans de « reaganomie » ont creusé le déficit de l'État à des niveaux jamais atteints, tandis que l'industrie américaine a de plus en plus de mal à faire face à la concurrence japonaise ou allemande. Avec une balance des paiements dans le rouge, les États-Unis vivent clairement au-dessus de leurs moyens et les spectres de l'inflation et du protectionnisme refont surface.

La tragi-comique équipée des conseillers de la Maison Blanche jonglant avec fonds et armes entre Téhéran, les banques suisses et les coffres de la *Contra* nicaraguayenne, n'a fait que rendre publique la confusion et l'ineptie régnant au plus haut niveau de l'État. Depuis l'ouverture de l'enquête parlementaire sur l' « Irangate » (novembre 1986) et la nomination de Howard Baker au secrétariat général de la Présidence (février 1987), Ronald Reagan a été placé sous tutelle et les États-Unis vivent une sorte de période de transition jusqu'à l'échéance électorale de 1988.

Les leaders des partis républicain et démocrate tentent, en attendant, d'empêcher à la fois un dérapage catastrophique du déficit budgétaire et de nouvelles aventures en politique étrangère. D'où une plus grande volonté de dialogue et d'accommodement avec l'URSS – ne fût-ce que pour contrôler la croissance de l'énorme budget militaire américain. Ronald Reagan pour sa part, s'il veut encore sauver l'image de sa présidence, a tout intérêt à un grand succès diplomatique. Quoi de mieux qu'un grand accord de désarmement signé avec Mikhaïl Gorbatchev ?

Le Soviétique est à l'aube de sa puissance, l'Américain au crépuscule de la sienne. Tous deux ont en commun le fait que leur autorité ne peut s'exercer pleinement. Cet éphémère « équilibre de la faiblesse » est propice à une entente. Un court instant, jusqu'à la fin 1987, l'un comme l'autre ont besoin du prestige que confère un traité entre les Grands.

La logique post-nucléaire

Les grandes lignes d'un accord entre la Maison Blanche et le Kremlin ont été tracées lors de l'étonnante rencontre entre les deux hommes, en octobre 1986, à Reykjavik. Engagés dans une sorte de surenchère surréaliste au désarmement, les deux parties en sont venues à mettre sur le tapis la destruction de leur arsenal nucléaire tout entier. Propagande mise à part, Ronald Reagan et Mikhaïl Gorbatchev ont affirmé en commun une nouvelle logique stratégique que l'on pourrait baptiser « post-nucléaire ». Celle-ci n'est pas un refus des armes atomiques, mais

plus simplement, l'idée que la « dissuasion nucléaire » ne sera plus le seul critère déterminant des doctrines de sécurité, ni le seul étalon pour mesurer l'équilibre entre les deux grandes puissances.

Pour bien marquer cette nouvelle conception, les deux parties se sont entendues sur l'élimination, dans un premier temps, de 50 % de leurs armements stratégiques. Le sommet de Reykjavik a néanmoins échoué de justesse sur la question de l'Initiative de défense stratégique (IDS, dite guerre des étoiles) américaine. Une logique « post-nucléaire » peut en effet suivre deux voies : l'une – celle des États-Unis – se propose de rendre les armes atomiques « impuissantes et obsolètes » au moyen d'un système défensif, technologiquement très sophistiqué et en grande partie déployé dans l'espace ; l'autre – défendue par le numéro un soviétique – consiste, plus prosaïquement, à mettre les arsenaux à la ferraille. Tant que la question n'est pas tranchée, il est fort peu probable que les deux Grands consentent à faire des coupes claires dans leurs forces de dissuasion.

Tout n'était cependant pas perdu. Ronald Reagan et Mikhaïl Gorbatchev ont défini dans la capitale islandaise les termes concrets d'un accord sur les missiles nucléaires intermédiaires à longue portée (LRINF – de 1 000 à 5 000 kilomètres), sur la base de la proposition américaine dite « option zéro » : démantèlement de tous les LRINF déployés en Europe, les deux Grands se réservant le droit de garder cent têtes nucléaires chacun, en Asie soviétique et sur le territoire des États-Unis. En insistant pour qu'un traité sur ces « euromissiles » soit signé indépendamment du résultat des négociations sur la guerre des étoiles et les armes stratégiques, le président américain, d'un point de vue non pas militaire mais conceptuel, découplait de fait l'espace européen du « sanctuaire » américain. L'Europe, en un sens, se voyait ainsi, symboliquement, « dégradée » au rang de « théâtre » régional.

Fin du couplage Europe-États-Unis?

Le refus soviétique d'un tel marché empêcha l'annonce d'un accord sur les euromissiles à Reykjavik. La répercussion dans les chancelleries ouest-européennes de cette possibilité d'« option zéro » mélangée à un discours « post-nucléaire » n'en fut pas moins catastrophique pour les relations inter-atlantiques. Depuis la Seconde Guerre mondiale, la sécurité des membres européens de l'Alliance occidentale était fondée – à tort ou à raison – sur la garantie nucléaire américaine, puis sur la « réponse flexible », censée assurer le « couplage » entre l'Europe et les États-Unis au moyen d'armes nucléaires « de théâtre » déployées sur le Vieux Continent. Or voilà que la Maison Blanche, sans se donner la peine de consulter ses alliés, se disait prête à s'engager dans un processus qui pourrait mener à une « dénucléarisation » et donc à l'« abandon » des Européens face à la supériorité soviétique en matière de forces conventionnelles!

En plein désarroi, les gouvernements ouest-européens se rassuraient comme ils le pouvaient en se répétant, soulagés, qu'« heureusement l'IDS a fait capoter le sommet ». Le répit a été de courte durée : le 28 février 1987, Mikhaïl Gorbatchev acceptait l'« option zéro » séparée, et l'Alliance atlantique était au pied du mur.

La perspective d'un traité mettant fin à dix années de polémiques et d'angoisses sur les euromissiles « officialise » d'un coup le vieux débat sur le « couplage » Europe-États-Unis qui traîne depuis la fin des années soixante et la négociation des premiers accords soviéto-américains de limitation des armements stratégiques (SALT). S'il y a parité nucléaire entre les deux Grands, leurs arsenaux atomiques centraux ne sont-ils pas de fait neutralisés? Dans ce cas, le parapluie nucléaire a-t-il encore un sens, et

l'Europe n'est-elle pas livrée à elle-même avec le risque de constituer un champ de bataille potentiel alors que les États-Unis et l'URSS seraient à l'abri, derrière leurs forces de frappe?

Ces questions étaient au centre du fameux discours prononcé à Londres par le chancelier ouest-allemand Helmut Schmidt, en octobre 1977, qui a lancé l'affaire des euromissiles. Interrogations vécues avec plus d'angoisse encore après la non moins fameuse déclaration de Henry Kissinger à Bruxelles, en septembre 1979, soulignant à propos de la « garantie américaine » qu'il ne fallait pas exiger des États-Unis ce qu'ils ne pouvaient pas donner. La décennie des *Pershing* et des *SS-20* n'aura donc été que le long drame de la peur du divorce entre la sécurité des États-Unis et celle de ses alliés.

Lorsque l'OTAN, en décembre 1979, décidait de déployer ses euromissiles face aux *SS-20* soviétiques, tout en entamant des négociations avec Moscou en vue de réduire leur nombre à parité – voire de les éliminer –, elle s'enfermait dans une logique inextricable. D'un point de vue strictement militaire, les *Pershing 2* et les missiles de croisière américains ajoutent effectivement un barreau à l'échelle de l'escalade nucléaire qui va des obus nucléaires aux forces stratégiques. Ils sont donc perçus comme renforçant le couplage avec l'arsenal central américain. En même temps, en affirmant la nécessité d'un équilibre « euro-stratégique », les Occidentaux font de l'Europe un espace spécifique, ce qui, du point de vue des doctrines, revenait implicitement à « découpler » le Vieux Continent.

L'option double zéro

Les responsables européens étaient bien conscients de la difficulté. Aussi n'ont-ils accepté l'option zéro proposée par Ronald Reagan en 1981, que parce qu'elle semblait une manœuvre imparable face à la montée des mouvements de paix et que l'on était persuadé que l'URSS ne l'accepterait jamais. A malin, malin et demi : à partir de mars 1987, confrontée au retournement radical des positions du Kremlin, l'Europe occidentale tente maladroitement un combat d'arrière-garde en soulevant le problème des missiles nucléaires intermédiaires de courte portée (SRINF – de 500 à 1 000 kilomètres) où l'avantage soviétique est écrasant. Elle s'enferre donc davantage dans son propre piège quand Mikhaïl Gorbatchev propose tout simplement d'éliminer ces derniers (l'option « double zéro ») : en voulant éviter la pente savonneuse de la « dénucléarisation », les chancelleries européennes se retrouvent avec un nouveau barreau en moins sur l'échelle de la dissuasion nucléaire. Pressés par les Américains qui y voient une bonne affaire, les gouvernements ouest-européens, la mort dans l'âme et dans la confusion, finissent par s'aligner à la réunion des ministres des Affaires étrangères de l'OTAN, en

juin 1987, à – comble de la dérision – Reykjavik.

La somme de détails techniques à régler pourrait faire capoter un accord soviéto-américain sur les LRINF et les SRINF, mais d'un point de vue doctrinal, le pas est franchi et chacun pense à l'avenir : les négociations sur les armes conventionnelles et chimiques, et sur le nucléaire tactique de très courte portée (moins de 500 kilomètres). D'autant que l'option « double zéro » introduit une nouvelle crainte de « découplage », mais cette fois entre la RFA et l'Europe de l'Ouest. A Bonn, on s'inquiète en effet de voir que les seuls missiles non couverts par cette option sont déployés en RFA ou visent son territoire. D'où la crainte de constituer un espace « à part » (« singularisé »), théâtre potentiel d'une guerre « limitée ».

Le gouvernement du chancelier Kohl insiste donc pour l'ouverture rapide de négociations sur le nucléaire tactique et le conventionnel, alors que ses partenaires refusent de s'engager dans un nouveau processus de « dénucléarisation » de l'Europe et ne sont pas tous très chauds

(la France en particulier) pour aller trop vite en besogne en matière de forces classiques. Cet imbroglio au sein de l'Alliance atlantique n'augure rien de bon pour la solidarité occidentale face à la prévisible offensive de désarmement soviétique sur ces questions. C'est la raison pour laquelle, à Reykjavik, l'OTAN s'est finalement décidée à mettre en chantier un « concept global de désarmement » afin de ne pas avoir à subir continuellement les initiatives de Mikhaïl Gorbatchev.

Quel statut pour l'Allemagne?

L'exercice ne sera pas de tout repos. Élaborer un concept commun de désarmement signifie en effet définir ce que l'on cherche au bout du processus. Peut-on réellement s'accorder sur ce que devrait être une Europe où les blocs antagonistes et la puissance militaire soviétique et américaine ne joueraient plus un rôle déterminant? De fait, si la réflexion sur l'objectif ultime d'une politique de désarmement a du mal à démarrer au sein de l'Alliance occidentale, c'est bien parce qu'elle bute sur le grand problème non résolu hérité de la dernière guerre : le statut de l'Allemagne.

En effet, une véritable dynamique de désarmement déboucherait inévitablement sur une remise en cause de la division du Vieux Continent. Et cette Europe « post-Yalta » rendrait aux deux Allemagne, débarrassées des troupes étrangères sur leur sol, leur pleine souveraineté. Cette perspective, de toute évidence, n'est pas très populaire parmi les responsables politiques européens – à l'Est comme à l'Ouest –, en particulier chez les voisins de l'Allemagne, la France et la Pologne.

En Europe orientale, la dynamique des propositions de désarmement a fait naître l'espoir d'une nouvelle détente et d'une plus grande possibilité d'autonomie vis-

à-vis du grand frère soviétique. L'intelligentsia est-européenne redécouvre l'idée d'une *Mittel-Europa*, espace « autre », situé entre les blocs idéologiques. Si certains à l'Ouest craignent ce qui, à tort, est appelé une « finlandisation », en Europe centrale, en revanche, une telle perspective peut susciter l'enthousiasme. Là aussi cependant, le rêve se heurte à la question allemande : un tel espace autonome peut-il exister sans la RDA sans une Allemagne souveraine? L'interrogation soulève toutes les craintes et tous les non-dits de la relation complexe entre les nations slaves d'Europe centrale et la nation et la culture germaniques.

La RFA et la RDA, quant à elles, ont profité des incertitudes de la « décennie des euromissiles » pour tenter de mettre leurs relations à l'abri des tempêtes entre les deux blocs. A telle enseigne que les rapports inter-allemands ont acquis une dimension inconcevable il y a encore quinze ans et que les deux États ont été jusqu'à reconnaître une « communauté de responsabilité » dans le maintien de la paix en Europe. Des deux côtés de la frontière, on cherche à conquérir une plus grande marge de manœuvre à l'égard des « protecteurs » respectifs et à orienter sa politique davantage en fonction des « intérêts allemands ».

Cette attitude a mis les deux Allemagne en porte-à-faux vis-à-vis de leurs alliances respectives. A l'Est, l'homme fort de la RDA, Erich Honecker, se voit contraint à défendre sa politique face à l'hostilité manifestée par Mikhaïl Gorbatchev. Le Kremlin, pour l'instant du moins, semble estimer que les dirigeants est-allemands se montrent trop indépendants. Et ce n'est pas le moindre des paradoxes de voir le numéro un soviétique tenter de brider l'autonomie et les ouvertures vers la RFA de l'équipe au pouvoir à Berlin-Est, en faisant pression pour que cette dernière adopte sa politique de réformes radicales. Ce qui a pour résultat de susciter, dans les milieux dirigeants est-allemands, des prises de position agacées, si ce n'est « nationalistes » et franchement condescendantes à l'égard de l'URSS.

La R F A, pour sa part, s'est retrouvée bien isolée dans sa revendication de pourparlers sur les armes nucléaires tactiques. Ses principaux alliés, craignant la « dénucléarisation », ne veulent pas en entendre parler. Sans compter que ces mêmes alliés ont accepté l'option « double zéro » – qui inquiétait particulièrement le chancelier Kohl – sans même consulter Bonn. L'irritation des chrétiens-démocrates au pouvoir devant l'« égoïsme national » de leurs partenaires et voisins est telle que certains ne sont pas loin de se sentir « trahis ». Un sentiment qui ne pourra qu'accentuer l'attitude intransigeante de la R F A au sein de la Communauté européenne, et la recherche de solutions plus autonomes pour garantir sa sécurité.

Le grand débat sur le désarmement a donc remis sur le tapis la question de la division de l'Europe et celle du statut de l'Allemagne. Une discussion d'autant plus difficile à éviter que les prochaines étapes de la négociation Est-Ouest porteront nécessairement sur les armements conventionnels et chimiques sur le Vieux Continent. Or, dès que l'on parle de réductions des forces classiques, on touche obligatoirement au problème des équilibres politiques hérités de la Seconde Guerre mondiale. Mais jusqu'où les puissances alliées victorieuses en 1945 peuvent-elles aller dans cette voie ?

Jusqu'à présent (juin 1987), la politique allemande de Mikhaïl Gorbatchev est restée d'une grande orthodoxie : pas question de tolérer des flirts trop poussés entre les deux Allemagne. Le numéro un soviétique a cependant besoin d'une Europe occidentale un peu plus indépendante des États-Unis, aussi bien pour développer avec elle une meilleure coopération économique que pour s'assurer une plus grande marge de manœuvre diplomatique vis-à-vis de Washington. Mais aujourd'hui, cela signifie accepter une

BIBLIOGRAPHIE

GHEBALI V. Y., « Le succès de la première phase de la Conférence de Stockholm sur le désarmement en Europe » *Défense nationale*, janvier 1987.

JOXE A., METGE P., SANTOS A., « Eurostratégie américaine », *Cahiers d'études sociologiques*, n° 12, GSD-EHESS, Paris, 1987.

« Memento défense-désarmement 1987 », *G R I P informations*, n° 11, printemps 1987.

« Mesures de confiance et désarmement en Europe. De l'Acte final d'Helsinki au document de Stockholm », *Problèmes politiques et sociaux*, n° 557, avril 1987.

RAMSES, *Compétition et affrontements*, I F R I, Economica, Paris, 1986.

ROUSSET D., *Sur la guerre*, Ramsay, Paris, 1987.

SIPRI Yearbook 1987, *World Armaments and Disarmament*, S I P R I, Stockholm, 1987.

Strategic Survey 1986-1987, International Institute for Strategic Studies, Londres, 1987.

VERNANT J., *Les relations internationales à l'âge nucléaire. Logique, histoire, politique,* La Découverte, Paris, 1987.

réelle détente dont le prix pour convaincre les Européens est d'autant plus élevé que Mikhaïl Gorbatchev a lui-même fait monter la mise et suscité les espoirs. De leur côté, les Américains – et surtout les Français – se méfient de l'évolution des esprits en RFA. Mais tous deux sont bien obligés de composer avec un partenaire essentiel qui est aussi l'une des plus importantes puissances économiques de la planète.

Il est difficile de prévoir comment évolueront les équilibres européens. Cela dépendra sans doute de la plus ou moins grande hardiesse des prochaines propositions soviétiques en matière de contrôle des armements. Pour juger du climat politique en Europe, il faudra peut-être regarder à nouveau vers Berlin, lieu symbolique de l'arrangement de 1945 où aboutissent toutes les tensions et les contradictions de ce trop vieux continent. Le moindre changement, en effet, se répercute directement sur l'ancienne capitale du Reich. A Vienne, Genève, Stockholm, dans toutes ces villes neutres où, dans le langage aride de l'*arms control*, on débat de l'avenir de l'Europe, les diplomates et les experts scrutent l'atmosphère de Berlin. S'il y a du nouveau, il est fort probable que cela commencera et aboutira sur les bords de la Spree.

Alfredo G. A. Valladão.

Tensions commerciales et négociations du GATT

Comment va le commerce mondial? A première vue, bien. En 1986, sa valeur a franchi pour la première fois la barre des 2 000 milliards de dollars (cf. tableau 1). Par rapport à 1985, sa croissance a été de 10 %. Cette progression de la valeur des échanges mondiaux, exprimée en dollars, doit cependant beaucoup à la forte baisse de la monnaie américaine : la partie du commerce international libellée en d'autres monnaies a vu sa valeur convertie en dollars augmenter sensiblement du seul fait des mouvements de change. En volume, c'est-à-dire au prix et taux de change de l'année précédente, la progression du commerce mondial en 1986 n'a été que de 3,5 %. Cette évolution, médiocre par rapport aux décennies passées, masque en outre de très fortes disparités géographiques et sectorielles; elle s'est, de plus, accompagnée d'un durcissement des tensions commerciales. C'est sur cette toile de fond inquiétante qu'a été lancé en septembre 1986 un nouveau cycle de négociations dans le cadre de l'Accord général sur les tarifs douaniers et le commerce (GATT) : l'*Uruguay Round*.

Contrastes au Sud, déséquilibres au Nord

En 1986, les exportations des pays industrialisés ont progressé de 16 %, tandis que celles des pays en développement ont régressé de plus de 9 % (cf. tableau 1). Les importations des premiers ayant augmenté par ailleurs beaucoup plus rapidement que celles des seconds, la part du

Importateurs Exportateurs	Pays développés		Régions en développement		Pays de l'Est		Monde (total des exportations)	
	Valeur	Crois-sance	Valeur	Crois-sance	Valeur	Crois-sance	Valeur	Crois-sance
Pays développés	1 139	19 %	274	10 %	63	10 %	1 477	16 %
Régions en développement	274	– 5 %	105	– 9 %	21	– 45 %	400	– 9 %
Pays de l'Est	63	10 %	42	10 %	127	10 %	232	12 %
Monde (Total des importations)	1 477	12 %	420	3 %	211	5 %	2 110	10 %

Source : G A T T.

Sud dans les échanges internationaux a baissé d'un cinquième depuis le début de la décennie, passant de 25 % en 1980 à 20 % en 1986. La baisse du prix des matières premières, qui pèse sur la valeur de ses exportations, explique largement cette régression. Depuis 1984, les principaux accords producteurs-consommateurs qui avaient pour objectif de maintenir les prix des matières premières non énergétiques à des niveaux souvent sans rapport avec l'état du marché ont craqué. Enrayée en 1986, cette baisse n'en a pas moins engendré une importante redistribution du revenu mondial en faveur, globalement, des pays du Nord. Ce phénomène a été encore accentué par la guerre des prix à laquelle se sont livrés les pays producteurs de pétrole. Elle a conduit à une baisse importante du prix du pétrole. La croissance des quantités échangées, sensible pourtant dans ce dernier cas, étant loin d'avoir compensé la baisse des prix, pour la première fois en 1986, la valeur des exportations de biens industriels des pays du Sud a dépassé celle de leurs ventes de matières premières. Ces exportations de produits manufactu-

rés émanent toutefois, pour l'essentiel, d'un petit nombre de pays, parmi lesquels Taïwan, la Corée du Sud et Hong-Kong viennent en première place.

Tout aussi préoccupants sont les déséquilibres des balances commerciales des grands pays industriels. La contrainte de l'endettement et la baisse des prix du pétrole limitent, en effet, aussi bien les excédents que les déficits des pays du Sud. Il n'en va pas de même au Nord. Les excédents commerciaux de la République fédérale (RFA) et du Japon ont continué de progresser pour dépasser respectivement 40 et 90 milliards de dollars, tandis que le déficit américain a continué de se creuser : les exportations américaines ne représentaient en effet, en 1986, qu'un peu plus de la moitié de leurs importations. Le ralentissement de ces importations auquel les États-Unis tentent par tous les moyens de parvenir est une des causes de la médiocre croissance du commerce mondial. En 1984, lorsque ce commerce avait au contraire fait un bond impressionnant, la croissance des importations américaines en expliquait les deux tiers.

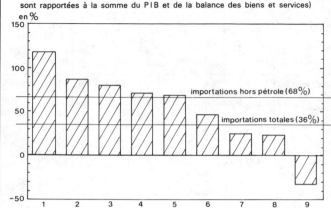

PROGRÈS DES TAUX DE PÉNÉTRATION AUX ÉTATS-UNIS
ENTRE 1980 et 1985 (en volume)

(Les importations pour le produit considéré
sont rapportées à la somme du PIB et de la balance des biens et services)

1. Biens d'équipement hors autos ; 2. Biens de consommation non durables ; 3. Autres biens ; 4. Autos ; 5. Biens de consommation durables ; 6. Produits intermédiaires non durables ; 7. Produits agro-alimentaires ; 8. Produits intermédiaires durables ; 9. Pétrole.

Source : Survey of Current Business.

L'industrie américaine se raidit

Un examen de l'évolution des taux de pénétration du marché américain pour un certain nombre de produits (cf. graphique) permet de comprendre que l'administration Reagan ait non seulement exhorté les entreprises à être plus compétitives – ce point du discours sur l'état de l'Union prononcé en janvier 1987 a particulièrement retenu l'attention – mais aussi pris une série de mesures visant à protéger le marché américain de la concurrence étrangère. L'accord de juillet 1986 avec le Japon en a été l'une des plus importantes. Il a cherché à établir un partage du marché des semi-conducteurs entre les deux supergrands. Avec cet accord qui laissait les Européens à l'écart, les États-Unis tentaient de préserver les posi-

tions de leurs entreprises dans un secteur clé. L'accord prévoyait en particulier, pour éviter tout *dumping* japonais, la fixation administrative d'un prix « honnête » des composants japonais. Il est assez vite apparu que cette disposition était difficile à appliquer. Après une vive polémique et des menaces, les États-Unis, pour protéger leur marché, ont eu recours à une méthode éprouvée : en avril 1987, les droits de douane à acquitter sur un certain nombre de produits de l'électronique japonaise ont été portés à 100 %. Il a fallu attendre le sommet de Venise – deux mois plus tard – pour que cette mesure soit partiellement levée.

Sous une forme moins aiguë, des tensions analogues ont été observées dans d'autres secteurs industriels. Ainsi, fin 1986, dans le domaine de la machine-outil, des accords d'auto-limitation des exportations étaient signés avec le Japon et Taïwan (la pratique était déjà cou-

rante dans le secteur automobile).
Au même moment, pour faire bonne mesure, le président des États-Unis annonçait aux producteurs allemands et suisses qu'il imposait un plafond à leurs exportations de certains types de machines-outils. Le prétexte? Les menaces que ces exportations font peser sur la sécurité des États-Unis! Ces épisodes en disent long sur ce qui risque de se passer à l'avenir. Un nouveau *Trade Act* devrait en effet voir le jour en 1987; il est élaboré par un Congrès à majorité démocrate, dont seul le veto du président pourrait tempérer le protectionnisme.

Les services : enjeu stratégique

Dans ce climat, le lancement en septembre 1986, à Punta del Este, d'un nouveau *round* de négociations au GATT – l'*Uruguay Round* – peut paraître aller à contre-courant. En fait, il est l'aboutissement d'un effort de plusieurs années des États-Unis pour tenter de convaincre les signataires de l'Accord général sur les tarifs douaniers et le commerce – auxquels le Mexique est venu s'ajouter en 1986 – d'en élargir l'application aux services (banques, assurances, transports, télécommunications, etc.) et à l'agriculture. Après d'âpres discussions, la motion « café au lait » – rédigée par la Colombie et la Suisse – parvenait à faire l'unanimité. Un dispositif de négociation subtil a été accepté. Il prévoit une discussion sur les échanges de services en parallèle à celle sur les marchandises. Bénéficiant de l'appui du secrétariat du GATT, la première prendra officiellement la forme d'une négociation *ad hoc*. A son terme, on décidera si l'éventuel accord est intégré à celui atteint, par ailleurs, sur les marchandises. Ainsi se trouve réduit l'un des risques que le Brésil et l'Inde refusaient de courir : voir un refus de concession sur les échanges de services bloquer les avancées possibles des pays du Sud dans le domaine des marchandises.

Pour les pays du tiers monde, l'enjeu d'une libéralisation des échanges de services n'est pas mince : s'ils acceptent de concéder aux producteurs étrangers le bénéfice de l'égalité de traitement avec les prestataires nationaux de services, le développement de ces industries naissantes risque d'être entravé; ils devraient donc acheter ces services au Nord. Les dépenses qui en résulteraient viendraient alors peser encore sur un équilibre commercial déjà sérieusement compromis. Mais le danger essentiel réside dans la dépendance stratégique qui pourrait en résulter. Les services en question sont en effet des activités essentielles à l'autonomie économique d'un pays. C'est pourquoi elles ont toujours été soumises à des réglementations spécifiques. Refuser purement et simplement d'avoir recours à des prestataires de services étrangers pour favoriser le développement de fournisseurs nationaux peut toutefois compromettre gravement la compétitivité d'un pays sur les marchés d'un bon nombre de produits. Chacun des pays du Sud se trouve donc placé devant un arbitrage difficile. En outre, pour un petit nombre d'entre eux, les services peuvent être source de rentrées de devises non négligeables. Ainsi, la Corée du Sud ou Singapour sont-ils déjà concurrents redoutables pour des activités comme les transports ou l'ingénierie.

Une éventuelle libéralisation des échanges de services bénéficierait surtout aux pays industrialisés : près des trois quarts des échanges de services s'effectuent entre eux. Le rôle qu'ils jouent pour chacun est toutefois extrêmement différent. En face de pays tels que la Grande-Bretagne ou la Suisse, pour lesquels la contribution des services à l'équilibre courant est traditionnellement positive, on en trouve d'autres, au premier rang desquels la RFA et le Japon, pour qui cette contribution est au contraire régulièrement négative. Pour deux pays, toutefois, les services sont devenus de plus en plus essentiels à l'équilibre courant : les États-Unis et la France. Ces deux pays sont aussi les plus concernés par l'autre grande innovation du nouveau *round* : la décision de mettre sur la table de négociations les différentes formes de subventions à l'agriculture.

La PAC sous un tir croisé

Cette décision est un succès pour les quatorze pays qui en août 1986 ont signé à Cairns, en Australie, une déclaration réclamant la libéralisation des échanges de produits agricoles. Ces pays – ils vont de la Nouvelle-Zélande à l'Argentine, en passant par la Hongrie – assurent un quart des exportations agricoles mondiales. Ils se sont insurgés contre les mesures de soutien en place dans la plupart des pays industriels. Celles-ci conduisent à des excédents qui pèsent sur les cours mondiaux de produits agricoles et donc sur les recettes de ces pays, par ailleurs le plus souvent endettés. Dans son rapport de 1986, la Banque mondiale avait souligné à quel point ces politiques ont été communes à la plupart des pays industriels : ainsi, les prix du riz au Japon sont plusieurs fois supérieurs aux cours mondiaux. Les excédents européens et américain sont cependant le plus souvent incriminés. La politique agricole commune (PAC) – dont la France reste, plus que jamais, le principal pilier – se trouve dès lors dans une situation extrêmement difficile. Mise en accusation par l'extérieur, la PAC n'est, en effet, défendue qu'assez mollement par un certain nombre de pays européens, las de voir le soutien des prix au-dessus des cours mondiaux peser de plus en plus sur l'équilibre du budget de la CEE.

Les États-Unis, pour lesquels la PAC est depuis longtemps une véritable « bête noire », ne s'y sont pas trompés, lors du conflit qui les a opposés à l'Europe à l'occasion de l'élargissement à douze de la Communauté. Ils ont fait planer leurs menaces de rétorsions sur des produits « bien français » : le camembert et le cognac. L'Espagne et, dans une moindre mesure, le Portugal représentaient au milieu des années quatre-vingt un débouché marginal (5 % de leurs ventes à l'étranger de céréales) pour les fermiers américains. Marginal, mais non négligeable lorsqu'on traverse une période difficile. Entrés dans la CEE, les deux pays de la péninsule Ibérique devaient désormais se fournir en Europe et non plus aux États-Unis. Conformément aux dispositions du GATT, cette réorien-

BIBLIOGRAPHIE

BRENDER A., OLIVEIRA MARTINS J., « Les échanges mondiaux d'invisibles : une mise en perspective statistique », *Économie prospective internationale*, n° 19, 1984.

« Le commerce international », *Les Cahiers français*, n° 229, janvier-février 1987.

« Le commerce international », *Le Monde dossiers et documents*, n° 142, mars 1987.

KREMP E., MISTRAL J., « Commerce extérieur américain : d'où vient, où va le déficit ? », *Économie prospective internationale*, n° 22, 1985.

RAMSES, *Compétition et affrontements*, IFRI, Economica, Paris, 1986

Rapport annuel GATT, Genève.

tation des courants d'échanges ouvrait toutefois droit à compensation pour les pays lésés. La CEE a fait alors valoir que les avantages tirés par les États-Unis de l'abaissement des droits de douanes espagnols sur les produits industriels ne pouvaient être négligés. Ces droits étaient en effet plus élevés que ceux du tarif de l'Europe des Dix que l'Espagne allait désormais appliquer. Il fallait donc les mettre en balance avec les inconvénients agricoles.

Après un accord intérimaire conclu en juillet 1986, les pays de la CEE capitulaient dans cette « guerre du maïs », moins d'ailleurs par l'importance du débouché qu'ils acceptaient de laisser aux producteurs américains – 2 millions de tonnes de maïs, alors qu'ils en demandaient initialement le double – que par la remise en cause d'un certain nombre de principes : celui de la préférence communautaire, celui de la multilatéralité des négociations commerciales dans laquelle réside tout l'esprit du GATT. La tendance au bilatéralisme des discussions commerciales qui va de pair avec la montée du protectionnisme américain se trouvait ainsi encouragée.

L'année 1986 et le début de 1987 ont donc été marqués par une aggravation des déséquilibres commerciaux entre pays industrialisés et par le retour d'un certain nombre de pays du Sud à une situation difficile. Il en est résulté un durcissement des tensions commerciales qui s'est traduit de façon contrastée suivant les types de biens échangés. Pour les échanges de produits

manufacturés, cette montée des tensions s'est accompagnée d'une accentuation des pressions protectionnistes. L'adoption, fin avril 1987, malgré les vigoureuses prises de position de Ronald Reagan et de son entourage, de l'amendement Gephardt par la Chambre des représentants, en est la plus claire illustration. Il prévoit l'application de sanctions pour réduire de 10 % par an les soldes des pays les plus excédentaires vis-à-vis des États-Unis : Japon, Taïwan, Corée du Sud, Brésil, RFA, Italie. Le commerce de produits industriels tend ainsi à devenir de plus en plus « administré ».

Pour les matières premières et les produits agricoles, au contraire, les tensions ont débouché sur une remise en cause des rigidités et des modalités d'organisation des marchés en place. Cette déstabilisation a conduit, dans beaucoup de cas, à une stagnation, voire une baisse importante des prix. Dans le cas des produits agricoles, la conférence ministérielle de l'OCDE de mai 1987 a dénoncé les dangers d'une guerre des subventions à l'agriculture et souligné la nécessité d'une révision des politiques protectionnistes des grands pays industrialisés. Pour limitée qu'apparaisse encore sa portée, cette prise de position marque un important changement. Dans le cadre des nouvelles négociations du GATT, elle est, pour un certain nombre de pays du Sud au moins, le signe d'une possible ouverture.

Anton Brender, Elizabeth Kremp

L'agriculture européenne face à l'offensive américaine

Si la politique agricole commune (PAC) de l'Europe est en crise, elle ne l'est ni plus ni moins que sa grande concurrente, la politique agricole des États-Unis. Les crises respectives de ces deux politiques se doublent donc de la crise de leurs rapports sur les marchés internationaux. Certes, la politique agricole américaine (définie sous Roosevelt au milieu des années trente) et la PAC (mise en place entre 1962 et 1967 par la généralisation et l'harmonisation des régulations de marché existant dans les six pays fondateurs de la CEE) suivent des modalités différentes, mais leur principe est le même : soutenir les prix et les revenus des agriculteurs pour les aider à investir.

Ces politiques ont pleinement réussi. Aux États-Unis comme en Europe, le productivisme des agriculteurs, que la baisse relative des prix pousse à intensifier leur effort, assure encore en 1987 une croissance rapide de la production. Favorisant l'incorporation croissante de biens achetés (machines, engrais, mais aussi semences, aliments du bétail, etc), ces politiques ont permis la constitution de complexes agro-industriels dans lesquels l'agriculture s'insère étroitement : elle est devenue un grand marché pour les industries qui l'approvisionnent ; en aval, elle vend la quasi-totalité de sa production aux industries alimentaires. Le potentiel exportateur des deux ensembles s'épanoui parallèlement : la CEE a rattrapé les États-Unis et elle est devenue, derrière eux, le second exportateur mondial, mais le premier pour les produits laitiers, la farine de blé, les œufs, la viande de volaille, le vin, la viande de bœuf. Tous les pays européens ont participé à ce résultat, même les plus industriels qui devaient servir de débouchés à ceux qui étaient les plus agricoles. En 1986, la République fédérale d'Allemagne, le Royaume-Uni, la Belgique sont entrés, aux côtés de la France, des Pays-Bas et de l'Italie, dans le club des dix premiers exportateurs mondiaux.

La dépression de la demande mondiale solvable remet en question ces politiques. Depuis 1981, les échanges agro-alimentaires internationaux diminuent, sous l'effet d'abord de la baisse de la consommation dans les pays industriels (dans la CEE à dix, elle n'augmente que de 0,2 % par an alors que la production croît de 1,8 %). S'y ajoute la réduction des importations des pays en développement, soit parce que la baisse du prix du pétrole a amputé leur pouvoir d'achat, soit parce que leur production a progressé, soit encore parce que leur dette a réduit leur solvabilité. Ces évolutions contribuent à faire de l'URSS le seul marché déficitaire solvable.

Ce nouveau contexte a conduit les États-Unis et la CEE à ouvrir le procès de leur développement agroalimentaire. Des deux côtés de l'Atlantique, on s'interroge pour savoir comment évoluera le modèle agro-industriel, quels changements introduire dans les politiques agricoles, comment réorganiser la production et les échanges mondiaux. Le paysage agricole est devenu extrêmement complexe et imprévisible, tant au sein de chaque pays où les compromis se recomposent sans cesse, que dans la CEE où les États se repositionnent en permanence, et qu'entre la CEE et les États-Unis dont les discussions se doublent, depuis 1986, d'une guerre commerciale dévastatrice pour l'unité des prix et des marchés internationaux.

Le réaménagement interne de la PAC

Du côté européen, trois raisons justifient le réaménagement des mécanismes de la PAC intervenu depuis 1984. D'abord le coût croissant de la régulation des prix et des revenus qu'elle assure. Entre la diminution des débouchés solvables et la croissance de la production, les dépenses nettes (déduction faite des taxes sur les producteurs) de la section garantie du Fonds européen d'orientation et de garantie agricole (FEOGA-Garantie), qui finance le soutien des marchés, sont passées de 10 milliards d'ECU en 1982 à

19,4 milliards en 1986, soit de 49 à 55 % du budget de la CEE. Pour !987, les dépenses nettes prévues s'élèvent à 19,7 milliards d'ECU, stabilisation sensible puisque la PAC s'étend désormais à l'Espagne et au Portugal. Dans ce budget, le coût des stocks entre pour plus de 20 %.

Mais, au-delà du coût, le débat incrimine l'efficacité même de la PAC dans la conjoncture de surproduction :

– Son système de prix et son régime douanier n'assurent plus l'équilibre des marchés mais l'accumulation d'excédents et de déficits. L'élevage (laitier surtout qui, en 1986, a consommé 44 % des crédits du FEOGA-Garantie) se développe à l'abri de prix élevés et grâce à un libre-échange quasi total pour les protéagineux (soja, arachide) et les produits de substitution des céréales (manioc, gluten de maïs, etc.) utilisés pour nourrir le bétail. Ces importations chassent hors de la CEE les céréales européennes dont la production continue d'augmenter grâce à une solide protection.

– Les excédents étant bradés sur des marchés internationaux engorgés, le soutien des prix subventionne de plus en plus les utilisateurs extérieurs et de moins en moins les agriculteurs européens dont les prix baissent.

– La PAC ne garantit donc plus la progression du revenu agricole qui, en termes réels et pour la CEE à dix, se trouvait en 1985 au niveau de 1974, après une baisse sensible de 1978 à 1981 et une hausse en 1982 et 1984. La crise du marché bloque les investissements. Depuis 1980, les achats de consommations intermédiaires (biens nécessaires pour un cycle de production) n'ont poursuivi leur croissance qu'en Irlande et en Grèce; ailleurs, ils n'ont augmenté qu'au ralenti ou ont stagné. De même, la formation brute de capital fixe ne traduit plus l'augmentation du capital existant mais le renouvellement des installations et du matériel ou même seulement leur amortissement.

Dans tous les États de la CEE enfin, une priorité fait l'unanimité : la modernisation industrielle. L'Europe ne se fait plus, comme dans les années cinquante, sur des secteurs en déclin (charbon et acier) ni, comme dans les années soixante, sur l'agriculture, secteur à la fois stratégique, car l'alimentation conditionne la survie des populations, et spécifique, car la concurrence qui s'y maintient impose une régulation par l'État. Elle veut se faire sur les industries nouvelles que les sociétés européennes jugent susceptibles de relancer la croissance sur la base d'un nouveau modèle d'accumulation. L'impératif industriel, qui inspire l'Acte unique (visant à la mise en place, fin 1992, d'un marché intérieur européen), impose de réduire le coût de l'agriculture pour dégager les fonds nécessaires à la modernisation. Il explique l'accord sur la « discipline budgétaire », élaboré entre juin et décembre 1984, qui oblige à contrôler les dépenses agricoles puisqu'elles ne peuvent augmenter d'un pourcentage supérieur à celui des ressources propres (la part issue de la TVA) du budget européen.

C'est aussi en 1984 (le 30 mars) que la réforme de la PAC, préparée depuis le « mandat » du 30 mai 1980, a introduit une nouvelle donne, sous l'impulsion des présidences allemande (deuxième semestre 1983) et française (premier semestre 1984). A travers des modalités complexes, cette réforme poursuit deux grands objectifs.

Le premier est la réduction de la garantie de prix et de revenu accordée aux agriculteurs. Cette politique de maîtrise de l'offre utilise, selon les secteurs, deux méthodes : les quotas (pour le sucre, le lait, le vin) limitent la garantie à un pourcentage de la production; la baisse des prix (pour les céréales et, depuis décembre 1986, la viande bovine) est plus conforme aux règles libérales mais peut-être moins efficace pour réduire le volume de l'offre. Des taxes de coresponsabilité (pour les céréales, le lait, le sucre) font participer les producteurs à l'écoulement des quantités produites. En 1987-1988, la CEE accentuera son désengagement. Outre la diminution supplémentaire des quotas laitiers (8 %), la Commission a proposé de réduire les prix et d'alléger notablement le soutien des marchés.

Le casse-tête des mécanismes monétaires

Le second objectif des réaménagements de la PAC est la restauration de l'unité des prix européens rompue depuis 1969 par les fameux « montants compensatoires monétaires » (MCM). Les MCM favorisent deux fois les agricultures des pays à monnaie forte (Allemagne fédérale, Pays-Bas, Belgique). Lors des réévaluations monétaires, ils évitent la baisse des prix et jouent comme des subventions aux exportations (MCM « positifs ») alors que la faible inflation et la force de la monnaie (qui abaisse le prix des importations) réduisent les coûts. Inversement, les MCM pénalisent deux fois les agricultures des pays à monnaie faible, et d'abord celle de la France, première puissance agricole de la CEE. A chaque dévaluation, ils empêchent la hausse des prix et jouent comme des taxes à l'exportation (MCM « négatifs ») tout en laissant les coûts s'élever au rythme de l'inflation et de la décote de la monnaie.

Les MCM ont été un des moteurs de l'intensification agricole de la RFA, des Pays-Bas et de la Belgique, notamment en rendant très profitables les importations de produits de substitution des céréales (ces trois pays achètent plus de 80 % des importations de PSC de la CEE à dix). Le 30 mars 1984, le gouvernement socialiste français a réussi là où celui de Raymond Barre avait échoué lors de la mise en place du système monétaire européen (retardée du 1er janvier au 9 avril 1979

pour cette question). Il est arrivé à un accord avec les responsables allemands sur la suppression des MCM positifs, par une nouvelle méthode qui n'oblige plus la RFA à baisser ses prix mais permet à ses partenaires de relever les leurs. Là encore, des techniques complexes mettent en œuvre un principe simple : le mark, monnaie la plus forte de la CEE, devient l'unité monétaire de la PAC. On peut ainsi, lors des réajustements monétaires décidés selon les règles du système monétaire européen, éviter (ou limiter) la création de MCM positifs en les transformant en MCM négatifs dont l'élimination (politiquement plus facile) peut s'effectuer rapidement.

Ce changement a eu l'avantage de restaurer la compétitivité des agricultures des pays à monnaie faible (partiellement, car il n'a pas supprimé l'effet des différentiels d'inflation). Les MCM allemands sont passés d'une moyenne de 10 % entre 1979 et 1984 à une fourchette de 1,8 – 2,4 % au 9 février 1987, minimum qui paraît difficilement compressible. Le nouveau mode de calcul des MCM bloque en effet les prix allemands. Il accroît par là les tensions européennes, les démocrates-chrétiens au pouvoir à Bonn étant sensibles au mécontentement de leur électorat paysan. Ce problème peut être surmonté par des aides nationales (que la CEE a jusqu'ici autorisées) et par les négociations industrielles (comme l'harmonisation des normes prévue par l'Acte unique). Mais le choix du mark comme unité monétaire a réduit la marge de la CEE pour baisser les prix agricoles. Le maintien de la protection européenne a aussi contribué à détériorer les relations avec les États-Unis.

L'offensive américaine

La mise en ordre de la PAC a permis à la CEE de soutenir en

1984-1985 le défi politique que représentaient les candidatures de l'Espagne et du Portugal. Surpris par le bouclage rapide d'un dossier ouvert depuis 1977, les États-Unis ont pris l'offensive dès l'entrée de ces pays en janvier 1986. L'enjeu dépasse largement l'agriculture et même le commerce puisque la consolidation de l'ensemble européen peut modifier l'équilibre global de l'Alliance atlantique. Mais l'agriculture est un secteur stratégique. La PAC, en effet, reste la principale politique commune et soutient toute la construction européenne, et notamment le système monétaire, comme le montrent les MCM. L'agriculture, en outre, est depuis trente ans un des piliers de la puissance américaine, l'excédent agro-alimentaire compensant le déficit de la balance commerciale et contribuant à équilibrer la balance des paiements. Or en 1985, la machine américaine s'est bloquée : la chute de 20 % des exportations a amenuisé l'excédent agro-alimentaire (2,5 milliards de dollars contre 10,2 milliards en 1984) et a contribué à creuser, pour la cinquième année consécutive, le déficit commercial. Pour 1986, les données provisoires ne montraient aucune amélioration.

Pour récupérer leur part du marché international, les États-Unis attaquent sur tous les fronts le protectionnisme européen, auquel ils imputent leur déclin commercial. Au GATT (Accord général sur les tarifs douaniers et le commerce), ils défendent une négociation centrée sur les subventions et entraves aux échanges, c'est-à-dire sur les mécanismes de base de la PAC. Sur les marchés extérieurs à la CEE, ils ouvrent une guerre des subventions : le programme BICEP (Bonus Incentive Commodity Export Program), appliqué en octobre 1986, étendu en 1987 à d'autres zones que la Méditerranée (Chine et URSS notamment) et à d'autres produits que les céréales (comme les volailles et les produits laitiers) subventionne jusqu'à 50 % les exportations américaines. Sur le marché communautaire enfin, ils exigent un régime préférentiel pour leurs ventes de céréales et produits dérivés, en compensation du préjudice commercial que leur fait subir le passage de dix à douze.

Quelle peut être l'issue de l'offensive américaine? Elle dépend bien sûr de la capacité de la CEE à ne pas se laisser piéger dans ses contradictions. L'accord du 29 janvier 1987 témoigne de la réalité du ris-

BIBLIOGRAPHIE

« Crise de la PAC et PAC de crise », *Économie rurale*, nᵒˢ spéciaux 163 et 164, 1984.

« La guerre du blé », *Le Monde diplomatique*, novembre 1986.

« Les mutations de l'agriculture dans les pays industriels », *Problèmes politiques et sociaux*, nᵒˢ 547 et 548, novembre 1986.

PETIT M., « Politiques agricoles américaine et européenne. Comparaisons et confrontation », *INRA*, Dijon, décembre 1986.

PHILIPPE B., *Politique agricole européenne et marchés mondiaux*, Economica, Paris, 1986.

La politique agricole commune et sa réforme, La Documentation européenne, 1987.

RAMSES, *Compétition et affrontements*, Economica, Paris, 1986.

RAUX J. (ed), *Politique agricole commune et construction communautaire*, Economica, Paris, 1984.

La situation de l'agriculture dans la Communauté, Rapport de la Commission au Conseil, 1986.

que. Confrontée à la « prise en otages » des producteurs de fromage, gin, vin blanc et cognac, que les États-Unis ont menacé de droits prohibitifs (200 %), la CEE a accepté d'importer à prélèvement réduit des contingents annuels de 2 millions de tonnes de maïs et de 300 000 tonnes de sorgho (les deux tiers du déficit espagnol). Doit-on, avec les céréaliers, voir dans cet accord une acceptation de la spécialisation de l'Europe dans l'élevage et les produits de luxe, voulue par les États-Unis? Ne manifeste-t-il pas plutôt un choix pour la temporisation? Diverses clauses de l'accord (durée limitée à quatre ans, baisse de droits pour des produits industriels exportés par la RFA, etc.), ainsi que la déclaration de la CEE indiquant qu'elle préservera l'équilibre de ses marchés agricoles, y compris par des subventions à l'exportation, permettent de le penser, d'autant que la production céréalière de l'Espagne augmente et réduit les besoins d'importation. On peut invoquer dans le même sens la capacité de la CEE à défendre ses débouchés céréaliers extérieurs, en 1986 sur la Méditerranée, en 1987 sur l'URSS.

Ces remarques conduisent à considérer un second facteur : les États-Unis supporteront-ils longtemps le coût de leur agressivité commerciale? Celle-ci fait baisser les prix internationaux et élève le montant des subventions à l'exportation. L'offensive extérieure fait aussi baisser les prix intérieurs. Elle impose donc au budget fédéral des paiements compensatoires aux agriculteurs d'autant plus importants qu'ils couvrent la totalité de la production. La politique européenne est sur ce point plus économe car elle subventionne essentiellement la partie exportée de la production. La CEE peut donc soutenir à moindre frais l'offensive américaine. On peut ainsi comprendre qu'aux États-Unis, les partisans d'une politique « à l'européenne » de protection du marché intérieur et de réduction de l'offre se multiplient.

Le poids des « exportateurs loyaux »

Si cette option l'emportait, l'accord de stabilisation des marchés internationaux qui pourrait intervenir avec la CEE ne deviendrait opératoire qu'avec la sanction du nouveau groupe des « exportateurs loyaux ». Ce groupe s'organise autour des anciens dominions britanniques (Australie, Canada, Nouvelle-Zélande) et de nouveaux exportateurs d'Amérique latine (Argentine, Brésil, etc.) et d'Asie (Inde, Indonésie, Thaïlande). S'appuyant sur l'élargissement de leur place dans les échanges internationaux (notamment pour les produits de base : céréales, manioc, soja), ils entendent obliger les États-Unis et la CEE, renvoyés dos à dos, à une réduction significative de leur protectionnisme agricole. Leur détermination et leur influence se sont révélées en septembre 1986 à la Conférence de Punta del Este (Uruguay) réunie pour préparer les négociations du GATT. Ils ont utilisé le dossier des services, dont la libéralisation est soutenue par l'Europe et les États-Unis, pour obtenir une négociation agricole portant sur la totalité des mesures de soutien nationales. Cette option rejoint celle de la CEE mais en la débordant car les « exportateurs loyaux » sont, comme les États-Unis, partisans d'un calendrier donnant la priorité aux discussions agricoles.

Certes, ce troisième groupe peut, comme en mars 1987, s'allier avec les États-Unis pour forcer la CEE à ouvrir la négociation. Mais la convergence peut-elle aller plus loin? Les « exportateurs loyaux » ont, à l'exception du Canada, des traditions de politique agricole différentes de celles des États-Unis et de la CEE. Leurs agricultures ne bénéficient que de protections minimes et sont en prise directe sur les marchés internationaux. Les sociétés américaines et européennes accepterontelles de modifier leurs politiques agricoles selon le modèle « sauvage » des « exportateurs loyaux » ? Peut-être. Mais comme les trois ensembles géopolitiques ont le souci de défendre leurs parts de marché, on ne peut exclure non plus un avenir de protectionnisme renforcé avec des échanges internationaux réduits en volume et en prix.

Hélène Delorme

La nouvelle donne mondiale de l'énergie

Voilà le second choc pétrolier effacé : en 1986, le prix moyen du pétrole s'est fixé à 15 dollars le baril, alors qu'il était de 28 dollars en 1985. Le nouveau cours du brut correspond, en monnaie constante, au niveau qu'il avait en 1974, soit 7 dollars le baril. Ce contre-choc pétrolier trouve son origine dans la crise qu'a traversée l'OPEP (l'Organisation des pays exportateurs de pétrole) pendant le premier semestre 1986. Et même si le prix est remonté à 17 dollars au premier trimestre 1987, on est encore loin du niveau de 1985. Ce nouveau prix de marché a des conséquences non négligeables sur le fonctionnement de l'industrie pétrolière ; il affecte également la distribution des richesses entre importateurs et exportateurs de pétrole ; enfin, il relance la compétition entre les différentes énergies.

La guerre des prix du pétrole

Depuis 1983, l'OPEP avait contracté volontairement son offre de pétrole, afin d'éviter que les prix ne chutent. En décembre 1985, l'Arabie saoudite a décidé que l'OPEP devait reconquérir une « juste part » du marché international (part qui était passée de 44 % en 1980 à 30 % en 1985). Le royaume saoudien a donc accru sa production, et le résultat s'est vite fait sentir : de 28 dollars le baril, le prix du pétrole est tombé au-dessous de 20 dollars dès mars

1986, et même à moins de 10 dollars en juillet.

Par-delà les déclarations officielles, la stratégie saoudienne de guerre des prix visait plusieurs objectifs. Vis-à-vis des concurrents de l'OPEP tout d'abord, il s'agissait d'amener le pétrole à un prix inférieur aux coûts supportés par certains producteurs, qui seraient alors contraints de fermer leurs puits : la mer du Nord et l'Alaska étaient particulièrement visés, régions où l'essentiel de la production s'effectue à un coût de l'ordre de 15 dollars le baril. L'OPEP remplacerait alors ces producteurs défaillants sur les marchés internationaux. Mais une telle stratégie ne pouvait aboutir que si les prix s'étaient établis durablement au-dessous de 15 dollars le baril.

Un autre objectif de la stratégie saoudienne concernait l'ordre interne à l'OPEP. L'Arabie saoudite a de tout temps joué un rôle pivot au sein de l'Organisation, augmentant ou réduisant sa production au gré de la conjoncture, de manière à soutenir le prix fixé par l'OPEP. C'est ainsi que depuis 1980, le royaume wahhabite a réduit sa production de deux tiers (500 millions de tonnes en 1980, 160 millions en 1985) ; ce faisant, il a perdu des forces. Parallèlement, l'Iran intégriste ayant renforcé son influence politique et religieuse dans la région, c'est donc aussi pour affaiblir l'Iran en guerre que l'Arabie saoudite a réduit les prix du pétrole.

Enfin, la stratégie saoudienne visait à rétablir une discipline de cartel bien mal respectée par l'Organisation : si l'Arabie saoudite et ses deux alliés les plus proches, le Koweït et Abu Dhabi, avaient contracté leur production au niveau des quotas décidés par l'OPEP, il n'en est pas allé de même pour les autres États membres. La baisse des prix du pétrole, et ses conséquences parfois dramatiques pour ces derniers pays, devrait désormais les amener à une plus grande obéissance.

En août 1986, l'OPEP réunie à Genève a décidé toutefois de rétablir le système des quotas, et de raréfier de nouveau l'offre de pétrole. Les prix sont remontés aussitôt, pour atteindre 15 dollars le baril. Les conflits d'intérêts ne sont pas pour autant effacés par le compromis provisoire. Il a fallu attendre la destitution du ministre saoudien du Pétrole, cheikh Ahmed Zaki Yamani, le 29 octobre, pour que l'OPEP parvienne à un accord plus solide. En effet, cheikh Yamani, qui dominait la scène pétrolière mondiale depuis un quart de siècle, pouvait personnifier l'offensive saoudienne contre l'Iran ; il est probable que son départ a été le préalable à toute véritable négociation. Celle-ci s'est engagée effectivement à Quito (Équateur), en novembre, et s'est concrétisée à Genève, en décembre 1986 : les pays membres de l'OPEP se sont accordés pour ne pas dépasser une production de 800 millions de tonnes en 1987 (le même niveau qu'en 1985), soit une réduction de 100 millions de tonnes par rapport à 1986 ; l'objectif étant de faire monter le prix du pétrole à 18 dollars le baril. La guerre était finie, mais le pétrole avait perdu 10 dollars par baril (40 % de sa valeur par rapport à 1985).

Les réactions du monde pétrolier

Conséquence immédiate du « contre-choc pétrolier » : les compagnies pétrolières ont réduit d'un tiers leurs budgets de recherche et d'exploration. Ces budgets, gonflés les années précédentes par les prix élevés, permettaient de rechercher du pétrole dans des régions où il est coûteux de l'extraire. Le nouveau prix du pétrole ne justifie plus ces programmes de prospection. Le secteur de l'équipement pétrolier est ainsi durement touché par ce coup de frein donné à la recherche. Il en va de même pour certaines petites compagnies pétrolières qui produisaient un pétrole trop coûteux. Mais les grandes compagnies ne souffrent pas trop de l'effondrement des cours. Elles ont su renoncer à leur traditionnelle intégration verticale, du puits à la pompe, tout en restant engagées sur l'ensemble des activités pétrolières. Elles interviennent sur le véritable marché pétrolier qui existe désormais, et sur lequel les transactions s'effectuent à un prix libre : le marché *spot*. Comme dans le cas des autres matières premières, les opérateurs pétroliers qui s'engagent sur le marché libre se couvrent contre les risques entraînés par les vives fluctuations des prix, en ayant recours aux marchés financiers à terme qui fonctionnent désormais avec une belle efficacité (les plus importants sont le New York Mercantile Exchange et l'International Petroleum Exchange de Londres). Le rôle fondamental des marchés libres du pétrole est désormais consacré, la quasi-totalité des transactions pétrolières internationales étant réalisée, pour la seconde année consécutive, à des prix déterminés par ces marchés.

En 1986, si les compagnies pétrolières ont confirmé leur abandon d'une structure verticalement intégrée, elles ont continué également leur repli sur leur activité principale, renonçant de plus en plus à la diversification de leurs activités non pétrolières.

La baisse des prix du pétrole a aussi eu une influence sur *les consommateurs*, qui ont accru leur demande de 6 % en 1986, pour l'ensemble du monde. Certes, la moitié de cet accroissement correspond à la reconstitution des stocks qui avait été réduits au strict minimum technique et stratégique, du fait de la baisse continue des cours à laquelle on assistait depuis plusieurs mois. Ce qui laisse tout de même une consommation de pétrole en augmentation de 3 %, alors que durant la période 1980-1985, elle avait diminué de 1,3 % par an en moyenne. Cette demande accrue de pétrole ne s'explique pas par la reprise de l'activité économique : en 1986, la croissance du PIB des pays de l'OCDE (qui consomment plus de la moitié du pétrole dans le monde) a été de 2,5 %, rythme tout à fait comparable à ce qu'il était dans la période 1980-1985. Il est trop tôt cependant pour affirmer que la baisse des prix du pétrole a modifié en profondeur le comportement de ses consommateurs.

La baisse des prix du pétrole a également eu pour conséquence de légères modifications dans *la répartition géographique de la production.* En particulier, les États-Unis ont vu leur production passer de 500 à 483 millions de tonnes de pétrole entre 1985 et 1986, alors que dans le même temps leur consommation s'est élevée de 700 à 780 millions de tonnes (soit le quart de la production mondiale de pétrole). La dépendance du pays s'est ainsi accrue plus rapidement que prévu, la part des importations dans la demande totale s'élevant de 29 % à 38 %. C'est pourquoi la Maison Blanche a adopté, en 1987, un train de mesures fiscales destinées à stimuler la recherche et la production nationales d'hydrocarbures. Mais l'administration américaine demeure sereine puisque les prix restent au-dessus de 15 dollars le baril, ce qui permet aux *little fellows* (ces petits producteurs qui représentent les deux tiers de la production américaine) de couvrir leurs coûts. D'ailleurs, les observateurs ne s'accordent-ils pas pour assurer que les États-Unis ont poussé à la baisse des prix, en 1986, de manière à conforter un peu plus une croissance économique difficile à instaurer ?

Redistribution des richesses

La baisse des prix du pétrole a pour effet de répartir différemment les richesses mondiales entre importateurs et exportateurs de brut. Par rapport à 1985, les premiers ont vu leur facture pétrolière réduite de 50 milliards de dollars en 1986, ce qui a des conséquences expansionnistes sur leurs économies. Les seconds, en revanche, ont vu leurs revenus d'exportation amputés de la même somme, ce qui dans bien des cas est lourd de conséquences.

On estime que la chute des cours pétroliers, augmentant le pouvoir d'achat et les bénéfices des *importateurs*, a stimulé en 1986 leur croissance d'environ 1 %, tout en réduisant l'inflation de 1,5 %. Cette réduction du prélèvement pétrolier, véritable ballon d'oxygène pour un grand nombre de pays du tiers monde étranglés par les contraintes financières auxquelles ils doivent faire face, semble avoir peu affecté les pays industriels. Ces derniers, toujours confrontés aux déséquilibres des finances publiques et de l'emploi, à la recherche d'une stabilité des taux de change et d'une reprise des investissements, n'ont pas retrouvé la croissance stable et soutenue à laquelle ils aspiraient. Une preuve de plus, si besoin est, que les modifications du montant des prélèvements pétroliers n'ont jamais constitué une explication centrale aux crises que traversent les économies occidentales.

Parmi *les pays exportateurs de pétrole,* les plus affectés par la chute des cours du pétrole sont les pays endettés; au point que le risque d'effondrement du système financier international a été bien souvent évoqué en 1986. Des pays tels que le Mexique et le Vénézuela ont ainsi perdu 6 milliards de dollars de recettes pétrolières, et le Nigéria, 5 milliards. Mais ces pertes ont été atténuées par deux phénomènes : le ralentissement de l'inflation, qui a entraîné une réduction des taux d'intérêt (le gain réalisé par le Mexique a été ainsi de 1,5 milliard de dollars, et de 0,5 milliard pour le Vénézuela); le différentiel de croissance insufflé aux pays développés, qui ont augmenté ainsi leurs importations non pétrolières en provenance du tiers monde.

De fait, la chute des prix du pétrole a eu pour effet de transformer la structure de l'endettement extérieur du tiers monde. Le Brésil, principal risque pour le système financier international, se trouve être le premier bénéficiaire des bouleversements intervenus en 1986 : sa facture pétrolière a été réduite, le service de sa dette également, et ses exportations se sont accrues. Le risque de la dette s'est vu transféré et réparti sur trois pays pétroliers (le Mexique, le Nigéria, et le Vénézuela), se trouvant ainsi bien atténué.

Nouvelle concurrence entre énergies

On a vu que la demande de pétrole avait augmenté en 1986, alors qu'elle avait diminué les années précédentes. Il apparaît que cette augmentation ne s'explique pas par un accroissement global de la consommation d'énergie, mais bien plutôt par le déplacement vers le pétrole d'une demande qui portait sur d'autres formes d'énergie.

Le gaz naturel a été le plus affecté par ce phénomène. Son prix est indexé sur celui du pétrole, avec un cours plancher équivalent à 15 dollars le baril (soit 2,5 dollars par million de BTU, British Thermal Unit); en dessous, les producteurs de gaz ne réalisent plus de rente, et sont dissuadés de produire; or, pendant plusieurs mois de l'année 1986, les cours du pétrole sont passés en dessous de 15 dollars le baril, ce qui a eu pour résultat de contracter la consommation de gaz naturel de 3 % en 1986, alors qu'auparavant, elle avait augmenté en moyenne de 2,7 % par an.

L'évolution de la demande de *charbon,* en 1986, a été à peine infléchie par la baisse des prix du pétrole. Le taux de croissance de la consommation de charbon se maintient aux alentours de 3 % l'an, stabilité qui s'explique essentiellement par deux facteurs. Le premier est que plus de la moitié de la consommation mondiale de charbon est le fait des économies planifiées, et ne se trouve donc pas affecté par la modification des prix relatifs entre pétrole et charbon. Le second est que l'essentiel du charbon donnant lieu à des flux entre économies occidentales est compétitif tant que

BIBLIOGRAPHIE

AYOUB A., « Évolution du marché pétrolier : de l'intégration verticale à la décentralisation », *Revue de l'énergie*, n° 381, mars 1986.

CHEVALIER J.M., BARBET P., BENZONI L., *Économie de l'énergie*, Presses de la FNSP/Dalloz, Paris, 1986.

CHEVALLIER A., *Le pétrole*, La Découverte, collection « Repères », Paris, 1986.

GIRAUD A., BOY DE LA TOUR X., *Géopolitique du pétrole et du gaz*, Technip, Paris, 1987.

IEJE-GREEN, *Les marchés internationaux de l'énergie : des enseignements de la théorie aux leçons de l'expérience*, Economica, Paris, 1987.

VAN WACHEM L.C., « Le pétrole et l'énergie : quelques vérités fondamentales », *Politique industrielle*, automne 1986.

le prix du pétrole est supérieur à 13 dollars le baril. Notons encore que, comme on l'a constaté lors de la treizième Conférence mondiale de l'énergie tenue à Cannes en octobre 1986, les charbonniers ont une bonne raison d'être sereins : leur industrie représente 80 % des réserves prouvées mondiales d'énergie, contre 10 % pour le pétrole, 6 % pour le gaz naturel, et 4 % pour l'uranium.

Quant à *l'électronucléaire,* son évolution semble tout à fait insensible aux transformations de son environnement. Le 26 avril 1986, avec l'explosion d'un réacteur de la centrale nucléaire soviétique de Tchernobyl, un des risques technologiques majeurs de notre époque venait de se réaliser. Et pourtant, l'accident n'a eu que peu d'influence sur l'évolution de l'industrie électronucléaire. Les pays qui ont décidé de poursuivre un programme électronucléaire ont continué dans la voie qu'ils se sont tracée; c'est ainsi qu'en 1986, vingt et un nouveaux réacteurs nucléaires sont entrés en fonctionnement; l'électricité ainsi produite représente 15 % de toute l'électricité, l'équivalent de 370 millions de tonnes de pétrole, soit 5 % de la production mondiale d'énergie. Mais que l'on ne se leurre pas : l'électronucléaire ne dépassera guère cette proportion dans l'appro-visionnement énergétique international. Aux États-Unis, pays où le parc électronucléaire est le plus vaste, aucune commande ferme n'a été passée depuis 1974. L'electronucléaire y est considéré comme non compétitif, sans tenir compte – pour ainsi dire – du prix du pétrole. En France, en revanche, (où 65 % de l'électricité produite en 1986 était d'origine nucléaire), l'électronucléaire est considéré comme compétitif, indépendamment – pour ainsi dire – du prix du pétrole; il en va de même dans les pays de l'Est. De ces certitudes contradictoires, on ne peut tirer qu'un enseignement : la baisse de 40 % des prix du pétrole, qui s'est effectuée en 1986, n'a affecté en aucune manière les choix relatifs à l'électronucléaire.

1986 a vu les cours du pétrole descendre vers ce qui semble être un prix plancher : 15 dollars le baril, ce qui correspond, en monnaie constante, à 7 dollars aux conditions économiques de 1974. Coïncidence ? En 1974, Henry Kissinger affirmait que pour que l'offre et la demande d'énergie croissent de manière harmonieuse et équilibrée, à l'échelle du monde, sur une longue période, il était souhaitable que le prix du pétrole se fixe aux environs de... 7 dollars le baril.

Jean-Pierre Angelier

Terrorisme mondial.
Le message, c'est l'attentat

Le message est le médium : tel est le message célèbre que Marshall Mc Luhan, philosophe canadien, spécialiste des médias, a livré il y a vingt ans sous une forme éminemment médiatique à la réflexion de ses contemporains. « The massage is the message », formule au fond intraduisible qui signifie que le message des médias est constitué par leur forme même. Voilà ce qu'ont intuitivement compris les terroristes de tous bords; voilà pourquoi l'évolution de leurs méthodes est logiquement passée par l'enlèvement de journalistes. Aboutissement qui n'était pas une fin : enlever des journalistes a conduit à leur désacralisation et par conséquent à leur banalisation; les hommes ne sont pas les médias, et la cible est devenue, à quelques exceptions près, monsieur tout-le-monde. « Dans le monde d'aujourd'hui, personne n'est innocent, personne n'est neutre », disait George Habbache, le chef du F P L P (Front populaire de libération de la Palestine)! En frappant au hasard, les terroristes sont sûrs de frapper juste, c'est-à-dire là où la résonance médiatique sera maximale.

Cela ne signifie évidemment pas que les médias sont la cause du terrorisme mais cela explique au moins partiellement pourquoi il a crû si vite : Abou Ayad, leader de l'organisation palestinienne Septembre noir, rappelait dans ses mémoires que l'objectif des Palestiniens lors du massacre des athlètes israéliens aux jeux Olympiques de Munich, en 1972, était d'« exploiter la concentration inhabituelle de médias à Munich », pour donner à leur combat de la publicité, positive ou négative, peu importe!

Humilier les États

L'idée n'était pas plus neuve que le terrorisme; différencier le terrorisme d'hier de celui d'aujourd'hui n'est d'ailleurs pas évident, tant ils ont de points communs : en 1877, en Russie, le slogan « propagande par la mort » a marqué l'apparition d'une idée qui n'a pas vieilli d'un iota. C'est à cette époque que le terrorisme, annoncé comme une stratégie contre un État, a été adopté pour la première fois par une organisation révolutionnaire : en juillet 1879, Narodnaya Volya (Parti de la volonté du peuple russe) prenait la décision de « frapper au cœur » de l'État, en l'occurrence d'assassiner Alexandre II. Ce n'était pas un assassinat politique comme celui de César et de tant d'autres. L'important dans cette stratégie n'était pas tant la mort du tsar (qui survint finalement le 1er mars 1881) que son maintien, quasiment en état de siège, dans son palais, pour atteindre

son prestige et montrer sa faiblesse.

Un siècle après, l'objectif est toujours le même : les organisations terroristes cherchent à humilier les États qu'elles combattent. Les socialistes révolutionnaires, puis les anarchistes continuèrent la tradition de Narodnaya Volya : le terrorisme gagna l'Allemagne, l'Italie, l'Espagne et la France. Parfois avec des cibles clairement désignées : « La profession de roi est devenue une profession à risque » disait Umberto I er après l'attentat du 7 novembre 1878 (il ne croyait pas si bien dire, son assassinat survint le 29 juillet 1900); ou au contraire en frappant aveuglément : en 1893, une bombe anarchiste explosa au théâtre Licéo à Barcelone, tuant vingt personnes et en blessant beaucoup d'autres. Le 1er octobre 1910, l'explosion d'un bloc de dynamite tua plusieurs douzaines de personnes au *Los Angeles Time*. Bref, quantitativement si l'on ose dire, les terroristes d'alors n'avaient pas grand-chose à envier à ceux des années quatre-vingt : l'évolution des moyens de destruction n'a pas encore conduit à des attentats mettant en jeu la vie de milliers ou de dizaines de milliers de personnes.

Ce qui a changé apparaît nettement lorsque l'on examine l'évolution récente du terrorisme, disons depuis 1970. Il y a quinze ans, la majorité des personnes visées appartenait au milieu diplomatique, commercial ou militaire. Aujourd'hui, cette majorité est constituée de ceux qui passent au mauvais moment au mauvais endroit. Le terrorisme est devenu plus sanglant, plus nébuleux et surtout, il a acquis une dimension stratégique : manipulé par des États comme la Syrie, la Libye ou l'Iran, il est devenu, selon la formule consacrée, la continuation de la politique par d'autres moyens. Quelle politique? Il y a pratiquement autant de réponses que de mouvements. Encore que chacun de ces mouvements puisse être rattaché à quelques catégories de terrorisme suivant qu'ils sont d'inspiration nationaliste, religieuse, idéologique ou étatique.

Quelle définition du terrorisme?

Les statistiques disponibles nous renseignent sur l'ampleur du phénomène, sa géographie, ses objectifs et ses méthodes. Que montrent-elles ? Le pluriel est de rigueur parce qu'on ne peut pas se fier à une source unique pour estimer l'évolution du terrorisme. Certains font entrer dans la rubrique « international » ce que d'autres considèrent comme un terrorisme purement national. Les chiffres qui sont donnés indiquent des tendances, rien de plus. D'abord parce que l'addition d'une bombe qui, un week-end, détruit la porte d'une usine sans faire de victime, et d'un carnage aux Champs-Élysées n'a guère de sens. Ensuite parce que personne ne s'accorde sur une même définition du terrorisme, et pour cause : il n'y en a pas une qui soit à la fois précise et universelle, c'est-à-dire acceptable par la plupart des États. Par exemple, le département d'État américain énonce que le terrorisme est « un acte de violence prémédité, à motivation politique et perpétré contre des cibles non combattantes par des groupes subnationaux ou par les agents clandestins d'un État ». Selon cette définition,

une attaque contre des policiers ou des soldats ne serait pas un acte de terrorisme ! Il y aurait un vide pour qualifier la terreur stalinienne, la répression en Argentine à la fin des années soixante-dix ou dans le Chili de Pinochet...

La situation ne s'éclaircit guère si l'on utilise la définition (due au professeur Paul Wilkinson, un expert dans le domaine) choisie par le rapporteur français d'un groupe de travail de l'Assemblée de l'Atlantique nord : le terrorisme politique est « l'utilisation systématique du meurtre et de la destruction, et aussi de la menace d'y recourir, pour terroriser des individus, des groupes, des communautés ou des gouvernements et les forcer à faire des concessions en faveur des objectifs politiques des terroristes ». Définition dont le principal défaut est qu'elle se réfère aux terroristes qui, eux, ne sont pas définis... Mais peut-être a-t-elle l'avantage d'être suffisamment floue pour écarter de la catégorie « terrorisme » les attentats comme celui du *Rainbow Warrior* !

On peut malgré tout tirer quelques enseignements des statistiques disponibles : celles du département d'État américain et de la Rand Corporation (une firme privée liée au Pentagone) en ce qui concerne le

BIBLIOGRAPHIE

« Démythifier le terrorisme », *Raison présente*, n° 81, 1er trimestre 1987.

FURET F., LINIERS A., RAYNAUD P., *Terrorisme et démocratie*, Fayard, Paris, 1985.

JENKINS B., « The Future Course of International Terrorism », *Rand Paper Series*, Santa Monica, septembre 1985.

« La lutte internationale contre le terrorisme », *Le Monde diplomatique*, février 1986.

Rapport final du groupe de travail sur le terrorisme, Assemblée de l'Atlantique nord, Bruxelles, 1987.

« Terrorisme et démocratie », *Politique étrangère*, n° 4, hiver 1986.

« Terrorismes », *Esprit*, n° 94-95, 1986, 2e ed.

« Violence politique et terrorisme », *Sociologie du travail*, n° 4, 1986.

VOUGHT D., « Terrorism : The Search for Working Definitions », *Military Review*, juillet 1986.

terrorisme international, et celles de Risks International (une autre firme privée américaine) en ce qui concerne le terrorisme tout court, c'est-à-dire national et international. Selon Risks International, le nombre d'attentats politiques depuis 1970 a été multiplié par douze, culminant à 3 010 en 1985. Selon les deux autres organismes, il n'a été multiplié que par cinq (812 attentats en 1985 et en 1986, 800 selon le département d'État, 480 selon la Rand). La différence tient à ce que Risks International tient compte de tous les attentats politiques (c'est-à-dire commis par un groupe identifié comme tel en raison de ses déclarations) alors que les deux premiers n'incluent que les attentats aux conséquences internationales évidentes : ils ne tiennent pas compte, par exemple, d'un attentat d'Action directe s'il est commis contre une cible française mais ils l'incluent si ce même groupe plastique, à Paris, un immeuble appartenant à une firme étrangère.

Il n'y a rien d'étonnant à ce que le terrorisme international ne représente que 15 à 20 % du total des attentats ; le terrorisme national est en effet plus aisé : la pose d'une bombe par un Péruvien dans un village des Andes est généralement plus simple qu'une opération identique menée par un Iranien dans une capitale plus ou moins bien connue, à des milliers de kilomètres de sa base de départ. La complication augmente s'il s'agit d'une prise d'otages. Comme l'écrivait un spécialiste israélien du terrorisme : « En 1978, la prise en otages par les Palestiniens d'un autobus israélien a demandé des mois d'entraînement, une équipe assez importante (treize membres), la collecte de renseignements sur la cible et des efforts logistiques considérables. » Bref, cela ne se fait pas du jour au lendemain.

Mais le problème de définition est plus aigu dès lors que l'on confond tous les attentats. Entre guérilla et terrorisme, la distinction est parfois difficile et, en tout cas, rarement objective. Quand les hommes de l'ANC (African National Con-

gress) font exploser une bombe dans Prétoria, la police sud-africaine les considère comme terroristes ; d'un autre point de vue, ils sont des guérilleros. C'est la raison pour laquelle les statistiques de Risks ont tout juste une valeur d'indicateur, la perspective étant faussée par l'inclusion du terrorisme strictement national. Comme l'écrasante majorité des actes de terrorisme national se situe en Amérique .latine, le Chili, le Pérou, le Nicaragua, le Salvador et la Colombie se trouvent naturellement en tête des nations exposées, alors que, selon les critères du département d'État, c'est le Liban, la France et l'Espagne qui figurent au sommet des pays à risques.

Les statistiques du département d'État et de la Rand sur le terrorisme purement international sont tout aussi criticables mais elles sont au moins partiellement « objectivées » par leur aspect sélectif et l'on peut en tirer certains enseignements. Au plan géographique d'abord : selon le département d'État, la comparaison du pourcentage d'incidents par région du globe dans les années 1983, 1984 et 1985 montre que c'est le Moyen-Orient qui vient en première position aujourd'hui, suivi par l'Europe et l'Amérique latine, qui régresse. Pas ou peu d'incidents en URSS ou aux États-Unis. Si ces derniers restent en tête des cibles par nationalité, (les citoyens américains sont en effet les plus visés), ils ne subissent pratiquement pas d'attaques sur leur propre territoire. Au contraire, les pays européens comme la France sont menacés à la fois de l'extérieur et de l'intérieur.

Augmentation des attentats aveugles

Les principales catégories de victimes ont, elles aussi, changé dans les dix dernières années : les victimes « aléatoires » – les personnes qui se trouvent au mauvais moment au mauvais endroit – sont désormais la majorité. Entre 1979 et 1983, elles concernaient en moyenne 20 % du nombre total des victimes du terrorisme; en 1985, la moyenne est passée à 60 %. Les diplomates intéressent moins les terroristes, de même que les militaires, alors que les hommes d'affaires sont restés des cibles de choix, ce que confirment les statistiques de la Risks. Le nombre d'attentats « aveugles » a donc nettement augmenté. Rien d'étonnant à cela, puisque l'indiscrimination dans un attentat suscite davantage la terreur qu'une action ciblée, chaque individu devenant une cible potentielle. Mais c'est aussi la conséquence d'une amélioration des moyens de lutte antiterroriste. Par exemple, les occupations d'ambassades avec prise d'otages qui s'étaient répandues au début des années soixante-dix ont quasi disparu; à cette époque, les terroristes préféraient l'enlèvement sur leur propre territoire où ils avaient le soutien logistique nécessaire; en revanche, à l'extérieur de leur pays, la prise de diplomates ou assimilés était plus simple, précisément parce qu'ils n'y disposaient pas de l'infrastructure nécessaire à d'autres actions.

Au début des années soixante-dix, la probabilité pour les terroristes de se faire capturer ou tuer était relativement faible, alors que celle qu'ils avaient de voir leurs exigences satisfaites était assez forte; selon un rapport du Sénat américain, ils avaient 87 % de chances de réussir une prise d'otages, 79 % de chances d'éviter la capture ou la mort, 40 % de chances que toutes les demandes ou presque soient exaucées, 20 % de chances d'aboutir à un succès complet, sauf dans le cas d'une action contre Israël qui a tout de suite adopté une politique de non-concession. Mais depuis 1975, la prise d'otages dans une ambassade est devenue beaucoup plus périlleuse. Ainsi, en 1976 et 1977, la moitié des terroristes ayant tenté l'expérience ont été tués ou capturés. La politique de non-concession s'est alors généralisée et a contribué, avec l'amélioration de la protection des locaux diplomatiques, à réduire le recours à ce genre de méthodes.

Un maximum de publicité pour un minimum de risques

Depuis, la philosophie des terroristes peut se résumer de la manière suivante : obtenir un maximum de publicité pour un minimum de risques. Selon le cas, ils préféreront donc commettre un attentat « aveugle » (à la bombe) hors de leurs frontières, ou procéder à un détournement ou un enlèvement à l'intérieur de leurs frontières. Dans un cas comme dans l'autre, ce n'est pas tant leurs revendications qui sont importantes que les messages sous-jacents. Par exemple, les revendications de l'OJR (Organisation de la justice révolutionnaire) pour la libération du caméraman d'*Antenne 2*, Jean-Louis Normandin, enlevé à Beyrouth en mars 1986 portaient officiellement sur la mise en liberté de Georges Ibrahim Abdallah, sur l'abandon de la politique « impérialiste » de la France en Afrique, etc. Mais leurs menaces signifiaient à la population française : votre gouvernement est impuissant; au gouvernement français : arrêtez de fournir des armes à l'Irak; à l'opinion publique internationale; nous sommes les maîtres du jeu; aux sympathisants chiites : nous sommes les plus forts, rejoignez-nous; à la Syrie : vous n'êtes pas les maîtres de la région; et enfin, aux pays arabes en général : choisissez vos amis...

Déclinés de cette manière, les attentats dus au terrorisme international apparaissent bien comme une fin et non comme un moyen. Le message, c'est l'attentat, véhiculé par les images télévisées, et non les revendications qui le suivent ou le précèdent. C'est cela qui témoigne de la faiblesse et de l'impuissance politique des pays qui croient au pouvoir égalisateur du terrorisme.

Sven Ortoli

L'État de droit face au terrorisme

Le terrorisme menace les États de droit de l'intérieur et de l'extérieur. De l'intérieur, il met en cause un mode d'organisation de la vie sociale et politique et affecte, très directement, les mécanismes démocratiques par lesquels s'articulent action sociale, action politique et État. De l'extérieur, il met en cause des relations internationales que régissent normalement les règles de la guerre et de la diplomatie.

Le terrorisme interne

Plutôt que d'expliquer le terrorisme interne par la nature même de l'État de droit ou de la démocratie, ou par le souci d'en détruire les institutions, il faut rechercher l'origine du phénomène dans les avatars de modèles idéologiques et leur rapport de plus en plus mythique à l'expérience vécue de ceux au nom desquels il agit – la classe ouvrière, le peuple, le prolétariat, etc.

Le terrorisme interne, en effet, relève toujours de deux niveaux d'analyse. D'une part, il met en acte des idéologies de l'absolu déconnectées de toute base sociale réelle, et dérive sans autre fin possible que la destruction ou l'autodestruction. D'autre part, il s'installe dans un jeu guerrier avec l'État et s'inscrit alors dans des calculs relevant d'une rationalité stratégique où chaque opération répond à des objectifs précis et limités. A l'extrême gauche, il dénonce l'injustice et l'irrationalité d'un système de domination qu'il entend affaiblir et détruire, bien plus qu'il ne vise, à court terme, à prendre le pouvoir. A l'extrême droite, il en appelle à un ordre musclé dont la nécessité s'imposera une fois démontrées la vanité et l'impuissance du régime en place.

Dans les deux cas, les effets escomptés sont les mêmes : désorienter le pouvoir, montrer son incapacité à assurer le bon fonctionnement de la collectivité, en dévoiler la « vraie » nature ; dans les deux cas, la démocratie est en jeu : formelle, bourgeoise et injuste pour le terrorisme d'extrême gauche ; source de désordre et de décadence pour celui d'extrême droite.

Face au terrorisme interne, les appareils d'État sont appelés à se transformer, parfois de façon considérable, s'ils ne veulent pas donner l'image de l'impuissance et de la décomposition. Mais l'efficacité et la réorganisation se paient généralement d'un prix non négligeable au regard des principes de la démocratie. En dévoilant les capacités inégales d'adaptation et les carences des services qui lui font face (police, services de renseignement), le terrorisme oblige les appareils d'État à se mettre à niveau, à se renforcer, ce qui constitue une menace pour l'État de droit et la démocratie : juridictions d'exception, lois spéciales, appel à la délation, fichages systématiques de la population bien au-delà des seuls acteurs terroristes et de leurs sympathisants, etc.

Dans les cas extrêmes, ce durcissement aboutit à l'instauration d'un régime autoritaire et à un terrorisme total où l'État, éventuellement par groupes paramilitaires interposés, répond par la terreur au mal qu'il est supposé enrayer, comme on l'a vu en Uruguay ou en Argentine dans les années soixante-dix. Dans d'autres situations, il opte pour des remèdes qui, sans atteindre ce degré de gravité, n'en sont pas moins aussi terribles que la maladie. C'est ainsi qu'en Italie, la justice a utilisé le principe du repentir : ceux qui avaient eu les plus lourdes responsabilités et qui acceptaient de collaborer avec l'État, de « donner » leur organisation ont été absous : de criminels, ils sont devenus auxiliaires de la justice, tandis que ceux qu'ils avaient dénoncés étaient condamnés à de longues années de détention, souvent sur la base de leur seule accusation.

Jamais le terrorisme interne n'est traité par l'État dans sa spécificité. Ou bien il est minimisé, criminalisé, et alors privé de sa dimension politique. Ou bien, à l'inverse, il est amplifié, présenté comme une guerre totale dans laquelle le régime demande à l'opinion publique de s'engager avec et derrière lui. Dans un cas comme dans l'autre, la politique antiterroriste répond à des visées qui relèvent d'un autre domaine : lutte contre la criminalité, la délinquance, action sécuritaire, etc.

Mettant en cause le fonctionnement démocratique des institutions, le terrorisme interne peut aussi bien l'affaiblir que le durcir ; mais son influence va plus loin, car en s'installant dans les limites et les contradictions des règles de la démocratie, il oblige à des choix impossibles. La question est particulièrement sensible dès qu'il s'agit des médias : faut-il censurer ou contrôler la presse au mépris du droit à l'information ? Faut-il, plus largement, accepter des procédures non démocratiques pour préserver la démocratie ? Il n'existe pas de réponse simple à une telle question.

Le terrorisme international

Contrairement à une opinion courante, le terrorisme international, même s'il repose souvent sur la haine et le mépris à l'égard des démocraties occidentales, n'a pas pour fin leur désorganisation ou leur déstructuration. Il est toujours instrumental, cherchant à imposer par la violence des revendications négociables, qui prolongent la diplomatie d'un État ou relèvent d'une pression autour d'enjeux limités. Les Fractions armées révolutionnaires libanaises (FARL), l'Armée secrète arménienne de libération de l'Arménie (ASALA) ou le groupe d'Abou Nidal, par exemple, s'en prennent à la France pour obtenir satisfaction sur des points précis (libération des détenus) ; les groupes islamistes demandent un renversement de l'attitude du gouvernement français au profit de l'Iran. Tous sont portés par des logiques de rupture, un rejet de l'Occident. Pour un pays comme la France, le terrorisme international constitue d'abord un péril pour la nation. Mais il exerce des effets multiples et souvent imprévisibles sur le fonctionnement interne de l'État et sur la vie démocratique du pays.

Le terrorisme international vient se superposer aux problèmes politiques et sociaux de la collectivité et peut en obscurcir ou en brouiller le traitement. On le voit nettement en France : les débats sur le racisme, l'émigration, la criminalité et la délinquance, n'ont en principe rien à voir avec le terrorisme, qui vient pourtant les activer et suscite des discours dans lesquels tout se mêle — haine raciste, peur de l'intégrisme musulman, sentiment d'insécurité, etc. Au niveau strictement politique, le terrorisme international peut rapprocher artificiellement des acteurs en opposition, tout comme il peut, inversement, exacerber les tensions. Il pèse sur les processus électoraux, encourage les surenchères démagogiques au profit des acteurs qui ont recours à la violence aveugle.

Le terrorisme international oblige, lui aussi, certains appareils à se transformer. On l'a vu aux États-Unis, puis en France : il conduit à poser *la question d'institutions dont le fonctionnement repose sur la non-transparence, il mobilise l'attention sur les services de renseignement, appelés soit à apparaître au grand jour, ce qui est leur négation, soit à être critiqués pour leurs échecs et leurs carences. La démocratie peut-elle reposer sur des appareils secrets, fonctionnant sans aucun contrôle de l'opinion publique?*

Enfin, le terrorisme international impose aussi aux États qu'il menace des ajustements, voire des modifications structurelles qui concernent les relations entre les institutions garantes de l'État de droit et celles plus directement tournées vers l'extérieur. On le voit à propos de la justice : lorsqu'un terroriste international est arrêté et inculpé, c'est, en France notamment, à la suite de processus étrangers au jeu plus ou moins occulte à travers lequel le gouvernement gère ses rapports avec les organisations ou les États terroristes. Là où celui-ci négocie discrètement, s'efforce de régler en secret le départ d'un ressortissant étranger lié au terrorisme international, est disposé à diverses concessions, l'intervention de la justice, souvent non souhaitée par les autorités, mais rendue inévitable par une arrestation imprévue, une dénonciation ou une fuite dans la presse, crée des tensions parfois très fortes entre le pouvoir politique et le pouvoir judiciaire.

L'État de droit peut s'accommoder de procédures occultes et limitées ; mais, une fois la justice saisie, il peut difficilement accepter d'en bafouer les principes. Mais celle-ci peut-elle maintenir son autonomie, toute relative, sans tenir compte d'un jeu international qui tend à l'en déposséder? La pratique montre que la justice est le plus souvent subordonnée aux exigences du pouvoir politique.

Michel Wieviorka

L'immigration, défi aux sociétés occidentales

Dans les pays occidentaux, les migrations externes tendent à devenir l'expression de choix faits, sur la scène internationale, entre des sociétés ouvertes et des sociétés fermées, et qui sont souvent résolus dans le cadre de relations bilatérales, chaque couple migratoire ayant ses particularités (États-Unis-Mexique, République fédérale d'Allemagne-Turquie, France-Algérie, Suède-Finlande, Suisse-Italie.

Dans les pays d'immigration européens, les flux de main-d'œuvre ont connu une pause dans les années 1973 et 1974, qui a permis de stabiliser une immigration souvent structurelle, familiale et durablement installée depuis plus de dix ans en moyenne. Mais de nouveaux défis d'ordre non plus seulement économique, mais aussi social, culturel et humanitaire ont peu à peu révélé l'incapacité de ces pays d'y répondre.

Défi économique : les restructurations industrielles ont accru le chômage des étrangers encore majoritairement employés dans cette branche, tandis que la tertiarisation des activités et la précarisation de certains secteurs ont maintenu un courant migratoire clandestin.

Défi de solidarité internationale : la coopération fait cruellement défaut, faisant jouer les facteurs d'appel de population là où les politiques nationales sont les moins restrictives, tandis que l'échéance de la libre circulation au sein de la Communauté européenne touchera différentiellement les pays d'accueil (Grèce en 1988, Espagne et Portugal en 1993).

Défi de société : les pays d'accueil ont des difficultés à concevoir les rapports entre leur communauté politique nationale, parfois en mal d'identité, et leurs communautés immigrées, alors qu'ils subissent une double pression émanant d'une part de leur opinion, attachée aux symboles nationaux, et d'autre part des pays d'origine, pour lesquels l'émigration représente à la fois un espace de négociation internationale et une soupape de sécurité politique interne.

Défi culturel, où le religieux musulman a sa part et où l'immigration constitue une contre-épreuve, obligeant les États-nations à se redéfinir.

Défi démographique, enfin : d'ici à 2010, la Turquie comptera 40 % d'habitants de plus que l'Allemagne fédérale et la population globale des trois pays du Maghreb sera presque le double de celle de la France.

Au total, ce sont en Europe treize millions d'immigrés, non compris les doubles nationaux, les faux réfugiés, les clandestins qui, à la fin des années quatre-vingt, mettent en question les conceptions traditionnelles de la citoyenneté.

Dans les pays d'immigration non européens (États-Unis, Canada), où celle-ci représente, au moins dans l'imagerie politique, un facteur permanent et constitutif de la vie de ces pays, la pression des flux a conduit, là aussi, à la mise en œuvre de politiques restrictives.

Bien qu'il soit souvent difficile de discerner des politiques clairement définies, une certaine convergence se manifeste au sein des pays occidentaux confrontés aux mêmes défis et aux mêmes enjeux : insérer les populations issues de l'immigration, faire face à l'immigration illégale et à la croissance du nombre des demandeurs d'asile ainsi qu'aux perspectives d'avenir qui détermineront la dynamique des migrations (disparités de l'évolution démographique et du développement économique, interdépendance Nord-Sud, attrait des démocraties libérales).

Les pays occidentaux ne peuvent plus se contenter d'être des portiers individuels défendant des murailles nationales et de s'enfermer dans un consensus du tabou : les immigrés sont restés, mettant fin au mythe du retour et la crise a mélangé les cartes. A la fin des années quatre-vingt, l'ancienne distinction entre pays d'immigration de main-d'œuvre et pays d'immigration du peuplement tend à être floue et dépassée.

France, RFA, Belgique : maîtrise des flux, pression au retour

On peut distinguer trois groupes de pays, en fonction des objectifs qu'ils ont choisis pour maintenir leur ordre politique interne face à l'immigration.

Pour certains, la maîtrise des flux

constitue l'objectif dominant, assortie d'une politique active de retour :

En *France*, la population étrangère que l'on peut évaluer à 4 millions, dont 1,5 million d'actifs (non compris les clandestins) a subi des transformations récentes : les changements de structure démographique faisant une plus large place aux femmes et aux jeunes (pour la première fois au recensement de 1982, la part des moins de vingt ans dans la population immigrée est devenue supérieure à ce qu'elle est chez les Français); la croissance du taux de chômage et la baisse globale du taux d'activité (plus faible que celui des Français); une relative diversification socioprofessionnelle au profit d'un tertiaire souvent médiocre et précaire; l'élargissement de l'éventail des nationalités (les Européens représentent moins de la moitié des étrangers présents sur le territoire et, selon le recensement de 1982, les Maghrébins constituent 38,5 % de la population immigrée, 57 % d'entre eux habitant dans trois régions, Paris, Lyon, Marseille).

Tous ces changements structurels s'associent pour faire aux secondes générations une situation plus difficile qu'aux parents. La France est désormais une société multiconfessionnelle et multiraciale, interrogée dans son identité, dans ses symboles et dans son devenir par ces enfants d'immigrés, nés sur son sol. Leur présence apparaît parfois comme un défi, et souvent comme un enjeu comme l'ont montré les élections municipales de 1983, les européennes de 1984 et les législatives de 1986. Mais la dichotomie entre Français et étrangers tend à simplifier une réalité devenue plus complexe, avec 1,5 million de franco-maghrébins dont environ un million de franco-algériens. Nombre d'entre eux cherchent à négocier collectivement leur présence dans l'affirmation d'une identité culturelle et politique qui peut passer par le religieux musulman, réfute le modèle de l'assimilation « à la française », fait naître un foisonnement associa-

tif enraciné dans les périphéries urbaines; ils commencent à amorcer une attitude plus instrumentale à l'égard de la nationalité française, depuis les projets de réforme des modes d'acquisition de celle-ci (débat autour du nouveau « code de la nationalité », 1986-1987).

A la différence de la France, traditionnelle terre d'accueil, *la République fédérale d'Allemagne* ne se considère pas officiellement comme un pays d'immigration, malgré ses 5 millions d'étrangers (dont 1,5 million de Turcs), soit cent fois plus d'immigrés qu'au Canada et aux États-Unis, ses 74 000 demandeurs d'asile en 1985 et son fort déclin démographique. Les étrangers sont maintenus dans un statut provisoire : segmentation du marché du travail, formation de ghettos dans les grandes villes, pression au retour, restriction des conditions du regroupement familial. Cependant, de larges mouvements de solidarité se sont formés entre associations et immigrés, des micro-cultures se sont créées et l'immigration est moins un enjeu politique qu'en France.

La Belgique, où un résident sur quatre est un migrant, semble s'être inscrite dans un système mixte quant à sa politique migratoire (réponse à la demande économique et plus grande protection des étrangers). Une régularisation des clandestins (12 000, contre 140 000 en France en 1982-1983) a été décidée en 1984 avant la fermeture des frontières aux travailleurs non ressortissants de la C E E et une prime de réinsertion au pays d'origine a été mise en place en 1985.

Suède, Pays-Bas, Luxembourg, Royaume-Uni : considérations humanitaires

Dans un second groupe de pays, la politique vise, non pas à favoriser le retour, mais à limiter l'immigration tout en demeurant très libérale en matière d'admission de réfugiés et de résidents pour raisons familiales ou humanitaires.

La Suède a longtemps considéré la présence étrangère comme un mal nécessaire, dicté par des raisons économiques ou humanitaires. Sur ses 400 000 étrangers, les ressortissants du marché commun nordique du travail (composés notamment de 160 000 Finlandais) sont en nombre stationnaire, tandis qu'augmentent les Yougoslaves (40 000) et les Turcs, sans compter l'arrivée massive de quelque 13 000 demandeurs d'asile en 1985 et 15 000 en 1986. Mais le déclin de la participation des étrangers aux élections locales et départementales de 1985 (innovation suédoise datant de 1975, suivie par les Pays-Bas et le Danemark) montre qu'ils ne sont pas pleinement intégrés à la vie politique.

Aux *Pays-Bas*, la diversité des nationalités forme un tableau très hétérogène (le pays compte un million d'immigrés pour 14 millions d'habitants). Bien que le gouvernement ait longtemps nié le caractère permanent de cette immigration, l'intégration progressive des minorités est une constante de la politique migratoire, qui demeure néanmoins très restrictive à l'égard des entrées.

Le Luxembourg, soucieux de freiner l'immigration, considère cependant l'apport d'étrangers comme un élément stabilisateur pour combler la baisse de sa natalité et les besoins de son économie (38 % de la main-d'œuvre salariée est étrangère, dont 28 % de Portugais et 16 000 frontaliers).

Au *Royaume-Uni*, la politique d'immigration poursuit le double objectif de contrôler strictement les entrées et de respecter ses engagements à l'égard de ceux qui ont des liens avec le Royaume-Uni, des réfugiés et de ceux qui ont des craintes fondées de retourner dans leur pays. Mais, depuis l'entrée en application du *British Nationality Act* de 1981, le 1er janvier 1983, les ressortissants du Commonwealth n'ont plus le même statut que les sujets britanniques.

Suisse, Canada, États-Unis : recherche d'un équilibre

Un troisième groupe de pays, enfin, considère l'entrée comme une installation permanente; et, malgré les restrictions à l'entrée, le souci d'équilibre socioculturel demeure un élément important de leur politique migratoire.

En *Suisse*, où les étrangers formaient, à la fin de 1984, 14,5 % de la population totale et où un actif sur quatre est étranger, la législation est paradoxalement dans une situation d'attente, par suite du clivage qui oppose la classe politique favorable à la stabilisation numérique et à l'intégration sociale des résidents, à une partie de la population nationaliste et xénophobe. Tout en demeurant fidèle à sa tradition d'accueil des réfugiés, elle cherche à obtenir « un rapport équilibré » entre le nombre de Suisses et de résidents étrangers, au prix d'une politique de simple gestion des saisonniers et d'un consensus pour ne pas parler des clandestins (autour de 50 000 effectifs, nombreux dans l'hôtellerie).

Au *Canada*, l'immigration, définie comme un privilège, continue à être considérée comme une immigration de peuplement, répondant à des objectifs démographiques et d'équilibre de population, dans une perspective multiculturelle. Mais les autorités poursuivent une politique très sélective (grâce à un système de points à l'entrée), sauf à l'égard des entrants bénéficiant d'un statut particulier (réfugiés, familles, travailleurs indépendants), les travailleurs temporaires étant régis par un statut propre.

Aux *États-Unis,* la politique d'entrée demeure soumise à la fixation par la loi d'un contingent annuel, malgré l'autonomie relative de certains flux (clandestins) et la fixation par le président, après consultation du Congrès, d'une partie non contingentée composée de proches parents et de réfugiés. Dans ce pays où les migrants font partie du mythe national, où il n'y a pas de « seconde génération » car, par la naissance sur le territoire américain, celle-ci acquiert la nationalité et la citoyenneté américaines, les objectifs de la politique migratoire demeurent néanmoins flous et plus implicites qu'explicitement définis. À la différence du Canada, les États-Unis continuent d'avoir besoin de flux migratoires (500 000 nouveaux venus depuis le début des années quatre-vingt, 6 % de naissances étrangères annuelles); et à la différence de l'Europe, ils n'ont pas suspendu leurs flux migratoires. Les raisons en sont autant économiques que de politique étrangère.

Mais, malgré les divergences dans l'ordre des priorités, la convergence domine entre les politiques américaines et européennes : l'immigration est en passe de devenir l'une des préoccupations majeures, dans un contexte cumulant les restructurations économiques et l'apparition de marchés du travail secondaires, riches d'activités informelles. L'absence de coordination internationale dans la lutte contre les trafics de main-d'œuvre, la poursuite de la pression au départ dans les pays d'origine qui sont autant de partenaires, le passage au politique de formes d'expression identitaires et collectives, la pression des électeurs constituent autant de contraintes contradictoires pour les politiques migratoires des pays occidentaux, frappées d'un double paradoxe : prôner la liberté des échanges tout en contrôlant la migration, affirmer leur souveraineté nationale tout en proclamant que la coopération internationale est l'un des maîtres-mots des économies et des politiques occidentales. Le cas de *l'Italie,* hier pays d'émigration, devenu pays d'immigration, dont la composition des flux (essentiellement clandestins) s'est rapidement transformée, devenant de plus en plus familiale et humanitaire (un million d'immigrés environ) et qui a récemment dû mettre en place un verrouillage de ses frontières, est révélateur de ces paradoxes car il sert de soupape de flexibilité à bien des politiques migratoires en Europe.

Un enjeu des négociations internationales

En devenant permanente, durablement installée et sévèrement contrôlée à l'entrée, l'immigration ne fait pas seulement pression sur l'ordre politique interne des pays occidentaux : son statut négociable, le poids économique des échanges qu'elle entretient avec les pays d'origine, les facteurs d'influence culturelle qu'elle suscite font de l'immigration un outil de pression dans la conduite des politiques extérieures, tant des pays d'accueil que de départ. Du côté des pays d'accueil, les difficultés liées au chômage massif et persistant ainsi qu'à l'intégration des étrangers les conduisent à poursuivre des politiques restrictives, sauf si les progrès technologiques et l'expansion du secteur des services entraînent une progression de la demande d'emplois flexibles et faiblement qualifiés. Mais, du côté des pays d'origine, les pressions migratoires ne semblent pas près de cesser, car il n'existe souvent aucun substitut durable à la migration : l'expansion démographique, le sous-emploi, l'attrait du libéralisme politique et culturel sont autant de facteurs qui alimentent les filières migratoires.

Une évolution semble cependant se dessiner : des pays comme *la Grèce* et *le Portugal* – avec une incertitude liée à l'échéance de la libre circulation communautaire –

ont un potentiel de départ en baisse; ce potentiel est encore mobilisé dans les pays du *Maghreb;* quant à *la Turquie,* elle semble devoir rester le principal réservoir de migration en Europe, alors que *le Mexique* continuera de subir l'attrait des États-Unis. Des migrations de retour massives risqueraient de compromettre la situation économique de ces pays, sans compter leur utilisation de la migration comme moyen d'exporter la contestation sociale et comme instrument de pression dans les négociations bilatérales.

Un tel constat appelle donc les pays occidentaux, doublement affectés, dans leur ordre politique interne et externe, par le défi de l'immigration, à un regain d'ouverture et de réalisme. Ce n'est pas avec des politiques négatives et électoralistes qu'ils résoudront les questions essentielles : clandestinité, inadéquation des législations à la flexibilité du marché du travail, évaluation des besoins démographiques, approche à long terme de la restructuration industrielle, consultation des citoyens pour définir les politiques d'admission, droits politiques des non-nationaux, pluriculturalisme et communauté politique, solidarité face à la montée de la xénophobie, formation et réinsertion.

A bien des égards, l'avenir des migrations fait figure de révélateur des problèmes des sociétés occidentales. La question est de savoir quelles sociétés les États concernés, liés par leur politique migratoire antérieure et engagés dans de nouveaux rapports Nord-Sud, veulent construire, maintenant qu'ils sont confrontés à la fin des mythes de l'immigration temporaire, du retour et de la docilité politique. Faute de projet, on risque de voir s'affronter des populations de plus en plus vieilles et de plus en plus riches à des populations de plus en plus jeunes et de plus en plus pauvres.

Catherine Wihtol de Wenden

BIBLIOGRAPHIE

CORDEIRO A., *L'immigration,* collection « Repères », La Découverte, nouvelle édition, Paris, 1987.

« Étrangers, immigrés, Français », *Vingtième Siècle,* n° 7, juillet-septembre, 1985.

« Français/Immigrés », *Esprit,* n° 6, juin 1985.

HAMMAR T., (sous la dir. de), *European Immigration Policy : a Comparative Study*, The Cambridge University Press, Cambridge, 1985.

« L'immigration maghrébine en France. Les faits et les mythes », *Les Temps modernes,* n⁰ˢ 452-453-454, 1984.

« Irregular Migration : an International Perspective », *International Migration Review,* volume 18, n° 67, automne 1984.

MOULIER-BOUTANG Y., GARSON J.P., SILBERMAN R., *Économie politique des migrations clandestines de main-d'œuvre. Comparaisons internationales et exemple français,* Publisud, Paris, 1986.

SIMON R., BRETTELL C., (sous la dir. de), *International Migration. The Female Experience*, New Jersey, Rowman and Allanheld, Totowa, 1985.

La communauté internationale et les conflits d'Afrique australe

L'année 1986 a marqué un tournant notable dans l'évolution des positions internationales vis-à-vis de l'Afrique australe. Le changement n'est venu ni du tiers monde et de la Chine, ni des pays du bloc soviétique qui ont poursuivi leur politique hostile au régime sud-africain et se sont prononcés en faveur de sanctions globales et obligatoires dans toutes les instances internationales (Nations Unies, Organisation de l'unité africaine, Mouvement des non-alignés), sans pour autant appliquer toujours effectivement de telles mesures. L'URSS a continué d'intervenir dans la région par son aide massive au gouvernement angolais (et la présence du contingent cubain), par la fourniture d'armes au Mozambique et par le soutien privilégié au Congrès national africain (ANC), qui reste le principal mouvement de libération sud-africain.

C'est plutôt du côté occidental que les gouvernements ont été amenés à réviser leurs analyses concernant l'évolution en Afrique australe, parfois sous l'impulsion de leurs opinions publiques, et à prendre en conséquence de nouvelles initiatives économiques et politiques.

L'année 1985 avait été celle de la révolte des ghettos et de l'état d'urgence en Afrique du Sud; en 1986 le *statu quo* a prévalu, devenant de plus en plus intolérable aux gouvernements et à l'opinion internationale.

Les constituants de la réalité sud-africaine sont simples : à l'intérieur, l'état d'urgence est instauré comme une donnée permanente; la répression généralisée, la violence vont de

pair avec l'absence de réformes : les piliers de l'apartheid restent intacts. Dans le même temps, Prétoria maintient son occupation de la Namibie, effectue des raids fréquents contre ses voisins, occupe le Sud angolais, en collaboration avec l'UNITA (Union nationale pour l'indépendance de l'Angola) et soutient le mouvement d'opposition au Mozambique, le RENAMO (Résistance nationale du Mozambique).

Le gouvernement de Pieter Botha s'est révélé inapte à rétablir l'économie, marquée par les effets combinés des blocages inhérents au système de discrimination raciale et d'une crise conjoncturelle profonde. Les investisseurs étrangers sont confrontés à une baisse relative de la rentabilité et à un accroissement des risques politiques. L'*establishment* afrikaner, jamais encore autant divisé que lors des élections du 6 mai 1987, ne dispose pas de projet de remplacement de l'apartheid.

Dans ces conditions, la poursuite de la politique occidentale de soutien à Prétoria pouvait difficilement ne pas être remise en cause. C'est aux États-Unis que le tournant le plus significatif a été pris, battant en brèche la politique reaganienne de l'« engagement constructif ».

Au début de 1987, le département d'État américain a publié le rapport préparé par la commission nommée par le président Reagan en 1985, pour faire pièce aux sanctions demandées par le Congrès; ce document conclut à l'échec de la politique dite d'« engagement constructif » et souligne que la défense des intérêts américains à long terme implique le développement des relations avec les Noirs sud-africains, intérêts qui ne sauraient cependant être sacrifiés à la collaboration avec le régime blanc pour la sauvegarde à court terme des minerais stratégiques et de la route du Cap. Traduisant l'opinion d'une part importante des conservateurs américains, ce texte, qui ne se prononce pas sur l'opportunité de la politique des sanctions, est l'aboutissement de la baisse rapide du crédit sud-africain aux États-Unis. Depuis 1985, avec l'initiative des banques de suspendre les crédits à l'Afrique du Sud, l'opinion américaine s'est fortement mobilisée contre l'apartheid et de nombreuses entreprises ont dû se retirer d'Afrique du Sud, à l'occasion de campagnes de pressions exercées dans les assemblées d'actionnaires et d'actions de boycottage émanant des universités, des Églises et des investisseurs institutionnels.

Sanctions timides

Ces éléments spécifiques aux États-Unis n'ont trouvé un écho dans les autres pays occidentaux où, après bien des débats décevants, et sous la pression conjointe des pays du tiers monde et des opinions, les gouvernements ont été amenés à se départir de leur traditionnel refus des mesures d'isolement économique du régime de Pretoria; dans le même temps, le mouvement de remise en cause des investissements en Afrique du Sud a pris de l'ampleur.

Les sanctions imposées au président Reagan en octobre 1986 par son Congrès sont restées limitées : interdiction des nouveaux investissements, suspension des prêts bancaires au gouvernement et des achats aux sociétés d'État sud-africaines, interdiction des exportations de pétrole et d'une série de produits de base; en janvier 1987, les minéraux stratégiques ont d'ailleurs été exclus du champ de l'*Anti-Apartheid Act.* Leur étendue est cependant bien plus large que celles qui ont été prises par les autres pays occidentaux – à l'exception des pays nordiques, et surtout de la Suède; à cause de l'obstruction du Royaume-Uni et de la République fédérale d'Allemagne, la CEE n'a pas inclus dans son programme la suspension de l'importation du charbon sud-africain et elle a surtout fait valoir son programme d'aide humanitaire aux Noirs sud-africains.

Les pays du Commonwealth ont pourtant exercé une forte pression sur le gouvernement Thatcher, allant jusqu'à boycotter, en août 1986, les jeux d'Édimbourg. La mission de la dernière chance du ministre des Affaires étrangères britannique, Geoffrey Howe, à la fin juillet 1986, n'a pu que prendre acte de l'impasse obstinée du côté sud-africain. Répondant à la mission des sages du Commonwealth (parmi lesquels lord Barber, ancien ministre conservateur et président de la Standard Bank), le gouvernement Botha venait de lancer une série de raids sans précédent contre la Zambie, le Zimbabwé et le Botswana.

Le Japon, pour sa part, malgré la visite en septembre 1986 du ministre des Affaires étrangères, Pik Botha, à Tokyo, a maintenu des mesures limitées (interdiction de la vente d'ordinateurs à usage militaire et des investissements directs) mais il reste un partenaire très présent de la République sud-africaine.

Les grands pays occidentaux se sont ainsi engagés à regret dans une politique timide de sanctions qui ne devaient pas véritablement mettre en danger le régime, mais qui ont accru ses difficultés politiques. La seule avancée notable, qui permettrait de résoudre efficacement les problèmes de droit international, serait le vote par le Conseil de sécurité de l'ONU d'une résolution à caractère contraignant, dans le cadre des pouvoirs qui lui sont dévolus par la Charte de San Francisco. En février 1987, le Royaume-Uni a réitéré, avec les États-Unis et la RFA, son refus d'une telle initiative, la France s'abstenant et l'Italie se prononçant pour.

Quant au mouvement de désinvestissement, il faut en souligner les effets encore limités. Au printemps 1987, il se réduisait essentiellement au retrait des firmes américaines (parmi lesquelles Coca-Cola, Kodak, IBM, General Motors, Honeywell, General Electric, Motorola et Revlon) et de quelques multinationales occidentales, dont la Barclays Bank, jusqu'alors principale banque sud-africaine. La plupart des firmes européennes ne semblaient pas disposées à quitter le pays à brève échéance; contrairement à leurs homologues américaines, elles n'ont pas eu à subir la pression de leurs clients et actionnaires; en outre, elles ne disposaient pas de marchés de remplacement immédiats. Il faut d'ailleurs insister sur les limites de ce retrait des investissements : il s'est accompagné en général de la vente des actifs à des firmes locales (et à des conditions avantageuses pour les capitaux sud-africains), sans modifier fondamentalement la production ou l'activité sur place. Parfois, comme c'est le cas pour General Motors, des liens ont été maintenus avec l'ancienne maison mère, qui a continué d'en tirer profit. Au début de 1987, les grandes sociétés pétrolières, dont le poids est indéniable dans l'échec de l'embargo pétrolier à destination de Pretoria, n'avaient pas manifesté l'intention de se retirer. Shell, pourtant touchée par le boycottage, préconisait au contraire le maintien et le développement de la présence occidentale.

Il faut rattacher ce mouvement de désinvestissement partiel à la contestation, interne à l'Afrique du Sud, de la politique gouvernementale par les milieux d'affaires. Tout en militant contre l'extension des sanctions internationales, le patronat sud-africain a régulièrement réitéré sa demande de libération de Nelson Mandela, le leader historique de l'ANC, et d'ouverture de négociations avec les Noirs sur la question des droits politiques. Les firmes occidentales présentes ont aussi joué leur rôle dans ce concert, en soutenant par exemple le projet du Premier ministre du Kwazulu, Gatsha Buthelezi *(Indaba)*, d'un système à deux assemblées dans la province du Natal et le bantoustan du Kwazulu.

En définitive, plus que par ses effets pratiques sur l'économie, le mouvement des retraits d'investissements et des sanctions a joué un rôle psychologique : les divisions au sein de la minorité blanche se sont accrues et d'importantes personnalités afrikaners ont quitté le Parti national à l'occasion des élections de mai 1987; parmi elles, des universitaires afrikaners, membres du Broederbond, qui ont été à l'origine des réformes mises en œuvre par Botha, ainsi que l'ambassadeur sud-africain à Londres, Denis Worall; ces personnalités demandent l'abolition d'un des piliers de l'apartheid, le *Group Areas Act* qui répartit les « races » en zones exclusives de résidence.

Aide accrue aux petits pays d'Afrique australe

En ce qui concerne les conflits au Mozambique et en Angola, les choses ont peu évolué en 1986, malgré des initiatives prises par les pays occidentaux pour relancer leur coopération avec les pays de la Conférence de coordination pour le développement de l'Afrique australe (SADCC qui regroupe Botswana, Lésotho, Swaziland, Zambie, Zimbabwé, Tanzanie, Malawi, Angola et Mozambique).

Les États-Unis sont restés fermement impliqués dans le conflit angolais, à travers le soutien apporté à l'UNITA conjointement avec Pretoria; ils fournissent désormais ouvertement des missiles *Stinger* aux rebelles (l'aide militaire promise en janvier 1986 à leur chef, Jonas Savimbi, s'élevait à 15 millions de dollars); l'accord de Lusaka, signé en 1984, est bien dépassé, qui prévoyait le retrait des troupes sud-africaines en échange de l'interdiction par Luanda des opérations de la SWAPO (l'Organisation des peuples du sud-ouest africain) sur son territoire. Fidel Castro, au sommet des non-alignés à Harare, en août 1986, a lié explicitement la présence des troupes cubaines au démantèlement de l'apartheid, et non plus seulement à l'indépendance de la Namibie, pour laquelle les perspectives sont plus que jamais au point mort.

Le cas du Mozambique est très différent. Le RENAMO, mouvement de résistance soutenu par l'Afrique du Sud en violation du pacte de Nkomati (mars 1984), continue de semer la terreur et le banditisme dans les provinces mozambicaines; cette organisation de « seigneurs de guerre » n'a pas d'autre programme politique que la destruction des récoltes et des installations sanitaires. A l'exception d'un *lobby* extrémiste américain (la fondation Heritage), les Occidentaux ne lui accordent aucun soutien. Au contraire, ils ont apporté une aide au gouvernement de Maputo (le pays est exsangue et les Nations Unies estiment que quatre millions de personnes sont menacées de famine, sur un total de quatorze millions). En mars 1987, le FMI s'apprêtait à lui accorder une aide. Le Royaume-Uni, pour sa part, entraîne des sol-

dats mozambicains et zimbabwéens et la visite à Paris, début 1987, du ministre mozambicain des Affaires étrangères, Jacinto Veloso, a ouvert la porte à une coopération plus étroite avec la France.

Bien que très lentement, les pays occidentaux semblent avoir pris conscience de la nécessité d'une aide économique aux pays d'Afrique australe, pour contrer les effets de leur domination par l'Afrique du Sud. En février 1987, lors de la réunion annuelle de la commission de la SADCC à Gaborone (Bostwana), une augmentation de l'aide américaine a été annoncée (à hauteur de 95 millions de dollars). En outre, Londres a décidé de fournir son concours au projet de remise en état du chemin de fer qui relie le Zimbabwé à Maputo. Le projet mozambicain de réactivation du port de Beira a reçu, en mars 1987, l'engagement financier de la CEE, de la Suède et des États-Unis (à hauteur de 280 millions de dollars).

Cette prise en compte des besoins logistiques et de développement des petits pays indépendants d'Afrique australe est encore faible au regard de l'engagement bien plus déterminant des capitaux occidentaux en Afrique du Sud; elle signale cependant une tendance qui, une fois consolidée, pourrait influer positivement sur l'état des forces dans la région.

Pour timide qu'elle soit, la remise en cause par les pays occidentaux de

---
BIBLIOGRAPHIE

Barbier J.C., Désouches O., *Sanctionner l'apartheid, quatorze questions sur l'isolement de l'Afrique au Sud,* La Découverte, Paris, 1987.

Diener I., *Apartheid, la cassure. La Namibie, un peuple, un devenir,* Arcantère, Paris, 1986.

Eminent persons group (the), *Mission to South Africa,* Penguin, Londres, 1986.

Hanlon J., *Apartheid's Second Front,* Penguin, Londres, 1986.

Sampson A., *Black and Gold,* Hodder ans Stoughton, Londres, 1987.

leur complicité tolérante vis-à-vis de l'apartheid a redonné espoir aux adversaires de la discrimination raciale qui luttent pour l'isolement réel du régime sud-africain. Pour la première fois, les deux États qui se sont montrés les plus réticents à rompre avec Prétoria, les États-Unis et le Royaume-Uni, ont officiellement reçu, en 1986, année du soixante-quinzième anniversaire de l'ANC, son représentant, Oliver Tambo, inaugurant ce qui pourrait être une politique de rencontres directes avec les organisations représentatives de la majorité noire d'Afrique du Sud.

Le chemin à parcourir est pourtant encore long avant que la communauté internationale ne s'engage à fond dans le combat pour supprimer ce vestige anachronique que représente le racisme institutionnalisé d'Afrique du Sud. Mais l'avenir se joue d'abord entre les Sud-Africains eux-mêmes qui doivent jeter les bases économiques et politiques d'une future Afrique du Sud non raciste ; or, sur cette question occultée par la haine et la violence, il n'existe aujourd'hui que des éléments de solution bien ténus.

Jean-Claude Barbier

LE JOURNAL
DE L'ANNÉE

Note : On trouvera une chronologie des événements mondiaux de janvier 1980 à décembre 1980 dans l'édition 1981 de *L'État du monde,* de janvier 1981 à mai 1982 dans l'édition 1982, de juin 1982 à mai 1983 dans l'édition 1983, de juin 1983 à mai 1984 dans l'édition 1984, de juin 1984 à mai 1985 dans l'édition 1985, de juin 1985 à mai 1986 dans l'édition 1986.

Juin 1986

5. Philippines. Les dirigeants de la rébellion communiste armée acceptent le principe de négociations avec le gouvernement.

7. France-Iran. Massoud Radjavi, chef des Moudjahidin du peuple, est contraint de quitter la France où il vivait en exil depuis 1981. Il se réfugie en Irak.
RFA. Violentes manifestations antinucléaires à Brokdorf, Hamm-Uentrop et Wackersdorf, à l'occasion d'un congrès antinucléaire réuni à Würzburg.

8. Autriche. Deuxième tour de l'élection présidentielle. Kurt Waldheim, candidat du Parti conservateur, est élu avec 53,9 % des voix. Le 9, démission du chancelier Fred Sinowatz (Parti socialiste). Il est remplacé par Franz Vranitsky.

9. États-Unis. La commission présidentielle chargée de l'enquête sur l'explosion de la navette spatiale *Challenger* (28 janvier) met en cause la décision de lancement prise par la NASA alors que les conditions techniques étaient défectueuses.
France-Espagne. 300 chalutiers espagnols bloquent le port d'Hendaye pour protester contre l'interdiction de pêcher au large des côtes landaises par suite de l'entrée de l'Espagne dans la CEE.

11. Chine-CEE. Hu Yaobang entreprend une tournée en Grande-Bretagne, RFA, France et Italie. C'est la première visite d'un secrétaire général du PC chinois en Europe de l'Ouest.
Est-Ouest. Sommet du pacte de Varsovie, à Budapest. Un appel est adressé aux pays de l'OTAN en faveur d'une réduction mutuelle des forces classiques et nucléaires tactiques en Europe « de l'Atlantique à l'Oural ».

12. Pologne. La Pologne réintègre le FMI et obtient un rééchelonnement de sa dette.
Afrique du Sud. Rétablissement de l'état d'urgence général et arrestation de syndicalistes et militants anti-apartheid. Le 16, à l'occasion du dixième anniversaire des émeutes de Soweto, l'appel à la grève générale est très suivi. Violence dans les cités noires : le bilan officiel est de cent morts, jusqu'à la fin du mois.

16. Apartheid. A Paris, lors d'une conférence de l'ONU sur l'apartheid, des sanctions « globales et obligatoires » sont préconisées contre l'Afrique du Sud.
France-Nouvelle-Zélande. Javier Perez de Cuellar, secrétaire général de l'ONU, accepte d'agir comme médiateur entre Paris et Wellington dans leur différend à propos du sabotage du *Rainbow Warrior* (juillet 1985) et de la libération des « faux époux Turenge ».

18. Pérou. Répression d'une mutinerie dans trois prisons près de Lima : 246 guérilleros du Sentier lumineux sont tués, la plupart après s'être rendus.

20. Liban. L'Organisation de la justice révolutionnaire libère deux des neuf otages français : les journalistes Georges Hansen et Philippe Rochot (*Antenne 2*).

21. Tunisie. Douzième congrès du Parti socialiste destourien. Mohamed Mzali, Premier ministre, est confirmé dans ses fonctions, mais la plupart de ses amis sont écartés du pouvoir.

22. Espagne. Élections législatives. Le Parti socialiste ouvrier espagnol (PSOE) de Felipe Gonzalez conserve la majorité absolue : 184 sièges sur 350. La Coalition populaire (droite) obtient 105 sièges, le Centre démocratique et social 19 sièges.

23. SIDA. Deuxième conférence internationale sur le SIDA, à Paris. La progression de l'épidémie est jugée alarmante.

France-Niger. Visite officielle du président du Niger, le général Seyni Kountché.

25. Israël. Abraham Shalom, chef des services de renseignements intérieurs, soupçonné d'avoir couvert le meurtre de deux terroristes palestiniens, démissionne. Il est « gracié » par le président Haïm Herzog.

États-Unis-Nicaragua. La Chambre des représentants (majorité démocrate) vote une aide aux *contras* antisandinistes de 100 millions de dollars, dont 70 millions à titre militaire.

Sri Lanka. Le président Jajewardene présente un plan de paix visant à mettre un terme à la guerre civile entre Tamouls et Cinghalais.

26. Apartheid. Le Conseil européen de La Haye est consacré principalement aux sanctions économiques contre l'Afrique du Sud. Le gouvernement britannique, réticent, obtient un sursis de trois mois avant l'adoption des sanctions par les Douze.

Irlande. La légalisation du divorce est rejetée par référendum (63 % des voix).

27. Italie. Démission de Bettino Craxi, Premier ministre, après le rejet par les députés d'un projet de loi relative à la répartition des fonds de l'État entre les collectivités locales.

28. Liban. Déploiement de l'armée libanaise à Beyrouth-Ouest conformément à un accord conclu mi-juin à Damas, visant à mettre fin aux affrontements entre les milices musulmanes.

29. Mexique. Finale de la Coupe du monde de football : l'Argentine bat la R F A.

30. Eurêka. Adoption, à Londres, de 62 projets de coopération technologique par les représentants de 19 pays. Un secrétariat permanent d'Eurêka est créé.

Chine-Portugal. Ouverture à Pékin des négociations officielles sur l'avenir de Macao.

Pétrole. Nouvelle baisse des cours du brut (10 dollars le baril) après l'échec de la conférence de l'O P E P, à Brioni (Yougoslavie).

Juillet 1986

1. Vatican-Colombie. Jean-Paul II entame un voyage en Colombie. Il se prononce pour la justice sociale, contre la violence.

2. Télécommunications. La C G E (groupe français nationalisé) et I T T (groupe américain) annoncent la fusion de leurs activités de télécommunications. La nouvelle filiale sera le deuxième groupe mondial dans le secteur.

C E E-États-Unis. Accord des Douze sur la poursuite des exportations américaines de maïs vers l'Espagne afin d'éviter les représailles commerciales annoncées en mai par Washington.

Chili. Dure répression après deux jours de grève générale : sept personnes sont tuées.

3. États-Unis-France. Célébration du centenaire de la statue de la Liberté (cadeau de la France), en présence de François Mitterrand.

4. Liban. Déploiement de 200 soldats syriens à Beyrouth-Ouest pour appuyer les forces libanaises dans le secteur musulman de la capitale.

6. Japon. Élections législatives anticipées. Victoire du Parti libéral-démocrate du Premier ministre, Yasuhiro Nakasone (304 sièges sur 512).

7. France-URSS. Visite officielle du président François Mitterrand à Moscou.

8. Tunisie. Destitution du Premier ministre, Mohamed Mzali. Il est remplacé par Rachid Sfar.

9. France. Explosion d'une bombe dans un immeuble de la préfecture de police de Paris : 1 mort, 22 blessés.
RFA. Karl Heinz Beckurts, un des dirigeants du groupe Siemens, est tué dans un attentat à la bombe revendiqué par la Fraction armée rouge.

10. France. Georges Ibrahim Abdallah, chef présumé de Fractions armées révolutionnaires libanaises (FARL), est condamné à quatre ans de prison pour usage de faux papiers et détention d'armes.
Italie. Aboul Abbas, chef du Front de libération de la Palestine qui avait organisé le détournement de l'*Achille Lauro* (octobre 1985), est jugé par contumace et condamné à la réclusion à perpétuité.
Vietnam. Mort de Le Duan, secrétaire général du Parti communiste. Il est remplacé par Truong Chinh, numéro deux du Parti.

14. Espagne. Explosion d'une voiture piégée dans le centre de Madrid : 10 morts. L'attentat est attribué à l'ETA militaire.

16. Cacao. Conclusion d'un accord entre producteurs et consommateurs pour stopper la chute des prix (30 % en six mois).
Espace. Retour sur Terre de deux cosmonautes soviétiques partis le 13 mars pour naviguer entre les stations orbitales *Saliout 6* et *Mir*.

19. Espagne - France. Expulsion d'un réfugié basque espagnol au nom de « la procédure d'urgence absolue ». Quatre autres expulsions suivent jusqu'à la fin du mois. Vives protestations des nationalistes basques des deux pays.

21. Guinée-Bissao. Exécution de six personnalités condamnées à mort pour participation à une tentative de coup d'État contre le général Viera (octobre 1985).
Israël-Maroc. Rencontre à Ifrane du Premier ministre Shimon Pérès et du roi Hassan II. La Syrie rompt les relations avec Rabat ; le colonel Kadhafi qualifie Hassan II de « traître ».

22. Mexique. Accord avec le FMI sur un plan de sauvetage financier. Coût : 12 milliards de dollars.

24. Commonwealth. 32 des 48 pays membres décident de boycotter les jeux de l'Organisation, à Édimbourg, pour protester contre le refus de Margaret Thatcher de prendre des sanctions économiques contre l'Afrique du Sud.

26. Désarmement. Ronald Reagan se dit satisfait des propositions soviétiques sur le contrôle des armements déposées en juin aux négociations de Genève.
Liban - États - Unis. Libération du père Lawrence Jenco, enlevé en janvier 1985 par le Djihad islamique.

27. Thaïlande. Élections législatives anticipées. Le Parti démocrate du Premier ministre, Prem Tinasulanond, obtient 100 sièges sur 347.

28. Pétrole. Réunion de l'OPEP à Genève. Le prix du pétrole (9 dollars le baril) a retrouvé son niveau réel des années cinquante.
URSS-Asie. Mikhaïl Gorbatchev annonce le retrait des six régiments soviétiques de l'Afghanistan, avant la fin de l'année, ainsi que son intention de rappeler « une grande partie » des troupes stationnées en Mongolie.
OUA. XXIIᵉ sommet de l'Organisation de l'unité africaine. Le chef d'État congolais, Denis Sassou Nguesso, remplace Abdou Diouf à la Présidence. Résolutions contre le régime de l'apartheid et l'attitude des pays occidentaux.

29. CEE-Afrique du Sud. Fin de la mission des bons offices auprès de Prétoria confiée à sir Geoffrey Howe, secrétaire britannique au Foreign Office. Pieter Botha n'a fait aucune concession.

Argentine - Brésil. Signature d'un accord d'intégration économique visant à libéraliser les échanges des deux pays dans certains secteurs.

31. Commerce international. A Genève, échec des travaux préparatoires aux négociations multilatérales dans le cadre du GATT.

États-Unis-Japon. Signature d'un accord sur les circuits intégrés.

Tunisie. Exécution par le feu de deux personnes condamnées pour « conspiration islamiste ».

Août 1986

1. Commerce international. Renouvellement pour cinq ans de l'accord multifibres (limitation des importations de produits textiles provenant des pays à faible prix de revient).

États-Unis. Le président Reagan approuve la vente subventionnée de quatre millions de tonnes de blé à l'URSS.

Italie. Fin de la crise gouvernementale (35 jours). Bettino Craxi (Parti socialiste) reste président du conseil jusqu'à son remplacement par un membre du Parti démocrate-chrétien (mars 1987).

Liban-Syrie. Appel du président Amine Gemayel à Hafez el-Assad pour qu'il intervienne en faveur de la reprise du dialogue interlibanais.

2. Iran-Irak. Le président Saddam Hussein propose une « paix honorable » au gouvernement iranien. Refus de l'ayatollah Khomeiny (le 7). Reprise des bombardements et des raids contre les terminaux iraniens.

3. Malaisie. Élections anticipées. Le Front national (coalition de 13 partis au pouvoir) remporte 148 sièges sur 177.

4. Pétrole. Réunion à Genève des pays de l'OPEP. Accord sur la réduction de la production jusqu'à la fin octobre. Remontée du cours du brut de 9 à 15 dollars le baril.

8. Pacifique sud. Réunion des treize États membres du Forum du Pacifique sud à Suva (Fidji). Ils demandent au Comité de décolonisation de l'ONU de discuter la question de la Nouvelle-Calédonie à leur prochaine session. L'examen en est repoussé à 1987.

10. CEE-États-Unis. Accord mettant fin aux restrictions douanières sur les pâtes européennes d'une part, sur les noix et les citrons américains d'autre part.

11. Liban. Un responsable du mouvement chiite Amal est tué à un barrage de la FINUL au cours de violents affrontements entre les casques bleus français et la milice chiite. Le 26, Jacques Chirac remet en cause le rôle des forces de l'ONU au Liban.

13. États-Unis. Le Sénat adopte le programme d'aide aux *contras* nicaraguayens demandé par Ronald Reagan. Le 15, il approuve des sanctions économiques contre l'Afrique du Sud.

Pakistan. Arrestation de Benazir Bhutto et d'une centaine d'opposants au régime de Zia ul-Haq à la veille de manifestations antigouvernementales (une trentaine de morts jusqu'au 22).

15. États-Unis. Après l'échec de *Challenger* (janvier 1986), Ronald Reagan annonce la construction d'une quatrième navette spatiale. La NASA ne lancera plus de satellites commerciaux.

Turquie. Raid de l'aviation turque contre des rebelles kurdes en territoire iranien. Bilan officiel : entre 150 et 200 morts.

Soudan. En raison de l'insécurité dans le sud du pays, l'aide alimentaire internationale est interrompue. Le 16, un appareil civil de la Sudan Airways est abattu par les rebelles : 60 morts.

18. Désarmement. Prorogation du moratoire sur les essais nucléaires soviétiques jusqu'en janvier 1987. Washington rejette la proposition de Mikhaïl Gorbatchev de signer un accord sur la cessation totale des essais mais accepte le principe d'une rencontre au sommet avant la fin de l'année.

Israël-URSS. A Helsinki, premières consultations officielles entre les deux États depuis 1967.

20. États-Unis. Abaissement du taux d'escompte de 6 % à 5,5 % en dépit du refus de la RFA et du Japon de prendre des mesures similaires.

21. Cameroun. Dans le nord-ouest du pays, au lac de Nyos, des émanations de gaz toxiques d'origine volcanique font près de 2 000 morts.

25. Cameroun-Israël. La visite de Shimon Pérès à Youndé marque le rétablissement des relations diplomatiques entre les deux pays.

Nucléaire. Une conférence consacrée à la catastrophe de Tchernobyl (25 avril) se réunit à Vienne au siège de l'Agence internationale de l'énergie atomique (AIEA). La délégation soviétique fournit de nouvelles informations sur les conditions de l'accident qui complètent le rapport présenté le 14 à l'Agence.

26. RFA. Johannes Rau est désigné comme candidat du Parti socialiste à la chancellerie fédérale pour les élections législatives de janvier 1987.

27. RFA. A la suite d'une campagne contre les immigrés soutenue par les milieux conservateurs, le chancelier Helmut Kohl annonce des mesures destinées à freiner le flux des réfugiés du tiers monde.

28. Bolivie. Proclamation de l'état de siège en réponse aux manifestations syndicales contre la fermeture de mines d'étain annoncée par le gouvernement.

29. Libye-Maroc. Le roi Hassan II rompt le traité d'Oujda signé avec le colonel Kadhafi le 13 août 1984.

30. États-Unis-URSS. Un journaliste américain, Nicholas Daniloff, est arrêté à Moscou pour espionnage. Protestations de Washington.

31. URSS. Catastrophe maritime en mer Noire, provoquée par la collision d'un cargo et du paquebot, l'*Amiral Nakhimov* : environ 400 morts.

Septembre 1986

1. Non-alignés. Ouverture à Hararé (Zimbabwé) du sommet des pays non alignés. Robert Mugabe, Premier ministre zimbabwéen, succède à Rajiv Gandhi comme président.

2. Liban. Première amorce de dialogue au sein du gouvernement depuis octobre 1985. Annonce d'une trêve militaire et d'un nouveau pacte national.

4. France-Proche-Orient. Premier attentat (manqué, gare de Lyon) d'une série de six actions terroristes, à Paris, annoncées au début du mois par le Comité de solidarité avec les prisonniers politiques arabes et du

Proche-Orient (CSPPA) pour obtenir la libération de trois terroristes, dont Georges Ibrahim Abdallah. Le 8, à la poste de l'Hôtel de ville, 1 mort, 18 blessés; le 12, dans un supermarché de la Défense, 41 blessés; le 14, aux Champs-Élysées, 2 morts, 1 blessé; le 15, à la préfecture de police, 1 mort, 51 blessés; le 17, rue de Rennes, 6 morts, 50 blessés. Le 14, le Premier ministre Jacques Chirac annonce des mesures antiterroristes : visa pour les étrangers (sauf pour la Suisse et la CEE), renforcement du contrôle des frontières.

5. Pakistan. Un *Boeing 747* de la compagnie américaine PanAm est piraté avec 358 personnes à bord. L'armée pakistanaise donne l'assaut : 20 morts, une cinquantaine de blessés. Les quatre pirates, d'origine palestinienne, sont arrêtés.

6. Turquie. Attentat terroriste dans une synagogue à Istanbul (24 morts). Israël accuse le groupe palestinien d'Abou Nidal.

7. Chili. Proclamation de l'état de siège après un attentat manqué contre le général Pinochet. Nombreuses arrestations; quatre militants de gauche sont assassinés par un commando d'extrême droite.

8. Pakistan. Libération de Benazir Bhutto et des autres dirigeants de l'opposition arrêtés à la mi-août.

11. Pologne. Amnistie des prisonniers politiques : 255 détenus sont libérés.
Proche-Orient. Le Premier ministre israélien, Shimon Peres, et le président égyptien, Hosni Moubarak, se rencontrent à Alexandrie après la conclusion d'un accord sur le litige frontalier de Taba.

12. Iran-Irak. En riposte à des raids aériens de l'Irak, les 9 et 10, un missile sol-sol iranien touche le centre de Bagdad.

15. Autriche. Le Parti socialiste rompt la coalition gouvernementale avec les libéraux après l'élection de Georg Haider (aile droite) à la tête du Parti libéral.

16. Afrique du Sud. Un incendie dans la mine d'or de Kinross tue 177 mineurs.
Apartheid. Les Douze décident des sanctions économiques limitées contre l'Afrique du Sud.
France-Indonésie. Début de la visite officielle du président Mitterrand en Indonésie.

18. France-Liban. Assassinat de l'attaché militaire français, le colonel Christian Goutierre, à Beyrouth-Est.

20. Finances internationales. Les Douze, réunis à Gleneagles (Écosse), s'accordent pour freiner la chute du dollar.
Commerce international. La conférence ministérielle du GATT, réunie à Punta del Este (Uruguay), aboutit à un accord sur la reprise des négociations commerciales multilatérales.

22. ONU. Au Conseil de sécurité, adoption (par 14 voix, abstention des États-Unis) de la résolution française sur le retrait d'Israël du Sud-Liban et sur le déploiement de la Force intérimaire des Nations Unies au Liban (FINUL), le long de la frontière libano-israélienne.
Est-Ouest. Fin de la Conférence sur le désarmement en Europe (CDE) à Stockholm. Les 35 pays participants ont adopté des mesures destinées à assurer la confiance et la sécurité ainsi qu'un système d'inspections terrestres et aériennes.

24. Conseil de l'Europe. Adoption d'une réglementation concernant l'utilisation des embryons humains.
Togo. Un commando attaque la résidence du président Gnassingbe Eyadema qui demande une aide militaire à la France. Le 25, 200 soldats français arrivent à Lomé.

26. Andorre. Visite officielle de François Mitterrand, coprince d'Andorre.
États-Unis. Veto du président Ronald Reagan aux sanctions votées au

Congrès contre l'Afrique du Sud. Ce veto est à son tour rejeté le 29 par la Chambre des représentants, le 2 octobre par le Sénat.

Nucléaire. Deux conventions tendant à améliorer les échanges d'informations et l'assistance en cas d'accident nucléaire sont adoptées à Vienne, lors d'une assemblée extraordinaire de l'Agence internationale de l'énergie atomique (A I E A).

27. Liban. Violents affrontements à Beyrouth-Est entre les milices chrétiennes (une soixantaine de morts).

28. France. Élections sénatoriales. Progrès des partis de la majorité (89 des 120 sièges à pourvoir).

Turquie. Élections législatives partielles. Percée du Parti de la juste voie de l'ancien Premier ministre, Süleyman Demirel.

Chine-Pologne. Voyage en Chine du général Wojcieh Jaruzelski. C'est la première visite officielle d'un dirigeant d'Europe de l'Est depuis la rupture entre Pékin et Moscou (1981).

30. États-Unis-URSS. Après la libération du journaliste américain Nicholas Daniloff (le 29) et le départ de New York du fonctionnaire soviétique en poste à l'O N U, Guennadi Zakharov, le président Reagan annonce qu'il se rendra à Reykjavik (Islande) en octobre pour rencontrer Mikhaïl Gorbatchev.

Mexique. Accord avec les grandes banques commerciales, sous l'égide du F M I, sur le rééchelonnement de 43,7 milliards de dollars de la dette mexicaine et sur 6 milliards de nouveaux crédits.

Octobre 1986

2. Apartheid. Le Sénat casse le veto présidentiel en adoptant des sanctions économiques contre Prétoria.

Inde. Attentat manqué contre le Premier ministre, Rajiv Gandhi.

France-Maghreb. En visite officielle au Maroc, Jacques Chirac annonce l'instauration d'un visa pour les ressortissants des trois pays du Maghreb voulant se rendre en France.

3. Océan Atlantique. Incendie à bord d'un sous-marin nucléaire soviétique au large des Bermudes : 3 morts. Moscou en informe Washington.

5. États-Unis-URSS. Le dissident soviétique Iouri Orlov est autorisé à quitter son pays pour se rendre aux États-Unis.

6. États-Unis-Nicaragua. L'armée sandiniste abat un avion américain transportant des armes pour les *contras* et capture le seul survivant, Eugene Hasenfus.

UNESCO. Amadou Mahtar M'Bow annonce qu'il ne présentera pas sa candidature pour un troisième mandat au poste de directeur général de l'Organisation.

9. Pologne. Le Conseil provisoire de Solidarnosc, créé le 30 septembre, est déclaré illégal.

10. RFA. Assassinat du directeur politique du ministère des Affaires étrangères, Gerold von Braunmühl, par des membres de la Fraction armée rouge.

Israël. Conformément aux accords d'alternance (septembre 1984) entre le Likoud et le Parti travailliste, Shimon Pérès démissionne de son poste de Premier ministre. Il est remplacé le 20 par Itzhak Shamir.

ONU. Javier Perez de Cuellar est réélu à l'unanimité au poste de secrétaire général de l'Organisation.

Salvador. Violent tremblement de terre dans la région de San Salvador : plus de 1 000 morts, 10 000 blessés.

11. États-Unis-URSS. Sommet Reagan-Gorbatchev à Reykjavik (Islande). Reagan rejette les propositions soviétiques de réduction des armements nucléaires qui compromettraient son Initiative de défense stratégique (IDS).

12. Chine-Royaume-Uni. Visite officielle en Chine de la reine Élisabeth II. Il s'agit d'une première.

14. Belgique. Démission du Premier ministre, Wilfried Martens. Le roi Baudoin la refuse le 17.

Israël. Attentat à la grenade au Mur des lamentations, à Jérusalem (1 mort, 69 blessés). Il est revendiqué par l'OLP. Le 16, raid de représailles contre un camp palestinien au Sud-Liban.

Philippines. Le gouvernement approuve le projet de Constitution qui sera soumis à référendum début 1987.

Afghanistan. Retrait de troupes soviétiques.

Bangladesh. Élection présidentielle marquée par le boycottage de l'opposition et la fraude. Le général Ershad est élu. Il dirige le pays depuis 1982.

16. Turquie. Démission collective des ministres du gouvernement Özal. Le 17, formation d'un nouveau gouvernement.

17. Espace. La RFA décide de participer au financement (30 %) de l'avion spatial européen, *Hermès*.

Jeux Olympiques. Le Comité international olympique choisit Barcelone pour les jeux d'été (en 1992) et Albertville pour les jeux d'hiver.

18. France-Mali. Cent un ressortissants maliens déclarés en situation irrégulière sont renvoyés au Mali, en charter, sur décision du ministère de l'Intérieur.

19. États-Unis-URSS. Cinq diplomates américains sont expulsés de Moscou après le renvoi (fin septembre) de 25 soviétiques employés à la mission de l'URSS auprès de l'ONU. Le 21, Washington expulse encore 55 diplomates soviétiques.

Grèce. Deuxième tour des élections municipales. Recul du PASOK.

Mozambique. Le président Samora Machel est tué dans un accident d'avion au nord de l'Afrique du Sud.

22. Suisse. Démission de Kurt Furgler, conseiller fédéral chargé de l'Économie publique.

Pétrole. A Genève, les pays de l'OPEP reconduisent pour deux mois leur accord du 4 août en augmentant le plafond de production à 17 millions de baril par jour. Maintien du cours du brut aux environs de 15 dollars le baril.

Les prix Nobel 1986

13. Prix Nobel de médecine à **Rita Levi-Montalcini** et **Stanley Cohen** (États-Unis) pour leurs travaux sur le développement des cellules nerveuses.

14. Prix Nobel de la paix à **Elie Wiesel**, écrivain juif américain pour l'ensemble de son œuvre.

15. Prix Nobel de physique à **Ernst Ruska** et **Gerd Binnig** (RFA) et à **Heinrich Rohrer** (Suisse), inventeurs de la microscopie moderne.

15. Prix Nobel de chimie à **Dudley Robert Herschbach** et **Yuan Tseh Lee** (États-Unis) et à **John Charles Polanyi** (Canada) pour leurs recherches sur les mécanismes élémentaires des réactions chimiques.

16. Prix Nobel d'économie à **James McGill Buchanan** (États-Unis) pour son œuvre théorique sur les décisions politiques et l'économie publique.

16. Prix Nobel de littérature à **Wole Soyinka** (Nigéria). C'est le premier lauréat d'un pays africain.

CEE-Angola. Jonas Savimbi, chef de l'UNITA, est reçu au Parlement européen de Strasbourg puis à Paris. Protestations de Luanda.

23. Centrafrique. Jean-Bedel Bokassa, ancien empereur, quitte Paris pour Bangui où il est incarcéré.

24. Royaume-Uni-Syrie. Londres rompt les relations diplomatiques avec Damas après la condamnation à 45 ans de prison de Nezar Hindaoui jugé pour une tentative d'explosion d'un *Boeing 747* d'El Al (avril). Le 27, les pays de la CEE (sauf la Grèce) se solidarisent avec Londres mais refusent d'adopter des sanctions contre la Syrie.

25. Espagne. Le Général Rafael Garride Gil, gouverneur militaire de Guipuzcoa, est assassiné par un commando de l'ETA.

Apartheid. La conférence internationale de la Croix-Rouge, réunie à Genève, refuse la participation de la délégation sud-africaine. Pretoria riposte en renvoyant les membres du Comité international de la Croix-Rouge (CICR).

27. Royaume-Uni. Libéralisation de la réglementation des activités financières à la City de Londres (« Big Bang »).

Italie. Rencontre internationale de prière pour la paix, organisée par le pape Jean-Paul II à Assise, avec les représentants de douze religions différentes.

France-RFA. A l'occasion d'un sommet régulier franco-allemand, signature d'un accord visant à renforcer les relations culturelles.

29. Arabie saoudite. Le ministre du Pétrole, Cheikh Ahmed Zaki Yamani, est démis de ses fonctions.

Royaume-Uni-Argentine. Protestations de Buenos Aires après la décision britannique de réglementer le droit de pêche au large des Malouines.

31. Japon-États-Unis. Washington et Tokyo concluent un « pacte » visant à stabiliser la parité entre le dollar et le yen.

Novembre 1986

1. Environnement. Grave pollution du Rhin après l'incendie des entrepôts du groupe chimique Sandoz à Bâle. Protestations de la France, des Pays-Bas et de la RFA.

2. Tunisie. Élections législatives boycottées par l'opposition. Les 125 candidats du Parti destourien sont élus.

Liban. Libération de David Jacobsen, otage américain détenu depuis mai 1985.

3. Mozambique. Le comité central du FRELIMO désigne Joaquim Chissano comme successeur de Samora Machel à la présidence.

4. États-Unis. Élections législatives. Le Parti démocrate obtient la majorité au Sénat (55 sièges sur 100) et gagne 7 sièges à la Chambre des représentants (260 sur 455). Le Parti républicain conquiert 24 postes de gouverneurs sur 50.

Est-Ouest. Les ministres des Affaires étrangères des 35 pays signataires de l'Acte final d'Helsinki se réunissent à Vienne pour la troisième Conférence sur la sécurité et la coopération en Europe (CSCE). George Shultz et Edouard Chevardnadze, les chefs de la diplomatie américaine et soviétique, se rencontrent, sans résultat.

6. France-Espagne. Sept Basques espagnols sont remis à la police de leur pays après la découverte d'un dépôt d'armes à Hendaye. Ce geste coïncide avec la visite officielle de Jacques Chirac à Madrid.

8. Chine-Japon. Le Premier ministre, Yasuhiro Nakasone, se rend en visite officielle en Chine.

Algérie. Violentes manifestations d'étudiants et de lycéens à Constantine, puis à Sétif (11-12), contre l'introduction de l'éducation politique et religieuse aux épreuves du baccalauréat.

9. Égypte. Le Premier ministre, Ali Loutfi, démissionne. Il est remplacé par Atef Sedki.

10. CEE-Syrie. Adoption de sanctions limitées contre la Syrie. La Grèce ne s'y associe pas.

CAEM. Les dix États membres examinent les conséquences de la surévaluation du prix du pétrole soviétique.

Japon-Philippines. La présidente Cory Aquino se rend à Tokyo en visite officielle.

11. France-Liban. Libération de Marcel Coudari et Camille Sontag détenus en otages par l'Organisation de la justice révolutionnaire.

France-Afrique du Sud. Le président Pieter Botha inaugure à Longueval (Somme) un monument à la mémoire des soldats sud-africains tombés en France pendant les deux guerres mondiales. Le gouvernement français est représenté par un sous-préfet.

13. États-Unis-Iran. Après les révélations de l'hodjatoleslam Rafsandjani (le 4) sur les tractations secrètes entre Téhéran et Washington pour la vente d'armes à l'Iran, Ronald Reagan tente de justifier la livraison de « petites quantités d'armes » afin d'apaiser la crise politique déclenchée à Washington.

France-Afrique. Ouverture du XIIIᵉ sommet franco-africain à Lomé (Togo). Les discussions portent principalement sur le conflit tchadien.

15. Nouvelle-Calédonie. Affrontements à Thio entre les militants du Rassemblement pour la Calédonie dans la République (RCPR) et les indépendantistes. Un jeune Caldoche est tué. En visite à Paris, Jean-Marie Tjibaou, président du FLNKS, est reçu par François Mitterrand mais pas par Jacques Chirac.

Brésil. Élections générales. Le Parti du mouvement démocratique brésilien (PBMDB) du président José Sarney obtient la majorité absolue à l'Assemblée constituante et 22 des 23 postes de gouverneur.

Nicaragua. Condamnation de l'Américain Eugene Hasenfus à trente ans de prison pour livraison d'armes aux *contras*.

17. France. Assassinat de Georges Besse, P-DG de Renault, revendiqué par Action directe.

Corée. Selon le ministère sud-coréen des Affaires étrangères, le président nord-coréen aurait été assassiné le 15. Le 18, apparition publique de Kim Il Sung.

France-Iran. Le gouvernement français annonce que 331 millions de dollars ont été versés à Téhéran en règlement partiel du contentieux financier entre les deux pays.

18. Vatican-Extrême-Orient. Début du voyage de Jean-Paul II au Bangladesh, à Singapour, à Fidji, en Nouvelle-Zélande et en Australie.

19. URSS. Adoption d'une loi autorisant les activités privées dans l'artisanat, le commerce et les services.

20. Afghanistan. Babrak Karmal est relevé de ses fonctions de chef d'État et de membre du bureau politique du Parti.

23. Philippines. Juan Ponce Enrile, ministre de la Défense, est congédié après la découverte d'un complot. Le 27, la guérilla accepte le cessez-le-feu proposé par le gouvernement.

Autriche. Élections législatives anticipées. Le Parti socialiste (80 sièges) et le Parti populiste (77 sièges) sont en baisse. Les Verts entrent au Parlement (8 sièges) et les libéraux (18 sièges) gagnent des voix.

24. Liban. Relance de la « guerre des camps » entre Palestiniens et miliciens chiites Amal.

25. États-Unis. Démission de l'amiral John Poindexter, conseiller pour les affaires de sécurité nationale et limogeage de son adjoint, le lieutenant-colonel Oliver North, accusés d'avoir transféré les fonds provenant de la vente d'armes à l'Iran aux *contras* nicaraguayens. Nomination d'une commission chargée de l'enquête sur l'« Irangate ».

26. Liban. Sur décision du Conseil de sécurité de l'ONU, la FINUL sera réorganisée et le contingent français y sera réduit de deux tiers.

Iran-Irak. Après le raid irakien sur le terminal pétrolier iranien de Larak (le 25), Bagdad est de nouveau atteinte par un missile sol-sol iranien (48 morts).

27. France. Le mouvement de protestation contre la politique scolaire et universitaire du gouvernement, amorcé le 17 par des grèves à l'université, s'amplifie : 250 000 étudiants et lycéens manifestent à Paris et au moins autant en province. Le 28, le projet Devaquet est renvoyé en commission après une première discussion à l'Assemblée nationale.

RFA-Syrie. Expulsion de trois diplomates syriens et suspension de l'aide économique à Damas après la mise en cause des services secrets syriens au cours du procès des auteurs d'un attentat (29 mars) contre la Société germano-arabe à Berlin-Ouest. Le 28, Damas renvoie trois diplomates allemands.

28. États-Unis-URSS. La mise en service d'un nouveau bombardier américain *B 52* équipé de missiles de croisière représente une atteinte au traité SALT 2 sur la limitation des armements stratégiques.

30. Espagne. Élections régionales au Pays basque. Le Parti socialiste obtient la majorité relative (18 sièges); progrès de la formation indépendantiste, Herri Batasuna, proche de l'ETA.

Décembre 1986

2. États-Unis. Deux commissions parlementaires bipartites sont constituées pour enquêter sur l'affaire de l'« Irangate ».

3. Royaume-Uni. Privatisation de British Gas. Sa cotation en Bourse le 8 rapporte l'équivalent de 42,5 milliards de francs au Trésor britannique.

5. France. Un étudiant, Malik Oussekine, meurt au quartier Latin après un tabassage par des policiers, au cours des manifestations pour obtenir le retrait du projet Devaquet sur la réforme universitaire. Alain Devaquet démissionne le 6 et Jacques Chirac annonce le 8 l'abandon de la réforme universitaire.

6. Taïwan. Élections législatives. Le Guomintang conserve la majorité mais l'opposition est en progrès.

8. URSS. Le dissident Anatoli Martchenko meurt en prison à l'âge de quarante-huit ans.

Zambie. Une trentaine de personnes meurent au cours d'émeutes de la faim. Le président Kenneth Kaunda doit revenir sur sa décision de doubler le prix de la farine de maïs.

10. France-Égypte. Visite d'État du président Hosni Moubarak.

11. CEE. Le projet de loi permettant la ratification de l'Acte unique européen est adopté. Un marché intérieur européen sera mis en place pour la fin 1992.

Afrique du Sud. Renforcement de la censure de la presse locale et étrangère, accusée d'entretenir un « climat révolutionnaire ».

Tchad. Reprise des combats dans le nord du pays après une offensive de l'armée libyenne. La France parachute du matériel militaire mais refuse de s'engager plus dans le conflit.

Est-Ouest. Réunion du Conseil atlantique à Bruxelles. Les pays européens de l'OTAN se prononcent contre une réduction de plus de 50 % des forces nucléaires stratégiques des deux Grands.

14. Pakistan. Violents affrontements intercommunautaires (environ 200 morts).

15. Trinité et Tobago. Élections législatives. Le Mouvement national populaire, au pouvoir, n'obtient que 3 des 36 sièges ; victoire de l'Alliance nationale pour la reconstruction (NAR).

Centrafrique. Réouverture du procès de l'ancien empereur Bokassa, ajourné fin novembre.

16. CEE. Accord des ministres de l'Agriculture sur la réduction de la production laitière et la réforme du règlement du marché de la viande bovine.

17. Nigéria. Accord de 19 pays créanciers sur le rééchelonnement de la dette nigériane portant sur 7,5 milliards de dollars.

Nicaragua. Le mercenaire américain Eugene Hasenfus, condamné à trente ans de prison, est gracié.

URSS. Émeutes estudiantines dans le Kazakhstan, à Alma-Ata, après la nomination d'un Russe à la tête de la République.

18. Vietnam. Fin du VIᵉ congrès du Parti communiste. Après la démission de Truong Chinh, Pham Van Dong et Le Duc Tho, Nguyen Van Linh est nommé secrétaire général du Parti.

FMI. Élection du gouverneur de la Banque de France, Michel Camdessus, au poste de directeur général du Fonds monétaire international. Il remplace Jacques de Larosière.

France. Début d'une grève à la SNCF qui s'étend sur tout le réseau ferroviaire, puis gagne la RATP pendant les fêtes de Noël. Les agents de conduite protestent contre la nouvelle grille de salaires prévue par le gouvernement. Les transports maritimes sont paralysés depuis le 8. La reprise normale du travail dans ces secteurs n'aura lieu qu'au début janvier.

19. Liban-Syrie. La Syrie riposte après l'attaque de ses troupes, à Tripoli, par les milices sunnites (entre 100 et 400 morts).

URSS. Le dissident Andreï Sakharov, assigné à résidence à Gorki depuis 1980, est autorisé à retourner à Moscou.

ONU. Une décision de l'Assemblée générale des Nations Unies remplace la règle du vote majoritaire par celle du consensus pour l'adoption du budget. Satisfaction des États-Unis.

20. Pétrole. Réunion de l'OPEP à Genève. Accord sur le plafonnement de la production à 15,8 millions de barils par jour – bien que l'Irak refuse de limiter sa production – et sur la fixation du « prix-pivot » du baril de brut à 18 dollars, à partir de 1987.

22. Bourkina-Mali. Jugement de la Cour internationale de justice de La Haye sur le contentieux entre les deux pays à propos de leur frontière commune, qui avait provoqué une guerre de cinq jours en décembre 1985.

23. États-Unis. L'avion expérimental *Voyager* effectue le premier tour du monde sans escale ni ravitaillement en neuf jours.

24. Liban-France. L'Organisation de la justice islamique libère Aurel Cornéa, membre de l'équipe d'*Antenne 2* pris en otage le 8 mars.

Iran-Irak. De violents combats ont lieu sur les rives du Chatt el-Arab après une offensive iranienne.

25. Arabie saoudite. Explosion d'un *Boeing-737* irakien sur l'aéroport d'Arar, après son détournement revendiqué par des organisations pro-iraniennes (62 passagers sur 106 sont tués).

26. Chine. A la suite de manifestations d'étudiants réclamant « plus de démocratie et de liberté », le gouvernement restreint le droit de manifester à Pékin et à Shanghaï.

30. CEE-États-Unis. N'ayant pu obtenir les mesures souhaitées pour compenser les effets de l'entrée de l'Espagne et du Portugal dans la Communauté, les États-Unis annoncent des représailles commerciales à partir de février 1987.

Liban. L'Organisation des opprimés sur terre annonce l'exécution de trois otages juifs.

31. Porto Rico. 96 personnes périssent dans un incendie d'origine criminelle dans un hôtel de San Juan.

Janvier 1987

2. Tchad. L'armée gouvernementale reprend la ville de Fada, occupée par les Libyens depuis 1983.

4. Tchad. Bombardements libyens sur Arada et Oum-Chalouba, au sud du 16e parallèle. Riposte de l'aviation française le 7 et destruction des installations radars de la base libyenne de Ouadi-Doum.

5. France-Australie. Paris suspend toute visite ministérielle avec Canberra. Le 9, le consul général d'Australie en Nouvelle-Calédonie est déclaré *personna non grata*.

Afghanistan-URSS. Visite à Kaboul de Edouard Chevardnadze, ministre soviétique des Affaires étrangères.

Chine-Vietnam. Combats sur la frontière.

7. Liban. Attentat manqué contre Camille Chamoun, ancien président.

8. Iran-Irak. Nouvelle offensive iranienne, *Kerbala 5*.

9. Nicaragua. La nouvelle Constitution est proclamée.

12. CEE. Réajustement monétaire. Le mark allemand et le florin néerlandais sont réévalués de 3%, le franc belgo-luxembourgeois de 2%.

France-Jordanie. Visite officielle du roi Hussein.

Italie-Pologne. Visite officielle du général Jaruzelski. Il est reçu le 13 par le pape Jean-Paul II.

13. Liban. Enlèvement à Beyrouth-Ouest de Roger Auque, journaliste français.

Europe-Japon. Visite officielle de Yasuhiro Nakasone, Premier ministre japonais en RDA, Yougoslavie, Pologne et Finlande.

14. Iran-Irak. Nouvelle offensive iranienne, *Kerbala 6*.

15. Afghanistan. Le gouvernement décrète un cessez-le-feu unilatéral, rejeté par la Résistance.

Liban. Le conseil de sécurité de l'ONU renouvelle le mandat de la FINUL pour six mois.

16. Chine. Limogeage de Hu Yaobang, secrétaire général du PC. Le Premier ministre, Zhao Ziyang, le remplace à titre intérimaire.

Équateur. Le président Leon Febres Cordero est enlevé et séquestré pendant plusieurs heures. Il est relâché contre la libération d'un général qui était emprisonné pour rébellion.

20. Liban. Pour la seconde fois en quelques jours, un Allemand est enlevé à Beyrouth-Ouest. Terry Waite, envoyé spécial de l'Église anglicane qui avait négocié certaines libérations d'otages, disparaît lui aussi.

Autriche. Installation d'un gouvernement de coalition formé par le Parti socialiste (SPÖ) et le Parti populiste (ÖVP). En signe de désaccord, l'ancien chancelier Bruno Kreisky démissionne de la présidence d'honneur du SPÖ.

CEE. Le conservateur britannique sir Henry Plumb est élu à la Présidence du Parlement européen.

Espagne. Début d'un très vaste mouvement de grèves et de manifestations des étudiants et des lycéens. Ils protestent notamment contre la sélection à l'entrée de l'université et réclament la gratuité de l'enseignement supérieur. Le 17 février, un accord interviendra avec le gouvernement.

URSS-Arabie saoudite. Visite à Moscou de Hishan Nazer, ministre saoudien du Pétrole.

21. Brésil. Accord pour un rééchelonnement de la dette publique.

Tchad. L'armée gouvernementale reprend Zouar, dans le Tibesti.

Mexique. Défilé monstre des lycéens et des étudiants à Mexico. Ils demandent le retrait d'une série de réformes qui limiteraient l'accès à l'université et relèveraient les frais d'inscription. A compter du 29, grève générale des cours. Le 15 février, les mesures contestées sont suspendues.

22. Philippines. A Manille, manifestation paysanne en faveur de la réforme agraire. L'armée tire. Plusieurs morts (12 selon le gouvernement, 16 selon l'opposition), des dizaines de blessés. La guérilla communiste rompt *sine die* les négociations avec le gouvernement.

Sénégal. Grève générale des étudiants qui protestent contre les retards de paiement de leurs bourses.

23. Inde-Pakistan. New Delhi ferme 450 kilomètres de frontière commune. Déploiement militaire de part et d'autre. Mise en état d'alerte de l'armée indienne. Cette crise ne sera désamorcée que le 4 février par la signature d'un accord de désengagement réciproque et limité.

24. Somalie. Enlèvement d'une équipe française de l'organisation Médecins sans frontières dans un camp de réfugiés éthiopiens. Revendication des rebelles du Mouvement national somalien. Ils seront libérés le 6 février.

25. RFA. Élections législatives. La CDU-CSU conserve le pouvoir mais recule (223 sièges contre 244 en 1983), le FDP progresse (46 sièges), de même que les Verts (42); le SPD se maintient (186).

26. Sommet islamique. A Koweit, 5e sommet de l'Organisation de la conférence islamique. Boycottage de l'Iran.

Philippines. Grande manifestation de protestation contre la fusillade du 22. Une tentative de rébellion militaire est matée.

27. URSS. Devant le plénum du Comité central, Mikhaïl Gorbatchev annonce un va..e plan de réformes.

Vatican. La commission Justice et Paix publie un document sur la dette invitant les pays industrialisés à plus de conciliation envers les pays débiteurs.

28. États-Unis-Afrique du Sud. Le secrétaire d'État George Shultz reçoit Oliver Tambo, président de l'ANC. Une première...

29. CEE-États-Unis. Accord mettant fin au différend sur les exportations agricoles. Concessions des Douze qui acceptent que les États-Unis fournissent à l'Espagne les deux tiers de ses importations de maïs pendant quatre ans.

États-Unis. Publication du premier rapport de la Commission d'enquête du Sénat sur l'«Irangate».

Février 1987

1. Espagne. A Melilla, enclave espagnole sur la côte méditerranéenne du Maroc, violents affrontements entre les forces de l'ordre et des milliers de manifestants musulmans. L'un d'eux décédera des suites de ses blessures. Vingt-quatre inculpations pour sédition.

Albanie. Élections législatives. Résultat officiel : 100 % des électeurs inscrits ont participé, *aucun* n'a voté contre les candidats présentés; en revanche, on a trouvé *un* bulletin nul...

URSS. Arrestation du gendre de Leonid Brejnev, accusé d'avoir accepté des pots-de-vin.

2. États-Unis. Démission de William Casey, directeur de la CIA.

Philippines. Référendum constitutionnel. Cory Aquino obtient 76,29 % de oui. Son mandat présidentiel est confirmé jusqu'en 1992. La nouvelle Constitution sera proclamée le 9.

3. Chine. Limogeage de Zhou Houzi, responsable de la propagande du PC (considéré comme libéral).

5. Grèce. Nouveau remaniement du gouvernement d'Andréas Papandréou.

Royaume-Uni. Les syndicats du Livre reconnaissent leur échec dans le conflit qui les opposait depuis plus d'un an au groupe de presse de Rupert Murdoch.

9. RFA. Éclatement de la coalition SPD-Verts qui gouvernait le *Land* de Hesse. C'était la première expérience d'alliance de ce type.

Désarmement. La Chine ratifie le traité de Rarotonga interdisant la fabrication, les essais, le stockage et l'utilisation des armes nucléaires dans le Pacifique sud. Quelques jours plus tôt, les États-Unis avaient confirmé qu'ils ne signeraient pas ce traité.

URSS. Des *refuzniks* manifestent à Moscou en faveur de la libération de Iossif Begun. Renouvellement de la manifestation les jours suivants. Brutalités policières.

Chine-URSS. Reprise des négociations frontalières après huit années d'interruption.

10. Brésil. Démission de Fernao Bracher, président de la Banque centrale du Brésil.

URSS. Guennadi Guerassimov, porte-parole du ministère des Affaires étrangères, annonce la libération de 140 dissidents, dont Iossif Begun (qui ne sera effectivement libéré que 10 jours plus tard).

URSS-Iran. Visite officielle de Ali Akbar Velayati, ministre iranien des Affaires étrangères. C'est la première visite à ce niveau depuis 1979.

Surinam. Démission du Premier ministre Radhakishun, remplacé par Jules Wikenbosch.

14. Égypte. Dissolution du Parlement. Le référendum organisé pour autoriser cette dissolution avait été approuvé par 88,9 % des suffrages exprimés.

16. URSS. A Moscou, lors du Forum international pour un monde sans armes nucléaires, Mikhaïl Gorbatchev insiste sur l'importance des réformes engagées. Il est applaudi par Andreï Sakharov qui participe au Forum.

RFA. Conclusion du procès concernant le scandale politico-financier Flick. Les anciens ministres de l'Économie Otto von Lambsdorff et Hans Friedrichs (tous deux FDP) sont condamnés à d'importantes amendes pour fraude fiscale.

17. Irlande. Élections législatives. Le Fianna Fail obtient 81 sièges (contre 75) sur 166, le Fine Gael du Premier ministre 51 (contre 70), les travaillistes 12 (contre 16) et le nouveau parti des Démocrates progressistes 14.

19. États-Unis-Pologne. Levée des dernières sanctions économiques américaines.

20. Apartheid. Les États-Unis et le Royaume-Uni opposent leur veto à un projet de résolution de l'ONU réclamant des sanctions obligatoires contre Prétoria.

Brésil. Le président Sarney annonce la suspension du règlement du service des intérêts de la dette extérieure.

21. France. Arrestation de quatre dirigeants du groupe terroriste Action directe.

22. Finances internationales. A Paris, les ministres des Finances des sept pays les plus industrialisés s'engagent à coopérer pour promouvoir la stabilité des taux de change. L'Italie s'était retirée pour protester de n'avoir pas été associée aux discussions préliminaires.

URSS. Annulation de l'exclusion de l'Union des écrivains de Boris Pasternak, prix Nobel de littérature, décédé en 1960. En mai, les autorités soviétiques annonceront la réhabilitation totale de l'auteur de *Docteur Jivago*.

Liban-Syrie. L'armée syrienne revient massivement à Beyrouth-Ouest qu'elle avait évacué en août 1982.

23. France. Ouverture du procès de Georges Ibrahim Abdallah, dirigeant présumé des Fractions armées révolutionnaires libanaises. Condamnation à la réclusion criminelle à perpétuité.

France. Attribution de la sixième chaîne télévisée – qui prend le nom *M6* – à une société privée constituée notamment par la Compagnie luxembourgeoise de télédiffusion (CLT) et la Lyonnaise des Eaux. *La Cinq* est attribuée à un groupe dirigé par Robert Hersant et Silvio Berlusconi.

Argentine. Entrée en vigueur de la loi dite du « point final » décrétant la prescription pour les violations des droits de l'homme pendant la dictature militaire pour toutes les personnes non encore inculpées.

25. Égypte-Israël. Visite de Shimon Pérès, ministre israélien des Affaires étrangères. Un communiqué appelle à la convocation d'une Conférence internationale sur la paix (initiative à laquelle est hostile Itzhak Shamir, Premier ministre israélien).

26. États-Unis. Publication du rapport de la commission d'enquête

Tower sur l'« Irangate ». Le président Reagan n'est pas directement mis en cause. En revanche, Donald Regan, secrétaire général de la Maison Blanche est incriminé. Il est remplacé par Howard Baker.
Désarmement. Fin du moratoire unilatéral sur les essais nucléaires décrété par Moscou en août 1985. Les États-Unis avaient procédé à deux essais en février.

28. Désarmement. Mikhaïl Gorbatchev propose aux États-Unis d'ouvrir des négociations *séparées* sur les armes de portée intermédiaire en Europe (les euromissiles). Accueil favorable à Washington.
France-Espagne. Deux nouveaux Basques espagnols soupçonnés d'appartenance à l'ETA sont expulsés vers l'Espagne. Au total, douze l'auront été en février.

Mars 1987

2. Australie-URSS. Visite officielle de Edouard Chevardnadze, ministre des Affaires étrangères soviétique.

3. Italie. Démission du gouvernement de Bettino Craxi.
États-Unis. William Webster est nommé à la tête de la CIA.

4. Turquie-Irak. Bombardement par l'aviation turque de camps du Parti des travailleurs du Kurdistan basés en Irak.

5. Équateur. Tremblement de terre dans la province de Napo. Plusieurs milliers de morts et des dizaines de milliers de sans-abris.

6. Belgique. Le car-ferry britannique *Herald of Free Enterprise* fait naufrage au large du port de Zeebrugge. Environ 200 personnes meurent noyées.

10. Vatican. La Congrégation pour la doctrine de la foi, dans une instruction sur « la dignité de la procréation », exprime la condamnation par l'Église catholique de toutes les formes de procréation artificielle.

11. Espagne-France. Premier sommet « institutionnel » entre les deux pays. François Mitterrand se rend à Madrid entouré du Premier ministre Jacques Chirac et de sept ministres.
RFA. Helmut Kohl est réélu chancelier du Bundestag par 253 voix contre 225.

États-Unis-Nicaragua. La Chambre des représentants vote en faveur d'un gel de l'aide aux *contras*. Quelques jours plus tard, le Sénat américain adopte une attitude contraire.

12. Belgique. Le Parlement adopte un projet de loi permettant de limiter le droit d'asile.
Suède-Afrique du Sud. Stockholm décide un boycottage de l'Afrique du Sud et de la Namibie à compter du 1ᵉʳ juillet.

13. France. Le ministre de l'Intérieur Charles Pasqua signe un arrêté visant la publicité, l'affichage et la vente aux mineurs de publications jugées licencieuses. Polémique sur l'ordre moral.

15. Finlande. Élections législatives. Les sociaux-démocrates arrivent en tête avec 56 sièges (– 1), mais les conservateurs, avec 53 sièges (+ 9) et les centristes avec 40 (+ 3) progressent. Un gouvernement de coalition sera formé fin avril, qui réunira notamment les conservateurs et les sociaux-démocrates.
France. Manifestation à Paris, à l'appel de 200 organisations, contre le projet gouvernemental de réforme du Code de la nationalité.

18. Djibouti. Attentat à la bombe dans un café. Onze morts dont cinq Français et trois Allemands.

20. Afrique du Sud. Pierre-André Albertini, coopérant français, est condamné à quatre ans de prison pour avoir refusé de témoigner contre des nationalistes noirs.

22. Tchad. L'armée gouvernementale reprend la base de Ouadi-Doum occupée par les Libyens. Un important arsenal militaire est récupéré.

23. RFA. Démission de Willy Brandt de la présidence du SPD. Il est remplacé par Hans Jochen Vogel.

24. Espagne. Grève générale de 24 heures dans les Asturies. Quelques jours plus tard, grèves dans les hôpitaux publics, l'université, les transports publics...

25. Vatican. Encyclique *Redemptoris Mater* sur la Vierge Marie.

26. Algérie-France. Entretiens de François Mitterrand avec Chadli Bendjedid, à Alger.
Tunisie-Iran. La Tunisie rompt ses relations diplomatiques avec Téhéran, accusée de menées subversives par le biais de réseaux islamistes.

Macao. Le Portugal et la Chine signent un accord prévoyant la restauration de la souveraineté chinoise sur Macao en 1999.

27. États-Unis-Japon. Menaces de rétorsions commerciales de Washington en réplique aux violations de l'accord conclu en juillet 1986 sur les semi-conducteurs.
Tchad. Reprise de la palmeraie de Faya Largeau par les troupes gouvernementales.
URSS-Royaume-Uni. Visite officielle de Margaret Thatcher. Mikhaïl Gorbatchev réitère ses propositions de réduction des armements en Europe.

29. Haïti. Ratification de la nouvelle Constitution par référendum (99,92 % des voix). Celle-ci prévoit l'élection du président de la République au suffrage universel.

31. Vatican-Cône Sud. Arrivée de Jean-Paul II à Montévidéo (Uruguay), première étape de son huitième voyage en Amérique latine.

Avril 1987

1. Vatican-Cône Sud. Jean-Paul II en visite au Chili pour six jours. Mouvements de foules, manifestations hostiles au régime tournant à l'émeute. Plusieurs centaines de blessés. Quittant le Chili, le pape se rend en Argentine où il appellera à la réconciliation nationale. Triomphe populaire au dernier jour. Le pape condamne le divorce et l'avortement.

2. France-URSS. Paris annonce l'expulsion de ressortissants soviétiques accusés d'espionnage. En représailles, Moscou expulse autant de Français (six), pour la plupart des diplomates.

3. Portugal. Une motion de censure renverse le gouvernement de centre-droit. Des élections anticipées sont convoquées pour le 19 juillet.

4. France. La Commission nationale de la communication et des libertés publiques attribue la chaîne de télévision *TF1* – jusqu'alors publique – au groupe Bouygues, « numéro un » du bâtiment et des travaux publics, au détriment du groupe multimédia Hachette.

5. Suisse. Référendum pour renforcer les restrictions au droit d'asile (67,4 % de oui).

RFA. Élections régionales dans le *Land* de Hesse, dirigé depuis 40 ans par le SPD. Défaite de ce dernier (44 sièges sur 110).

6. RFA-Israël. Pour la première fois, un président de l'État d'Israël – Haïm Herzog – effectue une visite officielle en RFA. Le 9, il lance un appel au dialogue avec l'URSS.

Liban. Levée du blocus alimentaire du camp palestinien de Chattila, à Beyrouth.

Égypte. Élections législatives. Le PND au pouvoir obtient 77 % des voix, l'Alliance islamique, dominée par les Frères musulmans, 15 %. Le Néo-Wafd apparaît comme le grand perdant.

8. Paraguay. Levée de l'état de siège en vigueur depuis 40 ans.

10. Désarmement. De Prague, M. Gorbatchev propose d'ouvrir des négociations sur la réduction et la liquidation des missiles de courte portée stationnés en Europe, sans attendre un accord sur les euromissiles.

11. Cisjordanie. Au cours d'un attentat, une Israélienne est brûlée vive et plusieurs personnes sont blessées. Plusieurs centaines de colons israéliens se livrent par réaction à des actes de violence et de saccage dans un village arabe voisin. Le 13, un étudiant palestinien est tué par balle sur le campus de l'université de Bir-Zeit.

13. Fidji. Le travailliste Timoci Bavadra devient Premier ministre après avoir gagné les élections.

Désarmement. George Shultz, secrétaire d'État américain, se rend à Moscou pour discuter du dossier des euromissiles.

14. Turquie-CEE. La Turquie dépose un dossier de demande d'adhésion à la Communauté.

Argentine. Accusé de torture, un commandant refuse de se rendre au tribunal pour en répondre. Il se réfugie dans une caserne de Cordoba. A Buenos-Aires, 70 officiers de l'école d'infanterie de Campo Mayo se rebellent et exigent l'amnistie pour tous les militaires condamnés ou poursuivis pour violation des droits de l'homme à l'époque de la dictature militaire. Manifestations populaires monstres pour soutenir le président Alfonsin qui négocie personnellement un compromis avec les rebelles.

15. Espagne. A Reinosa, près de Santander, lors de manifestations contre un plan de reconversion industrielle mettant en péril l'avenir de la région, la Garde civile intervient très violemment. Le 6 mai, un manifestant décédera des suites de ses blessures. Les affrontements avaient commencé un mois plus tôt.

16. Tchad. De Libreville, Goukouni Weddeye appelle officiellement à une réconciliation nationale. Il demande à Hissène Habré de faire les concessions nécessaires.

18. Italie. Formation d'un gouvernement démocrate-chrétien par Amintore Fanfani. Le 28, la Chambre des députés vote la défiance. Le Conseil des ministres convoque des élections législatives anticipées pour les 14 et 15 juin.

20. OLP. Dix-huitième Conseil national palestinien à Alger. Après quatre ans de divisions et sécessions, réunification des principales composantes de l'OLP autour de Yasser Arafat. L'accord jordano-palestinien du 11 février 1985 est abrogé. Approbation du principe d'une Conférence internationale sur la paix au Proche-Orient.

21. Sri Lanka. Attentat à la gare routière de Colombo, non revendiqué. Plus de cent morts. Une opération aérienne est engagée en représailles dans la péninsule de Jaffna, peuplée de Tamouls, où se situent les bases de la guérilla.

22. Algérie. Les autorités libèrent 186 personnes qui avaient été condamnées après les manifestations de novembre 1986 à Constantine et à Sétif. Le 26, huit autres détenus sont libérés (deux membres des Comités de fils de martyrs de la Révolution et quatre membres de la Ligue algérienne des droits de l'homme, non agréée par l'État).

Chine-Inde. Pékin reproche à New Delhi d'avoir à plusieurs reprises franchi la ligne de contrôle des frontières – ligne MacMahon établie en 1914 et non reconnue par la

Chine – et d'effectuer des manœuvres militaires dans la région frontalière. Démenti indien.

23. Indonésie. Élections législatives et locales. Le parti gouvernemental Golkar obtient plus de 70 % des voix.

25. Islande. Élections législatives. Recul du Parti conservateur (18 sièges contre 23 auparavant), progression des sociaux-démocrates et percée du Parti des femmes (6 sièges) et du Parti des citoyens, de tendance populiste (7 sièges).

26. Brésil. La démission de Dilson Funaro, ministre des Finances sanctionne l'échec du plan Cruzado. Il est remplacé par Luiz Carlos Bresser Pereira qui se déclare prêt à renouer le dialogue avec le F M I.

27. Désarmement. A Genève, les soviétiques précisent leurs propositions de traité pour liquider les euromossiles en incluant les armes de courte portée (option double zéro). Le gouvernement américain exprime un « prudent optimisme ».

28. Tunisie. Khemaïs Chamari, secrétaire général de la Ligue tunisienne des droits de l'homme, est arrêté à Tunis. Il sera libéré en mai.

30. États-Unis-URSS. Washington propose à Moscou de lui vendre jusqu'à quatre millions de tonnes de blé subventionné.
Vénézuela. Violentes manifestations d'étudiants contre une hausse de 50 % des tarifs des transports en commun. Trente-trois blessés, un mort.
Canada. Accord de principe pour l'adhésion du Québec à la Constitution canadienne.

Mai 1987

1. Liban. Raid de la chasse israélienne sur le camp de réfugiés palestinien de Myeh-Myeh. 14 morts, 37 blessés, en majorité civils. Le 8, bombardement du camp Aïn el-Héloué. 7 morts.

4. Algérie-Maroc. A l'initiative du roi Fadh d'Arabie, rencontre du roi Hassan II et du président Chadli, à Oujda, à propos du conflit du Sahara occidental. Pas de résultats concrets.

Liban. Le Premier ministre, Rachid Karamé, présente sa démission. Le 1er juin il est assassiné. Une bombe avait été placée dans son hélicoptère. Selim Hoss est alors nommé Premier ministre par intérim.

5. Soudan. Dans le Sud, les rebelles du colonel John Garang abattent un avion Cessna. 13 morts.

Égypte. Accord du F M I sur un plan de redressement économique permettant au Caire de reprendre ses négociations avec ses créanciers.

6. Afrique du Sud. Élections législatives, réservées à 5 millions de citoyens (les 23 millions de Noirs n'ont pas le droit de vote). Le Parti national, au pouvoir depuis 1948, remporte 123 des 166 sièges. Le Parti conservateur en enlève 22. Recul du Parti fédéral progressiste et du Parti de la nouvelle République.

Guinée. La Cour de sûreté et la Cour martiale condamnent 17 civils et 20 militaires à la peine capitale. 21 autres accusés sont condamnés à mort par contumace. Il s'agit d'anciens compagnons de Sékou Touré et des auteurs de la tentative de coup d'État du 4 juillet 1985.

Chine. Dans la province du Heilongjiang, début d'un gigantesque incendie de forêt qui durera plusieurs semaines, sur un front de plusieurs dizaines de kilomètres. Des centaines de morts, une ville entièrement brûlée, des dizaines de milliers de sans-abris.

8. Irlande du Nord. Neuf morts – dont huit de l'I R A – dans un attentat contre un poste de police.

États-Unis. Gary Hart, candidat à l'investiture du Parti démocrate pour les présidentielles de 1988, se retire de la compétition après que le *Miami Herald* ait affirmé qu'une actrice avait passé une nuit sous son toit. Il s'était déclaré officiellement candidat moins, d'un mois plus tôt...

9. Catastrophe aérienne. Un *Iliouchine* de la compagnie nationale LOT devant assurer la liaison Varsovie-New York s'écrase. 183 morts.

Malte. Élections législatives. Le Parti nationaliste obtient 50,9 % des voix, contre 48,9 % au Parti travailliste qui gouvernait depuis seize ans.

11. France. Ouverture du procès de Klaus Barbie, ancien officier S S, responsable de la Gestapo de Lyon de 1942 à 1944, accusé de crimes contre l'humanité.

Philippines. Élections législatives. Large victoire des partisans de Cory Aquino : ils enlèvent 22 des 24 sièges du Sénat et plus des deux tiers des sièges de députés soumis à suffrage.

Inde. Rajiv Gandhi dissout le gouvernement sikh de l'État du Pendjab qui est désormais directement administré par New Delhi.

Royaume-Uni. Margaret Thatcher annonce que des élections générales anticipées auront lieu le 11 juin. Celles-ci lui accorderont un troisième mandat : les conservateurs, avec 42,30 % des suffrages, obtiendront une confortable avance sur les travaillistes (30,83 %) et sur l'Alliance centriste (22,55 %).

14. Fidji. Le gouvernement travailliste de Timoci Bavadra formé après les élections du 13 avril est renversé par un coup d'État dirigé par le colonel Sitiveni Rabuka. Le gouverneur général, sir Penaja Ganilau, qui représente la reine Élisabeth II, a pris les pleins pouvoirs en attendant une réforme constitutionnelle.

15. SIDA. Les ministres de la Santé de la C E E se prononcent contre le principe d'un contrôle ou d'un dépistage systématique aux frontières.

17. Guerre du Golfe. Un avion irakien attaque par erreur la frégate américaine *Stark*. 37 marins sont tués. Les États-Unis maintiennent leur décision de faire passer sous pavillon américain une partie de la flotte pétrolière koweitienne pour la protéger des attaques de la chasse iranienne.

18. Inde. A Meerut. près de New Delhi, affrontements entre hindous et musulmans. Plus de 100 morts.

Australie-Libye. Canberra ordonne la fermeture immédiate de la représentation diplomatique libyenne, l'accusant de jouer un rôle déstabilisateur dans le Sud-Pacifique.

19. SIDA. En R F A, le gouvernement de Bavière, dirigé par Franz-Joseph Strauss, décide que les étrangers (hors C E E), pour séjourner en Bavière, devront présenter un certificat de non-contamination et que les malades pourront être placés contre leur gré dans des établissements spéciaux. Ces mesures vont à l'encontre des principes arrêtés par les ministres de la C E E.

20. Portugal. Otelo de Carvalho, l'un des principaux stratèges de la chute de la dictature, en 1974, est condamné à 15 ans de prison pour participation au mouvement politico-militaire Forces populaires du 25 avril. L'accusé avait nié tout lien direct avec cette organisation clandestine.

26. Sri Lanka. Offensive de l'armée gouvernementale contre les bases de la guérilla séparatiste tamoule dans la péninsule de Jaffna. Bombardements et affrontements meurtriers vont se poursuivre pendant plusieurs jours. Condamnation de l'Inde.

27. Argentine. La Chambre des députés vote en faveur du transfert de la capitale à Viedma et Carmen de Patagones, à environ mille kilomètres de Buenos Aires, en Patagonie.

28. Cuba. Le général del Piño Diaz, premier adjoint du ministre cubain de la Défense, s'enfuit aux États-Unis à bord d'une avion *Cessna*. Ancien guérillero castriste, il avait tenu un rôle de premier plan, en 1961, pour mettre en échec la tentative de débarquement proaméricaine de la « baie des cochons ».

URSS. Venant de Finlande, un jeune pilote ouest-allemand, Mathias Rust, pose son avion de tourisme sur la place Rouge, à Moscou, sans avoir été intercepté. Le ministre de la Défense et le commandant en chef de la défense anti-aérienne sont relevés de leurs fonctions, ainsi que de nombreux responsables de l'armée de l'air, ce qui permet à Mikhaïl Gorbatchev d'accroître son contrôle sur les militaires.

31. SIDA. Aux États-Unis, Ronald Reagan annonce la systématisation des tests de dépistage, notamment pour les candidats à l'immigration et les prisonniers incarcérés.

CHANGEMENTS ET RECONDUCTIONS DE CHEFS D'ÉTAT
de juin 1986 à mai 1987

– 1986 –

Autriche. 8 juin. **Kurt Waldheim,** candidat du Parti populiste (conservateur), est élu président de la République au deuxième tour, avec 53,9 % des voix.

Bangladesh. 14 octobre. Le général **Hussein Mohammad Ershad** est élu président. Il détenait le pouvoir depuis 1982, sous le régime de la loi martiale. L'opposition a boycotté l'élection.

Laos. 29 octobre. **Phoumi Vougvichit** assure l'intérim du prince Souphanouvong, atteint d'une hémorragie cérébrale.

Mozambique. 3 novembre. **Joachim Chissano** est désigné par le Comité central du FRELIMO pour succéder à Samora Machel, tué dans un accident d'avion le 19 octobre.

Gabon. 9 novembre. **Omar Bongo** est réélu président, avec 99,77 % des suffrages exprimés.

Afghanistan. 20 novembre. Babrak Karmal est remplacé par **Mohammed Tsamkani** (l'homme fort du régime devient en fait Mohammed Najib, secrétaire du Parti).

Centrafrique. 21 novembre. **André Kolingba** est élu président. Il dirigeait déjà le pays depuis 1981.

Vietnam. 18 décembre. Truong Chin quitte ses fonctions de président du Conseil d'État (officiellement, il démissionne). Il sera remplacé le 18 juin 1987 par **Vo Chi Cong.**

Somalie. 20 décembre. Le Parti socialiste révolutionnaire somalien confie un nouveau mandat présidentiel de sept ans à **Syad Barre.**

Togo. 21 décembre. Le général **Gnassingbe Eyadéma** est réélu. Il détient le pouvoir depuis 1966.

– 1987 –

Gambie. 11 mars. **Dawda Jawara** est réélu pour la quatrième fois président de la République, avec 59,18 % des suffrages.

Djibouti. 24 avril. **Hassan Gouled** est réélu président avec 90,30 % des suffrages exprimés.

Yougoslavie. 15 mai. Sinan Hasani est remplacé par **Lazar Moïsov** au poste de président de la Présidence de la République fédérative, conformément au système de rotation en vigueur.

LE JOURNAL DE L'ANNÉE
L'ÉTAT DU MONDE 1987-1988

ÉTATS ET ENSEMBLES GÉOPOLITIQUES
LES 34 GRANDS ÉTATS

CLIC!

NIKON

PLANTU

URSS. La « perestroïka »

Quel dynamisme! En quelques mois, Mikhaïl Gorbatchev a changé le ton de la politique soviétique. Son objectif : moderniser l'économie et, pour ce faire, transformer les mentalités. Y a-t-il eu changement fondamental? Certes non. Il n'est pas question de s'écarter du socialisme, ni d'affaiblir le système politique, dont les fondements restent le monopole du pouvoir et le rôle dirigeant du Parti, mais plutôt de renforcer le système en améliorant son fonctionnement. Tel est l'objet de la restructuration *(perestroïka)* activement entreprise par Gorbatchev.

Pour mener à bien sa nouvelle politique, il fallait des hommes neufs. De nombreux responsables vieillis, incompétents, corrompus ou simplement brejnéviens, dans le Parti comme dans l'administration, ont été écartés en 1985 et en 1986. Dans les organes dirigeants, le résultat a été spectaculaire : en avril 1987, il ne restait plus au Politburo, outre Gorbatchev, que deux des titulaires de 1981 (XXVIᵉ Congrès) : Andreï Gromyko, président du présidium du Soviet suprême, et Vladimir Chtcherbitski, Premier secrétaire du Parti ukrainien. Au Secrétariat, il n'en restait qu'un : Vladimir Dolguikh; sur les douze membres que compte cet organe, sept ont été élus en 1986 et 1987. Deux hommes, outre Gorbatchev, se détachaient au-dessus des autres du fait de leur double appartenance au Secrétariat et au Politburo : Egor Ligatchev, l'idéologue du Parti, le gardien de l'orthodoxie, et Lev Zaïkov (élu, ce qui est rare, directement titulaire le 6 mars 1986), chargé des questions d'industrie et de défense. Si ce renouvellement a permis à Gorbatchev de consolider sa position, cela ne signifie pas qu'il ait tous les pouvoirs comme l'atteste le fait que le plénum du Comité central du Parti (27-28 janvier 1987) ait été différé trois fois à cause de

débats internes. Le chef du Parti a dû tenir compte, par ailleurs, des résistances auxquelles s'est heurté dans le pays son projet de société.

Modernisation économique

La modernisation économique, Gorbatchev en est persuadé, ne peut se faire sans la participation active de la société. Il faut donc lui faire prendre conscience des résultats négatifs de la politique brejnévienne et du gaspillage des ressources, la convaincre que des changements s'imposent, modifier les mentalités et les comportements solidement ancrés (faible productivité, corruption généralisée, individualisme, déresponsabilisation). Le secrétaire général s'y est employé personnellement : il a parcouru le pays, dramatisé la situation – si la croissance économique ne redémarre pas, a-t-il affirmé, l'échec du socialisme doit être envisagé –, parlé des difficultés, appelé à l'effort. Les médias ont adopté la « transparence » (qui est loin d'être totale, mais qui constitue un dégel), pour agir sur la psychologie des citoyens et déstabiliser ceux qui refusaient le cours nouveau.

Dans une seconde étape, Gorbatchev a entrepris de libérer le « potentiel créateur » des individus en transformant leur état d'esprit à l'égard de leur travail. La vieille tactique de la carotte et du bâton a été reprise : rétablissement d'une hiérarchie des salaires en fonction des compétences et des résultats, augmentation de l'offre à la consommation. Critiques publiques et sanctions se sont multipliées. Des décrets ont été adoptés, les 15 et 23 mai 1986, pour lutter plus efficacement contre les revenus illicites. La gestion de l'entreprise a fait en outre l'objet d'une attention particulière. Le centralisme n'a pas été remis en question, mais l'appareil central doit désormais se concentrer sur la définition des grandes orientations économiques et laisser aux entreprises (ainsi qu'aux soviets locaux) une plus grande autonomie. De nouvelles méthodes de gestion ont été généralisées dans certaines branches industrielles à partir de janvier 1987; un projet de loi sur l'entreprise d'État a été publié le 8 février.

Pour responsabiliser les autorités politiques et économiques et rendre les citoyens plus actifs, Gorbatchev a voulu approfondir ce que les Soviétiques appellent la démocratie socialiste. Devant le Comité central du Parti communiste, il s'est prononcé pour des modifications du système électoral (pluralité des candidatures, vote à bulletin secret). Déjà mise en pratique çà et là, à la fin 1986 et au début 1987, cette proposition devait être appliquée, à titre expérimental, lors des élections aux soviets locaux de l'été 1987.

Dans le même ordre d'idées et dans l'espoir d'améliorer le secteur très peu développé de la consommation, de stimuler la concurrence et de résorber le travail au noir, Gorbatchev a fait appel à l'initiative privée. Encouragée dans l'agriculture où elle existait déjà (lopins individuels), l'activité privée, exercée sur une base familiale, a été autorisée dans d'autres domaines par la loi du 19 novembre 1986, entrée en application le 1er mai 1987. Les arrêtés des 12 et 13 février ont permis la création de coopératives de production (biens de consommation, services, restauration).

Enfin, dans le domaine du commerce extérieur, une réforme a été amorcée, pour la première fois depuis Lénine. Elle prévoit l'assouplissement du monopole de l'État et la constitution, dans certaines conditions, de sociétés mixtes soviéto-occidentales (décret du 13 janvier 1987).

Avec la catastrophe nucléaire de Tchernobyl le 26 avril et la baisse des prix mondiaux du pétrole, 1986 a été pour l'URSS une année dure. Les résultats, que difficiles à analyser en raison des changements d'indicateurs, paraissent plutôt positifs le revenu national « produit » a augmenté de 4,1 % par rapport à 1985 (alors que le Plan ne prévoyait que 3,9 %), mais le revenu national « utilisé » a augmenté de 3,6 % contre 3,8 % planifiés. Certains secteurs, comme l'agriculture ou le pétrole, ont connu un redressement même si le Plan n'a pas été réalisé.

1986 n'est-elle qu'une année de mise en route? L'ambition de Gorbatchev est « très grande : « d'ici la fin du siècle », « multiplier par deux le revenu national », doubler le potentiel de production, le transformer qualitativement, atteindre les taux de productivité les plus hauts du monde. Le XIIe plan, adopté le 19 juin 1986, doit instaurer le nou-

URSS

Union des Républiques socialistes soviétiques.
Capitale : Moscou.
Superficie : 22 402 200 km² (41 fois la France).
Carte : pp. 82-83.
Monnaie : rouble (1 rouble = 9,57 FF au 30.4.87).
Langues : russe (52 % de la population); 112 autres langues reconnues.
Chef de l'État : Andreï Gromyko.
Chef du Parti : Mikhaïl Gorbatchev.
Nature de l'État : État socialiste fédéral et multinational (15 Républiques et 20 Républiques autonomes).
Nature du régime : État du « socialisme développé », fondé sur le « centralisme démocratique » et le régime du parti unique.
Parti politique : Parti communiste de l'Union soviétique (PCUS), au pouvoir depuis 1917.

UNION SOVIÉTIQUE

○ 0,50   500 000 habitants
Population urbaine,
en millions

Spitzberg (Norv.)
Longyearbyen

ROYAUME UNI

NORVEGE

SUEDE

FINLANDE

Mourmansk

Tallin

Riga
0,90

Arkhangelsk

Vorkouta

POL.

Vilnius
0,55

Leningrad

Moscou
8,7

Gorki
1,4

Sourgout

Russie

1,5

Minsk

0,75

Toula
0,65

Kazan
1,4

Perm
1,1

Lvov

Kiev
2,4

0,90

Sverdlovsk

Tobolsk

Kichinev
0,60

Kharkov
1,6

Voronej
Saratov
0,90

Tolyatti
0,55

Oufa
1,3

Tcheliabinsk
1,1

Omsk
1,1

1,4

Odessa
1,1

Donetsk

Kouibychev
1,2

Novosibir

Sébastopol

Rostov
1,0

Volgograd
1,0

Orenbourg
0,50

Orsk
0,75

Tselinograd

B

Krivoi Rog

Dniepopetrovsk
Zaporojie
Krasnodar
0,60

Astrakhan
0,50

Karaganda
0,65

Semipal

Thbilissi
1,2

Mer
d'Aral

L. Balkhach

TURQUIE

Erevan
1,1

Bakou
1,7

Kzyl Orda

Tachkent
2,0

0,60

Alma

SYRIE

Caspienne

Boukhara

Frounze

IRAK

Achkhabad

Samarcande
0,65

Douchambé

IRAN

AFGHAN.

PAK.

1. Démographie, culture, armée

	Indicateur	Unité	1965	1975	1986
Démographie	Population	million	230,9	254,5	281,4
	Densité	hab./km²	10	11	13
	Croissance annuelle	%	1,1	0,9	1,0 [e]
	Mortalité infantile	‰	27,2	26 [h]	25 [e d]
	Espérance de vie	années	69,4 [g]	70,4 [h]	69 [i]
	Population urbaine	%	51	61	65,6 [a]
Culture	Nombre de médecins	‰ hab.	2,2	3,4	4,2 [a]
	Scolarisation 2e degré [f]	%	72,0	92	100,0 [b]
	3e degré	%	29,5	22,2	21,4 [b]
	Postes tv	‰	68	217	308 [c]
	Livres publiés	titre	76 101	83 463	83 976 [a]
Armée	Marine	millier d'h.	450	500	451
	Aviation	millier d'h.	510	400	453
	Armée de terre	millier d'h.	1 500	825	1 991
	Forces stratégiques	millier d'h.	250	350	298
	Défense aérienne	millier d'h.	500	500	371

a. 1985 ; b. 1984 ; c. 1983 ; d. 26 ‰ en 1985 selon les sources soviétiques ; e. 1980-85 ; f. 12-16 ans ; g. 1960-65 ; h. 1970-75 ; i. 1985-86.

2. Commerce extérieur [c]

Indicateur	Unité	1970	1975	1986
Total imports	milliard $	11,7	37,0	90,4
Produits agricoles	%	24,9	29,2	25,8 [a]
Autres produits de consommation	%	18,3	12,9	12,4 [a]
Machines et équipement	%	35,6	33,9	37,2 [a]
Total exports	milliard $	12,8	27,8	97,6
Pétrole et gaz	%	15,1	30,7	51,6 [a]
Autres produits miniers [b]	%	22,9	17,6	9,8 [a]
Produits agricoles	%	11,5	14,1	6,3 [a]
Produits industriels	%	42,4	37,6	32,3 [a]
Principaux fournisseurs	% imports			
CAEM		57,0	48,3	60,4
PCD		24,0	36,4	25,3
PVD		10,9	11,2	7,8
Principaux clients	% exports			
CAEM		54,4	55,6	61,7
PCD		18,7	25,6	19,2
PVD		15,9	13,7	14,0

a. 1985 ; b. Métaux compris ; c. Marchandises.

veau cours, renverser les tendances négatives, augmenter le revenu national de 22,1 %. Pour que cet objectif soit atteint, la politique de re-

3. ÉCONOMIE

INDICATEUR	UNITÉ	1965	1975	1986
P M N	milliard r	193,5	363,3	690,0
Croissance annuelle	%	7,0	5,0	4,1
Par habitant	roubles	838	1 428	2 097
Structure du P M N				
Agriculture	% ⎫	22,5	17,1	19,4 [a]
Industrie	% ⎬ 100 %	61,0	64,0	56,4 [a]
Services	% ⎭	16,5	18,9	24,2 [a]
Dette extérieure nette	milliard $	1	7,5	12,8 [a]
Taux d'inflation	%	..	0,8	..
Population active	million	117,7 [f]	126,6	138,0 [a]
Agriculture	% ⎫	25,4 [b]	22,3	19,4 [a]
Industrie	% ⎬ 100 %	37,9 [b]	38,2	38,3 [a]
Services	% ⎭	36,7 [b]	39,5	42,3 [a]
Dépenses publiques				
Éducation	% P M N	7,3	7,6	6,6 [c]
Défense	% P M N	..	..	3,2 [d]
Recherche et développement	% P M N	2,2	4,8	4,7 [c]
Production d'énergie	million TEC	966	1 578	2233 [a]
Consommation d'énergie	million TEC	836	1 278	1733 [a]

a. 1985; b. 1970; c. 1983; d. 12 à 17 % du PIB d'après les estimations occidentales.

structuration doit rapidement donner des résultats. Or la voie est étroite et difficile.

Ambiguïtés

Rééditions de la réforme avortée de 1965 ou prolongements des démarches entreprises par Iouri Andropov, les mesures adoptées ne constituent pas, pour la plupart, des nouveautés. Mais surtout, elles n'introduisent ni des changements radicaux ni des modifications structurelles. Même si sa volonté d'aboutir est très forte, comment le pouvoir conciliera-t-il des objectifs politiques, économiques et sociaux différents, parfois contradictoires? Comment pourra-t-il efficacement étendre l'autonomie des acteurs dans un système politique qui exige le monopole du pouvoir, y compris en matière économique? On relève déjà de nombreuses ambiguïtés. Ainsi, le monopole du commerce extérieur a été assoupli, mais le pouvoir du centre a été renforcé par la création, le 19 août 1986, d'une sorte de super-ministère du Commerce extérieur. Une plus grande autonomie a été donnée aux entreprises, mais leur approvisionnement est resté centralisé. Elles pourront être mises en faillite et les incompétents seront punis, mais la sécurité de l'emploi continue à être garantie, même si la définition de celle-ci a changé. Les candidatures multiples aux élections sont souhaitées, mais la sélection des candidatures reste l'affaire du Parti. Aux intellectuels, Gorbatchev a donné plus de liberté, mais il leur a demandé en même temps de soutenir le processus de redressement!... Bref, il veut concilier des actions centrifuges qu'il juge nécessaires à la dynamisation du pays avec la force centripète que constitue le système politique, le maintien indispensable de l'emprise du Parti sur une société qui a une extraordinaire force d'inertie.

Gorbatchev a explicitement mis la politique étrangère au service de la politique intérieure. Dans son souci d'améliorer l'image de marque de son pays, ternie par l'intervention en Afghanistan et une militarisation à outrance, il a probablement aussi fait l'inverse lorsqu'il a libéré une centaine de dissidents politiques (dont Anatoli Chtcharanski et Iouri Orlov) et mis fin à l'exil intérieur d'Andreï Sakharov. Il ne semble pas en effet y avoir eu changement fondamental dans la conception soviétique des droits de l'homme : pas d'amnistie générale des dissidents, poursuite de la répression politique, adoption d'une nouvelle loi peu encourageante sur l'émigration (elle a été faible en 1986), affaire du journaliste américain, Nicholas Daniloff arrêté et accusé d'espionnage le 30 août 1986, mort en prison de l'écrivain Anatoli Martchenko. Les multiples démarches de Gorbatchev sur la scène internationale, menées avec une grande habileté et un talent médiatique certain, sont liées à la restructuration intérieure qui exige un environnement extérieur plus détendu, mais aussi à la volonté de consolider les acquis brejnéviens.

L'offensive du désarmement

La relance du dialogue avec les États-Unis, un des objectifs fondamentaux de l'URSS depuis Nikita Khrouchtchev, a retrouvé toute sa priorité. Gorbatchev est parvenu à dégeler une situation bloquée depuis la fin des années soixante-dix, en agissant là où la politique soviétique avait gravement perturbé les rapports Est-Ouest : la question des armements. Il a proposé, successivement : le 15 janvier 1986, un désarmement nucléaire total dès l'an 2000, avec une première réduction de 50 % des armes intercontinentales

sur cinq ans ; le 28 février 1987, un accord sur les armes à portée intermédiaire qui supprimerait du théâtre européen les *SS 20* soviétiques, les *Pershing II* et les missiles de croisière américains implantés depuis 1983 en réponse aux *SS 20*, une « option zéro » déjà avancée en novembre 1981 par Ronald Reagan ; et le 10 avril, des négociations sur les armes à courte portée. Au-delà du dialogue que cette attitude a permis de rétablir – reprise des contacts entre les deux gouvernements, y compris au plus haut niveau, comme la rencontre de Reykjavik les 11 et 12 octobre 1986, onze mois après celle de Genève –, quel est le but recherché par Gorbatchev ? Le désarmement, jugé nécessaire, notamment pour des raisons économiques. La mort du programme américain d'Initiative de défense stratégique (IDS) ? L'affaiblissement de la présence américaine en Europe ? En tout état de cause, les initiatives du Kremlin lui ont permis de saper de l'intérieur le programme de l'IDS, auquel il s'efforce en vain depuis 1983 de faire renoncer les États-Unis, et de dépasser l'échec subi dans la « bataille » des *SS 20*. En termes de puissance, un accord dans le domaine des euromissiles ne coûterait rien à l'URSS : elle a en Europe une supériorité considérable en armes conventionnelles et chimiques. Sur le plan politique, un tel accord aurait l'avantage de diminuer l'engagement américain sur le vieux continent, et, par voie de conséquence, d'y renforcer le poids de l'URSS. Un dessein européen se profilait au printemps 1987. Passait-il, aux yeux des Soviétiques, avant le dialogue avec Washington, ou en était-il partie intégrante ? Il était trop tôt pour le dire. Quoi qu'il en soit, Moscou a continué à se poser en interlocuteur privilégié de l'Europe. De nombreux contacts en témoignent, entre autres avec la France, comme le voyage du président Mitterrand à Moscou en juillet 1986, neuf mois seulement après la venue de Gorbatchev à Paris, puis celui de Jacques Chirac en mai 1987.

Rapprochement avec la Chine

Autre priorité, les relations avec la République populaire de Chine. Depuis 1985, Gorbatchev a multiplié les gestes apaisants en direction de Pékin. La démarche n'est pas nouvelle, mais elle a rencontré davantage de succès. Les liens se sont resserrés : visite en Chine en septembre 1986 de Nikolaï Talyzine, premier vice-président du Conseil des ministres ; il n'y avait pas eu de contact à ce niveau depuis dix-sept ans ; décision en mai 1986 de rouvrir des consulats à Shanghaï et à Léningrad, les premiers depuis la rupture des années soixante. Le commerce s'est intensifié. Les négociations sur la normalisation et celles sur la navigation fluviale se sont poursuivies ; les discussions sur le contentieux frontalier ont été relancées, le 9 février 1987, dans de bonnes conditions. Pour spectaculaire qu'il soit, ce rapprochement a cependant des limites ; les relations de parti à parti n'ont pas été rétablies. Sur les trois obstacles qui s'opposent à la normalisation, – le Cambodge, la militarisation de la frontière sino-soviétique, l'Afghanistan –, seul le second a fait l'objet d'un début de concession de la part de Moscou qui a annoncé, le 15 janvier 1987, le retrait d'une partie de ses troupes de Mongolie. La partie n'est en fait guère facile à jouer, l'URSS voulant en même temps améliorer ses rapports avec Pékin, continuer de limiter les avancées de la Chine sur la scène internationale, notamment le rapprochement sino-américain, et maintenir ses propres positions aux portes de la Chine. En Indochine, cela limite ses capacités à faire pression sur le Vietnam pour que celui-ci fasse preuve de plus de souplesse à l'égard de la Chine. Avec le Japon, Moscou a renoué le dialogue interrompu en 1978, mais la question des îles Kouriles n'a pas été résolue et Gorbatchev n'a pu empêcher Tokyo d'accepter le principe d'une participation à l'IDS.

La démarche de Gorbatchev en Afghanistan est dans la ligne de sa politique générale : il a exprimé sa volonté d'un règlement politique rapide qui lui permettrait de retirer ses troupes, mais il n'a rien cédé sur l'essentiel. Le rapatriement en octobre 1986 de six régiments a été jugé peu significatif à l'étranger et les conditions d'un retrait total sont

BIBLIOGRAPHIE

BERTON-HOGGE R., DE LAPPARENT D. (dossier constitué par), « Le pouvoir soviétique à la recherche d'un consensus. Le programme de réformes de Mikhaïl Gorbatchev », *Problèmes politiques et sociaux*, n° 556, mars 1987.

CROSNIER M.A., « Le New Deal de Gorbatchev », *Le Courrier des pays de l'Est*, n° 316, mars 1987.

« Gorbatchev, l'offensive tous azimuts », *Esprit*, n° 5, mai 1987.

The Jerusalem Post, Un aussi long voyage. A. et A. Chtcharanski, Lieux communs, Paris, 1987.

SCHREIBER T. (sous la dir. de), « L'URSS et l'Europe de l'Est », *Notes et études documentaires*, n° 4817, 1986.

SOKOLOFF G. (présenté par), *La drôle de crise*, Fayard, Paris, 1986.

TINGUY A. de, *Les relations soviéto-américaines*, PUF/Que sais-je?, Paris, 1987.

« Union soviétique, quels changements ? », *La Nouvelle Alternative*, n° 4, décembre 1986.

restées liées à l'arrêt de l'ingérence étrangère. Sur place, les combats sont restés très durs et la politique de soviétisation s'est poursuivie.

Ailleurs, dans le tiers monde, l'URSS s'est efforcée de consolider ses positions, voire de les améliorer. En Asie du Sud-Est et dans le Pacifique sud, elle a multiplié les démarches diplomatiques et commerciales. Au Moyen-Orient, elle a ébauché une réconciliation avec Israël...

L'objectif ultime de Gorbatchev, tel qu'il l'a défini, est le renforce-ment de la puissance de l'URSS. Il n'est donc pas question que la modernisation du mécanisme écono-mique s'accompagne d'un affaiblis-sement à l'extérieur, ce dont témoi-gne entre autres la continuité des démarches soviétiques en Europe orientale. Ce qui est en jeu, c'est la puissance mondiale de l'URSS et, partant, le rapport de forces entre l'Est et l'Ouest. Pour cette raison, le résultat de la *perestroïka* est capi-tal.

Anne de Tinguy

États-Unis. Sombre année pour Ronald Reagan

L'année 1986 avait bien com-mencé pour le président Reagan. Sa popularité était extraordinairement élevée après cinq ans de pouvoir. Même ses erreurs semblaient ne jamais lui coller à la peau : on le surnommait le président-téflon. Il avait su dignement consoler une nation atterrée par l'explosion de la navette *Challenger* (28 janvier 1986). Et chacun s'extasiait sur la bonne santé de l'économie américai-ne. Si la situation semblait moins brillante sur le plan de la politique étrangère, le président Reagan, au moins, n'avait pas provoqué de catastrophe. Certes, aucune des dif-ficultés, dans les points chauds du monde, n'était réglée, mais Ronald Reagan, en dépit de discours mus-clés sur « l'empire du mal » soviéti-que ou sur la menace terroriste, restait pour l'essentiel d'une pru-dence rare lorsqu'il s'agissait de passer à l'action, à l'exception du raid sur la Libye en avril 1986. Il semblait même qu'on s'acheminait vers un accord de désarmement entre les États-Unis et l'Union sovié-tique.

A la fin de l'année, la situation a changé du tout au tout. En un mois, de début novembre à début décem-bre 1986, Ronald Reagan a perdu vingt et un points dans les sondages d'opinion sur sa popularité. Pire, c'est sa crédibilité même qui est atteinte avec le scandale iranien qui vient d'éclater. Mais depuis plu-sieurs mois déjà, la magie reaga-nienne semblait s'évanouir : graves échecs de la politique étrangère (à propos des sanctions contre l'Afri-que du Sud, désaccord accru entre Gorbatchev et Reagan lors de leur rencontre à Reykjavik, en octobre), revers des républicains aux élections législatives de novembre, net ralen-tissement de l'économie avec un taux de croissance annuel du PNB de 2,5 % en 1986.

L'année 1986 a été marquée par la prise de conscience, aux États-Unis et dans le monde, que l'écono-mie américaine, malgré une puis-sance intrinsèque, a pour la première fois amorcé un déclin indéniable. Sans aucun doute, la disparité de croissance, constatée depuis plu-sieurs années, entre les États-Unis et leurs principaux partenaires écono-miques a joué : les États-Unis se sont aperçus à leurs dépens, comme les socialistes français avant eux, qu'il ne fait pas bon relancer en solitaire une économie, même si l'on est la puissance la plus forte. De même, le renforcement exagéré du dollar entre 1980 (4 francs) et 1985 (10,61 francs) a eu des effets délétères. L'économie américaine était plus forte en 1980, lorsque le dollar était sous-évalué.

Dégradation de la balance commerciale

C'est à la surévaluation du dollar que les Américains attribuent tous leurs malheurs et notamment la dégradation croissante de leur balance commerciale. Dès lors, ils vont agir pour le faire chuter, provoquant notamment, par l'accord du Plazza à New York (22 septembre 1985), une action concertée à la baisse des banques centrales contraire à tous leurs principes de régulation par le marché. Cette politique réussit, trop bien : les partenaires des États-Unis s'inquiètent alors des mouvements désordonnés du dollar (monnaie de référence dans laquelle sont libellés 50 % des échanges internationaux) qui leur coûtent cher sans aucunement régler les problèmes américains (le déficit commercial américain atteint un record de 170 milliards de dollars). Les Américains font mine de s'incliner à plusieurs reprises pour freiner la chute parfois brutale du dollar (– 10 % en janvier 1987), au sommet de Tokyo en mai 1986, en octobre 1986, par un accord bilatéral avec le Japon et en février 1987 à Paris, lors de la réunion du groupe des Six (États-Unis, R F A, Japon, Royaume-Uni, France et Canada). Peine perdue : avec des paliers, le dollar continue sa glissade, en fait voulue par les États-Unis, mais dont on se demande si, à jouer avec le feu, ceux-ci pourront la faire cesser lorsqu'ils le souhaiteront. Les marchés monétaires sont gravement désorganisés, au grand

dam de l'économie mondiale. De plus, la faiblesse du dollar accroît les risques d'inflation et surtout rend moins attractif pour les capitaux internationaux, qui financent largement le déficit budgétaire américain, l'investissement aux États-Unis.

Les États-Unis ont une autre explication à leurs malheurs économiques : ils accusent le Japon et la R F A de n'avoir pas pris leur part dans la relance de l'économie mondiale qu'ils estiment avoir assurée seuls depuis 1983. C'est oublier que les capitaux étrangers (en grande partie empruntés) ont déjà fourni à l'économie américaine plus de la moitié de ses ressources financières en 1986, comme le rappelait Paul Volcker (président de la Réserve fédérale) devant le Sénat le 18 février 1987, et qu'ils ont ainsi contribué à l'expansion américaine. C'est surtout croire qu'une relance japonaise et allemande, certes possible, suffirait à résoudre les problèmes américains.

Mais ceux-ci sont avant tout d'ordre interne ; or le gouvernement Reagan refuse de l'admettre et de

ÉTATS-UNIS

États-Unis d'Amérique.
Capitale : Washington.
Superficie : 9 363 123 km² (17 fois la France).
Carte : pp. 90-91.
Monnaie : dollar (1 dollar = 6,1 FF au 10.6.87).
Langues : anglais ; espagnol, italien, polonais, etc.
Chef de l'État : Ronald W Reagan, président (réélu le 4.11.84).
Nature de l'État : république fédérale (50 États et le District de Columbia).
Nature du régime : démocratie présidentielle.
Principaux partis politiques : Parti républicain et Parti démocrate.

ÉTATS UNIS D'AMÉRIQUE

Seattle 1,6
Washington
1,3 Portland
Oregon
Montana
Dakota du Nor
Idaho
Dakota du Su
Wyoming
Nebraska
Sacramento 1,0
Nevada
Salt-Lake-City 0,9
Utah
San Francisco Oakland 3,2
Denver 1,6
Colorado
Kansas
Las Vegas 0,5
Californie
Los-Angeles Long-Beach 10,0
Arizona
Santa Fe
0,3 Albuquerque
Oklahoma
San Diego 2,0
Phoenix 1,5
Nouveau Mexique
Tucson 0,5
Ft Wort
Texas
PACIFIQUE
MEXIQUE
Austin
San An

1. New Hampshire	7. New Jersey	13. Caroline du Sud
2. Vermont	8. Delaware	14. Tennessee
3. Massachusetts	9. Maryland	15. Indiana
4. Rhode Island	10. Pennsylvanie	16. Michigan
5. Connecticut	11. Virginie Occidentale	17. Mississippi
6. New York	12. Caroline du Nord	18. Oklahoma

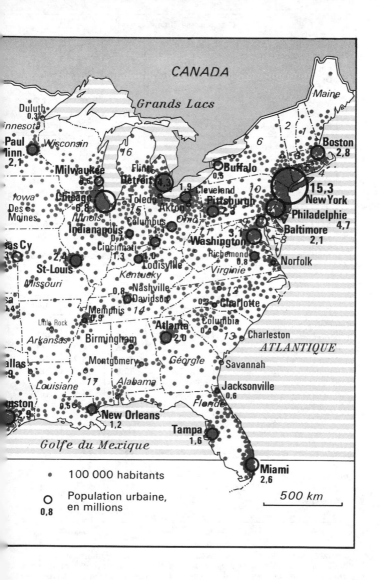

CANADA

Grands Lacs

Duluth
0,3

innesota

Paul
linn
2,1

Wisconsin

Milwaukee
8,8

Iowa
Des
Moines

Chicago
6,8

Illinois

Indianapolis

Flint
Détroit
4,4

Toledo
5

Omar
Columbus
1

Cincinnati
1,3

Louisville
1,0

Kentucky

Nashville
Davidson
0,8

Memphis
0,9

Maine

2

6

1

Buffalo
0,5

Cleveland
1,9

Pittsburgh

10

4

15,3
New York

Philadelphie
4,7

Baltimore
2,1

Washington
3,1

Richmond
0,8

Norfolk

Boston
2,8

Virginie

as Cy
3

St-Louis
2,4

Missouri

sa
1,4

Little Rock

Arkansas

allas
9

uston
2,9

Birmingham

Montgomery

Louisiane

0,56

New Orleans
1,2

12

Charlotte
0,3

Columbia
0,4

13

14

Atlanta
2,0

Géorgie

Alabama

17

Charleston

ATLANTIQUE

Savannah

Jacksonville
0,6

Floride

Tampa
1,6

Miami
2,6

Golfe du Mexique

• 100 000 habitants

○ Population urbaine,
0,8 en millions

500 km

1. Démographie, culture, armée

	Indicateur	Unité	1965	1975	1986
Démographie	Population	million	194,3	216,0	241,7
	Densité	hab./km²	21	23,1	25,8
	Croissance annuelle	‰	1,3 f	1,1 g	1,0 d
	Mortalité infantile	‰	24,7	18 e	11 d
	Espérance de vie	année	69,0	71,3 e	74 d
	Population urbaine	%	68	70	74,2 a
Culture	Nombre de médecins	‰ hab.	1,5	1,7	1,8 b
	Scolarisation 1er et 2e degré	%	101	101	95 b
	3e degré	%	40,2	57,3	57,3 b
	Postes tv	‰	362	586	790 c
	Livres publiés	titre	54 378	85 287	76 976 c
Armée	Marine	millier d'h.	867	733	767
	Aviation	millier d'h.	829	612	606
	Armée de terre	millier d'h.	963	785	771

a. 1985; b. 1984; c. 1983; d. 1980-85; e. 1970-75; f. 1960-70; g. 1970-80.

2. Commerce extérieur [a]

Indicateur	Unité	1965	1975	1986
Commerce extérieur	% PIB	3,7	7,0	7,2
Total imports	milliard de $	21,5	103,0	387,1
Produits agricoles	%	24,5	12,9	9,0
Pétrole et gaz	%	9,0	25,7	10,3
Produits industriels	%	59,9	56,4	79,8
Total exports	milliard de $	26,5	106,2	217,3
Produits agricoles	%	25,8	22,9	16,9
Produits miniers [b]	%	4,3	2,1	1,8
Produits industriels	%	69,9	71,8	77,4
Principaux fournisseurs	% imports			
CEE		15,6	,17,2	20,5
Asie		19,4	21,1	34,3
Japon		11,3	11,8	22,1
Principaux clients	% exports			
CEE		18,2	21,2	24,5
Amérique latine		13,7	14,6	14,3
Asie		18,8	17,1	23,4 c

a. Marchandises; b. Produits énergétiques non compris; c. Dont Japon : 12,4 %.

corriger sa politique. Car le président a pratiqué le contraire de ce qu'il avait prêché. Loin de désétatiser, de rétablir l'équilibre budgétaire et de rendre l'économie plus compétitive, l'État fédéral est intervenu plus que jamais en temps de paix, mais de façon si brouillonne que la structure même de l'économie en a été affaiblie. Depuis l'arrivée de Ronald Reagan au pouvoir, le budget fédéral a été constamment et

Indicateur	Unité	1965	1975	1986
PNB	milliard $	687,1	1 526,5	4 206,5
Croissance annuelle	%	4,3 [f]	2,2 [g]	2,5
Par habitant	$	3 540	7 150	17 404
Structure du PIB				
Agriculture	% ⎫	3,0	3,0	2,0 [a]
Industrie	% ⎬ 100 %	35,7	32,7	31,0 [a]
Services	% ⎭	61,3	64,3	67,0 [a]
Taux d'inflation	%	2,7 [d]	8,0 [e]	1,1
Population active	million	74,5	93,8	118,2
Agriculture	%	6,3	4,1	2,8
Industrie	%	35,5	30,6	25,7
Services	%	58,2	65,3	64,5
Chômage [h]	%	3,7	7,8	6,6
Dépenses publiques				
Éducation	% PNB	4,7	6,5	6,7 [i]
Défense	% PNB	7,2	5,8	6,6
Recherche et développement	% PNB	4,1	2,3	2,7 [c]
Production d'énergie	million TEC	1 712	1 963	2 069 [a]
Consommation d'énergie	million TEC	1 783	2 261	2 364 [a]

L'ÉTAT DU MONDE 1987-1988
ÉTATS-UNIS

93

a. 1985; b. 1984; c. 1983; d. 1960-70; e. 1974-78 ; f. 1960-73; g. 1973-85; h. Fin d'année; i. 1982.

fortement déséquilibré, au point que, devenus débiteurs en 1985 (pour la première fois depuis 1914), les États-Unis sont dorénavant le pays le plus endetté du monde (environ 240 milliards de dollars à la fin de 1986).

Pourtant le keynésianisme reaganien, militaire et antisocial, n'a aucunement servi l'économie. L'industrie est dans un état de délabrement accentué. Cela est vrai de l'industrie traditionnelle (acier, automobile), mais aussi de l'industrie « moderne » : dans tous les secteurs (pétrole, machines-outils, produits pharmaceutiques, ordinateurs), les États-Unis ont perdu des parts de marché sur leur propre territoire face à la concurrence internationale et malgré un protectionnisme accru. Seules les industries liées au Pentagone sont florissantes, même si l'industrie aéronautique s'inquiète de la concurrence européenne (*Airbus*...). Mais les dépenses militaires sont beaucoup moins productives écono-

miquement que les contrats civils.

L'agriculture n'est pas en meilleure posture. Malgré l'aide massive de l'État, supérieure à ce que la Communauté européenne accorde à ses propres agriculteurs, des dizaines de milliers d'exploitations sont ruinées. Et les États-Unis ont perdu une bonne partie du marché mondial au profit d'exportateurs plus agressifs. Partout, des fragilités apparaissent. Dans le secteur bancaire, par exemple, cent quarante-deux banques ont dû déposer leur bilan en 1986, plus que depuis la grande crise de 1929.

Ce qui a fait longtemps illusion, c'est le secteur des services, qui contribuait en 1986 pour plus des deux tiers à la création de richesse telle qu'elle est mesurée par le PNB. Entre 1950 et 1985, la part des services dans les emplois est passée de 37 % à 60 % alors que celle des emplois liés à la production industrielle est tombée de 46 % à 26 %. A un développement éconoque équilibré où secteur des services et secteur industriel se renforçaient l'un l'autre a succédé une croissance artificielle où les services se développent de façon parasitaire alors que l'industrie s'affaiblit et perd sa compétitivité sur le plan international.

Contrairement à l'idée reçue, la plupart des emplois créés aux États-Unis depuis 1981 (de plus en plus dans les services, commerce compris : 52 % en 1984, 81 % en 1986), sont des emplois précaires, de bas niveau, à temps partiel et mal rémunérés : d'après une étude du Joint Economic Committee du Congrès (1986), les trois cinquièmes des emplois créés depuis 1981 sont rémunérés à moins de 7 000 dollars par an (environ 4 000 francs par mois, base 1986), au-dessous du niveau officiel de la pauvreté. De plus, l'investissement industriel, en pourcentage du PNB, est plus bas en 1986 qu'en 1981 et il n'est pas aussi productif qu'il devrait l'être. On a construit des bureaux et acheté de la bureautique mais l'appareil de production a été peu modernisé (machines-outils, robots) : il y a 14 000 robots dans les usines américaines, contre 67 300 au Japon. Les hommes d'affaires américains ont pu reconstituer leur marge de profit parce qu'ils étaient moins taxés et mieux protégés contre la concurrence étrangère. Mais ils ont dédaigné la ré-industrialisation, au profit de la spéculation (3 300 firmes ont été rachetées en 1986, pour une valeur de 175 milliards de dollars) ou pour se défendre contre les offres publiques d'achat (OPA) sauvages (le manque à investir aurait ainsi atteint 100 milliards de dollars en 1986).

Richard Darman, secrétaire adjoint au Trésor, a accusé en novembre 1986 la « corpocratie » américaine d'être « boursouflée, inefficace, sans imagination et de redouter le risque ». L'aveu, de la part d'un reaganien, est amusant. Mais on attend encore l'autocritique d'un gouvernement qui a accentué les déséquilibres économiques fondamentaux tout en renforçant les iné-

galités sociales, et qui n'ose pas dire aux Américains, et notamment aux plus défavorisés, qu'ils ont vécu au-dessus de leurs moyens depuis cinq ans.

Politique étrangère : le poids de l'opinion

Les Américains commencent à s'en rendre compte : ils ont retiré aux républicains, lors des élections législatives « intermédiaires » de novembre 1986, la majorité dont ils disposaient au Sénat depuis 1980. Ont-ils d'ailleurs été aussi séduits par le conservatisme reaganien que certains ont voulu le faire croire ? Thomas Ferguson et Joel Rogers montrent qu'il n'en est rien : d'après les études de sondages auxquelles ils ont procédé, les électeurs n'ont pas viré à droite en 1980 et souhaitent même de plus en plus une politique « de gauche ».

C'est bien ainsi qu'a joué l'influence croissante de l'opinion américaine en politique étrangère. Si Ronald Reagan n'est pas intervenu ouvertement au Nicaragua, en envoyant des troupes américaines pour renverser le gouvernement sandiniste, c'est parce qu'il craignait les réactions négatives des Américains. Si le Congrès a adopté, en septembre 1986, contre le veto présidentiel, des sanctions renforcées contre l'Afrique du Sud, c'est qu'il était aiguillonné par l'opinion.

Certes, en matière de politique étrangère, la profondeur de vue et l'ampleur des visées ne sont pas les caractéristiques principales de Ronald Reagan ; il a pourtant une grande force : il sait jusqu'où ne pas aller trop loin, et transformer les semi-échecs en victoires. On a pu le constater avec le renversement, en février 1986, des dictatures de Ferdinand Marcos aux Philippines et de Jean-Claude Duvalier à Haïti, dont il s'attribue le mérite (il est exact que les États-Unis les ont abandonnés au moment opportun). On l'a constaté encore lors du raid contre la Libye (15 avril 1986) : M. Reagan a réussi à convaincre son opinion de la responsabilité première du colonel Khadafi en matière de terrorisme (alors que l'Iran et la Syrie étaient beaucoup plus directement en cause) et a fait adopter au sommet de Tokyo (5 mai 1986), par des alliés pourtant fort divisés sur ce point, une condamnation de la Libye, alors même qu'il troquait secrètement des armes à l'Iran contre les otages américains détenus au Liban. Il a réussi enfin à transformer l'échec de sa rencontre avec Mikhaïl Gorbatchev à Reykjavik (11-12 octobre) en succès d'opinion puisqu'il a refusé d'échanger des réductions massives d'armements nucléaires contre une limitation des expériences prévues dans le cadre de l'Initiative de défense stratégique. Il a voulu faire de cette dernière le grand œuvre de sa présidence, irréversible, alors même que la plupart des experts – y compris militaires – jugent le projet techniquement irréalisable, financièrement ruineux et stratégiquement déstabilisateur.

Mais les ambitions de M. Reagan commencent à apparaître pour des rêves d'un vieux monsieur qui ne contrôle pas son entourage et n'a que des idées simples sur un monde complexe, au moment même où l'Union soviétique procède à la relève avec un dirigeant alerte et vigoureux qui semble savoir où il veut aller et paraît capable – provisoirement au moins – d'en convaincre ses compatriotes, voire l'opinion occidentale.

Comment, en effet, Ronald Reagan a-t-il pu croire que le Congrès, fortement engagé et soutenu par l'opinion, ne renverserait pas son veto sur les sanctions contre l'Afrique du Sud (29 septembre et 2 octobre 1986)? Comment a-t-il pu penser que la guerre occulte qu'il menait de fait contre le Nicaragua depuis 1983 ne serait pas un jour découverte, alors même qu'un citoyen américain, Eugene Hasenfus, était capturé au Nicaragua le 6 octobre 1986? Comment surtout a-t-il pu s'imaginer que les Américains se rallieraient à ses tractations iraniennes et à ses livraisons d'armes à un pays qui a profondément humilié les États-Unis lors de la prise d'otages de 1979-1980? Comment a-t-il pu oublier que sa victoire de 1980 avait été largement acquise grâce à la fermeté qu'il professait contre

BIBLIOGRAPHIE

« L'Amérique noire », *Les Temps modernes*, numéro spécial, octobre-novembre 1986.

BELLON B., *L'interventionnisme libéral : la politique industrielle de l'État fédéral américain*, Economica, Paris, 1986.

« États-Unis », *Problèmes économiques*, nᵒˢ 2011-2022, février et avril 1987.

FERGUSON T., ROGERS J., *Right Turn : the Decline of the Democrats and the Future of American Politics*, Hill and Wang, New York, 1986.

GHORRA-GOBIN C., « Les Américains et leur territoire. Mythes et réalités », *Notes et études documentaires*, n° 4828, 1987.

KASPI A., *Les Américains. Les États-Unis de 1607 à nos jours*, Seuil, Paris, 1986.

« Les nouveaux américains », *Projet*, n° 205, mai-juin 1987.

SERFATY S., *La politique étrangère des États-Unis de Truman à Reagan*, PUF, Paris, 1986.

TOINET M.-F., *Le système politique des États-Unis*, PUF, Paris, 1987.

l'Iran face à l'indécision cartérienne?

Un président si mal conseillé?

Deux explications principales peuvent être avancées. D'une part, la médiocrité des conseillers présidentiels et les désaccords qui les opposent. Comment un lieutenant-colonel sans expérience, Oliver North, a-t-il pu avoir la haute main sur les nombreuses activités secrètes de la Maison Blanche et décider souverainement (mais peut-on croire encore à l'ignorance de M. Reagan?), contre les avis les plus autorisés, de négocier avec l'Iran et de lui vendre des armes, d'en détourner illégalement les profits pour mener une guerre illégale au Nicaragua, voire en Angola ou en Afghanistan, d'intervenir à la Grenade ou en Libye? Comment les plus hauts responsables (George Shultz aux Affaires étrangères, Caspar Weinberger à la Défense) ont-ils été tenus à l'écart des décisions par le secrétaire général du gouvernement, Donald Regan? Ont-ils parlé haut et fort? Depuis la période du maccarthysme, rares sont ceux dans l'entourage du président qui osent parler contre lui, de peur d'être accusés de traîtrise.

D'autre part, comme son prédécesseur Richard Nixon, le président Reagan n'a pas hésité à violer ou à laisser violer les règles légales qui le dérangeaient et au-dessus desquelles il estimait être. Parce que le Congrès posait des questions gênantes, on a tenté de ne pas le consulter en instituant des procédures paramilitaires et parapolitiques : l'administration du Conseil national de sécurité, qui n'a pas à rendre compte au Congrès, est devenue le lieu privilégié, voire exclusif, des décisions en matière de politique étrangère et des personnalités privées, politiquement irresponsables, ont été chargées de l'exécution sur le terrain.

Mais on est aux États-Unis, et le pot aux roses finit toujours par être découvert. Ronald Reagan, que personne ne souhaite voir partir (les républicains parce qu'ils ne tiennent pas à subir à nouveau les effets d'un scandale comme le Watergate et les démocrates parce qu'ils ne tiennent aucunement à mettre le pied à l'étrier à George Bush, lui préférant un président impuissant et un scandale distillé jour après jour), est irrémédiablement affaibli : une sorte de vacance du pouvoir s'est installée à Washington, avec un président paralysé qui trouve difficilement à remplacer ceux qui quittent le navire. Mais est-ce le moment pour les États-Unis de n'être plus gouvernés, alors que la situation économique est sombre, les déficits incontrôlés et l'instabilité croissante au Proche-Orient, en Amérique centrale et en Afrique australe, alors que d'importantes négociations commerciales stratégiques et monétaires sont en cours? Ni les États-Unis, ni le monde ne s'en trouveront mieux.

Marie-France Toinet

Chine. Reprise en main

En dépit des critiques de plus en plus nombreuses formulées par les conservateurs, le VIIᵉ plan quinquennal (1986-1990), approuvé au mois de mars 1986 par l'Assemblée populaire nationale (APN), a confirmé les orientations de la politique de réforme économique entreprise sous la houlette de Deng Xiaoping. Toutefois, un ralentissement de la croissance, des investissements dans la « construction de base » et surtout une réduction du déficit de la balance commerciale dont le chiffre record publié au mois de février 1986 s'élevait à 7,6 milliards de dollars, étaient conseillés. Les recommandations du VIIe plan ne semblent pas avoir été pleinement suivies en 1986 et de nouveaux problèmes sont apparus. Devant ce qu'ils ont perçu comme un emballement des réformes et la fuite en avant qu'a représenté pour eux le projet de modification des structures politiques, les conservateurs ont obtenu, à la faveur de la crise étudiante de la fin de l'année 1986, de reprendre le pays en main, particulièrement dans les domaines politique et culturel. C'est donc la manière forte qui a été choisie ou imposée à Deng Xiaoping par le clan des conservateurs, en dépit des inquiétudes que cette politique n'a pas manqué de susciter à Hong-Kong et à l'étranger, mettant en péril les projets d'investissement dont la Chine a tant besoin pour mener à bien son ambitieuse politique de développement.

Les freins au développement

Dans les campagnes, en dépit de la réussite indéniable qu'a constitué le doublement du revenu paysan depuis le début de la politique de réforme, les problèmes apparus en 1985 n'ont pu être résolus. La plus grande autonomie qui a résulté de la généralisation du système de contrats de quinze ans et de la diversification des cultures a entraîné, en 1985, une baisse de la production de céréales – moins rentables – de 25 millions de tonnes par rapport à 1984 (la production avait atteint alors le chiffre record de 410 millions de tonnes) et ce retard n'a pu être rattrapé en 1986. Les importants gains de productivité obtenus dans un premier temps, grâce à l'instauration du système de responsabilité, semblent avoir atteint un palier difficile à franchir sans développement de la mécanisation. Alors que le VIIe plan quinquennal prévoyait une croissance annuelle de

4 % dans l'agriculture, celle-ci n'a été que de 3,5 % en 1986. L'un des problèmes principaux des campagnes chinoises est la diminution dramatique de la superficie de terres cultivées. Il s'agit d'un phénomène ancien, aggravé cependant par le développement anarchique des petites entreprises rurales et de l'urbanisation. La superficie aurait diminué en moyenne de 466 000 hectares par an depuis 1980. Pour résoudre ce problème, l'Assemblée populaire nationale a adopté, le 25 juin 1986, une « loi sur l'administration des terres de la République populaire de Chine » qui prévoit la création d'un office d'administration des sols et d'un système de loyer de la terre pénalisant les terres non agricoles.

CHINE

République populaire de Chine.
Capitale : Pékin (Beijing).
Superficie : 9 596 961 km² (17,5 fois la France).
Carte : pp. 98-99.
Monnaie : renminbi (yuan; 1 renminbi = 1,60 FF au 15.4.87).
Langues : mandarin (Putonghua, langue dominante); huit dialectes avec de nombreuses variantes; les minorités nationales ont leur propre langue.
Chef de l'État : Li Xiannian, président de la République.
Premier ministre : Zhao Ziyang.
Nature de l'État : république socialiste unitaire et multinationale (21 provinces, 3 régions autonomes, 3 grandes municipalités).
Nature du régime : démocratie populaire fondée sur le régime du parti unique et une idéologie d'État : le marxisme-léninisme.
Parti politique : Parti communiste chinois, (secrétaire général : Zhao Ziyang). Deng Xiaoping, membre du Comité central du Parti et chef de la Commission militaire, reste l'homme fort du régime.

CHINE

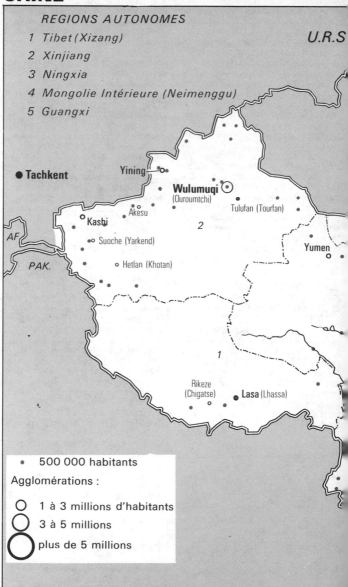

REGIONS AUTONOMES
1 Tibet (Xizang)
2 Xinjiang
3 Ningxia
4 Mongolie Intérieure (Neimenggu)
5 Guangxi

U.R.S

● Tachkent

Yining

Wulumuqi
(Ouroumtchi)

Tulufan (Tourfan)

Akesu

2

AF

○ **Kashi**

Yumen

●○ Suoche (Yarkend)

PAK.

○ Hetlan (Khotan)

1

Rikeze
(Chigatse)

● **Lasa** (Lhassa)

● 500 000 habitants

Agglomérations :

○ 1 à 3 millions d'habitants
○ 3 à 5 millions
○ plus de 5 millions

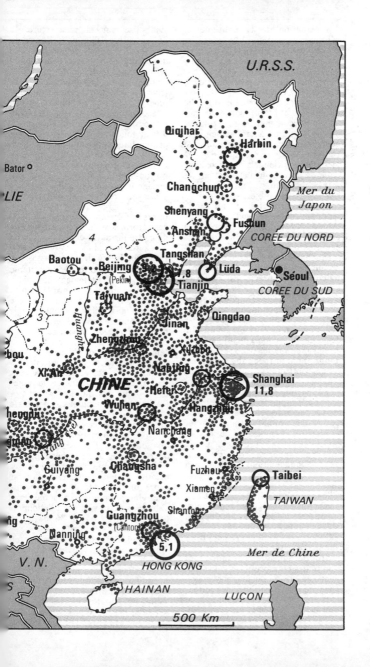

L'extension de la politique de réforme économique aux zones urbaines, décidée en 1984, s'est révélée plus difficile que ne le prévoyaient les dirigeants et beaucoup plus déstabilisante pour le pouvoir politique. Le relâchement du contrôle direct exercé par l'État sur les entreprises et l'insuffisance des mécanismes économiques de régulation ont provoqué un accroissement mal contrôlé des investissements qui s'est très vite heurté aux goulots d'étranglement traditionnels de l'économie chinoise que sont l'énergie et les transports. Au début de l'année 1987, les projets d'investissement des entreprises d'État représentaient déjà 45 % des capitaux prévus par le VIIᵉ plan pour la période 1986-1990. Du fait des pénuries d'énergie, certaines entreprises ont été obligées d'arrêter la production au moins un jour par semaine. Les prévisions économiques ont été révisées à la baisse : au début de 1987, Deng Xiaoping déclarait notamment que la Chine se trouverait encore dans une phase d'élimination de la pauvreté à la fin de ce siècle. Au mois de juillet 1986, la dévaluation de 13,6 % du renminbi (nom officiel du yuan) est venue confirmer ce relatif ralentissement de l'économie. En janvier 1987, une campagne a été lancée visant à contrôler les investissements des entreprises ainsi que la qualité des produits afin de limiter les stocks d'invendus. Le déficit des entreprises a en effet augmenté de 56 % par rapport à 1985. En dépit des recommandations du VIIᵉ plan de limiter la croissance de la production industrielle à 7 % par an, celle-ci a été de 11,1 % en 1986. La concurrence sauvage qui règne entre provinces a également contribué au développement anarchique des investissements et au grave déficit du commerce extérieur.

Afin de remédier à la faible rentabilité des entreprises, le gouvernement a tenté de développer le système de responsabilité des directeurs et a lancé en 1986 un projet de réforme du système de propriété,

symbolisé par la réouverture, le 26 septembre 1986, de la Bourse de Shanghaï fermée depuis près de quarante ans. Dans le cadre de la réforme du système de propriété, l'État prévoit de conserver le contrôle des secteurs clés de l'économie (énergie, banques, chemins de fer, télécommunications). En revanche, les petites et grandes entreprises d'État touchant à des secteurs non primordiaux seraient données à bail, vendues à des collectivités ou transformées en compagnies par actions à responsabilité limitée. L'État n'interviendrait dans la vie de ces entreprises que par l'achat d'actions ou l'octroi de prêts à long terme avec intérêts. Cependant, l'application de ces réformes se heurte à l'indigence du cadre juridique et aux pesanteurs qu'exerce une administration pléthorique sur la vie des entreprises.

Un projet de réforme du système de l'emploi a également été mis à l'étude au mois d'octobre 1986 afin de faciliter, dans certaines limites, le recours aux licenciements, mais cette tentative de création d'un véritable marché du travail est freinée par l'inexistence d'un véritable système d'assurances-chômage et par l'impossibilité, pour la majorité des travailleurs, de quitter librement leur affectation. De même, le projet de loi sur les faillites soumis à l'Assemblée populaire nationale (APN) au mois de juin 1986 s'est heurté à l'absence de législation sur le droit de propriété et a déclenché un mouvement d'inquiétude chez les ouvriers pour lesquels aucune solution de rechange n'était prévue. La priorité reste donc l'amélioration du cadre juridique de la vie économique. Une première étape a été franchie dans cette voie avec l'adoption par l'APN, en avril 1986, des principes généraux du code civil.

Le poids de l'administration et l'interventionnisme de cette dernière dans la vie des entreprises handicapent le développement de la réforme en milieu urbain, favorisant les phénomènes de corruption et de népotisme. Pour toutes ces raisons, l'autonomie des entreprises n'est pas réellement appliquée. Alors que leurs directeurs devraient disposer d'une certaine autonomie de gestion, les administrations qui ont vécu sur le dos des entreprises font tout pour freiner cette évolution. Un projet de simplification des organes du Parti communiste chinois (PCC) et du gouvernement toucherait plus de 24 millions de fonctionnaires. A cet immobilisme de l'administration s'ajoute l'hostilité des conservateurs à toute remise en cause de l'orientation purement socialiste du système chinois. Ainsi, le comité permanent de l'APN, présidé par Peng Zhen, a-t-il rejeté, en mars 1987, le projet de loi sur la gestion des entreprises, qui prévoyait un plus grand degré d'autonomie de gestion pour les directeurs.

Réforme politique : le holà des conservateurs

Devant les contradictions de plus en plus marquées entre un système politique extrêmement centralisé et la volonté des réformateurs de favoriser en Chine une « économie de marché socialiste », les dirigeants, dans un premier temps, ont eu la tentation de lancer une réforme politique présentée comme indispensable et inséparable de la politique de réforme économique. La réforme en milieu urbain, dans sa volonté d'alléger la tutelle de l'État et des organisations du Parti sur la vie des entreprises touchait directement au pouvoir politique. Selon les tenants les plus radicaux de la réforme, il était impératif de réduire le rôle trop important joué par les organisations du Parti au niveau de l'APN, des organes judiciaires et des entreprises. Il fallait en conséquence mieux distinguer les attributions du Parti de celles du gouvernement et simplifier les structures de l'administration.

Cette réforme politique s'est ac-compagnée d'un vif encouragement à la liberté de création artistique et scientifique afin de susciter l'apparition de nouveaux talents. Un éditorial du *Renminribao* du mois de septembre 1986 dénonçait la « définition de règles imprudentes concernant le contenu ou la réforme de toute création » et appelait les intellectuels à intervenir plus dans la vie politique. Le ministre de la Culture, Wang Meng, déclarait en juillet 1986 qu'il fallait garantir la liberté de création et de recherche. Cette volonté de réforme des structures politiques a fait naître un vif espoir chez les intellectuels qui se sentaient par ailleurs soutenus par les déclarations du secrétaire général du PCC, Hu Yaobang, selon lesquelles « le marxisme doit être débarrassé de ses aspects théoriques devenus désuets ». Fang Lizhi, astrophysicien et vice-président de l'université de Hefei, présentait les intellectuels, dans un entretien accordé le 22 septembre 1986 au quotidien *Guangming*, comme les éléments les plus actifs du développement de la Chine. De même, l'écrivain Wang Ruowang et le journaliste vedette du *Renminribao*, Liu Binyan, se sont prononcés pour une plus grande ouverture intellectuelle.

A la faveur des manifestations étudiantes qui se sont déroulées à travers toute la Chine à partir du mois de novembre 1986, et qui avaient pour cause principale la dégradation des conditions de vie à l'université, les conservateurs, inquiets de l'ampleur nouvelle prise par la réforme des structures politiques, ont imposé une reprise en main, au moins provisoire, dans ce contexte de « fin de règne », du Parti et de la société. Ce faisant, ils ont montré une fois de plus qu'en Chine les réformes dépendaient essentiellement de la volonté du pouvoir politique et qu'elles étaient toujours à la merci d'un mouvement de repli.

Une campagne a été lancée dans la presse contre les « libéralismes bourgeois » et contre les tentations « d'occidentalisation tous azimuts ». Dans un discours prononcé le 20 jan-

1. DÉMOGRAPHIE, CULTURE, ARMÉE

	INDICATEUR	UNITÉ	1965	1975	1986
Démographie	Population	million	745,4	924,2	1 072,7
	Densité	hab./km²	77,7	96,3	111,8
	Croissance annuelle	%	2,3 e	1,7 d	1,2 c
	Mortalité infantile	‰	. .	66 i	39,0 c
	Espérance de vie	année	57,1	59,1 i	67,4 c
	Population urbaine	%	18 g	. .	21 a
Culture	Analphabétisme	%	57 g	. .	30,7 a
	Nombre de médecins	‰ hab.	0,13	0,95	1,36
	Scolarisation 2e degré f	%	23 h	46	37 b
	3e degré	%	0,07 h	0,6	1,4 b
	Postes tv	‰	—	1,0	15,5
	Livres publiés	titre	20 143	13 716	34 920 b
Armée	Marine	millier d'h.	136	230	350
	Aviation	millier d'h.	100	220	490
	Armée de terre	millier d'h.	2 250	2 800	2 110

a. 1985; b. 1984; c. 1980-85; d. 1970-80; e. 1960-70; f. 12-16 ans; g. 1960; h. 1970; i. 1970-75.

2. COMMERCE EXTÉRIEUR e

INDICATEUR	UNITÉ	1970	1975	1986
Total imports	milliard $	2,28	7,9	43,4
Produits agricoles	%	26,7	22,0	24,1 a
Produits miniers	%	3,3	3,1	1,4 b
Produits industriels	%	70,0	74,9	81,9 b
Total exports	milliard $	2,31	7,7	31,1
Produits agricoles	%	47,0	39,6	17,1 a
Produits miniers d	%	5,9	16,7	23,1 b
Produits industriels	%	47,1	43,7	55,9 b
Principaux fournisseurs	% imports			
PCD		56,7 c	70,6	66,9
PVD		15,4 c	16,4	25,6
Pays socialistes		27,9 c	12,8	7,6
Principaux clients	% exports			
PCD		32,3 c	36,8	39,3
PVD		35,8 c	28,5	52,7
Pays socialistes		31,9 c	20,6	8,6

a. 1985; b. 1984; c. 1966; d. Produits énergétiques compris; e. Marchandises.

3. ÉCONOMIE

INDICATEUR	UNITÉ	1965	1975	1986
P M N [f]	milliard $	56,3	134,6	225,6
Croissance annuelle	%	4,0 [e]	5,6 [d]	
Par habitant	$	77,7	145,6	210
Structure du P M N [f]				
Agriculture	% ⎫	46,2	39,4	44,3 [b]
Industrie	% ⎬ 100 %	40,2	49,0	45,8 [b]
Services	% ⎭	13,6	11,6	9,9 [b]
Taux d'inflation	%	− 2,7	0,3	6,0
Population active	million	286,7	381,7	476,0 [b]
Agriculture	% ⎫	81,6	77,2	68,4 [b]
Industrie	% ⎬ 100 %	6,4	11,2	13,3 [b]
Services	% ⎭	12,0	11,6	18,3 [b]
Dépenses publiques				
Éducation	% PMN [f]	..	1,8	2,8 [c]
Défense	% PMN [f]	..	..	2,7
Production d'énergie	million TEC	317,9	474,0	831,0 [a]
Consommation d'énergie	million TEC	316,8	434,2	742,5 [a]

a. 1985; b. 1984; c. 1983; d. 1970-80; e. 1960-70; f. Produit matériel net.

vier 1987, Deng Xiaoping a réaffirmé avec force la fidélité de la Chine aux quatre principes fondamentaux : maintien dans la voie socialiste, respect de la dictature démocratique populaire, de la direction du Parti, du marxisme-léninisme et de la pensée Mao Zedong. La direction du PCC a été critiquée pour sa faiblesse lors des manifestations étudiantes et son secrétaire général a dû présenter sa démission le 16 janvier 1986, en compagnie du directeur du département de la propagande du PCC, le réformateur Zhu Houzi. Fang Lizhi, Wang Ruowang et Liu Binyan ont été également démis de leurs fonctions et exclus du Parti en février. Des directives nouvelles ont été données aux entreprises, selon lesquelles le travail politique et idéologique devait être renforcé en leur sein; le système de responsabilité des directeurs ne signifiant en aucun cas un affaiblissement de la direction du Parti. Cependant, dans un souci de ne pas provoquer une crise de confiance trop grave chez les intellectuels, le nouveau secrétaire général du PCC,

Zhao Ziyang, a affirmé dans un discours prononcé le 15 mars 1987 que la campagne de lutte contre le « libéralisme bourgeois » devait rester confinée au sein du Parti communiste, excluant tout mouvement politique de masse comme ceux que le pays avait connus aux moments les plus noirs de son histoire.

Ouverture sur l'Europe de l'Est

En 1986, un effort particulier a été fait pour rassurer les investisseurs étrangers : de nouvelles mesures fiscales et de simplification administrative ont été prises par le Conseil des affaires de l'État pour faciliter les investissements étrangers en Chine. Alors que les relations avec les États-Unis, l'Europe occidentale et le Japon sont restées stables en 1986, celles avec l'URSS et les pays d'Europe de l'Est se sont développées. Si l'obstacle principal à la normalisation des relations entre la Chine et l'URSS reste, selon Deng Xiaoping, l'occupation du Cambodge par les troupes prosoviétiques du Vietnam, les Chinois ont accueilli avec intérêt les propositions de rapprochement faites par Mikhaïl Gorbatchev à Vladivostok le 28 juillet 1986. En février 1987, les pourparlers sur le problème frontalier sino-soviétique interrompus depuis neuf ans, ont repris à Moscou avec la visite en URSS du vice-ministre chinois des Affaires étrangères, Qian Qichen. La politique de réforme tentée par Mikhaïl Gorbatchev est considérée avec sympathie à Pékin. Le secrétaire du Parti socialiste unifié de la République démocratique allemande, Eric Honecker, ainsi que le général Jaruzelski, dont l'expérience de reprise en main de la Pologne semble avoir beaucoup intéressé les dirigeants chinois, se sont rendus en Chine à l'automne 1986, préparant une prochaine visite du premier ministre Zhao Ziyang en Europe de l'Est. La Chine a également signé, à Rarotonga au mois de février 1987, le traité de dénucléarisation du Pacifique sud, affirmant par-là son engagement en faveur de la paix et le rôle nouveau qu'elle entend jouer dans la région.

Valérie Niquet-Cabestan

BIBLIOGRAPHIE

AUBERT C., CHEVRIER Y., DOMENACH J.-L, HUA C.-M., LEW R., ZAFANOLLI W., *La société chinoise après Mao*, Fayard, Paris, 1986.

AUBERT C. (éd.), « Les réformes en Chine », *Revue tiers monde*, n° 108, octobre-décembre 1986.

BEAUREGARD de P., CABESTAN J.-P., DOMENACH J.-L., GODEMENT F., GOLDFIEM de J., JOYAUX F., *La politique asiatique de la Chine*, Fondation pour les études de défense nationale, Paris, 1986.

BERGÈRE M.-C., *La République populaire de Chine de 1949 à nos jours*, Armand Colin, Paris, 1987.

CABESTAN J.-P., « Développement du droit et modernisation en Chine populaire », *Revue d'études comparatives Est-Ouest*, n° 2, juin 1986.

CADART C., NAKAJIMA M., *Stratégie chinoise ou la mue du dragon*, Autrement, Paris, 1986.

FABRE G., « Les enjeux de la gestion du sol », *Le Courrier des pays de l'Est*, n° 312, novembre 1986.

JOYAUX F., « La Chine et le tiers monde : une politique extérieure ambiguë », *Géopolitique*, n° 15, automne 1986.

NIQUET-CABESTAN V., « Deux ans après la déclaration commune sino-britannique, la situation politique à Hong-Kong », *Revue d'études comparatives Est-Ouest*, n° 4, décembre 1986.

TROLLIET P., BÉJA J.-P, *L'empire du milliard : population et société en Chine*, Armand Colin, Paris, 1986.

Inde. *Le déclin d'une idole*

A la fin de 1986, l'état de l'Inde pouvait se résumer en deux mots : fragmentation et décalage. Fragmentation de la société, des partis, de la conduite même du gouvernement. Décalages entre une économie toujours prospère et une situation sociopolitique inquiétante, entre une volonté de réformes et de compromis et l'absence de suivi des décisions novatrices ou le recours aux vieilles manœuvres politiciennes.

En économie, les décalages entre, d'une part, la politique de libéralisation et d'allégements fiscaux en faveur des entreprises, et, d'autre part, la répression, dure – mais sélective –, des fraudes ont compromis le succès des nouvelles orientations ; de même que les incohérences entre la planification et l'inflation des dépenses publiques ou les décisions de subventions prises à l'occasion des voyages du Premier ministre.

Face à l'étranger, les cloisonnements entre ministères ont donné une impression de flottement dans la conduite des relations – difficiles – avec la Chine et le Pakistan. La politique sud-africaine de l'Inde est devenue, de manière imprévue, un instrument de torpillage des rentrées de devises acquises grâce à l'exportation de diamants par une société indienne associée à la De Beers sud-africaine. En janvier 1987, des problèmes de coordination internes ont mené l'Inde au bord d'une guerre avec le Pakistan qu'aucun des deux pays ne voulait. Cette succession de dérapages explique la désillusion de bon nombre d'observateurs indiens qui n'ont jamais autant loué les mérites d'Indira Gandhi.

Il est significatif, cependant, que l'Inde de 1986-1987 ait surtout attiré l'attention par ses problèmes internes et par l'échec du lancement, en mars 1987, d'un satellite perfectionné. De l'achèvement de la branche principale du canal de Rajasthan, grandiose projet d'irrigation des zones désertiques, le monde extérieur n'a pas parlé ; de même, une deuxième année de mauvaise mousson qui, par suite d'une gestion locale déficiente, a réveillé le spectre de la famine et contribué aux déboires politiques du gouvernement, a moins suscité l'intérêt que les menaces pesant sur l'intégration nationale, alors que les deux phénomènes sont étroitement liés.

Économie : flottements

Mais, si l'économie a causé de nouvelles inquiétudes, c'est que l'espoir lié aux orientations nouvelles du gouvernement a été partiellement déçu : la libéralisation des importations n'a pas été suivie par une hausse des exportations, mais par une frénésie de consommation ; les prix des produits de consommation non alimentaires ont augmenté de 17 % entre 1986 et 1987. Le déficit de la balance commerciale n'a pu être stabilisé à 45 milliards de roupies, en novembre 1986, que grâce à la baisse du prix des produits pétroliers. Par ailleurs, l'excellent taux de croissance industrielle (+ 8 %) proclamé par le gouvernement correspond, en fait, à un changement de base indiciaire : calculé sur la base de 100 en 1970, il n'a été que de 6,1 % pour 1986, au lieu de 6,9 % pour 1985. Enfin, le déficit budgétaire – environ 80 milliards de roupies, soit à peu près 6,6 milliards de dollars, à la fin de l'exercice 1986-1987 (environ 57 milliards de roupies prévus pour le suivant) – est d'autant plus inflationniste qu'il est dû pour une grande part à une augmentation de dépenses improductives, notamment militaires. Le taux d'inflation, de 6,5 % en 1986, pourrait donc s'élever et gêner le Premier ministre qui a déjà présenté un budget de compromis pour 1987-1988. En effet, ce dernier ne choisit pas vraiment entre un retour aux priorités sociales traditionnelles voulues par le Congrès et une libéralisation accrue, chère à Rajiv Gandhi. Or, de nombreuses critiques ont rejoint les voix des défenseurs du secteur public et, au printemps 1987, le désenchantement enregistré dès la fin de 1985 semblait devoir s'accentuer : beaucoup n'étaient qu'à demi satisfaits des résultats des efforts en faveur du développement rural et de l'éducation – dont le budget a pourtant plus que doublé.

106

Parti du Congrès : dissonances

En 1986, ceux des Indiens qui ont voté pour le Congrès-I (I pour Indira) ont été déçus. L'année s'était ouverte sur les dissonances des « loyalistes d'Indira », qui avaient insisté sur l'option socialiste à Bombay fin décembre 1985, lors de la session marquant le centenaire du parti, célébré en grande pompe. Elle s'est poursuivie avec des succès aux élections intéressant le Parlement central, mais aussi des résultats mitigés ou de francs échecs lors des élections dans les divers États en 1986 et 1987. Ainsi, le Congrès-I a consolidé sa position au Rajya Sabha, avec 149 sièges sur 244, lors du renouvellement partiel de juin, et a remporté la plupart des élections partielles au Lok Sabha. En revanche, il a été nettement battu aux élections locales *(panchayats)* de l'Andhra Pradesh de mars 1987 et aux élections législatives tenues dans certains États. Les consultations du Mizoram en février 1987, puis celles du Cachemire en mars, ont montré l'intérêt limité des accords intervenus entre le Congrès et des partis hier encore considérés comme « antinationaux ». Au Mizoram, avec

13 sièges (sur un total de 40) pour lui-même et 24 pour son allié, le Mizo National Front, il a vu son influence décliner. Au Cachemire, sur 70 sièges à pourvoir, la Conférence nationale de Farouk Abdullah en a gagné 36 et le Congrès 24, mais ce succès de la coalition a été en réalité celui d'Abdullah que le Congrès avait écarté du pouvoir trois ans plus tôt. Dans le Sud, en revanche, aux élections du Kerala, la coalition sortante dirigée par le Congrès n'a obtenu que 61 sièges, pour 75 au Front uni de la gauche. Cet échec, qui s'ajoute à celui des *panchayats* de l'Andhra Pradesh, fait que désormais le Congrès-I n'est au pouvoir, au niveau des États, que dans le Nord de l'Inde. Encore faut-il soustraire le Bengale du Nord géographique où la coalition de gauche sortante a triomphé, en mars 1987, avec 251 sièges sur 294 (40 seulement pour le Congrès-I), malgré les campagnes personnelles actives et les efforts du Premier ministre.

En outre, les dissensions internes au Congrès, bien que limitées dans leurs effets par une loi sur les défections – une arme créée par le Premier ministre et qui se retourne aussi contre son propre parti –, ont alimenté des controverses publiques. En août 1986, les « loyalistes d'Indira » ont adressé un mémorandum au « président en exercice du parti », Kamalapati Tripathi – un vétéran du parti nommé par Indira qu'ils savaient tenu à l'écart et mécontent –, avant de créer, sous la conduite de l'ancien ministre des Finances, Pranab Mukherjee, le Rashtriya Samajwadi Congress Party (national-socialiste). Si cette dissidence a eu moins d'impact immédiat que le ralliement, fin 1986, du leader du Parti du Congrès d'opposition, Sharad Pawar, qui représentait une menace constante pour la majorité du Maharashtra, elle a néanmoins pesé sur la défaite du Congrès au Bengale et elle pourrait à l'avenir ébranler quelques bases électorales du parti.

Par ailleurs, la crise larvée entre le Premier ministre et le président de la République, Zail Singh, qui, envisageant un second mandat en juillet 1987, a refusé d'approuver un projet de loi sur la censure des communications privées dont il avait approuvé le principe en tant que ministre de l'Intérieur, a mis Rajiv Gandhi dans une position délicate : en mars 1987, la publication d'une lettre du président mettant en cause le comportement du Premier ministre et démentant les propos que celui-ci avait tenus au Lok Sabha, a ouvert une crise de constitutionnalité.

Crise de l'intégration nationale

La crise de l'intégration nationale, expression sociopolitique de la fragmentation de la société indienne, a été aggravée par la recrudescence des particularismes (linguistiques et culturels) et par l'intensification du « communalisme ». Les particularismes se sont manifestés en Assam, où il est apparu que les problèmes n'étaient nullement résolus, à Goa, avec des agitations linguistiques, au Tamilnadu, entre le Maharashtra et le Karnataka, mais surtout, dans l'Est du pays, entre les différentes ethnies. Au Mizoram, l'accord conclu en juin 1986 entre le Mizo National Front (MNF), rebelle, le gouvernement central et le Congrès-I, prévoyant la transformation du territoire en État, s'est révélé insuffisant : peu après, le leader du MNF, Laldenga, revendiquait la création d'un « grand Mizoram » comprenant les régions des États voisins peuplées de Mizos. Au Tripura, le terrorisme de la Tripura National Volunteer Army s'est accru à la fin de 1986 tandis qu'au Nagaland, le National Socialist Council of Nagaland est resté actif. Au Bengale occidental, enfin, le Gurkha National Liberation Front (GNLF), puissant dans la région de Darjeeling peuplée de Népalais, a mené une agitation sou-

INDE

Union indienne.
Capitale : New Delhi.
Superficie : 3 287 590 km² (6 fois la France).
Carte : p. 108.
Monnaie : roupie (1 roupie = 0,47 FF au 30.4.87).
Langues : outre l'anglais, langue véhiculaire, 15 langues officielles (assamais, bengali, gujarati, hindi, kannada, cachemiri, malayalam, marathi, oriya, pendjabi, sanscrit, sindhi, tamoul, telugu et urdu). Entre 3 000 et 5 000 langues et dialectes non reconnus.
Chef de l'État : Giani Zail Singh, président, remplacé par Ramaswami Venkataraman le 25.7.87.
Chef du gouvernement : Rajiv Gandhi, Premier ministre.
Nature de l'État : république fédérale (24 États, 7 territoires de l'Union dont l'un, Chandigarh, doit être inclus dans le Pendjab).
Nature du régime : démocratie parlementaire.
Principaux partis politiques : *Gouvernement* : Congrès-I (pour Indira). *Opposition :* Parti communiste marxiste (CPI-M), dirigeant les coalitions de gauche au pouvoir au Kerala, au Bengale occidental et au Tripura ; Janata Party (comprenant la droite et l'ancien Parti socialiste de l'Inde), au pouvoir au Karnataka : Parti communiste indien (CPI) ; Bharatiya Janata Party (droite hindouiste) ; Partis régionaux ou d'implantation purement locale : Akali Dal (sikh) ; Conférence nationale du Cachemire ; Telugu Desam ; Dravida Munetra Kazagham et Anna-Dravida Munetra Kazagham (Tamilnadu) ; Congrès d'opposition (anciennement Congrès-S, pour Sharad Pawar, au Maharashtra) ; Bharatiya Lok Dal, implanté essentiellement dans certaines castes de l'Uttar Pradesh et de l'Haryana.

INDE ET SA PÉRIPHÉRIE

GRANDS ÉTATS
L'ÉTAT DU MONDE 1987-1988

108

CHINE

PAKISTAN

NÉPAL

BHOUTAN
Thimbhu

Srinagar
Jammu

Delhi

Jaipur
1,3

Khatmandu

7,

Ahmedabad

3

INDE

Surat

Kanpur

Varanasi

Jabalpur

Imphal

Lucknow

10
Bombay

Poona
2

Nagpur

1,5

Calcutta

Chittagong
1,8

BANGLA
DESH

3
Hyderabad

Bangalore

Andaman (Inde)

Madras
5,2

Coimbatore
1,2

Madurai

Jaffna

Nicobar
(Inde)

SRI LANKA

Colombo
0,7

OCEAN   INDIEN

Male

MALDIVES

- 500 000 habitants

○1,5 Population urbaine,
en millions

Tchagos
(Brit.)

1000 km

1. Démographie, culture, armée

	INDICATEUR	UNITÉ	1965	1975	1986
Démographie	Population	million	482,5	600,8	769,7
	Densité	hab./km²	147	183	234
	Croissance annuelle	%	2,1 [g]	2,2 [f]	2,5 [e]
	Mortalité infantile	‰	146 [i]	133 [d]	103 [e]
	Espérance de vie	année	42 [i]	48,4 [d]	52,5 [e]
	Population urbaine	%	18 [i]	21	25,5 [a]
Culture	Analphabétisme	%	..	65,9 [h]	56,5 [a]
	Nombre de médecins	‰ hab.	0,2	0,3	0,4 [j]
	Scolarisation 6-11 ans	%	58,7	60,5	64,4 [a]
	12-17 ans	%	25,1	25,1	27,3 [a]
	3e degré	%	5,0	8,6	..
	Postes tv (L)	‰	0,0	0,8	4,0 [c]
	Livres publiés	titre	13 094	12 708	9 954 [b]
Armée	Marine	millier d'h.	16	30	47
	Aviation	millier d'h.	28	100	113
	Armée de terre	millier d'h.	825	826	1 100

a. 1985; b. 1984; c. 1983; d. 1970-75; e. 1980-85; f. 1970-80; g. 1960-70; h. 1971; i. 1960; j. 1981.

2. Commerce extérieur [d]

INDICATEUR	UNITÉ	1965	1975	1986
Commerce extérieur	% PIB	4,5	6,1	6,3
Total imports	milliard $	3,0	6,4	14,8
Produits agricoles	%	33	27,4	7,3 [b]
Pétrole	%	4,9	22,6	32,0 [b]
Autres prod. miniers	%	1,4	2,0	1,2 [b]
Total exports	milliard $	1,7	4,4	9,1
Produits agricoles	%	40,9	40,8	20,3 [b]
Minerais [c]	%	10,4	7,7	2,8 [b]
Produits industriels	%	48,7	50,6	66,8 [b]
Principaux fournisseurs	% imports			
États-Unis		34,6	22,4	10,2 [a]
CEE		27,6	34,3	26,4 [a]
PVD		14,2	27,8	36,6 [a]
CAEM		9,9	9,2	9,4 [a]
Principaux clients	% exports			
États-Unis		18,6	10,9	22,9 [a]
CEE		26,4	20,1	18,8 [a]
PVD		22,1	37,0	23,0 [a]
CAEM		17,6	17,8	18,7 [a]

a. 1985; b. 1984; c. Produits pétroliers non compris; d. Marchandises.

3. ÉCONOMIE

INDICATEUR	UNITÉ	1965	1975	1986
P I B	milliard $	41,0	86,0	188,0
Croissance annuelle	%	3,6 [e]	4,2 [f]	4,0
Par habitant	$	90	140	244
Structure du P I B				
Agriculture	% ⎫	47	36,1	31 [a]
Industrie	% ⎬ 100 %	22	21,7	27 [a]
Services	% ⎭	15	42,2	17 [a]
Dette extérieure	milliard $	. .	12,5	35,5 [a]
Taux d'inflation	%	6,4 [h]	6,7 [g]	9,2
Population active	million	. .	240,3	283
Agriculture	%	74	72,1	64,4
Industrie	%	11	10,3	12,9
Services	%	15	17,6	22,7
Dépenses publiques				
Éducation	% P I B	2,4	2,8	3,2 [d]
Défense	% P I B	3,4	3,4	3,8
Recherche et développement	% P I B	0,4	0,5	0,7 [c]
Production d'énergie	million T E C	74,4	87,2	179,5 [a]
Consommation d'énergie	million T E C	83,8	99,6	190,1 [a]

a. 1985; b. 1984; c. 1983; d. 1982; e. 1960-73; f. 1973-83; g. 1974-78; h. 1960-70.

vent meurtrière en faveur d'un Gurkhaland autonome. Malgré les efforts de conciliation de Rajiv Gandhi, qui a été accusé de favoriser le G N L F contre le Parti communiste marxiste au pouvoir, le G N L F a boycotté les élections de mars 1987.

D'ordre essentiellement communaliste, la question du Pendjab (où plus de la moitié de la population est composée de Sikhs) est cependant restée la plus brûlante. Le gouvernement de Surjit Singh Barnala, constitué après la victoire du parti sikh, Akali Dal, aux élections de septembre 1985, est devenu de plus en plus vulnérable avec les échecs successifs des trois commissions nommées pour décider des territoires que le Pendjab devrait céder à l'Haryana en échange de Chandigarh, la capitale, qu'ils se partageaient jusqu'alors. La situation s'y est progressivement aggravée jusqu'en mars 1987. Dès mai 1986, la rupture avec la faction Prakash Singh Badal de l'Akali Dal était

consommée, au sein du gouvernement, après une nouvelle opération de police dans le Temple d'or. Deux nouvelles irruptions de la police dans le temple sikh, en mai et juin, ont encore affaibli le gouvernement et de nombreuses familles hindoues ont commencé à fuir un État toujours en proie au terrorisme. En août, les extrémistes ont assassiné l'ancien commandant en chef de l'armée, le général Vaidya, au Maharashtra. Après quelques succès, en août-septembre, dans la lutte contre le terrorisme, Rajiv Gandhi a maintenu son appui à Barnala. Mais le massacre des vingt-quatre passagers hindous d'un autobus, en novembre, a marqué une nouvelle période de succès des extrémistes. S'étant emparés des leviers de commande religieux de l'Akali Dal, ils sont parvenus un temps à unifier le parti sous leur bannière et n'ont été pleinement désavoués par les Sikhs modérés qu'à l'issue d'une épreuve de force dont Barnala, avec l'appui du Centre, est sorti vainqueur. Mais, le

11 mai, Rajiv Gandhi, comme sa mère en 1983, a pris la décision de destituer le gouvernement sikh et de remettre le Pendjab entre les mains de la Présidence de l'Union.

La tension communaliste s'est aussi manifestée à propos du projet de loi sur les femmes divorcées voté en mai 1986 après une vive controverse nationale qui a opposé les musulmans intégristes – auxquels la loi donnait satisfaction –, le gouvernement qui avait cédé après avoir pris une position séculariste, et l'ensemble de l'opinion indienne. La reculade du gouvernement a provoqué la démission d'un jeune ministre, Arif Mohammed Khan, qui avait défendu la position séculariste, et le vote de la loi s'est accompagné d'infractions sans précédent à la discipline de vote du Congrès. Enfin, les surenchères vis-à-vis de la communauté musulmane sont restées à l'arrière-plan de la grave crise de l'État du Cachemire : placé sous administration, d'abord du Gouverneur, puis du gouvernement central *(President's Rule)*, après la démission du gouvernement G. M. Shah en mars 1986, il a pu élire une nouvelle assemblée en mars 1987, après un accord entre Rajiv Gandhi et F. Abdullah.

Tiraillements au gouvernement

Au gouvernement central, le Premier ministre a battu un record avec huit remaniements ministériels en deux ans. Le plus remarqué a été celui de la fin octobre 1986, qui a mis fin à l'expectative causée par la maladie d'Arun Nehru, cousin « à poigne » de Rajiv Gandhi et rival potentiel, en lui enlevant son portefeuille de secrétaire d'État à la Sécurité intérieure. En février 1987, au moment où l'Union indienne passait officiellement à vingt-quatre États avec le nouveau statut des territoires du Mizoram et de l'Arunachal Pradesh, le Premier ministre a pris la charge du ministère des Finances, retiré peu avant à Vishwa-

nath Pratap Singh, transféré à la Défense.

Ce dernier remaniement a été provoqué par la détérioration des relations avec le Pakistan intervenue à la fin janvier 1987. Ces relations, toujours difficiles, avaient été envenimées, en 1986, par les soutiens logistiques que les terroristes sikhs trouvaient au Pakistan et Rajiv Gandhi avait plusieurs fois repoussé la visite officielle qu'il devait faire dans ce pays. Début 1987, il avait déjà annoncé le remplacement du secrétaire général aux Affaires étrangères, nommé peu auparavant, A. P. Venkateswaran – dont il avait désavoué les propos annonçant sa prochaine visite –, lorsque les armées des deux pays, en une série de grandes manœuvres militaires, se sont fait face de part et d'autre de la frontière. La tension ne s'est apaisée que lorsque le général Zia, venu pour assister à un match de cricket en Inde, se fut entretenu avec Rajiv Gandhi fin février.

Tout aussi délicates, mais moins tendues, ont été les relations avec la Chine, avec laquelle le différend frontalier s'est aggravé au début de l'été 1986 lors de la transformation en État de l'Inde du territoire contesté de l'Arunachal Pradesh.

Outre le rôle que l'Inde continue de jouer en faveur du désarmement et son soutien militant, au sein du Commonwealth, aux pays de la ligne de front en vue d'une solution au problème sud-africain, la politique étrangère indienne a été marquée par des succès dans l'acquisition d'une technologie américaine de pointe et par le resserrement de ses liens avec l'URSS. Rajiv Gandhi s'est arrêté par deux fois à Moscou : en juillet, en revenant de la cérémonie anniversaire des Nations Unies, puis en août, après la conférence d'Ixtapa (regroupant les pays en faveur du désarmement) et la réunion du Commonwealth. En juillet 1986, un nouvel accord a été signé, prévoyant l'achat par l'Inde des *Mig 29* que l'URSS réserve à ses alliés. Enfin, en novembre, la visite de Mikhaïl Gorbatchev a surpris par sa chaleur. Faisant suite au décevant passage du secrétaire américain à la Défense, Caspar Weinberger, qui promit ensuite des armes au Pakistan, elle a réactivé des liens qui, encore en août, lors de la célébration du quinzième anniversaire du traité de 1971, avaient paru très routiniers. Rajiv Gandhi a qualifié la proposition soviétique de pacte de sécurité sur l'Asie et le Pacifique de « concept intéressant », malgré la tiédeur du soutien soviétique face au Pakistan et à la Chine, et les deux pays ont lancé un appel commun au

désarmement. Ils ont conclu aussi des accords de coopération économique et militaire renforçant l'interdépendance et permettant à l'Inde d'acquérir les équipements soviétiques les plus sophistiqués.

Le rôle d'une Inde toujours plus proche de l'URSS ne pourra manquer d'assumer une nouvelle signification dans ses efforts de médiation au Sri Lanka comme au sein de l'Association de coopération des pays de l'Asie du Sud.

Christiane Hurtig

BIBLIOGRAPHIE

FREDERIC L., *Dictionnaire de la civilisation indienne*, Laffont, Paris, 1987.

GRAFF V., « Le vote musulman en Inde (Lok Sabba 1984) », *Purushartha*, n° 9, 1986.

Inde : l'un et le multiple, Centre des hautes études sur l'Afrique et l'Asie modernes, Paris, 1986.

JAFFRELOT C., « Le séparatisme sikh », *Esprit*, janvier 1987.

JENKINS L., *Mâ. L'Inde au féminin*, Mercure de France, Paris, 1986.

MANE L., *Oupra. L'Inde des intouchables et des maudits*, Maren Selle et Cie, Paris, 1987.

POITEVIN G., *Maharashtra. Paysans et intouchables de l'Inde occidentale*, Lieux communs, Paris, 1987.

RACINE J., « L'Inde, ou comment gouverner Babel? », *Hérodote*, n° 42, 3e trimestre 1986.

Japon.
Record de l'excédent commercial

Quand le premier violon est meilleur que le chef d'orchestre, il se produit nécessairement des conflits, mais le chef d'orchestre peut-il exclure le premier violon? Les conflits seraient-ils réglés si l'on créait un second orchestre dirigé par l'ex-premier violon? Sans doute... pour un temps. Telle est la

question qu'on a pu se poser en 1986 au sujet des relations entre les États-Unis et le Japon.

Le Japon est un pays riche; ses excédents commerciaux ont battu de nouveaux records de mois en mois. Toutes les mesures destinées à corriger ces déséquilibres ont été d'une efficacité faible sinon nulle.

Les États-Unis ont accusé régulièrement leur grand allié économique asiatique de pratiques déloyales, d'avoir recours au dumping pour occuper des marchés à l'extérieur et de ne rien faire pour ouvrir le marché japonais aux produits étrangers.

L'année budgétaire, qui se termine le 1er avril, a enregistré un nouveau record historique de l'excédent commercial nippon, qui est passé de 61,4 milliards de dollars en 1985-1986 à 101,4 milliards en 1986-1987. Certes, la flambée du yen – qui persistait en mai 1987 – explique en partie l'augmentation vertigineuse de ce déséquilibre; mais la progression des exportations nipponnes de près de 17 % a également été un facteur d'autant plus remarquable que le montant des importations a diminué dans le même temps de 7 %, diminution partiellement due, il est vrai, à la réduction de la facture pétrolière.

Quand on sait d'autre part que le Japon, pour des raisons liées aux conséquences de sa défaite dans la Seconde Guerre mondiale, ne s'est pas encore attaqué à certains secteurs comme celui de la conquête spatiale, mais qu'il aimerait avoir comblé son retard dans ce domaine en 1992 pour se poser en concurrent des Américains et des Français, il est permis de penser que les excédents commerciaux ne sont pas près de diminuer. Le 19 février 1987, le premier satellite nippon a été lancé du centre de Tanegashima au sud de l'île de Kyushu. Depuis 1981, le Japon a investi annuellement 110 milliards de yen pour ses programmes spatiaux, ce qui représente le dixième du budget de l'agence spatiale américaine (NASA). En 1987, ce budget passera à 140 milliards de yen. Les fusées de type *N1* et *N2* fabriquées sous licence américaine vont être remplacées par des fusées de type *H1* et *H2* de conception japonaise. Les secteurs à haute valeur ajoutée de l'industrie japonaise se portent donc bien.

Raz de marée conservateur

Au moment des élections générales en juillet 1986, tout semblait bien aller tant pour le Japon que pour le Parti conservateur (PLD) et son Premier ministre Yasuhiro Nakasone. Avant la dissolution de l'Assemblée, les conservateurs n'avaient que 250 sièges et ils ne disposaient d'une courte majorité que grâce à l'appui des indépendants. Après les élections du 6 juillet 1986, c'est un raz de marée conservateur qui a déferlé sur la Diète. Avec 304 sièges sur 512, soit 50 sièges de plus qu'aux précédentes élections, le Premier ministre a vu un plébiscite

JAPON

Japon.
Capitale : Tokyo.
Superficie : 372 313 km² (0,68 fois la France).
Carte : p. 114.
Monnaie : yen (1 yen = 0,04 FF au 30.4.87).
Langue : japonais.
Chef de l'État : Hiro Hito, empereur.
Chef du gouvernement : Yasuhiro Nakasone (au 1.7.87).
Nature de l'État : empire, mais l'empereur n'a aucun pouvoir pour gouverner.
Nature du régime : monarchie parlementaire. L'empereur demeure constitutionnellement le symbole de l'État et le garant de l'unité de la nation. Le pouvoir est détenu par un gouvernement investi par la Diète (Parlement).
Principaux partis politiques : Jiminto (conservateur); Shinjiyu club (droite); Moshuzoku (indépendants, droite); Komeito (bouddhiste, centriste); Minshato (Parti social-démocrate); Shakaito (Parti socialiste); Parti communiste japonais.

JAPON ET ASIE DU NORD-EST

- 500 000 habitants
- ◯1,0 Population urbaine, en millions

U.R.S.S.

CHINE

●Harbin

●Changchun

Vladivostok

●Shenyang

Hokkaido

Asahikawa

Sapporo ◯1,5

Hakodate

Chongjin 0,60

CORÉE DU NORD

Mer du Japon

Hondo

Hamhung 1,0

Pyongyang ◯1,8

Wonsan 0,50

Kaesong 0,60

Inchon 1,2

Séoul ◯10,2   CORÉE DU SUD

Taejon 0,80

Niigata 0,70

Sendai

Taegu ◯2,0

Kanazawa

Kyoto 1,5

Utsunomiya

Pusan ◯4,0

Okayama

Nagoya 2,1

17,2

Hiroshima 0,90

0,55

Tokyo

+ Yokohama

+ Kawasaki

Kwangju 0,90

Kita-Kyushu 1,1

0,50

Fukuoka 1,2

Takamatsu

Osaka 8,0

Hamamatsu

Cheju

Kumamoto 0,50

Sikok

+ Kobe

Kiou Siou 0,50

Kagoshima

JAPON

Mer de Chine

PACIFIQUE

Okinawa

Naha

Iles Riou Kiou (Jap.)

Bonin (Jap.)

500 km

1. Démographie, culture, armée

	Indicateur	Unité	1965	1975	1986
Démographie	Population	million	98,9	111,6	121,47
	Densité	hab./km²	266	300	326
	Croissance annuelle	%	1,1	1,2	0,7 d
	Mortalité infantile	‰	18,5	12 e	7 d
	Espérance de vie	année	70	73,3 e	76,6 d
	Population urbaine	%	67	75	76,5 a
Culture	Nombre de médecins	‰ hab	1,1	1,2	1,5
	Scolarisation 2ᵉ degré f	%	82	91	95,0 b
	3ᵉ degré	%	12,9	24,6	29,6 b
	Postes tv	‰	..	..	563 c
	Livres publiés	titre	24 203	34 590	44 253 c
Armée	Marine	millier d'h.	36	39	44
	Aviation	millier d'h.	39	42	44
	Armée de terre	millier d'h.	172	155	155

a. 1985; b. 1984; c. 1983; d. 1980-85; e. 1970-75; f. 12-17 ans.

2. Commerce extérieur a

Indicateur	Unité	1965	1975	1986
Commerce extérieur	% PNB	9,1	11,4	8,6
Total imports	milliard $	8,2	57,9	127,7
Produits agricoles	%	55,6	24,9	23,5
Produits énergétiques	%	19,9	44,3	29,3
Autres produits miniers	%	14,3	8,6	5,5
Total exports	milliard $	8,5	55,8	210,7
Produits industriels	%	92,6	96,7	98,3
Produits agricoles	%	7	1,7	1,4
Autres	%	0,4	1,6	0,3
Principaux fournisseurs	% imports			
États-Unis		29,0	20,1	23,0
CEE		4,8	5,8	11,1
PVD		45,2	56,1	50,5
Principaux clients	% exports			
États-Unis		·29,7	20,2	38,8
CEE		5,7	10,2	14,8
PVD		46,1	53,8	35,5

a. Marchandises.

pour sa politique et son style de gouvernement. Le revers de cette grande victoire conservatrice a été la lourde défaite du Parti socialiste japonais (PSJ) qui a perdu 25 sièges (il en avait 112 avant les élections). Son président, Masashi Ishibashi, a dû assumer cette défaite en

Indicateur	Unité	1965	1975	1986
P N B	milliard $	89,0	498,8	1 958,5
Croissance annuelle	%	10,6 [e]	4,2 [f]	2,4
Par habitant	$	900	4 470	16 123
Structure du P I B				
Agriculture	% ⎫	9	5,2	3 [a]
Industrie	% ⎬ 100 %	43	39,9	41 [a]
Services	% ⎭	32	54,9	30 [a]
Taux d'inflation	%	5,2 [i]	11,3 [g]	− 0,3
Population active	million	47,9	53,2	60,2
Agriculture	%	23,5	12,7	8,1
Industrie	%	32,4	35,9	33,5
Services	%	44,1	51,5	55,5
Chômage [h]	%	1,1	1,9	2,9
Dépenses publiques				
Éducation	% P N B	2,8	5,5	5,7 [d]
Défense	% P N B	0,9	0,78	0,98
Recherche et développement	% P N B	−	2,0	2,6 [c]
Production d'énergie	million T E C	62,1	36,3	53,9 [a]
Consommation d'énergie	million T E C	215,7	394,9	466,1 [a]

a. 1985; b. 1984; c. 1983; d. 1982; e. 1960-73; f. 1973-83; g. 1974-78; h. Fin d'année; i. 1960-70.

démissionnant, et il a cédé sa place pour la première fois dans l'histoire de la démocratie japonaise à une femme, Takako Doï, cinquante-huit ans, député de la région de Kobe. Plusieurs facteurs expliquent le déclin du premier parti de l'opposition. D'une part, ses dirigeants n'ont pas su offrir aux électeurs une véritable politique de rechange. De congrès en restructurations et de conflits internes en nouvelles propositions, les positions du PSJ ont évolué vers un discours social-démocrate qui n'a guère convaincu. D'autre part, la rivalité chronique entre les partis de l'opposition qui vont à la bataille électorale en ordre dispersé fait forcément le jeu des divers partis de la droite (devenus des factions) réunis au sein du PLD. Enfin, on pouvait se demander au printemps 1987 si certains partis comme le Komeito (parti bouddhiste de la secte Soka Gakai) et le Minshato (sociaux-démocrates) n'étaient pas prêts à entrer dans une coalition gouvernementale avec le PLD si besoin était. Étaient-ils encore des partis d'opposition ou des partis gouvernementaux latents?

À l'exception du Parti communiste (PCJ) qui a conservé ses 26 sièges, tous les autres grands partis ont perdu du terrain: le Komeito est passé de 58 à 56 sièges, le PSD de 38 à 26, et les indépendants de 16 à 9.

La personnalité du Premier ministre, au moment des élections, semblait correspondre, selon les sondages, à l'image que se faisaient les Japonais d'un homme d'État de stature internationale à la tête d'un pays qui n'était plus seulement celui des «marchands de transistors». Nakasone savait représenter le Japon à l'étranger et la lune de miel politique «Rony-Yasu», était le thème favori des caricaturistes politiques dans la presse nipponne. Tout semblait lui réussir; son fils avait même été élu sénateur du PLD. Il affichait le calme souriant des grands vainqueurs, confiant de figurer dans l'histoire japonaise comme le premier chef d'État à avoir réussi depuis longtemps à passer la barre des quatre ans; il allait pouvoir poursuivre ses réformes historiques comme la privatisation des chemins de fer et s'attaquer à la réforme fiscale.

Tollé contre la réforme fiscale

Las! Ce dernier projet de réforme, dont Nakasone avait promis pendant la campagne électorale qu'il serait mesuré, était en fait d'une envergure telle qu'il a provoqué un tollé non seulement au sein des partis de l'opposition, mais aussi dans les rangs des députés conservateurs, qui ont été obligés de subir la fronde de leurs électeurs pour conserver leur popularité en vue d'une réélection future.

Le but de cette réforme était de mettre en place une TVA à la japonaise (5 %), système qui devait rapprocher le Japon des autres pays industrialisés où les impôts indirects sont importants. Au Japon, le système mis en place à la fin des années cinquante privilégie les impôts directs qui représentent 73,8 % des recettes fiscales, alors qu'ils n'étaient que de 51,4 % en 1955 et de 35 % avant la guerre. Un tel système, qui favorise les fraudes fiscales, s'il était corrigé dans des proportions proches de celles de la France (impôts directs 40 % et indirects 60 %) permettrait certainement à l'État sinon de combler son gigantesque déficit budgétaire (45 % du PNB), du moins de l'enrayer sensiblement.

Les partis d'opposition ont accusé le Premier ministre d'avoir pratiqué un double langage par rapport à ses promesses électorales et ont décidé de bloquer les décisions de la chambre. Quant aux rivaux et successeurs potentiels de Nakasone, au sein du PLD, ils n'ont pas été mécontents des difficultés nouvelles pour cet homme qui semblait vouloir s'éterniser à un poste alors que d'autres piaffaient d'impatience de lui succéder. Ce qui a le plus inquiété dans cette réforme, c'est cette TVA « à la japonaise » de 5 % qui, une fois mise en place, pourrait être relevée régulièrement. On l'a vu en République fédérale d'Allemagne et au Royaume-Uni où l'on est passé respectivement de 10 % à 14 % et 15 %. Le célèbre institut de recherches Nomura a d'ailleurs affirmé que l'une des conséquences de la réforme fiscale serait une baisse du PNB de 0,3 %. Toujours est-il que la chute de popularité du Premier ministre et de sa réforme fiscale a eu pour conséquence, lors des élections locales des 12 et 26 avril 1987, non seulement d'empêcher les conservateurs de reprendre les postes de gouverneurs du Hokkaidô et la mairie de Fukuoka détenus par l'opposition, mais également de leur faire perdre une centaine de conseillers municipaux et généraux sur tout le Japon, au profit du PSJ et du PCJ.

Le capital de sympathie dont bénéficiait le Premier ministre et son gouvernement a également souffert de ses déclarations intempestives et de celles de son ministre de l'Éducation, M. Fujio. Ce dernier a déclaré notamment, à une revue à grand tirage, que le Japon était intervenu en Corée à la demande des autorités coréennes et que la colonisation (à partir de 1910) n'avait pas eu que des effets négatifs... Devant les protestations du gouvernement coréen, M. Nakasone a dû se défaire de son ministre le 8 septembre 1987. Mais cet accès de « franchise » n'est pas resté isolé, puisque le Premier ministre a déclaré quelques semaines plus tard à la Diète que les difficultés économiques américaines s'expliquaient par le fait que les États-Unis étaient handicapés par la présence de Noirs et de Portoricains dont le niveau scolaire est plus faible que celui des

Blancs. Inversement, la réussite du peuple japonais était due à son homogénéité. Ces paroles, qui exprimaient le sentiment profond (*honne*) du Premier ministre, ont soulevé une tempête de protestations dans la presse américaine à la suite de laquelle il a dû présenter de plates excuses. C'est donc une atmosphère de fin de règne qui a commencé de peser sur Nakasone – surnommé « Monsieur Taxe » – à l'automne 1986. Son effacement devant ses successeurs comme Naboru Takeshita, Shintaro Abe ou Kiichi Miyazawa, paraissait inéluctable mais on pouvait s'attendre à ce qu'il cherche à réaliser sa réforme fiscale d'une façon ou d'une autre.

Tension avec les partenaires économiques

Plus encore que la réforme fiscale, c'est la montée du yen et la tension entre le Japon et ses grands partenaires économiques qui ont été la préoccupation majeure de l'année. Chaque mois pratiquement, le yen a battu des records historiques alors que le dollar s'est effrité inexorablement. En janvier 1985, il s'échangeait à 253 yen, en mars 1986, il n'était plus qu'à 180 yen. En avril 1987, il est passé au-dessous de 140 yen pour la première fois depuis la fin de la Seconde Guerre mondiale. Jusqu'où peut descendre le dollar? Il s'agit en fait d'une sorte de guerre économique. Les Japonais envisageraient de produire des voitures entièrement robotisées; quelle que soit la parité du yen et du dollar, leurs voitures seraient toujours compétitives sur les marchés extérieurs. Mais les Américains, que l'on accuse de faire descendre leur monnaie pour enrayer le déficit commercial, ne sont pas, semble-t-il, les seuls responsables de la chute de leur monnaie : les Japonais, qui avaient beaucoup investi dans le billet vert, se sont retournés vers le mark et surtout vers leur propre monnaie. Plus de 100 milliards de dollars d'excédent commercial, plus de 300 milliards d'épargne intérieure, plus de 200 milliards en avoirs à l'étranger; le Japon croule sous son argent. Si les Champs-Élysées étaient à vendre, les Japonais seraient sur les rangs. N'est-ce pas une compagnie d'assurances nipponne qui a pu s'offrir à la barbe de tous les grands musées du monde *Les Tournesols* de Van Gogh pour la somme record de 24 millions de livres sterling?

Le Japon est riche; on pense aux grands constructeurs automobiles, aux géants de l'électronique, mais qu'en est-il des Japonais eux-mêmes? Là encore ils ont dépassé les Américains en 1986, avec un revenu par tête de 17 400 dollars. Si les Japonais sont riches, pourquoi, se demandent les Américains, préoccupés par leur propre déficit commercial, n'augmentent-ils pas leur consommation intérieure? Les entreprises japonaises écouleraient alors leurs propres produits dans l'archipel et, avec un dollar bas, les produits américains pourraient même se tailler quelques parts de marché. Or ce scénario ne fonctionne pas et les Américains d'accuser les Japonais d'être trompeurs (*tricky*). C'est pourquoi, devant l'inefficacité de tous les remèdes, la tentation protectionniste américaine est montée en proportion inverse de la chute du billet vert. Le 17 avril 1987, le gouvernement américain a imposé des droits de douane de 100 % sur un certain nombre de produits électroniques japonais, à titre de représailles; il s'apprêtait à étendre ces mesures si des solutions rapides n'étaient pas trouvées pour libéraliser le marché japonais.

Mais le déséquilibre entre les 17 400 dollars de revenu par tête d'un côté, et la consommation modeste des Japonais de l'autre, ne s'explique pas tant par la frugalité proverbiale d'un peuple venu à la ville il n'y a qu'une trentaine d'années et qui a conservé ses vertus paysannes, que par la difficulté à consommer. Les terrains, les habitations y sont parmi les plus chers au monde. Il faut économiser pour tout : l'éducation des enfants, la santé, la retraite, le logement... La ménagère japonaise commence d'abord par mettre de côté ce qui doit être épargné et le ménage vit ensuite avec ce qui reste. En Europe, c'est plutôt l'inverse. Cette première place au palmarès des revenus est très contestable quand on sait que le riz, l'aliment de base traditionnel au Japon, est 7,5 fois plus cher qu'aux États-Unis, le blé 5,9 fois, le bœuf 3,1 et le lait 2,6...

Quand les Américains proposent de vendre leur riz, les Japonais invoquent l'argument selon lequel le riz est le « sanctuaire » des 4,4 millions de familles paysannes japonaises. Quand les Australiens veulent vendre de la viande à des prix défiant toute concurrence, ou les Italiens leurs chaussures, les Japonais leur opposent le problème social particulier des *Burakumin* – ces descendants de l'ancienne caste des parias tanneurs et bouchers – auquel on ne peut toucher. Face à de tels arguments, l'Europe qui a acheté 1,3 million de voitures japonaises en 1986 (contre 60 000 vendues au Japon) pourrait aussi parler de « sanctuaire » car c'est dans ce coin du monde que furent inventés les premiers véhicules à moteur, les Daimler, Benz, Panhard et Peugeot, un sanctuaire traditionnel à protéger de toute urgence. 100 000 voitures japonaises de plus vendues en Europe ne signifient-elles pas la perte de 24 000 emplois, comme l'a précisé le comité des constructeurs européens (CCMC)? Devant la montée protectionniste de l'Occident, les onze constructeurs automobiles nippons qui ont exporté 6,7 millions de véhicules en 1985 cherchent à s'implanter rapidement à l'étranger et l'on compte que dans les prochaines années, sept d'entre eux auront des usines dans presque quarante pays.

Privatisations et licenciements

Cependant, les implantations à l'étranger et la hausse du yen n'ont profité qu'aux grandes entreprises qui ont imposé à leurs sous-traitants des marges toujours plus faibles. Les dépôts de bilan des petites et moyennes entreprises (PME) ont augmenté (17 476 faillites en 1986). Le manque de compétitivité des géants japonais de l'acier (Nippon Steel, Kawasaki Steel, Kobe Steel) par rapport à leurs voisins coréen et taïwanais les oblige à licencier 10 % de leurs effectifs (196 000 personnes). La concurrence étrangère, les restructurations, les implantations à l'étranger et les privatisations ont entraîné des pertes d'emplois importantes dans un pays qui n'avouait toujours que 2,9 % de chômage en 1987 (4,3 % prévus en 1991). Selon les responsables du JETRO (Japan External Trade Organisation), les implantations d'usines japonaises à l'étranger feraient disparaître 600 000 emplois au Japon jusqu'à l'an 2000.

Pourtant, la compagnie des chemins de fer japonais, le *Kokutetsu,* qui a été privatisée le 1er avril 1987 et scindée en sept entreprises devait procéder à des licenciements importants. Sur les 275 000 employés, 200 000 seulement devaient être repris. Les nouvelles directions attendaient 21 000 départs « volontaires » à la retraite et prévoyaient d'en reclasser 41 000. La rationalisation allait être une bonne occasion de se débarrasser des anciens meneurs syndicaux du *Kokuro* jugés indésirables dans une entreprise privée. La dette du *Kokutetsu* était de 245 milliards de dollars et elle perdait 34 millions de dollars par jour et c'est pour remédier à cette gestion déficiente que la privatisation a été décidée. Quand on sait que les déficits étaient dus pour beaucoup à des lignes non rentables construites dans des zones rurales à la demande de députés du PLD au pouvoir, et ce, dans un but électoral, et que le coût social de l'opération devait être le « départ » de 75 000 employés, on ne peut que s'étonner de la philosophie qui anime les privatisations. Quant à « la méthode », elle n'a pas d'égal pour briser un syndicat. Ainsi, le pouvoir a réuni tous les éléments utiles pour s'acheminer à nouveau vers un « grand consensus » du peuple nippon.

Le gouvernement fera-t-il bénéficier les Japonais de leurs efforts depuis la fin de la Seconde Guerre mondiale en mettant en place un véritable plan de relance de la consommation intérieure? Ce serait justice. Le rapport d'une commission a préconisé un certain nombre de mesures concrètes susceptibles d'améliorer la vie des Japonais. Entre autres, le temps de travail devrait être réduit à 2 000 heures par an en 1990, au lieu des 2 100 en 1987 (1 763 en France). Ainsi, la semaine de cinq jours pourrait ne plus être un rêve. Le tournant que le parti au pouvoir, sous la pression extérieure, semble vouloir faire prendre au peuple japonais est déterminant : il pourrait l'amener à délaisser les superlatifs et les premiers prix (premier créancier du monde, premier exportateur, premier revenu par tête, plus forte monnaie) pour s'adonner aux bienfaits d'une meilleure qualité de la vie; le temps libre est une idée neuve au Japon, et même si le P N B a réalisé son score le plus médiocre depuis le second choc pétrolier (2,5 %), il est permis d'imaginer que le Sisyphe nippon va pouvoir vivre (plus) heureux.

Jean-François Sabouret

BIBLIOGRAPHIE

ARNASON J.-P., « L'énigme japonaise », *Les Temps modernes*, n° 486, janvier 1987

BERQUE A., *Le sauvage et l'artifice*, Gallimard, Paris, 1986.

BROCLAWSKI J.-P., « Secteur public et dénationalisation au Japon », *Notes et études documentaires*, n° 4821, 1986.

« Japon, la rançon du succès », *Le Monde diplomatique*, février 1987.

« Japon, une nouvelle ouverture au monde », *Problèmes politiques et sociaux*, n° 549, décembre 1986.

PONS P., *La culture populaire au Japon*, Gallimard, Paris, 1987.

SABOURET J.-F. (sous la dir. de), *L'état du Japon*, La Découverte, Paris, à paraître en 1988.

SAUTTER C., *Les dents du géant*, Orban, Paris, 1987.

Brésil. Transition difficile

De mars à novembre 1986, le Brésil a vécu une brève période d'euphorie. A la faveur du succès initial du plan de stabilisation des prix et de l'essor de l'économie, le pays a connu une véritable fièvre de consommation. Prisonnier de son succès, le gouvernement du président José Sarney a fait la sourde oreille à tous les signes annonciateurs de la tempête : pénurie de certaines marchandises, marché noir, structure irrationnelle des prix. Jusqu'aux élections du 15 novembre 1986, le blocage des prix a été maintenu, tout au moins formellement.

Échec
du plan Cruzado

Il a fallu déchanter tout de suite après et introduire un train de mesures impopulaires relevant les tarifs publics et augmentant la fiscalité. L'inflation, réprimée pendant quelques mois, a repris de plus belle, pour atteindre en mars et avril 1987 des taux dépassant 20 % par mois et donc avoisinant un rythme annuel de 1 000 %. Le confortable excédent des exportations (12 milliards de dollars en 1985) qui permettait au Brésil d'assurer le service de la dette extérieure a fondu sous l'effet d'importations accrues par la surchauffe de l'économie. Devant le refus des banquiers internationaux d'amorcer une négociation politique sérieuse sur la réduction de la dette, ou tout au moins de son service, le Brésil a opté enfin, le 20 février 1987, pour un moratoire partiel en suspendant le service de sa dette auprès des banques privées – environ deux tiers de la dette totale, se montant à 108 milliards de dollars. Une ponction de 4 % du PIB par an ne pouvait plus être tolérée, car elle réduisait la capacité d'investissement du pays et entraînait de surcroît une augmentation en boule de neige de la dette intérieure par le biais du rachat par l'État des devises gagnées par les exportateurs privés.

Depuis, une partie de bras de fer est engagée avec les banques internationales. Le nouveau ministre des Finances, Luiz Carlos, Bresser Pereira, qui a succédé fin avril à Dilson Funaro, démissionnaire – auteur du plan avorté de stabilisation et du moratoire –, a continué de refuser le contrôle du FMI sur la politique financière et économique du pays, mais n'a pas fermé la porte à un dialogue avec cette institution dont la position s'est entre-temps quelque peu assouplie. Pour reprendre le paiement du service de la dette sans freiner les importations indispensables à la bonne marche de l'économie, le Brésil doit obtenir bon an mal an de 3 à 4 milliards de dollars de crédits nouveaux. En mai 1987, les banques n'étaient pas prêtes à accéder à cette demande.

En tout état de cause, le désarroi de l'économie brésilienne ne laisse pas dans l'immédiat de grande marge pour une politique de forte croissance (il est question de ramener le taux annuel de croissance de 8 à 3,5 %, à peine un point au-dessus

BRÉSIL

États-Unis du Brésil.
Capitale : Brasilia.
Superficie : 8 511 965 km² (15,6 fois la France).
Carte : p. 122.
Monnaie : cruzeiro (1 cruzado = 0,23 FF au 30.4.87).
Langue : portugais.
Chef de l'État : José Sarney (depuis le 15.3.85).
Nature de l'État : république fédérale (23 États et 3 territoires fédéraux).
Nature du régime : démocratie présidentielle.
Principaux partis politiques (représentés à l'Assemblée constituante) : *Gouvernement :* Parti du mouvement démocratique brésilien (PMDB). *Autres partis :* Parti du front libéral (PFL); Parti démocratique social (PDS); Parti du travaillisme démocratique (PDT); Parti du travaillisme brésilien (PTB); Parti des travailleurs (PT); Parti libéral (PL); Parti communiste du Brésil (PC do B); Parti communiste brésilien (PCB); Parti socialiste brésilien (PSB); Parti social-chrétien (PSC).

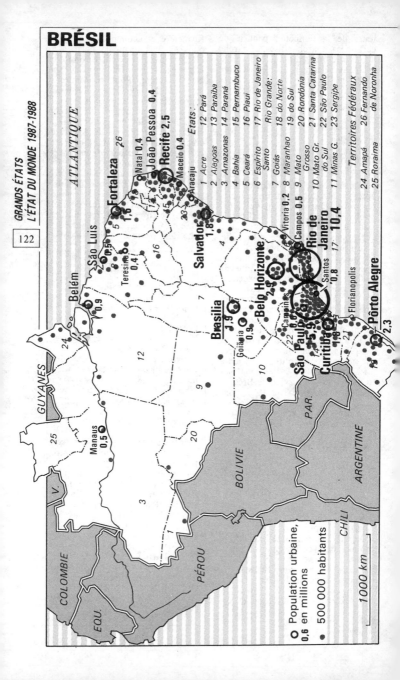

BRÉSIL

ATLANTIQUE

GUYANES

COLOMBIE

ÉQU.

PÉROU

V.

BOLIVIE

CHILI

PAR.

ARGENTINE

États:

1 Acre
2 Alagoas
3 Amazonas
4 Bahia
5 Ceará
6 Espírito Santo
7 Goiás
8 Maranhão
9 Mato Grosso
10 Mato Gr. do Sul
11 Minas G.

12 Pará
13 Paraíba
14 Paraná
15 Pernambuco
16 Piauí
17 Rio de Janeiro
18 do Norte
19 do Sul
20 Rondônia
21 Santa Catarina
22 São Paulo
23 Sergipe

Rio Grande:

Territoires Fédéraux

24 Amapá
25 Roraima
26 Fernando de Noronha

Belém 0.9

Manaus 0.5

São Luis

Teresina 0.4

Fortaleza 1.6

Natal 0.4
João Pessoa 0.4
Recife 2.5
Maceió 0.4
Aracaju

Salvador 1.8

Brasília 1.9

Goiânia 0.9

Belo Horizonte 2.9

Vitória 0.2
Campos 0.5

Rio de Janeiro 10.4
Santos 0.8

São Paulo 15.9

Campinas 0.6

Curitiba 1.3

Florianópolis

Pôrto Alegre 2.3

Population urbaine,
0.6 en millions

• 500 000 habitants

1000 km

1. Démographie, culture, armée

	Indicateur	Unité	1965	1975	1986
Démographie	Population	million	81,01	106,23	138,6
	Densité	hab./km²	10	12	16,3
	Croissance annuelle	%	2,9 [d]	2,5 [f]	2,2 [e]
	Mortalité infantile	‰	128 [b]	91 [g]	69 [e]
	Espérance de vie	année	55 [b]	59,8 [g]	63,4 [e]
	Population urbaine	%	50	61	74,5 [a]
Culture	Analphabétisme	%	39 [b]	24	22,3 [a]
	Nombre de médecins	‰ hab.	0,48	0,61	. .
	Scolarisation 6-11 ans	%	55,5	65,3	73,5 [a]
	12-17 ans	%	37,7	58,9	67,3 [a]
	3e degré	%	2,2	10,7	11,3 [c]
	Postes tv	‰ hab.	. .	84	127 [c]
	Livres publiés	titre	1 497	12 296	19 179 [c]
Armée	Marine	millier d'h.	44,4	49,5	49,8
	Aviation	millier d'h.	30	35	50,7
	Armée de terre	millier d'h.	120	170	182,9

a. 1985; b. 1960; c. 1983; d. 1982; e. 1980-85; f. 1970-80; g. 1970-75.

2. Commerce extérieur [b]

Indicateur	Unité	1965	1975	1986
Commerce extérieur	% PIB	4,7	8,4	9,0 [a]
Total imports	milliard $	1,1	13,6	13,9
Pétrole	%	18,2	24,3	24,7
Produits agricoles	%	20,7	7,1	10,2
Produits industriels	%	55,7	60,8	57,7
Total exports	milliard $	1,6	8,7	22,4
Produits agricoles	%	80,7	57,8	18,9
Minerais [c]	%	9,0	11,8	14,6
Produits industriels	%	8,7	28,1	66,5
Principaux fournisseurs	% imports			
États-Unis		29,7	24,9	19,8 [a]
Moyen-Orient		5	19,6	21,4 [a]
CEE		17	24,5	13,7 [a]
Principaux clients	% exports			
États-Unis		32,6	15,4	27,8
CEE		25,9	27,8	26,6
Amérique latine		12,7	14,5	12,2

a. 1985; b. marchandises; c. Produits énergétiques non compris.

INDICATEUR	UNITÉ	1965	1975	1986
PIB	milliard $	23,0	110,1	222,0 [a]
Croissance annuelle	%	6,6 [e]	4,4 [i]	8,5
Par habitant	$	220	1 030	1 637 [a]
Structure du PIB				
Agriculture	% ⎫	15,9	10,5	12,8 [b]
Industrie	% ⎬ 100 %	32,5	39,4	29,2 [b]
Services	% ⎭	51,5	50,0	58,0 [b]
Dette extérieure	milliard $	4,9 [d]	23,5	101,8
Taux d'inflation	%	42 [g]	42 [h]	63,5
Population active	million	26,0	40,2	43,8 [f]
Agriculture	%	54 [d]	36,3	29,9 [f]
Industrie	%	13,2 [d]	25	24,4 [f]
Services	%	32,8 [d]	38,7	45,7 [f]
Dépenses publiques				
Éducation	% PIB	1,1	3,0	3,3 [c]
Défense	% PIB	2,5	. .	2,7 [b]
Production d'énergie	million TEC	12,10	24,5	62,4 [a]
Consommation d'énergie	million TEC	29,7	71,2 ·	92,5 [a]

a. 1985; b. 1984; c. 1983; d. 1970; e. 1960-73; f. 1981; g. 1960-70; h. 1974-78; i. 1973-83.

du taux d'accroissement de la population). La lutte contre l'inflation et le rééquilibrage des comptes extérieurs passent avant toute autre priorité. Il ne peut que s'ensuivre une dégradation du climat social, d'autant que le retournement de la situation a été très brusque et inattendu, que la spéculation financière bat de nouveau son plein, que le pouvoir

BIBLIOGRAPHIE

« Brésil, géant du vingtième siècle », *Le Courrier de l'UNESCO*, décembre 1986.

CAPLAN B., « Le Brésil et le plan cruzado : premier bilan et perspectives », *Problèmes économiques*, n° 1995, octobre 1986.

COLOMBANI O., *Paysans du Brésil, la lutte des « sans terre »*, La Découverte, Paris, 1987.

DE BARROS O., SABOIA J., « Le traitement de choc du plan cruzado : les implications politiques et économiques d'une réforme monétaire », *Problèmes d'Amérique latine*, n° 81, 3e trimestre 1986.

MOURA G., KRAMER P., WROBEL P., « Le difficile chemin de l'autonomie : les relations entre le Brésil et les États-Unis », *Problèmes d'Amérique latine*, n° 82, 4e trimestre 1986.

PÉCAUT D., « Des élections du 15 novembre à la constituante : de la consolidation démocratique aux illusions perdues », *Problèmes d'Amérique latine*, n° 83, 1er trimestre 1987.

THERY H., *Atlas Reclus : Brésil*, Fayard/Reclus, Paris, 1986.

d'achat des salariés se dégrade malgré les réévaluations automatiques des salaires chaque fois que l'inflation dépasse 20 % et qu'aucune des réformes sociales annoncées par la nouvelle République (à commencer par la réforme agraire) n'a été sérieusement mise en chantier au cours des dernières années.

Sarney : baisse de popularité

Alors qu'à la mi-1986, le président Sarney battait tous les records de popularité, son autorité a sombré au plus bas. La crise économique se double ainsi d'une crise politique aggravée par le fait que le Brésil n'a toujours pas accompli la phase finale de la transition vers un régime démocratique en élisant son président au suffrage universel. A quand cette élection ?

Les partis de gauche voudraient qu'elle survienne au plus tôt. Les forces conservatrices, y compris l'armée, souhaitent au contraire repousser l'échéance, craignant que le climat de crise favorise un candidat, sinon de gauche, tout au moins populiste. Le président Sarney s'apprêtait à rester au pouvoir six ans en accord avec la Constitution héritée du régime antérieur. La majorité des sénateurs et des députés élus le 15 novembre 1986 et qui siègent en Assemblée constituante entendent déterminer la durée du mandat présidentiel à travers la nouvelle Constitution et le ramener à quatre ans. Pour désamorcer le conflit, le président Sarney s'est déclaré prêt à quitter ses fonctions au bout de cinq ans, mais cette déclaration a provoqué un tollé.

Le débat sur la durée du mandat présidentiel traduit en fait un malaise plus profond. Les élections du 15 novembre 1986 ont donné lieu à un raz de marée en faveur du principal parti de la coalition gouvernementale, le Parti du mouvement démocratique brésilien

(PMDB). Celui-ci est parvenu à faire élire 22 gouverneurs sur 23 et a obtenu une solide majorité dans l'Assemblée constituante : 307 mandats sur 559. Cette victoire s'est faite aux dépens de l'autre parti de la coalition gouvernementale – le Parti du front libéral (PFL) –, qui n'a recueilli que 37 mandats. Un tel déséquilibre signifie pratiquement la fin de la coalition. Par ailleurs, des tiraillements sont apparus au sein du PMDB qui ressemble plus à un front hétérogène qu'à un parti discipliné, doté d'un programme. Plusieurs de ses dirigeants se positionnent déjà comme candidats éventuels à la prochaine élection présidentielle. Il en va de même pour les gouverneurs de certains États qui entendent en tout cas jouer un rôle accru dans la politique brésilienne, forts de la légitimité qu'ils ont gagnée aux élections au suffrage universel.

Quant au président Sarney, il entretient des rapports de plus en plus difficiles avec le PMDB qui revendique une part plus grande de responsabilité mais ne semble pas préparé à proposer un plan pour sortir de la crise. La situation profite aux militaires qui exercent une influence discrète mais certaine sur un président de plus en plus réduit à s'appuyer sur un cercle étroit d'amis et de conseillers personnels et sur les gouverneurs des États face auxquels il dispose d'un atout non négligeable : la répartition des fonds du budget fédéral.

Le climat de crise ne favorise pas les travaux de l'Assemblée constituante. La grande question est de savoir dans quelle mesure les idées réformistes seront incorporées à la nouvelle Constitution. Depuis 1985, l'évolution n'a fait que souligner l'urgence des réformes financières, fiscales et foncières (dans les villes tout autant que dans les campagnes) pour permettre au pays de combler la lacune entre son potentiel économique et son retard en matière sociale : huitième puissance industrielle du monde, le Brésil se situe au niveau des pays africains et asiatiques pauvres pour ce qui est de ses indicateurs sociaux. Le déroulement des débats à l'Assemblée constituante et surtout sa composition n'incitent pas à l'optimisme, mais les jeux ne sont pas encore faits. Selon une analyse de *Folha de Sâo Paulo*, 52 députés à peine appartiennent à la gauche alors que la droite en possède 69, le centre gauche et le centre droit s'équilibrent avec 126 et 131 mandats, le contingent le plus important – 181 députés – appartenant au centre. De quel côté finiront-ils par pencher? La réponse sera donnée à la fin de l'année 1987, date à laquelle l'Assemblée constituante doit en principe achever ses travaux.

Ignacy Sachs

Nigéria.
Rééchelonnement de la dette

Après avoir longtemps pensé que le Nigéria était sur la mauvaise pente et qu'il deviendrait un « cas » aussi gênant que certains pays latino-américains, les financiers internationaux ont repris espoir en 1986, le Nigéria est devenu un bon élève... Deux ans auparavant, il avait encore rejeté toutes les propositions de négociation de sa dette, devenue impayable du fait de la chute des cours du pétrole (qui représente plus de 95 % des recettes en devises du pays), mais à la fin de 1986, il a donné satisfaction à ses partenaires. Il ne fait aucun doute pour les spécialistes que le mérite en incombe essentiellement au chef de l'État, le général Ibrahim Babangida, qui avait renversé le 27 août 1985 son prédécesseur, un autre général, Muhammadu Buheri, en détention depuis.

Pour les banquiers, le problème du Nigéria n'est qu'économique et se résume à quelques chiffres : plus de 20 milliards de dollars de dette extérieure; des importations (consommation, équipement et industries) qui, en 1981, atteignaient plus de 20 milliards de dollars, et des revenus en baisse continue du fait de la chute du prix du pétrole et qui n'ont été que de l'ordre de 6 à 7 milliards de dollars en 1986. Il y avait effectivement de quoi s'inquiéter.

Après que ses prédécesseurs eurent refusé tout compromis avec le Fonds monétaire international (FMI) (ils n'avaient accepté ni la dévaluation de la monnaie ni l'idée d'augmenter le prix de l'essence à la pompe), Babangida, en bon politicien, a promis de voir ce qu'il pourrait faire. Malgré une opinion publique extrêmement défavorable au recours au FMI ou à la Banque mondiale, il a discrètement pris la voie de la négociation, tout en s'engageant publiquement à ne pas accepter de prêt du FMI. Comme l'on disait alors à Lagos, il s'agissait d'accepter « la discipline du FMI sans sa récompense ». Petit à petit, le cours officiel du naira a baissé et un deuxième marché s'est ouvert, fonctionnant sur le principe simple d'enchères hebdomadaires à la banque centrale de Lagos. Le naira a fini par se vendre au même prix que dans les transactions du marché noir : quatre naira pour un dollar, alors qu'il fallait auparavant 1,3 dollar pour un naira. L'augmentation du prix de l'essence à la pompe (il a pratiquement doublé) s'est également fait sans trop de remous, et le gouvernement, ayant satisfait à l'ensemble des préalables, a enfin pu se présenter devant les clubs de créanciers de Londres et Paris, et obtenir entre novembre et décembre 1986 le rééchelonnement de ses dettes publique et privée. Au milieu de 1986, il ne restait plus qu'à négocier le problème des arriérés de paiements avec les banques, pour que le Nigéria obtienne un certificat de bonne conduite financière, que nul n'aurait envisagé de lui accorder en 1985 : chacun craignait alors que ce pays surpeuplé, avec des besoins en développement toujours plus grands, ne devienne l'un des plus gros « sinistres » répertoriés par les compagnies d'assurance à l'exportation et par les banques.

Parallèlement à cet assainissement économique, le gouvernement a décidé – une nouvelle fois – de relancer l'agriculture. Il faut dire que jusqu'avant le premier choc pétrolier de 1973, le Nigéria avait été un des champions de l'agriculture ouest-africaine, exportant huile de palme, arachides, cacao, caoutchouc, denrées qu'il avait été obligé d'importer depuis, tant l'illusion de l'or noir et l'exode des paysans vers la ville avaient fait de dégâts. Devenu importateur de riz, de maïs, de blé, redistribué à des prix dérisoires (le naira surévalué rendait les produits importés quatre à cinq fois moins chers que les produits cultivés sur place), le Nigéria avait découragé ses paysans. Les grandes sécheresses d'Afrique avaient fait le reste... En 1986, après quelques excellentes saisons des pluies, l'exode urbain a commencé, et l'agriculture, stimulée par l'absence de concurrence extérieure, semble avoir redémarré.

Démographie galopante

Cette relance agricole paraît d'autant plus indispensable que le pays est confronté à un grave problème démographique : plus de 100 millions d'habitants en 1987, et selon toutes les estimations, 500 millions en l'an 2030, ce qui ferait du Nigéria l'un des quatre pays les plus peuplés du monde, avec une densité de population proche de celle du Pakistan. Même si des mesures étaient immédiatement appliquées pour que les femmes n'aient au maximum que deux enfants chacune (au lieu de six à sept en 1987), la population nigériane, du fait du poids des jeunes générations, devrait doubler en vingt-cinq ans. Cette perspective inquiétante commence seulement a être évoquée à Lagos, alors qu'en matière de population, il faut des décennies pour modifier les mentalités et aboutir à des résultats concrets.

Aucun des gouvernements successifs ne s'est attaqué à ce problème qui inquiète aussi les pays voisins, aux densités de population nettement moindres. De fait, le surpeuplement du Nigéria n'est sans doute pas étranger aux affrontements d'une grande violence qui éclatent périodiquement entre des communautés villageoises ou religieuses. L'exploitation moyenne d'un paysan étant inférieure à un hectare, le moindre champ peut devenir source de conflit pour deux villages rivaux. De même, les antagonismes religieux sont souvent exacerbés par une trop grande promiscuité et l'on

---

NIGÉRIA

République fédérale du Nigéria.
Capitale : Lagos.
Superficie : 923 768 km² (1,7 fois la France).
Carte : p. 283.
Monnaie : naira (1 naira = 1,76 FF au 30.4.87).
Langues : anglais (non officiel, mais utilisé dans tous les documents administratifs); 200 langues, dont le haoussa (Nord), l'ibo (Est), le yoruba (Ouest).
Chef de l'État : général Ibrahim Babangida, président (au 30.6.87).
Nature de l'État : république fédérale (19 États).
Nature du régime : militaire.
Principaux partis politiques : interdits.

1. DÉMOGRAPHIE, CULTURE, ARMÉE

	INDICATEUR	UNITÉ	1965	1975	1986
Démographie	Population	million	48,7	67,7	98,4 e
	Densité	hab./km²	53	73,4	106,5
	Croissance annuelle	%	2,8 g	3,5 i	3,4 d
	Mortalité infantile	‰	207 h	135 k	104 d
	Espérance de vie	année	39 i	44,5 k	48,5 d
	Population urbaine	%	13 i	18	23 a
Culture	Analphabétisme	%	85	..	57,6 a
	Nombre de médecins	‰ hab.	0,04	0,07	0,1 f
	Scolarisation 6-11 ans	%	27,6	41,8	85,7 a
	12-17 ans	%	12,9	23,5	42,6 a
	3e degré	%	0,2	0,8	3,3 c
	Postes tv	‰	0,6	1,5	5,0 c
	Livres publiés	titre	159	1 324	1 836 b
Armée	Marine	millier d'h.	1,5	3	5
	Aviation	millier d'h.	1	5	9
	Armée de terre	millier d'h.	9	200	80

a. 1985; b. 1984; c. 1983; d. 1980-85; e. 116,2 millions selon le gouvernement;
f. 1980; g. 1960-70; h. 1962; i. 1975-80; j. 1960; k. 1970-75.

2. COMMERCE EXTÉRIEUR b

INDICATEUR	UNITÉ	1965	1975	1986
Commerce extérieur	% PIB	16,1	20,0	9,4
Total imports	milliard $	0,8	6,0	5,4
Produits agricoles	%	10,0	9,6	14,6
Produits miniers	%	7,7	3,6	2,9
Produits industriels	%	82,3	86,8	80,2
Total exports	milliard $	0,7	8,0	6,8
Pétrole	%	24,8	93,3	97,2 a
Cacao	%	16,1	3,7	2,2 a
Autres produits agricoles	%	48,7	1,9	0,6 a
Principaux fournisseurs	% imports			
Royaume-Uni		30,9	23,0	17,9 a
CEE		56,3	61,0	48,5 a
Japon		12,0	10,2	5,1 a
Principaux clients	% exports			
États-Unis		10,2	29,0	20,1 a
CEE		71,0	47,6	49,3 a
Dont Royaume-Uni		38,5	14,5	5,3 a

a. 1985; b. Marchandises.

Indicateur	Unité	1965	1975	1986
PIB	milliard $	4,7	32,9	64,9
Croissance annuelle	%	6,2 [b]	1,5 [c]	− 3,3
Par habitant	$	80	500	660
Structure du PIB				
Agriculture	% ⎫	53	..	36 [a]
Industrie	% ⎬ 100 %	19	..	32 [ae]
Services	% ⎭	29	..	32 [a]
Dette extérieure publique	milliard $	..	1,2	20,0
Inflation	%	4,2 [d]	22 [f]	0,0
Population active	million	..	24,7	29,5 [g]
Agriculture	%	67	57,7	31,6 [g]
Industrie	%	12	..	9,0 [g]
Services	%	21	..	53,7 [g]
Dépenses publiques				
Éducation	% PNB	1,8	4,3	2,2 [g]
Défense	% PNB	1,4	5,5	1,0
Production d'énergie	million TEC	20,8	129,7	121,5 [a]
Consommation d'énergie	million TEC	2,6	5,2	16,9 [a]

a. 1985 ; b. 1960-73 ; c. 1973-83 ; d. 1960-70 ; e. Dont pétrole : 18,9 % ;
f. 1974-78 ; g. 1983.

constate que les violences confessionnelles se déroulent toujours en milieu urbain. Certaines villes sont devenues des monstres incontrôlables : Lagos et Ibadan, en pays yoruba (Sud-Ouest), ne sont distantes que de cent vingt kilomètres et comptent chacune plus de cinq millions d'habitants, alors que la vieille ville musulmane de Kano, au nord, en abrite plus de deux millions.

Vers un pouvoir civil ?

La popularité du gouvernement d'Ibrahim Babangida et le contrôle que celui-ci semble exercer sur l'armée (après avoir maté, il est vrai, une tentative de putsch de l'armée de l'air le 25 décembre 1985 dont les responsables ont été exécutés en mars 1986) laissent présager une relative stabilité, alors que l'on craignait, à son arrivée au pouvoir, que des officiers « radicalistes » soient tentés de l'en déloger. Babangida, assez ouvertement pro-occidental, semble également faire bon ménage avec les grands dignitaires de l'extrême nord du pays qui, par leur puissance et leur influence, ont toujours fait et défait les régimes.

Dans ce pays traditionnellement épris de démocratie, l'armée a pro-

--- BIBLIOGRAPHIE ---

BACH D.C., (sous la dir. de), *Le Nigéria contemporain*, CNRS, Paris, 1986.

CODO L.C., « Incidents économiques des flux de transfrontaliers clandestins : le cas du Nigéria et du Bénin », *Afrique contemporaine*, n° 140, octobre-décembre 1986.

mis de rendre le pouvoir aux civils en 1990 et s'est engagée à assainir la situation économique et financière d'ici là. La commission chargée par les militaires d'étudier les formes du pouvoir civil à venir a remis son rapport préconisant un système socialisant, le bipartisme, et une présidence d'un seul mandat de cinq ans. La passation de pouvoir devrait se faire progressivement, et des élections au niveau régional pourraient se tenir bien avant l'échéance de 1990. Mais au Nigéria, rien n'est jamais simple, du fait de la diversité de la population, de ses aspirations politiques, tribales, religieuses et du poids de ses traditions.

Ayant entrepris de redresser la courbe déclinante du Nigéria, le général Babangida et ses hommes ne sont pas au bout de leurs peines s'ils veulent effectivement rendre un pays viable aux civils qui leur succèderont.

François-Xavier Harispe

Indonésie. Le poids de la contrainte extérieure

En 1986, année préélectorale, les militaires et les technocrates de l'Ordre nouveau ont passé le plus clair de leur temps à colmater les brèches d'une économie exsangue : entre une dévaluation spectaculaire et les chocs de la déréglementation, les préparatifs des élections d'avril 1987 sont pratiquement passés au second plan. Maintenir la confiance du monde des affaires international en honorant les échéances sans rééchelonner les dettes, tenter d'attirer les investisseurs étrangers par de nouvelles concessions, chercher à contrôler l'image de l'Indonésie dans les médias en ne tolérant pas qu'ils jouent le rôle qu'ils ont pu tenir à Manille lors de la révolution de février, telles ont été les obsessions officielles.

L'année a été dominée par la dramatique chute des revenus pétroliers et l'austérité draconienne qu'elle a entraînée, au moins sur le plan budgétaire. Les tiraillements ont été durs quand il a fallu choisir entre les intérêts politico-électoralistes et les nécessités imposées par la conjoncture, ou lorsque la libéralisation du commerce extérieur a dû être entamée pour améliorer la compétitivité de l'Indonésie sur les marchés mondiaux : le régime a pris le risque de saper les positions de ses partisans les plus proches en supprimant partiellement les protections et monopoles économiques dont ils jouissaient. Parmi les dignitaires de l'Ordre nouveau, le débat s'est exacerbé entre les « ingénieurs » favorables au maintien des grands projets technologiques bâtis à grands frais à l'abri des protections, et les « technocrates » plus soucieux de gestion financière classique et de libéralisme déréglementaire. Ces derniers ont marqué des points, comme à chaque fois que la contrainte extérieure se fait sentir sur l'Indonésie.

Une année préélectorale très contrôlée

Malgré les graves difficultés économiques, 1986 a été une année politiquement calme, comparée aux années 1984 et 1985 jalonnées par des attentats, voire des émeutes islamistes. Les actes de terrorisme ont été limités à deux attentats attribués à l'Armée rouge japonaise et perpétrés contre les ambassades des États-Unis et du Japon (mai 1986). L'activité politique s'est concentrée sur la scène officielle.

Quatre-vingt-quatorze millions d'électeurs, dont 60 % à Java, devaient participer aux élections législatives du 23 avril 1987. La constitution des listes électorales a occupé le monde politique pendant de nombreux mois. Malgré le faible enjeu de ces élections très contrôlées, les passions se sont échauffées dans les trois partis concurrents. Le PPP, fédération de partis musulmans (27 % des voix en 1982), est resté très divisé, et sa prestation à venir était l'un des principaux objets de spéculation des analystes. La grande question était surtout de savoir où iraient les millions de voix du Nahdatul Ulama depuis que ce grand mouvement musulman traditionnaliste a donné la liberté de choix à ses membres qui formaient le soutien le plus important du PPP.

Le parti officiel Golkar (60 % des voix en 1982), présidé par le général-ministre Sudharmono, s'est fixé un objectif de 70 % des voix et a mobilisé de nombreux dirigeants de l'Ordre nouveau pour faire campagne. Très en vue parmi les candidats du Golkar, les enfants de hauts fonctionnaires semblaient représenter une version biologique du processus de « régénération » politique prôné par le général Suharto. Le parti croupion PDI, bien qu'issu de partis chrétiens et nationaliste, courtisait comme le Golkar les électeurs du Nahdatul Ulama. Sollicité de toutes parts, le président Suharto a accepté de postuler un cinquième mandat de cinq ans en 1988. La seule inconnue restait le choix du futur vice-président ; trois généraux étaient possibles : Sudharmono, Murdani ou Try Sutrisno. L'opposition non officielle n'a pu se manifester, à l'exception de Ali Sadikin qui a protesté contre les mandats présidentiels multiples.

En fait, un solide verrouillage de l'opinion a été mis en place ; le 9 octobre 1986, *Sinar Harapan*, deuxième plus grand quotidien national, a été interdit en raison de sa liberté de ton, de ses critiques contre la dévaluation de septembre et surtout des fuites sur les monopoles devant être abrogés dont il s'était fait l'écho. Après une purge, il a été autorisé à reparaître sous le nom de *Suara Pembaruan* (février 1987). Dans le même contexte, les journalistes australiens ont été expulsés d'Indonésie à la suite d'un article paru dans le *Sydney Morning Herald* du 10 octobre 1986, mettant en cause la famille Suharto et son affairisme. Plus précisément, l'opinion a été mise en garde à travers plusieurs exécutions-avertissements : des extrémistes islamiques ont été passés par les armes, mais aussi des communistes impliqués dans le coup d'État de 1965. Il s'agissait moins de parer à un danger communiste renaissant que d'éviter

INDONÉSIE

République d'Indonésie.
Capitale : Jakarta.
Superficie : 2 027 087 km² (3,7 fois la France).
Carte : p. 132.
Monnaie : roupie (1 roupie = 0,004 FF au 30.4.87).
Langues : Bahasa Indonesia (officielle) ; 200 langues et dialectes régionaux.
Chef de l'État : général Suharto, président (au 30.6.87).
Nature de l'État : république.
Nature du régime : régime présidentiel autoritaire dominé par l'armée de terre.
Principaux partis politiques : *Gouvernement :* Golkar (Golongan Karya, sorte de fédération de « groupes fonctionnels » où les militaires occupent une grande place). *Opposition légale :* Partai Persatuan Pembangunan (PPP, parti du développement uni, coalition musulmane) ; Parti démocratique indonésien (PDI, chrétien-nationaliste).

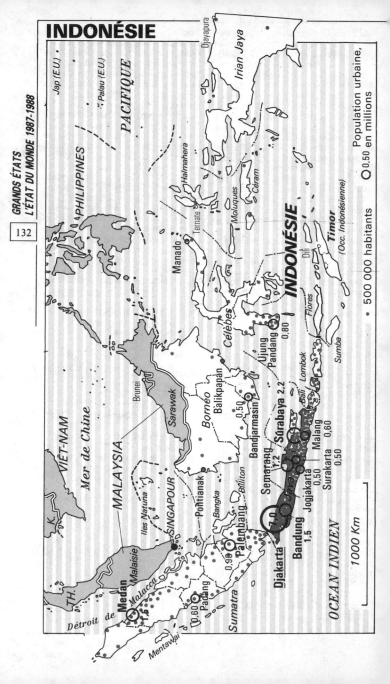

INDONÉSIE

Population urbaine, en millions
○ 0,50
• 500 000 habitants

PACIFIQUE

Jap.(E.U.)

Palau (E.U.)

PHILIPPINES

VIÊT-NAM

Mer de Chine

K.

TH.

Détroit de

Malacca

Malaisie

SINGAPOUR

MALAYSIA

Brunei

Sarawak

Îles Natuna

Bangka

Pontianak

Billiton

Borneo

Balikpapan

Bandjarmasin 0,50

Manado

Célèbes

Ujung Pandang 0,80

Halmahera

Ternate

Moluques

Céram

Djayapura

Irian Jaya

INDONÉSIE

Timor
(Occ. indonésienne)

Dili

Flores

Sumba

Lombok

Bali

Malang 0,60

Surabaya 2,2

Semarang 1,2

Surakarta 0,50

Jogjakarta 0,50

Java

Bandung 1,5

Djakarta

Palembang 0,90

Sumatra

Padang 0,60

Medan 1,5

Mentawai

OCEAN INDIEN

1000 Km

1. Démographie, culture, armée

	Indicateur	Unité	1965	1975	1986
Démographie	Population	million	105,3	130,5	166,94
	Densité	hab./km²	52	64,4	82,4 [f]
	Croissance annuelle	%	2,6 [g]	2,3 [e]	2,2 [f]
	Mortalité infantile	‰	125	112 [d]	79 [f]
	Espérance de vie	année	41	47,5 [d]	52,2 [f]
	Population urbaine	%	15 [h]	18	25,3 [a]
Culture	Analphabétisme	%	51 [h]	43,4 [i]	25,9 [a]
	Nombre de médecins	‰ hab.	0,03	0,07	0,11 [b]
	Scolarisation *6-11 ans*	%	50,8	63,1	82,5 [a]
	12-17 ans	%	29,9	36,3	47,2 [a]
	3e degré	%	1,5	2,4	6,5 [b]
	Postes tv	‰	0,4	2,2	23 [c]
	Livres publiés	titre	791 [i]	2 187	5 254 [b]
Armée	Marine	millier d'h.	40	38	38
	Aviation	millier d'h.	22	28	27
	Armée de terre	millier d'h.	350	200	216

a. 1985 ;   b. 1984 ;   c. 1983 ;   d. 1970-75 ;   e. 1975-80 ;   f. 1980-85 ;
g. 1960-70 ;   h. 1960 ;   i. 1962 ;   j. 1971.

2. Commerce extérieur [b]

Indicateur	Unité	1965	1975	1986
Commerce extérieur	% PIB	9,4	20,4	12,8
Total imports	milliard $	0,7	4,8	10,3
Produits agricoles	%	22,8	15,3	10,8 [a]
Pétrole et gaz	%	1,8	5,4	20,8
Produits industriels	%	76,8	78,7	67,5 [a]
Total exports	milliard $	0,7	7,1	14,8
Produits pétroliers	%	38,4	74,8	38,2
Caoutchouc	%	31,4	5,0	3,4
Autres produits agricoles	%	25,3	15,4	16,6 [a]
Principaux fournisseurs	% imports			
Japon		26,3	31,0	29,2
États-Unis		9,4	14,0	13,8
Singapour		0,0	7,2	9,1
Principaux clients	% exports			
Japon		15,8	43,9	44,9
États-Unis		22,4	26,3	19,6
Singapour		9,0	8,9	8,4

a. 1985 ;   b. Marchandises.

Indicateur	Unité	1965	1975	1986
PIB	milliard $	7,5	29,1	98,4
Croissance annuelle	%	4,4 [b]	6,8 [c]	− 0,5
Par habitant	$	85	220	589
Structure du PIB				
Agriculture	%	51,9	26,9	23,6 [a]
Industrie	% } 100 %	18,6	38,0	35,0 [a]
Services	%	29,5	35,1	41,4 [a]
Dette extérieure	milliard $	..	10,4	35,8 [a]
Taux d'inflation	%	67 [g]	19,1 [h]	9,1
Population active	million	..	47,0	70
Agriculture	%	75 [f]	..	54,6 [d]
Industrie	%	8 [f]	..	14,9 [d]
Services	%	17 [f]	..	30,5 [d]
Dépenses publiques				
Éducation	% PIB	1,2	3,0	2,2 [e]
Défense	% PIB	2,2	3,8	2,7
Production d'énergie	million TEC	39,8	97,3	135,4 [a]
Consommation d'énergie	million TEC	11,9	22,1	43,0 [a]

a. 1985; b. 1960-73; c. 1973-83; d. 1982; e. 1981; f. 1960; g. 1966-70; h. 1974-78; i. 1984.

de donner l'impression à l'opinion islamique que seuls les musulmans étaient l'objet de la répression.

En même temps qu'il restreignait le jeu politique, le gouvernement a pris des dispositions draconiennes pour faire face à la chute des revenus pétroliers. Alors que le budget 1986-1987 (20 % du PNB) avait été équilibré sur la base d'un baril à 25 dollars, dès le début de la nouvelle année fiscale (avril 1986), le baril chutait vers le seuil des 10 dollars. Des coupes claires ont été effectuées pour juguler le déficit avec de graves conséquences sur le secteur privé très dépendant des marchés publics. En 1986, la croissance a été très faible (+ 1 %), et quelque trois millions d'emplois ont été détruits.

Pour stimuler les exportations de produits non pétroliers, le gouvernement a pris le 6 mai 1986 des dispositions visant à inciter les sociétés étrangères à investir en Indonésie afin de produire pour les marchés mondiaux. En baisse depuis 1983, les investissements étrangers étaient infimes en 1986.

Dévaluation, déréglementation

La chute continue des recettes pétrolières a creusé le déficit de la balance des paiements qui menaçait de passer de 2 à 6 milliards de dollars. Évitant toute spéculation grâce à un secret bien gardé, le gouvernement a alors dévalué la rupiah de 31 % le 12 novembre 1986 – pour la troisième fois en huit ans. Puis, en octobre 1986 et en janvier 1987, des mesures de déréglementation ont été prises, à nouveau pour faciliter les exportations : baisse ou suppression des droits de douane sur les pièces et les matières premières importées, abrogation des monopoles d'importation destinés à protéger les industries locales, mais qui en fait étaient sources de surcoûts pour les producteurs-exportateurs indonésiens et de profits pour les proches du pouvoir.

Le budget de 1987-1988, fondé sur un prix moyen du pétrole à

15 dollars, a aggravé l'austérité : il a été équilibré à 22 790 milliards de rupiah (soit une hausse nominale de 6,4 %, mais une contraction considérable si on calcule en dollars, avec une chute à 13,9 milliards). Les recettes intérieures devront fournir 17 200 milliards de rupiah, dont 60 % viendront des taxes et impôts non pétroliers censés se substituer au pétrole et au gaz comme ressources principales.

Pour comprimer les dépenses, et malgré les élections à venir, les salaires des fonctionnaires ont été bloqués. 45 % des dépenses de fonctionnement ont été affectés au service de la dette, dont il a été estimé qu'elle devait être remboursée dans les délais prévus même au prix d'un retard du décollage économique. Alors que les ressources diminuent, les remboursements sont en hausse : 5,6 milliards de dollars en 1987, 6,1 milliards en 1988. En 1987, la dette extérieure (publique et privée) atteignait 38 milliards de dollars et le ratio des remboursements par rapport aux exportations s'élevait à 33 % (contre 25 % en 1986). Cette dégradation a été accentuée par les variations de change : 60 % de la dette de l'Indonésie sont en monnaies fortes (dont le yen qui, en douze mois, a gagné 55 % par rapport à la rupiah) alors que ses exportations sont libellées en dollars, monnaie en baisse. L'Indonésie a gardé malgré tout un relatif crédit dans les instances internationales.

En politique étrangère, l'Indonésie a voulu jouer un rôle leader au sein de l'Association des nations du Sud-Est asiatique (ANSEA) : la visite à Bali de Ronald Reagan, alors en route pour Tokyo (mai 1986), devait marquer un succès de la diplomatie indonésienne. Malgré l'impact des symboles, la visite présidentielle et la conférence de l'ANSEA à Bali ont été éclipsées par la crise libyenne, Tchernobyl et l'expulsion de trois journalistes australiens en raison de l'affaire du *Sydney Morning Herald*.

Le premier voyage à l'étranger de la présidente des Philippines, Cory Aquino, depuis son élection, a été symboliquement consacré à l'Indonésie (août 1986) ; elle reconnaissait ainsi la prééminence de son grand voisin. Pour sa part, le général Suharto a effectué en février 1987 une visite en Malaisie et à Singapour pour tenter de rapprocher ces deux pays dont les relations s'étaient dégradées après le passage à Singapour du président d'Israël.

Enfin, malgré le contexte difficile (« septembre noir » des attentats à Paris et dévaluation indonésienne), la visite du président Mitterrand en Indonésie, en septembre 1986, a marqué une étape dans les relations entre les deux pays : c'est la première fois qu'un chef d'État français se rendait à Jakarta.

François Raillon

―――――― *BIBLIOGRAPHIE* ――――――

DOLLEY J., « L'Indonésie, treize mille îles et cinq principes », *Croissance des jeunes nations*, n° 290, janvier 1987.

MAURER J.-L., *Modernisation agricole, développement et changement social*, Publication de l'Institut des hautes études internationales, diffusion PUF, Paris, 1986.

ROBISON R., *Indonesia, the Rise of Capital*, Asian Studies Association of Australia, Sydney, 1986.

SHIM JAE HOON, « Breaking Old Ground – Suharto Faces Economic and Political Problems », *Far Eastern Economic Review*, 20 novembre 1986.

Australie. Une crise salutaire?

« La fête est terminée », « la chance l'a quitté »... les formules n'ont pas manqué en 1986 pour décrire l'état précaire de l'économie australienne. Le signal d'alarme a été donné par le ministre des Finances, Paul Keating, qui a déclaré en juin que le pays risquait de devenir « une république bananière » s'il ne mettait pas de l'ordre dans ses affaires. Rejetant les remèdes brutaux, la décision du gouvernement travailliste de Bob Hawke, au pouvoir depuis mars 1983, d'opter pour un consensus social à la suédoise associant les syndicats à la gestion du pays semble lui avoir réussi. Après un deuxième semestre 1986 très sombre, le début de l'année 1987 a vu s'amorcer un revirement des tendances. Cette reprise a sans doute contribué au nouvel essor du Parti travailliste (A L P) mais c'est incontestablement les divisions sans précédent dans l'opposition qui ont été déterminantes dans la vie politique du pays au cours de cette période.

L'année 1986 a vu se confirmer certains symptômes déjà fort inquiétants. Avec une dette extérieure de plus de 30 % de son P N B, le déficit extérieur courant a dépassé 13 milliards de dollars australiens. Après les résultats positifs enregistrés par l'A L P entre 1983 et 1985 dans la lutte contre le chômage, celui-ci a augmenté de 7,8 % à 8,4 % en un an pour redescendre à 8,2 % en mars 1987. Le taux de croissance n'a été que de 2,3 % tandis que l'inflation est restée à environ 9 %, un taux deux fois supérieur à celui des partenaires commerciaux de l'Australie. Le dollar australien s'est ainsi trouvé en chute libre : depuis la fin de 1984, il a perdu 36 % de sa valeur par rapport au dollar des États-Unis et 50 % par rapport au yen.

La guerre des subventions agricoles entre la C E E et les États-Unis est la principale cause de cette crise persistante : elle a aggravé l'effondrement du cours des matières premières et des produits agricoles dont l'Australie est grand exportateur, et elle a entraîné la perte de certains marchés traditionnels pour ses céréales ; alors que les importations, faute d'une industrie nationale suffisamment compétitive, ont afflué entre 1983 et 1985 à la suite de la croissance économique, en dépit d'une réduction de 4,5 % du pouvoir d'achat.

Les réflexes protectionnistes ayant été jugés inefficaces, le gouvernement Hawke a accueilli – et même délibérément maintenu – la dépréciation de la monnaie comme un des moyens d'entreprendre la restructuration nécessaire au secteur industriel en l'orientant vers l'exportation. Les chiffres pour le premier trimestre 1987 ont indiqué une amélioration de la balance des paiements. La déréglementation des marchés s'est accélérée et les derniers obstacles à l'entrée des capitaux étrangers ont été levés. Mais bien que le Japon soit le premier partenaire commercial du pays et que la Chine soit devenue le quatrième, il restait encore beaucoup à faire aux industriels australiens pour pénétrer l'énorme marché qu'offrent ses voisins d'Asie et notamment les pays de l'A N S E A (Association des nations du Sud-Est asiatique). En matière de fiscalité, outre l'introduction impopulaire d'un impôt sur les plus-values et d'une taxe sur les frais professionnels, le budget fédéral de 1986 a instauré une réduction des dépenses et une baisse légère de l'impôt sur le revenu.

Évolution du syndicalisme

Si ces initiatives ont été accueillies sans hostilité excessive par le mouvement syndical, très influent – le taux de syndicalisation est de 56 % de la population active –, c'est que Hawke s'est toujours efforcé de maintenir des liens étroits avec les principaux dirigeants syndicaux. Il a réussi à renouveler, en novembre 1986, l'accord entre son parti et la Confédération australienne des syndicats (l'ACTU) dans sa troisième version : les syndicats, sur la défensive, ont dû accepter de passer d'une indexation bisannuelle à un système d'augmentation à deux vitesses. L'augmentation de base, limitée à 6,2 % en 1987, équivalait à une nouvelle réduction du pouvoir d'achat.

La réunion tripartite du 24 novembre 1986 sur les problèmes de productivité dont découle cet accord est, pour certains commentateurs, l'exemple type de la gestion néo-corporatiste qui caractérise l'Australie depuis l'arrivée au pouvoir des travaillistes. Va-t-on vers un État corporatif? Certes, on a assisté en 1986 à un renforcement de l'action de ces organismes tripartites. Mais en même temps, les confédérations syndicales et patronales n'ont pas toujours été capables de contrôler leur base. Les divisions entre les représentants des petites et moyennes entreprises (PME) et ceux des grandes entreprises se sont en effet accentuées et, bien que le nombre des grèves ait chuté sensiblement, les conflits sociaux n'ont pas entièrement disparu. La longue grève des infirmières dans le Victoria, pendant le dernier trimestre de 1986, a traduit la volonté des « cols blancs » d'utiliser des méthodes dures associées jusqu'alors au syndicalisme ouvrier, alors que ce dernier a subi deux revers cruciaux au cours de l'année : le syndicat de la boucherie a été condamné à de lourdes amendes pour avoir organisé des piquets de grève, tandis que celui des mineurs a dû accepter une modification des conditions de travail, après l'intervention des forces de l'ordre.

L'opposition en désarroi

Malgré ces défaites, le syndicalisme a conservé dans l'opinion l'image d'un mouvement puissant. La nouvelle droite, qui a fait son apparition sur la scène politique, propulsée par les difficultés économiques croissantes, a du reste entamé une campagne antisyndicale virulente. D'abord limité à un petit nombre d'hommes d'affaires et aux *drys* (les « durs ») de l'opposition conservatrice, ce mouvement a ac-

AUSTRALIE

Commonwealth d'Australie.
Capitale : Canberra.
Superficie : 7 682 300 km² (14 fois la France).
Carte : p. 403.
Monnaie : dollar australien (1 dollar australien = 4,20 FF au 30.4.87).
Langue : anglais (officielle).
Chef de l'État : sir Ninian Stevens, gouverneur général représentant la reine Élisabeth II.
Chef du gouvernement : Robert Hawke, Premier ministre (au 30.6.87)
Nature de l'État : fédération de 6 États et 2 territoires.
Nature du régime : démocratie parlementaire.
Principaux partis politiques : *Gouvernement :* Parti travailliste australien (APL). *Opposition :* Parti libéral d'Australie; Parti national d'Australie; Parti des démocrates australiens; Country-liberal Party (Territoire du Nord). *Partis extra-parlementaires :* Parti communiste d'Australie (communiste indépendant); Parti socialiste d'Australie (prosoviétique); Parti communiste d'Australie (marxiste-léniniste, prochinois); Parti pour le désarmement nucléaire (NDP).

1. DÉMOGRAPHIE, CULTURE, ARMÉE

	INDICATEUR	UNITÉ	1965	1975	1986
Démographie	Population	million	11,5	13,8	16,0
	Densité	hab./km²	1,5	1,8	2,1
	Croissance annuelle	%	2,0	0,9	1,4 e
	Mortalité infantile	‰	20,9	17 d	10,0 e
	Espérance de vie	année	70,9	71,7 d	74,4 e
	Population urbaine	%	85,2	87,2	86,8 a
Culture	Nombre de médecins	‰ hab	1,2	1,5	1,9
	Scolarisation 2e degré	%	46	87	94,0 b
	3e degré	%	13,1	24,0	27,1 b
	Postes tv	‰	172	330	429 c
	Livres publiés	titre	3 306	5 563	3 294 c
Armée	Marine	millier d'h.	14,0	16,0	15,6
	Aviation	millier d'h.	17,7	21,4	22,8
	Armée de terre	millier d'h.	37,5	31,4	32,1

a. 1985;   b. 1984;   c. 1983;   d. 1970-75;   e. 1980-85;   f. 12-16 ans.

2. COMMERCE EXTÉRIEUR a

INDICATEUR	UNITÉ	1965	1975	1986
Commerce extérieur	% PIB	14,8	15,6	15,1
Total imports	milliard $	3,8	11,1	26,1
Produits agricoles	%	9,8	7,4	7,5
Produits pétroliers	%	8,4	10,4	4,7
Autres produits miniers	%	1,4	1,5	0,7
Total exports	milliard $	3,0	11,9	22,6
Produits agricoles	%	72,9	45,9	38,0
Produits miniers	%	7,1	29,1	37,3
Produits industriels	%	20,0	25,0	24,5
Principaux fournisseurs	% imports			
PVD		15,4	19,0	16,9
Japon		9,7	17,6	22,4
CEE		38,8	29,7	24,5
Principaux clients	% exports			
PVD		19,5	26,4	34,5
Japon		16,4	29,2	26,9
CEE		32,4	14,9	14,9

a. Marchandises.

quis sur la scène nationale en janvier 1987, grâce à sir John Bjelke-Peterson, Premier ministre septuagénaire du Queensland, un porte-parole certes controversé, mais populaire. Dans une rhétorique populiste des plus simplistes, il a proposé de réduire radicalement les impôts

3. ÉCONOMIE

Indicateur	Unité	1965	1975	1986
PIB	milliard $	22,5	87,3	161,4
Croissance annuelle	%	5,1 [f]	2,3 [e]	1,25
Par habitant	$	1 957	6 326	10 104
Structure du PIB				
Agriculture	% ⎫	9,2	5,0	4,5 [a]
Industrie	% ⎬ 100 %	33,2	29,9	32,9 [a]
Services	% ⎭	57,6	65,1	62,6 [a]
Taux d'inflation	%	2,5 [i]	12,7 [g]	9,8
Population active	million	4,7	6,1	7,5
Agriculture	%	9,9	6,8	5,5
Industrie	%	39,9	33,5	24,8
Services	%	50,2	59,7	61,4
Chômage [h]	%	1,4	4,5	8,4
Dépenses publiques				
Éducation	% PIB	4,4	6,2	6,0 [c]
Défense	% PIB	3,3	2,7	2,7
Recherche et développement	% PIB	1,2	1,0	1,0 [d]
Production d'énergie	million TEC	37,0	94,1	150,5 [a]
Consommation d'énergie	million TEC	29,7	75,0	95,4 [a]

a. 1985 ; b. 1984 ; c. 1983 ; d. 1981 ; e. 1973-83 ; f. 1960-73 ; g. 1974-78 ; h. Fin d'année ; i. 1960-70.

sur le revenu (à un niveau unique de 25 %), et de restreindre le rôle de Canberra. A court terme, sa campagne a semé le désordre dans une opposition déjà déchirée par les querelles internes. En effet, après l'exclusion d'Andrew Peacock du cabinet « fantôme » en mars 1987, à la suite de son conflit avec le chef des libéraux, John Howard, on a assisté deux mois plus tard à la rupture officielle de la coalition d'opposition, vieille de quarante ans.

Le Premier ministre Bob Hawke a su profiter de la confusion dans l'opposition pour redorer son image et celle de son gouvernement. Les travaillistes se sont trouvés à nouveau en tête dans les sondages et le 27 mai 1987, Bob Hawke a annoncé des élections législatives anticipées pour le 11 juillet. Une troisième victoire consécutive serait un phénomène sans précédent dans leur histoire. Il leur fallait cependant assurer leur assise au sein de leur propre électorat. Les immigrés ont en effet

été touchés par les suppressions de crédits annoncées dans le budget d'août 1986 concernant les programmes d'éducation, d'audiovisuel et les services d'encadrement destinés aux groupes ethniques. Depuis lors, le gouvernement a dû réaffirmer son engagement envers une société multiculturelle. En même temps, il a dû donner des gages à l'influent mouvement écologiste qui n'a guère apprécié la reprise des ventes d'uranium à la France.

Une maturité affirmée

La publication, en avril 1986, du _Rapport Dibb_ sur la défense nationale et l'adoption de la plupart de ses recommandations dans le très officiel _Livre blanc_ un an plus tard ont traduit une indépendance affirmée dans le domaine de la défense et de la politique extérieure. En préconisant le concept de « défense émancipée » où le pays s'engage d'abord à se concentrer sur la protection de son propre territoire et non plus à agir aux côtés d'un allié (américain), le *Livre blanc* représente l'aboutissement d'une évolution amorcée depuis la fin de la guerre du Vietnam. Bien que l'engagement envers l'alliance américano-australienne ait été confirmé, son importance et son utilité ont été minimisées.

Pourtant, malgré un large consensus national sur cette stratégie, certains événements dans le Sud-Est asiatique et le Pacifique sud laissent planer des doutes sur l'hypothèse de la stabilité régionale que sous-entend le *Rapport Dibb*. D'une part, Canberra surveille de près l'évolution de la situation aux Philippines. D'autre part, le Pacifique sud a été une cause certaine d'inquiétude. L'abandon par le gouvernement Chirac du plan Pisani d'indépendance-association pour la Nouvelle-Calédonie a provoqué un réalignement de l'Australie avec les autres pays du Forum du Pacifique sud qui ont demandé la réinscription du territoire au Comité de décolonisation de l'ONU. Le refus des États-Unis et du Royaume-Uni de signer le traité de dénucléarisation pour la région (Rarotonga), ratifié par l'URSS (décembre 1986) et la Chine (février 1987), a été considéré comme une source nouvelle de difficultés pour maintenir les États insulaires dans le camp occidental. Déjà, le gouvernement Hawke a réagi, sans succès, contre les accords de pêche entre le Vanuatu et l'URSS et a mis en garde les États de cette région contre une éventuelle ingérence libyenne. En revanche, il a mieux réussi dans sa démarche auprès du Japon, en décembre 1986, pour augmenter l'aide aux pays océaniens.

Mais la diplomatie australienne a surtout été marquée en 1986 par la percée des conflits liés au commerce international. Les travaillistes ont pris l'initiative, en août 1986, de créer le groupe des *fair traders* (exportateurs loyaux), pour faire pression sur la politique de subventions agricoles de la CEE et des États-Unis. Ce groupe a remporté quelques résultats positifs à la réunion du GATT (Accord général sur les tarifs douaniers et le commerce) en Uruguay en septembre 1986 et à la conférence ministérielle de l'OCDE en mai 1987. L'Australie semble s'ouvrir à une approche nouvelle du monde extérieur.

David Camroux

BIBLIOGRAPHIE

COHEN B., *Australie, état des lieux. Manières d'être aux antipodes*, Ramsay, Paris, 1985.

« L'économie de l'Australie », *Problèmes économiques*, n° 2002, décembre 1986.

GRAUBARD S. (ed.), *Australia : The Deadalus Symposium*, Angus & Robertson, Sydney et Londres, 1985.

OCDE, *Études économiques de l'OCDE : Australie*, OCDE, Paris, 1987.

PONS X., *L'Australie et ses populations*, Éd. Complexe, Bruxelles, 1983.

STILWELL F., *The Accord... and Beyond : The Political Economy of the Labor Government*, Pluto Press, Sydney et Londres, 1986.

Pakistan.
Stabilisation de la vie politique

Après la levée de la loi martiale (en vigueur depuis 1977) le 30 décembre 1985, les différents partis politiques ont repris leurs activités au grand jour et la presse a adopté une plus grande liberté de ton. L'opposition a trouvé une figure de proue dans la personne de Benazir Bhutto, fille de l'ancien dirigeant renversé par le coup d'État militaire du général Zia. Son retour triomphal en avril 1986 a pu faire croire qu'une lame de fond populaire allait contraindre Zia ul-Haq à se retirer, sur le modèle philippin.

L'opposition, regroupée dans le Mouvement pour la restauration de la démocratie (MRD), a exigé la dissolution du Parlement, élu librement en 1985 mais sur des bases excluant les partis politiques. La campagne pour de nouvelles élections qui a suivi le retour de Benazir Bhutto a culminé dans les manifestations d'août 1986, mais s'est conclue par un échec. Depuis, Benazir Bhutto a ˙renoncé à renverser le régime et a . adopté une attitude moins contestataire et plus réaliste, au grand dam de l'aile la plus à gauche de ses partisans : elle s'est refusée à mener une campagne anti-américaine, elle a renoncé à l'agitation de rue et a même tissé certains liens avec le parti islamiste Jamaat-i-Islami, déçu par le général Zia qu'il avait pourtant soutenu jusqu'alors. Selon la Constitution, des élections générales, sur la base des partis, devraient se tenir en 1990 et il semblait, début 1987, que ce calendrier serait respecté.

Conflits communalistes

Loin de suivre un schéma à la philippine, la vie politique pakista-

L'ÉTAT DU MONDE 1987-1988
PAKISTAN

141

PAKISTAN

République islamique du Pakistan.
Capitale : Islamabad.
Superficie : 803 943 km² (1,47 fois la France).
Carte : p. 380.
Monnaie : roupiah (1 roupiah = 0,34 FF au 30.4.87).
Langues : ourdou (officielle); pundjabi, sindhi, pushtu et anglais.
Chef de l'État et du gouvernement : général Mohammad Zia ul-Haq.
Premier ministre : Mohammad Khan Junejo.
Nature de l'État : république islamique.
Nature du régime : régime semi-présidentiel.
Principaux partis politiques : *Opposition :* Mouvement pour la restauration de la démocratie (MRD), alliance de onze partis dont : Front national de libération (QMA); Mouvement démocratique, Awami Tehrik (gauche, Sind); Parti démocratique pakistanais (PDP); Parti national pakistanais, PNP (gauche, Baloutchistan); Parti populaire national (centre); Parti national Awami (gauche); Parti populaire pakistanais, PPP (ex-parti d'Ali Bhuto, centre); Parti des travailleurs et paysans, MKP (gauche). Autres partis d'opposition modérée : Jamiat ul-Ulema-i Pakistan (sunnite); Jamiat ul-Ulema Islami; Tehrik-i Nifaz-i Fiqah-i Jafaria (chiite). *Pro-gouvernementaux :* Jamaat-i-Islami (islamiste); Ligue musulmane pakistanaise (groupe Pagara); Ligue musulmane pakistanaise (groupe Qayyum Khan).

1. Démographie, culture, armée

	Indicateur	Unité	1965	1975	1986
Démographie	Population	million	50,2	70,3	99,16
	Densité	hab./km²	62	87	123
	Croissance annuelle	%	2,1 g	3,1 h	3,1 d
	Mortalité infantile	‰	142 i	140 f	111 d
	Espérance de vie	année	44 i	46,5 f	50,0 d
	Population urbaine	%	22 i	26	29,8 a
Culture	Analphabétisme	%	85 i	79	70,4 a
	Nombre de médecins	‰ hab.	0,2	0,3	0,44
	Scolarisation 6-11 ans,	%	29,2	38,7	54,5 a
	12-17 ans	%	9,9	11,7	16,0 a
	3e degré	%	1,8	1,9	2,0 e
	Postes tv	‰	0,2	5,0	12,0 c
	Livres publiés	titre	2 027	1 143	1 600 c
Armée	Marine	millier d'h.	8	10	13
	Aviation	millier d'h.	20	17	17,6
	Armée de terre	millier d'h.	160	365	450,0

a. 1985; b. 1981; c. 1983; d. 1980-86; e. 1979; f. 1970-75; g. 1960-70; h. 1970-80; i. 1960.

2. Commerce extérieur b

Indicateur	Unité	1965	1975	1986
Commerce extérieur	% PIB	7,6	14,2	14,7
Total imports	milliard $	1,0	2,2	5,4
Produits agricoles	%	22,5	26,9	12,2 a
Produits énergétiques	%	3,3	17,9	26,5 a
Produits industriels	%	73,3	52,9	58,5 a
Total exports	milliard $	0,5	1,0	3,4
Produits agricoles	%	62,3	42,9	29,7 a
Produits miniers	%	1,6	1,4	1,8 a
Produits industriels	%	36,1	55,6	68,5 a
Principaux fournisseurs	% imports			
États-Unis		35,0	12,6	13,1
PVD		6,9	35,8	33,3
CEE		37,4	15,4	27,0
Japon		9,8	12,9	16,3
Principaux clients	% exports			
Japon		4,5	6,8	9,8
CEE		28,8	18,6	27,9
PVD		35,6	59,1	39,9

a. 1984; b. Marchandises.

3. Économie

Indicateur	Unité	1965	1975	1986
P I B	milliard $	4,3	11,3	29,7
Croissance annuelle	%	6,4 [b]	6,2 [c]	7,5
Par habitant	$	85	160	304
Structure du P I B				
Agriculture	% ⎫	35,8	28,6	24,9
Industrie	% ⎬ 100 %	20,3	21,5	23,2
Services	% ⎭	43,9	49,9	51,9
Dette extérieure	milliard $	..	5,1	12,7 [a]
Taux d'inflation	%	3,2 [e]	13,9 [d]	4,6
Population active	million	..	20,4	28,6 [a]
Agriculture	%	53,4	55,0	50,7 [a]
Industrie	%	20,2	18,0	18,7 [a]
Services	%	26,4	27,0	26,7 [a]
Dépenses publiques				
Éducation	% P I B	0,7	2,2	2,1 [f]
Défense	% P I B	4,0	6,1	6,2 [a]
Production d'énergie	million T E C	4,3	7,6	17,2 [a]
Consommation d'énergie	million T E C	6,1	12,2	26,1 [a]

a. 1985;   b. 1960-73;   c. 1973-83;   d. 1974-78;   e. 1960-70; f. 1983;
g. 1984.

naise se situe sur deux plans : d'une part, une politique « politicienne » où la perspective d'élections multiplie les partis et les recentrages, d'autre part, la rue livrée à des conflits communalistes et non idéologiques.

L'échiquier politique s'est singulièrement compliqué en 1986, tout en enregistrant une course au centre. Les partis « historiques » sont la Ligue musulmane, ressuscitée sous la direction du Premier ministre Junejo pour constituer un grand parti conservateur et gouvernemental, mais restant très hétérogène ; le Parti populaire pakistanais (PPP) de Benazir Bhutto (centre-gauche) ; le Parti démocratique national (de Bizenjo, surtout Baloutche) ; le Jamaat-i-Islami, islamiste, et les deux Jamiat (Jamiat-i-Ulema-Islami et Jamiat-i-Ulema Pakistan) exprimant les deux grandes sectes religieuses qui divisent le clergé pakistanais ; mais on trouve désormais le Parti populaire national, de Jatoy, scission centriste du PPP, le Parti national Awami de Wali Khan, gau-

chiste et pro-soviétique, limité à la province du Nord-Ouest, tandis que l'on parle d'un nouveau parti centriste dirigé par le leader de l'opposition, Fakhr Imam.

Politiques jusqu'en été 1986, les manifestations de rue sont devenues plus « communalistes » à partir de l'automne : attaques des processions chiites de l'*ashoura* par les sunnites, heurts à Quetta entre Pathans (Pashtounes) et Baloutches, et surtout émeutes sanglantes de Karachi, au début de 1987, qui ont opposé les « Mohajer » (réfugiés venus de l'Inde en 1947 et parlant ourdou) aux Pathans venus de la province de la frontière du Nord-Ouest. La volonté de réprimer le trafic de drogue a entraîné une levée de boucliers chez les tribus frontalières qui tirent d'énormes bénéfices de la culture du pavot et de la contrebande induite par la guerre d'Afghanistan. La modération et la stabilisation de la scène politique s'est doublée d'un accroissement des conflits religieux et ethniques traditionnels du Pakistan.

Un autre problème brûlant pour le Pakistan est l'accroissement de la tension sur la frontière afghane. A la veille des négociations de Genève en mars 1987, l'aviation soviéto-afghane a opéré une série de bombardements meurtriers sur les camps de réfugiés afghans. Les tensions dues à la présence de plus de trois millions de réfugiés afghans en territoire pakistanais se sont accrues. Des agents du régime de Kaboul ont monté des attentats meurtriers (comme l'explosion d'un camion piégé le 19 février 1987 près d'un bureau de la résistance afghane). Dans certains districts, on compte plus de réfugiés afghans que de populations autochtones. Cependant, les mouvements autonomistes, tant pathans que baloutches, restent marginaux dans les zones frontières.

L'année 1986 a été marquée par un regain inattendu de la tension avec l'Inde, qui soupçonne le Pakistan d'aider les terroristes sikhs. Au printemps 1986, l'armée indienne s'est discrètement emparée du glacier du Sa-Chin, situé sur la ligne contestée du cessez-le-feu qui partage le Cachemire. En novembre 1986, l'Inde a entrepris des manœuvres militaires sur une large échelle dans l'État du Rajastan, frontalier du Pakistan. Le Pakistan a concentré à son tour des troupes sur la frontière. La tension s'est apaisée grâce à la « diplomatie du cricket » : le général Zia s'est rendu en Inde pour assister à un match de cricket. Un accord a suivi, le 4 février 1987, prévoyant un retrait simultané des troupes de part et d'autre de la frontière.

Alliance privilégiée avec les États-Unis

L'armée et l'économie pakistanaises reposent largement sur l'aide américaine. Les États-Unis veillent particulièrement au renforcement de l'armée de l'air (*F-16* et *AWACS*) pour permettre au Pakistan de se défendre contre les incursions venues d'Afghanistan. Or, au moment où le Congrès américain débattait de la prolongation de cette aide (quatre milliards de dollars sur cinq ans), une interview controversée du directeur de la centrale nucléaire de Kahuta a laissé entendre en mars 1987 que le Pakistan possèderait la bombe atomique. Un tel aveu devrait normalement pousser le Congrès américain (au nom de l'amendement Symington) à refuser l'aide en question. Pourtant, les États-Unis ont plus besoin du Pakistan que celui-ci n'a besoin d'eux : le Pakistan est le seul État résolument pro-occidental de la région, et le meilleur soutien de la résistance afghane.

Le Pakistan possède-t-il la bombe ? Il est certain qu'il a tous les moyens de la mettre au point : mais entre la possession théorique de la bombe et sa mise en œuvre pratique il y a un pas qui est loin d'être franchi. Quoi qu'il en soit, l'arme nucléaire étant plus affaire de dissuasion que d'utilisation, la bombe fantôme pakistanaise remplit parfaitement son rôle.

Si la volonté d'avoir la bombe fait l'unanimité de la classe politique pakistanaise, de même que le maintien d'une fermeté toute nationaliste face à l'Inde, la politique afghane du général Zia et son alliance privilégiée avec les États-Unis font, en revanche, l'objet de vives critiques de la part de l'opposition. Pourtant, une victoire de l'opposition ne changerait guère les données géostratégiques qui font que le Pakistan ne peut exister sur un pied d'égalité face à l'Inde que dans le cadre d'une alliance étroite avec les États-Unis, ce qu'a bien compris Benazir Bhutto. De même, c'est l'alliance américaine qui protège le Pakistan contre une trop forte pression soviétique.

La politique pakistanaise, servie par une habile diplomatie, est donc de rester ferme sur le fond par rapport à ses deux grands voisins, Inde et U R S S, tout en multipliant les ouvertures diplomatiques (négociations indirectes de Genève avec

Kaboul sous l'égide de l'ONU, diplomatie du cricket avec l'Inde). Toute la question est de savoir si le Pakistan pourra garder sa cohésion interne face aux menaces extérieures. Cependant, il est clair que d'une part, la classe politique est devenue plus réaliste, du fait de la levée de la loi martiale, et que d'autre part, les mouvements centrifuges fondés sur le particularisme des trois provinces – Sind, Balouchistan et province de la frontière du Nord-Ouest – opposées à l'hégémonie de la quatrième, le Punjab, n'ont pas réussi à déboucher sur une opposition politique cohérente au niveau national et se sont repliés au contraire sur des émeutes communalistes locales.

Sur le plan économique, c'est le secteur agricole qui tire une économie peu dynamique : les récoltes (principalement blé et coton) ont été abondantes en 1986. Les exportations (2,9 milliards de dollars) ont augmenté de 19 % et les importations ont gardé leur niveau de 1985 (6 milliards de dollars). Le déficit des paiements courants (1,2 milliard de dollars, fin 1986) a enregistré une baisse par rapport à l'année précédente. Mais le Pakistan souffre d'une pénurie énergétique et de la faiblesse de sa monnaie ; l'aide étrangère (qui assure environ la moitié des rentrées de devises) comme les revenus des expatriés restent une condition de l'équilibre. Le chômage, en particulier celui des éduqués, est une des menaces sur la stabilité future d'un pays qui, avec 3,2 % d'accroissement démographique par an, a l'un des taux les plus élevés du monde.

Olivier Roy

--- BIBLIOGRAPHIE ---

DASTARAC A., LEVENT M., « Le Pakistan peut-il faire retour à la démocratie ? », *Le Monde diplomatique*, février 1987.

DUNCAN E., « Living on the Edge, a Survey of Pakistan », *The Economist*, 17 janvier 1987.

RASHID J., « Pakistan and the Central Command », *Merip Middle East Report*, n° 140, mai-juin 1986.

Canada. L'année des scandales

Le Canada est le seul pays industrialisé où la reprise économique est allée de pair avec une baisse considérable dans la popularité du parti politique au pouvoir ! Au printemps 1987, la cote de popularité du Parti conservateur du Premier ministre Brian Mulroney n'était plus que de 22 %, alors qu'elle était encore de 43 % l'année précédente et de 66 % en 1985.

Bonne performance économique

Pourtant, la performance de l'économie canadienne n'a cessé de s'améliorer. Ainsi, après avoir sombré sous le seuil psychologique de 0,70 cent américains, le dollar canadien a rebondi pour se stabiliser

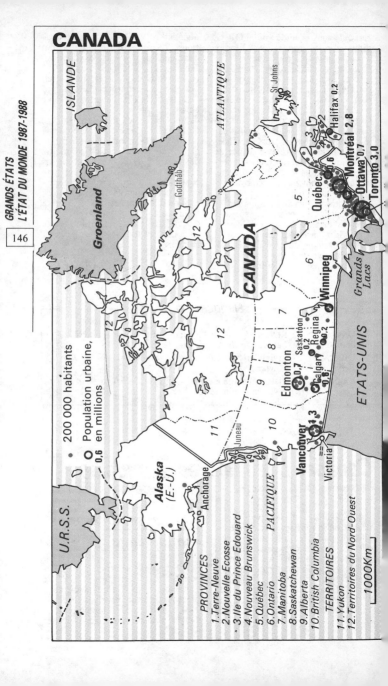

CANADA

ISLANDE

ATLANTIQUE

Groenland

Godthåb

U.R.S.S.

Alaska
(E.-U.)

Anchorage

CANADA

St Johns

Halifax 0.2

Montréal 2.8

Ottawa 0.7

Toronto 3.0

Québec 0.6

Winnipeg

Grands
Lacs

ETATS-UNIS

Saskatoon 0.2

Regina 0.2

Edmonton 0.7

Calgary 0.6

Vancouver 1.3

Victoria

Juneau

PACIFIQUE

- 200 000 habitants

○ Population urbaine,
0.6 en millions

PROVINCES
1. Terre-Neuve
2. Nouvelle Ecosse
3. Ile du Prince Edouard
4. Nouveau Brunswick
5. Québec
6. Ontario
7. Manitoba
8. Saskatchewan
9. Alberta
10. British Columbia

TERRITOIRES
11. Yukon
12. Territoires du Nord-Ouest

1000 Km

1. Démographie, culture, armée

	Indicateur	Unité	1965	1975	1986
Démographie	Population	million	19,7	22,7	25,6
	Densité	hab./km²	2	2,3	2,6
	Croissance annuelle	%	1,8 [i]	1,2 [h]	1,1 [f]
	Mortalité infantile	‰	23,6	16 [d]	9,0 [f]
	Espérance de vie	année	71	73,2 [d]	74,9 [f]
	Population urbaine	%	69 [a]	75,6	75,0 [a]
Culture	Nombre de médecins	‰ hab.	1,2	1,7	1,9 [g]
	Scolarisation 2e degré [j]	%	62	91	102 [c]
	3e degré	%	26,3	39,3	44,0 [c]
	Postes tv	‰	270	413	481 [c]
	Livres publiés	titre	3 781	6 735	19 063 [k]
Armée	Marine	millier d'h.	20,7	14,0	5,5 [e]
	Aviation	millier d'h.	50,7	35,0	15,3 [e]
	Armée de terre	millier d'h.	49,0	28,0	21,0 [e]

a. 1985 ; b. 1984 ; c. 1983 ; d. 1970-75 ; e. Sans compter les services communs : 41,2 milliers d'hommes ; f. 1980-85 ; g. 1981 ; h. 1970-80 ; i. 1960-70 ; j. 12-17 ⁎ ans ; k. 1980.

2. Commerce extérieur [a]

Indicateur	Unité	1965	1975	1986
Commerce extérieur	% PIB	16,4	21,3	24,4
Total imports	milliard $	8,7	34,1	85,6
Produits agricoles	%	11,6	10,1	8,2
Produits énergétiques	%	7,3	12,0	4,7
Autres produits miniers	%	2,9	1,9	1,7
Total exports	milliard $	8,5	32,2	89,5
Produits agricoles	%	28,4	17,4	16,6
Produits énergétiques	%	5,1	16,5	9,8
Autres produits miniers	%	12,5	8,3	6,4
Principaux fournisseurs	% imports			
États-Unis		70,1	68,1	66,8
Japon		2,7	3,5	6,5
C E E		5,9	9,5	10,8
Principaux clients	% exports			
États-Unis		57,6	65,7	75,4
Japon		3,6	6,4	4,8
C E E		7,3	12,5	6,4

a. Marchandises.

autour des 0,76 cent. Pour la deuxième année consécutive, le déficit fédéral a été réduit, atteignant au début de 1987, 28 milliards de dollars canadiens pour un budget fédéral de 123 milliards. Quant aux taux

3. Économie				
Indicateur	Unité	1965	1975	1986
P N B	milliard $	52,0	163,9	358,8
Croissance annuelle	%	5,5 e	2,1 h	3,1
Par habitant	$	2 640	7 210	14 016
Structure du P I B				
Agriculture	% ⎫	4,0	3,7	4,0
Industrie	% ⎬ 100 %	32,9	30,5	30,7
Services	% ⎭	63,1	65,8	65,3
Taux d'inflation	%	2,7 f	9,3 d	4,2
Population active	million	7,2	10,0	13,1
Agriculture	%	10,0	6,1	4,5
Industrie	%	33,2	29,3	22,5
Services	%	56,8	64,6	63,2
Chômage g	%	3,4	7,1	9,3
Dépenses publiques				
Éducation	% P N B	5,8	7,8	7,4 b
Défense	% P N B	3,1	1,9	2,0
Recherche et développement	% P N B	0,9	1,1	1,4 c
Production d'énergie	million T E C	139,1	261,6	332,0 a
Consommation d'énergie	million T E C	139,2	224,0	259,3 a

a. 1985; b. 1984; c. 1983; d. 1974-78; e. 1960-73; f. 1960-70; g. Fin d'année; h. 1973-83.

d'intérêt, ils ont continué leur chute et les Canadiens peuvent bénéficier de taux hypothécaires de moins de 8 %, les meilleurs taux enregistrés au pays depuis 1967. Le rythme annuel d'inflation n'est plus que de 3,9 % alors que l'économie, malgré un taux de chômage de 10,6 %, a réussi à créer quelque 30 000 emplois par mois. A cela s'ajoute une performance soutenue pour ce qui est des exportations (+ 9 %), une croissance de l'industrie de la construction (+ 14 %) et la meilleure récolte de céréales depuis 1970.

L'impopularité du Parti conservateur (au pouvoir depuis 1984) n'a d'autre explication que l'acharnement des membres du Conseil des ministres à s'impliquer dans des pratiques politiques douteuses et à susciter les accusations de corruption les plus diverses. Au printemps 1986, le vice-Premier ministre, Eric Nielsen, devait s'excuser publiquement d'avoir autorisé l'écoute électronique des réunions du Parti libéral. En juillet, Sinclair Stevens,

ministre du Développement économique, – le plus influent du gouvernement – était forcé de démissionner à la suite d'accusations de conflits d'intérêts. Au même moment, le secrétaire de presse du Premier ministre devait présenter ses excuses pour des pratiques de harcèlement sexuel. Au début de 1987, le ministre d'État aux Transports, André Bissonnette, a dû démissionner lorsqu'il est devenu évident qu'il était directement impliqué dans une opération de trafic d'influence. Enfin, en février 1987, Roch Lasalle, ministre des Travaux publics et pilier du Parti conservateur au Québec, a dû s'effacer à son tour.

Le Premier ministre lui-même n'a pas été épargné par ces attaques. En septembre 1986, les Canadiens ont appris qu'il était intervenu personnellement pour faire déplacer dans sa circonscription électorale, à plus de 1 000 kilomètres de Montréal, la construction d'une nouvelle prison. Les membres de son entourage ont été accusés d'intervenir directement dans l'approbation de contrats gouvernementaux, dans certains règlements judiciaires et dans les nominations à des postes honorifiques.

On aurait pu s'attendre à ce que ces maladresses profitent au Parti libéral, mais celui-ci s'est permis une guerre intestine autour du leadership de son chef, John Turner. Même si cette contestation s'est soldée par une victoire éclatante de ce dernier lors du congrès libéral de novembre 1986 (avec plus de 75 % des mandats des délégués), ce parti n'est pas arrivé à franchir la barre des 45 % dans les sondages.

A la surprise générale, c'est surtout au Nouveau parti démocratique qu'a profité la débandade conservatrice. Avec 35 % d'appuis populaires, ce parti peut légitimement espérer constituer l'opposition officielle aux élections prévues pour 1988 et même participer à un éventuel gouvernement minoritaire, ce qui n'est pas sans inquiéter les États-Unis qui le jugent trop « radical ». Mais à leur congrès de mars 1987, les néodémocrates sont revenus sur un programme plus centriste. Finis les nationalisations, les taxes sur la richesse et le retrait de l'OTAN.

Ce cortège apparemment sans fin d'accusations, de rumeurs et de démissions a fait passer au second plan les négociations canado-américaines de l'institution d'une zone de libre-échange entre les deux pays. Conduites dans le plus grand secret, ces négociations ont donné lieu à de nombreux coups de force de part et d'autre alors que chacun se préparait au sprint final prévu à l'été 1987. En juin 1986, les États-Unis ont imposé une taxe compensatoire sur les importations canadiennes de bois, ce à quoi Ottawa a répliqué par une taxe spéciale sur les importations de maïs et de livres. A la suite de la décision du Canada de s'imposer lui-même des tarifs compensatoires sur ses exportations de bois, les États-Unis ont accepté une trêve dans la guerre commerciale. Mais les centrales syndicales et le Parti néo-démocrate ont promis une guerre à outrance contre tout accord de libre-échange qui confirmerait le statut de dépendance économique du pays.

Avec les scandales, c'est la question de l'immigration qui a fait la une des journaux depuis l'été 1986. Suite aux changements dans la loi américaine concernant les résidents illégaux, le Canada a littéralement été submergé de réfugiés, surtout en provenance du Salvador, en quête d'un pays d'asile. Pendant les six premières semaines de 1986, plus de 6 200 nouveaux arrivants ont demandé le statut de réfugié. Inquiet des réactions de l'opinion publique, le gouvernement fédéral a imposé des restrictions à l'entrée, ce qui a eu pour effet de réduire considérablement le flot de réfugiés, de 1 000 à 300 par semaine, et de susciter un large débat dans la population.

Cinq provinces canadiennes ont tenu des élections en 1986, sans que

CANADA

Canada.
Capitale : Ottawa.
Superficie : 9 976 139 km² (18,2 fois la France).
Carte : p. 146.
Monnaie : dollar canadien (1 dollar canadien = 4,46 FF au 30.4.87).
Langues : anglais et français.
Chef de l'État : reine Élisabeth II.
Chef du gouvernement : Brian Mulroney, Premier ministre (au 30.6.87).
Nature de l'État : État fédéral (10 provinces et 2 territoires).
Nature du régime : démocratie parlementaire.
Principaux partis politiques : *Au niveau fédéral et provincial :* Parti progressiste-conservateur (conservateur) ; Parti libéral ; Nouveau parti démocratique (social-démocrate). *Au niveau provincial seulement :* Parti du crédit social (Colombie britannique), Parti québécois (Québec).

l'on puisse déceler une tendance. Au Manitoba, le Nouveau parti démocratique de Howard Pawley a été reconduit au pouvoir en mars, mais avec une majorité considérablement réduite. En Alberta, le conservateur Don Getty, un ancien footballeur, a facilement remporté les élections de mai 1986 et a succédé à Peter Lougheed, longtemps identifié au « nationalisme » albertain. En Saskatchewan, les élections d'octobre 1986 ont maintenu au pouvoir les conservateurs de Grant Devine, alors qu'en Colombie britannique, le Crédit social a remporté les élections du 22 octobre, mais sous la direction d'un nouveau chef, Bill Vander Zalm. Seule l'île du Prince-Édouard a changé son équipe gouvernementale après que les libéraux de John Gluy eurent fait tomber le gouvernement conservateur aux élections d'avril 1986.

Québec : batailles linguistiques

Décidé à concrétiser son programme électoral, le nouveau gouvernement libéral de Robert Bourassa, constitué après les élections provinciales de décembre 1985, a rencontré sur son chemin des obstacles inattendus. Alors qu'on croyait les passions linguistiques éteintes, la décision du gouvernement d'amnistier des élèves inscrits illégalement dans les écoles anglophones et d'accepter les contraintes linguistiques de la Charte fédérale des droits a soulevé de telles passions que l'on

gouvernement a dû faire marche arrière dans sa volonté d'en revenir au bilinguisme et d'abolir les organismes chargés de l'application de la Charte de la langue française. On se serait cru en 1975 : manifestations, *teach-in*, pétitions, marches populaires.

Les négociations sur les conditions de travail des employés de l'État ont aussi donné lieu à des affrontements majeurs et ont conduit à l'imposition d'une loi spéciale interdisant le recours à la grève. La publication de trois énoncés de principes prévoyant la privatisation des entreprises publiques, la libéralisation de la réglementation et la suppression de certains organismes publics a soulevé une telle opposition que le gouvernement a dû limiter son action à la privatisation de quelques sociétés d'État déficitaires, comme la compagnie aérienne Québécair, Madelipêche (une entreprise de pêche opérant aux îles de la Madeleine), la fabrique de papier Donahue et une raffinerie de sucre. L'énoncé budgétaire pour 1987-1988 prévoit d'ailleurs une augmentation des dépenses gouvernementales de 6 %, soit un pourcentage largement supérieur au taux d'inflation, pour atteindre 30 milliards de dollars canadiens.

En novembre 1986, les élections municipales à Montréal ont permis au Rassemblement des citoyens de Montréal de tendance centre gauche, dirigé par Jean Doré, de s'emparer du pouvoir avec 70 % du vote populaire et cinquante-cinq des cinquante-huit conseillers. La décision du maire Jean Drapeau, chef du

BIBLIOGRAPHIE

BERGERON G., *A nous autres*, Québec-Amérique, Montréal, 1986.

L'ALLIER J.-P., *Les années qui viennent*, Boréal Express, Montréal, 1987.

LEVESQUE R., *Attendez que je me rappelle*, Québec-Amérique, Montréal, 1986.

LINTEAU P.-A., DUROCHER R., RICARD F., ROBERT J.-C., *Histoire du Québec contemporain. Le Québec depuis 1930*, Boréal Express, Montréal, 1986.

Parti civique et en poste depuis 1960, de ne pas solliciter un nouveau mandat n'a pas été étrangère à ce raz de marée. Après vingt-cinq ans d'un style autoritaire et paternaliste, la volonté de la nouvelle administration de créer une véritable social-démocratie municipale (comités de quartiers, zones urbaines, contrôle de la spéculation) a fait de Montréal le cœur de l'activité politique québécoise.

Encore mal remis de sa défaite électorale, le Parti québécois n'a pas su mettre fin à ses déchirements internes : les ultra-indépendantistes, menés par les anciens ministres Bernard Landry et Jean Garon, contestent ouvertement le leadership de leur chef, Pierre Marc Johnson, qui tente, non sans difficulté, d'amener son parti à réorienter son action dans le sens de l'affirmation nationale et non plus de la souveraineté juridique.

Quant à l'initiative du gouvernement fédéral de relancer les négociations en vue d'obtenir la signature par le Québec de l'Acte constitutionnel de 1982, après s'être longtemps heurtée aux réticences des autres provinces canadiennes qui refusaient d'accorder à la province francophone un statut particulier au sein de la Fédération, elle a abouti, le 30 avril 1987, à un accord de principe sur l'adhésion de la province francophone à la Constitution fédérale. Comme l'a déclaré M. Bourassa, il s'agit bien d'une « percée historique ».

Daniel Latouche

Argentine. La menace militaire

La rébellion militaire d'avril 1987 a marqué un moment déterminant pour la fragile démocratie argentine, et ses effets politiques ne pourront être mesurés qu'une fois réglées les profondes divergences entre les forces en présence.

Avant cette crise, les procès des militaires accusés de crimes sous la dernière dictature militaire (1976-1983) qui avaient abouti en janvier 1985 à la condamnation, par un tribunal civil, de cinq chefs militaires à de lourdes peines de prison (la prison à vie pour le général Jorge Videla), étaient passés au second rang des préoccupations de la population. La situation économique, la dette extérieure, les préparatifs des élections législatives prévues pour septembre 1987, les réformes de la Constitution avaient pris le devant dans les commentaires politiques.

« *Punto final* »

Pourtant, quelque quatre cents militaires et policiers accusés de violations des droits de l'homme sous la dictature attendaient toujours d'être fixés sur leur sort et cette situation entretenait un malaise, clairement exprimé, au sein de l'armée. Le gouvernement s'était vu plusieurs fois contraint de céder aux pressions militaires à propos des procès. Le 23 avril 1986, décidé à accélérer le traitement des dossiers, le pouvoir exécutif envoyait aux juges une série « d'instructions » qui soulevaient une vague de protestation dans l'opinion et conduisaient plusieurs magistrats à déclarer qu'il s'agissait d'une ingérence inadmissible du gouvernement dans les affaires du pouvoir législatif.

Prenant le taureau par les cornes, le président Alfonsin a envoyé au Parlement, en décembre 1986, un projet de loi que la presse a baptisé loi du « point final », y voyant une tentative d'en finir rapidement avec les procès. La loi, votée le 23 décembre – non sans que le président Alfonsin ait eu à affronter pour la première fois de sérieuses réticences dans son propre parti –, fixait un

1. DÉMOGRAPHIE, CULTURE, ARMÉE

	INDICATEUR	UNITÉ	1965	1975	1986
Démographie	Population	million	22,2	26,0	31,03
	Densité	hab./km²	8	9,4	11,2
	Croissance annuelle	%	1,4 b	1,6 f	1,6 e
	Mortalité infantile	‰	62	49 d	35 e
	Espérance de vie	année	66	67,3 d	69,7 e
	Population urbaine	%	74 g	81	83,7 a
Culture	Analphabétisme	%	9 g	6	4,5 a
	Nombre de médecins	‰ hab.	1,5	1,9	2,6 g
	Scolarisation *6-11 ans*	%	93,2	100	100 a
	12-17 ans	%	53,2	65,7	74,0 a
	3e degré	%	14,5	27,2	36,4 a
	Postes tv	‰	72	160	199 c
	Livres publiés	titre	3 539	5 141	4 216 c
Armée	Marine	millier d'h.	25	33	18,0
	Aviation	millier d'h.	15	17	15,0
	Armée de terre	millier d'h.	132	133,5	40,0

a. 1985;   b. 1960-70;   c. 1983;   d. 1970-75;   e. 1980-85;   f. 1975-80;
g. 1980.

2. COMMERCE EXTÉRIEUR b

INDICATEUR	UNITÉ	1965	1975	1986
Commerce extérieur	% P I B	9,7	5,5	9,4 a
Total imports	milliard $	1,2	3,9	4,5
Produits agricoles	%	16,6	5,3	11,0 a
Produits miniers	%	12,6	10,0	10,4 a
Produits industriels	%	70,8	84,7	78,6 a
Total exports	milliard $	1,5	3,0	6,9
Produits agricoles	%	93,6	75,1	80,5 a
Produits miniers	%	0,9	0,5	3,0 a
Produits industriels	%	5,5	24,4	16,5 a
Principaux fournisseurs	% imports			
États-Unis		22,8	16,3	18,2 a
C E E		28,9	27,4	28,0 a
Amérique latine		24,9	22,6	34,6 a
Principaux clients	% exports			
C E E		51	28,9	24,5 a
C A E M		7,6	11,5	20,8 a
Amérique latine		16,9	24,8	18,7 a

a. 1985; b. Marchandises.

délai de soixante jours pour que toute personne victime d'abus de la part de l'armée dépose une plainte auprès des tribunaux. Passé ce délai,

3. Économie

INDICATEUR	UNITÉ	1965	1975	1986
P I B	milliard $	21,2	47,7	65,1 [a]
Croissance annuelle	%	4,2 [e]	− 0,2 [c]	5,9
Par habitant	$	954	1 876	2 132 [a]
Structure du P I B				
Agriculture	%	14,6	12,2	15,8 [a]
Industrie	% 100 %	36,2	38,9	34,2 [a]
Services	%	49,2	48,9	50,0 [a]
Dette extérieure	milliard $	1,9 [dh]	3,1 [d]	50,3
Taux d'inflation	%	19 [i]	222 [j]	81,9
Population active	million d'h.	. .	9,8	11,5 [a]
Agriculture	%	20 [f]	14,8 [h]	12,0 [g]
Industrie	%	36 [f]	29,2 [h]	31,5 [g]
Services	%	44 [f]	47,3 [h]	49,6 [g]
Dépenses publiques				
Éducation	% P I B	2,9	2,5	4,3 [b]
Défense	% P I B	. .	1,3	2 à 3 [a]
Production d'énergie	million T E C	26,6	41,1	61,0 [a]
Consommation	million T E C	31,1	43,1	55,0 [a]

a. 1985 ; b. 1984 ; c. 1973-83 ; d. Dette publique seulement ; e. 1960-73 ; f. 1966 ; g. 1980 ; h. 1970 ; i. 1960-70 ; j. 1974-78.

tous les faits incriminés bénéficieraient automatiquement d'une prescription.

La loi « du point final » a été considérée· quasi unanimement comme une grave concession éthique de la classe dirigeante et a provoqué un scandale semblable à celui des « instructions ». Qui plus est, elle n'a pas atteint son objectif : en dépit de la diligence de certains juges pour instruire les dossiers (parfois au sacrifice de leurs vacances), il restait encore environ quatre cents dossiers à l'expiration du délai, le 22 février 1987.

Le jeudi 16 avril, alors que les Argentins se préparaient aux congés de la semaine sainte, Ernesto Barreiro, un officier de l'armée de terre accusé de graves violations des droits de l'homme, refusait de comparaître devant la justice et se réfugiait dans une garnison de la province de Cordoba. Simultanément et de façon concertée, l'école d'infanterie blindée de Campo de Mayo, à Buenos Aires, se soulevait et le lieutenant-colonel Aldo Rico – qui devait ensuite occuper le devant de la scène politique – abandonnait son unité de la province de Misiones pour prendre la tête de la rébellion. Après quelques heures de confusion, on apprenait que les mutins exigeaient essentiellement du gouvernement qu'il prenne des mesures immédiates et précises pour mettre fin aux procès des militaires et qu'il se déclare politiquement solidaire de la « lutte contre la subversion » menée sous la dictature. Les rebelles (une centaine d'officiers appelés « intégristes » à cause de leur fanatisme religieux et de leur nationalisme exacerbé) faisaient aussi savoir qu'il ne s'agissait pas d'un coup d'État mais qu'ils étaient prêts à « donner leur vie » pour obtenir satisfaction et « redonner leur prestige aux forces armées ».

L'Argentine a vécu alors quatre jours exceptionnels jusqu'au soir du dimanche de Pâques. Si personne n'avait prévu ce coup de main des militaires, ces derniers n'avaient pas non plus imaginé l'ampleur de la réaction populaire pour soutenir la démocratie. Peu après le déclenchement de la rébellion, 350 000 personnes se sont réunies devant le Parlement et ont ovationné Raúl Alfonsin lorsqu'il a déclaré : « La démocratie ne cèdera pas ! » Le dimanche de Pâques, à nouveau, plus d'un million et demi de personnes étaient mobilisées dans tout le pays, dont un demi-million massées devant la Casa Rosada – le siège du gouvernement –, y compris les représentants de tous les partis politiques. Alors qu'il était devenu évident que la hiérarchie militaire n'obéissait plus au pouvoir civil – si aucun des généraux n'a rejoint la rébellion, ils n'ont rien fait pour y mettre fin –, le président Alfonsin décidait de se rendre personnellement au Campo de Mayo et, une heure et demie plus tard, il annonçait la reddition des mutins.

On ne saura probablement jamais ce que se sont dit Raúl Alfonsin, le lieutenant-colonel Rico et les autres rebelles, mais il est vite apparu que la reddition n'avait pas été inconditionnelle. Tout d'abord, le général Hector Rios Ereñu a dû présenter sa démission de chef d'état-major de l'armée de terre. Ensuite, le gouvernement a entrepris sans tarder l'élaboration la loi dite de l'obéissance due, un avatar juridique considéré comme inconstitutionnel par l'immense majorité des spécialistes dans la mesure où il accorde l'impunité à la quasi-totalité des responsables des graves violations des droits de l'homme, des officiers qui ont « obéi aux ordres ». Le Parlement approuvait la loi le 5 juin 1987 et le gouvernement Alfonsin pensait que, les militaires calmés, la démocratie pourrait poursuivre son chemin.

Double pouvoir

La crise de la semaine sainte a eu pour effet de clarifier la scène politique argentine. Si le président Alfonsin avait pu mettre les militai-

res au banc des accusés, leur pouvoir politique n'en demeurait pas moins intact. Après la rébellion de Pâques, l'Argentine a connu une véritable situation de double pouvoir : d'un côté, le pouvoir constitutionnel, soutenu par la majorité de l'opinion publique, et de l'autre, les forces armées appuyées de plus en plus ouvertement par l'*establishment* politique et économique traditionnel. Alors que le colonel Aldo Rico, condamné pour rébellion, recevait tous les jours, dans sa « prison » de Campo de Mayo, de nombreux militaires, chefs d'entreprise, leaders politiques et syndicaux, le général José Caridi, nouveau chef d'état-major de l'armée de terre, se déclarait publiquement « mécontent » de la loi de l'obéissance due. Le 25 mai, fête de l'indépendance, le juge fédéral Juan Martin Irurzun interdisait la publication dans la presse d'une pétition dans laquelle cinq mille « citoyens » se solidarisaient avec le général Videla et avec tout ce qui avait été fait par la dictature. La presse « sérieuse », celle-là même qui n'avait pas élevé la voix lorsque les militaires avaient interdit des journaux, assassiné ou contraint des journalistes à l'exil, a crié au scandale.

Le carcan de fer

Malgré cette poussée des groupes autoritaires, le gouvernement démocratique a continué sa tâche. Fin mai 1987, le Parlement approuvait le transfert de la capitale fédérale à Viedma, en Patagonie ; à la mi-juin, profitant du répit dans les hostilités avec les militaires grâce à l'adoption de la loi de l'obéissance due, la classe politique s'est lancée dans la campagne en vue des élections du 6 septembre pour renouveler les mandats des gouverneurs provinciaux et d'un tiers du Parlement. Le gouvernement misait sur une large victoire qui lui permettrait de mettre en œuvre une série de réformes politiques et économiques, seule façon de sortir le pays de la spirale des coups d'État militaires et d'éviter le risque d'une guerre civile.

Pour le président Alfonsin et son équipe, la solution aux problèmes argentins se résume en un mot clé : modernisation. Une réforme de la Constitution devrait changer le régime présidentialiste en un système parlementaire « à la française » où le Premier ministre servirait de fusible entre la société et le président, et où d'autres forces politiques pourraient participer aux affaires du pays. Un tel système, plus souple, permettrait d'élargir le consensus autour des réformes de fond qui s'imposent dans de nombreux secteurs : l'armée, la production, la fiscalité, la rationalisation de l'appareil d'État, l'intégration du pays, le développement du commerce extérieur et la diversification des relations internationales pour corriger la dépendance excessive vis-à-vis des puissances occidentales, en particulier des États-Unis. Le président Alfonsin a compris que sans une réforme politique, ces objectifs ne seraient pas atteints. Il en a fait l'amère expérience lorsqu'il a voulu limiter l'énorme pouvoir des corporations militaires, syndicalistes et patronales ou, plus encore, lorsqu'il a voulu imposer aux agriculteurs et aux éleveurs un système fiscal moderne et efficace.

Cependant, de nets progrès ont été accomplis, surtout en matière de politique étrangère. L'accord d'intégration avec le Brésil signé en 1986 – l'Uruguay est venu s'y joindre en 1987 – a permis de doubler, dès la première année, les échanges entre les deux pays. Réunis à Montévidéo en juin 1987, les présidents Alfonsin, Sarney et Sanguinetti ont signé un pacte commercial, industriel et financier qui représente un véritable pas en avant dans le projet d'intégration latino-américaine. En mai, plusieurs accords d'investissements et d'échanges ont été signés avec l'Italie, qui se sont ajoutés à ceux déjà passés en octobre 1986 avec l'Union soviétique.

En dépit de sa dette extérieure

(52 milliards de dollars, la plus élevée d'Amérique latine après le Brésil et le Mexique), l'Argentine a conservé d'excellentes relations avec le FMI : en avril 1987, un accord de refinancement portant sur 19 milliards de dollars a été signé, assorti de sept ans de délai de grâce. Déjà à la fin mars, une série de crédits avaient été accordés par le FMI et la Banque mondiale, pour un montant de 4 milliards de dollars. Aux yeux du gouvernement argentin, un affrontement majeur avec le FMI doit être évité dans l'immédiat et le problème des relations financières internationales ne pourra être réglé que lorsque les puissances occiden-

ARGENTINE

République d'Argentine.
Capitale : Buenos Aires.
Superficie : 2 766 889 km² (5,1 fois la France).
Carte : p. 361.
Monnaie : austral (1 austral = 3,88 FF au 30.4.87).
Langue : espagnol.
Chef de l'État : Raúl Alfonsin, président de la République.
Nature de l'État : république fédérale (22 provinces, un territoire national et un district fédéral).
Nature du régime : démocratie présidentielle. Séparation des trois pouvoirs, exécutif, législatif et judiciaire. Chaque province est administrée par un gouverneur élu au suffrage direct.
Principaux partis politiques : *Gouvernement :* Union civique radicale (UCR). Parti justicialiste (PJ, péroniste). *Autres partis nationaux :* Partido intransigente (gauche non marxiste); Mouvement d'affirmation socialiste (MAS); Parti communiste. Mouvement intégration et développement (MID, droite); Union du centre démocratique (UCD, droite libérale). Démocratie chrétienne; Plusieurs partis socialistes.

tales seront contraintes de trouver une solution politique au problème de la dette du tiers monde. Toutefois, le remplacement de Paul Volcker à la tête de la Réserve fédérale des États-Unis (annoncé le 2 juin) et la possibilité d'un durcissement de la banque internationale causaient quelque inquiétude au président Alfonsin qui avait pu mesurer, lors de la rébellion militaire, l'importance du soutien de la Maison Blanche et de tous les pays occidentaux.

Au plan économique, ce sont pourtant ces mêmes alliés politiques qui l'empêchent de résoudre ses problèmes. La guerre commerciale que se livrent les grands producteurs de céréales ont fait chuter les prix des principaux produits d'exportation argentins (blé, maïs, viande bovine) de 30 % en moyenne entre 1984 et 1987. L'excédent de la balance commerciale devrait passer de 3,5 milliards de dollars en 1984 à 1,8 milliard prévu pour 1987, ce qui annulerait les avantages relatifs obtenus avec le refinancement de la dette.

La question pour la démocratie argentine est de savoir comment elle pourra supporter la pression conjuguée de l'*establishment* traditionnel appuyé par le clan militaire et de la pénurie économique engendrée par la crise mondiale. Ouvrir une brèche dans ce carcan de fer, tel est le grand défi lancé au président Alfonsin et à la classe politique.

Carlos Gabetta

BIBLIOGRAPHIE

« Argentine 1983-1986 », *Problèmes d'Amérique latine*, 4ᵉ trimestre 1986.

GABETTA C., « La démocratie argentine en liberté surveillée », *Le Monde diplomatique*, avril 1987.

SCHWARZER J., « L'expérience de la renégociation de la dette extérieure : limites et perspectives », *Problèmes d'Amérique latine*, nº 80, 2ᵉ trimestre 1986.

SEVARES J., « Les échanges commerciaux de l'Argentine », *Problèmes d'Amérique latine*, nº 83, 1ᵉʳ trimestre 1987.

RFA. *Le poids des petits partis*

En 1986 et au début de l'année 1987, la République fédérale d'Allemagne a vécu à la cadence « infernale » des échéances électorales. Outre les élections au Bundestag, la période a été marquée par une succession de scrutins régionaux qui, plus que jamais, rythment la vie politique allemande. Ils prennent d'autant plus d'importance que le jeu est très ouvert. Tout dépend à chaque fois du poids des petits partis, les libéraux (FDP) et les nouveaux venus, les Verts *(Die Grünen)* ; dans l'ensemble, ils ont amélioré leurs positions au détriment des grandes formations. Tant les démocrates-chrétiens (CDU – CSU), de par les carences et les hésitations du chancelier Helmut Kohl, que les sociaux-démocrates (SPD), en pleine crise d'identité, pâtissent d'un manque de crédibilité.

Dans le *Land* de Basse-Saxe, la

CDU a perdu le 15 juin 1986 sa majorité absolue et s'est alliée au FDP. La CSU de Franz Josef Strauss a conservé le 11 octobre sa mainmise sur la Bavière tout en reculant de... 58,3 à 55,8 % des voix; pour sa part, le SPD bavarois a subi un grave revers.

De même, le 9 novembre, les sociaux-démocrates ont perdu leur majorité absolue au parlement de la ville-État de Hambourg. Les Verts hambourgeois – réputés pour leur « intégrisme » – refusant toute coopération avec le SPD, la métropole de la Hanse devenait ingouvernable. Des élections anticipées ont redistribué les cartes le 17 mai 1987. Après une longue absence, les libéraux hambourgeois, franchissant la barre fatidique des 5 %, ont réussi leur rentrée parlementaire et se sont alliés avec les sociaux-démocrates qui ont ainsi sauvé la mise.

Le 25 janvier 1987, au terme d'une campagne électorale hivernale et morne, la coalition au pouvoir à Bonn a été reconduite. Le programme des démocrates-chrétiens tenait en un mot : « Continuons ! » *(Weiter so, Deutschland!)* Mais les élections au Bundestag n'ont pas valu au chancelier Kohl le triomphe espéré, bien au contraire. La CDU-CSU a reculé de 48,8 à 44,3 %, tandis que son petit partenaire FDP avançait de 7 à 9,1 %. Désormais, les libéraux et notamment leur ministre des Affaires étrangères, Hans-Dietrich Genscher, à l'avant-garde sur les questions du désarmement, sont mieux à même d'imposer leurs vues.

Le SPD
perd la boussole

Le SPD, faute de partenaires, prétendait à la majorité absolue et a mené une campagne en dépit du bon sens. Il est tombé de 38,2 à 37 %, son plus mauvais score depuis 1961. Son candidat à la chancellerie, Johannes Rau, le ministre-président du plus

grand *Land* allemand, la Rhénanie-Westphalie, a été lâché par l'aile gauche du parti qui le jugeait trop modéré. Les tensions internes au sein d'un SPD déboussolé, en quête d'une stratégie plausible, ont abouti peu après les élections fédérales à la démission – dans des conditions rocambolesques – du président du parti et de la figure de proue de la social-démocratie allemande, Willy Brandt. Désormais, l'homme fort est Oskar Lafontaine, ministre-président du *Land* de Sarre et tenant de l'aile gauche du SPD.

Quant aux Verts, malgré leurs déchirements entre une aile « réaliste » qui préconise une alliance avec le SPD et une aile « fondamentaliste » qui voudrait rester pure et dure, ils ont progressé de 5,6 à 8,3 %. Ce petit parti encore immature a con-

RFA

République fédérale d'Allemagne
Capitale : Bonn.
Superficie : 249 147 km², y compris Berlin-Ouest (0,45 fois la France).
Carte : p. 413.
Monnaie : mark (1 mark = 3,34 FF au 30.4.87).
Langue : allemand.
Chef de l'État : Richard von Weizsäcker, président.
Chef du gouvernement : Helmut Kohl, chancelier fédéral.
Nature de l'État : république fédérale (10 Länder, statut séparé pour Berlin-Ouest). La Constitution de l'État (Grundgesetz) est provisoire.
Nature du régime : démocratie parlementaire.
Principaux partis politiques : *Gouvernement :* Union démocrate chrétienne (CDU); Union sociale chrétienne (CSU); Parti libéral (FDP). *Opposition :* Parti social-démocrate (SPD); Die Grünen (les « Verts », écologistes); Parti communiste allemand (DKP, prosoviétique).

1. DÉMOGRAPHIE, CULTURE, ARMÉE

	INDICATEUR	UNITÉ	1965	1975	1986
Démographie	Population	million	58,6	61,8	60,9
	Densité	hab./km²	236	249	244
	Croissance annuelle	%	0,9 f	0,1 g	- 0,2 e
	Mortalité infantile	‰	23,8	22 d	11 e
	Espérance de vie	année	70	70,6 d	73,3 e
	Population urbaine	%	79	83	86,1 a
Culture	Nombre de médecins	‰ hab.	1,6	2,0	2,3 h
	Scolarisation 1er + 2e degré	%	..	80	80,0 c
	3e degré	%	8,4	24,5	29,1 b
	Postes tv	‰	193	311	360 c
	Livres publiés	titre	25 994	40 616	48 836 b
Armée	Marine	millier d'h.	35	39	36,3
	Aviation	millier d'h.	97	111	108,7
	Armée de terre	millier d'h.	306	345	340,8

a. 1985; b. 1984; c. 1983; d. 1970-75; e. 1980-85; f. 1960-70; g. 1970-80; h. 1980.

2. COMMERCE EXTÉRIEUR c

INDICATEUR	UNITÉ	1965	1975	1986
Commerce extérieur	% PIB	15,5	18,3	24,2
Total imports a	milliard $	17,5	74,2	191,1
Produits agricoles	%	31,4	20,1	14,8
Pétrole	%	7,6	15,8	11,6
Autres produits miniers	%	5,8	4,1	3,5
Total exports a	milliard $	17,9	90,0	243,3
Produits agricoles	%	4,4	6,0	5,7
Produits miniers b	%	4,0	0,7	1,2
Produits industriels	%	91,6	91,3	91,5
Principaux fournisseurs	% imports			
CEE		45,5	50,5	52,2
CAEM		3,4	4,3	4,4
PVD		19,2	26,7	15,2
Principaux clients	% exports			
CEE		43,8	44,8	50,8
CAEM		3,3	7,2	3,8
PVD		14,2	19,8	13,9
États-Unis		8,0	5,9	10,5

a. RDA non comprise; b. Produits énergétiques non compris; c. Marchandises.

Indicateur	Unité	1965	1975	1986
PNB	milliard $	115,0	420,3	897,5
Croissance annuelle	%	4,6 [b]	2,1 [c]	2,4
Par habitant	$	1 960	6 800	14 737
Structure du PIB				
Agriculture	% ⎫	3,8	2,6	1,7
Industrie	% ⎬100 %	52,4	45,7	42,7
Services	% ⎭	43,8	51,7	56,1
Taux d'inflation	%	2,6 [d]	4,7 [e]	− 1,1
Population active	million	26,6	26,4	27,5
Agriculture	%	10,9	7,0	5,0
Industrie	%	49,3	45,4	37,7
Services	%	39,8	47,6	49,1
Chômage [g]	%	0,6	4,9	8,0
Dépenses publiques				
Éducation	% PIB	3,3	5,1	4,5 [f]
Défense	% PIB	4,3	3,3	2,6
Recherche et développement	% PIB	2,1	2,2	2,5 [f]
Production d'énergie	million TEC	185	167,6	170,9 [a]
Consommation d'énergie	million TEC	258	328,0	357,6 [a]

a. 1985 ; b. 1960–73 ; c. 1973–83 ; d. 1960–70 ; e. 1974–78 ; f. 1983 ; g. Fin d'année ; h. 1984.

firmé qu'il n'était pas un phénomène éphémère de la politique allemande. Les Verts ont profité jusqu'à un certain point de l'émotion provoquée dans l'opinion publique allemande par la catastrophe nucléaire de Tchernobyl, la pollution du Rhin à la suite de l'incendie dans une usine chimique du groupe Sandoz, et par les nombreuses alertes au smog – avec interdiction de circuler – dans certaines grandes métropoles de RFA. A plusieurs reprises au cours de l'année 1986, des affrontements parfois extrêmement violents se sont produits aux portes de sites nucléaires. La mise en service de la centrale française de Cattenom, à la frontière, a avivé les sentiments presque « francophobes » d'une partie de la gauche allemande notamment.

En revanche, le mouvement pacifiste s'est quelque peu essoufflé, même s'il reste des plus influents. Les réticences du chancelier Kohl face à la perspective d'un accord entre les États-Unis et l'URSS sur le démantèlement des fusées à courte portée (500 à 1 000 kilomètres) ont été très mal perçues par l'opinion allemande qui ne voulait pas se satisfaire du retrait des seules fusées à moyenne portée (1 000 à 3 000 kilomètres). Les électeurs ont sanctionné cette attitude « frileuse » le 17 mai 1987 lors des élections régionales à Hambourg et dans le *Land* de Rhénanie-Palatinat. Et ils ont récompensé le FDP de Hans-Dietrich Genscher, plus favorable au désarmement. La CDU de Rhénanie-Palatinat, mise en minorité, a dû passer une alliance avec le FDP.

Mais c'est trois mois auparavant qu'avait eu lieu le scrutin le plus important de cette cascade d'élections régionales. Dans le *Land* de Hesse, la coalition entre le SPD et les Verts, seul modèle de ce genre en RFA, a éclaté à la suite d'un différend portant essentiellement sur la mise en service d'un site nucléaire. Le S P D a récusé le jusqu'auboutisme antinucléaire des écologistes. Alliée au F D P, la C D U a gagné le 9 février 1987 les élections anticipées. C'était la première fois dans l'histoire de l'après-guerre qu'elle accédait au pouvoir dans ce fief traditionnel du S P D. La déroute de ce dernier a eu des répercussions non négligeables au niveau fédéral. La stratégie de l'aile gauche du parti, qui compte sur l'appui des Verts pour revenir aux affaires à Bonn, s'est trouvée remise en question.

Relations inter-allemandes : des petits pas

La visite très attendue du chef de l'État et du parti S E D de la République démocratique allemande (R D A) n'a pas eu lieu. Mais pour la première fois, le président de la Chambre du peuple de R D A, Horst Sindermann, s'est rendu à Bonn le 18 février 1986 à l'invitation du S P D. Les sociaux-démocrates, au grand dam des milieux conservateurs et des partenaires occidentaux de la R F A, ont mené tout au long de l'année 1986 leur propre diplomatie « parallèle » vis-à-vis de la R D A. Par ailleurs, le 14 janvier 1986, le S P D a reçu à Bonn Hermann Axen, membre du Bureau politique de la S E D ; les deux partis se sont entendus sur la nécessité de créer un corridor dénucléarisé en Europe centrale. Un groupe de travail conjoint a présenté le 21 octobre des propositions concrètes en ce sens. De même, le S P D, le S E D et le Parti communiste tchécoslovaque se sont prononcés le 13 mai pour la délimitation d'une zone interdite au stationnement d'armes chimiques. Enfin, le 1er octobre, le bourgmestre social-démocrate de Saarlouis a signé un accord de jumelage avec la ville de Eisenhüttenstadt en R D A. Il s'agissait du premier jumelage entre deux localités allemandes de part et d'autre du rideau de fer.

Au niveau gouvernemental, les relations inter-allemandes ont été marquées le 6 mai 1986 par la signature d'un accord culturel au terme de douze ans de négociations. De surcroît, la R D A a fait un geste de bonne volonté en acceptant de freiner, dès le 1er octobre 1986, l'afflux d'immigrants du tiers monde qui s'infiltraient à Berlin-Ouest en transitant par Berlin-Est. Berlin a fêté en 1987 son sept cent cinquantième anniversaire. Le bourgmestre-régnant, Eberhard Diepgen, envisageait de se rendre à la cérémonie de commémoration officielle à Berlin-Est, de même qu'Erich Honnecker désirait assister à la cérémonie analogue à Berlin-Ouest. Mais, sous l'injonction de leurs puissances protectrices respectives, qui craignaient une remise en cause du statut de Berlin, ces deux hommes politiques ont dû renoncer à leur projet.

L'actualité sociale a été dominée par le scandale de la Neue Heimat, grand groupe immobilier en déconfiture qui appartient aux syndicats. Ces derniers ont voulu se débarrasser de ce fardeau et ont vendu pour un mark symbolique leur empire immobilier à un obscur patron d'entreprise berlinois. Cette transaction a fait scandale et, peu après, les syndicats ont dû racheter la Neue Heimat. L'un des dirigeants du groupe immobilier, qui refusait de répondre à une commission d'enquête parlementaire, a été arrêté le 19 octobre alors qu'il participait à un congrès syndical et relâché peu après. Les syndicats, affaiblis financièrement et moralement, cherchent un second souffle.

Le terrorisme allemand a repris de la vigueur. Karl-Heinz Beckurts, un des dirigeants de Siemens et artisan de la politique nucléaire allemande, a été assassiné par la Fraction armée rouge (R A F) le 7 juillet 1986. Le directeur politique du ministère des Affaires étrangères, Gerold von Braunmühl, a été abattu le 10 octobre. Suite à l'arrestation de deux terroristes libanais, deux hommes d'affaires allemands ont été pris en otage au Liban. Dès le début, les négociations pour leur libération ont été conduites dans la plus grande discrétion.

La vie intellectuelle a été marquée par le « débat des historiens » (*Historikerstreit*) à propos de l'unicité des crimes et de l'horreur nazis. Certains historiens de droite, contrés par leurs confrères de gauche, ont tendu à relativiser l'holocauste par comparaison au goulag. Le 26 avril 1986, le chancelier Kohl a apporté son soutien au candidat à la présidence de l'Autriche, Kurt Waldheim, soupçonné d'avoir participé à des exactions lors de la Seconde Guerre mondiale.

Malgré une activité économique en pleine expansion, le chômage est resté élevé. A la fin de l'année 1986, il était de 2,2 millions, soit 8,9 % de la population active. La RFA a refusé de jouer le rôle de « locomotive » des économies occidentales. La hausse du dollar a assombri les perspectives pour 1987, notamment en ce qui concerne le commerce extérieur, qui reste cependant fortement excédentaire.

Enfin, la RFA commence seulement à se préoccuper de son évolution démographique, son taux de natalité – 1,3 – étant depuis quinze ans le plus bas du monde.

Roger de Weck

BIBLIOGRAPHIE

« L'Allemagne des incertitudes », *Les Temps modernes*, n° 484, novembre 1986.

BRIGOULEIX B., ROVAN J., *Que devient l'Allemagne?*, Anthropos, Paris, 1987.

DREYFUS F.-C., « Les élections allemandes », *Défense nationale*, avril 1987.

KAISER K., LELOUCHE P., (sous la dir. de), *Le couple franco-allemand et la défense de l'Europe*, IFRI, Paris, 1986.

KIERSCH G., *Les héritiers de Goethe et d'Auschwitz*, Flammarion, Paris, 1986.

MENUDIER H., *Système politique et élections en République fédérale d'Allemagne*, Pieter Lang, Berne, 1986.

« République fédérale d'Allemagne », *Problèmes économiques*, n° 2013, février 1986.

TULAIZ C., « Le succès des Verts en Allemagne de l'Ouest », *Le Monde diplomatique*, avril 1987.

France. Les grands écarts

A la veille des élections législatives du 16 mars 1986, on pouvait diagnostiquer une convergence générale de la plus grande partie de la classe politique et de l'opinion publique autour d'un consensus « libé-

ral ». Il a suffi d'un an de gouvernement de la droite, dans le cadre institutionnel de la « cohabitation » avec un président socialiste, François Mitterrand, pour que s'évanouisse l'illusion de ce consensus :

échec économique du libéralisme, succès ambigu de l'autoritarisme politique, rejet de l'un et de l'autre par de puissants mouvements sociaux. Ces grands écarts ne profitent pourtant pas à la gauche, qui ne fait qu'amorcer sa mutation.

La Constitution de 1958, amendée en 1962 par l'élection du président de la République au suffrage universel, n'avait jamais fonctionné dans le cas de coexistence entre un président de gauche et un Parlement de droite. A l'usage, cette Constitution s'est révélée clairement parlementaire : ayant la confiance de l'Assemblée, le gouvernement a pu faire à peu près ce qu'il a voulu, le président, parfois appuyé par les instances de contrôle (Conseil constitutionnel, Conseil d'État), disposant cependant d'un droit d'appel à réexamen d'autant plus efficace que le gouvernement faisait voter des textes juridiquement contestables ou trop en contradiction avec l'opinion publique. Cette nouvelle forme d'exercice de la fonction présidentielle (non plus chef omniprésent de l'exécutif majoritaire, mais modérateur au-dessus des partis) a d'abord recueilli l'assentiment de l'opinion, et a permis à François Mitterrand de retrouver les sommets de popularité. Mais l'enlisement des projets réformateurs du gouvernement de Jacques Chirac devait finir par ternir le succès de la cohabitation, bien qu'elle n'eût en rien paralysé l'action de l'exécutif, ni dans le domaine diplomatique (où s'est confirmé le consensus) ni dans le domaine économique (où les vetos présidentiels n'ont retardé les décisions gouvernementales que de quelques jours).

Échec du libéralisme économique

En effet, comme l'a reconnu le tout-puissant ministre de l'Économie et des Finances, Édouard Balladur, au symposium de Davos (jan-

vier 1987), le gouvernement a fait dans ce domaine tout ce qu'il entendait faire : rétablissement de la liberté des prix, de la liberté de licencier sans contrôle administratif, levée du contrôle du crédit et des mouvements de capitaux, diminution des impôts et subventions à l'industrie, rétablissement des pouvoirs des propriétaires au détriment des locataires. Tout a été fait pour « rétablir la confiance » des possédants, même le blanchissement des fuites de capitaux, le rétablissement de l'anonymat sur les transactions en or, la suppression de l'impôt sur la fortune. Tout a donc été fait aussi pour bloquer les hausses de salaire, briser les limites aux horaires dangereux, au travail de nuit.

Démagogie ou auto-intoxication, la droite pensait que ces opportunités de gonfler les profits, déjà accrus par la baisse du prix du pétrole et du dollar, suffiraient à inciter les possédants à se convertir en entrepreneurs dynamiques. C'était compter sans les lois de la macro-économie et la pusillanimité du capitalisme français : dans une économie nationale et mondiale plus déprimée et plus compétitive, les occasions d'investir profitablement se raréfiaient. Le revenu national ainsi déplacé vers les profits s'est mué en jeux spéculatifs (rachat des entreprises privatisées par exemple), et l'appareil productif français, auparavant soutenu à bout de bras par l'interventionnisme du gouvernement socialiste, a retrouvé la pente du déclin. L'investissement s'est ralenti. Malgré deux dévaluations, la balance commerciale a tout juste été équilibrée en 1986 (en progrès de 5 milliards de francs, malgré 90 milliards d'économies sur la facture pétrolière !), puis elle est devenue négative au premier trimestre 1987 ; surtout, l'excédent du solde manufacturier a disparu rapidement, caractéristique d'un pays en voie de sous-développement. L'abandon de toute aide à l'industrie, y compris le démantèlement de la recherche, n'y a pas été pour rien, et la liberté de licencier les travailleurs expérimentés pour les remplacer par des « sta-

1. Démographie, culture, armée

	Indicateur	Unité	1965	1975	1986
Démographie	Population	million	48,8	52,8	55,4
	Densité	hab./km²	89	97	101
	Croissance annuelle	%	1,1 [g]	0,6 [h]	0,5 [e]
	Mortalité infantile	‰	22	16 [d]	9 [e]
	Espérance de vie	année	71	72,3 [d]	74,5 [e]
	Population urbaine	%	66	75	77,2 [a]
Culture	Nombre de médecins	‰	1,2	1,6	2,0 [i]
	Scolarisation 2e degré [f]	%	83	82	90,0 [c]
	3e degré	%	18,2	24,5	26,8 [c]
	Postes tv	‰	. .	. .	375 [c]
	Livres publiés	titre	17 138	29 371	37 189 [b]
Armée	Marine	millier d'h.	72,5	69,0	66,3
	Aviation	millier d'h.	122,5	102,0	96,0
	Armée de terre	millier d'h.	350,0	331,5	296,5

a. 1985; b. 1984; c. 1983; d. 1970-75; e. 1980-85; f. 11-17 ans; g. 1960-70; h. 1970-80; i. 1980.

2. Commerce extérieur [a]

Indicateur	Unité	1965	1975	1986
Commerce extérieur	% P I B	10,4	15,8	17,6
Total imports	milliard $	10,3	54,2	129,4
Produits agricoles	%	29,1	16,4	13,6
Produits énergétiques	%	15,5	22,9	13,0
Autres produits miniers	%	3,4	2,5	2,5
Total exports	milliard $	10,1	52,2	124,9
Produits agricoles	%	20,6	18,1	17,4
Produits miniers [b]	%	2,7	1,4	1,6
Produits industriels	%	73,5	77,8	78,3
Principaux fournisseurs	% imports			
C E E		38,8	48,9	59,4
P V D		29,1	15,3	16,5
États-Unis		10,5	7,5	7,5
Principaux clients	% exports			
C E E		40,9	49,2	55,3
Afrique		16,2	14,2	8,2
Autres P V D		16,0	15,5	12,2

a. Marchandises; b. Produits énergétiques non compris.

giaires d'initiation à la vie professionnelle », quatre fois moins payés, n'a rien arrangé, si ce n'est les statistiques du chômage des jeunes... au détriment de l'emploi de leurs aînés.

Indicateur	Unité	1965	1975	1986
P I B	milliard $	98,6	338,9	724,2
Croissance annuelle	%	5,7 [b]	2,4 [c]	1,9
Par habitant	$	2 020	6 420	13 072
Structure du P I B				
Agriculture	% ⎫	7,0	5,5	4,1 [a]
Industrie	% ⎬ 100 %	46,8	38,5	37,9 [a]
Services	% ⎭	46,2	56,0	58,0 [a]
Taux d'inflation	%	4,0 [d]	10,7 [e]	2,1
Population active	million	19,8	21,8	23,5
Agriculture	%	18,3	10,3	6,8 [a]
Industrie	%	39,9	38,5	28,7 [a]
Services	%	41,8	51,1	54,2 [a]
Chômage [g]	%	0,7	4,4	10,8
Dépenses publiques				
Éducation	% P I B	3,4	5,2	5,8 [f]
Défense	% P I B	5,4	3,3	3,2
Recherche et développement	% P I B	1,4	1,8	2,3 [a]
Production d'énergie	million T E C	71,2	47,9	80,3 [a]
Consommation d'énergie	million T E C	150,6	197,5	232,5 [a]

a. 1985 ; b. 1960-73 ; c. 1973-83 ; d. 1960-70 ; e. 1974-78 ; f. 1982 ; g. Fin d'année.

L'autoritarisme : ça plaît

Courant avril 1987, les sondages d'opinion plaçaient pour la première fois (depuis toujours ?) la gauche au-dessus de la droite en ce qui concerne la capacité à gérer l'économie et (plus naturellement) à défendre les libertés publiques. Mais la droite l'emportait par sa capacité à défendre l'ordre et la sécurité.

De fait, le déchaînement xénophobe et sécuritaire qui avait préparé la victoire de la droite s'est concrétisé dès les premiers mois du gouvernement Chirac. Le Premier ministre annonçait à l'avance qu'il couvrirait les « bavures policières » (qui se multiplièrent durant l'été 1986) ; il faisait promulguer, le 9 septembre, une « loi scélérate » sur l'accueil des étrangers (qui allait déchirer des milliers de couples mix-

tes), annonçait une loi d'internement des toxicomanes, la privatisation des prisons, et une nouvelle loi raciale ôtant le bénéfice automatique de la nationalité française aux jeunes nés en France. Ce programme est d'autant mieux passé qu'en septembre, une série d'attentats aveugles secoua Paris. Liés aux questions moyen-orientales, ils furent le prétexte au rétablissement des visas pour tous (frappant particulièrement les immigrés).

Apparemment, les résultats ont suivi : fin des attentats, arrestation du noyau dirigeant du terrorisme autochtone, baisse de la criminalité. Il faut y voir sans doute l'efficacité de la diplomatie secrète, du travail des policiers, du programme de prévention à long terme engagé sous les socialistes (Commission Bonnemaison). Mais l'opinion a porté ces succès au crédit du ministre de l'Intérieur, Charles Pasqua, et de son associé chargé de la police,

Robert Pandraud. Une politique de force qui, appliquée à la Nouvelle Calédonie, risquerait néanmoins d'avoir de lourdes conséquences.

Retour des mouvements sociaux

Souterrainement pourtant, l'exaspération devant l'autoritarisme et le libéralisme s'est développée dans la jeunesse que les sondages, en septembre 1986, voyaient encore ralliée aux valeurs d'ordre et de libre concurrence. La publication d'un projet de loi de réforme de l'Université (loi Devaquet) aggravant la sélection a mis le feu aux poudres en novembre. Un million de lycéens et d'étudiants se retrouvèrent dans la rue. La police réprima : un mort (Malik Oussekine, français d'origine arabe, tout un symbole). Devant la vague d'indignation, le ministre des Universités, Alain Devaquet, démissionna, le projet fut retiré le 8 décembre, et, devant le tour « sociétal » que risquait de prendre la contestation étudiante, les projets sur le code de la nationalité, les prisons et les drogués, retournèrent (provisoirement?) dans les tiroirs.

Cette victoire totale d'un mouvement profondément égalitariste encouragea aussitôt une vague de grèves (marins, cheminots, transports parisiens, électriciens) ; s'ils retrouvèrent les formes démocratiques (assemblées générales, refus du contrôle des syndicats), les grévistes ne parvinrent pas à identifier des objectifs clairs et nets sur lesquels rassembler le soutien général. Ces mouvements s'effilochèrent sans vainqueurs, sur des compromis vagues. Le résultat le plus clair fut la déroute de l'idéologie libérale. L'heure était revenue, dans toutes les forces politiques, à « l'ambition sociale ».

Cette ambition, nul n'était à même au printemps 1987 de la représenter ni même de l'imaginer. Le mécontentement à l'égard du gouvernement Chirac a servi d'abord les intérêts de l'autre présidentiable de la droite, Raymond Barre, mais aussi de Jean Marie Le Pen et de son fascisant Front national. Ce jeu de bascule entre individus s'est retrouvé au Parti socialiste (PS) qui, en mars 1987, a tenu un congrès sans la moindre avancée programmatique : il s'agissait simplement de s'unifier pour la présidentielle de 1988 (ce serait François Mitterrand, ou à défaut, Michel Rocard). Le Parti communiste (PCF), lui, s'est crispé de plus en plus dans une attitude négative qui l'a encore isolé comme parti, mais sans desservir la Confédération générale du travail (CGT), seul syndicat défendant avec fermeté les « acquis ».

Toutefois, les choses ont bougé. Dans le PCF, un courant « rénovateur » s'est développé pour la première fois jusqu'au sommet de l'ap-

FRANCE

République française.
Capitale : Paris.
Superficie : 547 026 km².
Carte : p. 436.
Monnaie : franc (1 dollar = 6,1 FF au 10.6.87).
Langues : français ; langues régionales : breton, catalan, occitan, basque, alsacien, néerlandais.
Chef de l'État : François Mitterrand, président.
Chef du gouvernement : Jacques Chirac.
Nature de l'État : république.
Nature du régime : démocratie parlementaire.
Principaux partis politiques : *Gouvernement :* Rassemblement pour la République (RPR) ; Union pour la démocratie française (UDF). *Opposition :* Parti communiste français (PCF) ; Parti socialiste (PS) ; Front national (FN).

pareil. Sans espoir de l'emporter, il représentait tout de même une possibilité essentielle de renaissance d'un courant progressiste en France. Dans la mouvance du PS, associatifs, chrétiens de gauche, anciens militants d'extrême gauche, une partie des écologistes, la volonté s'est affirmée de dépasser les vieux clivages, de recréer un espace politique, de ne plus déléguer au PS le soin de représenter les aspirations et les pratiques alternatives de la base : tel a été le sens, encore très flou, de « l'Appel pour un arc-en-ciel » (février 1987) et des multiples structures de débat qui se sont mises en place de ville en ville...

Mais le grand écart demeurait entre une France inquiète des problèmes de fond qui se posent au pays et les jeux des politiciens.

Alain Lipietz

BIBLIOGRAPHIE

BRAUDEL F., *L'identité de la France*, 3 vol., Arthaud-Flammarion, Paris, 1986.

LACOSTE Y. (sous la dir. de), *Géopolitique des régions françaises*, 3 vol., Fayard, Paris, 1986.

LE BRAS H., *Les trois France*, Odile Jacob, Paris, 1986.

« Sous l'Élysée la France », *Esprit*, n° 112, mars 1986.

VERDIÉ M. (sous la dir. de), *L'État de la France et de ses habitants*, La Découverte, Paris, 1987.

VILLERMÉ (ASSOCIATION), *Tableaux de l'état physique et moral des salariés en France*, La Découverte, Paris, 1986.

Royaume-Uni. Redressement gouvernemental inespéré

1986 a été une année tout en contrastes au Royaume-Uni, sur le plan politique comme du point de vue économique et social.

Après les affaires Westland, British Leyland et libyenne, la cote du gouvernement conservateur était tombée au plus bas, comme le montrent les résultats des élections locales du 8 mai, humiliants pour le parti gouvernemental en Écosse (où il ne détient plus qu'un seul conseil de région), mauvais en Angleterre et au pays de Galles ; en tout, les conservateurs perdaient la majorité dans vingt-sept conseils. La détérioration de la position gouvernementale allait continuer jusqu'à la fin juillet, en raison notamment des rumeurs de dissensions entre la reine Élisabeth II et le Premier ministre à propos de l'Afrique du Sud.

Chef nominal du Commonwealth, la souveraine est naturellement soucieuse de la bonne harmonie de cette organisation ; or, certains pays menaçaient de la quitter et déjà, trente et un membres sur les quarante-cinq attendus décidaient de boycotter les jeux du Commonwealth à Édimbourg (du 24 juillet au 2 août), en représailles contre l'attitude du gouvernement Thatcher qui persistait à refuser que des sanctions énergiques soient prises contre le régime sud-africain. Une rupture fut évitée de peu au sommet de Londres (3-5 août).

Pourtant, après la trêve politique relative due aux vacances parlementaires (début août-mi-octobre), l'image du gouvernement s'est nettement redressée. A son congrès d'octobre, le Parti conservateur a donné, sans trop se forcer, une image d'harmonie : les anti-thatchériens y ont été très discrets. Aussi, malgré l'affaire Wright (décembre 1986), cet ancien agent des services secrets dont le Premier ministre tenta, en vain, d'empêcher la publication des mémoires en Australie; malgré les scandales boursiers (dont le plus connu est l'affaire Guinness) qui, bien qu'antérieurs à la déréglementation du *Big Bang* du 27 octobre, ont révélé au grand jour la « face abjecte du capitalisme », selon l'expression de l'ancien Premier ministre Edward Heath; malgré, enfin, l'interdiction, au nom du secret défense, de l'émission de la B B C sur *Zircon,* le satellite espion, qui a provoqué la démission du directeur général de la B B C, Alasdair Milne, las de la petite guerre que les conservateurs lui livraient depuis des mois, et une saisie, par la police, de films et de documents dans les bureaux régionaux de la B B C, à Glasgow, le parti gouvernemental et Mme Thatcher ont retrouvé dans les intentions de vote leur niveau de 1983, ou presque.

L'opposition tentée par le désarmement

Ils y ont été aidés par les deux oppositions. Neil Kinnock, depuis qu'il est à la tête des travaillistes (octobre 1983), a surtout cherché à asseoir son autorité sur la machine de son parti, dont les déchirements des années 1979-1981 étaient encore à vif. Il y a en partie réussi, bien secondé par le secrétaire général Larry Whitty qu'il a fait nommer en 1985, et par le comité exécutif national, où les amis de Tony Benn, longtemps porte-parole de la gauche la plus radicale, ne forment plus qu'un groupe minoritaire et impuissant. En outre, les relations parti-syndicats se sont renforcées, d'abord parce que tous les syndicats affiliés au parti ont décidé, à de fortes majorités, de maintenir leur adhésion (une loi de 1984 les oblige à consulter leurs troupes tous les dix ans à ce sujet) et par voie de consé-

ROYAUME-UNI

Royaume-Uni de Grande-Bretagne et d'Irlande du Nord.
Capitale : Londres.
Superficie : 244 046 km² (0,45 fois la France).
Carte : p. 431.
Monnaie : livre sterling (1 livre = 9,93 FF au 30.4.87).
Langues : anglais (officielle); gallois.
Chef de l'État : reine Élisabeth II.
Chef du gouvernement : Margaret Thatcher, Premier ministre.
Nature de l'État : monarchie constitutionnelle parlementaire.
Nature du régime : démocratie parlementaire.
Principaux partis politiques : *Gouvernement :* Parti conservateur et unioniste. *Opposition :* Parti travailliste; Parti libéral; Parti social-démocrate; Parti unioniste (Irlande du Nord); Parti démocrate unioniste (Irlande du Nord); Parti social-démocrate et travailliste (Irlande du Nord); Sinn Féin officiel (Irlande du Nord); Sinn Féin provisoire (Irlande du Nord); Parti communiste de Grande-Bretagne; Parti socialiste des travailleurs (S W P); Front national (extrême droite).

1. DÉMOGRAPHIE, CULTURE, ARMÉE

	INDICATEUR	UNITÉ	1965	1975	1986
Démographie	Population	million	54,3	55,9	56,6
	Densité	hab./km²	222	229	232
	Croissance annuelle	%	0,5 [f]	0,1 [g]	− 0,1 [e]
	Mortalité infantile	‰	19,6	17 [d]	10 [e]
	Espérance de vie	année	71 [a]	72 [d]	73,7 [e]
	Population urbaine	%	86 [a]	90	91,7 [a]
Culture	Nombre de médecins	‰ hab.	1,2	1,5	1,7 [h]
	Scolarisation 2e degré [i]	%	66	83	86,0 [d]
	3e degré	%	12	18,9	20,3 [c]
	Postes tv	‰	..	361	479 [c]
	Livres publiés	titre	26 314	35 526	51 411 [b]
Armée	Marine	millier d'h.	100	76,3	68,3
	Aviation	millier d'h.	132	95	93,4
	Armée de terre	millier d'h.	208	167,1	162,1

a. 1985; b. 1984; c. 1983; d. 1982; e. 1980-85; f. 1960-70; g. 1970-80; h. 1980; i. 11-17 ans.

2. COMMERCE EXTÉRIEUR [a]

INDICATEUR	UNITÉ	1965	1975	1986
Commerce extérieur	% P I B	15,0	21,1	21,3
Total imports	milliard $	16,1	53,5	126,2
Produits agricoles	%	44,5	23,8	15,8
Produits énergétiques	%	10,7	17,3	7,3
Autres produits miniers	%	4,4	2,6	1,7
Total exports	milliard $	13,7	44,1	107,0
Produits agricoles	%	8,4	13,2	9,0
Produits pétroliers	%	2,2	4,1	11,6
Autres produits miniers	%	1,7	1,3	1,1
Principaux fournisseurs	% imports			
C E E		17,3	37,0	55,2
PVD		27,5	24,1	13,9
États-Unis		11,7	10,0	9,9
Principaux clients	% exports			
C E E		20,0	32,3	48,0
PVD		25,7	25,6	21,0
États-Unis		10,6	8,9	14,3

a. Marchandises.

quence, à le soutenir financière- ment; ensuite, parce que la grande majorité des dirigeants syndicalistes cherchent, en faisant preuve de « réalisme », à faciliter le retour au pouvoir d'un gouvernement travail- liste, fût-il aussi modéré que le cabi- net Callaghan (1976-1979).

3. Économie

Indicateur	Unité	1965	1975	1986
P I B	milliard $	99,3	230,4	547,7
Croissance annuelle	%	2,9 [b]	1,1 [c]	2,4
Par habitant	$	1 830	4 120	9 660
Structure du P I B				
Agriculture	% ⎫	3,0	2,7	1,7 [a]
Industrie	% ⎬ 100 %	39,2	40,8	40,2 [a]
Services	% ⎭	57,8	60,0	58,1 [a]
Taux d'inflation	%	3,9 [d]	16,0 [g]	3,7
Population active	million	25,1	25,5	27,5
Agriculture	%	3,8	2,7	2,3
Industrie	%	46,6	40,5	28,0
Services	%	49,6	56,8	58,0
Chômage [h]	%	1,4	4,4	11,2
Dépenses publiques				
Éducation	% P I B	3,3	6,7	5,3 [e]
Défense	% P I B	5,8	4,3	5,0
Recherche et développement	% P I B	1,6	2,1	2,3 [f]
Production d'énergie	million T E C	194,3	161,4	283,3 [i]
Consommation d'énergie	million T E C	277,0	271,0	264,7 [i]

a. 1985 ; b. 1960-73 ; c. 1973-83 ; d. 1960-70 ; e. 1983 ; f. 1981 ; g. 1974-78 ; h. Fin d'année ; i. 1984.

Malgré tout, le programme travailliste contient encore des propositions controversées que ses adversaires sont prêts à exploiter : c'est le cas, par exemple, de la relance des dépenses publiques (immédiatement chiffrées à 28 milliards de livres par le ministre du Budget, John Mac-Gregor) et surtout, de la politique de désarmement nucléaire (abandon des fusées *Polaris* et du programme *Trident II*, mais aussi retrait à terme des missiles de croisière américains) qui aboutirait probablement, en dépit des dénégations travaillistes, à une mise en cause de l'appartenance à l'OTAN.

C'est aussi l'enjeu de la défense qui divise les deux partis (libéral et social-démocrate) regroupés au sein de l'Alliance. De nombreux militants libéraux sont, comme les travaillistes, tentés par le désarmement nucléaire ; les sociaux-démocrates sont plus circonspects : après tout, c'est une des raisons qui les ont conduits à quitter le Parti travailliste. Ce différend était en voie d'apaisement au début de 1987 ; il n'en est pas moins réel et aggravé par la personnalité des deux leaders, les « deux David » (Steel et Owen) dont les ambitions respectives – et fort légitimes d'ailleurs – s'accommodent mal de la nécessité de l'union. En tout cas, les dissensions de l'automne 1986 ont coûté cher à l'Alliance (moins de 20 % des intentions de vote en octobre et novembre 1986) qui a dû attendre mars 1987 pour voir remonter sa cote (25 % en moyenne), ce qui, de toute façon, était insuffisant pour qu'elle puisse espérer faire une réelle percée aux élections de juin.

Reprise économique

La remontée gouvernementale dans l'opinion est également due à l'influence euphorisante de la conjoncture économique. Trois facteurs expliquent cet optimisme : l'expansion, qui avait fléchi au premier semestre 1986, a repris son rythme moyen depuis cinq ans (3 % annuel), rythme plutôt meilleur que celui des voisins et concurrents de la Grande-Bretagne ; la reprise de l'activité a reposé presque exclusivement sur une relance de la consommation, elle-même soutenue par une croissance régulière des revenus réels (3 % par an, environ ; toutefois, il ne s'agit que d'une moyenne, les revenus des non-manuels augmentant plus vite que ceux des manuels, les revenus des chômeurs étant exclus de cette progression). Outre son caractère euphorisant, la croissance des revenus a eu une double conséquence : elle a permis le succès du programme de privatisation du gouvernement qui, avec les ventes de British Gas (novembre 1986) et British Airways (janvier 1987), a atteint un régime de croisière d'environ 5 milliards de livres par an ; surtout, elle a assuré des rentrées fiscales supplémentaires (impôts sur le revenu et TVA).

Si bien que, pour l'année fiscale 1986-1987, le chancelier de l'Échiquier n'a eu aucun mal à limiter le déficit et à accorder simultanément 1,3 milliard de livres supplémentaires aux ministres dépensiers ; il a pu également accroître de 4,7 milliards de livres les crédits programmés pour l'année suivante tout en présentant, le 17 mars, un budget qui a réduit le déficit global à 4 milliards de livres (soit environ 1 % du PNB), diminué le taux de base de l'impôt sur le revenu de 29 à 27 pence et permis à la Banque d'Angleterre de provoquer une baisse des taux d'intérêt d'au moins un point. Quant au taux d'inflation (3,9 % en janvier 1987, en rythme annuel), quoique en hausse par rapport à 1986, il semblait devoir être contenu à moins de 5 %. Toutefois, une crise de la balance des paiements, et donc de la livre sterling, n'était pas exclue pour la fin de l'année.

Le point noir du chômage

Restaient deux points noirs : le niveau de chômage et les disparités régionales. En décembre 1986, le nombre global des chômeurs était de 3 216 767, soit 11,7 % de la population active, ce qui, par rapport à juillet, marquait un recul de 77 000 personnes. Le recul du chômage, en cinq mois, n'était donc pas négligeable ; on s'attendait à une amélioration continue (de 10 000 à 20 000 personnes au moins par mois) jusqu'à l'automne et il n'était pas exclu

BIBLIOGRAPHIE

« Crise et sortie de crise en Grande-Bretagne », *Annales de l'université de Savoie*, n° 9-10, janvier 1987.

LA SERRE F. de, *La Grande-Bretagne et la Communauté européenne*, PUF, Paris, 1987.

LERUEZ J., « La Grande-Bretagne en 1986 », *in* « Les Pays d'Europe occidentale », *Notes et études documentaires*, septembre 1987.

« Que se passe-t-il en Angleterre ? », *Économie et humanisme*, n° 292, novembre-décembre 1986.

RICHES V., « Royaume-Uni : des difficultés structurelles », *Observations et diagnostics économiques. Revue de l'OFCE*, n° 18, janvier 1987.

SANTINI J.-J., « Les dénationalisations au Royaume-Uni », *Notes et études documentaires*, n° 4821, 1986.

que le nombre magique de moins de trois millions soit atteint en fin d'année 1987, ce qui serait psychologiquement – et politiquement – important. Il faut d'ailleurs noter que, si le chômage ne recule pas davantage, c'est parce que la population en âge de travailler continue d'augmenter. En effet, entre 1983 et 1987, plus d'un million d'emplois ont été créés, alors qu'il y avait eu perte nette entre 1979 et 1983. Quoi qu'il en soit, le problème de l'emploi reste le talon d'Achille de l'économie britannique, d'autant que la répartition géographique des emplois créés accroît les inégalités régionales déjà grandes devant le chômage. C'est en partie la raison pour laquelle la fin de la grève des mineurs (mars 1985) n'a pas dissipé les tensions sociales toujours sous-jacentes. Le conflit de Wapping s'est terminé en février 1987 : les syndicats d'imprimeurs (NGA et SOGAT) ont dû avouer leur impuissance (après un an de grèves et de manifestations) face au patron de presse Rupert Murdoch. Autre conflit qui dure depuis près de deux ans : celui des enseignants ; la nomination de Kenneth Baker au ministère de l'Éducation a certes fait cesser les grèves tournantes dans les écoles, mais, en mars 1987, un accord satisfaisant pour tous n'avait pas encore été trouvé.

Malgré tout, au printemps 1987, l'année s'annonçait plutôt bien pour le Premier ministre. A la fin de mars, deux événements simultanés ont montré à la fois la maîtrise de Mme Thatcher et les embarras du Parti travailliste. Alors que le leader de ce dernier, Neil Kinnock, tentait à Washington d'expliquer au président Reagan comment un gouvernement travailliste s'efforcerait de rester un bon partenaire de l'Alliance atlantique tout en renonçant à l'arme nucléaire, et se heurtait à un mur d'incompréhension totale, Mme Thatcher était reçue à Moscou comme un véritable chef d'État (Mikhaïl Gorbatchev n'avait pas oublié que son premier voyage réussi dans le monde occidental avait eu lieu en Grande-Bretagne, en décembre 1984, alors qu'il n'était encore qu'un obscur dauphin). La visite du Premier ministre a été un succès complet, au moins de son propre point de vue ; ses entretiens avec un interlocuteur compréhensif et courtois ont été cordiaux mais fermes, et elle a même pu recevoir Andreï Sakharov à déjeuner !

L'autorité de Mme Thatcher en est sortie renforcée : l'écart avec les deux oppositions s'est creusé dans les sondages ; aussi n'a-t-elle pas hésité à annoncer de nouvelles élections pour le 11 juin. Avec 376 sièges sur 650 (229 aux travaillistes, 22 à l'Alliance), son parti a obtenu une majorité confortable qui lui a permis d'aborder avec optimisme son troisième mandat successif, phénomène sans précédent dans l'histoire politique récente du pays.

Jacques Leruez

Italie. Bras de fer entre socialistes et démocrates-chrétiens

Si la crise politique ouverte le 3 mars par la démission du gouvernement Craxi a entièrement occupé l'actualité italienne au printemps 1987, ce sont surtout des problèmes de société qui ont marqué l'année 1986.

Avant même la reprise des attentats terroristes, en février et mars 1987, le débat enre « garantistes » et

« répressifs » était relancé par les libérations de prisonniers, conséquence des limites imposées par la loi de 1984 à la détention jusqu'au jugement final (six ans) et par l'utilisation des « repentis » dans les procès criminels. Autre sujet de polémique : l'introduction du principe de la responsabilité civile des magistrats, qui a fait l'objet à la fois d'une demande de référendum et d'un projet de loi. Enfin, la mobilisation d'une opinion publique traumatisée par la catastrophe de Tchernobyl (26 avril 1986) a assuré le succès des promoteurs des référendums antinucléaires (un million de signatures recueillies en quelques semaines) et des manifestations contre la construction de nouvelles centrales prévue par le plan énergétique. L'ampleur de la protestation a d'ailleurs incité les partis communiste (PCI) et socialiste (PSI), initialement favorables au renforcement du potentiel nucléaire italien – qui ne représente que 2 % des ressources énergétiques –, à inverser leur position.

Climat social agité

En dehors de ces problèmes généraux, des poussées catégorielles dont la classe moyenne plus que la classe ouvrière a été la protagoniste, ont détérioré le climat social. En s'opposant au projet de loi Falcucci-Covatta sur l'autonomie des universités, lycéens et étudiants ont voulu signifier que dans un pays où le chômage frappe plus de deux millions de jeunes, toute restriction à l'accès au savoir était insupportable. Insupportable aussi, pour les contribuables, le poids, la complication et l'injustice du système fiscal si l'on en juge par le succès de la marche antifisc organisée à Turin par le Mouvement pour la libération fiscale (23 novembre 1986).

Ainsi, en 1986, marches, mouvements de rue, grèves à répétition, généralement sous l'égide d'organisations spontanées, sont devenus l'expression du mécontentement de nombreuses catégories de « cols blancs » : enseignants, médecins, officiers, transporteurs routiers etc. Leur protestation a été motivée par la diminution parfois importante de leur pouvoir d'achat au cours de quinze années marquées par l'idéologie égalitariste des syndicats ouvriers, et plus encore par la dépréciation de leur valeur professionnelle et la crise de leur secteur d'activité. Les syndicats ont d'ailleurs compris la nécessité de repenser leur rôle et leur stratégie en fonction des changements intervenus dans la structure sociale et économique du pays. Flexibilité, reconnaissance de la professionnalité, fin des automatismes – celui de l'ancienneté après celui de l'échelle mobile – ont été les axes de leur action, facilitée en 1986 par les bons résultats économiques.

La baisse de l'inflation (– 2,7 %), la croissance du PNB (+ 2,7 %) et une nette amélioration des comptes extérieurs grâce à la baisse concomitante du prix du pétrole et du dollar, témoignent de la réussite de l'Italie qui a dépassé le Royaume-Uni et est devenue la cinquième puissance industrielle mondiale. L'augmentation du taux de profit des entreprises et l'internationalisation sont les aspects les plus importants de cette réussite. Le cas type est celui de FIAT qui a doublé ses bénéfices, s'est assuré le contrôle de 54,3 % du marché automobile italien et de 12,7 % du marché européen et qui, en 1986, a mené à bien deux grandes opérations : le rachat de 15 % d'actions détenues par la Libye et la reprise d'Alfa-Romeo. De plus, les capitaux italiens ont fait une entrée massive dans les grandes affaires américaines et européennes – en particulier françaises (Matra, Valeo, Saint-Laurent, Beghin Say, la cinquième chaîne de télévision, etc.).

Une majorité introuvable

Ces succès économiques contrastent avec les graves perturbations de

1. Démographie, culture, armée

	Indicateur	Unité	1965	1975	1986
Démographie	Population	million	52,0	55,4	57,30
	Densité	hab./km²	173	184	190
	Croissance annuelle	%	0,8 g	0,5 f	0,3 c
	Mortalité infantile	‰	35,6	26 d	13 c
	Espérance de vie	année	70	72,1 d	74,4 c
	Population urbaine	%	62	67	71,7 a
Culture	Nombre de médecins	‰ hab	1,7	2,1	2,9 e
	Scolarisation 2e degré h	%	47	70	74,0 b
	3e degré	%	10,7	25,1	26,3 b
	Postes tv	‰	..	..	409 e
	Livres publiés	titre	10 385	9187	14 312 b
Armée	Marine	millier d'h.	38	44,5	47,2
	Aviation	millier d'h.	60	70	71
	Armée de terre	millier d'h.	292	306	270

a. 1985 ; b. 1984 ; c. 1980-85 ; d. 1970-75 ; e. 1982 ; f. 1970-80 ; g. 1960-70 ; h. 11-18 ans.

2. Commerce extérieur a

Indicateur	Unité	1965	1975	1986
Commerce extérieur	% PIB	11,6	19,1	19,6
Total imports	milliard $	7,4	38,4	99,9
Produits agricoles	%	36,4	25,3	19,1
Produits énergétiques	%	15,7	27	13,0
Autres produits miniers	%	5,9	4	4,3
Total exports	milliard $	7,2	34,8	97,8
Produits agricoles	%	14,5	9,5	7,2
Produits miniers b	%	0,8	0,4	1,0
Produits industriels	%	79,2	84,3	89,0
Principaux fournisseurs	% imports			
CEE		31,2	43	55,4
PVD		26,7	29,9	21,7
États-Unis		13,5	8,7	5,7
Principaux clients	% exports			
CEE		40,2	45,0	53,6
PVD		16,2	21,8	18,8
États-Unis		8,6	6,5	10,7

a. Marchandises ; b. Produits énergétiques non compris.

la vie politique. En 1986, les dissensions habituelles d'une majorité hétérogène ont été considérablement accrues par l'approche du terme de la législature (1988). Aux désaccords sur les problèmes de fond s'est

3. Économie

Indicateur	Unité	1965	1975	1986
P I B	milliard $	62,6	192,1	504,0
Croissance annuelle	%	5,0 [b]	2,2 [c]	2,5
Par habitant	$	1 200	3 440	8 796
Structure du P I B				
Agriculture	% ⎫	11,2	8,1	5,1 [a]
Industrie	% ⎬ 100 %	38,2	40,9	40,1 [a]
Services	% ⎭	50,6	51,0	54,8 [a]
Taux d'inflation	%	3,9 [d]	16,5 [e]	4,4
Population active	million	20,5	20,8	23,1
Agriculture	%	26,3	16,7	9,5
Industrie	%	37,0	39,1	29,4
Services	%	36,8	44,2	50,1
Chomage [g]	%	5,4	6,4	11,5
Dépenses publiques				
Éducation	% P I B	5,0	4,5	5,7 [f]
Défense	% P I B	3,4	1,9	2,3
Recherche et développement	% P I B	0,6	0,9	1,2 [h]
Production d'énergie	million T E C	20,5	27,2	28,3 [a]
Consommation d'énergie	million T E C	91,1	163,4	178,4 [a]

a. 1985; b. 1960-73; c. 1973-83; d. 1960-70; e. 1974-78; f. 1983; g. Fin d'année; h. 1984.

ajoutée l'exaspération de la lutte pour le pouvoir entre démocrates-chrétiens (DC) et socialistes. Parti le plus puissant de la majorité (33 % des suffrages), la DC estimait avoir le droit naturel d'en assumer la direction. Elle a d'autant plus mal supporté l'exeptionnelle longévité du gouvernement Craxi (en place depuis août 1983), qu'elle a constaté avec inquiétude la popularité croissante du leader socialiste et la tendance de ce dernier à utiliser son « pouvoir de coalition » pour lier la permanence de la majorité à celle de la présidence socialiste. Elle a donc réclamé avec insistance une alternance à la tête du gouvernement, qui devait lui permettre d'aborder la période électorale avec un président du Conseil sorti de ses rangs.

De son côté, Bettino Craxi n'a jamais caché son intention de bouleverser le système de « bipartisme imparfait » que la présence conjointe d'un parti catholique et d'un parti communiste, forts chacun d'un tiers

des suffrages, a imposé à l'Italie. Il lui fallait pour cela, d'une part, assurer à son parti une liberté d'action aussi large que possible et, d'autre part, obtenir une affirmation électorale que le pays ne lui avait encore jamais accordée. Le premier objectif explique son refus, en mars 1987, d'exécuter l'accord du 29 juillet 1986 qui avait mis fin à une première crise gouvernementale par un compromis : son maintien au Palais Chigi jusqu'au printemps 1987 contre sa promesse de passer alors le relais à un démocrate-chrétien, Guilio Andreotti. L'opération accréditait en effet deux idées contre lesquelles il n'a cessé de lutter depuis son accession au pouvoir : la renaissance implicite d'une hégémonie de la DC sur la majorité et l'interchangeabilité entre un président socialiste et un président démocrate-chrétien. Le second objectif justifie l'intransigeance socialiste sur le déroulement normal des référendums prévus pour le 14 juin

1987. Déçu par les résultats des élections régionales siciliennes de juin 1986 (le PSI n'a gagné que 0,7 % des voix par rapport aux élections de 1981), Craxi voyait dans le référendum sur l'énergie nucléaire une occasion doublement favorable : celle d'apparaître comme le leader d'une large majorité antinucléaire dont la victoire lors de la consultation référendaire ne faisait guère de doute, et celle d'isoler la DC.

Ainsi, les exigences contradictoires et les vetos croisés des deux partis ont fait échouer toutes les tentatives pour résoudre la crise après la démission de Craxi, le 3 mars 1987 (investiture de Giulio Andreotti, renvoi de Bettino Craxi devant le Parlement, appel à Oscar Luigi Scalfaro). Le PSI refusait en effet d'inclure les matières soumises à référendum dans les négociations pour la formation d'un nouveau gouvernement et exigeait que la volonté populaire puisse directement s'exprimer sur ces sujets. La DC, pour sa part, réclamait un accord préalable entre les partis de la majorité sur des questions aussi importantes que la politique nucléaire ou la réforme du système judiciaire de façon soit à éviter le recours au référendum, soit à présenter un front uni aux électeurs. L'impossibilité d'ajuster des points de vue aussi divergents a rendu inévitable le recours à des élections anticipées. Dès lors, la tactique de chaque parti s'est résumée à éviter de porter la responsabilité d'une décision impopulaire (74 % des Italiens se sont déclarés favorables au déroulement normal des référendums et 65 % au maintien du gouvernement Craxi).

Dans cette partie de bras de fer, le secrétaire général de la DC, Ciriaco De Mita est apparu perdant. Certes, il a obtenu le report des référendums après les élections législatives des 14 et 15 juin 1987. Il a réussi aussi à déloger Craxi du Palais Chigi et à faire gérer les élections par un gouvernement présidé par un démocrate-chrétien, Amintore Fanfani. Mais la DC s'est trouvée isolée au rendez-vous électoral, aucun de ses alliés

n'ayant accepté d'entrer au gouvernement. Surtout, elle a porté seule la responsabilité de la dissolution du Parlement, rendue inévitable par l'abstention de ses propres députés lors du vote de confiance à un gouvernement monocolore démocrate-chrétien. Enfin, la violence de l'affrontement entre la DC et le PSI augurait mal de la reconstitution de la coalition pentapartite après les élections de juin, alors même qu'au-

---

ITALIE

République italienne.
Capitale : Rome.
Superficie : 301 225 km² (0,55 fois la France).
Carte : p. 436.
Monnaie : lire (1 lire = 0,005 FF au 30.4.87).
Langues : italien (officielle); allemand, albanais, ladino, grec, français.
Chef de l'État : Francesco Cossiga.
Chef du gouvernement : Bettino Craxi, Président du conseil (jusqu'au 3.3.87), Amintore Fanfani jusqu'aux élections des 14 et 15.6.87. Au 30.6.87, le nouveau Président du conseil n'était pas nommé.
Nature de l'État : république accordant une certaine autonomie aux régions.
Nature du régime : démocratie parlementaire.
Principaux partis politiques : Parti de la démocratie chrétienne (DC, participe au pouvoir depuis 1945); Parti communiste italien (PCI); Parti socialiste italien (PSI); Parti socialiste démocratique italien (PSDI); Parti libéral (PLI); Parti républicain (PRI); Parti radical (PR); Démocratie prolétaire (DP); Mouvement social italien-droite nationale (MSI-DN); Südtiroler Volkspartei (SVP); Parti sarde d'action; Union valdotaine.

cune majorité de remplacement n'était en vue.

Sans doute, le PCI en se définissant, lors de son congrès de Florence en avril 1986, comme « un grand parti réformateur », « partie intégrante de la gauche européenne » a fait un pas important sur la voie de la normalisation de ses rapports avec les autres forces politiques. Sa complète légitimation a été symbolisée en avril 1987, après la démission de Craxi, par le mandat exploratoire confié pour la première fois à une de ses membres, Mme Nilde Iotti. Mais l'échec des tentatives faites par son secrétaire général, Alessandro Natta, pour dégager une majorité de remplacement composée des formations favorables aux consultations référendaires et hostiles à la dissolution du Parlement a montré que ni les partis laïcs ni le parti socialiste n'étaient prêts à s'allier avec le PCI et à laisser la DC à l'opposition, du moins à court terme.

La crise de la majorité gouvernementale mise en évidence en 1986 ne semblait pas près de se dénouer après les élections des 14 et 15 juin : en confirmant la DC dans sa position majoritaire (34,3 % des voix) et en faisant progresser le PSI de trois points (14,3 % des voix), alors que le PCI poursuivait son recul (26,6 %), les électeurs ont signifié aux deux piliers de l'ancienne coalition pentapartite qu'ils étaient condamnés à s'entendre.

Geneviève Bibes

BIBLIOGRAPHIE

BRITTON A. et al., « Macroeconomic Policy in Italy and Britain », *National Institute Economic Review*, n° 118, novembre 1986.

« L'Italie en 1986 », in « Les Pays d'Europe occidentale », *Notes et études documentaires*, édition 1987, septembre 1987.

LEVESQUE J., « Le parti communiste italien, l'URSS et le nouvel ordre international », *Revue française de science politique*, n° 2, avril 1987.

LONGUEVILLE G., « Les deux voies de la privatisation à l'italienne », *Notes et études documentaires*, n° 4821, 1986.

OCDE, *Études économiques de l'OCDE : Italie*, OCDE, Paris, 1987.

SPOTTS F., *Italy, a Difficult Democracy*, Cambridge University Press, Cambridge, 1986.

Espagne.
Le monopole des socialistes

En 1986, année de l'entrée de l'Espagne dans le Marché commun, le PSOE – Parti socialiste ouvrier espagnol – a entamé sa seconde législature et commencé à se trouver dans une position paradoxale : tout en poursuivant le démantèlement des structures franquistes – avec, par exemple, la nomination, pour la première fois, d'un civil à la tête de la police –, il apparaît comme un nouveau parti unique tendant à occuper une situation de monopole dans tous les secteurs de la vie publique. L'opposition, faible et divisée aux Cortes, a désormais tendance à emprunter des voies parallèles : mouvement des étudiants, des ouvriers agricoles d'Andalousie, grande grèves ouvrières, révolte des musulmans de Melilla.

Conforté par sa victoire à l'arraché lors du référendum du 12 mars 1986 sur le maintien de l'Espagne dans l'OTAN, le président du gouvernement, Felipe Gonzalez, décidait, dès le printemps, d'avancer au 22 juin – en plein cœur du *Mundial* de football à Mexico qui passionne l'opinion – les élections législatives prévues pour l'automne.

Les Espagnols, en effet, ont perdu leur enthousiasme pour les socialistes et surtout pour Felipe Gonzalez. Le PSOE, qui avaient promis en 1982 la création de 800 000 postes de travail, n'a réussi qu'à en perdre un million de plus. Son revirement sur l'OTAN – demandant aux Espagnols de voter pour le maintien de l'Espagne dans l'Organisation après en avoir, des années durant, prôné le retrait – a bouleversé nombre d'électeurs, principalement socialistes. On lui reproche surtout son style de gouvernement, l'absence de communication avec la population, le peu de démocratie au sein du parti et sa mainmise sur tous les postes de responsabilité.

La consultation du 22 juin a permis à Felipe Gonzalez de conserver la majorité absolue, avec 184 sièges sur 350, mais il a perdu un million de voix, ce qui ne l'a pas empêché, paradoxalement, de renforcer encore son hégémonie.

A gauche, en effet, le PC espagnol, victime de deux scissions – dont celle de son leader historique, Santiago Carrillo – n'a pas réussi à capitaliser les sept millions de « non » au référendum sur l'OTAN. Il est passé de quatre sièges à huit. A droite, la Coalition populaire de Manuel Fraga Iribarne a stagné à 25 %, perdant tout espoir de devenir le challenger du PSOE. Battu cinq mois plus tard aux élections régio-

nales basques, Fraga a démissionné de toutes ses fonctions le 2 décembre.

La seule surprise des législatives du 22 juin aura été la remontée spectaculaire de l'ancien chef du gouvernement de la transition, Adolfo Suarez, à la tête d'un nouveau parti, le Centre démocratique

ESPAGNE

Espagne.
Capitale : Madrid.
Superficie : 504 782 km² (0,92 fois la France).
Carte : p. 436.
Monnaie : peseta (1 peseta = 0,05 FF au 30.4.87).
Langues : officielle nationale : espagnol (ou castillan); officielles régionales : basque (euskara); catalan; galicien; valencien.
Chef de l'État : roi Juan Carlos Ier de Bourbon.
Chef du gouvernement : Felipe Gonzalez.
Nature de l'État : « unité indissoluble de la nation espagnole » et reconnaissance du « droit d'autonomie des nationalités et régions » (17 régions autonomes ont été mises en place).
Nature du régime : monarchie parlementaire.
Principaux partis politiques : *Nationaux :* Parti socialiste ouvrier espagnol (PSOE, au pouvoir); Parti communiste espagnol; Alliance populaire (droite); Centre démocratique et social (CDS, centriste, populiste); Parti démocrate populaire. *Régionaux :* Parti nationaliste basque (PNV); Eusko-Alkartasuna (dissident du PNV); Herri Batasuna (gauche nationaliste, proche de l'ETA-militaire); Euskadiko Eskerra (gauche nationaliste); Convergencia i Unió (au pouvoir en Catalogne); Parti socialiste unifié de Catalogne (PC catalan); Union do povo galego (gauche nationaliste).

1. DÉMOGRAPHIE, CULTURE, ARMÉE

	INDICATEUR	UNITÉ	1965	1975	1986
Démographie	Population	million	32,1	35,6	38,82
	Densité	hab./km²	64	71	77
	Croissance annuelle	%	1,0 f	1,0 g	0,6 e
	Mortalité infantile	‰	37,3	22 d	10 e
	Espérance de vie	année	69	72,8 d	74,3 e
	Population urbaine	%	61	71	77,4 a
Culture	Analphabétisme	%	9,8	7,6	5,6 a
	Nombre de médecins	‰ hab.	1,3	1,8	2,6 h
	Scolarisation 2e degré i	%	38	73,0	89,0 c
	3e degré	%	5,6	20,4	25,8 c
	Postes tv	‰	55	187	258 c
	Livres publiés	titre	17 342	23 527	30 764 b
Armée	Marine	millier d'h.	44	46,6	62,5
	Aviation	millier d'h.	38	35,7	33,0
	Armée de terre	millier d'h.	248	220	230

a. 1985; b. 1984; c. 1983; d. 1970-75; e. 1980-85; f. 1960-70; g. 1970-80; h. 1982; i. 11-17 ans.

2. COMMERCE EXTÉRIEUR a

INDICATEUR	UNITÉ	1965	1975	1986
Commerce extérieur	% PIB	8,5	11,4	13,7
Total·imports	milliard $	3,0	16,2	35,1
Produits agricoles	%	26,8	21,4	16,3
Produits énergétiques	%	10,0	26,0	18,9
Autres produits miniers	%	4,0	5,2	4,8
Total exports	milliard $	1,0	7,7	27,2
Produits agricoles	%	51	23,6	18,4
Produits miniers b	%	2,0	1,3	0,9
Produits industriels	%	41,9	71,8	74,4
Principaux fournisseurs	% imports			
CEE		37,4	34,7	50,3
Moyen-Orient		5,8	18,3	6,0
États-Unis		17,4	15,9	9,9
Principaux clients	% exports			
CEE		35,7	44,7	60,3
Afrique		5,3	9,8	6,4
Amérique latine		11,0	9,9	5,6

a. Marchandises; b. Produits énergétiques non compris.

et social. Populiste, tiers mondiste au besoin, il a obtenu dix-neuf sièges – il en avait deux précédemment – et le CDS est devenu le quatrième parti politique national. La vie politique espagnole, déséquilibrée par

3. ÉCONOMIE

INDICATEUR	UNITÉ	1965	1975	1986
P I B	milliard $	23,4	104,8	226,7
Croissance annuelle	%	7,0 [h]	1,8 [c]	3,0
Par habitant	$	730	2 950	5 840
Structure du P I B				
Agriculture	% ⎫	16,3	9,9	6,6 [b]
Industrie	% ⎬ 100 %	38,6	39,5	37,2 [b]
Services	% ⎭	45,1	50,6	56,2 [b]
Taux d'inflation	%	5,6 [g]	18,3 [d]	8,3
Population active	million	12,1	12,9	13,8
Agriculture	%	33,3	21,6	12,8
Industrie	%	35,6	37,2	25,0
Services	%	31,1	41,2	40,5
Chômage [f]	%	1,3	4,7	20,7
Dépenses publiques				
Éducation	% P I B	0,9	2,1	2,5 [e]
Défense	% P I B	3,4	2,6	2,7
Production d'énergie	million T E C	16,0	18,5	31,5 [a]
Consommation d'énergie	million T E C	32,7	76,5	89,3 [a]

a. 1985; b. 1984; c. 1973-83; d. 1974-78; e. 1982; f. Fin d'année; g. 1960-70; h. 1960-73.

l'atomisation et l'impuissance de l'opposition, s'est donc retrouvée coupée des aspirations authentiques de la société.

Cependant, les élections européennes, régionales et communales du 11 juin 1987 ont battu en brèche le monopole du PSOE : s'il a obtenu 28 des 60 sièges espagnols au Parlement de Strasbourg, il a perdu la majorité absolue dans les conseils municipaux d'un certain nombre de grandes villes (dont Madrid) et dans six des treize parlements régionaux à renouveler.

Le prix de l'entrée dans la CEE

Les préoccupations ont été, en 1986, essentiellement d'ordre économique : entrée dans la CEE le 1ᵉʳ janvier, en même temps que le Portugal, l'Espagne a vécu son nouveau statut avec enthousiasme, mais au prix d'une austérité renforcée qui a fini par venir à bout de la paix sociale et du fameux sens des responsabilités des Espagnols de l'après-franquisme.

L'introduction de la TVA – bien qu'elle n'ait fait, en gros, que remplacer plusieurs taxes préexistantes –, l'afflux de produits étrangers sur le marché, se sont ajoutés à l'inflation encore élevée (8 %) et à un taux de chômage de 22 % (trois millions de sans-emploi). Le gouvernement n'a pas voulu relâcher sa politique d'austérité – huit millions d'Espagnols sont considérés comme des « nouveaux pauvres ». Au début de 1987, le syndicat socialiste UGT (Union générale des travailleurs) s'est complètement désolidarisé des thèses du gouvernement qui a refusé de déplafonner le taux d'augmentation des salaires pour l'année, fixé à 5 %.

Pendant l'hiver, grèves et manifestations se sont multipliées : mineurs des Asturies, sidérurgistes, personnel hospitalier, fonctionnaires. Les agriculteurs se sont joints au mouvement, réclamant un soutien des prix des fruits et des légumes. La révolte la plus grave a été celle des journaliers d'Andalousie en décembre 1986. Dans cette région agricole riche, où 30 % de la population est sans emploi, le statut des ouvriers sans terres est devenu un symbole historique de l'injustice sociale. Leur colère, qui s'est traduite par des occupations de terres, de mairies et de chambres de commerce, a été à la mesure de leur déception devant l'indifférence d'un gouvernement dans lequel ils avaient placé quelques espoirs.

La plus spectaculaire a été celle de millions de lycéens qui refusaient la sélection à l'entrée de l'Université telle que la prévoyait la réforme du ministre de l'Éducation, José Maria Maravall. Le mouvement, dirigé par une « coordination » dans laquelle le gouvernement a vu la main de l'extrême gauche, a plus ou moins court-circuité les syndicats traditionnels. Après un bras de fer de deux mois (fin 1986-début 1987) et une dizaine de manifestations très violentes, les lycées n'ont obtenu que quelques avantages financiers, mais le gouvernement a tenu bon sur le principe : celui d'une sélection digne des universités américaines.

La grande désinvolture des socialistes espagnols vis-à-vis des valeurs de la gauche a trouvé là une illustration parfaite. Elle s'est encore retournée contre eux à Melilla. Des milliers de musulmans qui résident dans cette enclave en territoire marocain se sont sentis menacés par la « loi des étrangers » – sorte de « code de la nationalité » à la française – votée en 1985 par les Cortes. En juin 1986, puis de nouveau à l'automne, des émeutes violentes, faisant plusieurs centaines de blessés, ont secoué Melilla, ravivant la tension latente entre l'Espagne et le Maroc qui revendique la souveraineté sur Ceuta et Melilla.

En 1986, la situation au Pays basque a poursuivi sa lente dégradation ponctuée d'attentats meurtriers, tant sur le plan intérieur à la région

avec la scission du Parti nationaliste basque (P N V), que dans ses relations avec Madrid. La crise du nationalisme « modéré » a entraîné des élections anticipées, le 30 novembre 1986, qui n'ont rien réglé puisqu'il a fallu attendre le 9 mars 1987 pour qu'un gouvernement puisse enfin être constitué. Il est formé des deux partis arrivés en tête, au coude à coude, aux élections : le Parti socialiste d'Euskadi (branche du P S O E) et le P N V, qui, pour la première fois depuis l'instauration du statut d'autonomie (octobre 1979), va devoir gouverner en coalition.

Les attentats de l'E T A militaire se sont intensifiés à Madrid et en Catalogne, sans cesser pour autant au Pays basque même. Toutefois, l'accélération de la coopération policière franco-espagnole après le changement de majorité en France, a désorganisé considérablement la direction de l'organisation terroriste qui ne se sent plus en sécurité sur le sol français. En huit mois, la France, suivant la procédure d'urgence absolue, a reconduit à la frontière cinquante exilés présumés membres de l'organisation, pour la plus grande satisfaction du gouvernement espagnol.

La « réconciliation » entre Paris et Madrid, abondamment célébrée lors du premier sommet du 11 mars 1987, à Madrid, a du reste été l'un des éléments essentiels de la « normalisation » de la politique étrangère espagnole, l'autre étant, en janvier 1986, l'établissement de relations diplomatiques avec Israël.

Contentieux sur les bases de l'OTAN

Mais la préoccupation majeure de la diplomatie espagnole, après la décision populaire de maintenir l'Espagne au sein de l'O T A N, est toujours de parvenir à une plus grande indépendance vis-à-vis des États-Unis. Corollaire du « oui » au référendum, le gouvernement avait promis aux Espagnols qu'il négocierait avec Washington une réduction de la présence américaine sur son territoire (12 000 hommes répartis sur quatre bases).

Ces négociations se sont ouvertes le 10 juillet 1986, dans un climat tendu, les Américains refusant de les appeler autrement que des « conversations ». Dès le début, elles ont achoppé sur l'importance de la réduction en jeu. Madrid exige en effet qu'elle soit « substantielle » et tient notamment au démantèlement de la base de Torrejon, trop proche de la capitale et cible de toutes les manifestations pacifistes. Or, les États-Unis, surtout après les propositions de Mikhaïl Gorbatchev (février 1987) de retirer tous les missiles à moyenne portée stationnés en Europe, redoutent que ce retrait d'Espagne ne signifie un abandon du flanc sud de l'Alliance. Entre Washington et Madrid, le temps presse puisque le traité de 1953 vient à expiration en novembre 1987. Au début de cette année, les Espagnols menaçaient de fermer les bases, et les Américains de partir.

Anne-Marie Romero

BIBLIOGRAPHIE

« Espagne : dix ans de démocratie », *Problèmes politiques et sociaux*, n° 535, mai 1986.

« L'Espagne et le Portugal dans la CEE », *Notes et études documentaires*, n° 4819, 1986.

« L'Espagne en 1986 », *in* « Les Pays d'Europe occidentale », *Notes et études documentaires*, septembre 1987.

FERRAS R., *Atlas Reclus : España*, Fayard/Reclus, Paris, 1986.

GOULEMOT MAESO M., *L'Espagne de la mort de Franco à l'Europe des douze*, Minerve, Paris, 1987.

LETTRILLIART P., « L'Espagne et l'OTAN », *Défense nationale*, avril 1987.

LONGUEVILLE G., « Les privatisations en Espagne : entreprises déficitaires et transferts publics », *Notes et études documentaires*, n° 4821, 1986.

SERRANO C., *L'enjeu espagnol*, Messidor, Paris, 1987.

Pologne. Ni paix ni guerre

Le 29 juin 1986 s'ouvrait le Congrès du Parti ouvrier unifié polonais, en présence de Mikhaïl Gorbatchev, qui saluait le « camarade Wojciech Jaruzelski, son énergie, sa perspicacité, sa vision à long terme, sa capacité à trouver des solutions à des problèmes très complexes, à défendre de manière inflexible les intérêts de son pays ».

Telle n'était sans doute pas l'opinion des Polonais qui manifestaient au même moment à Poznan, célébrant le trentième anniversaire des événements de 1956. Mais l'équipe du général Jaruzelski n'en avait

1. DÉMOGRAPHIE, CULTURE, ARMÉE

	INDICATEUR	UNITÉ	1965	1975	1986
Démographie	Population	million	31,5	34,0	37,46
	Densité	hab./km²	101	109	120
	Croissance annuelle	%	1,0 [f]	0,9 [e]	0,9 [c]
	Mortalité infantile	‰	43,2	27 [d]	19 [c]
	Espérance de vie	année	68,3 [g]	70,6 [d]	72 [c]
	Population urbaine	%	49,7	55,7	60,2 [a]
Culture	Nombre de médecins	‰ hab.	1,3	2,2	2,4 [a]
	Scolarisation 2e degré [h]	%	61,0	72	77,0 [b]
	3e degré	%	17,5	16,8	15,9 [b]
	Postes tv (L)	‰	66	189	254 [a]
	Livres publiés	titre	8 509	10 277	9 649 [a]
Armée	Marine	millier d'h.	17	25	19
	Aviation	millier d'h.	45	58	88
	Armée de terre	millier d'h.	215	210	295

a. 1985; b. 1984; c. 1980-85; d. 1970-75; e. 1970-80; f. 1960-70; g. 1960-65; h. 15-18 ans.

2. COMMERCE EXTÉRIEUR [b]

INDICATEUR	UNITÉ	1965	1975	1986
Total imports	milliard $	2,3	12,5	11,7
Machines et biens d'équipement	%	32,8	37,4	32,9 [a]
Produits agricoles	%	22,3	17,8	13,1 [a]
Produits énergétiques	%	7,3	9,5	22,2 [a]
Total exports	milliard $	2,2	10,8	12,23
Produits énergétiques	%	15,8	19,7	15,5 [a]
Produits agricoles	%	24,6	11,5	9,6 [a]
Produits industriels	%	52,0	59,4	67,1 [a]
Principaux fournisseurs	% imports			
URSS		31,1	25,3	34,5 [a]
PCD		28,7	49,3	21,8
PVD		9,2	4,9	6,6
Principaux clients	% exports			
URSS		35,1	31,5	28,3 [a]
PCD		30,0	31,5	22,0
PVD		7,4	8,6	6,9

a. 1985; b. Marchandises.

Indicateur	Unité	1965	1975	1986
P M N [f]	milliard zloty	531,3	1 349,7	8 586,4
Croissance annuelle	%	6,1 [d]	5,2 [e]	5,0
Par habitant	millier zloty	16,9	39,7	231,3
Structure du P M N [f]				
Agriculture	% ⎫	19,2	14,8	16,3 [a]
Industrie	% ⎬ 100 %	60,8	70,8	61,1 [a]
Services	% ⎭	20,0	14,4	22,6 [a]
Dette extérieure nette	milliard $	1,1 [g]	7,4	33,5 [c]
Inflation	%	..	..	18,0
Population active	million	..	18,3	20,6 [b]
Agriculture	%	41,4	29,3	29,1 [a]
Industrie	%	33,6	40,7	37,7 [a]
Services	%	25,0	30,0	33,2 [a]
Dépenses publiques				
Éducation [i]	% P M N [f]	..	3,7	4,6 [b]
Défense	% P M N [f]	7,2	3,9	3,6 [a]
Recherche et développement	% P M N [f]	1,8 [h]	2,7	1,0 [b]
Production d'énergie	million T E C	128,1	159,3	191,0 [a]
Consommation d'énergie	million T E C	110,7	142,3	183,9 [a]

a. 1985 ; b. 1984 ; c. Sans compter 6,5 milliards de dollars de dette envers les pays socialistes ; d. 1960-70 ; e. 1970-80 ; f. Produit matériel net ; g. 1970 ; h. 1967 ; i. Dépenses courantes seulement.

cure, qui souhaitait faire de ce Congrès celui de la normalisation, et pouvait se flatter d'avoir obtenu des résultats non négligeables en la matière en 1986, tant en ce qui concerne l'image internationale du pays que sa situation intérieure.

Fin de l'isolement diplomatique

Le général Jaruzelski avait bien fini l'année 1985 en obtenant de François Mitterrand d'être reçu à l'Élysée. Dès janvier 1986, le secrétaire d'État français aux relations extérieures, Jean-Michel Baylet, se rendait à Varsovie, tandis qu'en avril, le ministre polonais des Affaires étrangères, Marian Orzechowski, était reçu à Bonn. En septembre, le chef du Parti polonais allait à Pékin, puis en janvier 1987 à Rome et au Vatican, où il s'entretenait avec Jean-Paul II. Ce même mois,

Varsovie recevait le Premier ministre japonais, Yasuhiro Nakasone, et le secrétaire d'État adjoint américain, John Whitehead. Celui-ci insistait certes pour rencontrer Lech Walesa, mais le 19 février le président Reagan levait les dernières sanctions économiques à l'encontre de la Pologne. En fait, tous les responsables politiques occidentaux en visite à Varsovie sacrifient à l'obligation rituelle d'un entretien avec un ou plusieurs membres de l'opposition. Cela agace sans doute les dirigeants polonais et donne parfois lieu à des incidents, tels ceux qui ont marqué, en mars 1987, la visite du ministre espagnol des Affaires étrangères, Francisco Fernandez Ordoñez. Mais cela n'occulte pas le retour de la diplomatie occidentale à une *realpolitik* à l'égard de la Pologne, au-delà de toutes les distinctions subtiles établies entre l'État et le peuple polonais.

La lente amélioration des relations diplomatiques avec l'Ouest est ressentie avec d'autant plus de satisfaction à Varsovie que, parallèlement, le pouvoir a marqué des points importants contre l'opposition et l'ex-syndicat Solidarité, notamment, en janvier 1986, l'arrestation de Bogdan Borusewicz et surtout, le 31 mai, de Zbigniew Bujak, principal leader du Solidarité clandestine (il a été remplacé par Wiktor Kulerski). Ce succès de la police a déclenché le 1er juin des manifestations de plusieurs milliers de personnes à Varsovie, Cracovie, Gdansk et Wroclaw, qui se sont soldées par de nouvelles et nombreuses arrestations.

La répression s'est intensifiée. Si le pouvoir a renoncé, le 11 février, à poursuivre Lech Walesa, comme il en avait d'abord marqué l'intention, il n'a pas hésité à organiser, entre autres, les 17 et 18 février, le procès en appel de Wadyslaw Frasyniuk, Bogdan Lis et Adam Michnik, le 3 mars, celui de cinq responsables de la Confédération pour une Pologne indépendante, les 15 et 16 mai, celui de huit militants de Solidarité, dont Seweryn Jaworski, et le 19 juin, celui de six autres, selon une nouvelle procédure accélérée.

Surtout, le pouvoir a témoigné des progrès qu'il a accomplis dans l'art d'empêcher les manifestations sans avoir à recourir à une violence trop voyante. Il n'est sans doute pas parvenu à dissuader plusieurs dizaines de milliers de personnes de se rassembler, le 1er mai, à Saint-Stanislas, l'église du père Popieluszko et le fief de Solidarité, mais il a évité, grâce à un impressionnant déploiement policier, qu'elles ne manifestent dans la rue. Il s'est même donné le luxe de laisser se dérouler sans incident une manifestation de protestation contre Tchernobyl à Cracovie, le 1er juin.

En fait, le régime se sent assez fort pour laisser par instants éclater tout son cynisme : ainsi l'omniprésent porte-parole du gouvernement, Jerzy Urban, a-t-il confié au *Washington Post* que tous les préparatifs du coup de force du 13 décembre

1981 étaient achevés dès le 5 novembre, faisant toute la lumière sur la réalité d'une intervention prétendument décidée au dernier moment pour sauver le pays du chaos.

Cela ne signifie évidemment pas que tous les problèmes du pouvoir soient dorénavant résolus. En particulier, sa marge de manœuvre en matière économique apparaît singulièrement limitée. Le revenu national n'avait toujours pas atteint, fin 1986, le niveau de 1979, alors que la situation industrielle restait préoccupante et que l'agriculture, après trois années de résultats satisfaisants, subissait de plein fouet les retombées de la catastrophe nucléaire de Tchernobyl, en avril 1986.

Retour au FMI

Le problème majeur demeure cependant celui de la dette extérieure, estimée à 29,3 milliards de dollars. Le gouvernement polonais a certes obtenu, en mars, un accord pour étaler sur dix ans la dette de 1,6 milliard de dollars due en 1986, au titre des crédits garantis par les États, puis en juin un nouveau rééchelonnement sur quatre ans de 1,8 milliard de dollars qui devait venir à échéance en 1986 et 1987 au titre des crédits restructurés sur 1981 et 1982. Mais cela ne diminue en rien le poids très lourd de l'endettement. Même le retour du pays au sein du FMI en mai 1986, dont la Pologne avait démissionné en 1950, ne peut, au dire d'un expert, que « l'atténuer, au moment où nous tenterons, avec de grands efforts et beaucoup d'austérité, d'entreprendre de ranimer la croissance ». De cette austérité, c'est bien sûr le peuple polonais qui a fait les frais. En mars 1986, des hausses de prix comprises entre 8 % et 20 % sont intervenues sur un grand nombre de produits alimentaires, ce qui a déclenché, le 16 mars, une manifestation à Gdansk, mais ce qui, surtout, n'a pas dispensé le pouvoir de solliciter, le 24 octobre, un nouveau rééchelonnement.

Au-delà de toute considération technique, c'est dans l'échec du pouvoir à se faire accepter par la société et dans son refus d'engager avec elle tout véritable dialogue que se trouvent les clés de la situation. La Pologne aspire à l'indépendance, alors que le pouvoir souhaiterait la normaliser. Mais ni l'un ni l'autre des deux protagonistes n'est en mesure de parvenir à ses fins.

Les relations avec l'Église sont un exemple révélateur de ces paradoxes polonais. Le 24 avril 1986, le cardinal-primat Josef Glemp rencontrait le général Jaruzelski pour la dixième fois depuis 1981, mais la première depuis juin 1985. Pour le chef du Parti, l'Église est un intermédiaire obligé, qui lui évite d'avoir à prendre langue directement avec la société. Nul doute que les deux hommes se soient entretenus du projet d'aide à l'agriculture privée, qui devait certes injecter des sommes importantes dans un secteur qui en a bien besoin, mais qui avait, aux yeux du pouvoir, l'inconvénient majeur de consolider les positions de l'Église au sein de la paysannerie. Le gouvernement a donc soulevé obstacle après obstacle. En septembre, l'Église a tiré les conséquences logiques de cette attitude et a renoncé à son projet, préférant consacrer tous ses efforts à la préparation du troisième voyage de Jean-Paul II en Pologne, en juin 1987.

Visiblement, le pouvoir n'envisage le compromis qu'à sens unique. Aussi ne faut-il pas s'étonner que tous ses projets pour se doter d'une base sociale minimale, ou même de sa seule apparence, échouent. Après le PRON (Mouvement patriotique de renaissance nationale), le Conseil consultatif auprès du Conseil d'État n'a guère fait recette. Inversement, la société polonaise trouve dans une culture « indépendante » (plus de sept cents périodiques clandestins, livres, cassettes vidéo, éducation parallèle) l'identité que le pouvoir lui dénie.

Il est vrai que ce dernier, pris entre les exigences de la normalisation, celles de ses protecteurs soviétiques, les nécessités de la reprise de relations normales avec l'Ouest et les réalités de la société polonaise, n'a pas la tâche facile. Il sait néanmoins faire preuve parfois d'une grande habileté. Déjà, le 22 juillet 1986, à l'occasion de la fête nationale, des mesures d'amnistie ont été annoncées, les troisièmes du genre,

POLOGNE

République populaire de Pologne.
Capitale : Varsovie.
Superficie : 312 677 km² (0,57 fois la France).
Carte : p. 451.
Monnaie : zloty (1 zloty = 0,02 FF au 30.4.87).
Langue : polonais.
Chef de l'État : général Wojcieh Jaruzelski, président du Conseil d'État.
Premier ministre : Zbigniew Messner.
Nature de l'État : État socialiste.
Nature du régime : régime de type soviétique à plusieurs dimensions hétérodoxes : Église, paysannerie, large opposition sociale et politique.
Principaux partis politiques : Parti ouvrier unifié polonais (POUP); Parti démocrate; Parti paysan unifié (ces trois partis et d'autres associations forment le Mouvement patriotique pour la renaissance nationale [PRON], sous la direction du POUP). *Éléments d'un pluralisme politique parallèle :* La TKK, direction clandestine du syndicat Solidarité, formellement dissoute, a été remplacée par un « Conseil provisoire du syndicat Solidarité », destiné à agir au grand jour. Ce Conseil, constitué le 30.9.86, a été déclaré « illégal » par les autorités.

qui devaient conduire à la libération de Michnik, de Lis et d'une centaine d'autres prisonniers politiques. Mais le 11 septembre, le général Jaruzelski a créé l'événement, en décidant de libérer tous les prisonniers politiques, dont Bujak (seules quarante personnes, considérées comme des droits communs, restent en prison, selon l'opposition). Cette mesure a pris l'opposition à contre-pied et l'a obligée à repenser une stratégie qui commençait, il est vrai, à faire long feu : le 30 septembre, Lech Walesa a annoncé la création

d'un Conseil provisoire du syndicat Solidarité et la dissolution formelle des structures clandestines (T K K). Ce resurgissement au grand jour de Solidarité a presqu'aussitôt été déclaré illégal. Le 3 octobre, Jerzy Urban n'a pas hésité à affirmer que le Conseil était formé « d'ennemis de l'État ».

Il est sans doute à craindre que cette guérilla permanente entre le pouvoir et la société ne se poursuive encore longtemps.

Patrick Michel

BIBLIOGRAPHIE

Mink G., « Pologne 1986-1990, comment maintenir la tête hors de l'eau ? », *Le Courrier des pays de l'Est*, n° 316, mars 1987.

Panne J.-L., Wallon E., *L'entreprise sociale. Le pari autogestionnaire de Solidarnosc*, L'Harmattan, Paris, 1986.

Sherer H., « L'économie polonaise : évolution, problèmes et perspectives », *Problèmes économiques*, n° 2019, avril 1987.

Walesa L., *Un chemin d'espoir*, Fayard, Paris, 1987.

Iran. Affirmation de l'influence régionale

La vie politique en Iran a été dominée en 1986 par les débats portant sur les grandes options du régime : poursuite de la guerre avec l'Irak, libéralisation de la vie économique, prévalence de l'appareil d'État sur l'appareil révolutionnaire. Sur le plan extérieur, la fermeté l'a emporté, malgré une volonté de normalisation des relations avec l'Occident ; sur le plan intérieur, en revanche, la libéralisation s'est imposée malgré l'opposition virulente des éléments les plus radicaux du régime.

Dualisme du pouvoir

L'imam Khomeyni est de moins en moins intervenu dans la vie politique, laissant le pouvoir partagé entre deux pôles : d'un côté, l'appareil d'État, dominé par le président de la République, Ali Khameneï et par le Parlement dont le président, l'hodjatoleslam Rafsandjani, reste très pragmatique ; de l'autre, le pôle idéologique et universaliste incarné par le successeur désigné de l'imam, l'ayatollah Montazeri. Plutôt qu'une guerre de succession, l'année 1986 a vu un conflit d'intérêts, où chacun a cherché à définir son territoire et ses compétences. L'arrestation de Mehdi Hashemi, un des bras droits de Montazeri, en novembre 1986, est un signe de la reprise en main par l'appareil d'État des institutions révolutionnaires. Sur le plan économique, l'imam Khomeyni s'est opposé à la loi nationalisant le commerce extérieur, tandis que le Parlement a interdit l'aliénation des terres appartenant au clergé. En même temps, les tribunaux révolutionnaires se sont vus confinés aux affaires de terrorisme et de contrebande. Un conseil supérieur de la justice et une commission spéciale du Parlement peuvent désormais être saisis directement de tout abus de pouvoir commis par l'administration. Aucune condamnation à mort ne peut être exécutée sans avoir été approuvée par une cour spéciale religieuse installée à Qom. Un espace de droit s'est ainsi remis en place, même si le jeu politique n'est ouvert qu'à ceux qui se réclament de la révolution islamique.

Il existe en fait un consensus parmi les dirigeants sur les grandes options : étendre l'influence régionale de l'Iran en utilisant la révolution islamique comme relais. Les dirigeants sont tout aussi anti-occidentaux qu'antisoviétiques. Il serait donc vain de chercher une faction radicale et une faction modérée, encore moins une tendance pro-occidentale et une autre, prosoviétique. Les débats qui ont eu lieu sur la politique étrangère sont tactiques : quelle est la place des révolutionnaires chiites étrangers dans l'extension de l'influence iranienne? Jusqu'à quel point faut-il pousser l'avantage que l'Iran a sur l'Irak? Si les jeunes militants laïques se constituent volontiers en factions qui essaient de peser sur le cours des événements, le clergé réagit comme une institution régie par un esprit de corps et qui pense sa permanence sur le long terme. On ne s'épure pas entre mol-

lahs, car ce serait la fin de la légitimité du système. Il y a plutôt répartition des tâches et souci de préserver un certain éventail d'options différentes dans le cadre du consensus.

Crise économique, entraide sociale

La poursuite de la guerre avec l'Irak étant acquise tant que l'imam Khomeyni est vivant, le problème

IRAN

République islamique d'Iran.
Capitale : Téhéran.
Superficie : 1 648 000 km² (3 fois la France).
Carte : p. 380.
Monnaie : rial (1 rial = 0,08 FF au 30.4.87).
Langues : farsi (officielle), kurde, azeri, baloutch, turkmène, etc.
Chef de l'État : ayatollah Khomeyni; son dauphin, l'ayatollah Montazeri, a été désigné le 24.11.85.
Président de la République : Ali Khameneï.
Premier ministre : Hosseyn Moussavi.
Nature de l'État : république islamique.
Nature du régime : théocratie fondée sur les principes et l'éthique de l'islam, combinée à quelques éléments de démocratie parlementaire.
Principaux partis politiques : *Légaux :* Parti de la république islamique (l'iman Khomeyni a mis fin aux activités du parti le 3.6.87); Mouvement de libération de l'Iran. *Illégaux :* Parti démocrate du Kurdistan; Mouvement de la résistance d'Iran; Organisation des Moudjahidin du peuple d'Iran.

1. DÉMOGRAPHIE, CULTURE, ARMÉE

	INDICATEUR	UNITÉ	1965	1975	1986
Démographie	Population	million	24,8	33,4	45,5
	Densité	hab./km²	15	20	28
	Croissance annuelle	%	2,7 i	3,1 c	2,9 g
	Mortalité infantile	‰	200 f	129 i	108 g
	Espérance de vie	année	45 f	55,9 i	60,2 g
	Population urbaine	%	38	45	55 a
Culture	Analphabétisme	%	. .	63,8 h	49,2 a
	Nombre de médecins	‰ hab.	0,27	0,40	0,39 d
	Scolarisation *6-11 ans*	%	49,9	75,8	86,3 a
	12-17 ans	%	27,8	46,7	64,8 a
	3ᵉ degré	%	1,6	4,9	4,4 b
	Postes tv	‰	4	51	55 c
	Livres publiés	titre	985	2 187	4 835 c
Armée	Marine	millier d'h.	6	15	14,5
	Aviation	millier d'h.	10	60	35
	Armée de terre	millier d'h.	164	175	305 e

a. 1985; b. 1984; c. 1983; d. 1982; e. 350 mille Pasdaran non compris; f. 1960; g. 1980-85; h. 1976; i. 1970-75; j. 1961-70.

2. COMMERCE EXTÉRIEUR c

INDICATEUR	UNITÉ	1965	1975	1986
Commerce extérieur	% PIB	17,1	29,4	7,7 b
Total imports	milliard $	0,9	10,3	10,0
Produits agricoles	%	20,7	18,9	18,9 a
Produits miniers	%	0,5	0,4	—
Produits industriels	%	78,8	80,7	80,0 a
Total exports	milliard $	1,3	20,2	7,5
Produits agricoles	%	7,8	1,6	1,0
Pétrole et gaz	%	86,7	96,9	98,0
Tapis	%	3,5	0,6	—
Principaux fournisseurs	% imports			
CEE		49,2	38,9	40,1 a
États-Unis		18,0	19,8	0,7 a
Japon		7,8	16,1	13,4 a
Principaux clients	% exports			
CEE		39,3	39,1	34,0 a
États-Unis		5,3	7,7	5,0 a
Japon		15,8	24,8	16,5 a

a. 1985; b. 1984; c. Marchandises.

3. ÉCONOMIE

INDICATEUR	UNITÉ	1965	1975	1986
P N B	milliard $	5,8	55,5	e
Croissance annuelle	%	9,8 b	1,8 e	− 12,0
Par habitant	$	230	1 660	f
Structure du P I B				
Agriculture	%	25,1	9,3	16,6 a
Industrie	% }100 %	30,6	54,8	27,2 a
Services	%	44,3	35,9	56,2 a
Dette extérieure publique	milliard $	..	3,8	5,5 a
Taux d'inflation	%	1,7 g	15,3 h	30,0
Population active	million	..	9,4	12,5 a
Agriculture	%	47	42,2	33 i
Industrie	%	26	32	34 i
Services	%	26	30	27 i
Dépenses publiques				
Éducation	% P N B	3,4	..	3,5 d
Défense	% P N B	5,2	..	8,6 a
Production d'énergie	million T E C	140,3	419,7	183,9 a
Consommation d'énergie	million T E C	9,8	43,4	55,0 a

a. 1985; b. 1960-73; c. 1973-83; d. 1982; e. L'Iran pratique des taux de change multiples. Le PIB était, en 1984, de 70 à 167 milliards de dollars selon le taux utilisé; f. 1614 à 3 846 dollars, selon le taux de change utilisé; g. 1960-70; h. 1974-78; i. 1980; j. 1984.

principal pour l'Iran a été la situation économique; la guerre absorbe la totalité de la rente pétrolière, soit de 6 à 7 milliards de dollars par an. Au cours de l'année 1986, l'Irak a frappé des cibles économiques : terminaux pétroliers, raffineries, centrales électriques, etc. Les exportations, qui ont diminué de 30 % par rapport à 1985, semblaient cependant remonter la pente à la fin de 1986. Coupures de courant et pénurie de produits énergétiques ont porté un coup au moral de la population. Pourtant, en combinant le bricolage, les accords de troc et en jouant sur la peur qu'il inspire aux pays arabes modérés (notamment à l'Arabie saoudite), l'Iran a réussi à s'approvisionner tant en produits pétroliers raffinés qu'en armes.

Pour protéger les couches populaires, principal soutien du régime, des effets de la crise économique, le gouvernement a mis au point un système de coupons qui évite les effets pervers du marché noir : cha-

que famille reçoit un certain nombre de coupons qui permettent d'acheter les produits de première nécessité à bas prix, mais, au-delà des rations allouées, on peut acheter au marché libre, qui reste parfaitement légal. Des fondations, comme la Fondation des martyrs ou bien celle des *moztazafin*, gèrent les biens confisqués de l'ancien régime et permettent d'assurer des secours aux familles de martyrs. Les distributions de coupons se font à partir des mosquées. Les gardes révolutionnaires et les *bassij* (jeunes mobilisés) de retour du front ont droit à une priorité pour l'embauche ou pour entrer à l'université sans passer par les concours d'État. Ainsi s'est créé tout un réseau d'entraide autour des institutions révolutionnaires, qui assure la base populaire de la révolution islamique. En revanche, les fonctionnaires ont subi de plein fouet les effets de l'inflation (de l'ordre de 30 % en 1986).

Sur le plan politique, aucune

alternative à la république islamique n'est apparue. Les Moudjahidin du peuple, autrefois perçus comme de jeunes idéalistes, sont désormais assimilés par toute la population à de dangereux terroristes; le fait de s'être installés en Irak au printemps 1986, après leur expulsion de France, les a définitivement discrédités, au même titre que le mouvement de Chapour Bakhtiar. On ne parle pas non plus de l'insipide fils du chah. L'armée, technocrate, patriote et de nouveau valorisée par le régime n'a aucune tradition putschiste et reste loyale.

Les véritables débats qui ont lieu en Iran concernent non pas la politique étrangère, mais la politique intérieure. Faut-il socialiser ou au contraire libéraliser l'économie? Deux points importants sont en jeu: l'éventuelle nationalisation du commerce extérieur et la question de la réforme agraire. Les débats n'opposent pas les dirigeants entre eux mais à une frange radicale de militants de base, qui jouent les organes révolutionnaires (hezbollah, tribunaux ré-volutionnaires, comités) contre l'appareil d'État pour imposer le partage des terres. Ces militants ont été qualifiés par la presse de « plus imam que l'imam ». Les débats se reflètent au Parlement où l'ensemble des options qui existent à l'intérieur du régime s'expriment dans des sessions très agitées.

L'affaire de l'« Irangate » (ventes d'armes américaines à l'Iran) montre que l'Iran, loin d'être marginalisé, maintient des contacts étroits avec bien des pays qu'il voue par ailleurs aux gémonies. Paris, pour sa part, a essayé d'améliorer ses relations avec Téhéran en vue de régler les trois points du contentieux franco-iranien: remboursement des prêts consentis par le chah (Eurodif), vente d'armes à l'Irak et libération des otages français détenus au Liban. Présent au Liban par l'intermédiaire du hezbollah, de plus en plus actif dans son soutien à la résistance afghane, l'Iran est devenu une puissance régionale avec laquelle il faut compter.

Olivier Roy

BIBLIOGRAPHIE

BALTA P., *Iran-Irak, une guerre de cinq mille ans*, Anthropos, Paris, 1987.

FAROUGHY A., « Forces et faiblesses du régime iranien », *Le Monde diplomatique*, juin 1986.

NADJHABADI S., « Un regard différent sur l'Iran d'aujourd'hui », *Le Monde diplomatique*, janvier 1987.

VAN BRUINESSEN M., « The Kurds between Iran-Irak », *Merip Middle East Report*, n° 141, juillet-août 1986.

Afrique du Sud. Surenchères

Le président sud-africain Pieter Botha se trouve dans une situation impossible. Non pas que son régime soit menacé de s'effondrer: l'état d'urgence national imposé le 12 juin 1986 et la répression sans gants des mois suivants ont donné un large coup d'arrêt, sans doute temporaire, à la dissidence dans les ghettos noirs. Mais en dehors de cet avantage du rapport de forces militaire, le chef de l'État ne peut guère avoir de motifs de se réjouir.

Le désarroi des Afrikaners

C'est paradoxalement la minorité blanche qui cause le plus de soucis à Pieter Botha. Le président sud-africain, au pouvoir depuis 1978, redoute une fragmentation politique accrue des cinq millions de Blancs, et en particulier des 60 % d'Afrikaners parmi lesquels se recrutent les partisans de son Parti national (NP). Cette perspective place le président Botha en porte-à-faux par rapport à l'histoire des Afrikaners, et à leur quête quasi mystique de l'unité du *Volk*.

Depuis la mise en œuvre de son programme « réformiste », au début des années quatre-vingt, Pieter Botha est confronté à une surenchère croissante de l'extrême droite afrikaner. Celle-ci est elle-même divisée en trois courants : le Parti national purifié (HNP) de Jaap Marais, issu d'une scission au sein du NP en 1970 ; le Parti conservateur (CP) de l'ancien ministre Andries Treurnicht, qui a scissionné du NP en 1982 ; et le Mouvement de résistance afrikaner (AWB) d'Eugène Terreblanche, qui se situe dans l'opposition extra-parlementaire et s'organise de façon paramilitaire avec, comme emblème, une croix nazie à peine modifiée... Cette opposition s'est montrée de plus en plus virulente, allant jusqu'à perturber par la force les réunions publiques du Parti national en présence de membres du gouvernement, comme le ministre des Affaires étrangères, le très « éclairé » Roelof « Pik » Botha, empêché de parler en mai 1986 à Pietersburg, dans le Nord Transvaal. La passivité de la police lors de ces incidents a sérieusement inquiété le gouvernement...

Pour tenter de donner un coup d'arrêt à cette poussée des partisans d'un retour à un apartheid « pur et dur », Botha a freiné ses ambitions « réformistes », durci le ton à l'égard des Noirs et vis-à-vis des pressions étrangères, puis convoqué des élections anticipées pour les seuls Blancs, le 6 mai 1987. L'enjeu était moins le pouvoir que la marginalisation de l'extrême droite. Si le Parti national a conservé la majorité

AFRIQUE DU SUD

République sud-africaine.
Capitale : Prétoria.
Superficie : 1 221 037 km² (2,2 fois la France).
Carte : p. 317.
Monnaie : rand (1 rand = 2,98 FF au 30.4.87).
Langues : afrikaans et anglais (officielles) ; xhosa, zoulou, sesotho, etc. (langues africaines).
Chef de l'État : Pieter W. Botha, président et chef du gouvernement.
Nature de l'État : république centralisée. L'État central domine en outre des bantoustans noirs « indépendants ».
Nature du régime : parlementaire : la législation électorale est soumise à des critères raciaux (apartheid).
Principaux partis politiques : *Blancs :* Parti national (au pouvoir) ; Parti progressiste fédéral ; Parti de la nouvelle république ; Parti conservateur (extrême droite) ; Herstigte Nasionale Party (extrême droite afrikaner). *Noirs :* African National Congress (ANC, illégal) ; Inkatha Yenkululeko Yesizwe (zoulou) ; Pan-africanist Congress (PAC, illégal). Azania People's Organization (AZAPO, Conscience noire). *Métis :* Parti travailliste d'Afrique du Sud. *Indien :* Indian Congress ; Indian Reform Party. *Non racial :* Front démocratique uni (UDF).

1. Démographie, culture, armée

	Indicateur	Unité	1965	1975	1986
Démographie	Population	million	19,6	25,5	33,2
	Densité	hab./km^2	16	21	27
	Croissance annuelle	%	2,6 [h]	2,7	2,5 [c]
	Mortalité infantile	‰	..	110 [d]	81 [cf]
	Espérance de vie	année	..	49,5 [d]	53,5 [ae]
	Population urbaine	%	47	48	55,9 [a]
Culture	Analphabétisme	%	..	..	50 [ij]
	Nombre de médecins	‰ hab.	0,7	0,6	..
	Scolarisation 2e degré	%	15	..	46,8 [b]
	3e degré	%	3,8	4,9	8,1 [b]
	Postes tv	‰	..	3,9	71 [g]
	Livres publiés	titre	1 526	3 849	..
Armée	Marine	millier d'h.	3,5	40	9,0
	Aviation	millier d'h.	4,0	8,5	13,0
	Armée de terre	millier d'h.	19,0	38,0	76,4

a. 1985 ; b. 1984 ; c. 1980-85 ; d. 1970-75 ; e. Blancs : 73,9, Métis : 62,8, Asiatiques : 69,3, Noirs : 59,8 (en 1979-81) ; f. Blancs : 9,7 ‰, Métis : 40,4 ‰, Asiatiques : 15,6 ‰, Noirs : 80 ‰ (1985, sauf Noirs : 1983) ; g. 1982 ; h. 1960-70 ; i. 1983 ; j. Blancs : 3 %, Métis : 31,5 %, Asiatiques : 20,5 %, Noirs : 54,5 % (selon les sources sud-africaines).

2. Commerce extérieur [e]

Indicateur	Unité	1965	1975	1986
Commerce extérieur	%	23,0	23,1	25,4
Total imports	milliard $	2,6	7,6	13,0
Produits agricoles	%	9,4	7,5	9,7 [a]
Produits pétroliers	%	5,9	.. [b]	20,0 [a]
Autres produits miniers	%	2,5	2,1	0,3 [a]
Total exports	milliard $	2,6	8,9	18,5
Or	%	42,0	39,0	42,1 [a]
Autres produits miniers	%	15,2	12,2	18,0 [a]
Produits agricoles	%	21,9	19,4	2,8 [a]
Principaux fournisseurs [c]	% imports			
Japon		5,7	11,1	17,0 [a]
Europe occidentale		54,1	58,4	43,0 [a]
États-Unis		18,9	17,7	23,7 [a]
Principaux pays clients [d]	% exports			
Europe occidentale		55,8	53,6	43,3 [a]
États-Unis et Japon		16,1	23,5	29,6 [a]
Afrique		13,9	11,0	8,1 [a]

a. 1985 ; b. Confidentiel ; c. 23 % des importations proviennent, en 1985, de destinations non spécifiées. Les pourcentages se réfèrent à la partie des importations dont l'origine est spécifiée ; d. Or non compris ; e. Marchandises : les chiffres concernent l'Union douanière formée avec le Lésotho, le Swaziland, le Botswana et la Namibie.

Indicateur	Unité	1965	1975	1986
P I B	milliard $	11,2	37,5	62,0
Croissance annuelle	%	5,9 [b]	2,8 [c]	0,6
Par habitant	$	570,6	1 470,6	1 866 [f]
Structure du P I B				
Agriculture	% ⎫	10,2	9,4	5,6
Industrie	% ⎬100 %	39,9	46,6	44,8
Services	% ⎭	49,9	44,0	49,6
Dette extérieure	milliard $	. .	13,8	26,5 [a]
Taux d'inflation	%	2,8 [h]	11,6 [i]	18,0
Population active	million	6,4	8,8	9,76 [a]
Agriculture	%	29,5 [d]	30,6 [e]	15,0 [j]
Industrie	%	27,3 [d]	27,5 [e]	32,4 [j]
Services	%	34,7 [d]	34,9 [e]	42,8 [j]
Dépenses publiques				
Éducation	% P I B	2,5	4,3 [g]	. .
Défense	% P I B	3,2	2,8	3,5
Production d'énergie	million T E C	48,5	69,8	110,0 [a]
Consommation d'énergie	million T E C	54,8	84,2	93;8 [a]

a. 1985; b. 1960-73; c. 1973-83; d. 1960; e. 1970; f. Le produit intérieur brut par habitant des bantoustans était, en 1981, de 182 dollars; le revenu national par habitant était trois fois plus élevé en raison des revenus des émigrés et frontaliers; g. 1976; h. 1960-70; i. 1974-78; j. 1980; k. 1984.

absolue (53 % des voix), sa victoire a été ternie par le net succès de l'extrême droite (C P et H N P) qui a totalisé près de 30 % des votes. La formation de M. Treurnicht est ainsi devenue le principal parti d'opposition à l'Assemblée, aux dépens des libéraux.

Obnubilé par cette menace sur sa droite, Pieter Botha n'a pas vu venir la révolte de la « gauche ». Choisissant le jour de l'ouverture du Parlement au Cap, en janvier 1987, Denis Worrall, ambassadeur d'Afrique du Sud à Londres, et l'un des auteurs de la Constitution de 1984, a annoncé sa démission en dénonçant l'arrêt des ambitions « réformistes » du chef de l'État. Se présentant comme candidat indépendant aux élections du 6 mai (il n'a pas été élu), Worrall a contesté le refus du président de supprimer la ségrégation résidentielle, et surtout son opposition à la formule de partage limité du pouvoir proposée en 1986 par le chef zoulou

Gatsha Buthelezi dans le Natal, avec le soutien des milieux d'affaires blancs.

A peine l'orage était-il calmé que près de trente universitaires de Stellenbosch, le « berceau » intellectuel des Afrikaners, publiaient, en mars 1987, un document estimant notamment que « le gouvernement doit déclarer sans ambiguïtés son intention de partager le pouvoir avec les Noirs ». Parmi les signataires, des proches du pouvoir, comme le professeur Sampie Terreblanche, vice-président de la télévision d'État, aussitôt limogé de ce poste. En quelques semaines, plus de trois cents universitaires de Stellenbosch ajoutaient leur nom à cette déclaration sans précédent parmi les Afrikaners...

Cette « fronde » libérale, encouragée par le Parti progressiste fédéral (PFP) qui représente la « gauche » au sein du Parlement blanc, ne menace pas non plus directement le pouvoir du Parti national. Elle est cependant un des nombreux signes du désarroi d'une partie croissante de la population blanche devant l'aggravation de la situation. Désacralisé par Botha lui-même qui l'a qualifié de « dépassé », le système de l'apartheid tel qu'on l'a connu jusqu'au début des années quatre-vingt n'a été remplacé par rien dans l'esprit des Blancs. Pieter Botha leur donne l'impression dangereuse de « naviguer à vue »...

Le partage du pouvoir avec les minorités métisse et indienne depuis 1984 n'a, de l'avis général, rien changé à la structure du pays, comme l'a montré l'incident de janvier 1987 entre Pieter Botha et son ministre sans portefeuille métis, le révérend Allan Hendrickse. Ce dernier, pour montrer son impatience devant la lenteur des réformes, a pris un bain très médiatique sur une plage pour Blancs de Port Elizabeth. Le président de la République a aussitôt exigé des excuses publiques de son ministre, qui s'est exécuté, perdant le peu de crédibilité qui lui restait... De même, les réformes, dont certaines sont importantes, comme l'abolition des tristement célèbres *pass* à compter du 1er juin 1986, n'ont pas eu l'impact politique escompté.

Retour à l'état d'urgence

Dans le contexte de poursuite de la sanglante révolte des ghettos entamée en septembre 1984, Pieter Botha a choisi, en juin 1986, la fermeté. Quatre jours avant la commémoration, le 16 juin, du dixième anniversaire du début des émeutes de Soweto, le président a réimposé, cette fois sur l'ensemble du territoire, l'état d'urgence levé quatre mois plus tôt. Cela n'a pas empêché la plus importante grève générale de l'histoire de l'Afrique du Sud de se dérouler ce même 16 juin, mais les mouvements anti-apartheid en ont été sérieusement désorganisés. Dans

les mois suivants, plus de 30 000 personnes ont été arrêtées à travers le pays, en vertu de l'imposant arsenal de lois répressives, encore renforcées en 1986, dont dispose l'État. Début 1987, les organismes de défense des droits de l'homme estimaient à plus de dix mille les opposants toujours sous les verrous, parmi lesquels de très nombreux enfants, soumis, comme bon nombre de détenus, à des tortures et des pressions fréquentes.

Principal courant visé, le Front démocratique uni (UDF) qui a vu la plupart de ses cadres emprisonnés ou forcés à la clandestinité, désorganisant ses activités. L'UDF est considéré comme proche de l'« ennemi numéro un » de Prétoria, le Congrès national africain (ANC), de Nelson Mandela (en prison) et Oliver Tambo (en exil), une organisation qui a célébré le 12 janvier 1987 son soixante-quinzième anniversaire, dont vingt-sept ans dans la clandestinité.

Seul le mouvement syndical indépendant, principalement incarné par le Congrès des syndicats sud-africains (COSATU), a survécu sans trop de dégâts à cette vague répressive sans précédent. Mieux structurés, les syndicats ont également bénéficié de l'appui des milieux patronaux inquiets des éventuels troubles sociaux qui risquaient de suivre des arrestations en masse... Restés seuls à occuper le terrain, les syndicats ont accentué leur engagement politique contre l'apartheid, tout en évitant la confrontation directe.

La répression de l'État s'est accompagnée de luttes de tendances assez dures entre les différents courants noirs. Aux partisans de la « Charte de la liberté », le programme de l'ANC adopté par l'UDF et par le COSATU, s'opposent d'une part les adeptes de la « Conscience noire », membres de l'Organisation du peuple d'Azanie (AZAPO), mais aussi les « Vigilants », miliciens conservateurs souvent manipulés par les autorités. Ainsi, au camp de squatters de

Crossroads, près du Cap, une véritable « guerre civile » a mis aux prises en mai 1986 jeunes radicaux anti-apartheid et miliciens conservateurs, provoquant des dizaines de morts et laissant plus de quarante mille sans-abri. De nombreux témoins ont mis en cause l'intervention de la police aux côtés des miliciens, un phénomène constaté dans de nombreuses autres occasions à travers le pays. Des rivalités particulièrement sanglantes ont été enregistrées dans le Natal, entre partisans du chef Buthelezi et ceux de l'UDF.

L'Afrique du Sud présente ainsi, en 1987, le double visage d'une minorité blanche qui s'entre-déchire politiquement sans avoir de vision cohérente de son avenir, et d'une majorité noire, affaiblie par ses divisions, qui courbe le dos sous le poids de la répression, mais n'attend sans doute qu'une occasion pour manifester de nouveau son aspiration à gouverner. Sous l'apparente « normalisation » imposée par l'état d'urgence, le volcan sud-africain n'est pas éteint.

Pierre Haski

--- BIBLIOGRAPHIE ---

« L'Afrique du Sud aujourd'hui », n° spécial, *Présence africaine*, 1986.

« Afrique du Sud : demain le feu », *Les Temps modernes*, juin-août 1986.

BARBIER J.C., DÉSOUCHES O., *Sanctionner l'apartheid, quatorze questions sur l'isolement de l'Afrique du Sud*, La Découverte, Paris, 1987.

BOCKEL A., *De l'apartheid à la conquête du pouvoir*, Publisud, Paris, 1986.

CHALIAND G., *Où va l'Afrique du Sud ?*, Calmann-Lévy, Paris, 1986.

« L'État sud-africain en péril », *Politique africaine*, n° 25, mars 1987.

HASKI P., *L'Afrique blanche. Histoire et enjeux de l'apartheid*, Seuil, Paris, 1987.

SOUDAN F., *Mandela l'indomptable*, Jeune Afrique Livres, Paris, 1986.

TREMBLAY J., *Afrique du Sud : l'apartheid sans masque*, Karthala/CCFD, Paris, 1987.

Mexique. Le pétrole ne paie plus

Le Mexique avait pourtant promis au Fonds monétaire international de ne pas dépasser les 100 % d'inflation en 1986 : elle a été de 104 %. Le peso n'a cessé de se dévaluer. Le PIB a diminué de 4 %. L'investissement global, surtout public, a chuté de 15 %. L'activité économique a été découragée par les taux d'intérêt élevés (de 95 à 100 %). La dette extérieure (110 milliards de dollars) a dominé tous les débats. Le fait que la communauté internationale ait suivi de près les négociations sur la dette mexicaine témoigne de l'importance de ce problème dans l'équilibre du système

1. DÉMOGRAPHIE, CULTURE, ARMÉE

	INDICATEUR	UNITÉ	1965	1975	1986
Démographie	Population	million	41,3	60,2	80,5
	Densité	hab./km²	21	30	41
	Croissance annuelle	%	3,4 [e]	3,5 [f]	2,5 [d]
	Mortalité infantile	‰	78 [g]	69 [h]	52 [d]
	Espérance de vie	année	58 [g]	62,2 [h]	65,7 [d]
	Population urbaine	%	51 [g]	63	70,0 [a]
Culture	Analphabétisme	%	35 [g]	24	9,7 [a]
	Nombre de médecins	‰ hab.	0,57	0,80	0.96 [i]
	Scolarisation 6-11 ans	%	67,8	86,8	96,4 [a]
	12-17 ans	%	43,1	57,7	75,3 [a]
	3e degré	%	5,0	10,6	15,2 [c]
	Postes tv	‰	..	..	108 [c]
	Livres publiés	titre	..	5 822	4 505 [b]
Armée	Marine	millier d'h.	8,5	11,5	28
	Aviation	millier d'h.	6	6	6,5
	Armée de terre	millier d'h.	..	..	105

a. 1985; b. 1984; c. 1983; d. 1980-85; e. 1961-70; f. 1971-80;
g. 1960; h. 1970-75; i. 1980.

2. COMMERCE EXTÉRIEUR [b]

INDICATEUR	UNITÉ	1965	1975	1986
Commerce extérieur	% PIB	6,5	5,4	11,0 [a]
Total imports	milliard $	1,6	6,6	11,6
Produits agricoles	%	9,5	15,0	15,8 [a]
Produits miniers	%	5,5	9,2	2,8 [a]
Produits industriels	%	85,0	75,8	74,1 [a]
Total exports	milliard $	1,0	2,9	16,3
Produits agricoles	%	64,5	39,8	11,3 [a]
Pétrole et gaz	%	3,6	16,2	38,6
Autres produits miniers	%	9,8	6,0	1,2 [a]
Principaux fournisseurs	% imports			
États-Unis		65,7	62,8	64,0 [a]
CEE		19,6	16,6	12,5 [a]
Japon		2,5	4,6	5,2 [a]
Principaux clients	% exports			
États-Unis		54,9	61,6	60,3 [a]
Espagne		0,2	0,7	7,7 [a]
CEE		5,4	8,9	18,2 [a]

a. 1985; b. Marchandises.

financier international. Personne ne souhaite en effet l'effondrement du Mexique. Le gouvernement ayant fait savoir avec fermeté qu'il ne pourrait remplir ses obligations financières qu'en fonction de ses capacités de paiement et dans les limites compatibles avec les besoins de croissance et

INDICATEUR	UNITÉ	1965	1975	1986
PIB	milliard $	20,6	88,0	163,8 ᵃ
Croissance annuelle	%	6,9 ᵈ	5,0 ᵉ	− 5,3
Par habitant	$	498	1 462	2 086 ᵃ
Structure du PIB				
Agriculture	% ⎫	9,8	7,1	11 ᵃ
Industrie	% ⎬ 100 %	34,3	36,6	35 ᵃ ᵏ
Services	% ⎭	55,9	56,4	54 ᵃ
Dette extérieure	milliard $	2,9 ⁱ ʲ	5,58 ⁱ	100,0
Taux d'inflation	%	2,0 ᶠ	30,0 ʰ	105,7
Population active	million	. .	17,1	23,5 ᵇ
Agriculture	%	55 ᵍ	40,5	40,1 ᵇ
Industrie	%	20 ᵍ	22,3	23,0 ᵇ
Services	%	25 ᵍ	31,6	36,9 ᵇ
Dépenses publiques				
Éducation	% PIB	2,2	3,8	2,8 ᶜ
Défense	% PIB	1,1	0,6	0,7 ᵃ
Production d'énergie	million TEC	39,7	82,1	250,4 ᵃ
Consommation d'énergie	million TEC	32,8	73,7	125,9 ᵃ

a. 1985 ; b. 1984 ; c. 1983 ; d. 1960-73 ; e. 1973-83 ; f. 1960-70 ; g. 1960 ; h. 1974-78 ; i. Dette publique seulement ; j. 1970 ; k. Dont pétrole et extraction minière : 9,5 %.

de développement du pays, le FMI a accepté d'ajuster son financement aux contingences du marché pétrolier.

Les capacités de paiement du Mexique ont été en effet gravement amputées par la chute de 60 %, en valeur, des exportations pétrolières (premier produit d'exportation), consécutive à la baisse des prix sur le marché international, mais aussi par la diminution des revenus de l'exportation du café (deuxième produit d'exportation). En revanche, les exportations non pétrolières ont augmenté de 34 %. L'économie de crise a eu pour effet d'aggraver le chômage (officiellement quatre millions de chômeurs sans compter les sous-employés), de multiplier les licenciements (trois mille par jour en 1986) avec la fermeture d'entreprises, dont l'usine Renault, alors que, parallèlement, l'économie souterraine a connu un essor considérable (elle représenterait le tiers du PIB) : elle constitue une soupape de sûreté dans une société où la baisse continuelle des salaires réels et la diminution subséquente du pouvoir d'achat s'ajoutent à une poli-

tique de vérité des prix et des tarifs publics.

En novembre 1986, la communauté financière internationale a accordé au Mexique un crédit de douze milliards de dollars et le 20 mars 1987, les banques commerciales se sont engagées à lui fournir 7 700 millions de dollars. Ces nouveaux prêts et les renégociations de la dette ont redonné espoir au gouvernement quant à une reprise de l'activité économique en 1987. Les maîtres mots de la politique économique sont devenus reconversion et modernisation industrielles, changement structurel. Le gouvernement de Miguel de la Madrid a mis en œuvre une politique de privatisation et de réduction du secteur public, notamment par la vente d'entreprises d'État non rentables.

La dégradation de l'économie mexicaine, asservie à la dette extérieure, a provoqué une recrudescence de grèves et de luttes sociales. Contrairement au mouvement étudiant de 1968 qui avait ensanglanté Mexico, la longue grève des étudiants de l'Université, en janvier et février 1987, qui s'opposaient à un projet de réforme prévoyant un renforcement de la sélection et l'augmentation des droits d'inscription, s'est déroulée sans violence ; le dialogue a prévalu et les étudiants ont obtenu qu'un congrès national se réunisse sur les problèmes de l'enseignement supérieur. Les électriciens, les téléphonistes, les instituteurs de l'État d'Oaxaca (l'un des leurs a été assassiné à Tuxtla Gutiérrez) ont débrayé tour à tour ; des organisations indiennes et paysannes ont fait des grèves de la faim en plein cœur de la capitale, les couturières du syndicat 19 septembre ont organisé des *sit-in*, sans oublier les traditionnels conflits agraires, avec leur cortège de violences, de marches paysannes, d'arrestations arbitraires, notamment dans les États toujours explosifs du Chiapas, Michoacan, Oaxaca. Un chiffre encourageant cependant : en trois ans, 1,6 million d'adultes ont été alphabétisés, ce qui a réduit le taux d'analphabétisme de 14 à 9,2 %.

Contestation au sein du PRI

C'est sur ce fond de crise et d'une intense mobilisation sociale que se profilent les élections présidentielles de 1988. Au sein du parti officiel, le Parti révolutionnaire institutionnel (PRI), une « tendance démocratique » est apparue, qui exprime en fait les préoccupations profondes de la société mexicaine : modification de la relation entre l'État et la société civile, ouverture d'espaces de participation des citoyens à la vie politique, critique du présidentialisme, de la concentration du pouvoir, etc. Ce courant rénovateur, en secouant les rouages du système, n'a pas été sans créer un malaise dans le parti lui-même et dans le syndicalisme officiel. Ces exigences se sont accentuées à la suite des tremblements de terre de septembre 1985, mais aussi au moment des élections du gouverneur de l'État de Chihuahua en juillet 1986, qui ont reposé le problème des pratiques frauduleuses du PRI (dénoncées à la fois par la droite et l'Église et par la gauche) soucieux de ne pas céder de terrain (notamment dans les régions proches des États-Unis) à la droite mexicaine pro-américaine représentée par le Parti d'action nationale (PAN). Par ailleurs, dans la perspective des élections, divers partis de gauche ont annoncé leur fusion dans une nouvelle organisation, le Parti mexicain socialiste (PMS).

Frictions avec les États-Unis

Quant au nationalisme mexicain, il a continué de rassembler les Mexicains, par delà leurs divergences politiques, et les États-Unis ont tout fait pour le fortifier : campagne antimexi-

BIBLIOGRAPHIE

BARRE M.-C., *Mexique : nouveaux défis*, Universalia, Encyclopedia Universalis, Paris, 1987.

CASTANEDA J. G., « Mexico's Coming Challenges », *Foreign Policy*, n° 4, 1986.

CASTANEDA J. G., « Mexico at the Brink », *Foreign Affairs*, hiver 1985-1986.

COUDERC V., *Refuge, réfugiés, des Guatémaltèques en terre mexicaine*, L'Harmattan, Paris, 1987.

LOAEZA S., « Le Mexique dans les relations cardinales », *Revue française de science politique*, n° 6, décembre 1986.

RUDEL C., *Rio Bravo, les « dos mouillés » à l'assaut des USA*, Encre, Paris, 1987.

caine pour l'absence prétendue de collaboration du Mexique dans la lutte contre le trafic de drogue, pressions visant à infléchir sa politique centraméricaine et, dernier volet de ces rapports conflictuels, l'entrée en vigueur, le 5 mai 1987, de la nouvelle loi nord-américaine d'immigration, la loi Simpson-Rodino, qui menace quatre millions de Latino-Américains, dont au moins deux millions de Mexicains et bon nombre de Centraméricains réfugiés. Cette loi prévoit de sévères sanctions contre les employeurs de travailleurs illégaux, et l'« amnistie » pour les *indocumentados* en mesure de prouver un séjour antérieur à 1982. Les autres sont menacés d'expulsion. L'inquiétude est grande dans un Mexique en pleine crise économique, incapable d'absorber cette main-d'œuvre supplémentaire. Cette loi, même si les États-Unis s'en défendent, vise principalement les Mexicains, dont la dépendance à l'égard de leur voisin du Nord est d'autant plus forte qu'ils ont perdu le pouvoir de négociation que leur donnait auparavant leur pétrole.

Cette décision unilatérale du gouvernement Reagan a été perçue à la fois comme un signe de mépris envers la souveraineté nationale du Mexique, comme une arme politique contre son action pacifiste en Amérique centrale et comme un moyen de pression pour activer les changements structurels favorables aux intérêts des États-Unis.

Les rapports avec le voisin du Sud, le Guatémala, sont restés au beau fixe. Les présidents Miguel de la Madrid et Vinicio Cerezo ont échangé des visites officielles, concrétisant ainsi un rapprochement historique qui, après des décennies de rapports conflictuels, prend toute son importance dans le contexte de la détérioration des relations entre le Mexique et les États-Unis. Les thèmes majeurs de ces rencontres : l'Amérique centrale, la coopération bilatérale, les réfugiés guatémaltèques au Mexique. Les retours (quelques centaines) sont encore timides, les réfugiés estimant que les conditions de sécurité ne sont pas remplies au Guatémala après un an de gouvernement civil.

Par ailleurs, le Mexique a affirmé sa présence sur la scène internationale, notamment en signant la Déclaration de Mexico (août 1986) en faveur du désarmement et de la suppression des essais nucléaires dans le monde, aux côtés de l'Argentine, l'Inde, la Tanzanie, la Grèce et la Suède, et en diversifiant ses relations extérieures, dans un souci de faire contrepoids à la présence par trop pesante des États-Unis et de gagner en politique extérieure une marge de manœuvre largement érodée en politique intérieure.

Marie-Chantal Barre

MEXIQUE

États unis du Mexique.
Capitale : Mexico.
Superficie : 1 967 183 km² (3,6 fois la France).
Carte : p. 335.
Monnaie : peso (1 peso = 0,005 F F au 30.4.87).
Langues : espagnol (officielle), langues indiennes.
Chef de l'État : Miguel de la Madrid Hurtado, président.
Nature de l'État : république fédérale (31 États et un district fédéral).
Nature du régime : démocratie présidentialiste très liée au P R I, parti officiel.
Principaux partis politiques : *Gouvernement :* Parti révolutionnaire institutionnel (P R I, centriste). *Opposition légale :* Parti d'action nationale (P A N, droite catholique); Parti socialiste unifié du Mexique (P S U M, influence prépondérante de l'ancien Parti communiste mexicain, P C M, prosoviétique); Parti populaire socialiste (P P S, gauche); Parti authentique de la révolution mexicaine (P A R M); Parti démocratique mexicain (P D M, conservateur); Parti mexicain des travailleurs (P M T, gauche); Parti socialiste des travailleurs (P S T); Parti révolutionnaire des travailleurs (P R T, trotskiste).

Philippines.
Cory, les militaires et la guérilla

Portée à la présidence le 25 février 1986 après le départ forcé de Ferdinand Marcos, Cory Aquino n'a guère eu le temps de profiter de « l'état de grâce » : dès le 6 juillet, Arturo Tolentino, colistier de Marcos aux élections présidentielles du 7 février, investissait le Manila Hotel avec le soutien d'environ trois cents soldats et quelques généraux et, de la chambre 1 426, se proclamait président. « Le coup d'hôtel des farces armées » sombrait dans le ridicule.

Plus sérieusement, un conflit a surgi entre le ministre de la Défense, Juan Ponce Enrile, soutenu par les colonels du Mouvement de réforme des forces armées (RAM) et la présidente à laquelle il reprochait la présence de ministres gauchisants au sein du gouvernement. Pour les expulser, le RAM et Enrile ont mis sur pied l'opération *God save the Queen*, prévue pour le 24 novembre, mais qui a été bloquée par le général Fidel Ramos, chef d'état-major des forces armées avec l'appui des Gardiens de la fraternité, organisation rivale du RAM et regroupant les officiers subalternes et les sous-officiers. Enrile a démissionné le 23 et a été remplacé par le général Rafaël Ileto, opposant de longue date à Marcos. En décembre, Mme Aquino a remanié en partie son gouvernement à la fois pour calmer les militaires mais aussi pour satisfaire Ramos qui, s'il n'était pas d'accord sur la méthode d'Enrile, l'était, en revanche, sur ses revendications.

Mais la présidente n'était pas au bout de ses peines : le 22 janvier 1987, 12 000 manifestants encadrés par le Mouvement des paysans philippins (proche du Parti communiste des Philippines – PCP) se sont heurtés au pont Mendiola, près du palais Malacañang, aux forces de l'ordre qui ont tiré, faisant seize morts et une centaine de blessés. La provocation semble avoir été le fait de la Nouvelle armée du peuple (NAP), branche armée du PCP, mais aussi des militaires, qui poursuivaient le même objectif : rompre les négociations avec la guérilla, reprendre les combats et obtenir la victoire par la force sur le terrain. Dans la nuit du 26 au 27 janvier, éclatait un nouveau putsch avec la participation du général José Zumel et du colonel Rolando Abadilla, déjà impliqués dans l'épisode du Manila Hotel. L'affaire était cette fois plus sérieuse puisque Marcos se préparait à revenir d'Hawaii. Mme Aquino ordonnait l'arrestation de 13 officiers, 359 soldats et 137 civils.

Effrayée, la population a voté à 76,29 % en faveur de la nouvelle Constitution, le 2 février 1987, démontrant son soutien à la démocratie et à Corazon Aquino. La Constitution prévoit la possibilité de renouvellement des accords sur les bases américaines, pose le principe d'une réforme agraire et l'autonomie pour les musulmans de Mindanao ainsi que pour les montagnards de l'île de Luçon. Nouvelle alerte, le 18 mars, où l'on a vu encore une fois l'intervention des partisans de Marcos : à l'académie militaire de Baguio, une tentative d'assassinat par bombe, dirigée contre Mme Aquino, faisait quatre morts et quarante-cinq blessés. Face à l'hostilité tenace des militaires, Cory Aquino a pu cependant se prévaloir d'une véritable victoire personnelle aux élections sénatoriales et législatives du 11 mai 1987 : son parti, le Parti démocratique des Philippines-Force de la nation, qui s'est présenté sous l'emblème du « pouvoir du peuple » face à la Grande coalition démocratique de Enrile, a obtenu 22 des 24 sièges du Sénat et la majorité des 250 sièges à la Chambre des représentants.

Économie : du mieux

Dans le domaine économique, 1986 a marqué la fin de l'effondrement avec un taux de croissance de 0,13 % (après un déclin de 10 % en 1984 et 1985), et une inflation réduite à 1,6 %. Les exportations ont augmenté de 22 %, s'élevant à 7,79 milliards de dollars contre 7,62 milliards d'importations ; pour la première fois depuis 1973, la balance commerciale a enregistré un excédent de 17 millions de dollars. La dette est passée de 26 à 27,8 milliards de dollars, mais les 483 banques créditrices ont accordé en mars 1987 un rééchelonnement sur dix-sept ans, avec une période de grâce de sept ans et demi. Cependant, le taux de chômage est resté alarmant : 22 % à Manille (la moyenne nationale est de 12 %), alors que 60 % des Philippins vivent au-dessous du seuil de pauvreté avec 120 dollars par mois pour une famille de six personnes, que 70 % des enfants souffrent de malnutrition et que la prostitution, seul moyen d'éviter la misère totale, est en progrès. De nombreuses grèves (3,5 millions de journées de travail perdues en 1986) ont freiné les investissements qui sont passés de 628,2 millions de dollars en 1985 à 534,3 millions en 1986.

Pour redresser la situation, Mme Aquino espérait trouver 15 milliards de dollars en vendant toutes les entreprises de l'État déficitaires ou nationalisées par Marcos pour procurer un fief à ses fidèles. La Philippines Airlines, des hôtels de luxe (dont le fameux Manila Hotel), six banques, la Philippine National Oil Co., entre autres, ont été bradés. Autre projet, plus fondamental, la réforme agraire, nécessaire dans ce pays où 10 % de la population possèdent 90 % des terres. Mais ce projet s'est heurté à la réticence du gouvernement qui compte des grands propriétaires parmi ses membres, dont la famille de Cory Aquino qui possède une hacienda de 6 500 hectares, au nord de Manille. Les premières mesures, timides, portent sur 1,5 million d'hectares à redistribuer jusqu'en 1990, puis sur 4 autres millions d'hectares avant la fin du mandat de la présidente en 1992.

PHILIPPINES

République des Philippines.
Capitale : Quezon City (Manille).
Superficie : 300 000 km² (0,55 fois la France).
Carte : p. 393.
Monnaie : peso (1 peso = 0,29 F F au 30.4.87).
Langues : tagalog, anglais, espagnol.
Chef de l'État : Corazon Aquino, présidente.
Nature de l'État : république.
Nature du régime : démocratie parlementaire.
Principaux partis politiques : *Gouvernement :* Parti démocratique des Philippines-Force de la Nation (PDP-Laban); Organisation unifiée démocratique et nationaliste (UNIDO). *Opposition parlementaire :* Grande alliance démocratique, comprenant le Parti nationaliste (PN), le Mouvement pour la nouvelle société (KBL), le Parti libéral (LP), l'Alliance de Mindanao et le Parti social-démocrate chrétien. *Autres partis :* Parti nationaliste des Philippines (PNP); Parti du peuple (PNB); Parti communiste des Philippines (prosoviétique). *Illégaux :* Parti communiste des Philippines (marxiste-léniniste, indépendant); Front national démocratique.

1. DÉMOGRAPHIE, CULTURE, ARMÉE

	INDICATEUR	UNITÉ	1965	1975	1986
Démographie	Population	million	31,8	42,3	55,58
	Densité	hab./km²	106	141	185
	Croissance annuelle	%	3,0 e	2,7 g	2,4 d
	Mortalité infantile	‰	98 h	68 f	49 d
	Espérance de vie	année	51 h	60,4 f	64,5 d
	Population urbaine	%	30 h	34	39,6 a.
Culture	Analphabétisme	%	. .	17	14,3 a
	Nombre de médecins	‰ hab.	0,04	0,07	0,88
	Scolarisation 6-11 ans	%	77,8	80,3	82,4 a
	12-17 ans	%	48,4	59,4	65,5 a
	3e degré	%	18,8	18,4	29,1 i
	Postes tv	‰	3,8	18	38
	Livres publiés	titre	941	2 247	542 b
Armée	Marine	millier d'h.	4	14	26
	Aviation	millier d'h.	7	14	17
	Armée de terre	millier d'h.	5,5	39	70

a. 1985; b. 1984; c. 1983; d. 1980-86; e. 1961-70; f. 1970-75; g. 1970-80;
h. 1960; i. 1981; j. 1982.

2. COMMERCE EXTÉRIEUR b

INDICATEUR	UNITÉ	1965	1975	1986
Commerce extérieur	% PIB	7,6	19,2	16,7
Total imports	million $	894	3 756	5 374
Produits agricoles	%	24,2	13,2	12,9 a
Produits énergétiques	%	8,7	21,2	27,8 a
Produits industriels	%	66,3	64,3	58,6 a
Total exports	million $	698	2 294	4 771
Sucre et produits du coco	%	52,7	45,9	11,5
Autres produits agricoles	%	28,2	8,9	19,2 a
Produits miniers	%	10,4	12,8	6,9 a
Principaux fournisseurs	% imports			
Japon		24,0	27,9	18,6
États-Unis		35,0	22,2	27,1
Moyen-Orient		5,4	15,5	31,9
Principaux clients	% exports			
États-Unis		45,5	29,8	35,8
Japon		9,2	37,4	17,9
CEE		18,1	16,3	18,4

a. 1985; b. Marchandises.

3. Économie

Indicateur	Unité	1965	1975	1986
PNB	milliard $	4,8	15,9	30,4
Croissance annuelle	%	5,4 [e]	5,3 [c]	0,1
Par habitant	$	150	380	547
Structure du PIB				
Agriculture	% ⎫	21,2	21,4	26,5 [a]
Industrie	% ⎬ 100 %	26,1	40,1	32,7 [a]
Services	% ⎭	52,7	38,5	40,8 [a]
Dette extérieure	milliard $	..	1,4	26,18 [a]
Taux d'inflation	%	5,3 [g]	12,3 [f]	− 0,3
Population active	million	..	15,7	21,6 [a]
Agriculture	%	61 [d]	51	46,6 [a]
Industrie	%	15 [d]	15	13,0 [a]
Services	%	24 [d]	34	34,3 [a]
Dépenses publiques				
Éducation	% PNB	2,9	1,9	1,3 [b]
Défense	% PNB	1,3	2,6	1,7
Production d'énergie	million TEC	0,29	0,35	2,0 [a]
Consommation d'énergie	million TEC	6,9	12,9	18,3 [a]

a. 1985; b. 1984; c. 1973-83; d. 1960; e. 1960-73; f. 1974-78; g. 1960-70.

Mais le plus grave échec de Mme Aquino a été celui des négociations avec la Nouvelle armée du peuple, qui se sont faites par l'intermédiaire du Front national démocratique (FND). En dépit de l'arrestation à Manille, le 29 septembre 1986, de Rodolfo Salas, secrétaire général du PCP et commandant en chef de la NAP, et du meurtre, le 12 novembre, de Rolando Olalia, président du Mouvement du 1er mai (syndicat ouvrier proche du PCP) et du Parti du peuple, les pourparlers avaient abouti le 27 novembre à un accord de cessez-le-feu de soixante jours à compter du 10 décembre 1986. Mais

BIBLIOGRAPHIE

Burg P., « Le défi communiste aux Philippines », *Études*, mai 1987.

Houtard F., « Les fragilités de la jeune démocratie philippine », *Le Monde diplomatique*, mai 1987.

« Marco's Legacy », *Idoc internazionale*, n° 5, 1986.

« Philippines, non-violence contre dictature », *Alternatives non violentes*, n° 63, avril 1987.

« The Philippines – Reflecting and Adapting », *Ampo*, n° 1, 1986.

« Les raisons de l'effondrement économique des Philippines », *La lettre du CEPII*, n° 56, juin 1986.

Williams M., « The Philippines : a Preliminary Stocktaking », *The World Today*, The Royal Institute of International Affairs, Londres, juillet 1986.

cette trêve n'a été respectée par aucun des deux camps. Dès le 2 janvier 1987, les discussions ont tourné court, la présidente rejetant comme « illogiques et injustes » les principales conditions de la NAP : démantèlement des bases américaines, répudiation de la dette, nationalisation des industries, partage du pouvoir. Le 30 janvier, la NAP a pris le prétexte de la fusillade du 22 janvier à Mendiola pour mettre fin aux négociations. Elle a cependant profité de ce répit qui a donné à ses membres l'occasion de se faire connaître à la télévision et, aux commandants des diverses zones, la liberté de se rencontrer et d'élaborer une nouvelle stratégie. Après avoir annoncé la reprise de la « juste guerre » contre Mme Aquino, la NAP a monté le 17 février une attaque spectaculaire, au sud-ouest de Manille, contre un train transportant des soldats. Depuis, les embuscades meurtrières se sont succédé.

Évaluée à 24 500 hommes par les militaires, la guérilla affirme disposer – ce qui est plus vraisemblable – de 15 000 réguliers et de 20 000 supplétifs répartis dans toutes les provinces. Elle s'est implantée très fortement à Samar, troisième île de l'archipel, où elle compte 4 000 membres et 400 000 sympathisants sur une population d'environ 1,7 million d'habitants. La transformation de Samar en zone « libérée » couperait les Philippines en deux. Dans l'île de Mindanao, la NAP s'est alliée au Front islamique de libération nationale (800 hommes), branche dissidente du Front national de libération moro qui poursuit ses négociations avec le gouvernement, et des « commandos moineaux » (commandos d'assassinats sélectifs) sont à l'œuvre à Manille.

Sur le plan international, le Front national démocratique a entrepris de

8ᴴ : CONSEIL DES MINISTRES.
9ᴴ : COUP D'ÉTAT AVORTÉ.
10ᴴ : INAUGURATION D'UN HÔPITAL.
12ᴴ : COUP D'ÉTAT AVORTÉ.
13ᴴ : DÉJEUNER.
14ᴴ : COUP D'ÉTAT AVORTÉ.
ETC

PLANTU

faire connaître la lutte de la N A P en ouvrant des bureaux en Hollande et dans les pays scandinaves, et ses représentants ont participé au sommet des non-alignés de Hararé (Zimbabwé) en août 1986. Dans ces conditions, les États-Unis, qui avaient assuré Mme Aquino de leur soutien lors de sa visite à Washington en mai 1986, ont plus que jamais raison de craindre pour leurs intérêts stratégiques dans cette région du globe.

Martial Dassé

Turquie. Vers le pluralisme

L'année 1986 a été marquée par l'effacement progressif des militaires et par une activité plus intense des partis politiques par rapport aux années qui avaient suivi le rétablissement d'une « démocratie limitée », après les élections législatives de 1983.

La démilitarisation de la vie politique a été toutefois incomplète : la loi martiale instaurée en 1978 (deux ans avant le coup d'État militaire) est restée en vigueur dans les cinq provinces jouxtant la Syrie, l'Irak et l'Iran, théâtre des actions séparatistes kurdes. L'état d'urgence a été maintenu dans huit provinces, dont Istanbul, sur les soixante-sept que compte le pays (il a été levé, en revanche, à Ankara, Izmir et Kars) et les tribunaux militaires ont continué de fonctionner. C'est ainsi qu'en décembre 1986, un verdict très sévère a été rendu par un tribunal militaire d'Istanbul à l'encontre des syndicalistes de la D I S K (Confédération des syndicats ouvriers réformistes) dissoute au lendemain du coup d'État : 264 d'entre eux, dont les principaux dirigeants, ont été condamnés à des peines de un à quinze ans de prison. De même, comme l'a confirmé le rapport d'Amnesty International publié en 1986, la situation des droits de l'homme ne s'est pas notablement améliorée.

Pouvoir bicéphale

La vie politique n'a pas été sans présenter le spectacle d'un pouvoir politique bicéphale : d'une part, le président Kenan Evren, ancien chef d'État-major, entouré d'un conseil présidentiel formé d'anciens commandants de l'armée qui continuent

TURQUIE

République de Turquie.
Capitale : Ankara.
Superficie : 780 576 km² (1,4 fois la France).
Carte : p. 439.
Monnaie : livre (1 livre = 0,007 F F au 30.4.87).
Langues : turc (officielle), kurde.
Chef de l'État : général Kenan Evren, président de la République, président du Conseil national de sécurité.
Chef du gouvernement : Turgut Özal.
Nature de l'État : république centralisée.
Nature du régime : démocratie limitée, contrôlée par les militaires.
Principaux partis politiques : *Représentés au Parlement en avril 1987 :* Parti de la mère patrie (P M P, conservateur); Parti populaire social-démocrate (P P S); Parti libre démocrate (droite); Partie de la juste voie (libéral); Parti de la gauche démocratique (centre gauche); Parti du citoyen (libéral); Indépendants. *Extraparlementaires :* Parti du bien-être (intégriste); Parti du travail nationaliste (extrême droite).

1. Démographie, culture, armée

	Indicateur	Unité	1965	1975	1986
Démographie	Population	million	31,4	40,0	50,30
	Densité	hab./km²	40	51	64
	Croissance annuelle	%	2,5 [e]	2,3 [g]	2,1 [d]
	Mortalité infantile	‰	187 [h]	140 [f]	90 [d]
	Espérance de vie	année	51 [h]	57,6 [f]	63 [d]
	Population urbaine	%	30 [h]	43	48,1 [a]
Culture	Analphabétisme	%	62 [h]	40	25,8 [b]
	Nombre de médecins	‰ hab.	0,4	0,6	0,6 [a]
	Scolarisation 6-11 ans	%	65,3	72,7	77,8 [a]
	12-17 ans	%	33,7	43,3	51,9 [a]
	3e degré	%	4,4	9,3	8,9 [b]
	Postes tv	‰	..	..	127 [c]
	Livres publiés	titre	5 442	6 320	6 869 [c]
Armée	Marine	millier d'h.	37	40	55
	Aviation	millier d'h.	45	48	57
	Armée de terre	millier d'h.	360	365	542

a. 1985; b. 1984; c. 1983; d. 1980-85; e. 1960-70; f. 1970-85; g. 1970-80; h. 1961.

2. Commerce extérieur [d]

Indicateur	Unité	1965	1975	1986
Commerce extérieur	% PIB	6,1	8,6	15,5
Total imports	milliard $	0,6	4,6	10,7
Pétrole	%	10,0	16,9	32,1 [ab]
Autres produits miniers	%	0,7	1,9	2,4 [a]
Produits agricoles	%	13,0	9,4	8,2 [a]
Total exports	milliard $	0,5	1,4	7,6
Produits agricoles	%	88,9	65,7	29,8 [a]
Produits industriels	%	6,1	24,1	62,4 [a]
Produits miniers [c]	%	5,0	7,5	3,1 [a]
Principaux fournisseurs	% imports			
CEE		39,2	49,4	41,5
États-Unis		28,1	9,0	10,2
Moyen-Orient		10,0	15,2	15,4
Principaux clients	% exports			
CEE		45,0	43,7	43,0
Moyen-Orient		8,2	14,7	31,9
États-Unis		17,5	10,5	7,4

a. 1985;   b. 16,8 % en 1986;   c. Produits énergétiques non compris; d. Marchandises.

3. Économie

Indicateur	Unité	1965	1975	1986
P N B	milliard $	8,5	36,0	59,0
Croissance annuelle	%	6,5 b	3,5 c	7,8
Par habitant	$	270	900	1173
Structure du P I B				
Agriculture	% ⎫	34,0	25,5	17,2
Industrie	% ⎬ 100 %	25,7	25,9	38,1
Services	% ⎭	43,9	48,6	44,6
Dette extérieure	milliard $	..	3,2	31,4
Taux d'inflation	%	4,0 d	25,0 f	30,7
Population active	million	14,2	16,4	18,5
Agriculture	%	71,2	62,8	57,5
Industrie	%	12,1	15,9	17,3
Services	%	16,7	21,3	25,2
Dépenses publiques				
Éducation	% P N B	2,1	3,0	2,5 e
Défense	% P N B	4,7	3,7	3,3
Production d'énergie	million T E C	7,7	13,2	20,4 a
Consommation d'énergie	million T E C	10,6	26,2	44,4 a

a. 1985;   b. 1960-73;   c. 1973-83;   d. 1960-70;   e. 1984;   f. 1974-78.

d'être la courroie de transmission entre les militaires et le pouvoir civil; d'autre part, le gouvernement très personnalisé de Turgut Özal qui a su maintenir sa cohésion malgré l'apparition de dissensions internes entre les ailes libérale, islamisante et nationaliste du parti gouvernemental (Parti de la mère patrie, P M P) et sa perte de popularité due, entre autres, aux difficultés économiques et à la montée de l'ancienne classe politique.

Dès 1983, le partage du pouvoir s'est établi entre militaires et membres du gouvernement: aux premiers, les secteurs clés de l'ordre public, de la défense et même de l'Université; aux seconds, la gestion économique, financière et municipale. Ce dualisme va de pair avec des conceptions divergentes de la société qui se sont clairement manifestées en 1986 face à la recrudescence des activités intégristes. Le président, attaché au principe kémaliste de laïcité – comme la majorité de la bureaucratie civile et militaire – a dénoncé la « réaction religieuse »,

alors que le Premier ministre, partisan d'une synthèse entre modernisme et valeurs de l'Islam, prônait l'apaisement. En fait, le demi-succès du projet du kémalisme, vieux de cinquante ans, n'est pas sans susciter, en Turquie, une crise d'identité qui favorise les remontées du fondamentalisme dont l'année 1986 a été le témoin privilégié; il importe de l'évaluer à sa juste mesure, sans exagération.

Divisés sur l'Islam, les dirigeants ont été unanimes quant à la nécessité de lutter contre les menées séparatistes d'organisations kurdes dans l'est du pays, y compris par des pratiques dangereuses, comme l'institution de « protecteurs de village » dûment armés. Le Parti des travailleurs kurdes (P K K), clandestin, d'obédience marxiste-léniniste, qui réclame l'indépendance des provinces de l'Est, a réagi par des actes de terrorisme aveugle.

Si la répression contre les militants kurdes a été approuvée par la plus grande partie de la presse et par les partis de l'opposition, le gouvernement Özal n'a pas été suivi dans tous les domaines. Aux élections législatives partielles du 28 septembre 1986, le Parti de la juste voie (PJV), avec 23,5 % des suffrages, a ébranlé les positions du parti gouvernemental (32 % des voix); non seulement il a permis à Süleyman Demirel, ancien Premier ministre, de faire un *come-back* spectaculaire, mais il a supplanté le Parti populaire social-démocrate (PPS) de Erdal Inönü qui n'a pas su élaborer un programme de développement cohérent et crédible. Quant au Parti de la gauche démocratique (PGD) soutenu par Bülent Écevit, autre ex-Premier ministre, il a mené une violente campagne à la fois contre le gouvernement et contre le PPS, mais sans emporter une adhésion massive. Cette consultation, la première ouverte à tous les partis légaux depuis le coup d'État militaire, a permis à l'éventail politique de s'élargir.

La politique économique libérale de Turgut Özal, toujours fidèle aux recettes du FMI, qui accroît les inégalités sociales dans un pays où le revenu national par habitant est en deçà des 1 000 dollars, n'a pas été étrangère à son recul électoral. Bien que la croissance soit restée assez

forte (autour de 6,5 %) et que la production agricole ait bénéficié de bonnes conditions climatiques, l'inflation et les déficits publics ont continué de faire des ravages. Confrontée à une dette extérieure de 18 milliards de dollars et défavorisée à l'exportation par le rétrécissement des marchés moyen-orientaux, la Turquie a vu le chômage s'aggraver (20 % de la population active) et le déficit de son commerce extérieur se creuser (environ 2,6 milliards de dollars). Une fois de plus, ce sont les salariés qui ont fait les frais de cette politique économique et les restrictions au droit syndical et d'association n'ont rien fait pour améliorer la situation ouvrière.

Tensions avec les voisins

En politique extérieure, les événements marquants ont été la session annuelle de l'OTAN, tenue à Istanbul les 17-18 décembre, et le renouvellement pour cinq ans de l'Accord de coopération économique et de défense (DECA) avec les États-Unis, qui met à la disposition de ces derniers une importante base aérien-

BIBLIOGRAPHIE

BATU H., BACQUE-GRAMMONT J.-L. (sous la dir. de), *L'Empire ottoman, la République de Turquie et la France*, ISIS, Istanbul, Paris, 1986.

« Le différend gréco-turc », *CEMOTI – Cahiers d'études sur la Méditerranée orientale et le monde turco-iranien*, n°s 2-3, mai 1986.

LAFON J., « Turquie – Occident, un jeu de miroir », *Études*, n° 364, juin 1986.

OCDE, *Études économiques de l'OCDE: Turquie*, OCDE, Paris, 1987.

SCHICK I. C., TONAK A. E. (sous la dir. de), *Turkey in Transition*, Oxford University Press, New York, Londres, 1987.

« Turkey : a Case of Growing Pains », *International Herald Tribune*, 2 juin 1986.

VANER S., « Partis politiques et classes sociales en Turquie. 1960-1981 », *L'Afrique et l'Asie modernes*, n° 149, été 1986.

ne, des facilités en matière de télécommunications et d'observation à proximité des frontières soviétiques, en échange d'une aide que la Turquie juge de plus en plus faible.

Malgré la relance de la coopération économique avec l'U R S S, le fait que Turgut Özal n'ait pas pu rencontrer Mikhaïl Gorbatchev lors de sa visite à Moscou en août 1986 témoigne d'un certain refroidissement des relations entre les deux pays. La dénonciation par la Turquie de la campagne d'assimilation forcée de la minorité turque en Bulgarie n'y est sans doute pas étrangère.

Le « gel » qui, depuis 1980, caractérisait les rapports entre la Turquie et la C E E a été en partie levé au cours de la réunion du Conseil d'association à Bruxelles, le 16 septembre. Mais en dépit de la volonté du Royaume-Uni, de la France (avec laquelle Ankara a nettement développé ses rapports en 1986) et de l'Allemagne fédérale (pourtant préoccupée par la question de la libre circulation des travailleurs turcs dans la C E E) d'améliorer les relations politiques avec la Turquie, la diplomatie turque a pu mesurer l'importance des obstacles que rencontre sa demande d'adhésion. La Grèce s'est d'ailleurs systématiquement opposée à une reprise du dialogue dans ce domaine, évoquant notamment le contentieux en mer Égée et la question de Chypre.

Enfin, le grave attentat perpétré le 6 septembre 1986, contre une synagogue d'Istanbul (vingt-quatre morts) et qui a été attribué au groupe dissident palestinien Abou Nidal, a reposé la question des relations de la Turquie avec les pays du Moyen-Orient. Tandis que les attaques feutrées ou directes du colonel Kadhafi provoquaient une irritation générale en Turquie, la Syrie, avec laquelle persiste un différend sur la question des eaux de l'Euphrate, attirait les soupçons au sujet de ses soutiens aux séparatistes kurdes du P K K. C'est d'ailleurs pour dissuader ces derniers de poursuivre leurs attaques armées contre les villages de l'Est du pays que l'aviation turque a effectué le 15 août 1986 un raid aérien contre les bases du P K K situées en territoire irakien, selon un accord conclu entre Ankara et Bagdad donnant aux forces turques et irakiennes un droit de « poursuite à chaud » sur le territoire du voisin. L'Iran (qui trouve chez les Kurdes de l'Irak un allié potentiel) a manifesté à son tour son mécontentement. Ankara a conservé des liens de coopération économique avec Téhéran mais les nombreux réfugiés iraniens en Turquie témoignent de l'incompatibilité idéologique entre les deux voisins.

Les tensions avec les pays voisins n'ont pas manqué de susciter des inquiétudes dans une fraction – certes très limitée – de l'opinion publique turque, sceptique devant la manière forte utilisée contre la minorité kurde, et qui craint de voir la Turquie impliquée dans la guerre irano-irakienne et, partant, dans la poudrière du Moyen-Orient.

Semih Vaner

Thaïlande.
Une démocratie contestée

La fin de l'année 1986 et le début de 1987 auraient été plutôt ternes sans la fracassante irruption sur la scène politique du général Chaovalit Yongchaiyut, promu commandant en chef de l'armée de terre en mai 1986, et qui a provoqué des débats houleux et très révélateurs autour du

1. Démographie, culture, armée

	Indicateur	Unité	1965	1975	1986
Démographie	Population	million	31,0	41,8	52,3
	Densité	hab./km²	60	81	102
	Croissance annuelle	%	3,0 i	2,6 h	2,0 d
	Mortalité infantile	‰	..	65 f	46 d
	Espérance de vie	année	51 g	59,6 f	62,7 d
	Population urbaine	%	13	14	15,6 a
Culture	Analphabétisme	%	32 g	16	9,0 a
	Nombre de médecins	‰ hab.	0,10	0,12	0,16
	Scolarisation 6-11 ans	%	76,2	78,6	85,6 a
	12-17 ans	%	19,6	34,0	40,6 a
	3e degré	%	1,5	3,4	22,5 c
	Postes tv	‰	6	16	66
	Livres publiés	titre	..	2 419	8 633 b
Armée	Marine	millier d'h.	26,5	27	42
	Aviation	millier d'h.	20	42	48
	Armée de terre	millier d'h.	85	135	166

a. 1985; b. 1984; c. 1983; d. 1980-85; e. 1980; f. 1970-75; g. 1960;
h. 1970-80; i. 1961-70.

2. Commerce extérieur [a]

Indicateur	Unité	1965	1975	1986
Commerce extérieur	% PIB	16,8	18,7	21,2 a
Total imports	milliard $	0,7	3,3	9,2
Produits agricoles	%	9,4	7,6	12,5
Produits énergétiques	%	8,5	19,1	13,4
Produits industriels	%	81,5	68,2	73,6
Total exports	milliard $	0,6	2,4	8,8
Manioc, riz, maïs	%	46,5	35,9	21,0
Autres produits agricoles	%	38,9	38,0	29,7
Étain	%	9,0	5,0	1,3
Principaux fournisseurs	% imports			
Japon		32,4	31,5	26,2
États-Unis		18,8	14,4	14,2
Moyen-Orient		3,9	15,7	5,5
Principaux clients	% exports			
Japon		18,5	27,8	14,1
États-Unis		6,4	10,6	17,9
C E E		18,2	16,0	21,5

a. Marchandises.

INDICATEUR	UNITÉ	1965	1975	1986
PIB	milliard $	4,9	14,7	42,1 [a]
Croissance annuelle	%	8,0 [d]	6,3 [g]	4,3
Par habitant	$	157	352	821 [a]
Structure du PIB				
Agriculture	% ⎫	30,0	27,3	17,4 [a]
Industrie	% ⎬100 %	26,8	28,3	29,8 [a]
Services	% ⎭	43,2	44,4	52,8 [a]
Dette extérieure	milliard $	..	1,4	17,5 [a]
Taux d'inflation	%	2,3 [e]	9,6 [f]	1,7
Population active	million	..	18,8	27,2 [a]
Agriculture	%	84	61,9	26,6 [b]
Industrie	%	4	14,2	65,9 [b]
Services et autres	%	12	23,0	12,1 [b]
Dépenses publiques				
Éducation	% PIB	2,3	3,6	3,9 [c]
Défense	% PIB	2,6	2,8	4,0 [a]
Production d'énergie	million TEC	0,15	0,58	5,9 [a]
Consommation d'énergie	million TEC	4,0	11,1	23,8 [a]

a. 1985; b. 1984; c. 1983; d. 1960-73; e. 1960-70; f. 1974-78;
g. 1973-83.

concept de démocratie dans un pays où la préoccupation majeure reste la crainte de la récession.

La campagne électorale pour les élections législatives anticipées du 27 juillet 1986 a été marquée par les habituelles querelles internes au sein des partis et les achats massifs de votes, mais aussi par le soutien de la population au système parlementaire, démontré par une participation de 61,5 % en province, contre 40 % seulement à Bangkok; ce taux élevé d'abstention dans la capitale s'explique par le désir des Bangkokiens d'une véritable libéralisation, et leur rejet des partis jugés tous trop conservateurs. Le Parti démocrate (PD) a emporté le plus de sièges avec 100 élus (sur 347), suivi par le Parti de la nation thaïe (PNT, 63 sièges) et le Parti de l'action sociale (PAS, 51 sièges). Le leader du Parti démocrate, Pichai Rattakul, en butte à la méfiance des militaires et à l'hostilité de ses rivaux qui se battaient pour obtenir les meilleurs ministères, n'a pu être choisi comme Premier ministre. Force a été de faire appel encore une fois au général Prem Tinsulanond qui a constitué son cinquième gouvernement le 11 août, en formant une coalition des trois grands partis et du nouveau Parti des citoyens, regroupant des militaires en retraite.

Le général Chaovalit à l'avant-scène

Dès octobre 1986, après les promotions annuelles de septembre qui lui avaient permis de bien placer les officiers favorables à ses idées, le général Chaovalit est intervenu en s'attaquant aux problèmes de sécurité : avertissements au Parti communiste de Thaïlande (PCT) qu'il soupçonnait de préparer une guérilla urbaine et politique grâce à ses éléments infiltrés dans les syndicats,

rappels à l'ordre aux universités et aux partis; mais le nombre des guérilleros du PCT se limitant à 570, ceux du PC du Siam à 400, et leurs actions, très sporadiques, se situant dans les provinces les plus éloignées, ces menaces n'ont engendré que scepticisme. Chaovalit s'est alors retiré sous sa tente d'où il est ressorti en février 1987 pour enfourcher un meilleur cheval de bataille : la seule manière de lutter contre le communisme, a-t-il proclamé, est l'instauration d'une véritable démocratie, mais celle-ci est compromise par les partis qui ne sont que des groupuscules d'hommes d'affaire plus soucieux de leurs intérêts que de ceux du peuple. Les nouveaux leaders doivent donc émaner des classes moyennes et se mettre au service des paysans et ouvriers; pour ce faire, le chef de l'armée est prêt à effectuer une « révolution » s'il a l'accord du peuple. Cette fois, Chaovalit a été largement suivi, en particulier par les syndicats, mais il a provoqué une grave querelle avec les traditionalistes. Le prince Kukrit Pramot, fondateur et ex-président du PAS, a accusé Chaovalit d'avoir subi un lavage de cerveau par les communistes; il a déclaré qu'il n'accepterait jamais que la Thaïlande soit dirigée par un « présidium », et qu'il faudrait encore cinquante ans pour que la Thaïlande parvienne à une véritable démocratie. Kukrit, par la même occasion, s'en est pris à Prem en l'accusant de monopoliser le pouvoir, mais ce dernier a gardé son mutisme habituel.

Dans le même temps, des rumeurs ont circulé sur un coup d'État organisé par les éléments minoritaires mais très actifs de l'extrême droite des forces armées et visant spécialement Chaovalit. Celui-ci a alors modifié son jeu, repoussant à plus tard ses projets et il a reformé équipe avec Prem, dont il avait été l'aide de camp en 1979. En avril 1987, les officiers supérieurs et subalternes de l'armée de terre ont manifesté massivement en faveur de Prem et Chaovalit, unis face aux nostalgiques d'un passé totalement révolu. L'alerte a

été très chaude et la démocratie est désormais menacée à la fois par l'extrême droite néo-fasciste et par les classes privilégiées refusant de voir leur statut remis en question et faisant tout pour maintenir un système paternaliste et anachronique.

Dans le domaine de la politique étrangère, l'évolution la plus notable a été le rapprochement avec la Chine, symbolisé par la visite à Bangkok, en janvier 1987, du général Yang Dezhi, chef d'état-major des forces armées chinoises, au cours de laquelle a été annoncée la livraison par la Chine de trente canons de 130 mm et de vingt mille obus en vue de leur déploiement à la frontière khmère contre les troupes vietnamiennes. En mars, la Thaïlande a fait savoir officiellement qu'elle avait acheté à la Chine, à très bon prix, cinquante tanks $T\,69$ (version améliorée des tanks soviétiques $T\,54$ et $T\,55$), quatre cents véhicules blindés pour les transports de troupes et trente mitrailleuses anti-aériennes $P\,74$ pour l'armée de l'air. Cette décision est certes due à la réduction du budget militaire thaïlandais mais aussi au resserrement des liens entre Hanoï et Moscou et à la diminution de l'aide militaire américaine, tombée de 92,25 millions de dollars en 1985 à 57,2 millions en 1986. Toutefois, le 9 janvier 1987, a été signé à Bangkok un accord portant création sur cinq ans, à partir d'octobre 1988, d'un dépôt de munitions d'une valeur de 100 millions de dollars, qui pourront être utilisées, selon les catégories, par la Thaïlande ou les États-Unis.

Pour tenter de renouer indirectement avec le Vietnam, Bangkok a pris en novembre 1986 des mesures favorisant le commerce avec le Laos, mais en mars 1987, ce début d'entente cordiale s'est refroidi, le Laos accusant la Thaïlande de soutenir les guérillas nationalistes et choisissant de s'allier au Vietnam plutôt que de s'ouvrir à la Thaïlande. Enfin, la Thaïlande faisant de moins en moins confiance à la solidarité de ses partenaires de l'Association des nations du Sud-Est asiatique (ANSEA) s'est tournée vers la Birmanie dont le Premier ministre, Maung Kha, s'est rendu en visite officielle à Bangkok début avril 1987, en vue de renforcer son flanc ouest.

En 1986, la crise économique s'est accentuée, avec un taux de croissance tombant de 4,1 % en 1985 à 3,2 %, l'inflation se limitant toutefois à 2,4 %. Ce recul est dû principalement à la chute des prix des matières premières et des produits agricoles, même si la Thaïlande est restée le premier exportateur de riz avec 4,4 millions de tonnes (35 % du commerce mondial), position qu'elle devrait conserver en 1987 avec 4,3 millions de tonnes. Le tourisme est devenu la principale source de revenus et 1987 a été proclamée « l'année du tourisme », initiative contestée par les mouvements étudiants qui ont protesté contre les *sex-tours* (en provenance de l'Allemagne et du Japon principalement) et le développement de la prostitution de luxe qui en découle; mais les devises n'ont pas d'odeur...

Émergence du secteur industriel

Les autorités n'ont pas opté pour l'industrialisation massive, et si le VIe Plan quinquennal (octobre 1986-septembre 1991) prévoit l'élévation du pays au rang de nouveau pays industrialisé, c'est à la manière thaïe, c'est-à-dire en transformant la Thaïlande en « superpuissance agricole » dotée d'un début d'industrialisation. L'agriculture, dont dépendent 80 % de la population, doit se diversifier et trouver d'autres spécialités, comme la culture des orchidées, et développer le secteur agro-alimentaire afin de soutenir la concurrence avec la Malaisie, l'Indonésie et les Philippines pour le caoutchouc, l'huile de palme, la noix de coco et le cacao. Le VIe Plan a aussi confirmé la décision gouvernementale du 24 décembre 1985 de mettre en œuvre le Programme de dévelop-

pement de la côte Est (PD-CE) qui s'étend sur treize mille kilomètres carrés. A Maptaphut (à deux cents kilomètres de Bangkok), à côté des usines d'exploitation du gaz du golfe de Thaïlande, la construction d'infrastructures pour l'industrie lourde a commencé ainsi que celle d'un port en eau profonde pouvant recevoir des navires de 100 000 tonnes. Leam Chabang (à cent trente-cinq kilomètres de Bangkok), est destiné à se transformer en zone pour les industries d'exportation (*export proces-*

THAÏLANDE

Royaume de Thaïlande.
Capitale : Bangkok.
Superficie : 514 000 km² (0,94 fois la France).
Carte : p. 389.
Monnaie : baht (1 baht = 0,23 FF au 30.4.87).
Langue : thaï.
Chef de l'État : roi Bhumibol Adulyadej.
Chef du gouvernement : général Prem Tinasulanond (au 30.6.87).
Nature de l'État : royaume.
Nature du régime : monarchie constitutionnelle et parlementaire.
Principaux partis politiques : *Gouvernement :* Parti démocrate (Prachatipat); Parti de la nation thaïe (Chat Thaï); Parti de l'action sociale (Kit Sangkhom); Parti des citoyens (Rassadorn). *Opposition parlementaire :* Parti de l'union démocratique (Saha prachatipataï); Parti de l'unité des Thaïs (Ruam Thaï); Parti de l'action communautaire (Kit Prachakom); Parti du peuple thaï (Prachakorn Thaï); Parti progressiste (Kao Na); Parti national-démocratique (Chat Prachatipataï); Parti des masses (Muan Chon). *Illégaux :* Parti communiste de Thaïlande, prochinois; Parti communiste du Siam (ou Nouveau Parti), prosoviéto-vietnamien.

sing zone), desservie par un port pour navires de 120 000 tonnes; il s'agit d'industries légères non polluantes en raison de la proximité des stations estivales comme Pattaya.

Les économies réalisées grâce à la baisse du prix du pétrole (de l'ordre d'un milliard de dollars) ont incité Prem à se lancer dans ces projets qu'il considère comme indispensables à l'industrialisation de la Thaïlande.

Martial Dassé

BIBLIOGRAPHIE

DASSÉ M., « Singapour et Thaïlande, deux sociétés en mouvement », *Projet*, n° 203, janvier-février 1987.

FISTIE P., « Où en est la démocratie en Thaïlande? », *Défense nationale*, décembre 1986.

Corée du Sud. La bataille de la réforme constitutionnelle

Climat de crise politique à l'approche de l'échéance du mandat du président Chun Doo Hwan prévue pour février 1988, expansion économique remarquable dans une conjoncture particulièrement favorable, frictions commerciales inquiétantes avec les États-Unis et le Japon : ainsi peut se caractériser la situation de la Corée du Sud pour l'année 1986 et le début de 1987.

Depuis 1984, la vie politique du pays a été dominée par le débat sur la réforme constitutionnelle dont l'opposition a fait son cheval de bataille pour obtenir l'élection présidentielle au suffrage universel. Le président Chun, longtemps intraitable sur cette question, s'est montré plus vulnérable face à la stratégie de la mobilisation populaire adoptée par l'opposition. Dans un premier temps, une campagne de signatures, lancée le 12 février 1986 par le Nouveau parti démocrate de la Corée (NPDC), a pris une ampleur inattendue en raison d'une répression policière outrancière, obligeant Chun à admettre pour la première fois la nécessité d'une réforme constitutionnelle. Dans un deuxième temps, les rassemblements populaires organisés par le parti d'opposition dans les grandes villes de province à partir du 23 mars ont contraint le président à accepter le 30 avril le principe d'une réforme constitutionnelle avant la fin de son mandat.

Toutefois, les négociations qui allaient s'engager entre le Parti de la justice et de la démocratie (PJD), parti gouvernemental, et le NPDC à la suite de la concession de Chun risquaient de diviser le parti d'opposition. En effet, le NPDC, officiellement dirigé par Lee Min Woo, est pratiquement contrôlé par Kim Dae Jung, intransigeant, et Kim Young Sam, plus modéré. Or, ce dernier ne cachait pas sa préférence pour une solution de compromis. Mais il a très vite compris qu'il ne pourrait pas négocier avec le régime militaire sans s'attirer les reproches de l'opposition extra-parlementaire très radicalisée. Composée d'étudiants, d'ouvriers, d'intellectuels et d'activistes chrétiens, cette dernière a montré sa détermination de s'opposer à tout compromis avec le régime de Chun : le 3 mai 1986, à Inchon, elle a empêché Kim Young Sam de prendre la parole, elle a incendié le bureau local du PJD, livrant une véritable bataille rangée contre les forces de police. Peu de temps après, un étudiant s'est immolé par le feu dans le campus de l'université de Séoul en criant des slogans contre la dictature militaire et l'impérialisme américain. En 1986, on a compté six immolations de ce genre.

Finalement, le PJD a présenté, en août 1986, au Comité spécial de la réforme constitutionnelle du Parlement, un projet d'amendement constitutionnel préconisant le remplacement du régime présidentiel en vigueur par un régime parlementaire, de sorte que les pouvoirs réels seraient transférés au Premier ministre élu à l'Assemblée nationale. Dès lors, les négociations sont devenues sans objet et l'opposition a repris la campagne pour faire adopter son projet initial d'élection présidentielle au suffrage universel. Mais le NPDC a toujours été fragile non seulement en raison de la rivalité entre les deux Kim, mais aussi à cause des manœuvres du régime militaire pour diviser le parti. Kim Dae Jung, en annonçant en novembre 1986 qu'il renonçait à sa candidature à la Présidence, a sauvé l'essentiel, son alliance avec Kim Young Sam. Début avril 1987, les deux groupes ont quitté le NPDC pour former un nouveau parti, le Parti démocrate unifié, créé le 1er mai, avec Kim Young Sam comme président et Kim Dae Jung comme conseiller permanent. Assigné à résidence pour la cinquante-quatrième fois depuis son retour d'exil aux États-Unis en février 1985, ce dernier n'a pu être présent à la réunion inaugurale. Soixante-dix députés du NPDC sur quatre-vingt-dix se sont joints au nouveau parti.

De son côté, Chun, profitant de la crise du parti d'opposition, a annoncé le 13 avril 1987 qu'il différait la réforme constitutionnelle pour mener à bien les jeux Olympiques de Séoul de 1988, et que l'élection présidentielle aurait lieu avant la fin 1987 sans changement du mode de scrutin (élection indirecte par un collège de 5 000 grands électeurs). Cette fin brutale mise au processus de réforme constitutionnelle a provoqué une grande colère de l'opposition déjà exaspérée par la mort sous la torture d'un étudiant, Pak Chong Chul, en janvier 1987. En juin 1987, une nouvelle vague de manifestations, durement réprimées, a été provoquée par la désignation de Roh Tae Woo, président du PJD, comme candidat à la succession de Chun. L'agitation populaire s'est calmée début juillet, après l'annonce d'un programme de démocratisation du régime.

Bonne conjoncture économique

Dans le domaine économique, la Corée du Sud a su profiter du

CORÉE DU SUD

République de Corée.
Capitale : Séoul.
Superficie : 99 484 km² (0,18 fois la France).
Carte : p. 114.
Monnaie : won (1 won = 0,007 FF au 30.4.87).
Langue : coréen.
Chef de l'État : Chun Doo Hwan, président.
Premier ministre : Lee Han Key, remplacé par Kim Chong Yul le 13.7.87.
Nature de l'État : république centralisée.
Nature du régime : régime militaire combiné avec des éléments de démocratie parlementaire.
Principaux partis politiques : Parti de la justice et de la démocratie (parti de Chun); Parti néo-démocratique de Corée (PNDC); Parti démocratique de Corée. Parti démocratique unifié.

1. Démographie, culture, armée

	Indicateur	Unité	1965	1975	1986
Démographie	Population	million	28,3	35,3	41,84
	Densité	hab./km²	288	358	421
	Croissance annuelle	%	2,4 [i]	1,9 [g]	1,6 [c]
	Mortalité infantile	‰	62 [h]	43 [d]	30 [c]
	Espérance de vie	année	54 [h]	60,6 [d]	67,5 [c]
	Population urbaine	%	28 [h]	49	65,3 [a]
Culture	Analphabétisme	%	12,4 [f]	..	8,3 [e]
	Nombre de médecins	‰ hab.	0,4	0,5	1,3
	Scolarisation 6-11 ans	%	92,1	100	100 [a]
	12-17 ans	%	44,8	59,2	88,8 [a]
	3e degré	%	6,2	9,6	26,1 [b]
	Postes tv (L)	‰	1,6	53	175 [c]
	Livres publiés	titre	..	10 921	35 446 [b]
Armée	Marine	millier d'h.	44	40	25
	Aviation	millier d'h.	20	25	33
	Armée de terre	millier d'h.	550	560	520

a. 1985; b. 1984; c. 1980-85; d. 1970-75; e. 1980; f. 1970; g. 1970-80; h. 1960; i. 1960-70.

2. Commerce extérieur [b]

Indicateur	Unité	1965	1975	1986
Commerce extérieur	% PIB	10,6	30,0	34,9
Total imports	milliard $	0,5	7,3	32,7
Produits agricoles	%	34,1	24,2	16,0
Produits énergétiques	%	6,7	19,1	16,0
Autres produits miniers	%	2,1	3,7	2,6
Total exports	milliard $	0,2	5,1	35,7
Produits agricoles	%	25,2	15,0	3,2
Produits miniers [a]	%	12,6	1,1	2,6
Produits industriels	%	61,1	81,8	92,2
Principaux fournisseurs	% imports			
Japon		36,0	33,4	31,3
États-Unis		39,3	25,9	18,9
PVD		14,5	25,3	19,9
Principaux clients	% exports			
États-Unis		35,2	30,3	40,0
Japon		25,1	25,4	15,6
PVD		25,0	19,6	21,2

a. Produits énergétiques non compris; b. Marchandises.

changement de l'environnement international pour redresser sa situation : le taux de croissance a atteint 12,2 % en 1986, et les exportations ont progressé de 25,8 %, créant un excédent des comptes courants re-

INDICATEUR	UNITÉ	1965	1975	1986
PIB	milliard $	3,4	19,9	98,1
Croissance annuelle	%	9,5 [b]	7,0 [c]	11,9
Par habitant	$	120	560	2 346
Structure du PIB				
Agriculture	% ⎫	32,8	25,5	13,8 [a]
Industrie	% ⎬ 100 %	28,7	29,7	40,8 [a]
Services	% ⎭	38,5	44,8	45,4 [a]
Dette extérieure	milliard $	. .	6,1	45,5
Taux d'inflation	%	13,7 [h]	17,8	1,3
Population active	million	. .	12,3	16,1
Agriculture	%	66 [d]	41,7	23,6
Industrie	%	9 [d]	22,6	31,6
Services	%	25 [d]	33,1	44,7
Dépenses publiques				
Éducation	% PIB	2,6	2,2	4,8 [g]
Défense	% PIB	4,4	4,7	5,0
Recherche et développement	% PIB	0,3	0,4	1,1 [f]
Production d'énergie	million TEC	9,5 [e]	12,1	20,1 [a]
Consommation d'énergie	million TEC	20,9 [e]	32,0	66,8 [a]

a. 1985 ; b. 1960-73 ; c. 1973-83 ; d. 1960 ; e. 1970 ; f. 1983 ; g. 1984 ;
h. 1970-80 ; i. 1974-78

cord de 5 milliards de dollars. Ces résultats remarquables ont été obtenus grâce à ce que les Coréens appellent trois bienfaits : la flambée du yen, la baisse des cours du pétrole et la désescalade des taux d'intérêt. Cette nouvelle situation a incité les étrangers à trouver des substituts à des produits japonais devenus onéreux et a permis à Séoul d'alléger de quelque 2 milliards de dollars une dette extérieure ramenée à la fin 1986 à 44,5 milliards de dollars ; cette embellie a été mise à profit pour accroître les investissements de 30,2 %.

Cependant, les difficultés se sont accumulées dans certains secteurs : le déclin continu de la construction navale, la désuétude du système financier et surtout le problème du chômage qui deviendrait critique si le taux de croissance descendait à moins de 6 % comme ce fut le cas en 1985 (5.1 %).

Sentiment anti-américain

Les relations internationales ont été dominées par les difficultés politiques et économiques avec les alliés américain et japonais. Avec les États-Unis, le problème politique majeur est celui du sentiment anti-américain qui s'est développé dans l'opinion en raison du soutien que Washington a accordé au régime militaire dès son origine. L'opposition sud-coréenne s'est sentie offensée par la visite à Séoul de George Shultz en mai 1986 au cours de laquelle il n'a pas ménagé son appui au président Chun tout en refusant de rencontrer les deux Kim. Certes, par la suite, les Américains ont semblé modifier quelque peu leurs discours. C'est ainsi que Gaston Segur Jr., secrétaire d'État chargé des affaires de l'Asie orientale et du

Pacifique, a parlé de la nécessité de transférer le pouvoir à un gouvernement civil en Corée du Sud. Mais la méfiance est telle que les Coréens ne semblent plus croire à la sincérité de ces paroles.

Le sentiment anti-américain a même gagné les classes moyennes qui n'apprécient pas le protectionnisme américain à l'égard des produits sud-coréens, notamment l'équipement électronique et les automobiles, qui ont fait une percée spectaculaire sur le marché américain avec 168 000 véhicules vendus dès la première année. Cependant, les États-Unis ont réalisé en 1986 un bénéfice commercial de 7 milliards de dollars avec la Corée du Sud qui accorde un traitement préférentiel aux importations de produits américains comme le charbon, les céréales, le coton et les biens d'équipement. En 1986, le won s'est apprécié de 4 % par rapport au dollar.

Avec le Japon également, les frictions commerciales se sont aggravées. Celui-ci a enregistré en 1986 un excédent commercial de 5,6 milliards de dollars avec la Corée du Sud, mais la progression mensuelle de quelque 30 % des importations de produits coréens depuis août 1986 est considérée à Tokyo comme un sérieux signal d'alarme. Dès lors, le gouvernement Nakasone a renforcé les restrictions aux importations sur l'acier, le ciment et les textiles, et a demandé à Séoul d'ouvrir plus largement ses frontières.

Les efforts pour développer les contacts avec les pays communistes se sont poursuivis, notamment avec la Chine avec laquelle les échanges commerciaux – effectués par l'intermédiaire de Hong-Kong et du Japon – n'ont cessé de s'accroître depuis 1982. La participation d'une équipe de cinq cent vingt athlètes et officiels chinois aux Jeux asiatiques à Séoul, en septembre 1986, témoigne du développement des relations entre les deux pays.

Enfin, avec la Corée du Nord, aucun contact n'a été repris depuis que celle-ci a rompu le dialogue au printemps 1986 pour protester contre la manœuvre militaire conjointe États-Unis-Corée du Sud. Pyong Yang a également boycotté les Jeux asiatiques. Le 17 novembre 1986, une affaire de fausses informations sur l'assassinat de Kim Il Sung diffusées par le gouvernement de Séoul est venue aggraver la tension entre les deux pays.

Bertrand Chung

BIBLIOGRAPHIE

Asia Yearbook 1987, Ed. Far Eastern Economic Review, Hong-Kong, 1987.

BRIDGES B., *Korea and the West*, Royal Institute of International Affairs, Chatham House, Londres, 1986.

CHARVIN R., « Un prétendu " modèle " : la Corée du Sud », *Recherches internationales*, n° 22, octobre-décembre 1986.

CUMMINGS B., « South Korea : Trouble ahead » *Current History*, avril 1986.

JACOBS N., *The Korean Road to Modernization and Development*, University of Illinois Press, 1985.

LOROT P., SCHWOB T., *Singapour, Taïwan, Hong-Kong, Corée du Sud, les nouveaux conquérants*, Hatier, Paris, 1986.

PARK Y.C., *A System for Evaluating the Performance of Government Invested Entreprises in the Republic of Korea*, World Bank, Waskington, 1986.

« South Korea », Supplément du *Financial Times*, 14 mai 1987.

Égypte.
Retour dans la communauté arabe

Le 13 octobre 1986 a clôturé un lustre de règne du président Hosni Moubarak à la tête de l'État égyptien : arrivé au pouvoir dans des circonstances dramatiques, il continue à naviguer parmi les écueils : dérapage économique, brusques colères du peuple, démographie galopante, danger intégriste, isolement dans le monde arabe, paix froide avec Israël... ; il parvient cependant à maintenir le cap, avec un bonheur inégal.

Un contexte économique dramatique

1986 est à classer comme la précédente parmi les « années de vaches maigres ». Depuis plusieurs mois, le pays n'arrive plus à faire face à ses engagements financiers. Sa dette extérieure, civile et militaire, bien que modérée (36 à 38 milliards de dollars) et surtout bien répartie entre les crédits à moyen et long termes à bas taux d'intérêt, draine près de 35 % des recettes pour son service, au moment où les ressources de base sont en récession. Les caisses de l'État sont vides et la Banque centrale n'assure une semaine d'importations qu'avec un appoint pris sur le marché libre. Les grands projets ont été mis en veilleuse, faute de financement extérieur. Le marasme sur le marché pétrolier a entraîné une baisse de la production de 9 % et les recettes provenant des exportations se situent à 1,5 milliard de dollars, contre 2,8 milliards en 1985. Baisse aussi de la prospection, pourtant fructueuse dans le désert occidental et au nord du Sinaï, *off*

shore. L'accent est désormais mis sur le gaz naturel, dont le potentiel dépasse les réserves de pétrole ; sa production a augmenté de 20 %, passant de 1,6 à 2,1 millions de TEP (tonnes d'équivalent pétrole). La consommation nationale de produits pétroliers a régressé de 15 à 10 %, par suite de l'augmentation des prix à la pompe et du ralentissement des achats de voitures particulières. Autre sujet de préoccupation : la chute de 50 % des devises en provenance des trois millions d'expatriés dans les pays du Golfe, qui avaient atteint en 1984 près de 4 milliards de dollars ; des centaines de milliers de travailleurs sont rentrés en 1986, s'ajoutant à un marché du travail saturé.

ÉGYPTE

République arabe d'Égypte.
Capitale : Le Caire.
Superficie : 1 001 449 km² (1,8 fois la France).
Carte : p. 307.
Monnaie : livre (1 livre = 8,52 FF au 30.4.87).
Langue : arabe.
Chef de l'État : Hosni Moubarak, président de la République.
Premier ministre : Atef Sidki.
Nature de l'État : république.
Nature du régime : régime présidentiel.
Principaux partis politiques : *Gouvernement :* Parti national démocratique. *Opposition légale :* Néo-Wafd (libéral) ; Parti socialiste du travail ; Parti libéral (droite nassérienne) ; Rassemblement progressiste (marxistes et nassériens de gauche). *Illégaux :* Parti communiste égyptien ; Al Jihad (islamique).

1. Démographie, culture, armée

	Indicateur	Unité	1965	1975	1986
Démographie	Population	million	29,4	37,2	49,61
	Densité	hab./km^2	29	37	50
	Croissance annuelle	%	2,5 [b]	2,4 [i]	2,8 [e]
	Mortalité infantile	‰	..	140 [d]	94[e]
	Espérance de vie	année	46 [i]	50,7 [d]	57,3 [e]
	Population urbaine	%	38 [i]	44	46,5[a]
Culture	Analphabétisme	%	74 [i]	56,5 [g]	55,5[a]
	Nombre de médecins	‰ hab.	0,5	0,9	1,23 [f]
	Scolarisation 6-11 ans	%	69,9	67,5	73,1[a]
	12-17 ans	%	26,4	40,3	52,6[a]
	3e degré	%	6,8	13,5	21,0 [c]
	Postes tv	‰	11	17	44 [c]
	Livres publiés	titre	2 656	1 765	1 680 [h]
Armée	Marine	millier d'h.	11	17,5	20,0
	Aviation	millier d'h.	15	30	25,0
	Armée de terre	millier d'h.	150	275	320

a. 1985;   b. 1961-70;   c. 1983;   d. 1970-75;   e. 1980-85;   f. 1981;
g. 1976;   h. 1980;   i. 1960

2. Commerce extérieur [b]

Indicateur	Unité	1965	1975	1986
Commerce extérieur	% PIB	15,1	21,4	15,3 [a]
Total imports	milliard $	0,9	3,9	9,0
Produits agricoles	%	35,5	40,7	30,2 [a]
Produits miniers	%	10,1	8,0	4,3 [a]
Produits industriels	%	54,4	51,3	65,5 [a]
Total exports	milliard $	0,6	1,4	2,8
Pétrole	%	..	9,4	51,2
Coton	%	55,6	37,0	17,0
Autres produits agricoles	%	16,2	18,9	6,8 [a]
Principaux fournisseurs	% imports			
États-Unis		20,2	19,2	13,0[a]
CEE		27,2	33,8	41,9[a]
CAEM		22,8	13,2	7,3[a]
Principaux clients	% exports			
Israël		..	..	12,4[a]
CEE		17,2	12,3	43,9[a]
CAEM		52,8	64,0	21,2[a]

a. 1985;   b. Marchandises;   c. 1983.

INDICATEUR	UNITÉ	1965	1975	1986
PNB	milliard $	4,5	9,5	32,2 ᵃ
Croissance annuelle	%	4,0 ᵇ	9,1 ᵈ	3,0
Par habitant	$	150	260	668 ᵃ
Structure du PIB				
Agriculture	% ⎫	25,3	30,2	15,9
Industrie	% ⎬ 100 %	23,1	25,0	36,5 ᵉ
Services	% ⎭	51,6	44,8	47,6
Dette extérieure	milliard $	..	4,8	40,0
Taux d'inflation	%	3,2 ⁱ	10,9 ᵍ	27,9
Population active	million	..	9,3	12,3 ᶜ
Agriculture	%	58 ᶠ	47 ʰ	38,3 ᶜ
Industrie	%	12 ᶠ	16 ʰ	19,8 ᶜ
Services	%	30 ᶠ	37 ʰ	41,9 ᶜ
Dépenses publiques				
Éducation	% PIB	5,6	5,0	4,1 ᶜ
Défense	% PIB	10,2	27,4	8,0 ᵃ
Production d'énergie	million TEC	9,8	18,0	71,7 ᵃ
Consommation d'énergie	million TEC	9,1	12,6	29,5 ᵃ

a. 1985;   b. 1960-73;   c. 1983;   d. 1973-83;   e. Dont   pétrole :   16,1%;
f. 1960;   g. 1974-78;   h. 1973;   i. 1960-70.

Le secteur public, déjà alourdi par des effectifs pléthoriques, tourne au ralenti, faute de devises autorisant l'importation de matières premières. Quant au tourisme, il a durement pâti des émeutes des conscrits de la police dans la région de Guizeh, en février 1986, et ses recettes ont chuté de 800 à 500 millions de dollars. Le tableau apparaît moins sombre dans le secteur privé; dynamique, bien géré, il s'approvisionne au marché libre, fixe ses prix en fonction des coûts de production et progresse favorablement.

Quant à l'armée, soutien le plus solide du pouvoir, véritable État dans l'État, elle n'a pas souffert de la conjoncture; elle a son budget propre et ses moyens en devises qui lui permettent de poursuivre sa modernisation. Mais celle-ci ne peut se faire sans un alourdissement considérable de la dette militaire; si les États de la CEE ont accepté le principe de son rééchelonnement, le principal débiteur, les États-Unis (4,5 milliards de dollars au taux de 14 % par an), n'a décidé qu'en décembre 1986 de ramener ce taux à 7,5 %, sur une période de quatre ans; résultat : une baisse des montants annuels de 540 à 316 millions de dollars.

Pour sortir de l'impasse, l'Égypte s'était tournée vers le FMI pour l'octroi d'un crédit *standby* de 1 milliard de dollars; les exigences du Fonds, considérées comme « irrecevables », ont coûté son poste au Premier ministre, Ali Loutfi, remplacé le 10 novembre par Atef Sidki. La décision américaine a facilité la conclusion d'un accord de principe avec le FMI sur l'application d'un vaste programme de réformes sur dix-huit mois; s'il est entériné, il devrait être suivi d'une réunion du Club de Paris, pour étudier un rééchelonnement global de la dette. Au printemps 1987, Le Caire espérait obtenir un prêt de 800 millions de dollars de la Banque mondiale. En attendant, une stricte austérité est observée.

Percée électorale des Frères musulmans

Au mois de juillet, l'Égypte a franchi le seuil des 50 millions d'habitants, soit une augmentation d'un million en neuf mois (2,7 %). La timidité de l'action gouvernementale pour freiner la natalité – par souci de ne pas heurter les convictions religieuses – a amené le raïs à faire implicitement appel aux ulémas (autorités religieuses), réunis début mars 1987 en congrès à l'université d'al-Azhar sur le thème de la démographie dans le monde musulman; il les a incités à « chercher les solutions » aux problèmes qui entravent le développement économique et social. Si les intégristes musulmans combattent la politique gouvernementale de dénatalité, c'est qu'ils sont les principaux bénéficiaires du dérapage économique; celui-ci leur permet en effet d'augmenter leur audience grâce à des activités sociales bien organisées. Ils se sont manifesté au Caire, par l'incendie de plusieurs vidéo-clubs et surtout à Assiout, en Haute-Égypte où la violence, les vendettas, les crimes d'honneur et la vente d'armes sont monnaie courante; ils sévissent sur les campus universitaires pour faire respecter la « morale islamique », y compris la ségrégation des sexes, et ils se sont heurtés aux forces de l'ordre lorsqu'ils ont mis le feu aux églises de la forte minorité chrétienne copte. Les sept députés de la confrérie des Frères musulmans, élus à l'Assemblée en 1984 grâce à une alliance éphémère avec le Néo-Wafd (l'ancien parti nationaliste) n'ont pas réussi cependant à obtenir l'application intégrale de la législation islamique (la *charia*).

La bataille juridique et politique entre la majorité et l'opposition légale au sujet de la « constitutionnalité » de la loi électorale de 1983 s'est soldée au profit du Parti national démocrate (PND) du président Moubarak; les partis d'opposition avaient introduit un recours en invalidation devant le Conseil d'État, espérant obtenir un arrêt en leur faveur qui devait être prononcé en janvier 1987; mais le 30 décembre, la loi électorale était amendée dans un sens qui leur donnait partiellement satisfaction : un siège était accordé aux indépendants (candidats hors partis) élus au scrutin uninominal avec un minimum de 20 % des voix, dans chacune des quarante-huit circonscriptions; les sièges réservés aux femmes étaient abolis et la clause des 8 % (minimum de voix requis pour qu'un parti soit représenté au Parlement) était maintenue.

Prenant de court ses adversaires, le raïs a décidé d'organiser un référendum, le 12 février 1987, pour dissoudre l'Assemblée. Ayant obtenu 88,9 % d'approbations, il a fixé les élections au 6 avril. Celles-ci ont confirmé la progression des islamistes : en s'alliant au Parti socialiste du travail et au Parti libéral, la confrérie des Frères musulmans s'est assurée plus de la moitié des soixante sièges obtenus par la coalition. Quant au PND, s'il a perdu des voix, il n'en a pas moins conservé la majorité absolue (77 % des sièges), ce qui devrait permettre à Moubarak de se présenter à l'élection présidentielle d'octobre comme l'unique candidat du Parlement.

Domaine privilégié du chef de l'État, les relations extérieures font l'objet d'un subtil dosage : rapprochement mesuré mais soutenu avec l'URSS, qui appuie la politique arabe du Caire et accepte le rééchelonnement de sa dette militaire; réchauffement discret des relations avec Israël, après le règlement du litige frontalier de Taba, soumis à un arbitrage international, et les deux visites de Shimon Pérès en Égypte en septembre 1986 et en février 1987; poursuite de l'ouverture vers les pays de la CEE et plus particulièrement vers la France, deuxième partenaire commercial, dynamique dans les projets de développement et d'équipement militaire; maintien de l'option américaine – en dépit de quelques remous – dont l'aide substantielle, économique et militaire (quelque 2,5 milliards de dollars), est vitale pour le pays. La dimension africaine et tiers-mondiste est, elle aussi, positive : rôle non négligeable de l'Égypte à l'OUA et dans le Mouvement des non-alignés, mais surtout amélioration des rapports avec le Soudan qui, après une période incertaine, a signé en février 1987 un « pacte de fraternité » avec Le Caire.

Mais le succès le plus éclatant du président Moubarak, celui qui lui tenait le plus à cœur, a été sans conteste le retour triomphal de l'Égypte dans la communauté arabe, dont elle était proscrite depuis six ans. Il s'est fait à l'occasion de la réunion de la Conférence islamique au niveau des souverains et chefs d'État (l'Égypte y avait été réintégrée en 1984), au Koweït, fin janvier 1987. Présent pour la première fois, le raïs, qui a assuré partiellement la protection du sommet, y a recueilli les dividendes de sa politique de soutien actif à l'Irak en guerre, d'efforts inlassables pour réconcilier la Jordanie avec l'OLP dans la perspective d'une conférence de paix au Proche-Orient ; vedette du rassemblement, salué avec chaleur, il a marqué de sérieux points et amorcé un lent processus de dégel.

Au début de 1987, l'année s'annonçait meilleure, grâce à la reprise des exportations de pétrole, au relèvement du cours du brut et à un excellent redémarrage du tourisme. L'aide espérée du FMI et de la Banque mondiale, le rééchelonnement acquis de la dette militaire américaine paraissaient devoir donner un temps de répit aux dirigeants.

Cérès Wissa Wassef

BIBLIOGRAPHIE

ABD AL MU'TI A., « L'émigration et l'avenir de la question sociale en Égypte », *Maghreb-Machrek*, n°112, avril-juin 1986.

FARGUES P., « Du Nil au Golfe : l'émigration égyptienne dans les pays du Golfe », *Population*, janvier-février 1985.

GRESH A., VIDAL D., *Les cent portes du Proche-Orient*, Autrement, Paris, 1986.

MARTIN M.P., « Les années des vaches maigres », *Études*, janvier 1987.

« La paix fallacieuse : l'Égypte face à Israël », *Revue d'études palestiniennes*, n° 19, printemps 1986.

ROUSSILLON A., « Trente ans de sciences sociales en Égypte, le bilan global de la société égyptienne 1952-1980 », *Maghreb-Machreck*, n° 113, juillet-septembre 1986.

Algérie.
Fin de l'économie de rente

A l'approche de son vingt-cinquième anniversaire (juillet 1987), l'État algérien traverse une période cruciale. La dévalorisation du pétrole et du dollar survenue en 1986 a eu des incidences désastreuses, pri-

1. DÉMOGRAPHIE, CULTURE, ARMÉE

	INDICATEUR	UNITÉ	1965	1975	1986
Démographie	Population	million	11,92	16,78	22,4
	Densité	hab./km²	5,0	7,0	9,4
	Croissance annuelle	%	2,9 [f]	2,6 [e]	3,1 [c]
	Mortalité infantile	‰	145 [g]	138 [d]	84 [c]
	Espérance de vie	année	46 [h]	53,5 [d]	57,8 [c]
	Population urbaine	%	30 [h]	. .	66,6 [a]
Culture	Analphabétisme	%	75	63	50,4 [a]
	Nombres de médecins	‰ hab.	0,1	0,2	0,5 [c]
	Scolarisation 6-11 ans	%	53,0	76,7	88,1 [a]
	12-17 ans	%	25,3	37,4	54,6 [a]
	3e degré	%	0,8	3,2	5,8 [b]
	Postes tv	‰	6	30	65 [c]
	Livres publiés	Titre	131	. .	718 [b]
Armée	Marine	millier d'h.	1	3,5	7,0
	Aviation	millier d'h.	2	4,5	12,0
	Armée de terre	millier d'h.	45	55	150,0

a. 1985; b. 1984; c. 1980-85; d. 1970-75; e. 1982; f. 1960-70; g. 1970; h. 1960.

2. COMMERCE EXTÉRIEUR [b]

INDICATEUR	UNITÉ	1965	1975	1986
Commerce extérieur	% PIB	21,3	37,6	20,2 [a]
Total imports	milliard $	0,7	6,0	8,4
Produits agricoles	%	28,3	23,8	22,4 [a]
Produits miniers	%	1,5	2,2	1,9 [a]
Produits industriels	%	70,2	74,0	75,7 [a]
Total exports	milliard $	0,6	4,7	8,7
Produits agricoles	%	37,3	4,2	1,1 [a]
Pétrole et gaz	%	53,7	92,4	97,5 [a]
Autres produits miniers	%	2,8	2,6	0,2 [a]
Principaux fournisseurs	% imports			
France		70,4	33,5	29,7 [a]
RFA		2,7	11,6	12,0 [a]
États-Unis		2,4	16,8	5,2 [a]
Principaux clients	% exports			
États-Unis		0,8	26,8	18,5 [a]
RFA		5,4	19,0	10,7 [a]
France		72,6	14,7	17,5 [a]

a. 1985; b. Marchandises.

Indicateur	Unités	1965	1975	1986
P N B	milliard $	2,5	13,7	55,2 [a]
Croissance annuelle	%	5,0 [d]	5,8 [c]	2,9
Par habitant	$	210	870	2 526 [a]
Structure du P I B				
Agriculture	% ⎫	16,8	9,1	8 [a]
Industrie	% ⎬ 100 %	38,2	48,2	42 [a]
Services	% ⎭	45,0	42,7	43 [a]
Dette extérieure	milliard $	—	4,5	17,5
Taux d'inflation	%	..	10,3	18,0
Population active	million	3	3,4 [f]	3,6 [b]
Agriculture	%	67	20,5 [f]	26,9 [b]
Industrie	%	12	22,2 [f]	30,4 [b]
Services	%	21	23,1 [f]	42,7 [b]
Dépenses publiques				
Éducation	% P I B	4,7	7,1	4,7 [g]
Défense	% P I B	4,0	2,1	1,7 [a]
Production d'énergie	million T E C	41,4	74,6	100 [h]
Consommation d'énergie	million T E C	2,9	10,3	15 [h]

a. 1985 ; b. 1983 ; c. 1973-83 ; d. 1960-73 ; e. Hydrocarbures : 28,6 ; f. 1977 ; g. 1982 ; h. 1984.

vant le pays de 40 % de ses recettes en devises (7,65 milliards de dollars en 1986 au lieu de 12,7 milliards en 1985). L'Algérie a régressé : sa croissance économique de 2,9 % a été prise de vitesse par son expansion démographique de 3,2 %

Dès mars 1986, la volonté de soustraire l'indépendance nationale au « diktat » du F M I a inspiré une politique de rigueur visant à sauvegarder les équilibres extérieurs. Pour contrôler la situation – qui demeurait critique en mars 1987 –, la loi rectificative de finances d'avril 1986 et le budget 1987 ont prévu la compression des dépenses à l'extérieur, la baisse du train de vie de l'État ainsi que des coupes claires dans les investissements. Au niveau des importations, le souci d'éviter la paralysie de l'appareil productif l'a emporté. Malgré une priorité toute relative, les achats alimentaires pour 1987 ont été réduits de 40 % par rapport à 1985. Le soutien des prix des produits de première nécessité a toutefois été maintenu.

Diverses techniques ont été utilisées pour boucler les comptes : collecte de l'épargne privée, déficit budgétaire (14 milliards de dinars en 1986, 12 milliards prévus pour 1987), utilisation des réserves en devises, pratique des arriérés de paiement. Enfin, depuis la baisse du pétrole en 1983, l'Algérie est revenue sur le marché international des capitaux ; elle y a emprunté 1,3 milliard de dollars en 1986, d'où une dette extérieure totale d'environ 20 milliards de dollars. Les remboursements connaîtront ainsi une nouvelle hausse à partir de 1988, tandis que la stabilisation du prix du baril à 18 dollars – objectif que s'est fixé l'O P E P en décembre 1986 – reste aléatoire... Alors, où trouver de nouvelles ressources ?

Disposant d'une forte capacité de liquéfaction inemployée, la Sonatrach (société nationale des hydrocarbures), en quête de débouchés pour son gaz naturel, a abouti à un accord avec la Yougoslavie et, au printemps 1987, elle était sur le point de conclure avec Bayerngas (Munich) et Panhandle (États-Unis). Elle s'est efforcée aussi de consolider sa part du marché européen (en 1986, 28 % des importations de gaz de la CEE) en faisant preuve de souplesse envers ses clients traditionnels pour ce qui est des quantités et des prix.

Cependant, jamais les inconvénients d'une telle dépendance envers les hydrocarbures (98 % des exportations) n'ont été ressentis aussi lourdement. Il n'y a plus désormais d'échappatoire possible à la transformation des structures et des mentalités déjà mise à l'ordre du jour au congrès du Front de libération nationale (FLN) en juin 1980...

Pour diriger le passage d'une économie de rente à une économie productive, le président Chadli Bendjedid, depuis le remaniement gouvernemental de février 1986, s'est entouré de gestionnaires expérimentés. Adoptant le précepte chinois « que le chat soit blanc ou noir, l'important est qu'il attrape des souris », le gouvernement a privilégié les critères d'efficacité. Son but immédiat a été d'augmenter la production de richesses afin de satisfaire la demande interne et de dégager un surplus exportable à des prix compétitifs.

Redressement agricole

Grâce aux mesures prises en 1982-1983, la lente convalescence de l'agriculture s'est poursuivie : la production a augmenté de 9 % en 1985 et 40 % des domaines agricoles socialistes ont connu une gestion équilibrée en 1986. Rendre plus attractif pour la jeunesse le secteur agricole handicapé par une main-d'œuvre vieillissante et non qualifiée, tel est l'objectif fixé de longue date. Les progrès de l'électrification rurale (réalisée à 80 %), les relèvements des salaires et des prix à la production intervenus en 1986, la

nomination d'ingénieurs agronomes à la tête de certaines wilayas (départements) sont allés dans ce sens. La distribution en 1985-1986 de 100 000 hectares du secteur public laissés en jachère à des citoyens qui en deviendront propriétaires après cinq ans d'exploitation effective a prouvé que la poursuite déterminée de l'autonomie alimentaire (assurée à 40 % seulement) pouvait faire sauter des tabous historiques. La construction de barrages a continué avec la participation d'entreprises algériennes.

A un moment où l'investissement public marquait le pas, la nouvelle légitimité accordée au secteur privé par la révision de la Charte nationale a permis de favoriser son essor dans le tourisme, les loisirs, la maintenance. L'approbation de 507 nouveaux projets au cours du premier semestre 1986 a porté à 2 835 le nombre de dossiers agréés depuis mai 1983.

Les gains de productivité concernent surtout l'industrie où les entreprises tournent à 70 % de leur capacité. La priorité y a été donnée aux « investissements dits de valorisation du potentiel existant ». En 1986 sont apparus les premiers cercles de qualité et, pour assainir le secteur public, on n'a pas hésité à licencier les sureffectifs ni à fermer les unités déficitaires. La restructuration des sociétés nationales ayant produit des résultats mitigés, la rentabilité a été recherchée dans l'autonomie de gestion qui, excluant le contrôle bureaucratique a priori, ne trouve ses limites que dans le respect de la planification.

Si le réalisme économique prôné par le président Chadli est crédité d'un large consensus au sommet de l'État, des résistances de fait se sont manifestées au sein de l'administration et du FLN englués dans la routine de vingt-cinq ans d'État-Providence et de centralisation. Le débat entre tenants des réformes pragmatiques et champions de l'orthodoxie socialiste s'est perpétué avec pour chefs de file les rédactions des hebdomadaires Algérie-Actualité et Révolution africaine, organe du FLN; il ne peut masquer l'urgence d'un réajustement structurel, malgré le coût social à payer.

Dans ce contexte, le renouvellement de l'Assemblée populaire nationale, le 26 février 1987, a été une échéance jugée importante. Rajeunie et peuplée de diplômés, l'Assemblée élue se trouve en position d'arbitre : de son ouverture d'esprit dépendront l'ampleur et le rythme de mise en œuvre des réformes voulues par l'exécutif.

Pression démographique

Le gouvernement dispose d'une courte marge de manœuvre, pris en tenaille qu'il est entre deux contraintes, l'une financière, l'autre démographique (23,7 millions d'habitants dont 75 % de moins de trente ans) qui se traduit par une demande croissante d'emplois (146 000 postes de travail par an et déjà 18 % de chômage) et d'éducation (6 millions de jeunes à l'école), sans oublier la crise du logement. En novembre 1986, les émeutes étudiantes de Constantine et de Sétif (quatre morts, de nombreux blessés, cent quatre-vingt-six incarcérations) ont été une manifestation de l'effervescence et de l'inquiétude populaires devant la dégradation des conditions de vie. Désireux d'éviter une exploitation politique du mécontentement, le pouvoir, qui a liquidé en janvier 1987 le maquis intégriste dirigé par Mustafa Bouiali, a assigné à résidence dans le Sud, pendant plusieurs mois, des membres d'une opposition, d'ailleurs très disséminée, notamment des adhérents de la Ligue algérienne des droits de l'homme et des sympathisants d'Ahmed Ben Bella. La presse qu'inspire ce dernier, avec Aït Ahmed, et qui s'était acquis une certaine audience au sein de l'immigration algérienne, a été interdite en France en décembre 1986 et à nouveau en mars 1987, comme étant « de nature à porter atteinte aux intérêts diplomatiques de la France ».

Après avoir sévi, et afin de créer une certaine détente, le président Chadli a décidé en mars 1987 la levée des mesures d'assignation à résidence dans le Sud et, en avril, la libération des cent quatre-vingt-six condamnés lors des émeutes de Sétif et de Constantine. Dans le même temps, il a suscité la création d'une autre Ligue des droits de l'homme, concurrente de la précédente, qui a reçu aussitôt l'agrément officiel.

Quant à la diplomatie algérienne, elle a essentiellement été accaparée par des tentatives de réconciliation entre frères ennemis : entre l'Iran et l'Irak, le Tchad et la Libye, la Tunisie et la Libye, L'OLP et la Libye d'une part, la Syrie de l'autre. Ces entreprises méritoires mais ingrates ont été conduites avec des succès divers, mais l'Algérie a vu sa principale initiative, lancée en avril 1986, aboutir à de substantiels pro-

ALGÉRIE

République algérienne démocratique et populaire.
Capitale : Alger.
Superficie : 2 381 741 km² (4,4 fois la France).
Carte : p. 363.
Monnaie : dinar (1 dinar = 1,27 FF au 30.4.87).
Langues : arabe (langue nationale), berbère, français.
Chef de l'État et du gouvernement : Chadli Bendjedid, président.
Nature de l'État : République démocratique et populaire; l'islam est religion d'État.
Nature du régime : présidentiel, démocratie socialiste à parti unique.
Principaux partis politiques : *Gouvernement :* Front de libération nationale (FLN). *Illégaux :* Parti communiste (PAGS); Mouvement pour la démocratie en Algérie (MDA), animé par A. Ben Bella.

grès dans le processus de réunification de la Résistance palestinienne, couronnés par la réunion à Alger du Conseil national palestinien le 20 avril. En outre, avec une extrême discrétion, l'Algérie a mis son entregent au service de la libération des otages français détenus au Liban.

Nicole Grimaud

——————— *BIBLIOGRAPHIE* ———————

ABID L., *Les collectivités locales en Algérie (APN-APC)*, OPU, Alger, 1986.

BERQUE A., *Écrits sur l'Algérie*. Textes réunis et présentés par J. Berque, Edisud, Aix-en-Provence, 1986.

COTE M., « L'Algérie des vingt-cinq ans : une société qui est mal dans son espace », *Hérodote*, n° 45, 2e trimestre 1987.

ECREMENT M., *Indépendance politique et libération économique. Un quart de siècle du développement de l'Algérie, 1962-1985*, ENAP, PUG, Alger, Grenoble, 1986.

GRIMAUD N., LECA J., « L'Algérie face au contre-choc pétrolier » *Maghreb-Machreck*, n° 112, avril-juin 1986.

GRIMAUD N., LECA J., « Le secteur privé en Algérie », *Maghreb-Machreck*, n° 113, juillet-septembre 1986.

PRENANT A., « Algérie : néo-réalisme ou volontarisme libéral? », *Hérodote*, n° 45, 2e trimestre 1987.

Yougoslavie.
La fédération menacée

Les débats autour du projet de la Constitution tendant à renforcer le pouvoir fédéral et à atténuer les particularismes régionaux ont été au centre de la vie politique yougoslave pendant le premier trimestre de 1987. En effet, les dirigeants sont de plus en plus préoccupés par l'aggravation de la crise qui menace la cohésion de la Fédération.

Le XIIIe Congrès de la Ligue des communistes réuni en juin 1986 n'a rien réglé, pas plus que l'arrivée au pouvoir, en mai, de Branko Mikulic comme Premier ministre. Certes, le Comité central élu par le Congrès, après des discussions fort animées a subi de profonds remaniements. Une

nouveauté : les candidats devaient obtenir un minimum de deux tiers des voix. Sur cent soixante-cinq membres élus, cent vingt-sept sont des nouveaux venus ou des personnalités sans passé politique, trente-huit sont des « anciens ». A la présidence de la Ligue, seuls quatre membres sur vingt-trois ont conservé leur poste. Autrement dit, la génération « post-titiste » a investi les postes clés. Le rajeunissement de la direction est donc un fait positif mais, contrairement aux espoirs, il n'a pas permis de « dynamiser » la Ligue, toujours à la recherche d'une nouvelle ligne politique originale qui tienne compte des particularismes yougoslaves.

1. DÉMOGRAPHIE, CULTURE, ARMÉE

	INDICATEUR	UNITÉ	1965	1975	1986
Démographie	Population	million	19,4	21,4	23,3
	Densité	hab./km²	76	84	91
	Croissance annuelle	%	1,0 i	0,9 i	0,7 d
	Mortalité infantile	‰	71,8	45,0 e	30 d
	Espérance de vie	année	65	68,4 e	71,2 d
	Population urbaine	%	31	38	46,3 a
Culture	Nombre de médecins	‰ hab.	0,62 f	1,0 g	1,5 h
	Scolarisation 2ᵉ degré	%	46	76	82 b
	3ᵉ degré	%	13,1	20	20,2 c
	Postes tv (L)	‰	30	144	211 c
	Livres publiés	titre	7 980	11 239	10 918 b
Armée	Marine	millier d'h.	27	20	12,5
	Aviation	millier d'h.	20	20	36,0
	Armée de terre	millier d'h.	200	190	161,5

a. 1985 ; b. 1984 ; c. 1983 ; d. 1980-85 ; e. 1970-75 ; f. 1960 ; g. 1970 ; h. 1981 ; i. 1970-80 ; j. 1960-70.

2. COMMERCE EXTÉRIEUR b

INDICATEUR	UNITÉ	1965	1975	1986
Commerce extérieur	% P M B	10,5	20,3	27,5 a
Total imports	milliard $	1,3	7,7	11,8
Produits agricoles	%	28,5	12,7	12,1 a
Produits énergétiques	%	5,6	12,3	27,3 a
Produits industriels	%	61,8	71,2	57,2 a
Total exports	milliard $	1,1	4,1	10,4
Produits agricoles	%	32,6	16,5	9,2 a
Produits industriels	%	63,2	80,9	86,8 a
Produits miniers	%	3,4	2,6	0,8 a
Principaux fournisseurs	% imports			
C A E M		8,3	22,6	32,0
P C D		53,7	59,6	48,0
P V D		13,4	17,3	20,0
Principaux clients	% exports			
C A E M		42,4	43,6	47,7
P C D		40,0	34,1	35,6
P V D		14,5	21,4	16,6

a. 1985 ; b. Marchandises.

Indicateur	Unité	1965	1975	1986
P M B [f]	milliard $	11,5	29,0	41,7 [a]
Croissance annuelle	%	6,7 [d]	4,0 [e]	3,6
Par habitant	$	594	1 355	1 804 [a]
Structure du P M B [f]				
Agriculture	%	23,7	15,2	12,3 [a]
Industrie	% } 100 %	54,7	54,0	49,6 [a]
Services	%	21,6	30,8	38,1 [a]
Dette extérieure	milliard $	..	2,3	19,38 [a]
Taux d'inflation	%	12,3 [g]	15,6 [h]	..
Population active	million	..	9,3	10,1 [c]
Agriculture	%	63	..	28,7 [f]
Industrie	%	18	..	30,9 [f]
Services	%	19	..	40,4 [f]
Dépenses publiques				
Éducation	% P M B [f]	4,5	5,4	3,9 [c]
Défense	% P M B [f]	4,3	4,2	4,1 [a]
Production d'énergie	million T E C	19,7	28,2	34,6 [a]
Consommation d'énergie	million T E C	23,1	41,2	54,6 [a]

a. 1985; b. 1984; c. 1983; d. 1960-69; e. 1973-83; f. Produit matériel brut; g. 1960-70; h. 1974-78.

Rappels à l'ordre

Depuis l'automne 1986, la direction de la Ligue a nettement durci ses positions à l'égard des opposants au régime, rappelant à diverses reprises aux organes de la Fédération « leur devoir de poursuivre tous ceux qui agissent contre l'ordre constitutionnel ». Ce sont surtout la « droite » et les « autres forces antisocialistes » qui sont visées, plus que les « kominformistes ». En mars 1987, la Ligue des communistes a commencé à expulser ceux de ses membres qui avaient pris part aux activités d'un Mouvement de fonds de solidarité, créé par un groupe d'intellectuels contestataires et destiné « à soutenir moralement et matériellement toute personne frappée pour avoir exprimé des opinions non conformes à celles de la bureaucratie devenue la force dominante de la Ligue ». Le mouvement a été accusé de vouloir constituer une

« opposition anticommuniste ». Parallèlement, les autorités ont manifesté leur irritation à l'égard de certains journaux accusés de propager « l'idéologie hostile pour saper le système sociopolitique ». La presse yougoslave est en effet devenue critique, refusant de servir uniquement de porte-parole des thèses officielles : tous les sujets sensibles sont abordés, y compris celui – longtemps tabou – de l'objection de conscience.

En dernière analyse, les débats qui agitent la société yougoslave tournent invariablement autour d'une même question : le pluralisme. En 1979 déjà, Edouard Kardelj – l'un des plus proches collaborateurs de Tito et longtemps l'idéologue du régime – avait parlé « de l'opposition des communistes yougoslaves tant au parlementarisme de l'État politique bourgeois qu'à sa variante de parti unique à l'Est », et s'était prononcé en faveur de l'édification d'un « système original de démocratie autogestionnaire ». En 1987, les Yougoslaves constatent eux-mêmes que cette « troisième voie » n'existe pas ; la contestation s'est développée au sein des « organisations sociales » autour du « yougopluralisme », avec des variantes, selon les Républiques. C'est surtout en Slovénie, la République la plus homogène du point de vue ethnique, la plus prospère et aussi la plus occidentalisée, qu'un embryon de vie politique s'est développé et que la contestation a été la plus forte.

Échec du programme de redressement économique

Les problèmes nationaux – à commencer par celui du Kosovo, province du Sud à forte population albanaise – ont été amplifiés par la situation économique. Le taux d'inflation, de 100 % en 1986, devrait atteindre 150 % en 1987, le nombre de chômeurs se situant autour de 1,1 million, soit 16 % de la population active. Les salariés, dont le niveau de vie a encore baissé, ont manifesté leur mécontentement en multipliant les grèves (elles sont tolérées mais pas autorisées) ; l'agitation a culminé en Croatie et en Macédoine notamment, après que le gouvernement fédéral eut annoncé en février 1987 le gel des salaires et la récupération des augmentations accordées par les entreprises, ce qui a été ressenti comme une véritable diminution des salaires.

Outre l'hyperinflation, la baisse des exportations, la réduction de l'excédent de la balance des paiements (200 millions de dollars en 1986 alors que l'objectif était de 820 millions), la faible productivité industrielle, la persistance de profonds déséquilibres sont autant de signes de la mauvaise santé de l'économie yougoslave.

En fait, la réalisation du vaste programme de rénovation lancé en 1985 pour « stabiliser l'économie » s'est révélée illusoire en raison de la gravité des rivalités nationales. Si elle est adoptée, la réforme de la Constitution – dont l'entrée en vigueur est prévue pour 1988 – devrait permettre d'atténuer, au moins, les particularismes très marqués de chacune des six Républiques et des deux provinces autonomes qui se manifestent dans tous les secteurs de l'économie.

Malgré ces difficultés, Belgrade a obtenu fin mars 1987 un sursis des créanciers du Club de Paris qui avait signé en mai 1986 un accord de rééchelonnement de sa dette exté-

YOUGOSLAVIE

République socialiste fédérative de Yougoslavie.
Capitale : Belgrade.
Superficie : 255 804 km² (0,47 fois la France).
Carte : p. 445.
Monnaie : 1 dinar = 0,01 FF au 30.4.87).
Langues : serbo-croate ; macédonien ; slovène ; albanais (officielles).
Chef de l'État : selon le principe de rotation annuelle du président de la présidence de la République, Sinan Hasani a été remplacé par Lazar Moïsov le 15.5.87.
Premier ministre : Branko Mikulic.
Nature de l'État : État socialiste fédéral (comprenant six Républiques et deux provinces autonomes).
Nature du régime : régime de parti unique avec une présidence collective de l'État constituée d'un représentant par République et par province autonome et le président du Présidium du Comité central de la Ligue des communistes.
Parti politique : Ligue des communistes de Yougoslavie.

rieure. Celle-ci s'est stabilisée autour de 20 milliards de dollars mais les échéances annuelles se sont alourdies, représentant en 1985 40 % de la valeur des exportations.

La Yougoslavie a su préserver son image de marque de « pays ouvert ». En 1986, cent vingt millions de personnes ont traversé ses frontières (dans les deux sens) et la moitié de la population possède un passeport.

En matière de politique étrangère, la Yougoslavie, au cœur des Balkans, à mi-chemin entre l'Est et l'Ouest, est bien le centre de gravité de toutes les tensions régionales. En tant que premier partenaire commercial de Belgrade, Moscou entend bien tirer parti de la crise yougoslave pour ramener cet allié réticent à de meilleures dispositions. Mais la normalisation des rapports entre les deux pays – y compris au niveau des deux partis –, illustrée par l'accueil chaleureux de Mikhaïl Gorbatchev à une délégation de la Ligue des communistes, en décembre 1986, ne signifie ni une réorientation de la politique yougoslave ni un alignement sur certaines positions idéologiques soviétiques.

Les relations avec la Chine et la plupart des pays voisins restent cordiales, même si la Yougoslavie n'accorde pas à tous la même confiance. Ainsi, les rapports avec la Hongrie sont au beau fixe ; Yougoslaves et Hongrois se félicitent du « caractère exemplaire » de leur politique de nationalités. Avec l'Albanie, le conflit autour du Kosovo n'empêche pas le maintien de relations étatiques normales.

Il est probable que les relations internationales occuperont désormais une place moindre dans les préoccupations des dirigeants, alors que de lourdes menaces pèsent sur l'avenir de la Fédération. Des voix officielles, dont celle de Branko Mikulic, ont fait savoir que l'armée ne pouvait rester indifférente aux atteintes à l'ordre en place. Avertissement ? L'armée fédérale pourrait devenir le principal rempart, sinon le dernier, de l'unité nationale.

Thomas Schreiber

BIBLIOGRAPHIE

GLOBOKAR T., « Yougoslavie », in « Panorama de l'Europe de l'Est », *Le Courrier des pays de l'Est*, n° 309-310, août-octobre 1986.

SCHREIBER T., DA LAGE O., DELAMS P., GRZYBEK, *Jeux de go en Méditerranée orientale*, Fondation pour les études de défense nationale, Paris, 1986.

SCHREIBER T. (sous la dir. de), « Yougoslavie », in « L'URSS et l'Europe de l'Est », édition 1986, *Notes et études documentaires*, n° 4817, 1986.

La situation syndicale et les relations professionnelles en Yougoslavie, BIT, Genève, 1985.

VERLA C., « Tensions nationales et conflits sociaux et politiques en Yougoslavie », *Inprecor*, n° 230, 17 novembre 1986.

Colombie. Faiblesse du pouvoir civil

Pour la première fois depuis que fut signé, en 1957, le pacte instaurant le « Front national » en vertu duquel les deux grandes familles politiques s'entendraient pour alterner au pouvoir, la Colombie est gouvernée par une équipe homogène, appartenant au Parti libéral. Après sa victoire écrasante aux élections législatives de mars et présidentielles de mai 1986, le Parti conservateur a préféré se ranger dans une opposition « énergique », attitude qu'il semble regretter puisqu'il a tenté depuis de récupérer une partie des charges publiques dont il tirait d'importants bénéfices.

Le Congrès, composé à près de 80 % de *terratenientes,* s'est fixé comme tâche principale d'étudier, sans que cela n'ait encore débouché sur aucun changement notable, le projet de réforme agraire – et urbaine – proposé par le président Virgilio Barco. Dans ce pays où près de 200 000 propriétaires (sur une population paysanne de dix millions de personnes, dont trois millions sont économiquement actives) disposent des meilleures terres, d'une surface atteignant parfois des milliers d'hectares, les mouvements de protestation populaire se multiplient, de plus en plus vigoureux, comme en témoigne la marche de 25 000 manifestants sur San José del Guiaviare, au sud-est du pays (décembre 1986). A la structure agraire injuste, dénoncée par le pape Jean-Paul II lors de sa visite de juillet 1986, s'ajoutent d'une part le manque de crédits et d'aide technique aux petits propriétaires et, d'autre part, le harcèlement constant de l'armée contre les paysans et les communautés indigènes dans certaines régions – les « zones rouges » où pleuvent les bombardements meurtriers – considérées comme des bases ou des refuges pour les guérilleros.

Guérilla et violence institutionnalisée

Selon un rapport militaire, la guérilla compterait 27 000 membres. Une partie d'entre eux ont intensifié leurs combats (départements d'Antioquia, Bolivar, Santander, Arauca, Caldas et Cauca), sous la bannière de plusieurs organisations regroupées dans la Coordination nationale de la guérilla (C N G). La force principale de cette dernière ne paraît plus être le mouvement 19 avril (M-19), affaibli et divisé, mais l'Armée de libération nationale (E L N, d'inspiration marxiste), laquelle a trouvé différents moyens de financement : enlèvements de personnalités, prises de villages miniers, attaques de banques, vols d'explosifs, opérations sur les mines d'or et surtout sabotages répétés de l'oléoduc de Cano-Limon (propriété conjointe de la société d'Etat Ecopetrol, de la Occidental et de la Shell), ce qui a obligé les compagnies pétrolières à verser de grosses sommes d'argent.

Est-ce à dire que les efforts de paix entrepris par l'ancien président Belisario Betancur (1982-1986) ont complètement échoué? Non, puisque les Forces armées révolutionnaires de Colombie (F A R C, proches du Parti communiste) continuent de respecter, au milieu d'un âpre débat interne, la trêve qu'elles ont signée, sans déposer les armes, en mars 1984. De graves accrochages ont eu lieu avec l'armée en janvier 1987. Ils ont obligé le représentant gouverne-

---

COLOMBIE

République de Colombie.
Capitale : Bogota.
Superficie : 1 138 914 km² (2,08 fois la France).
Carte : p. 355.
Monnaie : peso (1 peso = 0,03 F F au 30.4.87).
Langue : espagnol.
Chef de l'État : Virgilio Barco, aussi chef du gouvernement.
Nature de l'État : démocratie parlementaire.
Nature du régime : présidentiel.
Principaux partis poligiques :
Gouvernement : Parti libéral.
Opposition : Parti conservateur; Union patriotique.

1. DÉMOGRAPHIE, CULTURE, ARMÉE

	INDICATEUR	UNITÉ	1965	1975	1986
Démographie	Population	million	18,04	23,64	28,42
	Densité	hab./km²	15,8	20,8	25,0
	Croissance annuelle	%	2,9 [d]	2,2 [e]	2,0 [c]
	Mortalité infantile	‰	82,4	67 [f]	49,0 [c]
	Espérance de vie	année	..	60,4 [f]	63,6 [c]
	Population urbaine	%	52,8 [k]	59,5 [j]	67,4 [a]
Culture	Analphabétisme	%	27,1 [g]	19,2 [j]	11,9 [a]
	Nombre de médecins	‰ hab.	0,39 [h]	0,46 [j]	0,58 [l]
	Scolarisation 6-11 ans	%	54,4	73,3	90,2 [a]
	12-17 ans	%	35,7	58,6	75,3 [a]
	3e degré	%	2,9	10,6	12,9 [a]
	Postes tv	‰	11	119	133 [c]
	Livres publiés	titre	709	1 272	15 041 [b]
Armée	Marine	millier d'h.	..	8,0	9,0
	Aviation	millier d'h.	..	6,3	4,2
	Armée de terre	millier d'h.	..	50,0	53,0

a. 1985; b. 1984; c. 1980-85; d. 1960-70; e. 1978-80; f. 1970-75; g. 1964; h. 1960; i. 1970; j. 1973; k. 1964; l. 1981.

2. COMMERCE EXTÉRIEUR [b]

INDICATEUR	UNITÉ	1965	1975	1986
Commerce extérieur	% P I B	8,6	11,3	10,1 [a]
Total imports	million $	454	1 495	3 862
Produits agricoles	%	15,6	13,8	7,2 [a]
Produits miniers	%	2,2	2,1	9,9 [a]
Produits industriels	%	82,2	84,1	82,9 [a]
Total exports	million $	539	1 465	5 102
Café	%	63,8	46,0	59,7
Produits énergétiques	%	17,8	7,2	15,5
Produits industriels	%	6,7	21,0	17,8 [a]
Principaux fournisseurs	% imports			
États-Unis		47,8	41,1	35,2 [a]
C E E		17,8	26,9	19,6 [a]
Amérique latine		10,7	12,0	24,2 [a]
Principaux clients	% exports			
États-Unis		46,7	32,0	32,8 [a]
C E E		30,0	34,1	34,8 [a]
Amérique latine		5,7	21,9	14,0 [a]

a. 1985; b. Marchandises.

Indicateur	Unité	1965	1975	1986
P I B	milliard $	5,8	13,1	37,6 [a]
Croissance annuelle	%	5,8 [d]	3,9 [e]	6,3
Par habitant	$	322	554	1 350 [a]
Structure du P I B				
Agriculture	% ⎫	29,3	23,9	21,9 [a]
Industrie	% ⎬ 100 %	26,9	29,2	28,9 [a]
Services	% ⎭	43,8	46,9	49,2 [a]
Dette extérieure	milliard $	..	..	13,43
Taux d'inflation	%	11,2 [g]	23,3 [f]	20,9
Population active	million d'h.	..	6,0 [i]	8,5 [h]
Agriculture	%	..	25,9 [i]	28,5 [h]
Industrie	%	..	15,8 [i]	17,4 [h]
Services	%	..	58,3 [i]	54,1 [h]
Dépenses publiques				
Éducation	% P I B	2,2	2,2	3,3 [b]
Défense	% P I B	..	0,7	1,1 [a]
Production d'énergie	million T E C	14,6 [j]	19,3	28,5 [a]
Consommation	million T E C	7,6 [j]	16,0	26,8 [a]

a. 1985; b. 1984; c. 1983; d. 1960-73; e. 1973-85; f. 1974-78; g. 1960-70; h. 1980; i. 1973; j. 1960.

mental pour la « réconciliation, la normalisation et la réhabilitation » à rencontrer à nouveau les dirigeants des F A R C. Ceux-ci exigent notamment des garanties pour la sécurité des représentants de l'Union patriotique, rassemblement qu'elles ont créé en 1985 avec d'autres forces, et qui, désormais légal, pourrait gagner de nombreuses mairies aux élections municipales de mars 1988.

La seule existence de l'Union patriotique – son candidat à la présidence, Jaime Pardo Leal, a obtenu, en mai 1986, 320 000 voix, soit 4,4 % des suffrages, un record pour la gauche – est-elle intolérable pour l'ordre établi? Trois cent cinquante de ses membres ont été assassinés, depuis sa fondation, par des tueurs à gages, au service de certains secteurs militaires alliés aux groupes d'extrême droite. Ces derniers s'en prennent aussi aux dirigeants syndicaux, aux juges, aux étudiants, aux hommes politiques, aux journalistes et, dans leur rage d'abattre tout ce qui dérange, aux homosexuels, aux prostituées, aux voleurs, aux drogués, etc. Des milliers de morts, des centaines de disparus : c'est précisément à Bogota que s'est tenu, du 4 au 7 décembre 1986, le premier Colloque international sur les disparitions forcées. L'inquiétude grandit, en effet, parmi la population, devant cette « violence institutionnalisée » qui sévit, alors que les coupables – certains ont été nommément désignés par l'ancien procureur de la République, Carlos Jimenez – restent impunis. N'a-t-on pas là une preuve de la dangereuse faiblesse du pouvoir civil?

Guerre contre la drogue

Le pouvoir est également menacé par les activités des trafiquants de drogue, liés à de hautes sphères de l'État que la corruption gangrène. Le 17 décembre 1986, le directeur du grand quotidien libéral *El Espectador*, Guillermo Cano, tombait sous les balles des mafiosi. Trois jours avant cet assassinat, le président Virgilio Barco avait ratifié le traité d'extradition signé en 1980 avec les États-Unis afin que les délinquants les plus notoires y soient jugés. Cette décision allait à l'encontre de l'avis de la Cour suprême (décembre 1986), pour laquelle ledit traité, outre qu'il représente, selon certains, une atteinte à la souveraineté nationale, est « inconstitutionnel » pour des raisons techniques. Le débat n'est pas clos mais d'ores et déjà, des organisations pour la défense des droits de l'homme, des syndicats, des mouvements politiques à l'échelon national et régional, des associations animées par l'Église, ainsi que la jeune Confédération unitaire des travailleurs – la C U T, progressiste, qui a tenu son premier congrès en novembre 1986 et rassemble 80 % des travailleurs syndiqués – ont lancé le Mouvement pour la sauvegarde de la vie et placé sous ce signe les luttes de l'année 1987. Pour sa part, le gouvernement a déclaré une « guerre à mort » contre les barons de la drogue : capture de quelque deux mille trafiquants entre janvier et février 1987, dont l'illustre « capo » aux idées fascistes, Carlos Lehder Rivas, vastes pouvoirs donnés à la police et à l'armée pour qu'elles détruisent champs de coca et de marijuana, aéroports et laboratoires clandestins. Pour spectaculaires qu'ils soient, ces gestes laissent sceptiques quant à leur efficacité. Le moteur du *narcotrafico* reste la demande des consommateurs nord-américains, toujours plus forte. Par ailleurs, l'injection de *coca-dollars* dans l'économie colombienne s'élève à quatre milliards de dollars par an, et il existe un grand réservoir de main-d'œuvre misérable prête à tout pour subsister.

Or, la situation sociale se dégrade, marquée par une rapide montée du chômage (de 8 à 15 % en l'espace de cinq années) et par de terribles carences en matière d'éducation, d'alimentation, de santé, de logement. Près de 60 % des habitants vivent mal, ou très mal. Virgilio Barco souhaite en finir avec la « pauvreté absolue » et compte s'appuyer sur une assez bonne conjoncture économique : après la *bonanza* due aux prix élevés du café, leur baisse sera compensée par les recettes complémentaires que devrait apporter l'exploitation du charbon, du pétrole et du fer. La dette extérieure (12 milliards de dollars) reste « viable » si l'on considère qu'elle représente environ le tiers du P I B légal, et non 80 % comme au Pérou voisin. Le gouvernement s'est refusé à ce que le Fonds monétaire international continue de superviser le fonctionnement de l'économie, pour laquelle il prévoit en 1987 une croissance de 4 % et un taux d'inflation de 24 %.

Les frictions avec le F M I n'ont pas altéré les relations cordiales qu'entretient avec les États-Unis le président Barco, diplômé de l'Institut technologique du Massachusetts (M I T), ancien haut fonctionnaire de la Banque mondiale, ancien

---

BIBLIOGRAPHIE

GOMEZ-MULLER A., « Vers la liquidation pure et simple de l'opposition », *Le Monde diplomatique*, novembre 1986.

PÉCAUT D., « Guérillas et violence : le cas de la Colombie », *Sociologie du travail*, n° 4, 1986.

RESTREP L., *Colombia : historia de una traición*, Iepala, Madrid, 1986.

SOLER J., *Colombie enchaînée. Un pays riche, un peuple pauvre*, Acratie, Mauléon, 1985.

ambassadeur à Washington (1977-1981) et ancien maire de Bogota. C'est sans ardeur particulière que ce « bon administrateur » a appuyé les démarches du groupe de Contadora (Colombie, Mexique, Panama, Vénézuela) en faveur de solutions négociées en Amérique centrale. Cela dit, la politique extérieure maintient une nette continuité. La Colombie n'est pas sortie du Mouvement des non-alignés où Belisario Betancur l'avait fait entrer, et elle s'efforce toujours, comme l'a dit le chef de l'État le jour de son élection, « d'obtenir des États-Unis une politique de paix et de justice pour le continent latino-américain dans le cadre de l'organisation des États américains ».

Françoise Barthélémy

Portugal.
En quête d'une stabilité politique

Depuis la révolution du 25 avril 1974, le Portugal souffre d'une instabilité chronique : il a déjà connu seize gouvernements de toutes tendances idéologiques et aucun des cinq Parlements élus depuis 1976 n'a pu terminer les quatre ans de mandat constitutionnel. Anibal Cavaco Silva, Premier ministre depuis quinze mois à peine, en a fait l'amère expérience le 3 avril 1987 : le gouvernement minoritaire du Parti social-démocrate (centre-droit) a été renversé par une coalition des forces de gauche. Faute de solution, le chef de l'État, Mario Soarès, a décidé de dissoudre le Parlement et d'organiser des élections législatives anticipées le 19 juillet 1987.

En effet, l'Assemblée de la République élue au mois d'octobre 1985 ne reflétait qu'imparfaitement le rapport de forces réel dans le pays. Avec 30 % des suffrages à l'époque, le Parti social-démocrate (PSD) constitue, plus que jamais, au printemps 1987, le pôle de rassemblement d'une droite dont l'autre composante, le Centre démocratique et social (CDS), est en perte de vitesse depuis la défaite du candidat Diego Freitas do Amaral à l'élection présidentielle de février 1986.

La situation à gauche est également en pleine évolution. Le Mouvement démocratique portugais (MDP) a rompu, en novembre 1986, son alliance avec le Parti

---

PORTUGAL

République du Portugal.
Capitale : Lisbonne.
Superficie : 92 100 km² (0,17 fois la France).
Carte : p. 436.
Monnaie : escudo (1 escudo = 0,04 FF au 30.4.87).
Langue : portugais.
Chef de l'État : Mario Soarès.
Chef du gouvernement : Anibal Cavaco Silva jusqu'au 3.4.87, reconduit après les élections du 19.7.87.
Nature de l'État : république unitaire ; respecte l'autonomie des archipels des Açores et de Madère.
Nature du régime : démocratie parlementaire.
Principaux partis politiques : Parti social-démocrate (PSD) ; Parti socialiste portugais (PSP) ; Parti communiste portugais (PCP) ; Mouvement démocratique portugais (MDP) ; Parti rénovateur démocratique (PRD) ; Centre démocratique et social (CDS).

1. Démographie, culture, armée

	Indicateur	Unité	1965	1975	1986
Démographie	Population	million	8,78	9,43	10,29
	Densité	hab./km²	95	102	112
	Croissance annuelle	%	− 0,1 g	0,8 f	0,9 e
	Mortalité infantile	‰	64,9	45 f	20 e
	Espérance de vie	année	64,4 i	68 f	72,2 e
	Population urbaine	%	22,7 h	..	31,2 a
Culture	Analphabétisme	%	..	29 i	16,0 a
	Nombre de médecins	‰ hab.	0,8 h	0,9 i	..
	Scolarisation				
	2e degré k	%	42,0	53,0	47,0 c
	3e degré	%	5,0	10,5	11,5 d
	Postes tv	‰	20	77	151 c
	Livres publiés	titre	5 639	5 943	9 041 b
Armée	Marine	millier d'h.	..	13,0	14,5
	Aviation	millier d'h.	..	9,5	13,8
	Armée de terre	millier d'h.	..	37	40

a. 1985; b. 1984; c. 1983; d. 1982; e. 1980-85; f. 1970-75; g. 1960-65;
h. 1960; i. 1970; j. 1960-64; k. 12-16 ans.

2. Commerce extérieur a

Indicateur	Unité	1965	1975	1986
Commerce extérieur	% P I B	19,9	19,6	28,8
Total imports	million $	897	3 839	9 448
Produits agricoles	%	30,5	29,8	13,4
Produits énergétiques	%	8,4	15,2	17,1
Produits industriels	%	61,1	53,8	69,5
Total exports	million $	584	1 939	7 200
Produits agricoles	%	35,8	25,6	6,9
Produits miniers b	%	2,4	1,6	0,6 c
Produits industriels	%	60,3	70,8	89,6
Principaux fournisseurs	% imports			
États-Unis		8,1	12,4	7,3
C E E		52,0	44,5	57,2
Afrique		17,7	7,4	6,0
Principaux clients .	% exports			
C E E		44,1	53,7	67,6
États-Unis		10,6	7,2	7,0
Afrique		27,2	11,2	3,9

a. Marchandises; b. Produits énergétiques non compris; c. 1985.

3. Économie

Indicateur	Unité	1970	1975	1986
P I B	milliard $	3,73	14,72	28,9
Croissance annuelle	%	7,0 e	3,1 f	4,25
Par habitant	$	425	1 561	2 809
Structure du P I B				
Agriculture	%	15,9	14,1	9 a
Industrie	% 100 %	37,5	38,9	40 a
Services	%	46,6	47,0	51 a
Taux d'inflation	%	4,1 c	23,0 g	10,6
Population active	million d'h.	3,4	..	4,7 a
Agriculture	%	29,6	..	21,6 a
Industrie	%	30,1	..	31,2 a
Services	%	37,7	..	38,8 a
Dépenses publiques				
Éducation	% P I B	1,6	4,0	4,8 d
Défense	% P I B	..	..	3,2
Production d'énergie	million T E C	1,0	1,0	1,7 a
Consommation	million T E C	6,4	9,1	13,9 a

a. 1985; b. 1984; c. 1960-70; d. 1982; e. 1960-73; f. 1973-83; g. 1974-78.

communiste. Ainsi a disparu le sigle A P U (Alliance du peuple uni), sous lequel ces deux formations politiques se présentaient aux élections depuis 1976. Cet éclatement préfigure l'isolement progressif des communistes qui se sont repliés sur leurs places fortes régionales (l'Alentejo de la réforme agraire) et sur un mouvement syndical (la Confédération générale des travailleurs portugais, C G T P – Intersyndicale) qu'ils contrôlent pour l'essentiel.

Le Parti socialiste, de son côté, s'est remis lentement de la très sévère défaite subie aux législatives de l'automne 1986 (il est passé de 36 % à un peu plus de 20 %). Certes, la désignation de Victor Constancio au poste de secrétaire général, lors du VIᵉ Congrès (juin 1986), a marqué un retour à gauche du parti. Mais le nouveau leader a eu du mal à s'imposer et à faire oublier le charisme de son prédécesseur, Mario Soarès. Quoi qu'il en soit, le PS semblait avoir des chances de remonter au score en juillet 1987.

Cette situation ne faisait pas l'affaire de la troisième composante de

la gauche portugaise qu'est le Parti rénovateur démocratique (P R D). Formé par un groupe d'amis de l'ancien Président de la République, le général Antonio Ramalho Eanes, le P R D s'est présenté pour la première fois à l'électorat en octobre 1985. Bénéficiant à l'époque du mécontentement qui régnait dans les secteurs de gauche du PS, il a obtenu 18 % des suffrages. En septembre 1986, le général Eanes a pris officiellement la direction du parti. Mais, en dépit du prestige encore intact de l'ancien chef de l'État, le P R D était en perte de vitesse au printemps 1987. La raison ? Une trop grande bienveillance à l'égard d'un exécutif assez conservateur a provoqué des remous considérables à la base du parti.

Avec ses quarante-cinq députés, sur deux cent cinquante, le P R D s'était, en effet, assuré un rôle d'arbitre au Parlement. Ainsi, a-t-il contribué de façon décisive à faire approuver le programme du gouvernement Cavaco Silva et une motion de confiance déposée par le Premier ministre en été 1986. En continuant sur cette voie, le parti du général Eanes risquait fort de perdre toute crédibilité auprès de son électorat. Il a donc déposé une motion de censure le 3 avril 1987, qui a entraîné la chute du gouvernement.

Au-delà des prétextes avancés pour censurer le gouvernement – mépris du Parlement et pratique du clientélisme par le PSD – le souci commun des formations composant la gauche portugaise était de ne pas laisser Cavaco Silva et ses amis tirer seuls les bénéfices d'une conjoncture favorable au Portugal.

Redémarrage économique

L'adhésion à la Communauté européenne le 1ᵉʳ janvier 1986, assortie de mesures transitoires permettant à l'économie lusitanienne de faire face au choc de l'intégration, s'est révélée un formidable tremplin pour le redémarrage du pays. Elle a donné aux entreprises portugaises des objectifs plus vastes et diminué le prix de certains produits. A cela, il faut ajouter la manne de la CEE : la Communauté a approuvé en 1986 une série de projets dont le montant dépassait 2 milliards de francs. Environ 36 % ont été alloués à de grands travaux dépendant de l'État ; 27 % aux municipalités ; 29 % aux entreprises publiques ; et 8 % aux régions autonomes des Açores et de Madère.

Le Portugal a également bénéficié de l'affaiblissement du dollar qui a réduit automatiquement 53 % de ses échéances ; ainsi, le gouvernement a pu effectuer des remboursements anticipés et alléger un endettement estimé à 16 milliards de dollars. Bref, le bilan de Cavaco Silva est positif. C'est ainsi que le taux d'inflation, qui avait frôlé les 30 % en 1984, a été ramené à 11,7 % en 1986 et devait être, selon les prévisions, que de 8 à 9 % en 1987. La balance des transactions courantes a laissé un excédent de 1,4 milliard de dollars en 1986. Ces bons résultats ont permis au gouvernement d'annoncer, en septembre, une revalorisation de 45 % en moyenne des retraites et des pensions.

Les chiffres sont agréables mais la réalité l'est un peu moins. Le taux de chômage s'élève à 12 %, et 64 % des demandeurs d'emploi sont âgés de moins de trente ans. Le secteur agricole absorbe 22 % de la main-d'œuvre active, mais la productivité y est extrêmement faible et le pays continue d'importer la moitié des produits alimentaires qu'il consomme. La même dépendance à l'égard de l'étranger se vérifie en matière énergétique : 85 % de l'énergie dépensée sont importés. Pour la société civile, la situation a été qualifiée de catastrophique. La très influente Église portugaise n'a cessé de dénoncer « les conditions inhumaines » dans lesquelles subsistent les milliers de familles de chômeurs et les habitants des bidonvilles de Porto et de Lisbonne. Elle s'est aussi insurgée contre le développement « du travail

BIBLIOGRAPHIE

CAHEN M., « Le Portugal et l'Afrique : le cas des relations luso-mozambicaines (1965-1985) », *Afrique contemporaine*, n° 137, janvier-mars 1986.

« L'Espagne et le Portugal dans la CEE », *Notes et études documentaires*, n° 4819, 1986.

« Le Portugal en 1986 », *in* « Les Pays d'Europe occidentale », *Notes et études documentaires*, septembre 1987.

OCDE, *Études économiques de l'OCDE : Portugal*, Paris, 1987.

au noir des enfants » (dans la région de Braga notamment).

Conséquence de cette évolution négative : le Portugal – et sa capitale en particulier – est devenu la plaque tournante des trafics en tout genre en Europe : drogue, armes, prostitution. Il n'est pas étonnant, par exemple, que l'enquête sur les attentats commis par le Groupement antiterroriste de libération (GAL) contre des réfugiés basques en France ait débouché sur l'arrestation de citoyens portugais.

Le lieutenant-colonel Otelo Saraiva de Carvalho, stratège de la « révolution des œillets », a été condamné, en décembre 1986 à une peine de quinze ans de prison. Il était accusé d'être l'un des « principaux responsables » de l'organisation clandestine d'extrême gauche Forces Populaires – 25 avril (FP-25), qui aurait commis douze assassinats et une vingtaine d'attentats depuis sa création en 1980. Otelo a nié devant le tribunal tout lien avec les FP-25 et son implication dans les attentats. Il a reconnu néanmoins qu'une formation politique qui avait soutenu sa candidature à la Présidence de la République en 1980, le Front d'unité populaire (FUP), a pu être par la suite noyautée par des éléments des FP-25. Il pourrait faire l'objet d'une amnistie dans le courant de l'année 1987.

Alain Echegut

Maroc. Manœuvres diplomatiques

En rencontrant le roi Hassan II à Ifrane le 23 juillet 1986, le Premier ministre israélien Shimon Pérès n'avait rien à perdre; il y a gagné la reconnaissance publique d'Israël par un nouvel État arabe, une étape supplémentaire dans le processus de démantèlement du front du refus des États opposés aux accords de Camp David (septembre 1978); en contrepartie, il n'a rien cédé au roi du Maroc, ni en ce qui concerne la reconnaissance de l'Organisation de libération de la Palestine (OLP), ni sur l'évacuation des territoires occupés par Israël.

La rencontre d'Ifrane

Pour Hassan II, le bilan de l'opération est plus complexe, à la fois sur le plan interne et sur le plan international. Même si l'invitation à Ifrane a créé un choc, l'opération avait été préparée de longue date et avait même été annoncée par le souverain le 24 novembre 1985, avant sa visite en France; mais, devant les réactions suscitées par ses propos dans le monde arabe, il avait mis des conditions préalables à la rencontre qu'il a rappelées à Ifrane, sans nourrir d'illusions sur les intentions de son visiteur. Dans le passé, les contacts directs avec Israël s'étaient multipliés par l'intermédiaire de la communauté juive, qui conservait au Maroc une sorte de droit de retour et de statut de double nationalité unique dans le monde arabe. Le roi entendait, en effet, se situer comme intermédiaire dans un effort de règlement du conflit israélo-arabe. Mais, faute d'avoir obtenu l'écho extérieur qu'il attendait, Hassan II concluait avec la Libye un Traité d'union à Oujda le 13 août 1984, que les Marocains approuvaient par référendum le 31. Ce succès pour la monarchie avait cependant provoqué le mécontentement des États-Unis et un regain de tension avec l'Algérie.

Deux ans après, en 1986, ayant épuisé les charmes de l'union avec la Lybie, Rabat a compris qu'une rupture pouvait lui donner l'occasion d'une nouvelle initiative politique marquante. Le roi n'a réagi au bombardement américain sur Tripoli le 15 avril 1986 qu'en envoyant un émissaire au colonel Kadhafi. Ce dernier n'a pas caché qu'il attendait la preuve d'une solidarité plus active et il a réagi d'autant plus vivement à la visite de Shimon Pérès, ressentie comme une trahison. Mais c'est le Maroc qui a pris l'initiative de la rupture du traité à la suite d'une violente déclaration commune syro-libyenne contre la rencontre d'Ifrane. Occupé dans l'immédiat par les difficultés de son armée au Tchad, le colonel Kadhafi n'avait guère les moyens de rétorquer par un soutien accru au Polisario.

Par ailleurs, le Maroc a entrepris une campagne de contacts et de persuasion auprès des pays africains qui ont reconnu le Polisario, comme le Nigéria, le Gabon, la Guinée ou le Sénégal, pour leur faire adopter une attitude plus équitable à son égard. Il espérait ainsi affaiblir le soutien obtenu par la République arabe sahraouie démocratique (RASD) dans le cadre de l'Organisation de l'unité africaine (OUA) que le Maroc avait officiellement quittée en signe de protestation, en novembre 1985. A plus long terme, il souhaitait obtenir des pays africains une position plus équilibrée dans les instances internationales, la question d'un référendum au Sahara occidental, accepté en principe par toutes les parties, venait à être reposée. A l'abri de ses murs de protection – le sixième mur a été achevé en avril 1987 –, il a pu organiser des mouvements de population en provenance du Nord qui devraient lui assurer un vote largement favorable. Par ailleurs, on estime que les fortifications ont réduit le coût de la guerre de moitié depuis deux ans. Certes, les harcèlements du Polisario ont continué, mais les projets de bouclage des murs jusqu'à la frontière mauritanienne devraient lui interdire l'accès aux rivages de l'Atlantique et réduire ainsi la visibilité que les opérations de com-

mando contre les bateaux de pêche ou les attaques contre les avions de tourisme longeant le littoral peuvent assurer au mouvement saharien.

Sur le plan intérieur, la tension au Sahara occidental a permis de maintenir une unité nationale favorable à la monarchie depuis la « Marche verte » en 1975, alors que l'armée, tout en restant confinée dans le Sud, a trouvé naturellement sa place dans l'ensemble national grâce au conflit et a vu ses effectifs et ses moyens maintenus. Mais à long terme, avec un PIB qui atteint à peu près le tiers de celui de l'Algérie, le Maroc s'essouffle et s'endette dangereusement.

Le poids de l'endettement

C'est là qu'il convient de chercher une des raisons majeures de la rencontre d'Ifrane. En se posant comme intermédiaire de bonne volonté dans le conflit israélo-arabe, Hassan II espère obtenir à peu de frais – car il entend bien ne rien céder sur les principes – les ressources provenant de la communauté des pays riches qui lui permettront de continuer à faire fonctionner son système politique sans opérer des arbitrages coûteux susceptibles de déclencher des révoltes semblables à celles de janvier 1984. Avec un revenu par tête dépassant à peine 600 dollars, le Maroc éprouve des difficultés à réduire sa consommation de façon à dégager les moyens nécessaires pour couvrir le service de sa dette qui aurait dépassé 70 % de ses gains à l'exportation, en 1986. Cette situation l'a contraint à demander, à la fin de l'année, un rééchelonnement qui prend la suite d'une opération semblable du Club de Paris en 1985, dont les recommandations n'ont été que partiellement suivies.

Le recours inévitable au FMI et à la Banque mondiale a comporté, depuis 1983, de nombreuses contraintes visant à réduire notamment le coût de fonctionnement des services publics en matière d'éducation et de santé. Les efforts de scolarisation dans le secondaire et le supérieur ont été freinés. Le commerce extérieur a été progressivement libéralisé. Une réforme fiscale aboutissant à l'introduction de la TVA est en cours. Cette opération ne peut réussir à long terme que si elle s'accompagne d'une forte croissance dépassant le taux d'accroissement démographique (2,5 % par an). Au-delà des rééchelonnements de la dette qui reportent la masse des remboursements sur les années quatre-vingt-dix, il importe de dégager un surplus qui permettra alors les remboursements, sans avoir à solliciter à nouveau l'aide extérieure.

C'est dans ce contexte de fort endettement du pays (18 milliards de dollars) qu'il faut situer l'abrogation du Traité d'Oujda et la visite de Shimon Pérès : ces initiatives visent en effet à créer un environnement international favorable à un rééchelonnement de la dette en s'assurant, notamment, l'appui des États-Unis. Pour ce qui est de l'aide militaire, le secrétaire américain à la Défense, Caspar Weinberger, lors de sa visite à Rabat en janvier 1987, a promis de plaider auprès du Congrès le dépassement du chiffre antérieur de 34 millions de dollars. Mais le souhait d'Hassan II de voir son pays bénéficier de montants comparables à ceux accordés à Israël ou à l'Égypte sera sans doute déçu. Sa demande serait-elle satisfaite, il n'est pas certain qu'à long terme la situation en serait nettement améliorée. En attendant, au printemps 1987, le Maroc semblait pouvoir compter sur une aide lui permettant de faire face à des besoins immédiats, essentiellement des États-Unis (200 millions de dollars) et de la France (90 millions de dollars).

En 1986, la politique de rigueur a continué à s'appliquer sans créer trop de tensions sociales. Deux bonnes récoltes consécutives ont contribué à alléger la tension dans les campagnes, assurant un certain niveau d'autoconsommation et évitant les afflux de population dans les villes qui avaient accompagné les années de sécheresse. La dépréciation du dollar, la réduction des prix du pétrole, des matières premières et des produits alimentaires ont aussi aidé le gouvernement à passer un cap difficile et renforcé sa position dans sa négociation avec les organismes financiers internationaux. La stabilité politique intérieure a aussi accru son crédit à un moment difficile.

Une légère menace semble se dessiner dans le nord du pays du fait de l'agitation persistante à Ceuta et

MAROC

Royaume du Maroc.
Capitale : Rabat.
Superficie : 450 000 km², sans le Sahara occidental (0,82 fois la France).
Carte : p. 263.
Monnaie : dirham (1 dirham = 0,72 FF au 30.4.87).
Langues : arabe (dialectal) et berbère (trois dialectes différents).
Chef de l'État : roi Hassan II.
Premier ministre : Azzedine Laraki.
Nature de l'État : monarchie absolue de droit divin.
Nature du régime : monarchie constitutionnelle.
Principaux partis politiques : *Gouvernement :* Union constitutionnelle ; Rassemblement national des indépendants ; Parti national démocratique ; Mouvement populaire Istiqlal. *Opposition légale :* Union socialiste des forces populaires ; Parti du progrès et du socialisme ; Organisation de l'action démocratique et populaire (OADP). *Opposition clandestine :* Ilal Amam (En avant), organisations marxistes-léninistes ; différents mouvements islamiques dont le Mouvement des Moudjahidin du Maroc (MMM).

1. Démographie, culture, armée

	Indicateur	Unité	1965	1975	1986
Démographie	Population	million	13,0	17,3	f
	Densité	hab. / km²	29,1	38,7	50,4-54,2
	Croissance annuelle	%	2,8 [i]	3,0 [j]	2,5 [d]
	Mortalité infantile	‰	161 [h]	130 [k]	92 [e]
	Espérance de vie	année	49,2	52,9 [k]	57,9 [e]
	Population urbaine	%	29,3 [h]	35,2 [g]	43,9 [a]
Culture	Analphabétisme	%	78,6 [g]	..	66,9 [a]
	Nombre de médecins	‰ hab.	0,07	0,09	0,08
	Scolarisation 6-11 ans	%	40,6	39,6	56,4 [a]
	12-17 ans	%	23,6	27,6	43,9 [a]
	3e degré	%	0,9	3,2	7,8 [b]
	Postes tv	‰	..	..	39 [c]
Armée	Marine	millier d'h.	1,0 [i]	2,0	7,0
	Aviation	millier d'h.	3,0 [i]	4,0	13,0
	Armée de terre	millier d'h.	50 [i]	55	150

a. 1985; b. 1984; c. 1983; d. 1982-85; e. 1980-85; f. Les estimations varient entre 22,5 et 24,2 millions; g. 1971; h. 1960; i. 1961-70; j. 1970-80; k. 1975-80.

2. Commerce extérieur [c]

Indicateur	Unité	1965	1975	1985
Commerce extérieur	% PIB	17,0	22,8	25,2
Total imports	million $	456	2 567	3 801
Produits énergétiques	%	5,3	10,9	27,9 [a]
Produits agricoles	%	38,1	34,4	21,7 [a]
Produits industriels	%	56,2	54,3	43,2 [a]
Total exports	million $	434	1 540	2 437
Produits phosphatés [b]	%	25,4	55,0	36,6 [a]
Agrumes	%	14,4	9,5	6,9 [a]
Produits industriels	%	6,0	12,7	42,0 [a]
Principaux fournisseurs	% imports			
CEE		55,0	51,7	39,2
dont la France		38,3	30,1	22,8
États-Unis		11,9	7,7	6,1
Principaux clients	% exports			
CEE		68,1	54,1	49,5
dont la France		44,0	21,7	23,6
CAEM		9,4	15,7	7,8

a. 1985; b. Phosphates naturels et acide phosphorique; c. Marchandises.

3. Économie

Indicateur	Unité	1965	1975	1986
PIB	milliard $	2,6	9,0	13,4 [a]
Croissance annuelle	%	4,0 [e]	4,5 [f]	5,7
Par habitant	$	202	520	567 [a]
Structure du PIB				
Agriculture	% ⎫	20,4	17,4	18,4 [a]
Industrie	% ⎬ 100 %	25,2	33,0	31,8 [a]
Services	% ⎭	54,4	49,6	59,8 [a]
Dette extérieure	million $	−	1,8	14,1 [a]
Taux d'inflation	%	2,3 [g]	11,2 [h]	4,4
Population active	million	..	4,5	6,0 [b]
Agriculture	%	62 [d]	..	45 [b]
Industrie	%	14 [d]	..	24 [b]
Services	%	24 [d]	..	31 [b]
Dépenses publiques				
Éducation	% PIB	3,8	4,8	7,4 [c]
Défense	% PIB	4,9 [i]	2,7	4,4 [a]
Production d'énergie	million TEC	0,7 [i]	0,9	1,0 [b]
Consommation d'énergie	million TEC	2,9 [i]	4,5	6,8 [b]

a. 1985 ; b. 1984 ; c. 1983 ; d. 1960 ; e. 1960-73 ; f. 1973-83 ; g. 1960-70 ; h. 1974-78 ;
i. 1968 ; j. 1970.

Melilla. Les réticences du gouvernement de Felipe Gonzalez à accorder un plein droit de citoyenneté aux Marocains résidant dans les *presides* ont amené les organisations de la population musulmane réclamant le rattachement au Maroc à accentuer leurs pressions. Mais, ni Hassan II, ni le gouvernement espagnol ne souhaitent la poursuite d'un tel mouvement.

Rémy Leveau

BIBLIOGRAPHIE

Benani A., « Légitimité du pouvoir au Maroc, consensus et contestation », *Soual*, n° 6, avril 1986.

Ben Barka, vingt ans après. Témoignages, Arcantère, Paris, 1987.

Damis J., « Les relations des États-Unis avec le Maroc » *Maghreb-Machrek*, n° 113, janvier-mars 1986.

Gazzo Y., « Le monde arabe face à l'endettement : le cas des pays du Maghreb », *Maghreb-Machrek*, n° 114, octobre-décembre 1986.

Guerraoui D., « Agriculture et développement au Maroc », *Maghreb-Machrek*, n° 113, juillet-septembre 1986.

Leveau R., *Le fellah marocain défenseur du Trône*, Presses de la F N S P, Paris, 1985, 2ᵉ édition.

Naciri M., « Les villes méditerranéennes du Maroc : entre frontières et périphéries », *Hérodote*, n° 45, 2° trimestre 1987.

Regards sur le Maroc, C H E A M, La Documentation française, Paris, 1986.

Israël.
L'alternance a confirmé l'impasse

Conformément au principe de l'alternance, le chef du Likoud (droite nationaliste), Itzhak Shamir, a pris la tête du gouvernement d'union nationale le 20 octobre 1986 et devrait y rester jusqu'aux élections de novembre 1988. Le chef travailliste, Shimon Pérès, lui a cédé ce poste pour devenir à son tour ministre des Affaires étrangères. La coalition gouvernementale a été menacée périodiquement par les divergences entre les deux grands blocs politiques, chacun ayant gardé un droit de veto sur les grandes décisions : l'impasse politique et diplomatique n'a donc pu être levée.

Désaccord sur la conférence de paix au Proche-Orient

Les spéculations qui avaient cours en 1985 et au début de 1986 au sujet de négociations de paix séparée avec la Jordanie ont cédé la place à un plan plus réaliste, à savoir la convocation d'une conférence internationale de paix au Proche-Orient. Pour le Likoud, cette idée est inacceptable ; Itzhak Shamir est même allé jusqu'à dire qu'elle provoquera, en fin de compte, « la destruction d'Israël ». Quant à Shimon Pérès, tout en étant très attaché à ce projet, il ne le considère cependant que comme un cadre dans lequel des pourparlers directs pourraient s'engager avec la Jordanie, les Palestiniens n'appartenant pas à l'O L P et éventuellement la Syrie, le Liban ; les grandes puissances n'ayant dans cette conférence qu'un simple rôle d'observateurs. La

presse mondiale a révélé qu'Israéliens et Jordaniens avaient eu à ce sujet des contacts secrets au plus haut niveau en 1986 et au début de 1987. Mais, parmi les États qui ont des intérêts directs ou indirects dans le conflit, il s'en est trouvé aucun pour approuver le projet de M. Pérès.

En Israël, le Likoud et le Maarakh (front travailliste) sont unanimes sur un seul point : l'hostilité à tout contact avec l'O L P, dans quelque négociation que ce soit. Avant même la « rotation » d'octobre 1986, ils avaient uni leurs voix pour entériner à la Knesseth (le 5 août 1986) la version finale d'une loi interdisant aux Israéliens tout contact, même politique, avec l'O L P, sous peine de trois ans de prison. Trois mois plus tard, un groupe de vingt-deux pacifistes israéliens rencontraient publiquement à Costinesti (Roumanie) des personnalités palestiniennes de l'O L P pour parler de la paix, défiant cette loi qui, selon d'éminents juristes israéliens, n'a d'équivalent dans aucun régime parlementaire pluraliste. Quatre de ces pacifistes ont été traduits en justice.

Dans le cadre de sa lutte contre l'O L P, Israël a continué ses raids aériens contre les camps palestiniens au Liban qui ont fait des centaines de victimes civiles et militaires. La marine israélienne a imposé *de facto* un blocus sur les liaisons maritimes avec le Liban grâce auxquelles les Palestiniens sont approvisionnés non seulement en matériels mais aussi en combattants. Israël a également collaboré de manière tacite avec le mouvement chiite Amal en guerre contre les Palestiniens au Liban. Mais l'année 1986 a surtout été marquée par les accrochages quasi quotidiens au Sud-Liban entre les forces israéliennes qui y stationnent, soutenues par la milice locale à la solde d'Israël, et les guérilleros libanais et palestiniens. Les deux camps ont subi de lourdes pertes en hommes, mais c'est surtout la milice locale, l'Armée du Liban-sud qui a été affectée : les défections ont été nombreuses et ce n'est que grâce à l'intervention directe d'Israël qu'elle ne s'est pas totalement effondrée.

Dans les territoires occupés (Cisjordanie, Gaza et Golan), la répression s'est accrue en 1986, sous la direction du ministre de la Défense, le travailliste Itzhak Rabin. De violentes manifestations ont entraîné la mort d'une trentaine de Palestiniens et quelques Israéliens, civils et militaires ont été victimes d'attentats.En novembre 1986, un pogrom antipalestinien s'est déroulé en vieille ville de Jérusalem à la suite de l'assassinat d'un étudiant d'une école rabinique. Alors que, selon la loi israélienne, les deux parties de la ville sainte sont unies depuis vingt ans, un mur invisible sépare les deux communautés juive-israélienne et arabo-palestienne. Des dizaines d'arrestations administratives (sans traduction devant un tribunal) ont été prononcées dans les territoires occupés et renouvelées automatiquement tous les six mois; des Palestiniens ont été expulsés, comme le directeur du quotidien palestinien de Jérusalem *Ash-Sha'ab* (Le Peuple), Akram Haniyeh (fin décembre 1986); les universités palestiniennes ont été fermées de temps à autre à la suite des manifestations d'étudiants; les grèves de la faim des prisonniers palestiniens (au nombre de 4 500) se sont multipliées et les confiscations de terres appartenant à des Palestiniens des territoires occupés ont continué.

Le succès diplomatique le plus marquant de Shimon Pérès, alors qu'il était encore Premier ministre, a sans doute été sa rencontre avec le roi du Maroc, Hassan II, à Ifrane, les 22 et 23 juillet 1986. Pour la première fois depuis la visite du président égyptien Anouar el-Sadate à Jérusalem (novembre 1977), un chef arabe rencontrait un leader

ISRAËL

Israël.
Capitale : Jérusalem.
Superficie : 20 325 km² (0,04 fois la France); territoires occupés : Golan (1 150 km²), Cisjordanie (5 879 km²), Gaza (378 km²).
Carte : p. 365.
Monnaie : nouveau shekel (1 nouveau shekel = 3,75 F F au 30.4.87).
Langues : hébreu et arabe (officielles); anglais, français.
Chef de l'État : Chaïm Herzog, président.
Premier ministre : Shimon Pérès (jusqu'au 20.10.86), puis Itzhak Shamir.
Nature de l'État : Israël n'a pas de Constitution écrite, mais plusieurs « lois constitutionnelles » (dites fondamentales) devant évoluer vers une Constitution. Le pays est divisé en six districts administratifs.
Nature du régime : démocratie parlementaire combinée à une administration militaire dans les territoires occupés.
Principaux partis politiques : *Gouvernement :* Parti travailliste israélien (social-démocrate, sioniste); Likoud (bloc parlementaire de deux partis de la droite nationaliste, le Herout et les libéraux); Parti national religieux (droite religieuse, sioniste); Agoudat Israël (orthodoxes ashkenazes, non sionistes); Chass (Sépharades gardiens de la Thora, orthodoxes); Shinoï (centriste). *Opposition :* Parti communiste israélien (Rakah); Ratz (Liste des droits civiques, gauche libérale, sioniste); Mapam (sioniste, socialiste); Liste progressiste pour la paix (pacifiste); Tehiya (extrême droite); Kakh (fasciste); Tami (juifs originaires du Maghreb). *Mouvements extra-parlementaires :* Shalom Akhshav (La paix maintenant); Goush Emounim (Bloc de la foi, extrémiste-nationaliste religieux).

1. Démographie, culture, armée

	Indicateur	Unité	1965	1975	1986
Démographie	Population	million	2,6	3,5	4,30
	Densité	hab./km²	123	167	212
	Croissance annuelle	%	3,4 [f]	2,7 [g]	1,8 [e]
	Mortalité infantile	‰	31 [i]	23 [d]	14 [e]
	Espérance de vie	année	69 [i]	71,6 [d]	74 [e]
	Population urbaine	%	77 [i]	87	90,7 [a]
Culture	Analphabétisme	%	16 [i]	12	4,9 [a]
	Nombre de médecins	‰ hab.	2,4	2,9	2,5 [i]
	Scolarisation 2ᵉ degré [f]	%	48	66	74 [c]
	3ᵉ degré	%	20	24	34,2 [b]
	Postes tv	‰	..	..	256 [c]
	Livres publiés	titre	1 446	1 907	1 892 [c]
Armée	Marine	millier d'h.	3	5	9
	Aviation	millier d'h.	8	16	28
	Armée de terre	millier d'h.	114	135	112

a. 1985; b. 1984; c. 1983; d. 1970-75; e. 1980-85; f. 14-17 ans;
g. 1970-80; h. 1961-70; i. 1960; j. 1981.

2. Commerce extérieur [b]

Indicateur	Unité	1965	1975	1986
Commerce extérieur	% PIB	8,5	25,2	32,5
Total imports	milliard $	0,84	4,1	10,5
Produits agricoles	%	23,3	16,2	13,0 [a]
Produits énergétiques	%	6,4	15,3	17,3 [a]
Autres produits miniers	%	14,6	19,1	12,6 [a]
Total exports	milliard $	0,43	1,8	7,1
Produits agricoles	%	28,2	21,3	12,3
Produits miniers	%	4,0	1,3	3,6
Produits industriels	%	67,8	77,6	84,0
Principaux fournisseurs	% imports			
États-Unis		25,3	16,7	18,6
CEE		45,0	29,2	51,5
Confidentiel		—	11,6	9,1
Principaux clients	% exports			
États-Unis		14,3	15,8	30,3
CEE		42,9	38,8	29,1
PVD		13,8	26,4	10,4
Confidentiel		—	1,6	19,8

a. 1984; b. Marchandises.

3. Économie

L'ÉTAT DU MONDE 1987-1988
ISRAËL

249

Indicateur	Unité	1965	1975	1986
PIB	milliard $	2,9	13,2	27,1
Croissance annuelle	%	8,9 b	3,1 c	1,7
Par habitant	$	1 130	3 790	6 307
Structure du PIB				
Agriculture	% ⎫	8,3	5,3	5,1 a
Industrie	% ⎬ 100 %	37,1	32,2	29,4 a
Services	% ⎭	54,6	62,5	65,5 a
Dette extérieure publique	milliard $	..	5,9	..
Taux d'inflation	%	5,6 d	39,0 f	19,7
Population active	million	0,9	1,1	1,47
Agriculture	%	12,5	6,3	5,0
Industrie	%	36,3	33,0	29,0
Services	%	47,4	58,5	66,0
Dépenses publiques				
Éducation	% PIB	5,8	6,9	8,4 e
Défense	% PIB	13,8	26,5	14,2 g
Recherche et développement	% PIB	0,9	1,0	2,5
Production d'énergie	million TEC	0,4	7,42	0,07 a
Consommation d'énergie	million TEC	4,4	7,2	9,92 a

a. 1985; b. 1960-73; c. 1973-83; d. 1960-70; e. 1983; f. 1974-78; g. 1982; h. 1984.

israélien, et qui plus est, sur le sol national. Mais cette rencontre n'a pas donné de résultats concrets : par la suite, Hassan II a critiqué « l'attitude négative » de M. Pérès qui a encore refusé de mener des pourparlers avec l'OLP et de rendre les territoires occupés par Israël. Autre entrevue importante, celle de M. Pérès avec le président égyptien Hosni Moubarak, en septembre 1986, ajournée depuis plusieurs années en raison du litige portant sur la minuscule enclave de Taba au nord-est du Sinaï, en voie d'être réglé par un arbitrage international. Mais les relations entre les deux pays, marquées par une tiédeur certaine, ne se sont pas normalisées pour autant.

Le secret le mieux gardé en Israël, celui qui a trait à son arsenal nucléaire, a été porté au grand jour par Mordehaï Vanounou, un technicien du centre nucléaire de Dimona dans le Néguev, qui a voulu ainsi alerter le monde sur le danger nucléaire au Proche-Orient. A la suite de ses révélations à l'hebdomadaire britannique *Sunday Times* (5 octobre 1986) selon lesquelles Israël serait devenu la sixième puissance nucléaire du monde, M. Vanounou a été enlevé par les services secrets israéliens, le Mossad, à Rome et ramené en Israël pour être jugé à huis clos, risquant une condamnation à perpétuité.

Nuages sur l'entente avec les États-Unis

La bonne entente avec les États-Unis, qui accordent à Israël la moitié de leur aide à l'étranger (quelque trois milliards de dollars), a été quelque peu ébranlée par trois affaires. La plus grave a été celle de l'espion Jonathan Pollard, ancien analyste des services secrets de la marine américaine, qui, poussé par son « patriotisme juif », a vendu à Israël des milliers de documents ultra-secrets. Il a été condamné, en mars 1987, à la prison à perpétuité. Plusieurs personnalités israéliennes, militaires et civiles, ont été sérieusement impliquées dans cette affaire. La deuxième affaire, celle de l'« Irangate » a nui elle aussi à l'image d'Israël aux États-Unis : on a appris par la suite qu'Israël avait non seulement été impliqué dans la vente d'armes à l'Iran, mais qu'il avait également fourni une aide militaire aux rebelles afghans, angolais et mozambicains. Enfin, les États-Unis ont vu d'un mauvais œil le maintien des relations étroites qu'Israël entretient avec l'Afrique du Sud, notamment dans les domaines militaire et nucléaire, au moment où les sanctions contre Pretoria étaient à l'ordre du jour. Sous la pression de Washington, Israël a décidé en mars 1987 de ne plus signer d'accords militaires avec le régime de l'apartheid mais, juste auparavant, d'importantes transactions à long terme ont été conclues entre les deux pays.

Les rapports avec l'Union soviétique n'ont pas subi de changement notable : pour Moscou, la normalisation des relations entre les deux pays doit passer par un changement d'attitude d'Israël vis-à-vis de l'OLP et des pays arabes. Cependant, un nombre croissant de Juifs soviétiques ont reçu la permission de quitter l'URSS depuis janvier 1987, portant les départs à quelques centaines par mois. Pour Israël, dont la balance de l'immigration est toujours négative (15 000 Juifs ont quitté le pays pour 9 300 nouveaux arrivants en 1986), cette évolution est d'une importance capitale, même si 20 % seulement des Juifs qui partent d'URSS choisissent la « Terre promise ».

Enfin, dans le domaine économique, l'inflation a été contrôlée après le cauchemar inflationniste des années précédentes (19,7 % en 1986 contre 185 % en 1985). Cette stabilité a été obtenue au détriment des salariés. Le chômage a atteint au milieu de 1986 le chiffre record (depuis vingt ans) de 116 000 personnes, soit 7,9 % de la population active dans le pays. La dette extérieure, alourdie par un budget militaire démesuré, était de 24,8 milliards de dollars à la fin de 1986.

Amnon Kapeliouk

BIBLIOGRAPHIE

AVERNY U., *Mon frère l'ennemi. Un Israélien dialogue avec les Palestiniens*, Linan Lévy, Paris, 1986.

GHUBASH H., *Israël et la question des droits de l'homme*, F. éditions, Paris, 1987.

JABBOUR S., « Le conflit entre religieux et laïques en Israël », *Revue d'études palestiniennes*, n° 22, hiver 1987.

KAPELIOUK A., « L'échec d'une nouvelle tentative de paix au Proche-Orient : en Israël, rien de nouveau », *Le Monde diplomatique*, septembre 1986.

SEGEV T., *1949. The First Israelis*, The Free Press, New York, 1986.

« Situation et perspectives de l'économie israélienne », *Problèmes économiques*, n° 1992, octobre 1986.

« Les territoires occupés », *Les Cahiers de l'Orient*, 1er trimestre 1987.

Mozambique.
Entre socialisme et FMI

Le 19 octobre 1986, le *Tupolev* de Samora Machel s'écrasait à Mbuzini (Transvaal). Attentat ou accident, la mort du président de la République et du Front de libération du Mozambique (FRELIMO), est survenue à un moment de crise profonde dans le pays.

En signant l'accord de Nkomati avec l'Afrique du Sud, le 16 mars 1984, le Mozambique espérait obtenir la paix et un afflux de capitaux occidentaux compensant la non-reconduction, en avril 1978, de l'accord de 1928 sur les salaires des mineurs émigrés (dont 60 % étaient versés en or à l'État). Aux termes de l'accord, le groupe rebelle RENAMO (Résistance nationale du Mozambique) ne devait plus être soutenu par Prétoria, et le Congrès national africain (ANC, parti illégal d'Afrique du Sud) ne pouvait plus avoir qu'une présence symbolique à Maputo.

Le gouffre de la guerre

En fait, la RENAMO a continué de bénéficier de l'aide du régime raciste, a obtenu de surcroît celle du Malawi et, à partir de 1985, la guerre a gagné la totalité du pays. A la fin 1986, près de quatre millions de Mozambicains étaient durement éprouvés par les combats et/ou la famine. L'économie était au bord de la « rupture complète ». La guerre a englouti 42 % du budget de 1986 et les crédits militaires devaient doubler en 1987.

La tension s'est encore aggravée en octobre 1986, lorsque l'Afrique du Sud a accusé le Mozambique d'avoir « choisi le terrorisme » (une mine avait explosé à la frontière) et a décidé, le 8, de ne plus recruter de

L'ÉTAT DU MONDE 1987-1988
MOZAMBIQUE

251

MOZAMBIQUE

République populaire du Mozambique (depuis le 25.6.1975, colonie portugaise jusqu'au 20.9.1974).
Capitale : Maputo (ex-Lourenço-Marques).
Superficie : 799 380 km² (1,45 fois la France).
Carte : p. 311.
Monnaie : metical (au cours officiel, 1 metical = 0,03 FF au 30.1.87).
Langues : portugais (officielle et nationale), macua-lomué, makondé, swahili, shona, thonga, chichewa (marave), etc.
Chef de l'État : Samora Moisès Machel (du 25.6.75 au 19.10.86), Joaquim Chissano (depuis le 3.11.86). Aussi chef du Parti et de l'armée.
Premier ministre : Mario da Graça Machungo (depuis le 17.7.86).
Nature de l'État : république.
Nature du régime : présidentiel, parti unique.
Principaux partis politiques : *Parti unique légal :* FRELIMO (Front de libération du Mozambique, créé en 1962; transformé en « parti marxiste-léniniste de l'alliance ouvriers-paysans » en 1977). *Principal groupe d'opposition :* MNR (Mouvement national de résistance) devenu après 1980 RENAMO (Résistance nationale du Mozambique) dirigé par Alfonso Dhlakama, soutenu par la Rhodésie puis l'Afrique du Sud. L'Église catholique représente de fait une force politique indépendante.

1. DÉMOGRAPHIE, CULTURE, ARMÉE

	INDICATEUR	UNITÉ	1975	1980	1986
Démographie	Population	million	9,82	12,12	14,4
	Densité	hab./km²	12,5	15,5	18,3
	Croissance annuelle	%	4,0 [f]	3,7 [e]	2,9 [d]
	Mortalité infantile	‰	130 [g]	..	134 [d]
	Espérance de vie	année	45,4 [g]	..	49,4 [d]
	Population urbaine	%	10,5	..	19,4 [a]
Culture	Analphabétisme	%	..	72,5	62,0 [a]
	Nombre de médecins	‰ hab.	0,07 [b]	0,03	..
	Scolarisation 6-11 ans	%	58,0	73,5	84,0 [a]
	12-17 ans	%	14,0	16,1	25,5 [a]
	3e degré	%	0,3 [b]	0,1	0,1 [a]
	Postes tv	‰	0,1	0,1	0,2 [c]
	Livres publiés	titre	..	101	88 [c]
Armée	Marine	millier d'h.	..	0,7	0,8
	Aviation	millier d'h.	..	0,8	1,0
	Armée de terre	millier d'h.	..	22,8	28,0

a. 1985; b. 1970; c. 1983; d. 1980-85; e. 1978-82; f. 1970-78; g. 1970-75.

2. COMMERCE EXTÉRIEUR [c]

INDICATEUR	UNITÉ	1975	1980	1986
Total imports	million $	411	716	650 [a]
Produits alimentaires	%	12,1	13,5	19,8 [a]
Produits pétroliers	%	8,7	27,4	11,4 [a]
Biens d'équipement	%	25,7	19,1	8,0 [a]
Total exports	million $	198	365	76,6 [a]
Crevettes	%	5,6	11,3	47,0 [a]
Autres produits agricoles	%	73,3	47,2	43,1 [a]
Produits énergétiques	%	10,8	23,9	6,2 [b]
Principaux fournisseurs	% imports			
P C D		47,1	56	59 [b]
Pays socialistes		0,3	10	15 [b]
P V D		52,6	34	26 [b]
Principaux clients	% exports			
P C D		39,6	36	52 [b]
Pays socialistes		0,1	14	26 [b]
Afrique		14,3	14	16 [b]

a. 1985; b. 1984; c. Marchandises.

Indicateur	Unité	1975	1980	1986
P S G [fg]	million $	2 204	2 534	1 645 [a]
Croissance annuelle	%	2,8 [c]	− 8,3 [h]	..
Par habitant [g]	$	224	209	114 [a]
Structure du P S G [f]				
Agriculture	% ⎫	34,7	37,5	46,2 [a]
Industrie	% ⎬ 100 %	44,8	45,6	34,9 [a]
Services	% ⎭	20,5	16,9	18,9 [a]
Dette extérieure	milliard $	..	..	3,2
Population active	million d'h.	..	5,7	..
Agriculture	%	87 [d]	83,8	..
Industrie	%	5 [d]	6,7	..
Services	%	7 [d]	9,3	..
Dépenses publiques				
Éducation	% P I B	..	..	5,4 [b]
Défense	% P I B	..	6,4 [e]	13,7 [a]
Production d'énergie	millier T E C	605	2 067	593 [a]
Consommation	millier T E C	1 124	1 561	1 673 [a]

a. 1985; b. 1984; c. 1975-80; d. 1965; e. 1978; f. Produit social global aux prix de 1980; g. En dollars de 1980; h. 1980-85.

mineurs mozambicains. Si l'opposition de la Chambre des mines a permis de reconduire les contrats des plus qualifiés, le nombre d'émigrés légaux devait diminuer de moitié.

Malgré l'accord survenu le 26 septembre 1986 entre Maputo et Blantyre, la RENAMO a pris l'offensive à partir du Malawi le 29, occupant de vastes zones des provinces de Zambézia, Tete, Sofala et Nampula. La contre-offensive des troupes du FRELIMO n'a vraiment commencé qu'en janvier 1987, avec l'appui de contingents du Zimbabwé et de Tanzanie. Les succès de la RENAMO ne s'expliquent pas uniquement par les soutiens externes : elle bénéficie de la désorganisation des forces armées du Mozambique mais a aussi acquis une certaine base sociale. En revanche, le soutien dont bénéficiait le FRELIMO s'est effrité du fait de l'aggravation continue de la situation et de la mise en œuvre de projets de développement qui ont engouffré des capitaux ou qui ne correspondaient pas aux aspirations populaires (grands barrages, fermes d'État, villages communaux, etc.).

Dès 1980, l'endettement du pays a pris des dimensions préoccupantes. Après avoir demandé le rééchelonnement de ses échéances le 9 février 1984, le gouvernement a adopté une politique économique de plus en plus libérale. Commencées dès 1979, les dénationalisations d'entreprises ont été suivies, depuis 1984, de distributions de terres à des agriculteurs privés, tandis que les villages communaux recevaient peu d'appui. Le 11 mai 1984, le pays remettait en cause le monopole d'État du commerce extérieur, il publiait en août un code des investissements étrangers (encore adouci en 1986); à la fin de la même année, l'adhésion au Fonds monétaire international, à la Banque mondiale et à la Convention de Lomé était effective et l'idée d'une intégration au C A E M abandonnée au profit d'un simple statut de membre associé. Le 8 mai 1985, une partie des prix étaient libérés. Cependant, le F M I demandait des mesures plus sévères. Pour se dissocier d'un impopulaire « plan de réhabilitation économique » et se consacrer à l'armée, Samora Machel cessa de cumuler ses fonctions avec celles de Premier ministre et de président de l'Assemblée, qui échurent à Mario Machungo (nommé le 17 juillet 1986) et Marcelino Dos Santos (élu le 15 janvier 1987). Joaquim Chissano, nouveau président élu par le Comité central du Parti le 3 novembre 1986, confirma cette réforme et l'orientation économique.

Le FRELIMO
perd sa base
populaire

Pour reconquérir un espace politique, le F R E L I M O a organisé, d'août à décembre 1986, des élections qui, malgré la situation militai-re, se sont tenues dans toutes les provinces, inégalement. Une pyramide d'assemblées ont été élues sur liste unique. Les candidats (de 20 % supérieurs en nombre à celui des postes à pourvoir) devaient justifier leur biographie et leur comportement, et pouvaient être rejetés s'ils recueillaient plus de 50 % de « voix négatives ». Le Parti a retiré plusieurs de ses candidats. Globalement, il est probable que moins d'un Mozambicain sur quatre a participé au processus. En ce sens, c'est un échec pour le F R E L I M O.

Sa base sociale peut s'amoindrir encore avec les nouvelles mesures économiques. Face à une dette extérieure de 3,9 milliards de dollars (quarante-trois fois la valeur des exportations), le F M I a exigé 90 % de dévaluation : 76 % ont été acceptés par l'Assemblée populaire en janvier 1987, ainsi qu'un nouvel impôt, des hausses importantes sur les prix des transports, de l'eau, de l'électricité, des biens alimentaires, des hôpitaux (gratuits jusqu'alors), non compensées par une augmentation de 50 % des salaires ; 20 % des travailleurs de l'État devaient être licenciés et envoyés à la campagne. Faute de capitaux occidentaux qui

BIBLIOGRAPHIE

CAHEN M., *Mozambique : la révolution implosée. Études sur douze années d'indépendance (1975-1987)*, L'Harmattan, Paris, 1987.

CAHEN M., « Le Portugal et l'Afrique : le cas des relations luso-mozambicaines (1965-1985) », *Afrique contemporaine*, n° 137, janvier-mars 1986.

CAHEN M., « État et pouvoir dans le Mozambique indépendant », *Politique africaine*, n° 19, septembre 1985.

MEILLASSOUX C., VERSHUUR C., « Entre l'État et les bandits armés par l'Afrique du Sud : les paysans ignorés du Mozambique », *Le Monde diplomatique*, octobre 1985.

PÉLISSIER R., *Naissance du Mozambique. Résistances et révoltes anticoloniales 1854-1918*, Éditions Pélissier, Orgeval, 1984.

VERSCHUUR C., LIMA M.C, LAMY P., VELASQUEZ G., *Mozambique : dix ans de solitude*, L'Harmattan, Paris, 1986.

tardent à venir, le seul ballon d'oxygène attendu est le « corridor de Beira » : pièce maîtresse des projets de la Conférence de coordination pour le développement de l'Afrique australe (SADCC), il s'agit d'un complexe de transports (chemin de fer, route, port, pipeline) liant la ville côtière de Beira au Zimbabwé et au *copperbelt* (ceinture de cuivre). La CEE et l'US-AID (Agence des État-Unis pour le développement) en sont les bailleurs de fonds. Cependant, on n'en sentira pas les résultats avant plusieurs années et la RENAMO attaque systématiquement les infrastructures. La politique mozambicaine de conciliation envers les exigences du FMI lui a permis d'obtenir du Club de Paris, le 17 juin 1987, le rééchelonnement de sa dette publique.

La majorité des paysans n'a pas pris parti pour la RENAMO, mais déjà touchée par des crues et sécheresses catastrophiques, elle a de plus vécu une profonde désillusion :

l'agriculture familiale a été totalement délaissée par le gouvernement. Les fermes d'État n'ont permis aucun échange avec la paysannerie et celle-ci ne pouvant commercialiser ses surplus s'est repliée sur l'autosubsistance.

Présentés comme un mode de développement rural, les « villages communaux » ont en réalité déstabilisé la base productive agricole. Unissant plus ou moins autoritairement des paysans dispersés, sans égard pour les structures de la société où le lignage joue un rôle primordial, ils n'ont pas reçu l'appui suffisant pour permettre une agriculture intensive : les champs, groupés, se sont vite épuisés, la productivité a baissé. La RENAMO a fait de ces villages sa cible principale avec l'appui d'une fraction de leurs habitants. Inversement, l'armée et le Parti en ont recréé d'autres pour garder le contrôle de la population. Afin d'accroître les productions, notamment les cultures d'exporta-

MON FILS VEUT NOURRIR L'AFRIQUE !!!

OPÉRATION DELTA

IL VOUS AURA VRAIMENT TOUT FAIT !

PLANTU

tion (coton, cajou), un cours très autoritaire s'est dessiné depuis la fin 1985 : des formes plus ou moins proches du travail forcé et des recrutements obligatoires pour les entreprises sont encouragés.

Prisonnier de schémas théoriques imaginés par des urbains, le FRELIMO n'a pas réussi à garder sa base populaire. Sa politique va d'un certain gauchisme technocratique (fermes d'État, villages communaux, exode urbain) à de grandes concessions au FMI et au bon voisinage avec l'Afrique du Sud ; on voit mal ce qui pourrait le dispenser, à terme, de négociations avec la RENAMO, si ce n'est la chute de l'apartheid lui-même.

Michel Cahen

Vietnam.
Dogmatiques et pragmatiques

Après une préparation longue et malaisée en raison de dissensions internes feutrées, le VIe Congrès du Parti communiste vietnamien (PCV) qui s'est tenu du 15 au 18 décembre 1986, a été, tout comme celui de 1982, un congrès de compromis. Les pragmatiques, partisans de réformes relativement libérales de l'économie, n'ont qu'une courte majorité sur les dogmatiques, peu ouverts ou même opposés à de telles réformes. Nguyen Van Linh, soixante-douze ans, élu secrétaire général, appartient à l'aile plutôt modérée du Bureau politique. Les trois vétérans, Truong Chinh et Pham Van Dong, octogénaires, et Le Duc Tho, soixante-dix-sept ans, qui avaient quitté le Bureau politique et le Comité central à l'issue du Congrès, y sont revenus, début janvier 1987, comme simples conseillers mais avec des prérogatives étendues. Le Duc Tho, négociateur de l'accord de Paris de 1973, hostile aux réformes, est très actif et il a le soutien de plusieurs dogmatiques entrés au Bureau politique – treize membres et un suppléant – lors du Congrès. Il semblait cependant, en mai 1987, que la tendance modérée avait pris le dessus, momentanément tout au moins.

Mécontentement au nord

Il s'est produit, depuis le printemps 1986, une évolution remarquable : la base du PCV au nord du Vietnam, et surtout à Hanoi, s'est mise à contester ; des mesures financières prises à l'automne 1985, qui avaient eu des conséquences désastreuses et notamment pour la population d'Hanoi, encore plus appauvrie, ont été à l'origine d'une « grogne » auparavant inconnue au Vietnam. La presse locale, en mai 1987, continuait à répercuter, en termes parfois vifs, le mécontentement de la masse communiste dans le nord du pays et sa profonde aspiration à sortir enfin de la misère.

Le 17 février 1987, le Conseil d'État, présidé par Truong Chinh, a annoncé un important remaniement gouvernemental. Douze ministres ont été écartés, dont le général Van Tien Dung, titulaire du portefeuille de la Défense, éliminé du Bureau politique à l'issue du Congrès. Mais aucun successeur n'a été désigné pour remplacer le chef du gouvernement, Pham Van Dong, ce qui traduit la division du Bureau politique ce sujet. La décision capitale – le nouveau serait-il un dogmatique, un pragmatique ou un neutre ? – a été laissée à la nouvelle Assemblée nationale qui devait se réunir à la mi-juin. En fait, le Bureau politique a débattu la question jusqu'à la dernière heure pour choisir Pham Hung, soixante-quinze ans, un dogmatique et l'un des fondateurs du PCV en 1930. Ses relations avec Nguyen Van Linh promettent d'être délicates. Vo Chi Cong, plutôt pragmatique, a été nommé président du Conseil d'État, mais cette fonction est purement honorifique. Les dissenssions feutrées au sein du bureau politique sur la gestion de l'économie risquent donc de continuer.

Les législatives du 19 avril 1987 n'ont suscité que peu d'intérêt dans la population, l'Assemblée nationale de 496 députés n'étant guère qu'une chambre d'enregistrement. Pour la première fois, une personnalité ayant occupé de hautes fonctions sous l'ancien régime saigonnais a été désignée comme candidat et élue à Ho Chi Minh Ville : Nguyen Xuan Oanh ; économiste de renom, il avait été vice-Premier ministre en 1964-1965 et ses compétences sont désormais utilisées à l'Assemblée.

Début 1987, une recrudescence des combats a été observée à la frontière chinoise dans le secteur de Vi Xuyen, à deux cent soixante-quinze kilomètres au nord-ouest d'Hanoi. Quelque trois cent mille militaires sont massés à l'extrême sud de la Chine. En nombre équivalent, des troupes d'élite vietnamiennes bénéficiant, de l'avis des experts occidentaux, d'un matériel de qualité très supérieure, sont basées entre Hanoi et la frontière où des casemates en béton ont été édifiées. Au Cambodge, occupé par l'armée vietnamienne – cent vingt mille hommes en mai 1987 – depuis janvier 1979, la résistance khmère maintient un certain niveau d'insécurité. Le Vietnam affirme néanmoins qu'il aura retiré toutes ses forces du territoire cambodgien en 1990, et même avant, en cas de règlement politique.

Bien que les liens diplomatiques n'aient pas été rompus, les relations entre Hanoi et Pékin – qui soutient à fond, financièrement et politiquement, les guérilleros combattant le régime de Phnom Penh – sont restées très mauvaises. Elles sont aigres avec l'ANSEA (Association des nations du Sud-Est asiatique) et surtout avec la Thaïlande, en raison du conflit cambodgien. Les pays occidentaux ont suspendu toutes les aides économiques gouvernementales – sauf la Suède, la Norvège et la Finlande – après l'invasion du Cambodge et leurs relations avec le Vietnam sont médiocres. Quant aux États-Unis, ils n'ont aucun contact avec Hanoi, à l'exception d'occasionnelles et vaines tentatives pour régler la question des MIA (*Missing in action*), soldats américains portés disparus au Vietnam pendant la guerre de 1965 à 1975.

L'ami soviétique

Le Vietnam n'a donc d'amis que dans le camp soviétique. La République démocratique allemande lui

---

VIETNAM

République socialiste du Vietnam.
Capitale : Hanoi.
Superficie : 333 000 km² (0,6 fois la France).
Carte : p. 389.
Monnaie : dong (1 dong = 0,40 FF au 30.4.87).
Langues : vietnamien, français, anglais, russe.
Chef de l'État : Truong Chinh, président du Conseil d'État remplacé par Vo Chi Cong le 18.6.87.
Premier ministre : Pham Van Dong, remplacé par Pham Hung le 18.6.87.
Nature de l'État : république.
Nature du régime : communiste.
Parti politique : Parti communiste vietnamien.

1. DÉMOGRAPHIE, CULTURE, ARMÉE

	INDICATEUR	UNITÉ	1975	1980	1986
Démographie	Population	million	47,6	53,7	60,9
	Densité	hab./km²	144	163	184
	Croissance annuelle	%	3,0 e	2,4 c	2,2 d
	Mortalité infantile	‰	140 e	. .	73 d
	Espérance de vie	année	50,3 e	. .	58,8 d b
	Population urbaine	%	21,5	19,1	19,0 a
Culture	Analphabétisme	%	. .	16,0	. .
	Scolarisation 6-11 ans	%	99,3	100,0	100,0 a
	12-17 ans	%	50,6	59,6	66,7 a
	3e degré	%	2,1	2,2	. .
	Nombre de médecins	‰ hab.	0,18	0,24	0,32 a
	Livres publiés	titre	1 789	1 489	2 225 a
Armée	Marine	millier d'h.	3 f	4	40
	Aviation	millier d'h.	12 f	25	15
	Armée de terre	millier d'h.	685 f	1 000	1 000

a. 1985; b. 66,1 % en 1980 d'après le gouvernement; c. 1975-80; d. 1980-85;
e. 1970-75; f. Nord seulement.

2. COMMERCE EXTÉRIEUR e

INDICATEUR	UNITÉ	1975	1980	1984 g
Total imports	million $	1 102	1 296	1 823
Biens de consommation	%	16,8 d	21,7	14,4 c
Machines et équipement	%	14,4 d	35,2	20,7 c
Matières premières f	%	53,6 d	30,4	51,5 c
Total exports	million $	229	537	763
Produits agricoles	%	15,8 d	9,9	13,7
Produits artisanaux	%	15,3 d	20,6	21,1
Produits industriels	%	68,9 d	69,5	65,2
Principaux fournisseurs	% imports			
C A E M		33,9	53,4	72,1
U R S S		23,8	40,5	66,1
P C D		49,8	24,2	12,1
Principaux clients	% exports			
C A E M		44,4	63,4	58,1
U R S S		34,5	51,7	50,4
P C D		35,5	14,4	12,0

a. Produits non transformés; b. Y compris l'agro-alimentaire; c. 1983; d. 1976;
e. Marchandises; f. Énergie comprise; g. Chiffres plus récents non disponibles.

Indicateur	Unité	1975	1980	1986
P M N [g]	million $	4 975 [f]	4 891	5 780 [c]
Croissance annuelle	%	2,5 [d]	7,1 [e]	. .
Par habitant	$	101 [f]	91	101 [c]
Structure du P M N [g]				
Agriculture	% ⎫	46,8	50,1	44,6 [a]
Industrie	% ⎬ 100 %	30,2	23,3	34,8 [a]
Services	% ⎭	23,0	26,6	20,6 [a]
Taux d'inflation	%	. .	. .	700
Dette extérieure	million $	539	2 603	4 900 [b]
Population active	million d'h.	22,1 [f]	25,15	28,0 [a]
Agriculture	%	68,7 [f]	68,5	72,9 [a]
Industrie	%	15,4 [f]	16,2	13,9 [a]
Services	%	15,9 [f]	15,3	13,2 [a]
Production d'énergie	millier T E C	5 261	5 348	5 030 [a]
Consommation d'énergie	millier T E C	9 069	6 561	7 160 [a]

a. 1985 ; b. 1984 ; c. 1983 ; d. 1975-80 ; e. 1980-85 ; f. 1976 ; g. Produit matériel net.

apporte, sous forme de dons, une aide d'environ 100 millions de dollars par an. La contribution des autres alliés de Moscou est modeste. L'U R S S, qui appuie fermement la position vietnamienne sur le Cambodge, utilise partiellement, sans avoir signé d'accord, les anciennes bases américaines à Cam Ranh et Danang. Elle fournit des armes en grandes quantités à Hanoi et a annoncé en décembre 1986 qu'elle doublait son assistance économique antérieure : l'équivalent en roubles de 11 milliards de dollars est prévu pour le plan quinquennal s'achevant en 1990. Toutefois, depuis la fin 1985, l'Union soviétique a vivement critiqué la gestion de son aide économique et lorsque Nguyen Van Linh s'est rendu à Moscou en mai, elle a insisté pour que le gaspillage des crédits cesse.

La situation de l'économie vietnamienne ne s'est pas améliorée en 1986. Grâce à une bonne récolte en 1986, le pays a pu couvrir à peu près ses besoins en riz, sur une base calculée au plus juste. Dans l'industrie, qui tourne à 50 % de son potentiel, les productions, sauf celle d'électricité, n'ont pas augmenté. Les exportations ont progressé : 800 millions de dollars en 1986, dont la moitié vers la zone convertible. Outre l'aide socialiste, le Vietnam reçoit de l'Ouest une modeste assistance privée et 30 millions de dollars chaque année des organismes de l'O N U. Les entreprises occidentales, mais surtout celles du Japon qui ont investi plus de 200 millions de dollars en deux ans, ont commencé à s'intéresser au Vietnam. L'avenir de l'économie vietnamienne dépend de la poursuite et de l'ampleur des réformes de structure amorcées début 1987 pour stimuler la production en développant le secteur privé et favoriser les investissements extérieurs. Un code des investissements étrangers, plutôt libéral, devait être promulgué en 1987.

Les conditions de vie sont très inégales. Tout au sud, dans le riche delta du Mékong où les mesures de libéralisation remontent à fin 1980 et où la vraie collectivisation n'a touché que 7 % des paysans, la population est à l'aise. A Ho Chi

Minh Ville (l'ancienne Saigon), où la petite entreprise libre est autorisée de longue date, un système de sociétés mixtes entre les privés et la municipalité fonctionne relativement bien. Comme les Vietnamiens de l'étranger investissent, les Saigonnais s'en tirent à peu près. En revanche, au centre et au nord du pays, la pauvreté règne, et à Hanoi, c'est la misère. Victimes de 700 % d'inflation en deux ans, les Hanoiens, presque tous employés de l'État – ceux-ci sont très peu nombreux à Ho Chi Minh Ville –, attendent avec impatience une réforme des prix et des salaires indispensable à toute amélioration de leur sort.

François Nivolon

BIBLIOGRAPHIE

BIROLLI B., « La guerre après la guerre » *Afrique-Asie*, n° 391, janvier 1987.

CORRÈZE F., *A la rencontre de jeunes Vietnamiens. « L'oiseau de feu »*, L'Harmattan, Paris, 1986.

VIEILLARD P., *Le Sud tranquille*, Sudestasie, Paris, 1987.

LES 33 ENSEMBLES GÉOPOLITIQUES

Algérie, Libye, Maroc, Tunisie

L'**Algérie** et le **Maroc** sont traités dans la section « Les 34 grands États ».

> **Jamahirya arabe libyenne populaire et socialiste**
>
> **Nature du régime** : militaire.
> **Chef de l'État** : colonel Mouamar Kadhafi.
> **Monnaie** : dinar libyen (1 dinar = 20,30 FF au 30.4.87).
> **Langue** : arabe.

La **Libye** de Mouamar Kadhafi a vécu, d'avril 1986 (raid américain sur Tripoli et Benghazi) à avril 1987 (déroute militaire dans le Nord tchadien), une année de revers extérieurs et d'extrême tension intérieure. Le bombardement « punitif » ordonné par Ronald Reagan n'a pas suscité la moindre manifestation notable de solidarité parmi les gouvernements arabes. S'il fit une centaine de morts, essentiellement civils, ce raid n'entraîna pas non plus un surcroît de cohésion des Libyens autour de leur « Guide ». Pendant deux mois, le colonel Kadhafi évita d'ailleurs toute apparition publique, laissant à ses lieutenants Abdessalam Jalloud et Khouildi Hamidi le soin de gérer les affaires courantes. Des mouvements de troupes, des tentatives de mutineries furent signalées çà et là. En fait, il semble que le colonel ait dû avant tout à l'extrême dispersion des centres de pouvoir d'avoir conservé ses prérogatives.

M. Kadhafi est cependant un homme de sursauts. La visite-événement du Premier ministre israélien Shimon Pérès à Ifrane où il fut reçu fin juillet 1986 par le roi du Maroc a été l'occasion d'un brusque réveil. Non consulté, alors que la Libye et

le Maroc avaient signé un traité d'Union en 1984, et viscéralement hostile à toute forme de « collaboration » avec l'État hébreu, Kadhafi prononce alors un violent discours. Quelques semaines plus tard, Hassan II rompt l'Union. L'isolement diplomatique de la Libye était désormais total et Tripoli a tenté de se rapprocher à nouveau de l'Algérie, de la Syrie et de l'Irak, qui ont accueilli ses avances avec une grande suspicion.

Sur le plan intérieur, la reprise en main s'est traduite par la mise à l'écart momentanée d'Abdessalam Jalloud, sans doute jugé coupable d'avoir trop pris à cœur son rôle d'intérimaire, par l'exécution de plusieurs intégristes musulmans, et par une nouvelle vague d'épurations et de mutations au sein de l'armée.

Faut-il voir dans la volonté de Kadhafi d'occuper et d'éloigner les cadres militaires l'origine de la reprise, à partir de novembre 1986, de l'« aventure » tchadienne ? C'est possible. Mais la stratégie de fuite en avant – afin d'échapper aux difficultés intérieures – et la rupture entre Tripoli et ses alliés tchadiens (le front dirigé par Goukouni Weddeye) ont également joué leur part dans ce qui allait devenir un véritable désastre, aggravé par la sous-estimation systématique des capacités de l'adversaire.

Engagé dans une guerre de contre-guérilla, le corps expéditionnaire libyen a été totalement surpris par l'offensive éclair des troupes d'Hissène Habré. Deux batailles, Fada et Ouadi-Doum, ont suffi entre janvier et avril 1987 pour transformer la défaite en déroute : plus de trois mille morts, près de deux mille prisonniers.

Bien d'autres se seraient effondrés, Kadhafi, lui, a survécu. A cela deux raisons : il a réussi à faire porter sur les officiers supérieurs

AFRIQUE DU NORD

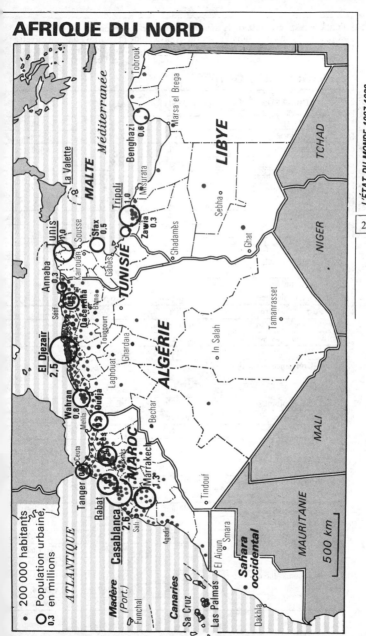

ATLANTIQUE

Méditerranée

MALTE

La Valette

Tobrouk

Marsa el Brega

Benghazi
0.6

LIBYE

TCHAD

NIGER

Tripoli
1.0

Misurata

Zawia
0.3

Sebha

Ghadamès

Ghat

Tamanrasset

In Salah

ALGÉRIE

El Djezaïr
2.5

Wahran
0.8

Sétif

Annaba
0.3

Constantine

Batna

Touggourt

Ghardaïa

Laghouat

Béchar

MAROC

Oujda

Melilla

Fès

Tunis
1.0

Sousse

Kairouan

Sfax
0.5

Gabès

TUNISIE

Tindouf

Madère
(Port.)

Funchal

Canaries

Sa Cruz

Las Palmas

Ceuta

Tanger

Rabat
1.3

Safi

Agadir

Casablanca
2.5

Marrakech
1.3

Sahara
occidental

El Aioun

Smara

Dakhla

MAURITANIE

MALI

500 km

● 200 000 habitants
○ Population urbaine,
  0.3 en millions

L'ÉTAT DU MONDE 1987-1988
AFRIQUE DU NORD

l'entière responsabilité de la déroute et il a trouvé là l'occasion d'émietter un peu plus encore les centres de décision – et donc les possibilités de révolte coordonnée. Le transfert officiel de la capitale dans la cuvette désertique de Jouffra, en plein centre du pays, et l'éclatement adminis-

AFRIQUE DU NORD

	INDICATEUR	UNITÉ	ALGÉRIE	LIBYE
DÉMOGRAPHIE	Capitale		Alger	Al Jafar
	Superficie	km²	2 381 741	1 759 540
	Population (*)	million	22,41	3,60[a]
	Densité	hab./km²	9,41	2,0
	Croissance annuelle[e]	%	3,1	..
	Mortalité infantile[e]	‰	84	92
	Population urbaine[a]	%	66,6	64,5
CULTURE	Analphabétisme[a]	%	50,4	33,1
	Scolarisation 6-11 ans[a]	%	88,1	..
	12-17 ans[a]	%	54,6	..
	3e degré	%	5,8[b]	10,8[d]
	Postes tv[c]	‰ hab.	65	66
	Livres publiés	titre	718[b]	481[g]
	Nombre de médecins	‰ hab.	0,5[c]	1,52[h]
ARMÉE	Armée de terre	millier d'h.	150	55,0
	Marine	millier d'h.	7	6,5
	Aviation	millier d'h.	12	10,0
ÉCONOMIE	PIB	milliard $	55,2[a]	27,0[a]
	Croissance annuelle 1979-86	%	4,9	– 5,5[f]
	1986	%	2,9	..
	Par habitant	$	2 526[a]	7 500[a]
	Dette extérieure	milliard $	17,5	2,8[b]
	Taux d'inflation	%	18,0	..
	Dépenses de l'État Éducation	% PIB	4,7[d]	3,7[g]
	Défense	% PIB	1,7[a]	..
	Production d'énergie[b]	million TEC	100,0	85,1
	Consommation d'énergie[b]	million TEC	15,0	13,1
COMMERCE	Importations	million $	8 448	5 550
	Exportations	million $	8 677	5 000
	Principaux fournisseurs	%	CEE 66,2[a]	CEE 55,7[a]
		%	Fra 29,7[a]	PVD 12,9[a]
		%	PVD 8,9[a]	CAEM 6,9[a]
	Principaux clients	%	E-U 18,5[a]	CEE 66,2
		%	CEE 67,4[a]	PVD 14,3
		%	Fra 17,5[a]	CAEM 3,5

tratif de la Jamahiriya en une multitude de régions militaires, de circonscriptions gérées par les comités révolutionnaires, d'entités coiffées par les comités populaires, qui toutes se chevauchent et rivalisent, ont inhibé toute velléité de trouble majeur.

Le très lourd endettement extérieur du pays (dette essentiellement militaire, contractée à l'égard de l'Union soviétique), l'effondrement de la rente pétrolière, les pénuries multiples et l'austérité draconienne ont par ailleurs considérablement réduit les moyens et la puissance de Kadhafi.

MAROC	TUNISIE
Rabat	Tunis
450 000	163 610
22,5	7,45
50,4	45,5
2,5	2,6
92	81
43,9	56,8
66,9	45,8
56,4	86,4
43,9	53,4
7,8[b]	5,6[b]
39	54
..	172[c]
0,08	0,28[h]
150	30,0
7,0	3,5
13,0	3,5
13,4[a]	8,9
3,3	3,5
5,7	− 1,0
567[a]	1 201
14,1[a]	5,25[a]
4,4	6,4
7,4[c]	4,5[b]
4,4[a]	5,8
1,0	8,6
6,8	4,7
3 801	2 890
2 437	1 760
CEE 39,2	CEE 67,5
Fra 22,8	Fra 27,6
E-U 6,1	PVD 18,4
CEE 49,5	CEE 72,1
Fra 23,6	Fra 23,0
CAEM 7,8	PVD 19,2

République tunisienne
Nature du régime : présidentiel, civil.
Chef de l'État : Habib Bourguiba.
Premier ministre : Rachid Sfar.
Monnaie : dinar (1 dinar = 6,84 FF au 30.4.87)
Langue : arabe (off.), français.

La **Tunisie** de Habib Bourguiba a semblé poursuivre sa marche inéluctable vers une crise majeure. Chute économique, bien sûr, mais aussi montée des périls mettant en cause ce qu'il est convenu d'appeler les « acquis » capitaux et indiscutés du bourguibisme. Depuis la fin de 1985 en fait, avec le démantèlement sous la houlette du Premier ministre Mohamed Mzali de la forteresse syndicale l'Union générale des travailleurs tunisiens (UGTT) et l'emprisonnement de son leader Habib Achour, la roue de la démocratie tourne à l'envers. Au phénomène d'élimination, voire de persécution d'hommes qui ont participé à la gestion du régime ; à l'exclusion des nouvelles générations, est venue s'ajouter en effet l'érosion progressive et systématique de tous les contrepoids au monopole écrasant de l'État.

Au printemps 1986, Mohamed Mzali, l'homme de tant d'espoirs, se

Chiffres 1986, sauf notes : a. 1985 ; b. 1984 ; c. 1983 ; d. 1982 ; e. 1980-85 ; f. 1979-85 ; g. 1980 ; h. 1981.
(*) Dernier recensement utilisable : Algérie, 1977 ; Libye, 1984 ; Maroc, 1982 ; Tunisie, 1984.

retrouvait à la tête d'un gouvernement qui faisait saisir les journaux et incarcérer les rivaux. La disgrâce de Wassila Ben Ammar, épouse du président, avec laquelle il entretenait de fort mauvaises relations (Bourguiba a divorcé officiellement le 11 août 1986), laissait entrevoir au dauphin officiel les plus belles perspectives. En juin, le douzième Congrès du Parti socialiste destourien consacrait sa position d'héritier politique. Mais le vide allait se faire autour de lui. Trois semaines plus tard, le 8 juillet, c'était la chute. Un économiste technocrate sans « base » ni profil politique, Rachid Sfar, lui succédait. Et le 3 septembre, craignant pour sa liberté, Mohamed Mzali s'enfuyait clandestinement de Tunisie et se réfugiait en Suisse.

L'attention de l'opinion tunisienne s'est portée sur les activités des militants islamistes. La mise en résidence surveillée, puis l'arrestation de Rached Ghannouchi, leader du Mouvement de la tendance islamique (MTI), ont déclenché à travers tout le pays une vague de manifestations qui à leur tour ont entraîné une répression sans équivalent depuis l'indépendance. Les procès se sont multiplié et, le 26 mars 1987, à la suite de la découverte d'un « réseau khomeyniste portant atteinte à la sécurité de l'État », deux cent

trente-sept membres du MTI ont été arrêtés. Militants, sympathisants, simples relations : le nombre des incarcérations a bientôt dépassé les cinq cents et, pour les juger, un décret en date du 15 avril a reconstitué la Cour de sûreté de l'État. Parallèlement, toutes les voix discordantes allaient être l'une après l'autre bâillonnées : les journaux d'opposition ont suspendu leur parution, la Ligue des droits de l'homme a été persécutée et les médias étrangers jugés irrévérencieux – *Jeune Afrique* notamment – interdits. Le 23 avril 1987, de violents affrontements ont opposé, dans le centre de Tunis, un millier d'islamistes aux forces de l'ordre. Les incidents de ce type sont devenus quotidiens pendant le mois de ramadan et au-delà, non seulement dans la capitale, mais aussi à Gabès, Gafsa, Sousse, Kairouan. L'incertitude du lendemain est totale, et la démobilisation des responsables est complète. Autour d'un président qui n'en finit plus de vieillir, le plus inquiétant reste l'incapacité de la classe politique à se ressaisir et ces jeux empoisonnés du sérail auxquels se livre l'entourage du chef de l'État, obnubilé par une succession à l'ordre du jour depuis plus de dix ans...

François Soudan

Afrique sahélienne

Bourkina, Mali, Mauritanie, Niger, Tchad

A la tête du Conseil national de la révolution (CNR), le capitaine Thomas Sankara préside aux destinées du **Bourkina** depuis le 4 août 1983 et consolide peu à peu le pouvoir de la

République démocratique populaire de Bourkina

Nature du régime : militaire et civil dirigé par le Conseil national de la révolution, les partis politiques sont officiellement interdits.
Chef de l'État et du gouvernement : capitaine Thomas Sankara.
Monnaie : franc CFA (1 FCFA = 0,02 FF).
Langues : français (off.), moré, dioula, gourmantché.

AFRIQUE SAHÉLIENNE

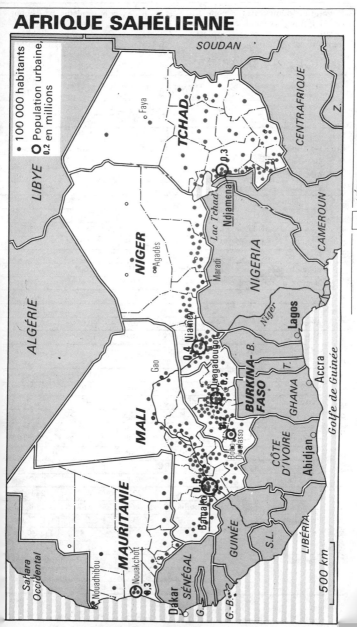

- • 100 000 habitants
- ○ Population urbaine, 0.2 en millions

SOUDAN

LIBYE

ALGÉRIE

CENTRAFRIQUE

Z.

Faya

TCHAD

NIGER

Ndjamena ○ 0.3

Lac Tchad

CAMEROUN

Agadès

Maradi

NIGERIA

Niamey ○ 0.4

Niger

Lagos ○

Ouagadougou ○ 0.2

BURKINA-B. FASO

Gao

MALI

B.

Bobo-Dioulasso

Accra ○

GHANA

CÔTE D'IVOIRE

Abidjan ○

Golfe de Guinée

T.

Bamako ○ 0.5

MAURITANIE

Nouakchott ○

GUINÉE

S.L.

LIBÉRIA

Sahara Occidental

Nouadhibou

Dakar ○ 0.3

SÉNÉGAL

G.

G.-B.

500 km

L'ÉTAT DU MONDE 1987-1988
AFRIQUE SAHÉLIENNE

267

Révolution démocratique populaire (RDP), très personnalisé depuis son début. Les forces civiles représentées au gouvernement et au CNR (Union des communistes bourkinabé, Union des luttes communistes, Groupe communiste bourkinabé), qui avaient signé avec l'Organisation

AFRIQUE SAHÉLIENNE

	INDICATEUR	UNITÉ	BOURKINA	MALI	MAURI-TANIE
DÉMOGRAPHIE	Capitale		Ouagadougou	Bamako	Nouakchott
	Superficie	km²	274 200	1 240 000	1 030 700
	Population (*)	million	6,75	8,44	1,95
	Densité	hab./km²	24,6	6,8	1,9
	Croissance annuelle[e]	%	1,6	2,9	3,0
	Mortalité infantile[e]	‰	132	150	122
	Population urbaine[a]	%	7,9	20,8	34,6
CULTURE	Analphabétisme	%	86,8[a]	83,2[a]	82,6[f]
	Scolarisation 6-11 ans[a]	%	15,7	24,8	30,2
	12-17 ans[a]	%	9,7	20,4	26,6
	3e degré	%	0,7[b]	0,9[d]	..
	Postes tv[b]	‰ hab	5,3[c]	–	–
	Livres publiés	titre	4[g]	160[b]	..
	Nombre de médecins	‰ hab.	0,02[h]	0,04[g]	0,07[g]
ARMÉE	Armée de terre	millier d'h.	3,9	4,6	8,0
	Marine	millier d'h.	–	–	0,32
	Aviation	millier d'h.	0,1	0,05	0,15
ÉCONOMIE	PIB	million $	1 080[a]	1 070[a]	700[a]
	Croissance annuelle 1979-1985	%	– 0,2[i]	– 0,1	– 0,1
	1986	%	..	11,4	..
	Par habitant	$	163[a]	130[a]	390[a]
	Dette extérieure	million $	539[a]	1469[a]	1477[a]
	Taux d'inflation	%	– 3,5	..	..
	Dépenses de l'État Éducation	% PIB	2,9[b]	3,5[b]	7,4[c]
	Défense	% PIB	2,6[a]	2,6[a]	5,7[c]
	Production d'énergie[a]	millier TEC	–	18	–
	Consommation d'énergie[a]	millier TEC	201	249	297
COMMERCE	Importations	million $	272[a]	438	234[a]
	Exportations	million $	66[a]	192	374[a]
	Principaux fournisseurs[a]	%	PCD 64,4	PCD 68,5	PCD 77,0
		%	Fra 33,4	Fra 32,0	Fra 30,6
		%	CdI 20,0	CdI 17,9	PVD 23,0
	Principaux clients[a]	%	CEE 51,8	PCD 73,1	CEE 67,3
		%	Fra. 29,0	CEE 72,1	PVD 6,3
		%	CdI 17,0	PVD 26,7	Jap 27,9

des militaires révolutionnaires une déclaration commune en mai 1986, ne jouissent pas d'un grand pouvoir politique. Celui-ci est pour l'essen-

tiel entre les mains de l'armée. La création attendue d'un parti unique a été ajournée *sine die*.

Après avoir réprimé en 1985 et en 1986 l'action des syndicats proches de la LIPAD-PAI (Ligue patriotique pour le développement-Parti africain pour l'indépendance, de tendance marxiste-léniniste) et du PCRV (Parti communiste révolutionnaire, pro-albanais), le président du CNR, confronté à une situation économique difficile et à une certaine hostilité dans la sous-région, a choisi d'apaiser les tensions internes à gauche comme à droite. En octobre 1986, il a fait libérer Soumane Touré, leader de la Confédération syndicale bourkinabé, détenu sans jugement depuis janvier 1985. L'ancien président Lamizana et le Moro Naba, puissant chef traditionnel des Mossi, ont accueilli François Mitterrand en novembre 1986 aux côtés des autorités du CNR.

En 1987, la suppression de l'« effort populaire d'investissement » (ponction de 5 à 12 % sur les salaires) a atténué le mécontentement. Toutefois, la réforme de la fonction publique, qui améliore en principe la situation des fonctionnaires les plus modestes, a entamé le pouvoir d'achat d'une petite bourgeoisie souvent vilipendée par le chef de l'État. Par ailleurs, elle a limité de fait l'action syndicale. La production agricole a connu un sensible redressement depuis 1985 avec le retour des pluies, et la campagne est restée la priorité du CNR. En liaison avec les organisations non gouvernementales, les Comités de défense de la révolution (CDR) du capitaine Pierre Ouédraogo y entretiennent une flamme révolutionnaire vacillante, après quatre ans d'action bénévole (campagnes massives de vaccination, construction et entretien de

NIGER	TCHAD
Niamey	Ndjamena
1 267 000	1 284 000
6,28	5,14
5,0	4,0
2,9	2,3
128	126
16,2	21,6
86,1[a]	74,7[a]
25,0	30,3
13,2	15,9
0,6[b]	0,4[b]
1,9[c]	–
5[e]	..
0,02[g]	0,02[g]
2,15	14,2
–	–
0,12	0,2
1 250[a]	360[d]
0,3[j]	– 0,8
..	2,9
205[a]	77[d]
1155[a]	371
– 4,3	9,5
4,3[f]	2,6[c]
0,9[a]	5,8[a]
52	–
376	100[b]
354	147
223	117
CEE 53,5	Fra 22,2
Fra 29,8	PVD 43,1
Nig 12,8	Afr 15,9
CEE 48,9	CEE 21,6
Fra 47,5	Afr 17,8
Nig 7,1	Por 14,0

Chiffres 1986, sauf notes : a. 1985 ; b. 1984 ; c. 1983 ; d. 1982 ; e. 1980-85 ; f. 1976 ; g. 1980 ; h. 1981 ; i. 1979-84 ; j. 1979-83.
(*) Dernier recensement utilisable : Bourkina, 1985 ; Mali, 1976 ; Mauritanie, 1976 ; Niger, 1977 ; Tchad, 1964.

retenues d'eau, de postes de santé primaire...). Atteints par la démobilisation, c'est dans l'administration du pays que les CDR s'institutionnalisent.

Le règlement du litige frontalier avec le Mali par la Cour internationale de La Haye (décembre 1986) a sans doute soulagé les autorités du Bourkina, surprises par leur isolement diplomatique lors des affrontements de décembre 1985 avec l'armée malienne. Du reste, dans la sous-région, le Bourkina, très lié au Ghana de Jerry Rawlings, s'est attaché à améliorer ses relations avec la Côte d'Ivoire et le Niger (mission de Blaise Compaoré, « numéro deux » du régime, en octobre 1986), après avoir rejeté les accusations de complicité portées par le Togo dans la tentative de renversement du général Eyadéma en septembre 1986.

Le régime de Thomas Sankara doit résoudre de graves difficultés économiques : fort endettement, déficit croissant de la balance commerciale... Le plan quinquennal (1986-1990), officiellement lancé le 4 août 1986, n'est pas viable. Il devra être sérieusement révisé pour tenir compte de la capacité nationale d'investissement réelle du pays – largement surestimée – et des réticences des bailleurs de fonds occidentaux, dont la France, qui attendent que le Bourkina se plie aux exigences du FMI avant d'intervenir. La Libye est surtout prodigue en discours et une tournée officielle d'une semaine de T. Sankara en URSS (octobre 1986) n'a pas eu les retombées économiques espérées.

Si le président Sankara a maintenu haut le verbe anti-impérialiste, s'il a boycotté la rencontre à Lomé des chefs d'État de France et d'Afrique dont il a dénoncé les relents coloniaux, il n'en a pas moins opéré un sérieux recentrage politique, à l'intérieur du pays et dans la sous-région, pour asseoir son pouvoir. Et, au plan économique, se profilent en 1987 les fourches caudines du FMI.

_____

République du Mali
Nature du régime : militaire, dirigé par le Comité militaire de libération nationale, parti unique (Union démocratique du peuple malien, UDPM).
Chef de l'État : général Moussa Traoré.
Premier ministre : Mamadou Dembélé.
Monnaie : franc CFA (1 FCFA = 0,02 FF).
Langues : français (off.), bambara, senoufo, sarakolé, dogon, touareg, arabe.

Depuis le coup d'État qui a renversé Modibo Keïta en 1968, le général Moussa Traoré dirige le **Mali**, à la tête du Comité militaire de libération nationale et de l'Union démocratique du peuple malien (UDPM), parti unique. Si le chef d'État malien peut se réjouir du règlement du litige frontalier avec le Bourkina par la Cour internationale de La Haye (décembre 1986) et de l'adoption en 1987 de la Charte d'orientation nationale par un congrès extraordinaire de l'UDPM, l'année a été marquée par un profond mécontentement social (grèves en décembre 1986). Autre ombre au tableau : les expulsions massives de travailleurs émigrés maliens d'Algérie, du Nigéria, de Libye et... de France avec le scandale du charter affrété à la demande du ministre français de l'Intérieur, Charles Pasqua.

En 1986, le ralentissement de l'inflation et la progression du produit national brut (+ 13,3 %) n'ont pas suffi à sortir le pays du marasme. Cette situation est liée au poids croissant de la dette et à la chute brutale du cours du coton, principal produit d'exportation. Cet effondrement a entraîné un important déficit de la balance commerciale, malgré les récoltes exceptionnelles (180 000 tonnes) de ces deux dernières années, dues au retour des pluies. L'invasion des sautériaux a par ailleurs limité les espoirs d'une bonne campagne agricole 1986-1987. L'économie du pays n'est maintenue à flot que par des financements extérieurs qui équivalent à 30 % du produit national brut, contre moins de 20 % en 1982.

En remaniant le gouvernement en février 1987, le chef de l'État a exprimé sa volonté de libéraliser l'économie, conformément au souhait du FMI qui intervient au Mali depuis 1982. Mais avec les exigences de celui-ci, la marge de manœuvre de Moussa Traoré a diminué. Les déséquilibres financiers tardent à se réduire ou s'aggravent, et l'Union nationale des travailleurs maliens (UNTM), centrale unique traditionnellement acquise au régime, mène l'action contre les licenciements massifs, le démantèlement du secteur public et les retards de paiement de salaires, qui atteignent plusieurs mois. Cela explique peut-être la création d'un poste de Premier ministre, occupé par Mamadou Bembélé depuis juin 1986.

Moussa Traoré compense la vacuité de sa politique intérieure par une intense activité diplomatique, tous azimuts. Elle se manifeste dans les pays arabes, en particulier ceux du Maghreb où le chef d'État malien sert de médiateur dans le conflit saharien. Moussa Traoré entretient aussi d'excellents rapports avec les bailleurs de fonds occidentaux, au premier rang desquels se situe la France dont il a accueilli le chef d'État en novembre 1986, après avoir visité quelques mois plus tôt la Chine, la Corée du Nord et l'URSS.

République islamique de Mauritanie

Nature du régime : militaire, dirigé par le Comité de salut national.
Chef de l'État et du gouvernement : colonel Maaouya Ould Sid'Ahmed Taya.
Monnaie : ouguiya (1 ouguiya = 0,09 FF au 30.4.87).
Langues : arabe, français (off.), hassaniya, peul, soninké, ouolof.

Assainissement économique de la **Mauritanie** et démocratisation de sa vie politique, tels étaient les objectifs avancés par le colonel Maaouya Ould Sid'Ahmed Taya lorsqu'il prit la tête du Comité militaire de salut national (CMSN) en décembre 1984, à la suite d'une révolution de palais.

Organisées en décembre 1986, les élections municipales au suffrage universel, avec plusieurs candidatures, ont constitué une première dans la vie de ce pays. En effet, après son indépendance (1960), la Mauritanie avait connu un régime de parti unique, et depuis 1978, aucune organisation politique n'était plus reconnue. La perspective de cette ouverture n'a pas pour autant réduit l'opposition politique intérieure, réveillée par la publication en avril 1986 d'un « manifeste du Négro-Africain opprimé » qui condamne la domination politique et économique des Arabo-Berbères sur la population négro-africaine et dénonce l'arabisation croissante de la société mauritanienne. La condamnation, en septembre 1986, d'une vingtaine de personnes à de lourdes peines de prison (six mois à cinq ans) pour « atteinte à l'unité nationale » traduisait l'irritation des dirigeants mauritaniens envers les Forces de libération africaine de Mauritanie (organisation clandestine créée en 1983 et qui est à l'origine du manifeste).

Bénéficiant de côtes très poissonneuses et d'importantes ressources minières (fer, cuivre), la Mauritanie est pourtant classée parmi les pays les moins avancés (PMA) et son taux d'endettement par rapport à son produit intérieur brut reste le plus élevé d'Afrique. Sous la férule du FMI – dévaluation de l'ouguiya, réduction des dépenses sociales... –, le pays s'est engagé dans un plan de redressement économique (1985-1988). Cela s'est traduit en 1986 par une réduction relative des déséquilibres financiers qui a valu à l'État mauritanien un crédit de confirmation du FMI, accompagnant un rééchelonnement de sa dette par le Club de Paris. Ce répit a été conforté par une bonne campagne agricole 1986-1987 couvrant 32 % des besoins en céréales (contre 22 % en 1985-1986), en dépit de pluies tardives et de l'invasion des sauteriaux, sévèrement combattue grâce à des financements extérieurs. Malgré une gestion plus rigoureuse de ses secteurs clés (pêche, mines), la Mauritanie reste en effet largement tributaire des bailleurs de fonds arabes et européens (96 % des investissements de 1986). Après la visite de son ministre de la Coopération, Michel Aurillac, en septembre 1986, la France a confirmé son intention de renforcer encore ses liens économiques (déjà privilégiés) et de maintenir sa coopération militaire (école de formation d'Atar).

Dégagée du conflit du Sahara en 1979, la Mauritanie, tout en reconnaissant la République arabe sahraouie démocratique, s'est rapprochée du Maroc depuis 1985. Elle a renforcé sa coopération avec le Maghreb (avec la Tunisie notamment, en matière de pêche) et avec d'autres pays de l'Afrique sahélienne (Sénégal, Mali, Niger).

République du Niger

Nature du régime : militaire, dirigé par le Conseil militaire suprême.
Chef de l'État : général Seyni Kountché.
Chef du gouvernement : Hamid Algabid.
Monnaie : franc CFA (1 FCFA = 0,02 FF).
Langues : français (off.), haoussa, peul, zarma, kanuri.

Après la mise en place, en 1983, du Conseil national de la société du développement, future Assemblée constituante, le **Niger**, avec le projet définitif de Charte nationale qui devait être soumis au référendum en juin 1987, a poursuivi son très lent retour à une vie constitutionnelle normale. En 1987, les membres du Conseil militaire suprême installé lors du coup d'État de 1974 détiennent toujours le contrôle de l'administration du territoire et le chef d'État, le général Seyni Kountché, cumule les portefeuilles de la Défense et de l'Intérieur. Les graves problèmes de santé de ce dernier suscitent bien des interrogations, vu la personnalisation du pouvoir.

Le Niger, qui a normalisé ses

relations avec la Libye et le Nigéria, tente de jouer un rôle modérateur au cœur de l'Afrique. Ainsi, Seyni Kountché a prôné une solution politique au Tchad où la recrudescence des combats dans le Tibesti menaçait directement les frontières du Niger; par ailleurs, il a abordé les problèmes de sécurité dans la sous-région en recevant en octobre 1986 le « numéro deux » du Bourkina, Blaise Compaoré, peu après la tentative de renversement du général Eyadéma.

Au plan économique, pour la deuxième année consécutive, une bonne pluviosité en 1986 a permis une campagne agricole convenable avec une importante production céréalière (qui reste pourtant légèrement déficitaire) et une très forte progression du niébé et de l'arachide. Le cheptel, décimé à 50 % en 1984, se reconstitue rapidement. Si le bilan agricole est relativement satisfaisant, encore qu'une vraie relance en ce domaine reste conditionnée par l'amélioration de la maîtrise de l'eau, il n'en va pas de même pour ce qui fut le secteur clé de l'économie, l'uranium. Le projet minier de la SMTT (Société minière de Tassa N'Taghalgué) a été mis en sommeil à cause de la morosité du marché. La situation financière du Niger, placé depuis 1983 sous le contrôle du FMI, demeure précaire et le fort endettement extérieur (325 milliards de francs CFA) rend problématiques les perspectives de redressement économique. Le service de la dette devait représenter le tiers des recettes budgétaires en 1987, malgré des rééchelonnements et aménagements divers. Cela explique la forte progression (20 %) du budget, arrêté à 105 milliards de francs CFA en 1987, qui reste néanmoins marqué par l'austérité. Pour la réalisation de ses investissements, le Niger est donc tributaire (à hauteur de 100 milliards de francs CFA par an) de la Banque mondiale, des fonds arabes et européens, des financements français et aussi des crédits japonais qui se sont sensiblement accrus après la visite de S. Kountché au Japon en septembre 1986. C'est dans ce contexte que le plan quinquennal 1987-1991 a pris le pari audacieux de fonder la relance économique du pays sur le secteur rural.

République du Tchad

Nature du régime : civil à parti unique (Union nationale pour l'indépendance et la révolution, UNIR).
Chef de l'État et du gouvernement : Hissène Habré.
Monnaie : franc CFA (1 FCFA = 0,02 FF).
Langues : arabe, français (off.), sara, baguirmi, boulala, etc.

La guerre civile qui déchire le **Tchad** depuis plus de vingt ans a connu de nouveaux rebondissements au début de l'année 1987. En effet, Hissène Habré, maître de la capitale N'Djaména, depuis juin 1982, et s'appuyant sur le dispositif militaire français *Épervier*, a pu reconquérir la presque totalité du BET (Borkou-Ennedi-Tibesti) situé au nord du 16e parallèle jusqu'alors contrôlé par le Gouvernement d'union nationale de transition (GUNT), fortement soutenu par la Libye. C'est dans la bande d'Aozou (extrême-nord tchadien) et en Libye que se sont repliées les troupes libyennes et les forces d'un GUNT amoindri, désormais présidé par Acheikh ibn Omar après l'éviction en novembre 1986 de Goukouni Weddeye.

Trois raisons expliquent les rapides succès de Hissène Habré. D'une part, l'affaiblissement du GUNT dont les nouvelles divisions s'étaient traduites, en août et octobre 1986, par des affrontements meurtriers entre ses deux principales tendances, les Forces armées populaires (FAP) de Goukouni et le Conseil démocratique révolutionnaire (CDR) d'Acheikh ibn Omar, qui l'avait emporté. D'autre part, en novembre 1986 et février 1987, la France a sensiblement renforcé et redéployé le dispositif *Épervier* mis à la disposition de H. Habré depuis février 1986, répondant au désir

réaffirmé de reconquête du président tchadien. Enfin, après octobre 1986, l'armée libyenne a contribué à affaiblir l'opposition armée à N'Djaména en harcelant les forces de Goukouni tombé en disgrâce à Tripoli parce qu'il se montrait disposé à négocier avec H. Habré. La Libye, estimant peu sûre la situation dans le BET et obsédée par l'idée de son encerclement (6e flotte américaine en Méditerranée, voisinage hostile à l'Est, à l'Ouest et au Sud), a engagé une offensive en territoire tchadien en décembre 1986. Mais en trois mois, ses troupes ont été décimées, car peu motivées par les rêves annexionnistes du colonel Kadhafi et mal préparées à cette guerre du désert.

Goukouni, retenu en otage à Tripoli depuis le 30 octobre 1986, a pu en février 1987 gagner Alger, d'où il a mené des négociations avec le régime de N'Djaména pour parachever le protocole d'accord conclu dès octobre par son principal lieutenant, Adoum Togoï. H. Habré, fort de ses victoires sur le terrain et habitué aux ralliements sans condition (celui de Abdelkader Kamougué, ancien vice-président du GUNT, en était le dernier exemple), a semblé peu disposé à tolérer une autre expression politique que celle de son parti unique UNIR (Union nationale pour l'indépendance et la révolution) et à remettre en cause l'Acte fondamental qui tient lieu de Constitution. C'est de sa volonté d'ouverture que dépend le succès des négociations. H. Habré rejette le plan de médiation de l'OUA, notamment soutenu par le Congo et l'Algérie, et se voit conforté dans son attitude par la position des États-Unis et de la France qui considèrent que la guerre civile au Tchad est achevée et que la solution réside en une victoire militaire sur l'agresseur libyen. En fait, une relance des combats n'est pas à exclure tant que ne sera pas trouvée une solution politique globale satisfaisant l'ensemble des composantes tchadiennes en conflit.

Dans ce climat de guerre meurtrière, le Tchad n'a pas été épargné par les calamités naturelles (invasion de sautériaux et de rats), qui ont fait renaître des risques de famine dans plusieurs régions. La faillite de la Cotontchad (plus de 40 milliards de francs CFA de dettes, soit le double du budget de l'État!), due à une gestion catastrophique et à l'effondrement des cours du coton, paralyse une bonne partie de la vie économique du pays, placé dans une totale impasse budgétaire. En 1986, Paris a couvert le tiers des charges de l'État tchadien, en sus de l'intervention militaire, et le budget 1987 a été arrêté à 25,4 milliards de francs CFA de dépenses, pour 17,8 de recettes. En engageant 22 milliards de francs CFA en 1986-1988 dans le seul secteur du coton, les bailleurs de fonds occidentaux s'attachent à limiter l'ampleur de la catastrophe financière.

Guy Labertit.

Afrique extrême-occidentale

Cap-Vert, Gambie Guinée, Guinée-Bissao, Libéria, Sénégal, Sierra Léone

---

République du Cap-Vert

Nature du régime : parti unique.
Chef de l'État : Aristides Maria Pereira.
Chef du gouvernement : Pedro Pires.
Monnaie : escudo capverdien (1 escudo = 0,08 FF au 30.4.87).
Langues : portugais (off.), créole.

Depuis son accession à l'indépendance (1975), le **Cap-Vert** a lancé un vaste programme de reboisement qui a mobilisé dix-sept mille paysans. Ce programme a été financé par les États-Unis, la Suède, l'Autriche, la France, la RFA et la CEE. Vingt-sept mille hectares ont été plantés. Pour l'année 1986, le gouvernement avait prévu de faire planter trois millions d'arbres sur cinq cents hectares.

L'aéroport international Amilcar Cabral de l'île de Sal est le principal poumon économique du pays : taxes d'aéroport, recettes provenant de l'entretien au sol des avions en escale, carburant... Les sanctions américaines contre l'Afrique du Sud dans le domaine des transports aériens ont été une véritable catastrophe pour le gouvernement de Praïa, car la compagnie sud-africaine South African Airways a suspendu ses quatre vols hebdomadaires en direction des États-Unis. Le Cap-Vert a perdu ainsi environ 300 000 dollars par mois.

Le 19 décembre 1986, l'Assemblée nationale populaire a adopté le deuxième plan de développement (1986-1990) qui prévoit notamment la création de 10 500 emplois. Le montant global des investissements prévus est de 33,375 milliards d'escudos cap-verdiens financés par emprunts (31,6 %) et par les recettes de l'aéroport de Sal et les transferts monétaires de la diaspora (600 000 Cap-Verdiens vivent à l'étranger et 300 000 au pays).

République de Gambie

Nature du régime : parlementaire.
Chef de l'État et du gouvernement : Sir Dawda Jawara.
Monnaie : dalasi (1 dalasi = 0,81 FF au 30.04.87).
Langues : anglais (off.), ouolof, malinké, peul, etc.

La récolte arachidière dont dépend (avec le tourisme) l'économie de la **Gambie** a été très mauvaise : de

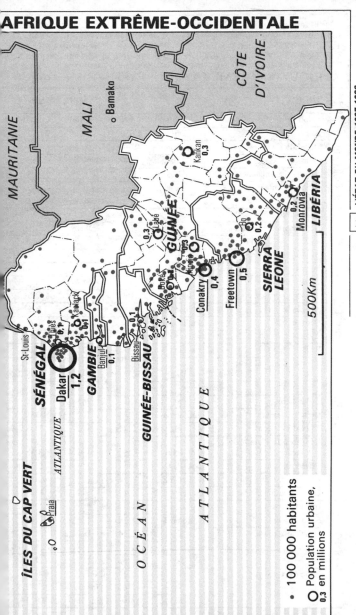

AFRIQUE EXTRÊME-OCCIDENTALE

MAURITANIE

MALI

o Bamako

CÔTE D'IVOIRE

Kankan 0.3

Labé 0.3

GUINÉE

Boké 0.4

Kindia 0.2

Conakry 0.4

Freetown 0.5

SIERRA LEONE

Kenema 0.2

Monrovia 0.2

LIBÉRIA

St-Louis

Thiès 0.1

SÉNÉGAL

Dakar 1.2

Kaolack 0.1

GAMBIE

Banjul 0.1

Bissau

GUINÉE-BISSAU

OCÉAN ATLANTIQUE

ATLANTIQUE

ÎLES DU CAP VERT

Praia

• 100 000 habitants

O Population urbaine, 0.3 en millions

500 Km

93 000 tonnes en 1983-1984, elle est tombée à 45 000 tonnes en 1984-1985. En 1985, la dette extérieure s'est élevée à 300 millions de dollars pour ce minuscule pays encastré dans le Sénégal. En juin 1986, le FMI a accordé un crédit de 12 millions de dollars sur une période de

AFRIQUE EXTRÊME-OCCIDENTALE

	INDICATEUR	UNITÉ	CAP VERT	GAMBIE	GUINÉE
DÉMOGRAPHIE	Capitale		Praïa	Banjul	Conakry
	Superficie	km²	4 030	11 300	245 860
	Population (*)	million	0,34	0,65	6,21
	Densité	hab./km²	84,4	57,5	25,3
	Croissance annuelle[e]	%	1,9	1,4	2,4
	Mortalité infantile[e]	‰	72	148	139
	Population urbaine[a]	%	6,1	20,9	22,2
CULTURE	Analphabétisme[a]	%	52,6	74,9	71,7
	Scolarisation 6-11 ans	%	90[d]	38,1[a]	31,5[a]
	12-17 ans[a]	%	..	24,2	24,5
	3e degré	%	..	–	2,1[b]
	Postes tv[c]	‰ hab.	–	–	1,4
	Livres publiés	titre	..	146[b]	..
	Nombre de médecins	‰ hab.	0,16[d]	0,08[e]	0,06[e]
ARMÉE	Armée de terre	millier d'h.	1,0	0,125	8,5
	Marine	millier d'h.	0,16	0,05	0,6
	Aviation	millier d'h.	–	0,025	0,8
ÉCONOMIE	P I B[a]	million $	140	170	1 950
	Croissance annuelle 1979-1986	%	6,7[k]	– 0,3[i]	2,0[k]
	1986	%	..	..	..
	Par habitant[a]	$	420	265	322
	Dette extérieure	million $	107	234[a]	1 381[a]
	Taux d'inflation	%	..	52,3	71,8
	Dépenses de l'État Éducation	% P I B	7,5[e]	4,4[b]	3,3[b]
	Défense	% P I B	3,5[d]	2,0[a]	5,2[h]
	Production d'énergie	millier TEC	–	–	10[a]
	Consommation d'énergie	millier TEC	50[b]	80[b]	436[a]
COMMERCE	Importations	million $	113[a]	127[a]	425[a]
	Exportations	million $	4[a]	39[a]	544[a]
	Principaux fournisseurs[a]	%	CEE 54,3	PCD 64,9	PCD 69,2
		%	PVD 40,7	CEE 48,7	CAEM 13,0
		%	Por 26,7	PVD 25,7	PVD 17,6
	Principaux clients[a]	%	CEE 30,2	CEE 30,4	CEE 50,1
		%	Por 30,2	Gha 31,3	E-U 23,4
		%	Alg 20,9	Sui 18,0	CAEM 14,5

quinze ans. En contrepartie, la Gambie s'est engagée à pratiquer une politique de rigueur : relèvement du prix de l'essence, du riz, des droits

GUINÉE-BISSAU	LIBÉRIA	SÉNÉGAL	SIERRA LÉONE
Bissao	Monrovia	Dakar	Freetown
36 120	111 370	196 200	71 740
0,91	2,22	6,60	3,66
25,2	19,9	33,6	51,0
1,9	3,5	2,5	1,8
126	119	125	150
23,8	39,5	42,4	28,3
68,6	65,5	71,9	70,7
75,9a	47,2a	43,4a	40,1a
61,2	49,5	23,9	24,6
–	..	2,2c	0,6h
–	12,0	1,0	6,0
..	..	42c	..
0,14e	0,12e	0,08d	0,06e
6,2	6,3	8,5	3,0
0,275	0,45	0,7	0,1
0,075	–	0,5	–
150	1 040	2 400	1 380
5,3j	– 2,8f	2,4	2,7
– 1,0	..	4,6	– 1,4
168	485	373	384
255a	1 155a	2 454a	881
..	5,1	4,5	56,2
2,9c	6,3f	4,7e	3,8f
4,1a	3,6a	2,4 a	0,6a
–	39a	–	–
40b	780a	978a	253a
50,5a	404a	1 103	151a
13,8a	235a	553	130a
E 67,5	CEE 19,8	PCD 65,7	PCD 57,2
D 38,8	PVD 46,6	Fra 30,2	CEE 46,3
r 20,1	E-U 3,7	PVD 29,7	Nig 17,8
r 12,4	CEE 55,3	PCD 46,3	E-U 9,6
E 25,5	PVD 24,9	Fra 25,4	CEE 59,3
u 44,6	E-U 12,1	Afr. 20,9	PVD 4,6

de douane et licenciement de mille cinq cents fonctionnaires. De son côté, la Banque mondiale a accordé, le 28 août 1986, un crédit de 16,5 millions de dollars à des taux d'intérêt très bas.

Le 11 mars 1987 se sont déroulées des élections présidentielles et législatives. Trois personnalités et trois partis étaient en présence : Dawda Jawara, président sortant, à la tête du Parti progressiste du peuple (PPP), Sheriff Mustapha Dibba avec le Parti de la convention nationale (NCP) et Assan Musa Camara, leader du Parti du peuple gambien (GPP). Avec 59,18 % des suffrages exprimés, Dawda Jawara a été réélu président de la République pour la quatrième fois ; son parti obtenant la majorité absolue au Parlement.

République de Guinée
Nature du régime : présidentiel, militaire.
Chef de l'État et du gouvernement : Lansana Conté.
Monnaie : franc guinéen (1 franc = 0,01 FF).
Langues : français (off.), malinké, peul, soussou, etc.

Le 2 octobre 1986 était célébré le vingt-huitième anniversaire de l'indépendance de la **Guinée**. A cette occasion, le général Lansana Conté a réaffirmé sa solidarité avec les peuples d'Afrique du Sud et de Palestine et érigé l'autosuffisance alimentaire en priorité nationale. Il a par ailleurs confirmé la poursuite du programme de décentralisation et de réduction des effectifs de la fonction publique. Dans le même temps, le gouvernement guinéen a

Chiffres 1986, sauf notes : a. 1985; b. 1984; c. 1983; d. 1981; e. 1980; f. 1979-85; g. 1978; h. 1982; i. 1981-85; j. 1981-86; k. 1973-85.
(*) Dernier recensement utilisable : Cap-Vert, 1980; Gambie, 1983; Guinée, 1983; Guinée-Bissao, 1979; Libéria, 1974; Sénégal, 1976; Sierra Léone, 1985.

la fête nationale serait désormais célébrée le 3 avril, date anniversaire de l'arrivée au pouvoir du général Conté et de l'avènement de la deuxième République (3 avril 1984), le 2 octobre continuant à être célébré comme anniversaire de la proclamation de l'indépendance.

Le 20 novembre 1986, les présidents Lansana Conté de Guinée, Samuel Doe du Libéria et Joseph Momoh de Sierra Léone ont signé « un pacte de sécurité et de non-agression ». Chacun des signataires s'est engagé à empêcher l'utilisation de son pays comme base de subversion ou d'agression contre d'autres États, à cesser la guerre des ondes, à participer à un comité *ad hoc* pour étudier la question des opposants aux trois régimes, à échanger toutes les informations touchant à la sécurité. Ce pacte a mis fin à une brouille de cinq ans entre le Libéria et ses deux voisins. Depuis 1981, Samuel Doe accusait en effet la Sierra Léone et la Guinée d'être trop bienveillantes pour ses adversaires politiques. Après que les autorités de Monrovia dirent avoir découvert une tentative de coup d'État, le 12 novembre 1985, cette accusation se fit plus vive.

Les relations entre la France et la Guinée se sont renforcées avec la visite de François Mitterrand à Conakry les 12 et 13 novembre 1986. Celui-ci a réaffirmé la volonté de la France d'appuyer les efforts de la Guinée en matière d'enseignement, notamment en y envoyant des professeurs permanents et en apportant un appui matériel et humain aux structures de l'École normale supérieure de Conakry. La France s'est en outre engagée à livrer à la Guinée 820 000 livres scolaires.

Une épidémie de choléra s'est déclarée en Guinée et en Guinée-Bissao à la fin de l'année 1986. En décembre, trente-sept personnes sont mortes de cette épidémie en Guinée (sur quatre-vingt-six cas officiellement dépistés).

Au plan économique, le gouvernement guinéen a signé des accords de coopération aussi nombreux que variés pour accompagner les réformes entreprises en 1984, 1985 et au début de 1986. C'est ainsi que, le 15 septembre 1986, Conakry a passé avec Washington des accords d'assistance technique portant sur une somme totale de 23 millions de dollars : 10 millions pour soutenir la réforme monétaire et la relance économique, 12 millions pour l'achat et le transport de 30 000 tonnes de riz américain, et un million pour la réforme de la fonction publique et la formation des fonctionnaires. Le 16 octobre 1986, la France a accordé à la Guinée une subvention de 295 millions de francs CFA au titre des programmes agricole et sanitaire. De son côté, le 17 octobre, le Japon a accordé un prêt de 40 millions de dollars pour soutenir la politique de « réajustement structurel ». Pour ce prêt, la période de grâce a été fixée à dix ans et le taux d'intérêt à 1,83 %. Le 18 octobre, l'Organisation des Nations Unies pour l'alimentation et l'agriculture (FAO) a signé avec Conakry trois protocoles d'accord d'un montant global de 31 000 dollars pour le développement de l'agriculture tandis que, le 26 octobre, à Khartoum, la Banque arabe pour le développement économique en Afrique (BEDEA) accordait 4,8 millions de dollars pour le développement de l'élevage. Quant à l'Allemagne fédérale, elle apporte une contribution de 18 millions de marks pour la promotion des PME et les énergies renouvelables, et une autre de 50 millions de marks pour l'hydraulique villageoise et l'extension du port de Conakry.

République de Guinée-Bissao

Nature du régime : parti unique.
Chef de l'État et du gouvernement : João Bernardo Vieira.
Monnaie : peso guinéen (1 peso = 0,02 FF au 30.4.87).
Langues : portugais (off.), créole, mandé, etc.

En **Guinée-Bissao,** l'année 1986 a été marquée par le procès des conjurés de la tentative de coup d'État d'octobre 1985. Le 12 juillet 1986, le tribunal militaire spécial a prononcé des peines très sévères : douze condamnations à mort, sept condamnations à quinze ans de travaux forcés, trente-quatre peines allant de un à treize ans de travaux forcés. Quatre inculpés ont été acquittés et libérés. Six sont morts en détention. Six des douze condamnés à mort ont été exécutés le 21 juillet 1986 à Bissao.

Au plan économique, le général-président João Bernardo Vieira a annoncé le 14 août 1986 la fin du monopole d'État sur le commerce extérieur. Cette décision a été confirmée par le Parti africain pour l'indépendance de la Guinée et du Cap-Vert (PAIGC) en son Congrès de la mi-novembre 1986 qui a décidé d'engager la « seconde lutte de libération nationale ». Cette phase doit se caractériser par l'abandon de la mainmise de l'État sur l'économie et par l'appel aux capitaux privés. Pour encourager les investisseurs étrangers, l'État a promis d'alléger les procédures administratives pour la constitution de sociétés, d'adopter un code d'investissement favorable, de faciliter l'accès au crédit, et d'accorder la priorité aux entreprises tournées vers l'exportation. La Guinée-Bissao envisage d'intégrer la zone franc.

République du Libéria

Nature du régime : présidentiel, despotique.
Chef de l'État et du gouvernement : Samuel Kaneyon Doe.
Monnaie : dollar libérien (1 dollar = 5,97 FF au 30.4.87).
Langue : anglais.

Au **Libéria**, le 13 mars 1986, environ mille enseignants du secteur public ont entamé une grève illimitée : ils n'avaient pas perçu leurs salaires depuis deux mois. Cinq jours plus tard, huit mille étudiants se sont mis en grève par solidarité. A la suite de ces mouvements, le gouvernement a décidé de fermer les établissements scolaires et universi-

taires de Monrovia. En outre, le président Samuel Doe a pris l'initiative d'inviter les partis d'opposition à discuter avec lui des problèmes du pays. Mais le Parti de l'unification du Libéria (LUP), le Parti de l'unité (UP), le Parti de l'action libérienne (LAP) ont repoussé cette offre.

Le 2 avril 1986, Mme Ellen Johnson-Sirleaf, dirigeante du LAP, ancienne ministre des Finances, était accusée de trahison et mise en état d'arrestation. Dans le même temps, vingt détenus étaient portés disparus. Aussitôt, le Parti populaire unifié (UPP) de l'ancien ministre Baccus Mathews rejoignait les rangs de l'opposition et réclamait, de concert avec les autres partis, la libération immédiate de Mme Ellen Johnson-Sirleaf. Mise en liberté surveillée en juin 1986, elle a quitté clandestinement le Libéria pour se réfugier aux États-Unis.

Sur le plan économique, le président Doe a lancé, le 8 novembre 1986, le mot d'ordre de la « révolution verte » avec pour objectif l'autosuffisance alimentaire. Au début de l'année 1986, les États-Unis avaient décidé de cesser leur aide au Libéria pour protester contre les violations répétées des droits de l'homme dans ce pays. Mais, en octobre 1986, Washington mettait fin à son boycottage économique et accordait pour l'année fiscale 1985-1986 une aide économique globale de 52 millions de dollars, dont 18 millions pour couvrir les arriérés vis-à-vis de la Banque mondiale.

République du Sénégal

Nature du régime : présidentiel, pluraliste.
Chef de l'État et du gouvernement : Abdou Diouf.
Monnaie : franc CFA (1 FCFA = 0,02 FF).
Langues : français (off.), ouolof, etc.

Au **Sénégal**, des élections présidentielles et législatives sont prévues pour février 1988. Les années 1986 et 1987 sont donc vécues comme préélectorales.

Les 20 et 21 décembre 1986 s'est tenu à Dakar le XIe Congrès du Parti socialiste sénégalais, au pouvoir. L'orientation socialiste a été réaffirmée, le président sénégalais, Abdou Diouf, ayant tenu à rejeter l'accusation de dérive droitière de certains « barons » du Parti. Il a été réélu secrétaire général, ce qui indique assez nettement qu'il sera le candidat de son parti aux présidentielles. Les « réajustements économiques » adoptés par le gouvernement ont été approuvés par le Congrès. Enfin, le Parti socialiste sénégalais a marqué son soutien à Hissène Habré dans le conflit du Tchad.

Le Congrès de la Ligue démocratique-Mouvement pour le parti du travail (L D-M P T), les 27 et 28 décembre 1986, a lancé un appel aux autres partis d'opposition pour l'élaboration d'une plate-forme électorale commune. Pour sa part, le 17 janvier 1987, à la fin de la convention nationale du Parti démocratique sénégalais (P D S), Me Adboulaye Wade, secrétaire général du PDS et principal leader de l'opposition, a souligné la nécessité de l'unification des forces politiques d'opposition. Celle-ci avait connu un début de réalité en août 1985 quand huit des quinze partis d'opposition s'étaient regroupés dans l'Alliance démocratique sénégalaise (ADS). Mais le pouvoir avait alors interdit l'ADS sous prétexte qu'il s'agissait d'un nouveau parti non déclaré. Me Wade a annoncé que le PDS boycotterait les scrutins de 1988 si des dispositions n'empêchaient pas le renouvellement des irrégularités qui ont permis, selon lui, « le coup d'État électoral » d'Abdou Diouf en 1983. En février 1987, le Parti africain de l'indépendance (P A I) a tenu son congrès et a, lui aussi, lancé un appel à l'union de l'opposition...

Pour contrer la montée en puissance de l'opposition et de son leader, le pouvoir a eu recours aux vieilles méthodes : le 9 février, Me Wade a été inculpé sous l'accusation de « diffusion de fausses nouvelles » et d'« offense au chef de l'État »...

C'est dans cette atmosphère de fièvre préélectorale que se sont produits deux mouvements sociaux de grande importance. D'abord la grève des étudiants, déclenchée le 22 janvier 1987 à cause d'un retard dans le paiement des bourses d'étude et suivie par les quatorze mille étudiants de l'université de Dakar. Cette grève a duré un peu plus d'un mois. Selon un bilan officiel, l'intervention des forces de l'ordre sur le campus aurait fait vingt-sept blessés parmi les étudiants. Autre mouvement : le 13 avril 1987, les policiers se sont mis en grève et ont crié des slogans hostiles au pouvoir. Ils voulaient ainsi protester contre une décision du tribunal de Dakar condamnant deux des leurs pour coups et blessures ayant entraîné la mort. Le président Diouf a réagi vite et fort : le 14 avril, il a limogé le ministre de l'Intérieur, Ibrahima Wone, et suspendu de leurs fonctions les 6 265 agents de la police sénégalaise. Ils devaient être réintégrés un à un, après étude de chaque cas.

D'après les estimations de la Banque mondiale, la dette extérieure du Sénégal a atteint 1,8 milliard de dollars en 1985. La balance des paiements était déficitaire de 61,4 milliards de francs C F A avant rééchelonnement, tandis que la balance commerciale l'était de 110 milliards. La France a accordé au Sénégal une aide de 12,5 milliards de francs C F A (convention du 25 septembre 1986). De son côté, le gouvernement sénégalais a adopté le 16 octobre un programme d'« ajustement économique et financier » à moyen et long terme. Ce plan prévoit notamment la relance de la production et de l'emploi en 1987 et 1988, ainsi que des incitations pour la production agricole. La production d'arachide a été de 587 000 tonnes pour la campagne 1985-1986 contre 682 000 tonnes en 1984-1985. Le gouvernement espérait une production de 720 000 tonnes pour la campagne 1986-1987.

République de Sierra Léone
Nature du régime : présidentiel, parti unique.
Chef de l'État et du gouvernement : général Joseph Saidu Momoh.
Monnaie : leone (1 leone = 0,12 FF au 30.4.87).
Langues : anglais (off.), krio, mende, temne, etc.

Au plan économique, le gouvernement de la **Sierra Léone** a lancé en juillet 1986 un programme de « révolution verte » destiné à donner un coup de fouet à l'agriculture. Le texte de ce document prévoit notamment de passer d'un déficit de 180 000 tonnes en 1986 à un excédent de 75 000 tonnes en 1989 pour le riz, d'améliorer les races en matière d'élevage, de rentabiliser la pêche, d'assurer l'autosuffisance alimentaire du pays, et de lutter contre la désertification et l'érosion des sols...

Le 14 novembre 1986, la Sierra Léone a obtenu des crédits du F M I d'un montant total de 400 millions de francs français. Mais, en contrepartie, le gouvernement du général Joseph Saidu Momoh a accepté un certain nombre de conditions, dont la suppression des subventions sur le riz et les produits pétroliers. Dans la foulée, les créanciers de la Sierra Léone (R F A, Belgique, États-Unis, France, Italie, Japon, Norvège, Pays-Bas, Royaume-Uni, Suisse), réunis au sein du Club de Paris, ont annoncé le 20 novembre qu'ils acceptaient un rééchelonnement important de la dette extérieure du pays, qui atteignait 435 millions de dollars à la fin de 1984.

Au plan social, la politique du général Momoh a été durement critiquée par le Conseil chrétien uni (U C C) et par la Chambre de commerce en avril 1986. L'U C C a mis en cause la mainmise des Libanais sur l'économie nationale, alors que la Chambre de commerce a déploré la constante dépréciation de la monnaie nationale, le léone. En février 1985, le léone avait été dévalué de 140 %.

Sur le plan politique, la Sierra Léone a traversé une grave crise au premier trimestre 1987. Un grand mouvement de grève a été déclenché par les étudiants le 29 janvier pour obtenir une hausse du taux de leurs bourses. Les brutalités policières ont fait deux morts. Plusieurs dizaines d'étudiants ont été arrêtés, dont Sah Foyoh, leader du mouvement. La découverte d'une « tentative de coup d'État », le 22 mars, a permis au général Momoh de limoger son premier vice-président, Francis Minah, et de placer en résidence surveillée l'ancien chef d'État Siaka Stevens qui, depuis sa démission de la Présidence de la République en octobre 1985, continuait de diriger le parti unique, le Congrès de tout le peuple (A P C).

Laurent Gbagbo

Golfe de Guinée

Bénin, Côte d'Ivoire, Ghana, Nigéria, Togo

Le **Nigéria** est traité dans la section « Les 34 grands États ».

République populaire du Bénin
Nature du régime : présidentiel, marxiste-léniniste, parti unique.
Chef de l'État et du gouvernement : Mathieu Kérékou.
Monnaie : franc CFA (1 FCFA = 0,02 FF).
Langues : français (off.), fon (47 %), yoruba, mina, dendi, bariba, goun, adja, somba, pila-pila.

Le **Bénin** vit depuis plusieurs années dans un état de crise économique aggravé par les atermoiements du gouvernement du général Mathieu Kérékou, au pouvoir depuis le 26 octobre 1972. La valse-hésitation avec le FMI s'est poursuivie en 1987. L'accord qui devait intervenir au début de l'année a été repoussé au second semestre. Avec une dette extérieure de 800 millions de dollars et un service théorique de la dette de 30 milliards de francs CFA, le Bénin doit aussi faire face à un déficit chronique de sa balance commerciale (40 milliards de francs CFA en 1985).

La répartition de la population active béninoise est, pour le moins, singulière en Afrique. Le secteur tertiaire (petits commerçants et fonctionnaires) est hypertrophié : 43 % contre 13 % pour le secteur industriel et 44 % pour le secteur agricole. Ce dernier a contribué en 1985 pour 46,8 % au PNB (en termes courants). La production de coton, relancée depuis 1983, a atteint le chiffre record de 107 000 tonnes en 1986, mais les cours mondiaux ont chuté. Le budget 1987, d'une hauteur de 47,83 milliards de francs CFA, est utilisé à 80 % pour le paiement des fonctionnaires, dont le nombre dépasse 40 000.

Un remaniement ministériel, attendu depuis novembre 1985, n'a finalement eu lieu que le 13 février 1987 avec l'entrée dans le gouvernement de quatre ministres civils, dont Barnabé Bidouzo (Finances et Économie) et Ibrahim Souradjou (Plan), le premier anti-FMI, le second pro-FMI. Deux fers au feu, toujours l'hésitation... Un crédit de 15 millions de dollars (accordé par la Banque mondiale et la Suisse) doit financer un projet de redressement du secteur des entreprises publiques.

Malgré la forte répression qui s'était abattue sur le milieu estudiantin après les grèves de mai 1985, l'agitation a repris en décembre 1986. Elle a culminé avec une grève du 16 au 21 mars 1987, à cause du non-paiement des bourses.

Signe de l'équilibre qu'il affectionne, au cours du quatrième trimestre 1986 le président Kérékou a effectué une longue tournée dans les pays de la CEE puis une autre dans des pays de l'Est.

République de Côte d'Ivoire
Nature du régime : présidentiel, parti unique.
Chef de l'État et du gouvernement : Félix Houphouët-Boigny.
Monnaie : franc CFA (1 FCFA = 0,02 FF).
Langues : français (off.), baoulé, dioula, ashanti.

En **Côte d'Ivoire**, l'année 1987 a été placée sous le signe de l'agriculture. Un ambitieux projet de vulgarisation agricole a été mis en chantier dans le cadre du programme d'« ajustement structurel » appliqué depuis 1981. D'un montant de 58,5 millions de dollars (avec une contribution de 34 millions de dollars de la Banque mondiale), il vise à toucher d'ici 1992 près de 50 % de la population agricole. L'agriculture constitue d'ailleurs toujours le secteur clé de l'économie ivoirienne : ayant contribué en 1986 pour 25 % au PIB et fourni 60 % des exportations, elle emploie 77 % de la population active. Elle a par ailleurs contribué pour 30 % aux recettes de l'État par le biais de taxes sur les cultures industrielles.

L'année 1986 a été celle des records de production pour l'huile de palme et le cacao, mais la baisse des prix sur le marché international a entraîné des pertes de recettes. La croissance en volume du PIB qui a été de 4,9 % en 1985 et de 5,4 % en 1986 devait être de 1 % en 1987.

La Côte d'Ivoire reste fortement endettée. A la fin de 1986, l'encours de la dette extérieure était de 2 400 milliards de francs CFA (contre 213 milliards en 1975), et le service de la dette représentait encore 32 % des recettes d'exportation. En juillet 1986, un nouvel accord de rééchelonnement a été signé pour les années 1986 à 1989 et, pour la même période, un crédit de

GOLFE DE GUINÉE

- 100 000 habitants
- ○ Population urbaine, 0,3 en millions

L'ÉTAT DU MONDE 1987-1988
GOLFE DE GUINÉE

283

Lac Tchad

NIGER

CAMEROUN

Maiduguri 0,3

Kano 1,5

Katsina

Sokoto 0,3

Kaduna 0,2

Zaria 0,2

Jos

Yola 0,2

NIGERIA

Enugu 0,2

Port-Harcourt 0,4

GUINÉE ÉQUATORIALE

Niger

Ogbomosho 0,4

Ibadan

Oshogbo 0,4

Ilorin

Benin City 0,4

Abeokuta

Lagos 3,5

Cotonou 0,2

Lomé 0,3

BÉNIN

TOGO

HAUTE-VOLTA

Tamale 0,4

Bolgatanga

Accra 0,9

Sekondi-Takoradi

Golfe de Guinée

GHANA

Kumasi 0,5

Obuasi 0,3

MALI

Volta Noire

Bobo

Koudougou 1

Bouaké 0,3

Yamoussoukro 0,7

CÔTE-D'IVOIRE

Daloa 0,1

Man

Sassandra

Abidjan 1,8

Niger

500 km

GOLFE DE GUINÉE

	INDICATEUR	UNITÉ	BÉNIN	CÔTE D'IVOIRE	GHANA
DÉMOGRAPHIE	Capitale		Porto Novo	Yamoussoukro	Accra
	Superficie	km²	112 622	322 462	238 537
	Population (*)	million	4,04	10,18	14,04
	Densité	hab./km²	35,9	31,6	16,9
	Croissance annuelle[e]	%	2,8	3,7	3,3
	Mortalité infantile[e]	‰	109	104	92
	Population urbaine[a]	%	38,5	42,0	39,6
CULTURE	Analphabétisme[a]	%	74,1	57,3	46,8
	Scolarisation 6-11 ans[a]	%	56,9	70,5	64,6
	12-17 ans[a]	%	27,7	42,4	52,7
	3e degré	%	2,1[c]	2,4[c]	1,5[b]
	Postes tv[c]	‰ hab.	3,4	41	6
	Livres publiés	titre	..	46[c]	350[c]
	Nombre de médecins	‰ hab.	0,06[f]	..	0,14[d]
ARMÉE	Armée de terre	millier d'h.	3,2	6,1	9,0
	Marine	millier d'h.	0,15	0,69	1,2
	Aviation	millier d'h.	0,16	0,93	1,0
ÉCONOMIE	PIB	milliard $	1,08[a]	6,25[a]	4,96[a]
	Croissance annuelle 1979-1986	%	5,9[h]	1,2	0,5
	1986	%	..	3,5	5,3
	Par habitant	$	275[a]	637[a]	365[a]
	Dette extérieure	million $	0,776[a]	6,306[a]	2,128[a]
	Taux d'inflation	%	..	− 0,6	33,3
	Dépenses de l'État Éducation	% PIB	5,1[f]	8,4[g]	1,5[b]
	Défense		2,5[c]	1,1[a]	1,2[a]
	Production d'énergie[a]	million TEC	–	1,213	0,374
	Consommation d'énergie[a]	million TEC	0,173	1,679	1,029
COMMERCE	Importations	million $	397	1 749[a]	783
	Exportations	million $	114	2 972[a]	863
	Principaux fournisseurs[a]	%	PCD 68,3	PCD 68,6	PCD 57,3
		%	Fra 19,0	Fra 32,1	CEE 30,2
		%	PVD 27,8	PVD 28,7	PVD 41,2
	Principaux clients[a]	%	CEE 56,2	E-U 11,7	Jap 11,2
		%	Esp 27,1	CEE 57,3	CEE 43,0
		%	PVD 15,2	Afr 14,3	URSS 9,3

milliards en 1985). Les exportations ivoiriennes prépondérantes sont le café, le cacao, le bois.

NIGÉRIA	TOGO
Lagos	Lomé
923 768	56 000
98,4	3,05
106,5	54,5
3,4	3,0
104	95
23	20,1
57,6	59,3
85,7	86,0
42,6	74,0
3,3[c]	1,8[b]
5	4,7
1 836[b]	..
0,1[f]	0,05[f]
80	4,0
5	0,1
9	0,26
64,9	0,75[a]
− 2,2	0,9
− 3,3	1,7
660	253[a]
20,0	0,924[a]
0,0	1,2
2,2[c]	5,9[c]
1,0	2,4[a]
121,5	0,001
16,9	0,274
5 400	264[a]
6 800	200[a]
CEE 17,9	PCD 76,7
R-U 48,5	Fra 31,1
Jap 5,1	PVD 19,1
E-U 20,1	CEE 56,0
CEE 49,3	You 8,6
R-U 5,3	Afr 5,1

La Côte d'Ivoire reste le pôle industriel de la sous-région. En 1987, un nouveau fleuron s'est ajouté à sa couronne, la CI-PHARM, usine pharmaceutique mise en place en association avec Rhône-Poulenc, Roussel-Uclaf et Sanofi. Coût : 1,8 milliard de francs CFA, chiffres d'affaire prévu pour 1988 : 1,25 milliard de francs CFA. La Côte d'Ivoire a aussi mis en œuvre le plan informatique le plus important de la sous-région. De 1986 à 1996, le parc informatique devrait passer de 1 250 à 11 600 unités.

Sur le plan politique, les relations franco-ivoiriennes sont redevenues excellentes après le léger froid provoqué par des articles parus dans les journaux français *L'Unité* et *Le Matin* en juin 1986 et qui mettaient en cause la politique paternaliste du président Félix Houphouët-Boigny. Après quelques bouderies du côté d'Abidjan, l'affaire a été close moyennant excuses verbales. Preuve de l'excellence de ces relations, l'armée ivoirienne, forte de 13 000 hommes, a bénéficié chaque année depuis 1983 d'une aide directe exceptionnelle d'environ 750 millions de francs CFA, sous forme de matériels radioélectriques ultramodernes, de véhicules, de vedettes, etc. La Côte d'Ivoire reste l'un des premiers pays africains bénéficiaires de l'aide française : 1,4 milliard de francs CFA en 1986. Le problème de la présence des étrangers dans le pays se pose avec de plus en plus d'acuité, surtout au regard de « l'après-Houphouët ». De 27,8 % en 1980, la proportion d'étrangers devrait passer à 31 % en 1990. Outre les ressortissants des pays voisins, on dénombre environ 50 000 Français et 100 000 Libano-Syriens.

Chiffres 1986, sauf notes : a. 1985; b. 1984; c. 1983; d. 1981; e. 1980-85; f. 1980; g. 1979; h. 1979-84.
(*) Dernier recensement utilisable : Côte d'Ivoire, 1975; Ghana, 1984; Togo, 1981; Bénin, 1979; Nigéria, 1963.

République du Ghana
Nature du régime : « révolutionnaire ».
Chef de l'État et du gouvernement : Jerry Rawlings.
Monnaie : cedi (1 cedi = 0,04 FF au 30.4.87).
Langues : anglais (off.), ewe, ga-adanghe, akan, dagbandi, mamprusi.

La politique de redressement économique entreprise au **Ghana** par le capitaine Jerry Rawlings semble avoir porté quelques fruits, mais il serait prématuré de considérer que l'économie est assainie. La production agricole a enregistré de bons résultats. Le cacao est passé de 187 000 tonnes en 1985 à 214 000 tonnes en 1986. La production minière a été relancée. Le Ghana a produit en 1986 : 287 000 onces d'or, 555 800 carats de diamants, 204 000 tonnes de bauxite et 332 300 tonnes de manganèse. La politique de dévaluation a été poursuivie au début 1987, la monnaie a été stabilisée à 150 cedis pour un dollar (contre 2,7 en 1983). Le budget 1987 a été chiffré en dépenses à 109,4 milliards de cedis (taux de croissance de 5 %, avec une inflation devant passer de 25 % à 15 %). Ces résultats ont permis d'annoncer, le 1er janvier 1987, de nouvelles mesures sociales : hausse des salaires de 25 % et réduction des taxes et droits de douane. Le salaire minimum quotidien a été fixé à 112 cedis. Ombres au tableau : les exportations autres que le cacao, le bois et les produits miniers ont chuté de 44,6 % entre 1985 et 1986, et l'endettement reste massif. Selon le *Ghanaian Times,* la dette extérieure du Ghana était en juillet 1986 de 1,6 milliard de dollars, dont 600 millions envers le FMI. Le Ghana aurait remboursé 203 millions de dollars au FMI en 1985 et devrait lui verser 180 millions en 1987.

Sur le plan politique, des rumeurs de coup d'État se sont succédé. Une chasse à l'homme a été organisée le 11 février 1987 dans la région de Prampram pour retrouver des opposants débarqués par canots. Le gouvernement a par ailleurs rompu les contrats de nombreux fonctionnaires corrompus.

República del Togo

Nature du régime : présidentiel, parti unique (Rassemblement du peuple togolais).
Chef de l'État et du gouvernement : Gnassingbé Eyadema.
Monnaie : franc CFA (1 FCFA = 0,02 FF).
Langues : français (off.), ewe, mina, kabié.

Le **Togo** a fêté, le 13 janvier 1987, le vingtième anniversaire de l'arrivée au pouvoir du général Gnassingbe Eyadéma. A cette occasion, une série de mesures économiques ont été annoncées : augmentation de 5 % des salaires (gelés depuis 1982) et revalorisation de 25 % des allocations familiales. Le gouvernement a tenu néanmoins à préciser que cela ne signifiait en rien un arrêt de la politique de rigueur mise en œuvre depuis 1983 sous la houlette du FMI. Le pays reste toujours fortement endetté. Le service de la dette a été estimé à 53,3 milliards de francs CFA pour l'année 1987, soit environ 60 % du montant des exportations. Il était de 51,7 milliards de francs CFA en 1986. Le Togo a dû souscrire un nouvel emprunt d' « ajustement structurel » de 40 millions de dollars au titre du Fonds spécial d'aide à l'Afrique sub-saharienne.

Sur le plan politique, la vague d'attentats à la bombe qui a secoué la capitale, Lomé, en août et décembre 1985, a été suivie d'une tentative de coup de force dans la nuit du 23 au 24 septembre 1986. Le coup a échoué mais il a fait trente-trois victimes (vingt-six civils et sept agresseurs). Il s'agissait d'un groupe armé venu du Ghana. La frontière entre le Togo et le Ghana a été fermée pendant plusieurs mois et le Togo a bénéficié d'un renfort de parachutistes français et zaïrois. Le président Eyadéma a été réélu à la tête de l'État le 21 décembre 1986.

Il y avait au Togo, en 1985, soixante-dix-neuf entreprises publiques ou semi-publiques. Huit ont été liquidées et vingt et une devraient être cédées à des intérêts privés.

Sur le plan diplomatique, Lomé a abrité, du 13 au 15 novembre 1986, le désormais traditionnel sommet franco-africain.

Bernard Diallo

Afrique de l'Est

Burundi, Kénya, Ouganda, Rwanda, Tanzanie

République du Burundi

Nature du régime : présidentiel, parti unique (Union pour le progrès national, UPRONA).
Chef de l'État et du gouvernement : Jean-Baptiste Bagaza.
Monnaie : franc burundais (1 franc = 0,05 FF au 30.4.87).
Langues : kirundi, français, swahili.

Au **Burundi,** en 1986, la dernière tranche des équipements publics décidés lors du boom caféier de 1978 a été mise en service, en particulier la centrale de Rwegura qui couvre les besoins électriques du pays. Mais ces investissements ont gonflé la dette extérieure (470 millions de dollars). Le service de la dette a représenté 20 % de la valeur des exportations en 1985, tandis que les recettes provenant du café restaient aléatoires en raison de la croissance irrégulière de la production et des variations des cours.

Ces considérations ont pesé lorsqu'il fut décidé, en juin 1986, de dévaluer le franc burundais de 15 % et de mettre en place un plan de stabilisation. Pour atténuer le coût social de ce programme, instauré avec l'aval du F M I et de la Banque mondiale, le Burundi a bénéficié des facilités du Fonds d'ajustement

AFRIQUE DE L'EST

	INDICATEUR	UNITÉ	BURUNDI	KÉNYA	OUGANDA
	Capitale		Bujumbura	Nairobi	Kampala
	Superficie	km²	27 830	582 640	236 040
DÉMOGRAPHIE	Population (*)	million	4,86	21,16	16,00
	Densité	hab./km²	174,6	36,3	67,8
	Croissance annuelle[c]	%	2,7	4,1	3,4
	Mortalité infantile[c]	‰	112	76	102
	Population urbaine[a]	%	2,5	16,7	14,4
CULTURE	Analphabétisme	%	66,2[d]	40,8[a]	42,7[a]
	Scolarisation 6-11 ans[a]	%	22,6	89,1	61,7
	12-17 ans[a]	%	17,6	60,3	25,1
	3e degré	%	0,7[c]	0,9[c]	0,6[d]
	Postes tv[c]	‰ hab.	–	4,0	6,0
	Livres publiés	titre	. .	235[c]	. .
	Nombre de médecins	‰ hab.	0,02[i]	0,13[i]	0,05[f]
ARMÉE	Armée de terre	millier d'h.	5,5	13,0	18,0[a]
	Marine	millier d'h.	0,05	0,65	–
	Aviation	millier d'h.	0,15	–	0,1[a]
ÉCONOMIE	PIB	million $	1 110[a]	5 960[a]	3 290[b]
	Croissance annuelle 1979-1986	%	3,8	3,1[h]	0,2[h]
	1986	%	4,0	. .	. .
	Par habitant	$	235[a]	293[a]	230[b]
	Dette extérieure[a]	million $	446	4 219	1 030
	Taux d'inflation	%	4,4	4,0	273
	Dépenses de l'État Éducation	% PIB	3,4[f]	5,6[b]	1,3[c]
	Défense	% PIB	3,2[a]	4,7[a]	3,1[b]
	Production d'énergie[a]	millier TEC	6	231	93
	Consommation d'énergie[a]	millier TEC	110	1 699	460
COMMERCE	Importations	million $	166	1 200	327[a]
	Exportations	million $	145	1 613	395[a]
	Principaux fournisseurs[a]	%	CEE 48,3	CEE 35,1	PCD 47,9
		%	PVD 35,8	M-O 25,1	CEE 36,8
		%	E-U&J[j] 12,3	Jap 6,8	Ken 39,1
	Principaux clients[a]	%	Fin 28,3	CEE 40,5	E-U 27,3
		%	RFA 30,2	R-U 17,8	CEE 41,4
		%	PVD 21,9	PVD 36,3	Afr 7,0

structurel créé en mars 1986. Le budget 1987, dont la croissance a été ramenée à 2,7 %, le développement de nouvelles cultures d'exportation

RWANDA	TANZANIE
Kigali	Dodoma
26 340	945 090
6,27	22,46
238	23,8
3,3	3,2
118	105
5,1	14,8
53,4[a]	53,7[g]
70,8	80,1
29,8	53,3
0,3[c]	0,4[b]
−	0,4
..	363[b]
0,04[f]	0,06[f]
5,0	38,5
−	0,85
0,15	1,0
1 730[a]	5 840[a]
5,5[h]	1,7
..	3,3
285[a]	268[a]
351	3 609
− 3,1	35,7
3,1[c]	5,8[c]
1,8[b]	2,0[b]
31	76
124	963
235[a]	1 050
116[a]	348
PCD 52,7	CEE 42,5
CEE 38,1	Jap 9,4
PVD 46,9	PVD 34,0
CEE 87,0	PCD 69,2
RFA 62,7	CEE 55,9
E-U 57,7	PVD 26,6

(projet théicole de Buhoro) et le soutien au secteur privé illustrent cette orientation. Pourtant, la politique de diversification du marché intérieur reste l'objectif essentiel; elle a été au cœur des renouvellements des accords de coopération bilatéraux.

Par ailleurs, on a assisté à un durcissement des relations entre l'État, le parti unique et l'Église. Un incident diplomatique survenu lors de la visite du colonel Jean-Baptiste Bagaza à Luxembourg, qui a été suivi de la démission du ministre des Affaires étrangères M. Nzayimana, n'a fait qu'aviver le contentieux. La séparation de l'Église et de l'État, dont l'enjeu immédiat est le contrôle de l'appareil scolaire (nationalisation des petits et moyens séminaires), a donné naissance à une polémique au sommet entre l'épiscopat et le gouvernement. En novembre 1986, celui-ci a accusé le clergé catholique de discréditer le pays à l'étranger.

Les contraintes du développement imposent en effet un nouveau partage des tâches difficile à maîtriser pour le clergé, historiquement puissant, et pour l'appareil administratif, encore en construction.

Christian Thibon

Au **Kénya,** l'année 1986 a été politiquement agitée et le gouvernement a durci son attitude. Une centaine de membres du mouvement d'opposition clandestin Mwakenya ont été emprisonnés. Certains ont même été accusés de sabotage. Le mouvement recrute au-delà des milieux intellectuels et mord sur le paysannat kikuyu. Le parti unique,

Chiffres 1986, sauf notes: a. 1985; b. 1984; c. 1983; d. 1982; e. 1980-85; f. 1981; g. 1978; h. 1979-85; i. 1980; j. États-Unis et Japon.
(*) Dernier recensement utilisable: Burundi, 1979; Kénya, 1979; Ouganda, 1969; Rwanda, 1978; Tanzanie, 1978.

République du Kénya

Nature du régime : présidentiel, parti unique (Union nationale africaine du Kénya, KANU) élections semi-compétitives.
Chef de l'État et du gouvernement : Daniel Arap Moi.
Monnaie : shilling kényan (1 shilling = 0,40 FF au 30.4.87).
Langues : swahili, anglais, kikuyu, luo.

---

l'Union nationale africaine du Kénya (KANU), soutenu par le président Daniel Arap Moi, a été constamment en flèche, ce qui a déclenché un conflit avec les Églises, alliées pourtant traditionnelles du « très chrétien » président.

En août, le parti a ratifié la décision d'instituer des élections primaires, non plus au vote secret, mais par alignement derrière les candidats. Cela a déclenché une réaction très vigoureuse du Conseil national des Églises du Kénya (NCCK) qui regroupe la majeure partie des Églises protestantes du pays (six millions de membres). La *Kenya Law Society* a elle aussi protesté. Le président a tenu bon sur le principe, acceptant seulement des dérogations exceptionnelles, en faveur notamment des leaders religieux... En décembre, nouveau conflit entre ces deux institutions et le pouvoir, à l'occasion du vote d'un amendement constitutionnel dont une des dispositions portait atteinte aux prérogatives traditionnelles de l'*Attorney général*, du contrôleur et de l'auditeur général. Les évêques catholiques sont à leur tour intervenus dans le débat. Le président a été alors jusqu'à proclamer que le parti était au-dessus de toutes les institutions, y compris la Cour suprême.

Sur le plan économique, en raison de la baisse du prix du pétrole et du boom du café – qui a été pourtant de courte durée –, les résultats ont été satisfaisants. M. Saitoti, ministre des Finances, a pu faire valoir un taux de croissance de 4,1 %, et des résultats d'ensemble qu'on n'avait pas vus depuis longtemps. Mais la crise du capitalisme kikuyu qui s'était esquissée à la fin de 1984,

avec la faillite de la *Rural Urban Credit Finance*, s'est brutalement aggravée avec l'effondrement de la *Continental Bank*, de l'*Union Bank* et de leurs filiales, ainsi que de deux autres entreprises kényanes importantes. Ces entreprises surendettées et mal gérées s'étaient vu refuser d'autres crédits supplémentaires. Autant qu'une crise économique, cette affaire est aussi, indirectement, un signe de crise politique.

République d'Ouganda

Nature du régime : révolutionnaire, tendance populiste.
Chef de l'État : Yoweri Museveni.
Chef du gouvernement : Simon Kisseka.
Monnaie : shilling ougandais (1 shilling = 0,004 FF au 30.4.87).
Langues : kiganda, anglais, swahili (off.).

En **Ouganda**, l'espoir qu'avait suscité la venue au pouvoir de Yoweri Museveni et du Mouvement national de résistance (NRM) s'est estompé : les immenses problèmes du pays sont restés en suspens et les perspectives de règlement de la crise ougandaise ont reculé.

Sur le plan économique, la situation est restée aussi catastrophique : une inflation toujours aussi forte, un shilling ougandais aussi bas et un marché noir aussi florissant. Le rétablissement de l'ordre dans la partie sud du pays, la plus riche, n'a pas suffi. Au lieu de profiter de « l'état de grâce » et de prendre les mesures draconiennes qui s'imposaient pour relever le pays de ses ruines et relancer la production, le gouvernement a tergiversé. Les mesures de taxation qu'il a prises, et la recherche d'accords de troc avec la Libye, notamment, ne pouvaient avoir qu'un effet contraire. Ces atermoiements et le flirt avec la Libye n'étaient pas de nature à encourager un effort international massif susceptible de remettre la machine économique en route. En mai 1987, l'Ouganda a fini par accepter un accord avec le FMI. Un ensemble

AFRIQUE DE L'EST

- 100 000 habitants
- ○ Population urbaine, en millions
  0,2

SOUDAN

ÉTHIOPIE

Lac Turkana

ZAÏRE

Lac Mobutu

Marsabit

KENYA

OUGANDA

Kampala

Jinja

Entebbe

Kisumu

Nakuru

Lac Victoria

Nairobi
1,2

RWANDA

Kigali

Mwanza
0,2

Moshi

Arusha

Mombasa
0,5

Bujumbura

BURUNDI

Kigoma

Tabora

TANZANIE

Tanga
0,2

Zanzibar
0,1

Dodoma

Morogoro

Dar es Salam
1,1

Iringa

Lac Tanganyika

Mbeya

OCÉAN INDIEN

ZAMBIE

Lac Malawi

MALAWI

MOZAMBIQUE

500 Km

de mesures économiques a été adopté, notamment une dévaluation de 328,5 % du shilling par rapport au dollar.

Sur le plan militaire, l'Armée nationale de résistance (NRA), après avoir réussi très rapidement à occuper le nord du pays jusqu'à la frontière soudanaise, s'est vite heurtée à la guérilla organisée par les vestiges de l'Armée de libération nationale de l'Ouganda (UNLA) qui peut s'appuyer sur le sanctuaire soudanais. Si Museveni avait dans un premier temps relativement réussi dans sa politique de contact et de ralliement des populations, les embuscades de la guérilla ont déclenché des représailles et l'engrenage habituel de la violence. Les civils, pris entre deux feux, en ont été les premières victimes. La discipline extraordinaire de la NRA n'a pas résisté à cet enchaînement violent et de nombreuses atrocités ont été commises. Les forces hostiles au NRM ont constitué un front, le Mouvement démocratique du peuple ougandais (UPDM), qui a été jusqu'à attaquer Gulu, le chef-lieu du pays Acholi en août. Les voleurs de bétail de la région du Karamojong ont sévi dans les contrées voisines. Quant aux zones frontalières, elles sont mal contrôlées et des incidents se sont produits à la frontière kényane en novembre. Cependant, le 18 janvier 1987, l'UPDM subissait une très grave défaite à Corner Kilak en pays Acholi. Il est douteux pourtant qu'une solution militaire suffise à résoudre le problème.

Dans le reste du pays, la situation est meilleure. Le prince héritier de la monarchie Baganda, Ronald Mutesa, a été accueilli avec enthousiasme par la population de la capitale, Kampala. Mais Yoweri Museveni s'oppose fermement à toute tentative de restauration de la monarchie en réprimant toutes les tentatives en ce sens.

Jean-François Médard

L'économie du **Rwanda,** pays classé parmi les moins avancés, est

République rwandaise
Nature du régime : présidentiel, parti unique (Mouvement national révolutionnaire pour le développement, MNRD).
Chef de l'État et du gouvernement : Juvénal Habyarimana.
Monnaie : franc rwandais (1 franc = 0,01 FF au 30.4.87).
Langues : kinyarwanda, français, swahili.

confrontée aux problèmes de l'enclavement et de la surpopulation. Or, si le renforcement des liens avec l'Ouganda et le Zaïre en 1986 a laissé présager, à long terme, des perspectives pour une coopération régionale et commerciale, l'équilibre de l'autosuffisance peut être remis en cause à tout moment. Cela explique la fermeté de la politique menée par le gouvernement pour restreindre le retour d'émigrés rwandais d'Ouganda. Cela explique aussi son soutien répété aux actions de *planning* familial et au thème de l'émancipation féminine, comme en témoignent la priorité accordée aux politiques de santé primaire et de scolarisation féminine et l'entrée de plusieurs femmes au comité central du Mouvement national révolutionnaire pour le développement (MNRD, parti unique). Néanmoins le contexte financier et le poids de la dette pèsent de plus en plus sur les décisions gouvernementales ; le budget 1987 a été à nouveau marqué par la rigueur et l'austérité. Aussi la dépendance vis-à-vis de l'aide publique et de la coopération reste-t-elle considérable ; le pays, dont la gestion jouit d'une bonne réputation, a pu compter sur de nombreuses aides bilatérales et multilatérales. Celles-ci, comme par le passé, ont été dirigées vers le monde rural, l'agriculture vivrière, les équipements publics et, plus tardivement, vers le secteur privé. Le MNRD comptait par ailleurs sur la mobilisation populaire et une plus grande responsabilité des cadres, mais une telle orientation a soulevé de nombreuses réticences tant de la part de l'Église envers la politique de *planning,* que de la part des sectes religieuses dont les adeptes ont refusé de participer aux campagnes de mobilisation. En octobre 1986, le procès de 300 d'entre eux (Église de Jehova et Église adventiste) devant la Cour de sécurité de l'État a illustré les tensions que suscite cette politique volontariste de développement et qu'avive le contexte économique.

Christian Thibon

République unie de Tanzanie

Nature du régime : présidentiel, parti unique (Chama Cha Mapinduzi, CCM).
Chef de l'État : Ali Hassan Mwinyi
Chef du gouvernement : Joseph Warioba
Monnaie : shilling tanzanien (1 shilling = 0,10 FF au 30.4.87).
Langues officielles : swahili, anglais.

En **Tanzanie**, bien qu'ayant abandonné ses fonctions de chef de l'État en 1985, Julius Nyerere n'est pas resté absent des affaires; président du parti unique, le *Chama cha Mapinduzi,* il tient sous surveillance la succession gérée par ses anciens collaborateurs et dirigée par le dauphin qu'il avait proposé, le zanzibarite Ali Hassan Mwinyi.

La profonde réorientation amorcée au début des années quatre-vingt dans la politique économique s'est poursuivie. Le pouvoir sait désormais que la considération internationale, même assortie d'une aide financière et technique diversifiée, ne fait pas une politique de développement. Les bons principes non plus ne suffisent pas : ils peuvent se transformer en dogmatisme, irréalisme ou autoritarisme policier. L'initiative privée devait retrouver la dignité que le F M I, entre autres mesures, a souhaitée.

Selon les tenants de la politique mise en œuvre, la dénationalisation de certaines plantations (sisal), les incitations à l'investissement privé – national et étranger – et la libéralisation des transactions en devises devaient permettre la relance d'un appareil de production paralysé par les pannes, les pénuries de fournitures et la dégradation des moyens de communication. On attendait de ces mesures une stimulation des échanges internationaux, notamment par l'accroissement des cultures d'exportation, source des devises nécessaires à l'importation des équipements indispensables pour sortir de la pénurie. Dans le même esprit, on attendait de la libéralisation du commerce intérieur une meilleure distribution de la production alimentaire qui, quantitativement, couvre les besoins nationaux. Dans ce domaine, on a enregistré le démantèlement de certaines entreprises d'État particulièrement inefficaces, tandis que le gouvernement procédait à une substantielle revalorisation des prix à la production. Celui du maïs, nourriture de base, est par exemple passé de 7,6 à 12,2 shilling le kilo.

Les effets du plan de redressement ne pourront se mesurer qu'à long terme. Mais le taux d'inflation reste préoccupant; dans le secteur public, la paix sociale impose de revaloriser les salaires avant de constater des progrès de productivité; le shilling est régulièrement dévalué (33 % en juillet 1986) et la population augmente plus vite que le produit national. Cependant, le groupe de la Banque mondiale n'a pas paru trop inquiet puisqu'un accord de tirage a été conclu avec le F M I en août 1986. Les autres créanciers de la Tanzanie, notamment le Club de Paris, ont accepté un rééchelonnement de sa dette.

Le « réajustement structurel » ne va pas sans problème. La répression d'une manifestation d'ouvriers agricoles à Kilombero a obligé le président Mwinyi à promettre des explications et les étudiants acceptent mal la dégradation croissante de leurs conditions de travail. Au sein de la classe politique, la poursuite de la dérive amorcée par le *Mwalimu* J. Nyerere ne fait pas l'affaire de tous, et le retrait du maître a pu réveiller des ambitions. Mwinyi a donc bien des raisons pour entretenir dans la région une diplomatie de bon voisinage où chacun (le Kénya par exemple) trouve son compte.

François Constantin

Afrique centrale

Cameroun, Centrafrique, Congo, Gabon, Guinée équatoriale, Saint-Thomas et Prince, Zaïre

---

République du Cameroun
Nature du régime : présidentiel.
Chef de l'État et du gouvernement : Paul Biya.
Monnaie : franc CFA (1 FCFA = 0,02 FF).
Langues : français, anglais (off.), diverses langues bantoïdes, bantu et autres.

Au **Cameroun**, trois faits ont marqué l'année 1986 : le renforcement de l'autorité présidentielle, la récession économique et la catastrophe naturelle du lac de Nyos.

Cette dernière a provoqué mille sept cents morts par émanation de gaz toxique, dans le Nord-Ouest du pays.

Le renouvellement des organes de base du parti unique, rajeuni en 1985 sous le nom de Rassemblement démocratique du peuple camerounais (R D P C), a permis d'élire, de janvier à mars, 13 500 responsables de cellule et 148 présidents de section départementale. Le renouvellement ainsi effectué par des élections « libres dans le cadre du parti unique » aurait touché 70 % des responsables. Le 21 novembre, le remaniement du gouvernement et la réorganisation des services de la présidence de la République ont souligné la volonté du président Paul Biya de tenir ses promesses de simplification des pratiques administratives. Le choix des hommes de l'entourage présidentiel a été présenté comme

gage de moralité et de compétence, à l'approche de temps économiquement difficiles. Les élections du début de l'année ont signifié que, sans tout bouleverser et en conservant notamment le système du parti unique, le chef de l'État tenait aussi à appliquer la libéralisation qu'il préconisait dans ses discours, en réaction contre l'autoritarisme de l'époque Ahidjo. En s'adressant aux milieux d'affaires en mai 1986, à Douala, la capitale économique, le président a encore affirmé ses options libérales en faveur du dialogue avec le secteur privé.

Malheureusement, tous ces actes ne sont pas apparus d'une parfaite cohérence et n'ont pas désarmé la critique. On l'a vu notamment au début de 1987, avec quelques affaires gênantes, dont le renvoi brutal du ministre des Affaires étrangères, Eteki Mboumoua, ancien secrétaire général de l'Organisation de l'unité africaine (O U A).

Le Cameroun a poursuivi sa politique traditionnelle de diversification de ses relations diplomatiques. A l'occasion de la visite de Shimon Pérès, Premier ministre d'Israël, la reprise des relations au niveau des ambassades a été annoncée comme prochaine. Le président Biya s'est également rendu en visite aux États-Unis (février), en R F A (octobre) et au Canada (novembre), tandis qu'il se gardait, comme à l'accoutumée, de participer au sommet franco-africain de Lomé, en novembre 1986. Les enjeux économiques de ce vaste programme diplomatique ont été perceptibles.

Mais, sur un autre plan, l'économie et les finances nationales ont présenté les premiers signes de difficultés sérieuses. La production pétrolière (sept millions de tonnes en 1985) décline progressivement en volume, l'agriculture ne donne plus les résultats d'un passé récent et l'endettement extérieur (deux mil-

AFRIQUE CENTRALE

ENSEMBLES GEOPOLITIQUES
L'ÉTAT DU MONDE 1987-1988

296

NIGER

Lac Tchad

NIGERIA

TCHAD

Garoua

Bossangoa

CENT

Bouar

Bambari

N'Kongsamba
0.1

Douala
0.9

Berberati

Bangui
0.7

Gemena

Malabo
I. de Bioko

Yaoundé
0.4 CAMEROUN

GUINÉE
ÉQUATORIALE
Principe

SAO TOMÉ-
PRINCIPE

Bata

CONGO

Zaïre

Sao Tomé

Libreville
0.2

GABON

Mbandaka
0.1

Lambaréné

Port-Gentil

Franceville

Pagalu(G.-E.)

Brazzaville
0.4

Loubomo
0.4

N'Kayi

Kinshasa
3.5

Kisw
0.2

Ka
0

Pointe Noire
0.2

Matadi
0.1

Boma

Mbanza-
Ngungu

ATLANTIQUE

ANGOLA

- 100 000 habitants

O Population urbaine,
0,2 en millions

500 km

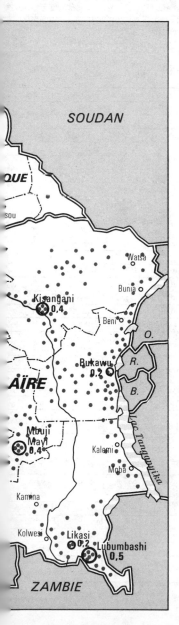

SOUDAN

Watsa

Bunia

Kisangani
0,4

Beni

O.

Bukawu
0,2

R.

ZAÏRE

B.

Lac Tanganyika

Mbuji
Mayi
0,4

Kalemi

Moba

Kamina

Kolwesi · Likasi
0,2 · Lubumbashi
0,5

ZAMBIE

---

liards de dollars en fin d'année 1985) se serait encore accru tandis que le train de vie de l'État ne s'est pas réduit assez : la fonction publique et les bourses aux étudiants ont été développées volontairement en 1986. Depuis le début de l'année 1987, le Cameroun connaît des problèmes financiers. Ceux-ci sont relativement moins vifs que pour ses voisins immédiats, le Nigéria, le Gabon et le Congo, mais le pays doit néanmoins se préparer à un avenir plus sombre.

> **République centrafricaine**
> **Nature du régime :** présidentiel.
> **Chef de l'État et du gouvernement :** André Kolingba.
> **Monnaie :** franc CFA (1 FCFA = 0,02 FF).
> **Langues :** français, sango.

En **Centrafrique,** l'actualité politique a dominé l'année 1986, avec le passage progressif du régime militaire (en place depuis septembre 1981) à une forme presque civile de gouvernement, et avec le retour inopiné de l'ancien empereur Bokassa, le 23 octobre, suivi de son procès à partir de décembre.

Dans le domaine institutionnel, une Constitution a été rédigée et ratifiée par un référendum organisé le 21 novembre. Plus de 91 % des votants l'ont approuvée et ont élu André Kolingba président pour six ans. Il dirigeait le pays depuis 1981. Toutefois, dans la capitale, Bangui, 25 % des suffrages ont été hostiles au chef de l'État.

La capitale avait été agitée fin mars-début avril 1986 par l'écrasement d'un *Jaguar* français sur un quartier populaire proche de l'aéroport (trente-cinq morts) et par un attentat à l'explosif (sans victime). C'est à la même période qu'eut lieu une grève de lycéens.

La nouvelle Constitution a établi un régime de type présidentiel. Le président est élu pour six ans. Le Parlement, qui devait être installé en 1987, est formé de l'Assemblée nationale, dont les députés sont élus au suffrage universel direct pour cinq ans, et du Conseil économique et social. Un parti unique, le Rassemblement démocratique centrafricain (RDC), a été créé à la fin de 1986. Le remaniement ministériel

AFRIQUE CENTRALE

	INDICATEUR	UNITÉ	CAME-ROUN	CENTRA-FRIQUE	CONGO
	Capitale		Yaoundé	Bangui	Brazzaville
	Superficie	km²	475 440	622 980	342 000
DÉMOGRAPHIE	Population (*)	million	10,45	2,67	1,79
	Densité	hab./km²	22,0	4,3	5,2
	Croissance annuelle[g]	%	3,5	2,5	2,6
	Mortalité infantile[g]	‰	96	126	77
	Population urbaine	%	42,4[a]	45,7[a]	39,5[a]
CULTURE	Analphabétisme	%	43,8[a]	59,8[a]	37,1[a]
	Scolarisation 6-11 ans[a]	%	81,1	57,8	..
	12-17 ans[a]	%	48,3	38,5	..
	3e degré	%	2,2[b]	1,2[c]	6,7[e]
	Postes tv[c]	‰ hab.	..	0,6	2,7
	Livres publiés[f]	titre	22	..	..
	Nombre de médecins	‰ hab.	0,07[e]	0,04[e]	0,18[e]
ARMÉE	Armée de terre	millier d'h.	6,6	2,0	8,0
	Marine	millier d'h.	0,35	–	0,2
	Aviation	millier d'h.	0,35	0,3	0,5
ÉCONOMIE	PIB	million $	11 551	700[a]	1 910[a]
	Croissance annuelle 1979-1986	%	6,5	1,0	5,4
	1986	%	6,0	2,3	– 10,0
	Par habitant	$	1 105	269[a]	1 095[a]
	Dette extérieure	million $	2 871[a]	371	2 420[a]
	Taux d'inflation	%	9,0	9,5	6,6
	Dépenses de l'État Éducation	% PIB	3,6[c]	5,7[b]	6,0[e]
	Défense	% PIB	1,3	2,6	2,6[a]
	Production d'énergie	millier TEC	9 053[a]	9[a⁻]	8 283[a]
	Consommation d'énergie	millier TEC	3 005[a]	100[a]	199[a]
COMMERCE	Importations	million $	1 687	252	630
	Exportations	million $	2 110	131	650
	Principaux fournisseurs	%	PCD 87,3[a]	PCD 73,0[a]	PCD 86,2[a]
		%	Fra 44,4[a]	Fra 49,8[a]	Fra 50,1[a]
		%	PVD 10,1[a]	PVD 11,1[a]	PVD 12,3[a]
	Principaux clients	%	CEE 67,6[a]	Bel 27,8[a]	CEE 21,5[a]
		%	Fra 33,1[a]	Fra 16,8[a]	E-U 55,2[a]
		%	E-U 13,4[a]	Ita 9,3[a]	Esp 17,2[a]

du 8 décembre a tiré les conclusions du référendum. Sur sept ministres sortants, quatre étaient des militai-

	GABON	GUINÉE ÉQUA-TOR.	SAINT-THOMAS & PRINCE	ZAÏRE
	Libreville	Malabo	St Thomas	Kinshasa
	267 670	28 050	960	2 345 410
	1,17	0,40	0,11	31,24
	4,4	14,3	114,6	13,3
	1,6	2,2	4,9	2,9
	102	122	62[d]	99
	40,9[a]	59,7[a]	33[f]	44,2[a]
	38,4[a]	63,0[f]	42,6[e]	38,8[a]
	..	..	..	78,3
	..	..	..	47,7
	3,3[d]	3,8[e]	..	1,2[d]
	18	5	–	0,4
	..	..	..	231
	0,33[e]	..	0,44[f]	0,07[e]
	1,9	2,0	..	22,0
	0,2	0,15	..	0,9
	0,6	0,15	..	2,5
	3 465	60[b]	30[a]	5 220[a]
	– 1,4	..	– 7,0	1,5
	– 10,0	..	1,8	2,5
	2 962	158[b]	286[a]	172[a]
	1 170	133[a]	72[a]	5 851[a]
	12,0	..	..	38,3
	4,6[b]	..	5,9[d]	5,9[f]
	2,2[a]	..	..	2,0[b]
	12 440[b]	–	–	2 567[a]
	1 260[b]	40[b]	20[b]	2 036[a]
	763	23,6[a]	26	872
	863	27,3[a]	10	1 090
	Fra 49,0[a]	Esp 30,2[a]	Ang 17,5[b]	PCD 76,7[a]
	E-U 11,0[a]	Fra 23,6[a]	RDA 26,8[b]	Bel 22,0[a]
	Jap 5,4[a]	PVD 11,8[a]	Por 34,0[b]	Bre 12,6[a]
	EU 26,3[b]	PCD 94,8[a]	P-B 42,1[b]	PVO 6,6[a]
	Fra 31,8[a]	Esp 31,5[a]	RDA 31,9[b]	E-U 24,0[a]
	Esp 13,2[a]	CEE 62,1[a]	Por 11,6[b]	Bel 31,8[a]

res et l'aspect civil du pouvoir en a été ainsi renforcé. Toutefois, ces changements n'ont eu qu'une portée relative, et le colonel Grélombé a conservé et même renforcé son influence au ministère de l'Intérieur et à l'administration du territoire.

L'ancien empereur n'a pas trouvé le soutien qu'il espérait en rentrant dans son pays. Il a été arrêté à son arrivée. En juin 1987, au terme d'un procès de plusieurs mois, il a été condamné à mort. Le retour de Bokassa a engendré un malaise passager entre Paris et Bangui. Mais la Centrafrique, atteinte dans son redressement économique par la baisse des cours du coton, dépend plus que jamais de l'aide extérieure.

299

République populaire du Congo
Nature du régime : présidentiel, orientation socialiste.
Chef de l'État et du gouvernement : Denis Sassou Nguesso.
Monnaie : franc CFA (1 FCFA = 0,02 FF).
Langues : français (off.), langues du groupe bantu.

Au **Congo**, la crise économique et financière provoquée par la baisse des cours du pétrole brut, principale ressource du pays, a dominé l'année 1986, comme au Gabon voisin.

Les recettes pétrolières de l'État congolais sont passées de 232 milliards de francs CFA en 1984 à 164 milliards en 1985, puis à 98 milliards en 1986. Les prévisions pour 1987 s'établissaient à 34 milliards. L'accumulation de la dette extérieure (2 milliards de dollars) a conduit à négocier avec le FMI, ce que les autorités de Brazzaville avaient

Chiffres 1986, sauf notes : a. 1985; b. 1984; c. 1983; d. 1982; e. 1981; f. 1980; g. 1980-85; h. 1980-84.

(*) Dernier recensement utilisable : Cameroun, 1976; Congo, 1974; Gabon, 1961; Guinée équatoriale, 1979; St Thomas et Prince, 1970; Zaïre, 1984; Rep. Centrafricaine, 1975.

refusé tout d'abord. Le programme d'« ajustement structurel » qu'elles avaient mis au point en juin 1985 s'est révélé insuffisant et a dû être renforcé. L'accord du FMI a permis le rééchelonnement de la dette extérieure (Clubs de Paris et de Londres), mais les perspectives de l'économie congolaise demeuraient sombres. Le PIB a baissé de près d'un tiers (688 milliards de francs CFA en 1986 contre 971 milliards en 1985) et sa composition s'est profondément transformée, avec une baisse très nette dans le secteur des travaux publics.

Cette situation a eu des conséquences politiques : fin novembre, le Bureau politique du Parti congolais du travail (PCT, parti unique) a été réduit de treize à dix membres. Par la suite, le gouvernement a été remanié. Parallèlement, une agitation scolaire s'est manifestée à Brazzaville, comme un an plus tôt.

que de 60 milliards de francs CFA en 1987, contre 400 milliards en 1985...

Comme en 1977 (alors la crise n'était que financière, et non économique), le Gabon a dû faire appel au FMI et adopter un programme de « redressement structurel ». L'inauguration du *Transgabonais* le 30 décembre 1986 a marqué la fin d'une époque.

Au plan politique, le président Bongo a été réélu pour sept ans le 9 novembre, avec 99,77 % des suffrages exprimés (904 039 voix). En ce qui concerne la politique extérieure, un événement a surtout été remarqué : à rebours de la tendance à renouer avec Israël, la visite à Libreville de Yasser Arafat, en mai, a été l'occasion d'annoncer le prochain établissement de relations diplomatiques avec l'Organisation de libération de la Palestine (OLP).

République gabonaise
Nature du régime : présidentiel.
Chef de l'État : Omar Bongo.
Monnaie : franc CFA (1 FCFA = 0,02 FF).
Langues : français (off.), langues du groupes bantu.

Au **Gabon,** 1986 a été l'année d'un réveil assez brutal, après treize années d'euphorie pétrolière, qui avaient fait de ce pays le plus riche de la région. Avec un PNB de 3 480 dollars par habitant en 1984, le Gabon était au deuxième rang en Afrique, derrière la Libye.

Le 8 février, le président Omar Bongo a annoncé que le budget 1986, qui avait été évalué à 720 milliards de francs CFA, devrait être réduit de 100 milliards, à cause de la baisse des cours du pétrole. Mais la chute allait être bien plus nette : le budget 1987 a été arrêté à 360 milliards de francs CFA, pratiquement la moitié du précédent. Les dépenses effectives ont été de 670 milliards, dont près de 160 milliards pour le seul service de la dette. Les recettes pétrolières de l'État ne devaient être

---

République de Guinée équatoriale
Nature du régime : présidentiel.
Chef de l'État et du gouvernement : Teodoro Obiang Nguema Mbasogo.
Monnaie : franc CFA (1 FCFA = 0,02 FF).
Langues : espagnol (off.), langues du groupe bantu, créole.

La **Guinée équatoriale,** qui s'est intégrée à l'Union douanière et économique de l'Afrique centrale (UDEAC) et à la zone franc en 1985, a connu une année assez agitée dans le domaine de la politique intérieure. Le remaniement ministériel du 17 janvier 1986 a été marqué par le départ du ministre des Finances, Guillermo Nguema Ella, principal artisan de l'entrée dans la zone franc, et par le rattachement à la Présidence du ministère de la Défense, dans le but d'affaiblir le deuxième personnage du régime, le vice-Premier ministre Fructuoso Mba Onana. Après une tentative de coup d'État (17 juillet), un procès a condamné à mort l'un des conjurés (exécuté le 18 août) et à des peines relatively légères des proches du président Teodoro Obiang Nguema Mbasogo, parmi lesquels son oncle, Mba Onana.

République démocratique de Saint-Thomas et Prince

Nature du régime : présidentiel.
Chef de l'État et du gouvernement : Manuel Pinto da Costa.
Monnaie : dobra (1 dobra = 0,17 FF au 30.4.87).
Langues : portugais (off.), créole, ngola.

A **Saint-Thomas et Prince** (São Tomé et Príncipe), l'année 1986 a été celle d'une tentative d'ouverture vers l'Occident, en raison de la dégradation de la situation économique, qui repose presque exclusivement sur la culture cacaoyère en déclin. Le 3 février 1986, lors d'un remaniement ministériel, Fradique de Menezes a succédé à Maria de Amorim aux Affaires étrangères. Celle-ci était réputée sensible aux thèses soviétiques tandis que son remplaçant est considéré comme proche des milieux d'affaires internationaux. Le nouveau ministre a entrepris un rapprochement avec le Gabon, où s'est rendu le président Manuel Pinto da Costa, en mai. Une partie de l'opposition en exil a semblé atténuer ses critiques, tandis que des réfugiés santoméens expulsés du Cameroun et du Gabon sont arrivés en mai en Namibie. Saint-Thomas souhaitait entrer dans l'Union douanière et économique de l'Afrique centrale (UDEAC). Le chef de l'État a aussi renforcé les liens avec la France, où il s'est rendu à l'automne, et avec le Portugal (visite du président Soares à Saint-Thomas en décembre).

Le pays a par ailleurs subi une très grave épidémie de paludisme. Après le départ des ministres des Affaires étrangères et du Plan lors du remaniement de janvier 1987, la libéralisation semblait avoir échoué.

République du Zaïre

Nature du régime : présidentiel.
Chef de l'État : Mobutu Sese Seko.
Premier ministre : Mabi Mulumba.
Monnaie : zaïre (1 zaïre = 0,05 FF au 30.4.87).
Langues : français (off.), lingala, swahili (véhiculaires), diverses langues locales.

Le **Zaïre** cherche sa voie, à la fin d'une année contrastée. En 1986, le maréchal Mobutu Sese Seko a continué à beaucoup se montrer sur la scène internationale, mais son pays traverse une crise économique profonde, qui l'a conduit à troquer brutalement son image de pro-occidental exemplaire et de bon élève du FMI contre celle de contestataire de l'ordre financier qui semblait vouloir se rapprocher sensiblement de l'URSS. Cette contestation n'a guère duré et le FMI a accordé au Zaïre 280 millions de Droits de tirage spéciaux (DTS). Cette ligne de crédit a été suivie d'un rééchelonnement de la dette au Club de Paris.

Malgré ses ressources minières et sa population, estimée à près de 30 millions d'habitants, le Zaïre est devenu l'État le plus pauvre de la région. Le budget 1987 annonçait un déficit de 6 milliards de zaïres, pour 105,6 milliards de dépenses, soit une augmentation de moitié par rapport à 1986. Alors qu'au printemps 1985, un réaménagement technique du gouvernement voulait montrer la bonne volonté du Zaïre envers le FMI et la Banque mondiale, le parti unique, le Mouvement populaire de la Révolution (MPR), avait décidé de limiter à 20 % du budget (contre 50 %) le remboursement de la dette extérieure (5 milliards de dollars) et de retourner à une parité fixe du zaïre-monnaie. Cette décision avait été suivie du départ du Premier ministre, Kengo wa Dondo, le 31 octobre 1986.

Le président Mobutu s'est rendu en Europe et aux Amériques à la fin de 1986 et au début de 1987. Il a obtenu des aides diverses, dont celle de la Belgique, avec laquelle un conflit avait éclaté au début de 1986 à propos des transports aériens. Pour devenir une fois de plus indispensable et recevoir ainsi l'aide qu'il attend, le chef de l'État joue de son prestige international, de l'intérêt que les États-Unis portent à l'Union nationale pour l'indépendance totale de l'Angola (UNITA), et même

des problèmes d'Afrique australe, comme l'a montré la rencontre de Gbadolite avec le président zambien Kenneth Kaunda, le 4 octobre 1986. Parallèlement, Mobutu a durci son attitude envers l'opposition, et tenté de répondre aux critiques d'ordre humanitaire qui le visaient.

François Gaulme

Afrique du Nord-Est

Djibouti, Éthiopie, Somalie

République de Djibouti
Nature du régime : présidentiel.
Chef de l'État : Aptidon Hassan Gouled.
Chef du gouvernement : Hamadou Barkat Gourad.
Monnaie : franc Djibouti (rattaché au dollar, 1 franc : = 0,03 FF au 30.4.87).
Langues : arabe, français, afar et issa (ces deux derniers appartiennent au groupe des langues conchitiques).

Djibouti, décolonisée tardivement et avec réticence par la France qui tenta d'y jouer des différences entre ethnies afar et issa, est située dans une « zone de tempêtes ». La stabilité interne, garantie par la concentration des pouvoirs et les efforts d'intégration du territoire (écoles, pistes et routes, services administratifs), n'est guère discutée depuis 1977. Le territoire, très démuni, paraît désirable, car tranquille, à bien des groupes déracinés du voisinage. L'expérience du chef de l'État, Hassan Gouled, lui permet de jouer un rôle de médiateur dans les situations de tension, comme en janvier 1987, lorsqu'un maquis d'Éthiopie a enlevé en Somalie une équipe française de l'organisation humanitaire Médecins sans frontière. Un

grave attentat commis en mars 1987 à Djibouti n'a pas empêché sa réélection le 24 avril (avec plus de 90 % des suffrages).

Parcours pastoraux pour bétail rustique sur 2 500 kilomètres carrés, agriculture expérimentale sur 500 hectares : le sol ne nourrit pas la population, qui a doublé en dix ans. La rareté des ressources et l'inexpérience de la main-d'œuvre limitent le développement industriel. Au titre des espoirs : les tentatives d'exploitation du potentiel géothermique et les ambitions placées dans le port, pour faire valoir sa bonne position régionale. Mais les activités de soutage ont décliné, et celles de transbordement progressent peu. L'avenir réside davantage dans la croissance des activités de la « zone d'échanges préférentiels » de l'océan Indien et de l'Afrique orientale que dans le chemin de fer d'Addis-Abeba.

Djibouti vit de l'aide internationale, de l'assistance des États arabes, et des dépenses de la garnison française qui a été maintenue en ce lieu pour des raisons stratégiques. Les statistiques locales annonçaient en 1984 un revenu annuel de 276 dollars par habitant. Les trois quarts de la population vivent en ville, majoritairement à Djibouti, agglomération désarticulée où se posent de graves problèmes d'urbanisme.

Pierre-Yves Péchoux

AFRIQUE DU NORD-EST

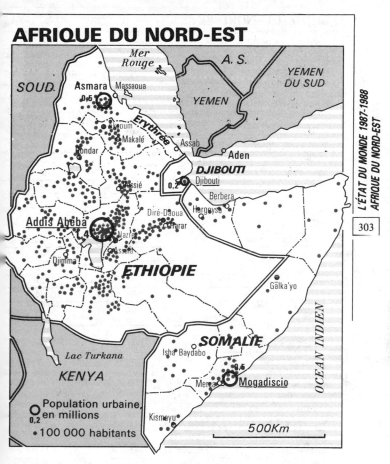

**République populaire
et démocratique d'Éthiopie**

Nature du régime : république à parti
unique (Parti des travailleurs éthiopiens.)
Chef de l'État et du gouvernement :
lieutenant-colonel Mengistu Haïlé Ma-
riam.
Monnaie : berr (1 berr = 2,88 FF au
30.4.87).
Langues : amharique (off.), oromo,
tigrinya, guragé, afar, somali, wälay-
ta...

En **Éthiopie**, la récolte de 1986 a
permis de desserrer l'étau de la
famine. En mai 1986, Michael Pries-
tley, secrétaire général adjoint de
l'ONU, estimait néanmoins le déficit céréalier entre 100 000 et
400 000 tonnes et à 600 millions de
dollars le montant de l'aide versée
pour l'année 1986 à l'Éthiopie. Les
autorités éthiopiennes (*Relief and
Rehabilitation Commission*, RRC),
les organisations internationales, les
agences étrangères de développement et les organisations non gou-

AFRIQUE DU NORD-EST

	INDICATEUR	UNITÉ	DJIBOUTI	ÉTHIOPIE	SOMALIE
DÉMOGRAPHIE	Capitale		Djibouti	Addis-Abeba	Mogadiscio
	Superficie	km²	23 200	1 221 000	637 660
	Population (*)	million	0,46	44,39	4,79
	Densité	hab/km²	19,7	36,4	7,5
	Croissance annuelle[e]	%	6,7	2,4	3,0
	Mortalité infantile[e]	‰	200[a]	136[e]	136[e]
	Population urbaine[a]	%	75	17,6	34,1
CULTURE	Analphabétisme	%	70[a]	44,8[c]	88,4[a]
	Scolarisation 6-11 ans[a]	%	..	34,2	30,5
	12-17 ans[a]	%	..	31,6	36,2
	3e degré	%	..	0,4[c]	..
	Postes tv[c]	‰ hab.	17	1,2	–
	Livres publiés	titre	..	349[b]	..
	Nombre de médecins	‰ hab.	0,2[a]	0,014[i]	0,08[i]
ARMÉE	Armée de terre	millier d'h.	2,87	220[k]	40,0
	Marine	millier d'h.	0,04	3,0	0,7
	Aviation	millier d'h.	0,09	4,0	2,0
ÉCONOMIE	PIB	million $	180[d]	5 473	1 450[a]
	Croissance annuelle				
	1979-86	%	3,3[g]	1,0[h]	2,9
	1986	%	..	..	5,9
	Par habitant	$	475[d]	123	312[a]
	Dette extérieure[a]	million $	146	1 869	1 486
	Taux d'inflation	%	..	– 7,8	30,7
	Dépenses de l'État Éducation	% PIB	3,9[d]	4,1[d]	1,4[c]
	Défense	% PIB	0,8[d]	9,3[a]	9,3[a]
	Production d'énergie[a]	millier TEC	–	77,1	–
	Consommation d'énergie[a]	millier TEC	90[b]	778,9	484,7
COMMERCE	Importations	million $	319,6[a]	1 160	112[a]
	Exportations	million $	40,2[a]	457	91[a]
	Principaux fournisseurs [a]	%	PCD 56,8	E-U 17,9	E-U 16,7
		%	Fra 21,1	CEE 38,9	Ita 25,8
		%	PVD 41,5	URS 15,7	PVD 35,3
	Principaux clients[a]	%	CEE 3,7	E-U 11,7	CEE 23,9
		%	Som 33,8	CEE 41,7	MO 62,0
		%	Y & Y[j] 45,5	PVD 23,4	ArS 34,2

Chiffres 1986, sauf notes : a. 1985 ; b. 1984 ; c. 1983 ; d. 1982 ; e. 1980-85 ; f. 1979-85 ; g. 1970-80 ; h. 1979-85 ; i. 1980 ; j. Les deux Yemen ; k. y compris milice populaire.

(*) Dernier recensement utilisable : Djibouti, 1961 ; Éthiopie, 1984 ; Somalie 1975.

vernementales (ONG), ont distribué les secours, en les orientant non pas prioritairement vers les camps de transit, mais plutôt vers les sites de réinstallation durable, en contrepartie d'un travail effectif d'aménagement : lutte contre l'érosion des sols, défrichements, etc.

Les 500 000 familles déplacées en 1984-1985 ont été réparties dans les régions basses et chaudes, à la périphérie des hauts plateaux très peuplés : Asosa au Wällägga, Gambéla en Illubabor et sur le moyen Awash dans le Rift. Au Wällo, la FAO, l'ONU et des experts suédois ont réinstallés sur place des paysans qui ont reçu une aide alimentaire afin de remettre en culture leurs champs abandonnés (*Work for Food Programm* – Programme de nourriture par le travail).

Outre les polémiques qu'elle a déclenchées en Occident, l'aide étrangère a été l'occasion d'affrontement en Éthiopie même. Le responsable de la RRC nommé en janvier 1986 a démissionné le 16 juin 1986 à New York. Il semble que les fonctionnaires ont difficilement supporté les empiètements de la Commission du Parti des travailleurs éthiopiens (PTE).

Sans doute sensible à la mauvaise image de marque internationale de l'Éthiopie et peut-être poussé par des difficultés internes, le chef de l'État, Mengistu Hailé-Mariam, a suspendu, le 10 avril 1986, la « villagisation » et les déplacements de populations, qui avaient touché près de 3 millions d'Éthiopiens. L'objectif annoncé en 1985 était de regrouper plus de « nouveaux villages » 30 millions de paysans en 1995! En mars 1986, dans l'Est (Harär, Arsi et Balé), les Oromos se réfugiaient au rythme de plusieurs centaines par jour en Somalie, plutôt que de construire des maisons quadrangulaires, couvertes de tôle et alignées au cordeau. Pourtant, les administrateurs avaient assuré que les « villagisés » auraient plus facilement accès aux services (écoles, magasins coopératifs, cliniques, etc.). La « villagisation » du Harär a été déclenchée, semble-t-il, par la reprise des activités du Front de libération des Oromos (FLO) en 1985. En revanche, au Choa, autour de la capitale, les très nombreux villages nouveaux ont été édifiés davantage dans un but de démonstration que de sécurité.

Les rébellions du Nord ont d'ailleurs dénoncé les projets de regroupement autoritaire du gouvernement. Le Front populaire de libération du Tigré (FPLT) a été accusé du meurtre de deux Américains de l'ONG World Vision (8 mars 1986). Des Italiens du projet du Beles (Gojjam) ont été enlevés près de Gondär le 31 décembre 1986, et libérés au Soudan en janvier 1987.

L'Érythrée « utile » est restée sous le contrôle de l'armée éthiopienne depuis l'offensive « finale » de 1986. Elle n'a pu empêcher les fronts de libération retranchés dans leur sanctuaire à la frontière soudanaise de lancer des coups de main.

Le FPLT, très radicalisé, a étendu ses raids vers le Gondär et le Wällo pour couper les communications avec le Nord.

La Constitution provisoire adoptée par référendum en janvier 1987 a fait de l'Éthiopie une « République populaire et démocratique », sur le modèle des États de l'Europe de l'Est. Ainsi, les candidats au Parlement (Shängo) et aux assemblées régionales seront-ils sélectionnés par le PTE qui a recruté parmi les fonctionnaires, dorénavant nombreux à porter l'uniforme prescrit par le leader Mengistu. Les bâtiments officiels ont été envahis par des slogans, des emblèmes et des portraits comme cela se fait dans les pays de l'Est. L'alignement sur les démocraties populaires a déclenché des défections parmi les ambassadeurs en Europe et aussi celle du ministre des Affaires étrangères, Goshu Woldé (27 octobre 1986).

Le rapprochement avec la Somalie, patronné par l'Italie, s'est néanmoins poursuivi après l'enlèvement en Somalie de l'équipe de Médecins sans frontière, qui a été libérée en Éthiopie (janvier 1987).

Les militaires ont commémoré avec éclat ras Alula qui a repoussé en 1887 les Italiens en Érythrée. Ils ont célébré le centième anniversaire d'Addis-Abeba (novembre 1986) et aussi ses fondateurs, l'empereur Menilek et Taytu son épouse.

République démocratique de Somalie

Nature du régime : république à parti unique (Parti socialiste révolutionnaire somalien).
Chef de l'État : général Syad Barré.
Chef du gouvernement : général Ali Samantar (Premier ministre).
Monnaie : shilling somalien (1 shilling = 0,07 FF au 30.4.87).
Langue : somali.

Un accident de la route, le 23 mai 1986, a éloigné pour un mois le chef de l'État Syad Barré de **Somalie**. Soigné en Arabie saoudite, il a repris ses fonctions et obtenu du Parti socialiste révolutionnaire somalien un nouveau mandat présidentiel de sept ans, en décembre 1986. L'interrègne a été assuré par le ministre de la Défense, Ali Samantar, qui n'appartenait ni à la famille ni au clan du président. Il a été récompensé par une promotion au poste de Premier ministre par Syad Barré.

En janvier 1987, l'enlèvement d'une équipe de Médecins sans frontière du camp de Tugwajale a attiré l'attention sur le Mouvement national somalien, représentatif du clan Isxaq, écarté du partage du pouvoir. La libération des otages en Éthiopie a alourdi l'atmosphère entre les deux États, d'autant que la Somalie a accueilli les Éthiopiens du Harär rebelles à la « villagisation ».

En décembre 1986, selon les autorités, il y avait 820 000 réfugiés, au Nord surtout, mais aussi au Sud, dans l'arrière-pays de Mogadiscio. Les États-Unis les ont pris en charge pour 100 millions de dollars. Les Italiens, bailleurs de fonds de l'IGAAD (Autorité intergouvernementale de lutte contre la sécheresse et le développement), ont envisagé de dépenser 500 millions de dollars entre 1985 et 1989. Le FMI a obtenu un encouragement discret au commerce privé : les boutiques ont resurgi dans la capitale. Les stocks de céréales atteignaient à la fin de l'année 1986 l'équivalent de la consommation nationale annuelle. Le plan alimentaire mondial a été suspendu en 1987 et le régime a dû compter sur ses ressources propres alors que, depuis l'indépendance, la Somalie recevait une aide abondante. De plus, les organismes internationaux lui ont refusé le financement d'un grand barrage.

Par ailleurs, le dialogue avec l'Éthiopie, parrainé par l'Italie, a continué en dépit des prises d'otages et du refus d'Addis-Abeba d'envisager un statut spécial pour l'Ogaden.

Alain Gascon

Vallée du Nil

Égypte, Soudan

L'**Égypte** est traitée dans la section « Les 34 grands États ».

Plus d'un an après les élections d'avril 1986 qui ont marqué le retour du **Soudan** à un régime civil et démocratique, le gouvernement de Sadek el-Mahdi n'avait pu résoudre

---

République du Soudan

Nature du régime : démocratie parlementaire.
Chef de l'État : Ahmed Ali el-Mirghani (président du Conseil suprême).
Chef du gouvernement : Sadek el-Mahdi.
Monnaie : livre soudanaise (1 livre = 2,39 FF au 30.4.87).
Langues : arabe (off.), anglais, dinka, nuer, shilluck, etc.

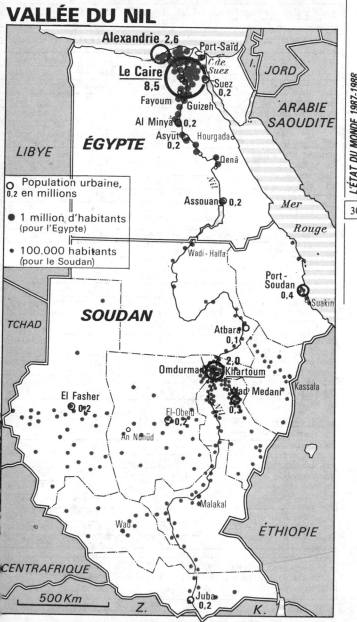

VALLÉE DU NIL

Alexandrie 2,6

Port-Saïd

C. de Suez

JORD

Suez 0,2

ARABIE SAOUDITE

Le Caire 8,5

Fayoum

Guizeh

Al Minya 0,2

ÉGYPTE

Asyūt 0,2

Hourgada

LIBYE

Qenâ

○ Population urbaine, 0,2 en millions

● 1 million d'habitants (pour l'Egypte)

● 100.000 habitants (pour le Soudan)

Assouan 0,2

Mer Rouge

Wadi - Halfa

Port - Soudan 0,4

Suakin

TCHAD

SOUDAN

Atbara 0,1

Kassala

Omdurman Khartoum 2,0

El Fasher 0,2

El-Obeid 0,2

Wad Medani 0,3

An Nuhūd

Malakal

Wau

ÉTHIOPIE

CENTRAFRIQUE

500 Km

Z.

Juba 0,2

K.

VALLÉE DU NIL

INDICATEUR	UNITÉ	ÉGYPTE	SOUDAN
Capitale		Le Caire	Khartoum
Superficie	km²	1 001 449	2 505 810
Population (*)	million	49,61	22,17
Densité	hab./km²	49,54	8,8
Croissance annuelle[e]	%	2,8	2,9
Mortalité infantile[e]	‰	94	108
Population urbaine[a]	%	46,5	29,4
Analphabétisme	%	55,5[a]	74,1[d]
Scolarisation 6-11 ans[a]	%	73,1	45,7
12-17 ans[a]	%	52,6	30,3
3e degré[c]	%	21,0	2,0
Postes tv[c]	‰ hab.	44	49
Livres publiés	titre	1 680[c]	138[d]
Nombre de médecins[d]	‰ hab.	1,23	0,12
Armée de terre	millier d'h.	320	53,0
Marine	millier d'h.	20,0	0,75
Aviation	millier d'h.	25,0	3,0
PIB[a]	milliard $	32,2	7,35
Croissance annuelle 1979-86	%	4,6	1,1[f]
1986	%	3,0	..
Par habitant[a]	$	668	338
Dette extérieure	milliard $	40	6,33[a]
Taux d'inflation	%	27,9	..
Dépenses de l'État Éducation	% PIB	4,1[c]	4,6[d]
Défense[a]	% PIB	8,0	1,8
Production d'énergie[a]	million TEC	71,7	0,06
Consommation d'énergie[a]	million TEC	29,5	1,55
Importations	million $	8 959	1 526[a]
Exportations	million $	2 768	741[a]
Principaux fournisseurs	%	E-U 13,0[a]	E-U 17,2[a]
	%	CEE 41,9[a]	CEE 36,9[a]
	%	PVD 13,2[a]	ArS 11,6[a]
Principaux clients	%	Isr 12,4[a]	CEE 26,1[a]
	%	CEE 43,9[a]	PVD 51,4[a]
	%	PVD 21,2[a]	Egy 19,8[a]

Indicateurs de catégorie (marge gauche) : DÉMOGRAPHIE, CULTURE, ARMÉE, ÉCONOMIE, COMMERCE.

Chiffres 1986, sauf notes : a. 1985; b. 1984; c. 1983; d. 1980; e. 1980-85; f. 1979-85.

(*) Dernier recensement utilisable : Égypte, 1976; Soudan, 1983.

les deux problèmes dominant la vie politique soudanaise – le conflit du Sud et la gravité de la situation économique – et il a été contraint à un remaniement ministériel en mai 1987.

Certes, le retour des pluies et de bonnes récoltes de céréales ont éloigné, sauf dans le Sud, les craintes de famine et, en 1986, le Soudan a pu exporter du sorgho. Le gouvernement a fait porter ses efforts sur le redressement économique à long terme : construction d'un réseau routier, réhabilitation des projets agroalimentaires de Gezira et des raffineries de sucre, reboisement, reconstitution du cheptel... Le ministère des Finances a pu annoncer pour 1986 un taux de croissance de 12 % dans le secteur agricole. Mais de petites avancées ne peuvent faire oublier l'ampleur des difficultés économiques. Avec une dette extérieure de 11 milliards de dollars, une pénurie de devises aggravée par la mévente du coton et le poids du conflit du Sud qui absorbe deux millions de dollars par jour, le Soudan ne peut accroître ses remboursements sans mettre en danger la paix sociale. Sadek el-Mahdi a annoncé que la totalité de cette dette ne pouvait être imputée au Soudan seul, une bonne partie des prêts ayant été accordés « à un régime irresponsable pour les raisons politiques ». Malgré cela, le gouvernement de coalition de l'Umma et du Parti démocratique unioniste (PDU) a réussi à inspirer confiance, et le FMI a accepté de renégocier son aide, interrompue en janvier 1986.

C'est cependant le conflit du Sud-Soudan qui reste en 1987 le problème le plus préoccupant. La coalition des deux partis islamistes traditionnels, l'Umma de Sadek el-Mahdi (moderniste nationaliste) et le PDU (pro-égyptien et conservateur) n'a pas su (ou pas voulu) imposer l'abolition de la *charia* (législation islamique) face à un Front national islamique déterminé, bien implanté à l'université et habile à organiser le mécontentement étudiant, comme l'ont montré les troubles d'octobre et novembre 1986. Impuissant à régler son conflit, le Soudan s'est proposé comme médiateur dans les guerres Iran-Irak et Tchad-Libye, sans plus de succès. Un « Pacte de fraternité » signé en février 1987 a renoué les liens un temps relâchés avec l'Égypte : destiné à renforcer la coopération économique entre les deux pays, cet accord prévoit cependant une aide militaire, ce qui a avivé la tension dans le Sud.

Désireux de rester fidèle à son choix de non-alignement, Sadek el-Mahdi s'est efforcé de préserver l'équilibre entre ses huit voisins, dont certains comme l'Égypte, la Libye ou l'Éthiopie ont des intérêts et des régimes fort différents. De même, il a pu redonner confiance aux deux grandes puissances, l'URSS et les États-Unis, qui lui accordent à nouveau une aide discrète et prudente.

Anne Kraft

Afrique sud-tropicale

Angola, Malawi, Mozambique, Zambie, Zimbabwé

Le **Mozambique** est traité dans la section « Les 34 grands États ».

République populaire d'Angola
Nature du régime : marxiste-léniniste, parti unique.
Chef de l'État et du gouvernement : José Eduardo Dos Santos.
Monnaie : kwanza.
Langues : portugais, langues bantoues.

L'Angola, en proie aux effets conjugués de la poursuite de sa guerre intérieure et de la baisse des cours du pétrole, s'est trouvé plongé un peu plus, en 1986, dans le conflit Est-Ouest. Les États-Unis ont en effet décidé d'apporter une aide militaire à l'Union nationale pour l'indépendance totale de l'Angola (UNITA), le mouvement de Jonas Savimbi qui lutte – avec l'appui de Pretoria – contre le régime marxiste-léniniste de Luanda. Le Congrès américain a ainsi approuvé une proposition de l'administration Reagan d'apporter une aide militaire « secrète » de 15 millions de dollars à l'UNITA, décision obtenue après une visite hautement médiatisée de Jonas Savimbi à Washington.

D'après des informations non confirmées officiellement, Washington aurait fourni à l'UNITA des missiles sol-air *Stinger*, en passant, selon des journaux sud-africains et américains, par la base désaffectée de Kamina, dans le sud du Zaïre, base que les États-Unis envisageraient de réactiver de façon permanente. L'aide américaine porterait également sur des armes antichars devant permettre à l'UNITA de mieux résister aux offensives de plus en plus ' menaçantes de l'armée de Luanda contre les zones contrôlées par les rebelles dans l'Est et le Sud-Est de l'Angola.

A la suite de cette décision américaine, le gouvernement angolais a décidé, en mars 1986, de mettre fin aux négociations engagées avec les États-Unis en vue d'un règlement régional. Toutefois, quelques mois plus tard, en août 1986, Luanda saisissait l'occasion du passage du leader noir américain Jesse Jackson pour tendre la perche à Washington. « L'instauration de relations diplomatiques entre l'Angola et les États-Unis est une priorité urgente », ont déclaré dans un texte commun Jesse Jackson et le président angolais José Eduardo Dos Santos. Ce dernier invitait même le président Reagan à le rencontrer. Il a fallu attendre avril 1987 pour que le dialogue soit renoué, grâce aux bons offices du

Congo. C'est à Brazzaville que se sont rencontrés le « numéro deux » angolais, Alexandre « Kito » Rodrigues, et le sous-secrétaire d'État américain chargé de l'Afrique, Chester Crocker. Luanda a accepté alors de poursuivre ces contacts. Au début de l'année 1987, un sommet à Luanda des pays de la « ligne de front » d'Afrique australe auxquels s'était joint le président Mobutu du Zaïre permettait d'envisager la prochaine réouverture du chemin de fer de Benguela. Cette voie ferrée qui traverse l'Angola d'est en ouest, et qui constitue la voie d'évacuation naturelle du cuivre zaïrois et zambien, n'est plus en service depuis le début de la guerre civile, en 1975. L'UNITA aurait accepté de la laisser fonctionner à l'exclusion de tout usage militaire.

Le chef de l'UNITA est d'autre part venu chercher des soutiens en Europe, en octobre 1986, au Parlement européen de Strasbourg et à Paris, provoquant quelque tension entre Luanda et Paris en raison de son audience avec le ministre de la Culture François Léotard. Paris a par la suite « raccommodé » ses relations avec l'Angola, et invité le président Dos Santos à venir en France en 1987.

Pierre Haski

République du Malawi
Nature du régime : présidentiel, parti unique.
Chef de l'État et du gouvernement : Kamuzu Hastings Banda.
Monnaie : kwacha (1 kwacha = 2,67 FF au 30.4.87).
Langues : anglais, chichewa.

Économie en pleine restructuration, avenir politique incertain, contexte régional très tendu : en 1986, le **Malawi** a démontré sa capacité à surmonter un état de crise. Longtemps considéré comme proche de l'Afrique du Sud, le régime du président Kamuzu Hastings Banda avait opéré un rapprochement poli-

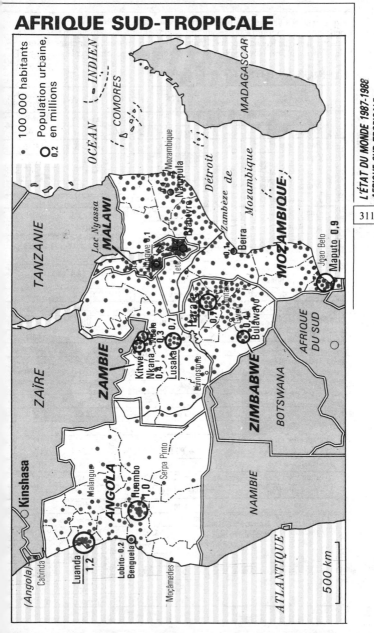

AFRIQUE SUD-TROPICALE

100 000 habitants

Population urbaine, en millions
0,2

OCÉAN — INDIEN

COMORES

MADAGASCAR

TANZANIE

ZAÏRE

Lac Nyassa

MALAWI

Mozambique

Nacala

Détroit

de

Zambèze

Mozambique

Tete

Blantyre

0,1

Beira

ZAMBIE

Kitwe
Nkana
0,4
Lusaka
0,3
0,7

Livingstone

Harare
0,7

Mutare

Bulawayo
0,4

Joao Belo

Maputo 0,9

MOZAMBIQUE

ZIMBABWE

AFRIQUE
DU SUD

BOTSWANA

Kinshasa

(Angola)
Cabinda

ANGOLA

Malange

Huambo
1,0

Serpa Pinto

Luanda
1,2

Lobito 0,2
Benguela

Moçâmedes

NAMIBIE

ATLANTIQUE

500 km

tique avec ses voisins. Mais en 1986, ceux-ci l'ont accusé de servir de sanctuaire à la Résistance nationale du Mozambique (RENAMO), soutenue par Prétoria contre le gouvernement mozambicain.

Après plusieurs incidents sur le terrain, trois chefs d'État, Samora

AFRIQUE SUD-TROPICALE

	INDICATEUR	UNITÉ	ANGOLA	MALAWI	MOZAM-BIQUE
DÉMOGRAPHIE	Capitale		Luanda	Lilongwé	Maputo
	Superficie	km²	1 246 700	118 480	783 080
	Population (*)	million	8,97	7,28	14,36
	Densité	hab./km²	7,2	61,4	18,3
	Croissance annuelle[e]	%	2,5	3,1	2,9
	Mortalité infantile[e]	‰	131	140	134
	Population urbaine[a]	%	24,5	12,0	19,4
CULTURE	Analphabétisme[a]	%	59,0	58,8	62,0
	Scolarisation 6-11 ans[a]	%	..	46,8	84,0
	12-17 ans[a]	%	..	51,6	25,5
	3e degré	%	0,4[d]	0,7[b]	0,1[d]
	Postes tv[c]	‰ hab.	4,3	–	0,2
	Livres publiés	titre	57[g]	18[c]	88[c]
	Nombre de médecins	‰ hab.	..	0,02[g]	0,03[g]
ARMÉE	Armée de terre	millier d'h.	36,0	5,0	28,0
	Marine	millier d'h.	1,5	0,1	0,8
	Aviation	millier d'h.	2,0	0,15	1,0
ÉCONOMIE	PIB	million $	2 543[a]	1 222	1 645[ah]
	Croissance annuelle 1979-1986	%	– 1,0[f]	0,9	– 2,7[hf]
	1986	%	..	– 0,3	..
	Par habitant	$	291[a]	168	114[ah]
	Dette extérieure	million $	2 496[a]	988[a]	3 200
	Taux d'inflation	%	..	13,9	..
	Dépenses de l'État Éducation	% PIB	5,2[b]	2,5[c]	5,4[b]
	Défense	% PIB	20,3[a]	1,8[a]	13,7[a]
	Production d'énergie[a]	millier TEC	18 021	63	593
	Consommation d'énergie[a]	millier TEC	1 173	877	1 673
COMMERCE	Importations	million $	1 220	259	500
	Exportations	million $	1 400	249	90
	Principaux fournisseurs	%	CEE 32,3[c]	CEE 26,0[a]	URS 19,5[a]
		%	Port 10,7[c]	R-U 11,5[a]	RSA 11,7[a]
		%	URS 24,9[c]	RSA 40,6[a]	E-U 11,5[a]
	Principaux clients	%	E-U 46,3[c]	CEE 55,6[a]	Esp 23,2[a]
		%	AL 24,8[c]	R-U 32,6[a]	E-U 18,6[a]
		%	CEE 11,0[c]	RSA 7,3[a]	Jap 16,3[a]

Machel (Mozambique), Robert Mugabe (Zimbabwé) et Kenneth Kaunda (Zambie) se sont rendus au Malawi en septembre 1986 pour

	ZAMBIE	ZIMBABWÉ
	Lusaka	Hararé
	752 610	390 580
	6,85	8,41
	9,1	21,5
	2,7	3,1
	83	76
	48,0	24,6
	24,3	26,0
	74,0	75,9
	59,5	26,3
	1,6[c]	2,6[b]
	12	12
	454[c]	193[b]
	0,14[i]	0,4[i]
	15,0	41,0
	–	–
	1,2	1,0
	2 620[a]	5 450[a]
	1,3	5,3
	2,0	0,2
	393[a]	668[a]
	4 483[a]	2 143[a]
	54,4	15,8
	5,7[b]	8,3[c]
	8,2[i]	5,0
	1 724	2 604
	2 170	3 699
	665	992
	717	1 310
	CEE 37,3[a]	PCD 56,1[a]
	Jap 11,3[a]	CEE 36,9[a]
	ArS 20,4[a]	Afr 14,8[a]
	PVD 32,3[a]	PCD 64,1[a]
	CEE 31,0[a]	CEE 43,5[a]
	Jap 27,7[a]	Afr 33,1[a]

faire pression sur le président Banda, en menaçant de décréter le blocus aux frontières de son pays enclavé. Tandis que Samora Machel parlait d'état de guerre et que l'ambassade malawite à Maputo était mise à sac, le président Banda réagissait avec mesure, refoulant des membres de la RENAMO et relâchant des soldats mozambicains « prisonniers » au Malawi après y avoir été acculés par la RENAMO. En décembre 1986, les deux pays ont signé un accord de coopération et d'amitié, mais les rumeurs propagées par l'Afrique du Sud portant sur un complot zambien et mozambicain contre le régime malawite ont suffi à démontrer que la crise pouvait renaître rapidement.

Les difficultés ont aussi été d'ordre économique, avec, notamment, les charges supplémentaires que doit supporter le fret malawite vers les ports sud-africains ou vers Dar-es-Salam en raison des sabotages par la RENAMO des communications vers Beira et Nacala (Mozambique).

Le programme de restructuration économique s'est poursuivi sous la houlette de la Banque mondiale, qui finance le déficit budgétaire (environ 35 millions de dollars en 1986). Dans le budget 1986-1987, marqué par le poids du service de la dette et par une tendance inflationniste, les dépenses publiques et les augmentations de salaires ont été réduites. La balance commerciale, en équilibre depuis 1984, a bénéficié des exportations traditionnelles (thé, tabac) mais aussi des ventes de maïs sur un marché très demandeur. Ceci a permis de relancer le secteur de la

Chiffres 1986, sauf notes : a. 1985; b. 1984; c. 1983; d. 1982; e. 1980-85; f. 1979-85; g. 1980; h. Produit social global; i. 1981.
(*) Dernier recensement utilisable : Angola, 1970; Malawi, 1977; Mozambique, 1980; Zambie, 1980; Zimbabwé, 1982.

petite production, longtemps négligé face à celui des plantations. Le programme de développement adopté pour 1986-1989 a conservé comme priorités l'agriculture et les infrastructures de transport. Malgré les difficultés, le Malawi a connu en 1986 une croissance du PNB (3,7 %) supérieure à la croissance démographique (3 %).

Sur le plan politique et social, la dissolution du gouvernement puis sa reconduction immédiate en janvier 1986, n'ont en rien troublé la toute-puissance du parti unique, le Parti du Congrès du Malawi (MCP). Le « jeu de patience » s'est poursuivi, en l'absence de successeur officiel au président Banda, même si John Tembo (membre du Comité exécutif du MCP) a consolidé sa position de dauphin en jouant le rôle de média-teur lors du conflit avec le Mozam-bique.

Philippe L'Hoiry

République de Zambie

Nature du régime : présidentiel, parti unique.
Chef de l'État : Kenneth David Kaun-da.
Chef du gouvernement : Kebby Musokotwane.
Monnaie : kwacha (1 kwacha = 0,70 FF au 30.4.87).
Langues : anglais, langues bantoues.

Après bien d'autres pays, la **Zam-bie** a connu à son tour les « émeutes du FMI ». Le doublement du prix du maïs à la consommation a provo-qué, du 8 au 14 décembre 1986, un soulèvement populaire en chaîne, partant de la zone minière du *Cop-perbelt* (Kitwe, Ndola) et s'étendant rapidement tout au long de la colonne vertébrale zambienne (la « ligne du rail ») pour atteindre la capitale Lusaka. Scènes désormais classiques de violence spontanée, déchaînée contre tous les signes extérieurs de la société de consom-mation... Le pouvoir de Kenneth Kaunda a eu au moins un mérite : celui de réagir assez vite en décidant

l'annulation de la mesure contes-tée.

Pour gouverner, il faut prévoir et contrôler. Il y a longtemps que l'on s'interroge sur les capacités mobili-satrices du Parti unifié de l'indépen-dance nationale (UNIP, parti uni-que), et que l'on sait que les syndi-cats ne sont suivis qu'à lorsqu'ils sont contestataires. La dépendance à l'égard du cuivre n'en finit pas de développer ses méfaits, l'effondre-ment durable des cours étant inter-venu avant qu'une véritable politi-que de développement équilibré ait été envisagée. Le cuivre avait fait oublier la nécessité d'une politique agricole. Il est bien tard pour pleu-rer, ce que fait pourtant avec beau-coup de spontanéité le chef de l'État.

L'environnement reste hostile : le coin zaïrois enfoncé au cœur de la Zambie minière induit toutes sortes de trafics incontrôlés créant le profit chez les uns, la pénurie (y compris de produits alimentaires) chez les autres. L'Afrique du Sud, plus loin-taine, a rappelé une nouvelle fois qu'elle pouvait répliquer à la vigueur verbale de Kaunda en frappant à la périphérie même de la capitale. La fidélité aux principes (refus de l'apartheid) satisfait la morale de l'homme politique, mais n'impres-sionne plus le simple citoyen d'un pays en rupture de paiement, sinon de gouvernement.

En octobre 1985, il fallait 2,43 kwachas pour 1 dollar. Un an après, il en fallait 11,5. Le remboursement de la dette piétine, et ni l'accord passé en mars 1986 avec le Club de Paris ni l'adoption d'un code d'inves-tissement ouvert ne suffisent à résoudre le problème. L'augmenta-tion des prix à la production agricole (de 22 à 63 % selon les produits) a vu ses effets relativisés par une hausse de 77 % du coût des engrais. Dans ces conditions, que penser de l'opti-misme sage du rapport publié par la Banque mondiale qui, en juillet 1986, espérait encore une mise en ordre de l'économie répondant aux critères du monde des affaires ? On pouvait le croire, dans la mesure où, malgré des mouvements d'humeur désordonnés, l'équipe au pouvoir semblait politiquement attentive aux directives du nouveau *Big Brother*, le FMI. Mais, en début mai 1987, Kenneth Kounda rompait spectaculairement avec celui-ci.

François Constantin

République du Zimbabwé

Nature du régime : parlementaire.
Chef de l'État : révérend Canaan Banana.
Chef du gouvernement : Robert Mugabe.
Monnaie : dollar zimbabwéen (1 dollar = 3,65 FF au 30.4.87).
Langues : anglais, shona, ndebele.

Au pouvoir depuis 1980, et confirmés à la tête du **Zimbabwé** par les élections législatives de 1985, le Premier ministre Robert Mugabe et son parti la ZANU-PF (Union nationale africaine du Zimbabwé-Front patriotique) continuent à revendiquer la création d'un parti unique. Depuis la fin de 1985, le gouvernement semble avoir renoncé à la violence pour l'imposer et, en 1986, des discussions répétées ont eu lieu avec Joshua Nkomo et les responsables du principal parti d'opposition, la ZAPU (Union du peuple africain du Zimbabwé), pour fusionner les deux partis dans une ZANU élargie. De nombreux prisonniers politiques ont été relâchés. Mais, alors que l'unification des deux partis semblait inéluctable, les négociations ont été rompues en avril 1987. Sur un autre plan, des tensions très vives ont opposé certains responsables de la ZANU-PF qui s'appuient de manière évidente sur des clientèles ethniques. Le Premier ministre a été obligé d'intervenir personnellement pour mettre un terme au conflit ouvert au sein du gouvernement entre les Karanga (B. Hove et E. Zvogbo) et les Zezuru (H. Ushewokunze). Cette lutte a enterré définitivement le code de bonne conduite du parti. Dans cette affaire, la communauté blanche, qui dispose de vingt sièges au Parlement, est restée à l'écart. Il est vrai qu'elle est surtout active au plan économique.

La politique de réconciliation nationale prônée par Robert Mugabe depuis 1980 a permis une coopération interraciale fructueuse, notamment dans le domaine économique, avec des résultats non négligeables. Appuyé sur une économie diversifiée dans laquelle les secteurs agricole, manufacturier et minier représentent respectivement 16 %, 28 % et 6 % du PNB, le gouvernement, en liaison avec les responsables socioprofessionnels du pays, est parvenu à renforcer et à rééquilibrer les structures de production, notamment dans le domaine agricole. En 1986, la balance des paiements a été équilibrée, tandis que les échanges commerciaux dégageaient un surplus de 636 millions de dollars zimbabwéens. Le pays, presque autosuffisant en biens manufacturés, est largement excédentaire en produits miniers et agricoles. Confronté à une surproduction de maïs en 1986 et 1987, il a dû se résoudre à réduire – de manière drastique – le prix d'achat de cette denrée.

Si l'inflation est contrôlée (environ 15 %), la balance des capitaux reste déficitaire, et le chômage s'accroît (12,5 % de la population active), alors même que le taux de natalité est très élevé (40 %). La publication d'un code d'investissement et la diffusion du nouveau plan quinquennal de développement, en août 1986, ont cherché à corriger ces défauts. La situation relativement satisfaisante du pays est cependant menacée par les tensions régionales suscitées par la crise politique sud-africaine. L'accroissement des dépenses militaires a lourdement grevé le budget (déficit prévisionnel : 1 047 millions de dollars zimbabwéens), tandis que, parallèlement, la surproduction agricole mondiale empêche le Zimbabwé de concrétiser financièrement sa réussite agro-alimentaire.

Dominique Darbon

Afrique du Sud, Botswana, Lésotho, Namibie, Swaziland

L'**Afrique du Sud** est traitée dans la section « Les 34 grands États ».

République du Botswana

Nature du régime : présidentiel.
Chef de l'État : Dr. Quett Ketumile Joni Masire.
Chef du gouvernement : P.S. Mmusi (vice-président).
Monnaie : pula (1 pula = 3,61 FF au 30.4.87).
Langues : anglais (off.), setswana.

La capitale du **Botswana**, Gaborone, située à un quart d'heure de route de la frontière sud-africaine, a été une nouvelle fois en 1986 la cible de l'armée de Prétoria. Le 19 mai, l'armée sud-africaine a attaqué par hélicoptère des maisons censées être occupées par des membres du Congrès national africain (ANC) d'Afrique du Sud. Le même jour, Lusaka (Zambie) et Hararé (Zimbabwe) étaient également attaquées par les forces sud-africaines.

En novembre 1986, puis de nouveau au début de 1987, les militaires sud-africains ont lancé de nouvelles accusations contre le Botswana, affirmant qu'il servait de voie d'infiltration pour les guérilleros de l'ANC. Et en avril 1987, une voiture piégée explosait à Gaborone, faisant trois morts ; l'attentat a été attribué aux services sud-africains. Autre pression : en février 1987, le chemin de fer reliant le Botswana aux ports sud-africains a été temporairement bloqué par le Bophuthatswana, un bantoustan sud-africain rendu indépendant par Prétoria et

qui cherchait à se faire reconnaître.

Malgré ces pressions, le président du Botswana, Quett Masire, fort d'une prospérité économique due au diamant et de sa bonne image internationale, a réaffirmé à l'occasion du vingtième anniversaire de l'accession de son pays à l'indépendance qu'il refuserait de signer un accord de sécurité avec l'Afrique du Sud, à l'instar des pactes signés par le Swaziland et le Mozambique. « L'Afrique du Sud ne négocie pas honnêtement. Un accord avec elle ne vaudrait même pas le papier sur lequel il serait signé », a-t-il dit.

Royaume du Lésotho

Nature du régime : monarchie constitutionnelle.
Chef de l'État : roi Moeshoeshoe II.
Chef du gouvernement : général Justin Lekhanya.
Monnaie : maloti (1 maloti = 2,98 FF au 30.4.87), rand sud-africain.
Langues : sesotho, anglais.

Le chef Leabua Jonathan, qui fut pendant dix-neuf ans le Premier ministre et seul maître du royaume du **Lésotho**, n'aura guère survécu à son renversement par un coup d'État militaire. Il est mort d'une crise cardiaque le 6 avril 1987, à l'âge de soixante-treize ans, dans un hôpital de Maseru, la capitale de ce royaume montagneux enclavé au cœur de l'Afrique du Sud. Jonathan avait été renversé le 20 janvier 1986 par un putsch qui avait porté au pouvoir un Conseil militaire dirigé par le général Justin Lekhanya. Le coup d'État avait fait suite à un blocus économique imposé par l'Afrique du Sud, qui reprochait au chef Jonathan de se montrer trop complaisant avec les réfugiés du Congrès national africain (ANC).

Deux autres anciens dirigeants ont trouvé la mort, mais dans des

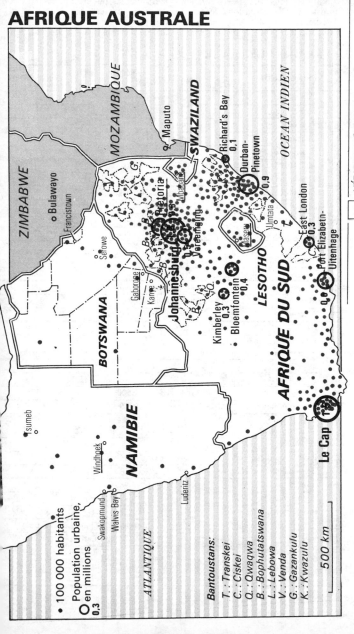

AFRIQUE AUSTRALE

ZIMBABWE

MOZAMBIQUE

SWAZILAND

OCEAN INDIEN

o Bulawayo

Francistown

o Maputo

Richard's Bay
0.1

Durban-
Pinetown
0.9

Pretoria

Witbank

Serowe

Gaborone

Kanye

Johannesburg

Vereeniging

LESOTHO

Maseru

Umtata

East London
0.3

Port Elizabeth-
Uitenhage
0.3

BOTSWANA

Kimberley
0.3

Bloemfontein
0.4

AFRIQUE DU SUD

Tsumeb

NAMIBIE

Windhoek

Le Cap

Swakopmund

Walvis Bay

Luderitz

ATLANTIQUE

500 km

• 100 000 habitants

Population urbaine,
en millions
0.3

Bantoustans:

T. : Transkei
C. : Ciskei
Q. : Qwaqwa
B. : Bophutatswana
L. : Lebowa
V. : Venda
G. : Gazankulu
K. : Kwazulu

conditions plus brutales : l'ancien ministre de l'Information, Desmond Sixishe, et celui des Affaires étrangères, Vincent Makhele, ainsi que leurs épouses, ont été enlevés par des « hommes armés » non identifiés et exécutés en novembre 1986. Trois officiers sympathisants de l'ancien

AFRIQUE AUSTRALE

	INDICATEUR	UNITÉ	AFRIQUE DU SUD	BOTS-WANA	LÉSOTHO
DÉMOGRAPHIE	Capitale		Prétoria	Gaborone	Maseru
	Superficie	km²	1 221 037	600 372	30 350
	Population (*)	million	33,20	1,13	1,57
	Densité	hab./km²	27,2	1,9	51,7
	Croissance annuelle[e]	%	2,5	3,8	2,7
	Mortalité infantile[e]	‰	81	73	106
	Population urbaine[a]	%	55,9	19,2	5,8
CULTURE	Analphabétisme	%	50[c]	29,2[a]	26,4[a]
	Scolarisation 6-11 ans[a]	%	..	90,9	70,8
	12-17 ans[a]	%	..	55,3	79,7
	3e degré	%	..	1,9[b]	1,8[b]
	Postes tv[c]	‰ hab.	75	–	–
	Livres publiés	titre	..	97[g]	..
	Nombre de médecins[g]	‰ hab.	..	0,14[h]	0,05[g]
ARMÉE	Armée de terre	millier d'h.	76,4	2,85	..
	Marine	millier d'h.	9,0	–	..
	Aviation	millier d'h.	13,0	0,15	..
ÉCONOMIE	PIB	million $	61 957	900[a]	730[a]
	Croissance annuelle 1979-86	%	1,7	11,4	3,5
	1986	%	0,6	12,0	3,0
	Par habitant	$	1 866	827[a]	478[a]
	Dette extérieure	million $	26 500[a]	336[a]	176[a]
	Taux d'inflation	%	18,0	10,8	15,8
	Dépenses de l'État Éducation	% PIB	..	7,2[c]	3,9[c]
	Défense	% PIB	3,5	1,9[a]	..
	Production d'énergie[a]	million TEC	110,0	..	k
	Consommation d'énergie[a]	million TEC	93,8	0,42	k
COMMERCE	Importations	million $	12 989	684	377[a]
	Exportations	million $	18 454	858	21[a]
	Principaux fournisseurs	%	Jap 17,0[a]	RSA 82,2[c]	RSA 97[d]
		%	Eur. 43,0[a]	Zimb 7,3[c]	CEE 2[d]
		%	E-U 23,7[a]	Eur. 4,7[c]	R-U 1[d]
	Principaux clients	%	E-U & J[l] 29,6[a]	RSA 8,2[c]	RSA 42[d]
		%	Eur. 43,3[a]	Eur. 75,2[c]	Sui. 39[d]
		%	Afr. 8,1[a]	E-U 6,8[c]	RFA 10[a]

régime ont également trouvé la mort en prison au cours de la première année du nouveau pouvoir.

Le général Lekhanya s'est montré bien plus conciliant que son prédécesseur à l'égard de l'Afrique du Sud, expulsant réfugiés de l'ANC et prêtres contestataires, rompant aussi les relations diplomatiques avec la Corée du Nord – mais pas avec l'URSS. Il a également signé avec Prétoria un important accord sur le détournement des eaux du fleuve Orange, qui était en discussion depuis des années.

En 1986, la **Namibie** est entrée dans sa troisième décennie de guerre pour son indépendance, sans perspective immédiate de la voir aboutir. C'est le 26 août 1966, en effet, que fut rapporté le premier accrochage entre l'armée sud-africaine et un groupe de guérilleros de l'Organisation du peuple du Sud-Ouest africain (SWAPO). Depuis, selon les chiffres officiels de Prétoria, plus de 10 000 maquisards et près de 1 500 civils ont été tués, contre 600 morts du côté sud-africain. Au cours de la seule année 1986, toujours selon les chiffres de Prétoria, 645 membres de la SWAPO et 32 soldats sud-africains ont été tués.

En juillet 1986, plus de 10 000 personnes ont assisté, à l'occasion de l'anniversaire du déclenchement de la lutte, à la première réunion légale tenue depuis cinq ans par la SWAPO à Katatura, près de la capitale namibienne Windhoek. La foule a salué le poing levé le vice-président de la SWAPO, Hendrik Witbooi, qui profitait d'une décision de la Cour suprême autorisant la « branche intérieure » du mouvement nationaliste à tenir des réunions publiques.

Mais la guerre a gardé ses droits : au début de 1987, les accrochages

NAMIBIE	SWAZI-LAND
Windhoek	Mbabane
824 290	17 360
1,59	0,67
1,9	38,6
2,8	3,4
106	120
51,3	26,3
65[f]	32,1[a]
..	87,0
..	74,5
..	3,3[c]
..	4,1
..	..
..	0,13[g]
–	..
–	..
–	..
1 234	490[a]
− 0,8[i]	4,2[j]
1,0	9,0
776	756[a]
..	207[a]
..	8,9
1,9[d]	5,3[d]
..	..
k	k
k	k
595[a]	324[a]
795[a]	162[a]
RSA 80[a]	RSA 90[b]
RFA 8[a]	CEE 2[b]
E-U 4[a]	R-U 1[b]
RSA 25[a]	RSA 37[b]
Sui. 33[a]	R-U 8[b]
RFA 12[a]	..

Chiffres 1986, sauf notes : a. 1985 ; b. 1984 ; c. 1983 ; d. 1982 ; e. 1980-85 ; f. 1978 ; g. 1980 ; h. 1981 ; i. 1981-86 ; j. 1973-85 ; k. Inclus dans les chiffres sud-africains ; l. États-Unis et Japon.

(*) Dernier recensement utilisable : Afrique du Sud, 1980 ; Botswana, 1981 ; Lésotho, 1976 ; Namibie, 1970 ; Swaziland, 1976.

se sont une nouvelle fois multipliés entre les Sud-Africains et la SWAPO, essentiellement dans le nord du pays, la région la plus peuplée, frontalière de l'Angola. L'armée sud-africaine a également pénétré en territoire angolais, officiellement pour poursuivre des maquisards de la SWAPO. En janvier, elle a annoncé en avoir tué 56 lors d'une opération de ce type.

Tandis que se poursuit cette guerre oubliée, occultée par l'aggravation de la situation interne de l'Afrique du Sud, l'impasse reste totale quant à l'avenir du territoire. Grande comme la France et l'Italie réunies, pour à peine plus d'un million d'habitants, la Namibie demeure fermement sous contrôle sud-africain, malgré les demandes répétées de l'ONU de la voir indépendante.

Prétoria lie le sort de la Namibie à la présence de troupes cubaines en Angola, ce que refuse le gouvernement de Luanda. Ce faisant, l'Afrique du Sud empêche la mise en œuvre du plan de règlement de l'ONU pour la Namibie, adopté en... 1978, et qui prévoit un cessez-le-feu et des élections libres sous contrôle international. Au début de 1986, le gouvernement sud-africain a voulu faire croire à une ouverture en se déclarant prêt à envisager un démarrage du processus d'indépendance à partir du 1ᵉʳ août. Mais il maintenait comme condition le départ des Cubains d'Angola; et l'échéance est passée sans que rien ne change. Prétoria a continué à renforcer le gouvernement intérimaire multi-ethnique qu'il a mis en place à Windhoek.

L'Institut international des études stratégiques de Londres résumait ainsi l'impasse dans son rapport annuel de 1986 : « Puisqu'aucun signe de solution n'est en vue dans le conflit interne en Afrique du Sud, il semble très peu probable que le gouvernement Botha jouisse en 1986 d'une marge de manœuvre suffisante pour se risquer à des concessions en Namibie. » Le même verdict semble aussi valable en 1987.

Royaume du Swaziland (Ngwane)
Nature du régime : monarchie constitutionnelle.
Chef de l'État : roi Mswati III.
Chef du gouvernement : Sotsha Dlamini.
Monnaie : lilangeni (1 lilangeni = 2,98 FF au 30.4.87), rand sud-africain.
Langue : swazi, anglais.

L'arrivée sur le trône du **Swaziland**, le 25 avril 1986, d'un nouveau et jeune souverain, sous le nom de Mswati III, n'a rien changé à l'état de dépendance politique et économique de ce petit État enclavé à l'égard de son puissant voisin sud-africain. Le roi a cependant tenu à marquer son autorité intérieure en dissolvant le liqoqo, un Conseil traditionnel, et en nommant en octobre 1986 l'ancien chef adjoint de la police, Sotsha Dlamini, Premier ministre en remplacement du prince Bhekimpi.

Tout au long de 1986, l'armée et la police de Prétoria ont poursuivi leurs incursions au Swaziland, pour y pourchasser des opposants noirs sud-africains qui y avaient trouvé refuge. En juin 1986, notamment, trois membres du Congrès national africain (ANC) d'Afrique du Sud, la principale organisation de résistance à l'apartheid, ont été abattus à Mbabane, la capitale économique. Prétoria a nié sa participation à ces raids.

En revanche, l'Afrique du Sud a dû admettre, en décembre 1986, qu'elle avait kidnappé au Swaziland deux citoyens suisses et deux réfugiés sud-africains. Les deux Suisses ont été rapidement libérés, après l'intervention de leur gouvernement, et le ministre sud-africain des Affaires étrangères, Pik Botha, a dû présenter des excuses pour cette initiative prise par les militaires. L'Afrique du Sud et le Swaziland sont liés depuis 1982 par un pacte de non-agression. Le royaume est aussi apparu en 1986 comme l'une des voies par lesquelles l'Afrique du Sud pouvait contourner les sanctions économiques internationales.

Pierre Haski

Océan Indien

Comores,
Madagascar,
Maurice,
Réunion,
Seychelles

République fédérale islamique des Comores

Nature du régime : présidentiel.
Chef de l'État et du gouvernement : Ahmed Abdallah.
Monnaie : franc comorien (1 franc = 0,02 FF)
Langues : comorien (voisin du swahili), français.

Aux **Comores**, la situation économique a semblé s'améliorer en 1986. En 1985, le stock de vanille a été écoulé et la production de 1986 a été bonne, à la différence de Madagascar et de la Réunion. Mais l'aide de la Banque mondiale, aussi large soit-elle, n'a pas eu d'effet sur la production vivrière, et les caisses sont restées vides. L'exploitation médiatique, en janvier 1987, d'un cyclone improbable n'a pas eu les résultats escomptés.

Derrière la stabilité politique officielle (réélection du chef de l'État Ahmed Abdallah), et au-delà des enjeux internes (tension croissante entre Anjouan et la Grande Comore et maintien en détention des leaders du Front démocratique), l'emprise croissante de l'Afrique du Sud se confirme. La France est presque hors jeu, pour avoir misé, au sein de la Garde présidentielle, sur le « commandant Charles » plutôt que sur Bob Denard, qui apparaît comme l'homme des Sud-Africains en ce lieu hautement stratégique. Prétoria finance la Garde, un accord de défense secret a sans doute été signé et les Comores pourraient servir d'escale pour les lignes aériennes sud-africaines.

Le problème de Mayotte (dont la population avait choisi de rester française en 1976) est plus que jamais sans issue : pourquoi les Mahorais voudraient-ils rejoindre l'État comorien, quand de surcroît le gouvernement français ne le souhaite pas ? Certes, la départementalisation n'est plus envisagée, mais l'intégration économique est en marche. Renforcement de la *South African connection* d'un côté, intégration rampante de l'autre : chacun trouve intérêt au silence.

République démocratique de Madagascar

Nature du régime : présidentiel.
Chef de l'État : amiral Didier Ratsiraka.
Chef du gouvernement : Désiré Rakotoarijoana.
Monnaie : franc malgache (1 franc = 0,00098 FF au 30.4.87).
Langues : malgache, français.

Les potions du FMI semblent inefficaces pour **Madagascar.** Le pays est malade. Les indicateurs globaux sont inquiétants : en 1985, la croissance du PIB (2,4 %) a été inférieure à la croissance démographique, et le niveau de consommation par tête a encore baissé (de 20 % entre 1982 et 1984). La dévalorisation du franc malgache (132 FMG pour un franc français en janvier 1987, contre 90 en juillet 1986) a obligé à réduire de moitié les importations. Mais la dévaluation (août 1986) n'a pas eu d'effet réel sur les exportations, à cause du très mauvais état des communications et des situations de monopole existant dans le commerce. Le ravitaillement ne va pas mieux : il est plus profitable de vendre cher du riz importé que d'acheter le paddy en brousse. Quelques régions excédentaires et bien situées sont avantagées, mais l'essentiel du pays doit vivre dans l'autarcie. Les zones qui comptaient sur les migrations de travail et de commerce, interrompues par l'insécurité, sont dans une situation tragique. On meurt de faim dans le Sud comme en Betsileo, sans que les médias puissent en parler. L'aide pourtant ne fait pas défaut (300 millions de dollars en 1986). Mais, malgré les rééchelonnements, elle reste insuffisante pour rembourser la dette. Le chef de l'État, Didier Ratsiraka, comptait sur le nouveau code des investissements, très favorable aux étrangers, mais son application s'est heurtée à l'hostilité des gros possédants nationaux et de leurs prête-noms locaux, indiens surtout, qui veulent se réserver les bénéfices de la libéralisation économique.

Cette aggravation de la crise est intervenue dans un contexte alourdi. Le Front de défense de la révolution, syndicat des partis autorisés, ne s'est pas réuni depuis trois ans; plusieurs partis M F M (Mouvement prolétarien), Vonjy et Monima n'ont pas voté le budget de 1987 et essaient de récupérer les luttes sociales. Chacun se place dans la perspective d'élections anticipées. Non autorisé, le Parti démocrate-chrétien, affilié à l'Internationale démocrate-chrétienne, cherche des relais intérieurs. Le vieux leader Monja Jaona multiplie les philippiques. Mais les partis ont-ils prise sur le réel?

Le second semestre 1986 et les premiers mois de 1987 ont été marqués par une succession d'événements graves. En juillet, un accident d'avion, jugé suspect par beaucoup, provoquait la mort du ministre de la Défense, Guy Sibon, considéré comme hostile à l'URSS. En décembre, les entrepôts de Tamatave étaient pillés. Le ministre de l'Enseignement supérieur a provoqué la colère en voulant expulser des cités universitaires les étudiants jugés inaptes à poursuivre leurs études et en introduisant un début de sélection : des manifestations ont causé des morts en février. En mars, le pillage (suscité?) de maisons d'Indiens a dégénéré et bon nombre de commerçants ont quitté le pays. On peut craindre un cycle manifestations-répression alors que le régime voulait célébrer avec faste le quarantième anniversaire de la rébellion de 1947.

> **Maurice**
> **Nature du régime :** parlementaire.
> **Chef de l'État :** reine Élisabeth II, représentée par un gouverneur.
> **Chef du gouvernement :** Aneerood Jugnauth, Premier ministre.
> **Monnaie :** roupie mauricienne (1 roupie = 0,47 FF au 30.4.87).
> **Langues :** anglais, créole, français, langues indiennes.

Maurice est marquée par le contraste entre redressement économique et profonde crise politique. Les indicateurs économiques sont « au vert » : production de sucre record (700 000 tonnes), « boom » de la zone franche (18 000 nouveaux emplois), croissance de 5,5 % du PIB, inflation inférieure à 2 %, réduction du chômage. Cependant la zone franche est vulnérable, socialement et économiquement, car la confection y domine et les généreux quotas d'importation accordés par les États-Unis sont un moyen d'éviter des revendications sur la base américaine de Diego Garcia.

Mais la crise politique a été telle qu'elle a mis en péril la coalition dirigée par Aneerood Jugnauth (Mouvement socialiste mauricien-MSM). Cette crise vient d'abord du « scandale de la drogue », révélé en 1985, dans lequel ont été impliqués des députés. Les révélations faites devant la commission d'enquête ne cessent d'atteindre la majorité politique. Les conflits demeurent au sein même du MSM et les relations sont très aigres avec le Parti mauricien social-démocrate de Gaëtan Duval (PMSD). La politique extérieure interfère : nombre de militants du MSM s'inquiètent des liens développés par Duval avec l'Afrique du Sud. Dans ces conditions, la visite de Rajiv Gandhi, en juillet 1986, a eu

OCÉAN INDIEN

SOMALIE
Mogadiscio

OCEAN INDIEN

KENYA
Mombasa

Victoria

Dar es Salam

SEYCHELLES
60

TANZANIE

COMORES
430

Glorieuses (Fr.)

Diego Suarez

MOZ.

Moroni

Mayotte
(Fr.) 55

Majunga

Juan de Nova
(Fr.)

MADAGASCAR

Tamatave

0,8
Tananarive

Morondava

Antsirabe

MAURICE
990 Port-Louis

Bassas da India
(Fr.)

St-Denis

Réunion (Fr.)
530

Fianarantsoa

Tulear

Fort-Dauphin

Pour Madagascar
● 100 000 habitants

Pour les autres îles,
chiffres de population
en milliers d'habitants

500 km

une signification politique particulière. Il a en effet plaidé pour la distinction entre hindouisme et politique, et pour la rupture avec Préto-

OCÉAN INDIEN

INDICATEUR	UNITÉ	COMORES	MADAGASCAR	MAURICE
DEMOGRAPHIE				
Capitale		Moroni	Antananarivo	Port-Louis
Superficie	km²	2 170	587 040	2 045
Population (*)	million	0,45	10,26	1,00
Densité	hab./km²	207	17,5	489
Croissance annuelle[f]	%	3,1	2,8	1,3
Mortalité infantile	‰	83[f]	64[f]	28[f]
Population urbaine	%	14,0[a]	21,8[a]	56,8[a]
CULTURE				
Analphabétisme	%	55,1[c]	32,5[a]	17,2[a]
Scolarisation 6-11 ans[a]	%	..	87,4	94,5
12-17 ans[a]	%	..	32,0	60,9
3e degré	%	–	4,6[b]	0,6[b]
Postes tv[c]	‰ hab.	–	7,6	96
Livres publiés	titre	..	321[b]	124[b]
Nombre de médecins	‰ hab.	0,07[c]	0,10[h]	0,53[c]
ARMÉE				
Armée de terre	millier d'h.	..	20,0	..
Marine	millier d'h.	..	0,6	..
Aviation	millier d'h.	..	0,5	..
ÉCONOMIE				
PIB	million $	110[a]	2 510[a]	1 110[a]
Croissance annuelle 1979-1986	%	4,0[i]	– 0,3	2,7
1986	%	..	3,0	7,1
Par habitant	$	252[a]	251[a]	1 124[a]
Dette extérieure[a]	million $	133	2 588	629
Taux d'inflation	%	..	10,7	0,0
Dépenses de l'État Éducation	% PIB	5,4[d]	3,9[b]	4,2[b]
Défense	% PIB	..	2,2[a]	..
Production d'énergie	millier TEC	–	32[a]	12[a]
Consommation d'énergie	millier TEC	18[b]	484[a]	312[a]
COMMERCE				
Importations	million $	43[b]	340	676
Exportations	million $	7[b]	360	662
Principaux fournisseurs	%	CEE 60,9[c]	PCD 52,0[a]	PCD 49,0[a]
	%	Fra 56,2[c]	Fra 25,9[a]	CEE 33,0[a]
	%	E-U 1,1[c]	PVD 36,2[a]	PVD 48,2[a]
Principaux clients	%	CEE 82,3[c]	PCD 71,8[a]	R-U 41,2[a]
	%	Fra 48,4[c]	Fra 25,1[a]	Fra 19,7[a]
	%	E-U 4,5[c]	E-U 15,7[a]	E-U 13,9[a]

ria. Maurice est au centre de l'affrontement naissant entre puissan-

RÉUNION	SEY-CHELLES
Saint-Denis	Victoria
2 520	280
0,54	0,07
214	250
1,6	0,6
13[f]	66[d]
59,8[a]	37[g]
21,4[d]	..
..	..
..	..
..	..
166	8
..	33[c]
..	..
−	1,0
−	0,1
−	0,1
1 890[b]	152[b]
1,7[i]	4,3[j]
..	..
3 613[b]	2 198[b]
..	78
..	2,7
15,6[c]	9,0[d]
..	5,8[k]
60[b]	−
400[b]	50[b]
761[a]	101[a]
67[a]	27[a]
PCD 80,2[a]	PCD 59,5[a]
Fra 67,7[a]	CEE 49,8[a]
PVD 14,2[a]	Bahr 9,2[a]
PCD 75,0[a]	PCD 55,8[a]
Fra 62,6[a]	Ital 26,9[a]
PVD 13,9[a]	Thai 5,6[a]

ces régionales; le vainqueur des élections anticipées prévues en août 1987 risquait d'être celui qui saurait allier popularité, sympathie de New Delhi et neutralité américaine.

A la **Réunion,** département français d'outre-mer, le marasme agricole persiste pour les productions d'exportation. La baisse du prix du pétrole et la hausse des cours du sucre n'ont permis de hisser la couverture des importations qu'à 12 %. Les élections législatives de mars 1986 ont créé une situation nouvelle. La droite était divisée et le barriste Lagourgue a été élu président du conseil régional contre le candidat présenté par le Rassemblement pour la République (RPR) et l'Union pour la démocratie française (UDF).

Au-delà de la manne des subventions, l'alignement du salaire minimum et des prestations sociales au niveau de la métropole paraît peu réaliste. L'insertion régionale de l'île pourrait en effet être contrariée par une conception qui en ferait une vitrine trop ostensible de la France. Ceci inquiéterait les voisins, tout comme les visées de certains qui, à droite, demandent l'intégration des « îles éparses » dans le département, et de Mayotte dans la région.

République des Seychelles
Nature du régime : présidentiel.
Chef de l'État et du gouvernement : France-Albert René.
Monnaie : roupie seychelloise (1 roupie = 1,08 FF au 30.4.87).
Langues : créole, anglais, français.

Aux **Seychelles,** la démission du ministre de la Défense, Ogilvy Ber-

---

Chiffres 1986, sauf notes : a. 1985; b. 1984; c. 1980; d. 1982; e. 1979-85; f. 1980-85; g. 1977; h. 1981; i. 1973-85; j. 1973-83; k. 1983.
(*) Dernier recensement utilisable : Comores, 1980; Madagascar, 1975; Maurice, 1972; Réunion, 1982; Seychelles, 1977.

louis, considéré comme proche des États-Unis, a provoqué des rumeurs de complot, sans suite. L'opposition extérieure est très divisée. Le chef de l'État, France-Albert René, ne paraît pas sérieusement menacé : ses appuis intérieurs peuvent se réduire, mais le jeu diplomatique lui reste favorable et l'Inde pourrait accroître son aide militaire. Les caisses de l'État étaient vides en novembre 1986, la dette extérieure a augmenté de 20 % ; mais l'inflation est quasi nulle et le nombre d'emplois productifs a augmenté. Affectée par la chute des prix du thon et le retrait de navires français, la pêche stagne autour de 125 000 tonnes, mais un nouvel accord passé avec la CEE concerne désormais aussi les navires espagnols et garantit une compensation de 2 millions d'ECU.

Jean-Pierre Raison

Amérique centrale

Bélize, Costa Rica, Guatémala Honduras, Nicaragua, Panama, Salvador

Bélize

Nature du régime : démocratie parlementaire, membre du Commonwealth.
Chef de l'État : reine Élisabeth II, représentée par un gouverneur : dame Minita Gordon.
Premier ministre : Manuel Esquivel.
Monnaie : dollar bélizéen (1 dollar = 2,98 FF au 30.4.87).
Langues : anglais (off.), espagnol, langues indiennes (ketchi, maya-mopan), garifuna.

Le **Bélize,** tout comme ses partenaires du CARICOM (Marché commun des Caraïbes anglophones), a continué à subir la baisse des prix du sucre dont les effets ont été aggravés par la réduction par les États-Unis de leurs quotas d'importation en provenance des pays caraïbes et centraméricains. Le sucre représentant 50 % des exportations, le coup est dur à supporter. Il ne manquera pas de provoquer une augmentation de la culture – déjà importante – de la marijuana dont la demande nord-américaine, elle, n'a pas chuté. Le trafic de drogue est devenu si préoccupant que le gouvernement a demandé, en août 1986, l'aide des États-Unis pour le combattre (par des équipements divers mais sans l'envoi de soldats, à la différence de la Bolivie).

Le Guatémala avait mal accepté l'indépendance du Bélize, en 1981, considérant qu'il s'agissait d'une partie de son territoire. Petit à petit se sont succédé des signes de reconnaissance et de normalisation : relance du commerce bilatéral, reprise en décembre 1986 des relations consulaires puis diplomatiques entre le Guatémala et le Royaume-Uni (suspendues depuis 1963), déclarations du président guatémaltèque Vinicio Cerezo, prudentes certes, mais optimistes quant à la possibilité de trouver « une solution honorable pour les deux pays ». Le Bélize n'attend que cette reconnaissance pour développer une double vocation : caraïbe et centraméricaine.

AMÉRIQUE CENTRALE

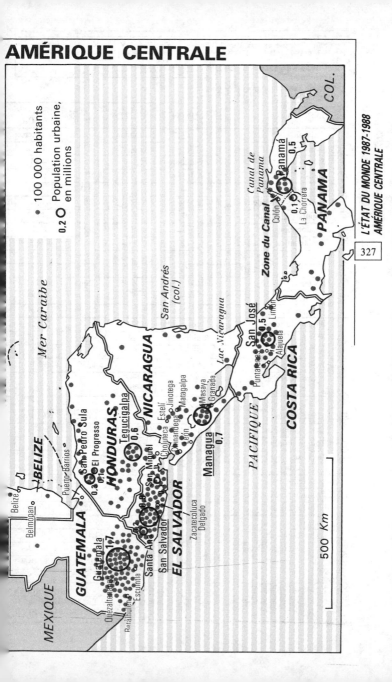

- 100 000 habitants
- 0,2 ○ Population urbaine, en millions

COL.

Canal de Panama

Panamá 0.5

Zone du Canal

Colón 0.1

La Chorrera

PANAMA

327

L'ÉTAT DU MONDE 1987-1988
AMÉRIQUE CENTRALE

Mer Caraïbe

San Andrés (col.)

NICARAGUA

Lac Nicaragua

San José 0.5

Limón

Alajuela

Puntarenas

PACIFIQUE

COSTA RICA

BELIZE

Belize

Belmopan

Puerto Barrios

San Pedro Sula

El Progresso

HONDURAS

Tegucigalpa 0.6

0.3

San Miguel

Choluteca

Esteli

Jinotega

Somotillo

Matagalpa

León

Masaya

Granada

Managua 0.7

GUATEMALA

Guatemala 1.7

Quezaltenango

Retalhuleu

Escuintla

Santa Ana

San Salvador

EL SALVADOR

Zacatecoluca

Delgado

MEXIQUE

500 Km

Chiffres 1986, sauf notes: a. 1985; b. 1984; c. 1983; d. 1982; e. 1980; f. 1980-85; g. 1973-85.
(*) Dernier recensement utilisable: Bélize, 1980;

Costa-Rica, 1984; Salvador, 1971; Guatémala, 1981; Honduras, 1974; Nicaragua, 1971; Panama, 1980.

AMÉRIQUE CENTRALE

INDICATEUR		UNITÉ	BÉLIZE	COSTA-RICA	SAL-VADOR
	Capitale		Belmopan	San José	San Salvador
	Superficie	km²	22 960	50 700	21 040
DÉMOGRAPHIE	Population (*)	million	0,17	2,56	4,91
	Densité	hab./km²	7,4	50,5	233,4
	Croissance annuelle[f]	%	2,7	2,9	1,3
	Mortalité infantile	‰	30[c]	20[e]	68[e]
	Population urbaine[a]	%	..	45,9	43,0
CULTURE	Analphabétisme	%	8,8[e]	6,5[a]	27,9[a]
	Scolarisation 6-11 ans[a]	%	..	94,2	73,7
	12-17 ans[a]	%	..	57,7	61,4
	3e degré	%	..	22,1[b]	11,9[c]
	Postes tv[b]	‰ hab.	..	76[c]	65[b]
	Livres publiés	titre	..	1 759[d]	144[e]
	Nombre de médecins	‰ hab.	..	0,83[d]	0,32[c]
ARMÉE	Armée de terre	millier d'h.	0,545	⎫	38,65
	Marine	millier d'h.	0,04	⎬ 9,5	1,29
	Aviation	millier d'h.	0,015	⎭	2,7
ÉCONOMIE	PIB	million $	180[a]	4 230	3 979
	Croissance annuelle 1979-1986	%	2,7[g]	0,9	− 2,4
	1986	%	..	4,2	1,0
	Par habitant	$	1 087[a]	1 652	810
	Dette extérieure	million $	94,3	4 000	2 120
	Taux d'inflation	%	2,4	15,4	30,3
	Dépenses de l'État Éducation	% PIB	6,5[c]	6,3[b]	3,0[b]
	Défense	% PIB	2,0[b]	0,6[b]	4,4[a]
	Production d'énergie	millier TEC	−	369[a]	206[a]
	Consommation d'énergie	millier TEC	85[b]	1 285[a]	1 000[a]
COMMERCE	Importations	million $	123	1 092	930
	Exportations	million $	91	1 114	820
	Principaux fournisseurs[a]	%	E-U 48,2	E-U 37,1	E-U 33,9
		%	R-U 9,3	CEE 13,3	AL 44,9
		%	AL 22,4	AL 30,8	CEE 9,1
	Principaux clients[a]	%	E-U 57,9	E-U 41,4	E-U 48,2
		%	R-U 22,6	AL 23,4	CEE 25,7
		%	AL 10,3	CEE 18,7	AL 17,1

	GUATÉ-MALA	HONDU-RAS	NICA-RAGUA	PANAMA
	uatémala	Tegucigalpa	Managua	Panama
108 890	112 090	130 000	77 080
	8,19	4,52	3,39	2,23
	75,2	40,3	26,1	28,9
	2,9	3,4	3,7	2,2
	67[e]	78[e]	73[e]	25[e]
	41,4	39,9	59,4	51,9
	45,0[a]	40,5[a]	13,0[e]	11,8[a]
	52,3	69,8	63,0	98,3
	38,3	46,6	57,0	77,9
	7,4[d]	9,1[b]	9,8[b]	25,1[b]
	26[c]	13[c]	67[c]	122[c]
	41[e]	..	26[b].	22[e]
	..	0,40[c]	0,67[c]	1,00[d]
	30,0	17,0	69,0	11,5
	1,0	0,7	1,0	0,3
	0,7	1,5	2,0	0,2
) 890[a]	3 619	2 760[a]	4 400[a]
	− 0,3	1,4	2,1	4,5
	0,0	2,9	0,0	3,0
	243[a]	801	844[a]	2 017[a]
2 530	2 880	5 260	6 450
	25,7	3,2	..	0,4
	1,8[b]	4,3[d]	6,0[b]	5,5[b]
	1,9[b]	2,9[b]	11,7[c]	2,0[a]
474[a]	109[a]	66[a]	245[a]
686[a]	983[a]	929[a]	1 702[a]
	960	585[a]	813[a]	1 227
	254	406[a]	298[a]	910
J 35,3	E-U 43,2	E-U 7,3	E-U 17,3
E 10,8	CEE 12,8	CAEM 16,0	Jap 20,4
41,5	AL 27,3	AL 38,4	AL 18,0
J 33,6	E-U 49,0	E-U 13,5	E-U 36,7
E 12,3	CEE 22,8	CEE 23,0	CEE 19,2
31,6	AL 11,8	AL 10,4	AL 5,9

République du Costa Rica
Nature du régime : démocratie parlementaire.
Chef de l'État et du gouvernement : Oscar Arias Sanchez.
Monnaie : colón (1 colón = 0,10 FF au 30.4.87).
Langues : espagnol, anglais, créole.

Comme le président Oscar Arias Sánchez l'a exposé à Ronald Reagan lors de sa visite à Washington en décembre 1986, le défi pour le **Costa Rica** est celui du développement et du renforcement de la démocratie, compromis par la dette extérieure, par le conflit centraméricain qui fait fuir les investisseurs, et par la présence d'au moins 200 000 réfugiés (dont quelque 31 000 pris en charge par le Haut Commissariat des Nations Unies pour les réfugiés). En août 1986, le gouvernement, incapable de remplir ses engagements, a décidé de suspendre le paiement du service de la dette, estimant qu'il n'était plus possible de consacrer 40 à 50 % du produit des exportations à cet effet.

La « neutralité » est restée un enjeu de politique interne, compte tenu de la présence d'environ 3 000 opposants nicaraguayens armés sur le sol national. Leurs actions contre le Nicaragua voisin ont amené ce dernier à déposer une plainte contre le Costa Rica devant la Cour internationale de justice, ce qui a contribué à refroidir des relations qui s'étaient pourtant améliorées.

La politique extérieure du nouveau gouvernement est conditionnée par l'antisandinisme, et par la dépendance du pays à l'égard des États-Unis (le Costa Rica constitue une pièce indispensable dans la stratégie d'isolement du Nicaragua).

Oscar Arias a tout de même tenté de répondre au pacifisme de ses électeurs en proposant un plan de paix qui a d'ores et déjà reçu de nombreux soutiens (Groupe de Contadora, Parti démocrate des États-Unis...). Le Nicaragua lui a même fait un accueil favorable. Cette proposition devait être discutée au sommet des présidents centraméricains prévu à Esquipulas en juin 1987. Il illustre une fois de plus la volonté des pays d'Amérique centrale de prendre des initiatives propres qu'ils font apparaître comme complémentaires des démarches extrarégionales en faveur de la paix. Cela ne plaît pas aux États-Unis qui se sont montrés très préoccupés par ce nouveau pas en faveur d'une coexistence régionale pacifique, et qui ne manquent pas de moyens pour le dénaturer.

République du Guatémala
Nature du régime : régime civil issu d'élections.
Chef de l'État et du gouvernement : Vinicio Cerezo Arévalo.
Monnaie : quetzal (1 quetzal = 2,39 FF au 30.4.87).
Langues : espagnol, 23 langues indiennes (quiché, cakchiquel, mam, etc.), garifuna.

Au **Guatémala**, la première année du gouvernement démocrate-chrétien de Vinicio Cerezo Arévalo en a montré les limites, en dépit de la bonne volonté et de la popularité du président. L'avènement d'un gouvernement civil n'a guère changé la hiérarchie traditionnelle des pouvoirs et le rôle prépondérant des militaires. Vinicio Cerezo a dû composer avec cette réalité et il a accepté une sorte de division du travail : la présidence se charge de gérer la crise, d'obtenir des aides internationales et de rehausser l'image du Guatémala ; les militaires, eux, ont les mains libres dans les campagnes et pour tout ce qui concerne la lutte anti-insurrectionnelle.

Le nouveau président s'est montré totalement impuissant à réduire les violations des droits de l'homme et la violence politique qui ont fait 399 morts en 1986. Le Groupe de soutien mutuel (GAM, qui regroupe de nombreux parents de disparus) n'a cessé de réclamer le jugement des militaires responsables et l'ouverture de recherches concer-

nant au moins 1 300 disparus. Cette situation n'a pas encouragé les exilés à rentrer. Quelques centaines sont cependant revenus avec l'aide du Haut Commissariat des Nations Unies pour les réfugiés.

Fin 1986, la monnaie (le quetzal) a été stabilisée. Avec 46 % de chômage et une inflation de 42 %, les grèves se sont multipliées dans les secteurs les plus divers. Les syndicats se sont peu à peu réorganisés. Les demandes de terres se sont faites plus pressantes, mais pour le gouvernement, une réforme agraire qui heurterait de front la puissante oligarchie terrienne reste hors de question. Tout au plus le Programme de réorganisation nationale pour 1987 prévoit-il quelques distributions de terres ; il envisage aussi des travaux d'infrastructure sociale et l'amélioration des secteurs du logement, de la santé et de l'éducation.

Il est plus aisé à Vinicio Cerezo d'agir vers l'extérieur du pays qu'à l'intérieur où sa marge de manœuvre reste limitée par l'héritage des militaires. Après avoir reçu les présidents centraméricains à Esquipulas en mai 1986, il devait organiser un second sommet en juin 1987. Par son rapprochement avec le Mexique, ses excellents rapports avec le Nicaragua (le meilleur client du Guatémala), son rôle dynamique dans le processus de paix en Amérique centrale, Vinicio Cerezo semble avoir atteint ses objectifs de « neutralité active ».

Quant à la guérilla menée par l'Union révolutionnaire nationale guatémaltèque (URNG), elle a essayé de se ressaisir. Malgré son reflux, elle a démontré qu'elle conservait sa capacité opérationnelle. Le président ne parle plus de dialogue mais d'éventuelles « conversations », à condition que l'URNG mette bas les armes et s'intègre à la vie publique. Mais cette dernière entend continuer la lutte armée, estimant que les causes qui ont motivé l'insurrection n'ont pas disparu.

République du Honduras
Nature du régime : civil étroitement
contrôlé par l'armée.
Chef de l'État et du gouvernement :
José Simón Azcona Hoyo.
Monnaie : lempira (1 lempira =
2,98 FF au 30.4.87).
Langues : espagnol (off.), langues in-
diennes (miskito, sumu, paya, lenca,
etc.), garifuna.

La situation du **Honduras**, très
dépendant des États-Unis, est restée
marquée par ses rapports conflictuels avec le Nicaragua (lutte
armée des opposants nicaraguayens
menée à partir de son territoire), et
avec le Salvador (problème des
réfugiés salvadoriens et litige frontalier toujours non résolu) ; le tout
sur fond d'occupation par deux
armées étrangères : *contra* nicaraguayenne et troupes nord-américaines.

Si en 1986 l'inflation est restée
très faible et la monnaie stable, le
pays n'en a pas moins subi les
retombées de la chute du prix du
café, second produit d'exportation
après la banane. Avec un chômage
de 41 %, les conflits du travail se
sont succédé, et la faim due à la
sécheresse a menacé 50 000 habitants du sud du pays. Les paysans
ont réclamé une relance de la
réforme agraire. Pour clore le tout,
les « escadrons de la mort » ont fait
leur réapparition en juin 1986.

Un mouvement de guérilla, le
Mouvement populaire de libération
Cinchonero, a essayé de percer dans
la région du port de La Ceiba. Sur
un autre plan, il faut souligner la
création du Parti social-démocrate
hondurien (PSDH) dirigé par
Jorge Illescas, qui s'est prononcé
contre l'occupation par des armées
étrangères et pour le respect de la
neutralité. Ce n'est pas le sens de la
réélection pour trois ans (1987-
1990) par le Congrès national
du général Humberto Regalado
comme commandant en chef des
forces armées, partisan d'une ligne
dure contre le Nicaragua et d'une
attitude flexible à l'égard des États-
Unis. Les manœuvres militaires

conjointes Honduras-États-Unis se
sont poursuivies et les incidents
frontaliers avec le Nicaragua se
sont multipliés. En décembre 1986,
un affrontement direct entre troupes sandinistes et honduriennes a
même fait craindre une guerre entre
les deux pays. Le Nicaragua a
déposé une plainte devant la Cour
internationale de justice accusant le
Honduras de violation du droit
international en permettant l'usage
de son territoire par la *contra*.

Au sein de l'armée comme dans
la population, l'irritation n'a fait
que croître contre la présence de
plus en plus pesante de l'opposition
armée nicaraguayenne qui a entraîné le déplacement de 12 000 à
16 000 paysans. Ces réactions de
défense, qui ont touché les secteurs
les plus divers, ont contribué à développer la conscience nationale des
Honduriens. Le thème de la souveraineté nationale est devenu celui de
toute la société (civile, politique,
religieuse, militaire) et sert de prétexte à la mobilisation de secteurs
sociaux de plus en plus larges contre
le gouvernement.

République du Nicaragua
Nature du régime : révolutionnaire en
voie d'institutionnalisation.
Chef de l'État et du gouvernement :
Daniel Ortega Saavedra.
Monnaie : córdoba (1 córdoba =
0,09 FF au 30.4.87).
Langues : espagnol (off.), anglais, créo-
le, langues indiennes (miskito, sumu,
rama), garifuna.

Le **Nicaragua** a continué de s'enliser dans l'économie de guerre qui
transforme en exploit la satisfaction
des moindres nécessités quotidiennes (manque de denrées essentielles
et de pièces de rechange, problèmes
de transports, marché parallèle...).
La production, très affectée par
l'enrôlement militaire de la main-
d'œuvre, est restée à son bas niveau
de 1985. La baisse du prix du café a
contribué à aggraver le problème de
la dette extérieure qui, en atteignant 5 260 millions de dollars, est

devenue, après le Panama, la plus élevée de toute l'Amérique centrale. Par ailleurs, les États-Unis ont reconduit leur embargo commercial envers le Nicaragua. A cela se sont ajoutées, en 1986, une compression des dépenses publiques due à l'effort de défense et une inflation de 780 %...

La défense reste la priorité des sandinistes face aux agressions de la *contra* financée par les États-Unis (quelque 13 000 combattants anti-sandinistes répartis au Honduras, au Costa Rica et à l'intérieur même du Nicaragua). Après plusieurs mois de débats, le Congrès des États-Unis a voté l'aide de 100 millions de dollars au profit de la *contra* que réclamait le président Reagan. Pourtant, malgré ses généreux soutiens, l'opposition armée nicaraguayenne a connu de sérieuses divisions entre, d'une part, Adolfo Calero de la Force démocratique nicaraguayenne (FDN) et d'autre part les « modérés » Alfonso Robelo et Arturo Cruz (ces deux derniers ne pouvant être accusés de somozisme). Ces dissensions ont affaibli sinon militairement, du moins politiquement l'opposition extérieure nicaraguayenne, dont l'inefficacité a de quoi inquiéter la Maison-Blanche. Mais les États-Unis n'en n'ont pas pour autant révisé leur stratégie d'isolement du Nicaragua, malgré le contexte défavorable de l'« Irangate ».

La multiplication des incidents frontaliers a contribué à dégrader les relations du Nicaragua avec ses voisins. Malgré cette situation de guerre, le Nicaragua est resté présent sur la scène régionale, défendant un esprit centraméricaniste revalorisé face à l'intervention étrangère.

Les sandinistes ont confirmé leur refus de dialogue avec la *contra* mais ils ont consenti, comme ils l'avaient déjà fait précédemment, à des conversations avec certains secteurs indiens de l'opposition extérieure. La nouvelle Constitution qui est entrée en vigueur le 9 janvier 1987 souligne, elle aussi, ce traitement différencié des Indiens sous la forme d'une autonomie accordée à la côte atlantique. Mais les effets positifs de cette Constitution, qui proclame pluralisme, économie mixte et non-alignement, et est la plus avancée de toute l'Amérique latine à l'égard des Indiens, sont vite retombés avec la reconduction de l'état d'urgence instauré en 1982.

La fermeture du journal d'opposition *La Prensa* et de la *Radio catholique* en 1986 a illustré la volonté de contrôle du pouvoir sandiniste. La liberté de la presse et l'Église sont deux thèmes névralgiques. La persistance de ces réflexes autoritaires contribue à diminuer les soutiens internationaux dont bénéficie le processus révolutionnaire. En revanche, le Nicaragua peut se satisfaire de diverses victoires diplomatiques : arrêt de la Cour internationale de justice en sa faveur contre les États-Unis le 27 juin 1986, résolution du Conseil de sécurité appelant à l'application dudit arrêt, condamnation par les Nations Unies de l'embargo commercial imposé par les États-Unis... et multiples condamnations de l'aide apportée par Washington aux *contras*.

République du Panama

Nature du régime : civil, sous surveillance de l'armée.
Chef de l'État et du gouvernement : Éric Arturo del Valle.
Monnaie : balboa (1 balboa = 5,97 FF au 30.4.87).
Langues : espagnol (off.), langues indiennes (guaymi, kuna, etc.).

Inflation pratiquement nulle, réduction du chômage, baisse absolue de la dette extérieure, croissance économique relativement stable (3 %), en 1986, tous ces facteurs ont fait au **Panama** le meilleur bilan économique de la région centraméricaine. Mais le tableau social risque de s'ombrager avec la mise en œuvre du plan d'ajustement structurel, convenu avec le FMI et la

Banque mondiale, visant à ouvrir l'économie vers l'extérieur et à réduire l'importance du secteur public.

En novembre 1986, le gouvernement de Eric Arturo del Valle a dû faire face à une crise politique liée aux déchirements du Parti révolutionnaire démocratique (PRD, dominant la vie politique). Ces conflits internes du PRD ajoutés aux effets de la politique économique contribuent à détérioriser la base politique du gouvernement, qui a été par ailleurs l'objet d'une campagne de dénigrement déclenchée tant par l'opposition de droite (regroupée au sein de l'Alliance démocratique d'opposition, ADO) que par les ultraconservateurs des États-Unis. Ces derniers s'en sont surtout pris au général Noriega, chef des forces de défense du Panama, qui détient en fait le pouvoir réel. La campagne de presse anti-Noriega et, plus largement, anti-panaméenne, orchestrée aux États-Unis, ressemble à s'y méprendre à celle qui a été lancée peu de temps auparavant contre le Mexique. La droite panaméenne, dont la presse a eu des déboires avec le gouvernement, s'est faite l'écho de cette campagne qui lui permettait d'intensifier ses attaques contre l'armée. Ces manœuvres sont apparues comme un prétexte pour dénoncer les traités Torrijos-Carter de 1977 sur le canal (qui devra passer sous souveraineté panaméenne au 31 décembre 1999) et comme une pression exercée sur le Panama pour l'amener à infléchir son rôle dans le processus de paix en Amérique centrale mené par le groupe de Contadora dont il est, comme le Mexique, un membre très actif.

République du Salvador
Nature du régime : civil.
Chef de l'État et du gouvernement : José Napoléon Duarte.
Monnaie : colón (1 colón = 1,19 FF au 30.4.87).
Langues : espagnol (off.), nahuatl-pipil.

Au **Salvador,** pris entre l'aile droite de la démocratie-chrétienne, l'armée, l'extrême droite, le mouvement urbain et syndical, la guérilla et l'entreprise privée (qui, depuis 1980, n'a jamais digéré la nationalisation du commerce extérieur et de la banque, ni la timide réforme agraire), le président José Napoléon Duarte est soutenu à bout de bras par les États-Unis. La crise économique a été encore accentuée par la chute du prix du café, principal produit d'exportation. Pour 1986, l'inflation a été de 32 %, le chômage a atteint 32 % également, et le service de la dette extérieure a représenté plus de la moitié des revenus des exportations. Le tremblement de terre du 10 octobre 1986, d'une intensité de 7,5° sur l'échelle de Richter, a détruit une partie de la capitale, causé 1 200 morts, plus de 10 000 blessés et quelque 300 millions de dollars de pertes matérielles. Il a surtout touché les bidonvilles, les populations déplacées et le secteur informel. Malgré cela, la plus grande partie du budget 1987 devait être destinée aux dépenses de défense et de sécurité publique. C'est dire que la population salvadorienne n'a pas fini de souffrir d'un affrontement qui a déjà fait 60 000 morts en six ans parmi les civils non combattants. Pourtant, la lutte armée n'apparaît plus comme la seule forme d'opposition populaire au pouvoir en place. Un grand mouvement de masse se développe avec lequel il faudra désormais compter, représenté principalement mais pas uniquement par l'Union nationale des travailleurs salvadoriens (UNTS), dont le pouvoir de mobilisation est indiscutable. L'UNTS réclame notamment la suppression des mesures économiques d'austérité prises en janvier 1986, l'approfondissement de la réforme agraire, le respect des droits de l'homme quotidiennement violés, la révision des rapports avec les États-Unis, et la reprise du dialogue entre la guérilla et le gouvernement. Ce dialogue, toujours repoussé, apparaît de plus en plus comme une opération de propagande pour les deux parties, sans volonté réelle de parvenir à un accord, chacune étant persuadée de gagner militairement et rejetant sur l'autre la responsabilité du blocage.

Sur le plan militaire, le Front Farabundo Marti de libération nationale (FMLN) est entré dans une nouvelle phase de lutte, multipliant les opérations simultanées : blocus des transports, sabotages, attaques des centrales électriques, minages, embuscades. L'opération la plus spectaculaire a été l'attaque de la caserne de la 4ᵉ brigade d'infanterie d'El Paraiso (province de Chalatenango) le 31 mars 1987, qui a provoqué soixante-quatre morts dans l'armée gouvernementale. Cette dernière avait sous-estimé les possibilités de la guérilla. Aux États-Unis, on se pose des questions, et certains congressistes ont demandé une réévaluation de la politique menée vis-à-vis du Salvador.

Les plus touchés dans cette guerre sont les paysans des zones de conflits, déplacés et réfugiés potentiels. La dégradation de l'économie se charge du reste. Le gouvernement salvadorien s'inquiète par ailleurs d'un éventuel retour des réfugiés exilés aux États-Unis (estimés à plus de 500 000) sous l'effet de la nouvelle loi d'immigration Simpson-Rodino, destinée essentiellement aux illégaux mexicains, mais qui s'appliquera également aux réfugiés centraméricains. Un retour massif pourrait être désastreux pour l'économie déjà chancelante du pays.

Marie-Chantal Barre

Mexique – Grandes Antilles

Bahamas, Cayman Cuba, Haïti, Jamaïque, Porto Rico, République dominicaine

Commonwealth des Bahamas
Nature du régime : parlementaire. État associé au Commonwealth.
Chef de l'État : reine Élisabeth II représentée par un gouverneur : Gerald Cash.
Chef du gouvernement : Lynden O. Pindling.
Monnaie : dollar bahaméen, aligné sur le dollar américain (1 dollar = 5,97 FF au 30.4.87).
Langues : anglais, créole.

Le **Mexique** est traité dans la section « Les 34 grands États ».

Les **Bahamas**, terre de farniente et paradis fiscal, continuent de tirer leur épingle du jeu. Le tourisme, qui contribue pour près de 40 % au PIB, a bénéficié du déclin du dollar américain (à parité avec le dollar bahaméen). Le flux des visiteurs en provenance du Canada et d'Europe est en hausse. Les pavillons de complaisance se multiplient. Ainsi, le Norvégien « Kloster », numéro un mondial de la croisière, propriétaire entre autres du *Norway* (ex-paquebot *France*), a décidé, au début de 1987, de placer tous ses navires sous pavillon des Bahamas.

Le Premier ministre, sir Lynden Pindling, a fait une brève apparition sur la scène internationale. Il a présidé en août 1986, à Londres, un mini-sommet du Commonwealth

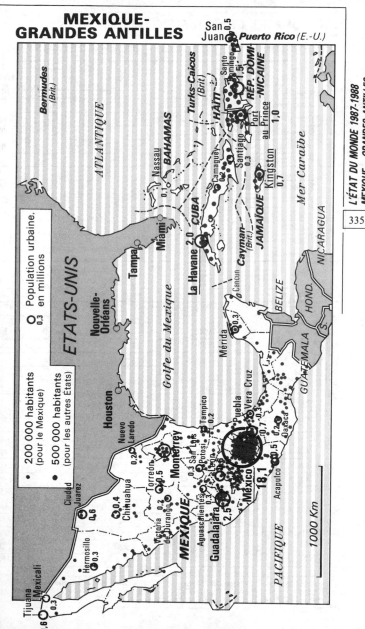

MEXIQUE-
GRANDES ANTILLES

San Juan — Puerto Rico (E.-U.) 0.5

Bermudes (Brit.)

ATLANTIQUE

Turks-Caïcos (Brit.)

Santo Domingo 1.5

BAHAMAS

RÉP. DOMI-NICAINE

HAÏTI

Port au Prince 1.0

Nassau

Santiago 0.3

Camagüey 0.2

CUBA

Kingston 0.7

JAMAÏQUE (Brit.)

Cayman

Mer Caraïbe

ÉTATS-UNIS

La Havane 2.0

Miami

Tampa

Nouvelle-Orléans

Cancún

NICARAGUA

○ Population urbaine, en millions 0.3

Golfe du Mexique

BELIZE

HOND.

S.

GUATEMALA

Houston

Mérida 0.3

Nuevo Laredo

Tampico 0.2

Vera Cruz

Puebla 0.7

Oaxaca 0.2

• 200 000 habitants (pour le Mexique)
• 500 000 habitants (pour les autres États)

Ciudad Juárez 0.6

Chihuahua 0.4

Torreón 0.5

Durango 0.2

S.L. Potosí 0.3

Victoria de Durango 0.3

México 18,1

Acapulco 0.5

Hermosillo 0.3

Aguascalientes 0.3

Guadalajara 2.5

MEXIQUE

PACIFIQUE

Tijuana 0.6

Mexicali 0.3

Monterrey 1.6

1000 Km

L'ÉTAT DU MONDE 1987-1988
MEXIQUE – GRANDES ANTILLES

335

MEXIQUE ET GRANDES ANTILLES

INDICATEUR	UNITÉ	BAHAMAS	CAYMAN	CUB.
Capitale		Nassau	George-Town	La Hava
Superficie	km²	13 930	259	110 8
Population (*)	million	0,23	0,02	10,1
Densité	hab./km²	16,5	77,2	91,9
Croissance annuelle[n]	%	1,9	3,2	0,7
Mortalité infantile[n]	‰	27,5[b]	..	17
Population urbaine[a]	%	54,2	..	71,3
Analphabétisme	%	7,0[f]	..	1,9[g]
Scolarisation 6-11 ans[a]	%	..	..	100,
12-17 ans[a]	%	..	..	82,3
3e degré	%	..	..	20,1
Postes tv	‰ hab.	162[c]	..	168[c]
Livres publiés	titre	..	..	2 168
Nombre de médecins	‰ hab.	0,82[f]	..	2,8[a]
Armée de terre	millier d'h.	⎫	..	130
Marine	millier d'h.	⎬ 0,496	..	13,5
Aviation	millier d'h.	⎭	..	18,5
P I B	milliard $	1,67[a]	..	13,9[i]
Croissance annuelle 1979-1986	%	2,2[h]	..	5,6[j]
1986	%	2,5	..	2,5
Par habitant	$	7 399[a]	..	1 37
Dette extérieure	milliard $	0,22[a]	..	m
Taux d'inflation	%	6,8	..	–
Dépenses de l'État Éducation	% PIB	7,9[d]	..	11,1
Défense	% PIB	0,5[a]	..	10,6
Production d'énergie	million TEC	–	–	1,50
Consommation d'énergie	million TEC	0,77[b]	0,053[b]	14,1
Importations	million $	1 627	82,8	8 62
Exportations	million $	825	1,3	6 46
Principaux fournisseurs[a]	%	R-U 4,9	..	CAEM
	%	E-U 43,4	..	PCD
	%	Ang 13,8	..	PVD
Principaux clients[a]	%	E-U 57,9	..	CAEM
	%	CEE 15,9	..	PCD
	%	Jap 5,4	..	PVD

DÉMOGRAPHIE · CULTURE · ARMÉE · ÉCONOMIE · COMMERCE

Chiffres 1986 sauf notes : a. 1985 ; b. 1984 ; c. 1983 ; d. 1982 ; e. 1979 ; f. 1980 ; g. 1981 ; h. 1981-86 ; i. 1979-85 ; j. Produit matériel net ; k. 1980-86 ; l. En pourcentage du Produit matériel net ; m. Produit matériel net, en pesos, en 1985 ; m. Envers les pays occidentaux : 3,4 milliards de dollars. Envers l'U R S S : 9 milliards ; n. 1980-85.

	RÉPUB. DOMINI	HAÏTI	JAMAÏQUE	MEXIQUE	PORTO RICO
	St-Domingue	Port-au-Prince	Kingston	Mexico	San Juan
	48 730	27 750	10 990	1 967 183	8 900
	6,42	5,36	2,38	80,5	3,30
	131,7	193,2	216,2	41	371,1
	2,9	1,7	1,5	2,5	0,6
	73	119	21	52	17
	55,7	28,0	53,8	70,0	70,7
	22,7[a]	62,4[a]	–	9,7[a]	10,9[f]
	76,5	37,4	94,0	96,4	88,4
	58,4	48,3	69,6	75,3	72,6
	..	1,1[c]	5,9[d]	15,2[c]	45,4[e]
	92[c]	3,2[f]	89[c]	108[c]	293[c]
	2 219[f]	..	18[f]	4 505[b]	..
	..	0,11[f]	0,35[f]	0,96[f]	1,18[g]
	13,0	6,4	1,78	105	–
	4,0	0,3	0,15	28	–
	4,3	0,2	0,17	6,5	–
	5,54	2,2	2,09[a]	163,8[a]	15,94[a]
	2,1	0,4	– 0,6	1,6	0,5[i]
	1,3	0,6	1,5	– 5,3'	..
	863	419	893[a]	2 086[a]	4 859[a]
	4,05	0,68	2,15	100,00	..
	6,5	2,2	10,7	105,7	0,0
	2,0[b]	1,2[c]	7,5[c]	2,8[c]	7,0[f]
	1,3	1,7[b]	1,0[a]	0,7[a]	–
	0,05[a]	0,03[a]	0,02[a]	250,4[a]	0,02[b]
	3,28[a]	0,36[a]	3,01[a]	125,9[a]	9,27[b]
	1 293[a]	685[a]	964	11 640	10 113[a]
	735[a]	453[a]	596	16 239	10 544[a]
	E-U 34,7	E-U 63,5	E-U 42,3	E-U 68,5	E-U 58,8
	Eur 11,2	C E E 11,7	Jap 7,1	C E E 10,0	..
	A L 42,8	A L 9,7	A L 31,7	A L 3,2	..
	E-U 75,9	E-U 81,5	E-U 33,7	E-U 62,6	E-U 85,9
	Eur 13,7	C E E 13,0	R-U 16,4	Jap 6,8	..
	CAEM 3,0	A L 2,8	Can 16,7	C E E 9,2	..

(*) Dernier recensement utilisable : Bahamas, 1980 ; Cayman, 1979 ; Cuba, 1981 ; République dominicaine, 1981 ; Haïti, 1982 ; Jamaïque, 1982 ; Mexique, 1980 ; Porto Rico, 1980.

consacré à l'Afrique du Sud et à d'éventuelles sanctions économiques contre Prétoria.

L'archipel des **Cayman**, grand pourvoyeur de services financiers, a été mêlé au scandale de l'*Irangate* : une partie des sommes destinées à la *contra* nicaraguayenne a transité par les banques locales.

Par ailleurs, les vingt-huit banques nipponnes les plus engagées dans le tiers monde ont constitué dans les îles, à la fin de 1986, un consortium *off shore*. Il est chargé de négocier les créances décotées que ces établissements détiennent, en particulier sur les pays d'Amérique latine. Le marché des dettes au rabais suscite lui aussi des convoitises...

République de Cuba

Nature du régime : parti unique (Parti communiste cubain : PCC).
Chef de l'État : Fidel Castro (premier secrétaire du PCC).
Monnaie : peso.
Langue : espagnol.

A Cuba, l'année 1987 a commencé sous le signe de l'austérité. « De toutes les difficultés que le pays devra affronter en 1987, et probablement au-delà, les plus graves sont d'ordre économique », déclarait Fidel Castro le 26 décembre 1986. Le *lider maximo* dressait ensuite la longue liste des sacrifices à venir : doublement des tarifs des autobus publics, réduction des programmes de télévision (afin d'économiser l'électricité), diminution de 20 % de la consommation d'essence des administrations... Le niveau des importations en provenance des pays occidentaux (indispensables à la bonne marche de l'appareil économique et évaluées à 1,2 milliard de dollars en 1986) a été réduit de moitié. Toutes ces mesures visent à remédier à une sérieuse pénurie de devises. La sécheresse, puis de violentes tempêtes ont détruit une partie de la récolte sucrière qui s'annonce comme une des plus mauvaises de la décennie. L'aide soviétique est aussi orientée à la baisse. L'URSS a décidé de payer le sucre cubain 850 roubles la tonne de 1986 à 1990, contre 950 auparavant. En revanche, le prix du pétrole soviétique importé est resté identique. La chute des prix pétroliers et la baisse du dollar ont aussi réduit les revenus provenant de la réexportation du pétrole soviétique (40 % des rentrées de devises). Autre difficulté : au milieu de 1986, Cuba, qui remboursait rubis sur l'ongle ses emprunts, a dû suspendre le paiement de sa dette à l'égard de l'Ouest (environ 3,5 milliards de dollars).

Au plan intérieur, Fidel Castro a décidé, le 19 mai 1986, de fermer tous les « marchés libres paysans » créés en 1980, et qui écoulaient 2 % de la production agricole. « Ces lieux de spéculation freinaient le mouvement coopératif paysan », a expliqué le premier secrétaire du Parti communiste cubain (PCC), avant d'avancer de nouvelles références : « Nous aurions dû copier les Bulgares. Ils n'ont jamais eu, eux, de tels marchés. »

La publication des *Mémoires de prison* du dissident Armando Valladares, sévère radioscopie de l'univers carcéral cubain, a relancé le débat sur la situation des opposants. La Havane a procédé, le 15 septembre 1986, à la plus importante libération de détenus politiques depuis quinze ans : soixante-huit prisonniers et leurs familles ont pu gagner Miami. Mais trois animateurs d'un comité pour les droits de l'homme étaient dans le même temps incarcérés. Ils annonçaient avoir recensé 1 500 prisonniers politiques *stricto sensu* et 15 000 en incluant les conscrits réfractaires et les contestataires religieux. Le 28 mai 1987, Cuba a enregistré une défection de taille : le général Rafael del Piño Diaz, premier adjoint du ministre de la Défense, a gagné la Floride en avion et demandé l'asile politique.

Les relations avec les États-Unis sont demeurées tendues. Les délégués des deux pays, réunis à Mexico en juillet 1986, n'ont pu se mettre d'accord sur la remise en vigueur d'un accord d'immigration signé en décembre 1984 et dénoncé au mois de mai suivant par La Havane. Les émissions anticastristes de *Radio Marti*, basée en Floride, se poursuivent de plus belle. Sur la scène internationale, Fidel Castro a innové, le 2 septembre 1986, en liant le retrait des troupes cubaines d'Angola – plus de « trente mille combattants internationalistes » – à la disparition de l'*apartheid* en Afrique du Sud.

République d'Haïti

Nature du régime : dirigé par une junte civile et militaire (depuis le 7-2-86).
Chef de l'État et du gouvernement : général Henri Namphy, président du Conseil national de gouvernement.
Monnaie : gourde (1 gourde = 1,19 FF au 30.4.87).
Langues : français, créole.

A **Haïti**, l'effervescence populaire qui avait suivi la fuite du pays de l'ancien dictateur Jean-Claude Duvalier, le 7 février 1986, est retombée. Le Conseil national de gouvernement (CNG) s'est attelé à la mise en place du futur cadre démocratique du pays. « Notre mission principale est la réussite du calendrier électoral » a d'ailleurs déclaré le président du CNG, le général Henri Namphy. Le difficile pari n'est pas mal engagé. Après des débuts délicats – le taux de participation aux élections à l'Assemblée constituante du 19 octobre 1986 n'a pas atteint 5 % – le scénario présidentiel s'est imposé : le 29 mars 1987, plus de 99 % des votants ont approuvé la nouvelle Constitution. Des élections législatives et municipales sont prévues pour juillet 1987, ainsi que la désignation au suffrage universel du futur président de la République, le 7 novembre 1987. Celui-ci aura des pouvoirs limités. Élu pour cinq ans, et non immédiatement rééligible, le président devra choisir un Premier ministre dans le parti majoritaire, le Parlement ne pouvant être dissous. Favorable à la transition démocra-

tique, les Haïtiens n'en ont pas moins laissé paraître leur désenchantement. Tout reste à faire. Le chômage et le sous-emploi dépassent 60 %, l'analphabétisme avoisine les 80 %, et l'agriculture qui occupe les trois quarts de la population ne participe que pour un tiers au PIB. Pour enrayer les mécontentements que les organisations de gauche regroupées au sein d'un Congrès des forces démocratiques tentent de capter, le CNG a pu tabler sur la manne occidentale. L'aide extérieure a doublé et représente près de 12 % du PIB en 1987.

La liberté d'expression a retrouvé ses droits : trente titres et une dizaine de radios se partagent les faveurs du public. Le ministre des Finances, Leslie Delatour, a engagé quelques réformes (élaboration d'un fichier fiscal, détaxation du café exporté...), mais sa volonté de libéraliser l'économie a aussi mis à mal une industrie fragile, d'autant que la contrebande est en plein essor. Produits alimentaires et biens de consommation ont été déchargés en masse de bateaux en provenance de Miami, Porto Rico ou Saint-Domingue.

La principale sucrerie du pays, la Hasco, a été contrainte de fermer ses portes, à la mi-avril 1987, provoquant la mise à pied de trois mille ouvriers et un regain de tension sociale. Quelques jours plus tard, c'était au tour de l'usine de Welsh, la troisième en importance du secteur sucrier, de cesser son activité. A l'occasion du plan de repeuplement porcin de l'île, Washington a cherché à imposer l'importation exclusive de porcs des États-Unis. Mais le gouvernement a fini par céder aux pressions des agriculteurs qui réclamaient des bêtes plus rustiques et mieux adaptées aux petites exploitations paysannes.

A la suite d'une enquête sur la fortune des Duvalier, l'État haïtien a intenté devant les tribunaux français un procès en dommages et intérêts contre « Bébé Doc », qui poursuivait en compagnie de sa famille un exil doré à Mougins (Alpes-Maritimes).

Objectif de la démarche : récupérer quelque 120 millions de dollars détournés illégalement par l'ex-« président à vie » du pays le plus pauvre de l'Amérique latine et des Caraïbes.

A la **Jamaïque**, les élections municipales du 29 juillet 1986 constituaient le premier test électoral depuis le retour de la droite au pouvoir en 1980. Elles ont été remportées haut la main par le Parti national populaire (PNP) d'opposition, de l'ancien Premier ministre Michaël Manley, qui a recueilli 57 % des voix contre 43 % au Parti travailliste jamaïcain (JLP) du chef du gouvernement conservateur, Edward Seaga. Ce vote-sanction a reflété le mécontentement de la population face à l'accroissement du chômage (30 % de la population active) et à la poursuite de la crise.

Les recettes néo-libérales des dirigeants de Kingston n'ont pas permis de redresser la situation économique, toujours précaire. La Jamaïque a fait les frais de la relocalisation de l'industrie de l'aluminium auprès des sources d'énergie les moins chères (Australie, Canada, Vénézuela, Brésil). Les ventes de bauxite et d'alumine n'assuraient plus que 30 % des revenus du pays contre 75 % en 1980. Du coup, le tourisme, en expansion, est devenu la première ressource du pays : près d'un million de visiteurs en 1986. Ces rentrées n'ont pas permis de rééquilibrer les comptes extérieurs grevés par le fort déficit du commerce extérieur (600 millions de dollars en 1986). La dette extérieure, qui est passée de 1,5 milliard de dollars en 1980 à quelques 3,5 milliards en 1987, a été partiellement rééchelonnée par le Club de Paris au mois de mars 1987.

Se sentant le vent en poupe, l'opposition a continué de réclamer des élections générales anticipées, alors que le mandat d'Edward Seaga n'arrive normalement à échéance qu'à la fin de 1988.

Le statut de **Porto Rico**, État libre associé aux États-Unis depuis 1952, a fait l'objet de nouveaux débats. Le Congrès américain a été saisi en 1986 d'un projet tendant à transformer l'île en « République associée » à l'horizon 1992, ce qui conférerait davantage de pouvoir au gouvernement local. C'est un signe de l'évolution de l'administration américaine : en 1982, Ronald Reagan se déclarait encore « partisan d'un rattachement intégral de l'île aux États-Unis, dont elle deviendrait le 51e État ». L'actuel gouverneur, Rafael Hernandez Colon, membre du Parti populaire démocratique (PPD), a déjà réalisé quelques avancées sur la voie de l'autonomie. Des accords ont été passés avec le Costa Rica et le Japon ; et l'association d'entreprises porto-ricaines avec leurs partenaires des Caraïbes a été facilitée. Cette politique a continué d'être contestée par les annexionnistes regroupés dans le Nouveau parti progressiste (PNP), et surtout par les indépendantistes radicaux des Forces armées de libération nationale (FALN) et des *Macheteros*. Des bombes ont explosé le 28 octobre 1986 détruisant des installations militaires américaines.

Par ailleurs, dans la nuit de la Saint-Sylvestre, un incendie criminel a ravagé le *Dupont Plaza*, un luxueux hôtel de San Juan. Quatre-vingt-seize cadavres ont été retirés des décombres. Deux employés de l'hôtel ont été inculpés.

La **République dominicaine**, sous la houlette du vieux *caudillo* conservateur Joaquim Balaguer, élu

République dominicaine
Nature du régime : présidentiel.
Chef de l'État et du gouvernement : Joaquin Balaguer.
Monnaie : peso (1 peso = 1,81 FF au 30.4.87).
Langue : espagnol.

une nouvelle fois président le 16 mai 1986, a poursuivi une difficile reconversion économique. Après une baisse de 33 % de ses exportations en 1985, le secteur sucrier a connu un nouveau coup dur avec la brutale réduction des quotas d'importation décidée par les États-Unis en décembre 1986. Washington a réduit globalement ses achats de sucre à l'extérieur de 46 % au profit des édulcorants. Les livraisons de Saint-Domingue, principal fournisseur du marché américain, ont été plafonnées à 160 000 tonnes en 1987 contre 302 000 tonnes l'année précédente. En quête de débouchés, le sucre dominicain s'est déversé en fraude dans la République d'Haïti voisine, tandis que le gouvernement innovait en signant en mars 1987 un accord d'exportation avec l'Union soviétique.

Le tourisme a assuré 65 % des rentrées de devises en 1986, et le programme d'ajustement voulu par le F M I a été entériné. Le feu vert de l'institution monétaire a permis l'obtention de nouveaux crédits et un important rééchelonnement, en mars 1986, de la dette extérieure qui atteint plus de 3,5 milliards de dollars. Le gouvernement compte sur l'installation d'une dizaine de zones franches industrielles et sur les envois de fonds des Dominicains émigrés aux États-Unis (près d'un million de personnes) pour réduire le déficit de la balance des paiements.

L'ancien président Jorge Blanco, accusé de corruption, s'est réfugié début mai 1987 à l'ambassade du Vénézuela à Saint-Domingue, avant de gagner les États-Unis. Une nette amélioration des relations politiques avec Haïti a été enregistrée. Le 30 avril 1987, les voies de communication terrestre entre les deux pays ont été rouvertes. Les deux États ont en outre décidé de célébrer conjointement le cinquantième anniversaire du massacre d'octobre 1937. Trente à quarante mille Haïtiens, selon les estimations, avaient alors été tués par l'armée dominicaine et les hommes de main du dictateur de l'époque, le général Trujillo.

Yves Hardy

Petites Antilles

Les petites Antilles, départements français d'outre-mer mis à part, sont présentées selon un ordre géographique, en suivant l'arc qu'elles forment, du nord au sud, dans la mer des Caraïbes.

En **Guadeloupe**, la nomination de l'ancien patron national de la Direction de la surveillance du territoire (DST), Yves Bonnet, au poste de commissaire de la République en avril 1986 a coïncidé avec un raidissement de l'attitude gouvernementale française. « Le préfet a reçu des instructions pour rétablir l'autorité de l'État », a déclaré en février 1987 Bernard Pons, ministre des départements et territoires d'outre-mer (DOM-TOM), avant d'adresser une mise en garde à l'Union populaire pour la libération de la Guadeloupe (UPLG). Quelques mois plus tôt, la principale formation indépendantiste de l'archipel avait qualifié la politique du gouvernement de Jacques Chirac d'« ultracolonialiste », et les plus durs des indépendantistes militants étaient même repassés à l'action. Quatorze attentats à la bombe ont été commis dans la nuit du 24 au 25 novembre 1986, juste avant l'arrivée de la course de voiliers « La route du rhum ». L'U P L G n'a visiblement pas surmonté ses divergences internes, mais plusieurs de ses dirigeants ont confirmé, dans le même temps, les orientations prises lors du forum économique de décembre 1985 : mise en sourdine des slogans séparatistes, et participation à la vie politique traditionnelle.

Quelques scandales ont aussi défrayé la chronique. En septembre 1986, un rapport établi à la demande du nouveau président du Conseil régional, Félix Porto (Parti socialiste), a mis en cause la gestion de son prédécesseur. Entre 1983 et 1985, sous l'autorité de José Moustache (ex-responsable du Rassemblement pour la République – RPR), quelque 6,5 millions de francs auraient « disparu » des caisses. L'ancien président s'est défendu d'avoir bénéficié de malversations. Le même mois, un maire de droite a été inculpé de fraude électorale pour avoir distribué des billets de cinq cents francs pendant la campagne des élections sénatoriales. Enfin, un juge d'instruction de Pointe-à-Pitre, Robert Tchalian, a fait l'objet de plusieurs tentatives d'assassinat.

L'archipel n'a cependant pas vécu seulement au rythme des « affaires ». La banane a profité du déclin de l'industrie sucrière et a totalisé 43 % des exportations, et l'installation d'un magasin franc dans le port autonome de Jarry a redonné un peu de dynamisme au commerce local.

La **Martinique**, comme la Guadeloupe, a été l'objet des attentions gouvernementales. « Ma grande ambition serait de faire des Antilles françaises la Suisse des Caraïbes, c'est-à-dire une zone de prospérité, de développement et de paix », a proclamé Bernard Pons. La loi-programme pour les départements d'outre-mer (DOM), adoptée le 28 novembre 1986, a donné corps à ce dessein. Afin d'opérer une relance des activités économiques dans les DOM, la loi prévoit une défiscalisation accrue des investissements, la création de zones franches expérimentales, et l'instauration sous cinq ans de « la parité sociale globale » avec la métropole. Ce dernier point a été vivement contesté par l'opposition qui a réclamé « l'égalité sociale stricte ». Le budget du ministère des DOM-TOM a progressé de manière notable : de 25 % au titre des crédits courants, de 50 % au titre des engagements de travaux. Reste à savoir si ces nouveaux transferts publics serviront à autre chose qu'à alimenter la consommation locale de biens importés.

Camille Darsières, secrétaire général du Parti progressiste martiniquais (PPM) et bras droit d'Aimé Césaire, n'a pas semblé partager les rêves helvétiques du ministre des DOM-TOM. Recevant Bernard Pons à Fort-de-France lors des deuxièmes « contacts Europe-Caraïbes », il a déclaré le 27 avril 1987 : « La Martinique est économiquement marquée des stigmates du sous-développement, et institutionnellement marquée par l'Europe. La contradiction saute aux yeux. Nous, dont l'agriculture dépérit, dont l'industrie majeure (le sucre) a presque disparu, dont les exportations couvrent à peine 23 % de nos importations, et dont le taux de chômage atteint 30 %, nous sommes l'Europe. »

Pour la première fois depuis 1958, les élections sénatoriales du 28 septembre 1986 ont permis à la gauche locale – qui se présentait unie comme aux élections législatives du 16 mars 1986 – d'obtenir un siège au palais du Luxembourg.

Les **îles Vierges** américaines, situées à l'est de Porto Rico, constituent un pôle d'attraction. Nombreux sont les immigrants des petites Antilles voisines venus bénéficier à Saint-Thomas ou Sainte-Croix de l'*american way of life*, et des équipements touristiques. Trente-six petites îles regroupant 13 000 habi-

PETITES ANTILLES

(Brit.)
Iles Vierges
Anguilla
(Partie française)
St-Martin
(Partie Néerlandaise)
St-Barthélemy
(Fr.)
te-Croix

OCÉAN

ATLANTIQUE

Barbuda

Basseterre
St Kitts-Nevis   St John's   **ANTIGUA-BARBUDA**
80

Montserrat *(Brit.)*
Plymouth

Guadeloupe
(Fr.)
330   Basseterre   Pointe-à-Pitre
Marie-Galante

Mer Caraïbe

DOMINIQUE
Roseau   **80**

Martinique
(Fr.)
Fort de France   **302**

Castries **130**
STE-LUCIE

ST-VINCENT **102**   **BARBADE**   **253**
Kingstown   Bridgetown

302   Chiffres de population
en milliers

St George's **GRENADE**
111

Tobago
VENEZUELA   **TRINIDAD-TOBAGO**
Port of Spain   **1170**
San Fernando   *100 km*

L'ÉTAT DU MONDE 1987-1988
PETITES ANTILLES

343

INDICATEUR	UNITÉ	ANTIGUE ET BARBUDE	BARBADE	DOMINI-QUE
DÉMOGRAPHIE				
Capitale		St Jean	Bridgetown	Roseau
Superficie	km²	442	430	440
Population (*)	millier	81	254	77
Densité	hab./km²	181,0	581,4	181,8
Croissance annuelle[e]	%	1,2	0,3	0,8
Mortalité infantile	‰	22[c]	14[e]	..
Population urbaine[a]	%	..	42,2	..
CULTURE				
Analphabétisme	%	12[a]	–	–
Scolarisation 6-11 ans[a]	%	..	100,0	..
12-17 ans[a]	%	..	84,9	..
3e degré	%	..	19,4[b]	..
Postes tv[c]	‰ hab.	244	218	..
Livres publiés	titre	..	87[c]	20[f]
Nombre de médecins	‰ hab.	..	..	..
ARMÉE				
Armée de terre	millier d'h.	..	0,17	0,1
Marine	millier d'h.	..	..	..
Aviation	millier d'h.	..	..	..
ÉCONOMIE				
PIB	million $	160[a]	1 180[a]	90[a]
Croissance annuelle 1979-1986	%	5,6[i]	0,6[h]	2,3[k]
1986	%	..	4,0	3,7
Par habitant	$	1 999[a]	4 660[a]	1 178[a]
Dette extérieure	million $	63[a]	448[a]	..
Taux d'inflation	%	..	– 0,5	3,0
Dépenses de l'État Éducation	% PIB	3,0[b]	5,7[d]	..
Défense	% PIB	..	..	..
Production d'énergie	million TEC	–	0,150[b]	0,002[b]
Consommation d'énergie	million TEC	0,069[b]	0,322[b]	0,020[b]
COMMERCE				
Importations	million $	451,6[a]	587	59
Exportations	million $	72,5[a]	275	27
Principaux fournisseurs	%	E-U 49,6[c]	E-U 41,4[a]	R-U ..
	%	R-U 13,1[c]	AL 25,2[a]	E-U ..
	%	..	CEE 15,7[a]	Tri ..
Principaux clients	%	St.L 10,7[c]	E-U 52,8[a]	R-U 44,2[d]
	%	E-U 35,2[c]	AL 24,5[a]	Car[j] 37,4[d]
	%	Tri. 20,7[c]	CEE 7,1[a]	..

Chiffres 1986, sauf notes : a. 1985 ; b. 1984 ; c. 1983 ; d. 1982 ; e. 1980-85 ; f. 1980 ; g. 1979 ; h. 1981-86 ; i. 1979-85 ; j. 1973-82 ; k. 1973-85 ; l. 1981.

GRENADE	GUADE-LOUPE	MARTI-NIQUE	SAINTE-LUCIE	ST VINCENT ET GRENADINES	TRINITÉ ET TOBAGO
St. George	Basse-Terre	Fort de F.	Castries	Kingstown	Port d'Espagne
344	1 780	1 100	620	388	5 130
113	335	328	132[*]	104[a]	1 206
319,8	191,0	300,0	212,9	268[a]	235,1
0,9	0,4	0,1	1,6	..	1,8
..	14[e]	14[e]	25[e]	..	24[e]
..	45,7	71,1	..	..	22,6
−	10,0[d]	7,2[d]	..	−	39[a]
..	..	..	..	..	81,2
..	..	..	..	..	58,4
..	..	..	..	..	4,4[d]
..	119	135	16[e]	..	270[c]
10[f]	..	..	36[f]	..	186[f]
..	1,13[l]	1,15[l]	0,3[g]	..	0,69[f]
6,0[b]	−	−	..	..	1,5
0,3[b]	−	−	..	..	3,58
0,2[b]	−	−	..	..	0,05
90[a]	1 370[d]	1 320[c]	160[a]	100[a]	7 140[a]
2,5[k]	4,3[j]	2,7[j]	5,0[k]	4,2[k]	− 2,0
4,0	..	..	..	..	− 5,5
804[a]	4 330[d]	4 260[b]	1 232[a]	962[a]	6 027[a]
44[a]	..	..	..	22,8[b]	1 555
− 0,8	..	..	1,6	1,1	9,8
4,6[c]	14,3[f]	15,2[f]	7,8[d]	5,0[g]	5,1[b]
..	..	..	..	..	1,0[b]
−	−	−	−	0,002[b]	17,285[a]
0,029[b]	0,312[b]	0,311[b]	0,053[b]	0,021[b]	5,687[a]
83	645[a]	640[a]	106,8[c]	30,7[a]	1 332
26	75[a]	167[a]	49,7[c]	30,8[a]	1 372
CEE 39,8[a]	CEE 79,5[a]	CEE 75,2[a]	E-U ..	PCD 75,1[a]	E-U 42,9
R-U 29,8[a]	Fra 71,4[a]	Fra 67,2[a]	R-U ..	R-U 30,6[a]	CEE 20,9
AL 40,4[a]	Mart 10,7[a]	AL 17,9[a]	Tri ..	AL 20,2[2]	AL 10,8
CEE 61,7[a]	CEE 75,0[a]	CEE 61,7[a]	R-U ..	CEE 86,0[a]	E-U 70,0
R-U 42,4[a]	Fra 74,0[a]	Fra 55,4[a]	Bar ..	R-U 85,9[a]	CEE 14,8
AL 24,5[a]	Mart 16,5[a]	Guad 35,1[a]	Tri ..	AL 13,6[a]	AL 16,1

(*) Dernier recensement utilisable : Barbade, 1980; Dominique, 1981 ; Grenade, 1981; Guadeloupe, 1982; Martinique, 1982; Sainte-Lucie, 1980; Saint-Vincent et Grenadines, 1980; Trinité et Tobago, 1980; Antigue et Barbude, 1970.

tants sont restées sous la tutelle de Londres, et forment les îles Vierges britanniques.

Saint-Christophe et Nièves, où le secteur sucrier contribue au quart du PNB, a connu des difficultés en 1986. Le Premier ministre Kennedy Simmonds a relevé que l'Initiative « Reagan » pour le bassin Caraïbes avait permis la création de 140 emplois dans son pays, et que la baisse des quotas d'importation de sucre aux États-Unis lui en ferait perdre deux mille. Dans la petite île voisine de Montserrat (12 000 habitants), possession britannique, l'expulsion d'un prêtre anglican a tendu les relations entre les autorités et l'Église.

A **Antigue et Barbude**, les dirigeants ont amorcé une campagne en faveur de l'intégration caraïbe. « Quand nous aurons uni nos territoires, personne ne pourra plus nous considérer uniquement comme des petites taches sur la carte », a lancé, en avril 1987, le vice-Premier ministre, Lester Bird. La polémique qui avait éclaté en octobre 1986 à propos de l'aménagement de l'aérodrome d'Antigua – les travaux financés par la France auraient été surévalués – a tourné court, après que le ministre du Commerce extérieur, Michel Noir, a affirmé : « L'exécution de ce contrat se déroule tout à fait normalement sur les plans technique et financier. »

A la **Dominique**, le secteur agricole, dominé par la banane, a employé le tiers de la population active, mais le flux migratoire (souvent clandestin) à destination des Antilles françaises n'a pas été tari. Eugenia Charles, au pouvoir depuis 1980, a maintenu ses orientations diplomatiques pro-occidentales ainsi qu'une politique économique libérale.

A **Sainte-Lucie**, les électeurs se sont rendus deux fois aux urnes. A la suite des élections générales du 6 avril 1987, le Premier ministre, John Compton, avait dissous le Parlement estimant que la faible majorité obtenue par son parti risquait d'ouvrir une ère d'instabilité politique dans l'île. Le second scrutin, le 30 avril, a confirmé les premiers résultats. La majorité a dû se contenter de neuf des dix-sept sièges du Parlement, les huit autres revenant au parti travailliste dirigé par un homme d'affaires, Julian Hunte. John Compton a ainsi entamé son cinquième mandat à la tête d'un pays toujours autant tributaire des cours de la banane et du tourisme.

Commonwealth de Saint-Vincent et les Grenadines

Nature du régime : parlementaire. État associé au Commonwealth.
Chef de l'État : reine Élisabeth II, représentée par un gouverneur : Joseph L. Eustace.
Chef du gouvernement : James Mitchell.
Monnaie : dollar des Caraïbes orientales (1 dollar = 2,21 FF au 30.4.87).
Langue : anglais.

Saint-Vincent et les Grenadines. Malgré les efforts de diversification économique, la banane a assuré plus du tiers des revenus d'exportation de ce micro-État. Quelques-uns des trente-deux « cailloux » de l'archipel – en particulier Moustique, surnommée « la petite île des milliardaires » et Bequia – dotés de bonnes infrastructures hôtelières se sont spécialisés dans le tourisme « haut de gamme ».

La Barbade

Nature du régime : parlementaire. État associé au Commonwealth.
Chef de l'État : reine Élisabeth II, représentée par un gouverneur : Hugh W. Springer.
Chef du gouvernement : Erskine Sandiford.
Monnaie : dollar barbadien (1 dollar = 2,97 FF au 30.4.87).
Langue : anglais.

La Barbade. Errol Barrow, social-démocrate, réélu haut la main Premier ministre le 28 mai 1986, est décédé le 1er juin 1987. Cet avocat qui avait conduit la Barbade à l'indépendance en 1966, a été remplacé par le vice-Premier ministre Erskine Sandiford. Les bonnes relations établies avec les nouvelles autorités de Trinité et Tobago ont permis une levée partielle des barrières douanières entre les deux pays. Ils sont en outre convenus de proposer en juillet 1987, lors du sommet du Marché commun des Caraïbes anglophones (CARICOM) qui regroupe treize pays de la zone, la signature d'un accord de pêche permettant aux ressortissants des pays membres d'exercer dans les eaux de chacun d'entre eux.

La situation économique est demeurée morose : baisse des exportations de sucre et de composants électroniques, secteur manufacturier en léthargie. Le flux des visiteurs, en provenance des États-Unis notamment, est en augmentation. Bridgetown, la capitale au charme très britannique, a dû s'accommoder de la prolifération de boutiques de produits détaxés.

Grenade

Nature du régime : parlementaire. État associé au Commonwealth.
Chef de l'État : reine Élisabeth II, représentée par un gouverneur : Paul Scoon.
Chef du gouvernement : Herbert Blaize.
Monnaie : dollar des Caraïbes orientales (1 dollar = 2,21 FF au 30.4.87).
Langues : anglais, créole.

A la **Grenade**, la coalition au pouvoir formée avec la bénédiction de Washington – dont les troupes étaient intervenues dans l'île en octobre 1983 – a été en butte à des dissensions. Plusieurs dirigeants du Nouveau parti national (NNP) ont ainsi critiqué, au début de 1987, le style de gouvernement « autocratique » du Premier ministre, Herbert Blaize, et l'ont poussé à démissionner. Sans succès.

Le tribunal qui jugeait Bernard Coard, ancien vice-Premier ministre, et treize autres personnes pour le meurtre de l'ex-chef du gouvernement Maurice Bishop, a rendu son verdict le 4 décembre 1986 : les quatorze inculpés ont été déclarés coupables et condamnés à mort par pendaison. Appel a été fait de la sentence.

Trinité et Tobago
Nature du régime : république parlementaire. État associé au Commonwealth.
Chef de l'État : Noor Hassanali.
Chef du gouvernement : Arthur Napoleon Robinson.
Monnaie : dollar de Trinité et Tobago (1 dollar = 1,66 FF au 30.4.87).
Langues : anglais, espagnol, hindi, français.

A **Trinité et Tobago**, le Mouvement national du peuple (PNM) avait conduit cette ancienne colonie britannique à l'indépendance en 1962, et dirigé le gouvernement sans discontinuer pendant trente ans. Son règne s'est achevé sur une cuisante défaite. Lors des élections législatives du 15 décembre 1986, George Chambers – qui avait succédé au « père de la patrie » Éric Williams, décédé en 1981 – a dû abandonner trente-trois des trente-six sièges du Parlement à l'Alliance nationale pour la reconstruction (NAR). Cette coalition hétéroclite de quatre partis d'opposition, constituée un an plus tôt, a bénéficié de l'usure au pouvoir du PNM. Elle a su aussi canaliser le mécontentement engendré par la baisse des recettes pétrolières qui assuraient jusqu'en 1985 90 % des revenus des exportations. La découverte en mars 1987 d'un gisement *off shore* par la compagnie Amoco et la légère remontée des cours de l'or noir devraient faciliter la tâche de la nouvelle équipe, même si la diversification des activités économiques reste à l'ordre du jour.

Le nouveau Premier ministre, Arthur Robinson, a mis fin à la politique protectionniste de son prédécesseur. C'est un véritable pari que cette ouverture du plus important marché de la zone. Elle est censée remédier au fléchissement des industries manufacturières, et enrayer la montée du chômage : les deux îles comptent près de cent mille sans-emploi.

Les **Antilles néerlandaises** regroupent, au large de la côte vénézuélienne, les îles dites ABC – Aruba, Bonaire, Curaçao –, et, à l'est de Porto Rico, Saba, Saint-Eustache, et la zone méridionale de Saint-Martin. Dans cette dernière île, dont la partie nord est rattachée à la Guadeloupe, l'immigration clandestine vers Pointe-à-Pitre s'est fortement développée. L'île abriterait quelque quatre mille étrangers en situation irrégulière : parmi eux, nombre de Haïtiens et de femmes originaires de République dominicaine. En août 1986, un sénateur des Antilles néerlandaises a rencontré le préfet de Guadeloupe pour mettre au point un « contrôle à la source ». L'installation d'un service français de police à l'aéroport de Juliana, situé en zone néerlandaise, a été envisagée. Par ailleurs, les Saint-Martinois de souche se sont inquiétés de la multiplication d'« enclaves blanches » pour investisseurs alléchés par les privilèges fiscaux.

Yves Hardy

Vénézuela-Guyanes

Guyana, Guyane française, Surinam, Vénézuela

République coopérative de Guyana
Nature du régime : présidentiel.
Chef de l'État : Desmond Hoyte.
Chef du gouvernement : Hamilton Green.
Monnaie : dollar de Guyana (1 dollar = 0,60 FF au 30.4.87).
Langue : anglais.

En **Guyana,** les mauvais résultats économiques sur lesquels s'est achevée l'année 1986 étaient surtout dus

VENEZUELA-GUYANES

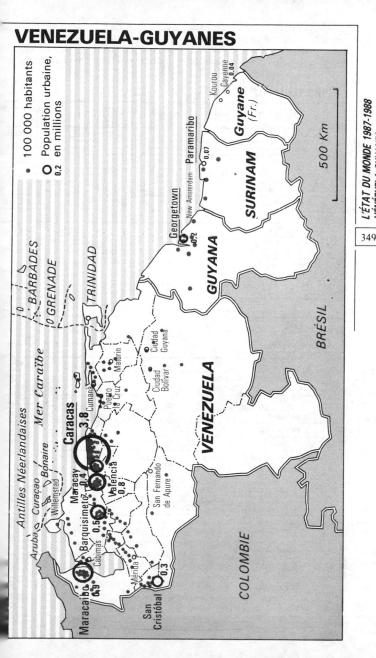

- • 100 000 habitants
- ○ Population urbaine, en millions
- **0.2**

Antilles Néerlandaises

Aruba Curaçao Bonaire

Willemstad

Mer Caraïbe

BARBADES

○ GRENADE

TRINIDAD

Caracas
3.8

Maracay **0.4**
Valencia **0.8**
Barquisimeto **0.5**
Cabimas

Maracaibo **0.9**

Mérida

San Cristóbal

0.3

San Fernando de Apure

Ciudad Bolívar

Ciudad Guyana

Maturín

Puerto La Cruz

Cumaná

VENEZUELA

COLOMBIE

BRÉSIL

Georgetown
0.2

New Amsterdam

GUYANA

Paramaribo
0.07

SURINAM

Kourou

Cayenne
0.04

Guyane (Fr.)

500 Km

aux difficultés des trois principales branches d'exportation : riz, sucre et bauxite. Cela n'a pas empêché le président Desmond Hoyte d'afficher sa satisfaction devant l'appui rencontré parmi les chefs d'entreprise

VÉNÉZUELA-GUYANES

	INDICATEUR	UNITÉ	GUYANA	GUYANE FRANÇAIS
DÉMOGRAPHIE	Capitale		Georgetown	Cayenne
	Superficie	km²	214 970	91 000
	Population (*)	million	0,79a	0,08
	Densité	hab./km²	3,7a	0,9
	Croissance annuelled	%	..	3,6
	Mortalité infantile	‰	36d	35,9g
	Population urbainea	%	32,2	..
CULTURE	Analphabétisme	%	4,1a	17,2h
	Scolarisation 6-11 ansa	%	91,8	..
	12-17 ansa	%	70,0	..
	3e degré	%	2,0c	..
	Postes tvc	‰ hab.	–	171
	Livres publiésc	titre	55	..
	Nombre de médecins	‰ hab.	0,1i	1,12g
ARMÉE	Armée de terre	millier d'h.	5,0	–
	Marine	millier d'h.	0,27	–
	Aviation	millier d'h.	0,18	–
ÉCONOMIE	PIB	million $	519	210c
	Croissance annuelle 1979-1986	%	1,1	0,7j
	1986	%	0,3	..
	Par habitant	$	657	3 230c
	Dette extérieure	milliard $	0,72a	..
	Taux d'inflation	%	..	..
	Dépenses de l'État Éducation	% PIB	7,4b	17,6f
	Défense	% PIB	9,7a	–
	Production d'énergie	million TEC	–	–
	Consommation d'énergie	million TEC	0,58b	0,15b
COMMERCE	Importations	million $	272,5a	255a
	Exportations	million $	231,5a	37a
	Principaux fournisseursa	%	E-U 17,6	E-U 17,
		%	AL 60,6	Fra 72,
		%	CEE 16,0	AL 6,2
	Principaux clientsa	%	E-U 21,1	E-U 40,
		%	AL 14,5	Jap 17,
		%	R-U 26,7	Fra 13,

pour sa politique économique libérale, fort éloignée du « socialisme coopératif » où le pays était naguère engagé, sans grand succès d'ailleurs.

S'il est généralement approuvé par le Congrès national du peuple (CNP, gouvernemental), ce tournant inquiète le Parti progressiste du peuple conduit par Cheddi Jagan et les quatre autres formations qui se sont regroupées au sein de la Coalition patriotique pour la démocratie (CDP, opposition). Celle-ci, soutenue par d'influents leaders syndicaux, critique les « mesures d'ajustement » destinées à obtenir des crédits du Fonds monétaire international (FMI) : maxi-dévaluation du dollar guyanais le 16 janvier 1987, (56 %), privatisation de certaines entreprises d'État, facilités offertes à l'investissement étranger, etc.

Par ailleurs, voyant qu'elle n'obtenait pas de réformes substantielles du système électoral, l'opposition a boycotté les élections municipales du 8 décembre 1986. En fait, seule la politique extérieure du gouvernement trouve grâce à ses yeux : maintien des bonnes relations avec Cuba et surtout fidélité aux principes des non-alignés, dont Georgetown a accueilli, en février 1987, et pour la seconde fois de son histoire, une « réunion ministérielle » sur le continent latino-américain.

———

Le conflit armé qui oppose à des « rebelles » le gouvernement du Surinam, et qui se déroule pour l'essentiel sur les rives du fleuve Maroni couvertes par une jungle épaisse, a entraîné un flot continu de réfugiés en **Guyane française.** Leur nombre – plus de 9 400 en mai 1987, alors que la population totale de ce département français est estimée à 85 000 personnes – inquiètes devant ce déferlement – pose de sérieux

SURINAM	VÉNÉZUELA
Paramaribo	Caracas
163 270	912 050
0,38	17,79
2,8	19,5
1,1	2,9
36[d]	39[d]
45,7	85,7
10,0[a]	13,1[a]
85,5	83,1
63,5	68,4
6,9[b]	23,4[b]
121	128
..	4 200
..	1,20[h]
2,35	34,0
0,125	10,0
0,06	5,0
1 010[a]	53 800[a]
0,2[e]	– 0,8
– 1,5	3,1
2 687[a]	3 112[a]
0,024	35,88
..	12,7
7,0[c]	8,1[c]
4,2[b]	1,4[c]
0,15[a]	161,5[a]
0,62[a]	53,4[a]
305,6[a]	8 436
294,3[a]	8 700
E-U 30,8	E-U 49,5
CEE 24,1	CEE 22,9
AL 34,8	AL 9,8
E-U 19,9	E-U 41,1
CEE 45,1	AL 28,7
AL 10,5	CEE 15,9

Chiffres 1986, sauf notes : a. 1985 ; b. 1984 ; c. 1983 ; d. 1980-85 ; e. 1981-86 ; f. 1980 ; g. 1981 ; h. 1982 ; i. 1979 ; j. 1973-83.

(*) Dernier recensement utilisable : Guyana, 1980 ; Guyane française, 1982 ; Surinam, 1980 ; Vénézuela, 1981.

problèmes d'accueil et coûte cher. La tension croissante à la frontière a poussé le gouvernement français à installer à Cayenne un « commandement supérieur des forces armées françaises en Guyane » (février 1987). Bien que Bernard Pons, ministre des Départements et territoires d'outre-mer, ait proclamé à maintes reprises la « stricte neutralité » de la France, tout laisse à penser que Paris travaille, à sa manière, à l'affaiblissement de l'« homme fort » du Surinam, le commandant Desi Bouterse, soupçonné d'entretenir des sympathies avec les mouvements indépendantistes de Guyane, de Martinique et de Guadeloupe, et d'accueillir sur son sol des « assesseurs » libyens. Ceux-ci – dont l'existence reste à prouver – représenteraient une « menace » pour la sécurité du centre spatial de Kourou, d'où sont lancées les fusées européennes *Ariane* et d'où seront mis sur orbite les prochains satellites militaires de transmission et d'observation.

République du Surinam

Nature du régime : présidentiel.
Chef de l'État : Desi Bouterse.
Chef du gouvernement : Jules Wijdenbosch.
Monnaie : florin de Surinam (1 florin = 3,34 FF au 30.4.87).
Langues : néérlandais (off.), sranan tongo, (langues de communication).

Depuis le milieu de l'année 1986, le lieutenant-colonel Desi Bouterse, l'« homme fort » du **Surinam,** est aux prises avec la rébellion de l'un de ses anciens garde du corps, Ronnie Brunswick, ce dernier l'accusant d'employer des « méthodes dictatoriales ». Plus que politique, le problème est racial. Différents groupes luttent pour l'hégémonie : les Indiens (37 %), les Créoles (31 %), les Javanais (15 %), les « Noirs de la brousse » ou « Bushnegroes » (8 %), soit 40 000 personnes environ. Ce sont ces derniers qui forment le gros des rebelles conduits par Ronnie Brunswick. L'armée surinamienne est relativement bien armée (par le Brésil), mais elle n'a pu empêcher des actions de sabotage menées dès novembre 1986 contre ces « objectifs stratégiques » que sont les mines de bauxite, principal produit d'exportation. En raison de l'insécurité régnant notamment dans le « cœur minier » de Moengo, les compagnies étrangères nord-américaines et hollandaises ont ralenti leurs activités et suspendu leurs plans d'investissements.

D'où la « guérilla » tire-t-elle sa force ? Du soutien des partis conservateurs d'opposition en exil et d'un certain appui, bien que non déclaré officiellement, des gouvernements hollandais, français et nord-américain. En 1980, ils avaient vu d'un mauvais œil les orientations initiales, nationalistes et progressistes, d'un régime qui a par la suite dérivé vers des positions confuses et qui, au plan intérieur, s'est heurté à d'immenses difficultés économiques. Celles-ci ont eu des répercussions sociales et politiques, comme en ont témoigné les manifestations populaires (17 au 20 février 1987) au cours desquelles plusieurs centaines de Surinamiens ont dénoncé violemment la pénurie des denrées de base – pain, sucre, huile, etc. – et crié des slogans hostiles au régime, en proie à de graves déchirements internes.

Soucieux d'éviter le pire, Desi Bouterse a établi un calendrier de « retour à la démocratie ». Le *topberaad,* assemblée à laquelle participent les syndicats, les trois « vieux » partis politiques les plus importants naguère écartés du pouvoir et les représentants de tous les secteurs de production – chefs d'entreprise, ouvriers, paysans –, ont adopté, le 31 mars 1987, un projet de Constitution selon lequel la fonction de l'armée est d'« assurer la défense de la souveraineté et de l'indépendance nationale ». Ce projet devait être ratifié par référendum, et des élections législatives organisées en novembre 1987.

Françoise Barthélémy

République du Vénézuela
Nature du régime : démocratie parle-
mentaire.
Chef de l'État et du gouvernement :
Jaime Lusinchi.
Monnaie : bolivar (1 bolivar = 0,41 FF
au 30.4.87).
Langue : espagnol.

Pays exportateur de pétrole et
membre de l'OPEP, le **Vénézuela** a
bien résisté à la baisse du prix du
brut en 1986. Les recettes pétrolières (91 % des exportations de marchandises en 1985) ont diminué de
44 % en 1986 mais le Vénézuela n'a
pas été obligé de solliciter, comme le
Mexique, une aide d'urgence auprès
de la communauté financière internationale. Les autorités ont pu boucler les comptes grâce aux réserves
en devises accumulées et à la mise en
jeu d'une « clause de contingence »
inclue dans l'accord de rééchelonnement de la dette extérieure signé en
février 1986.

Les premières estimations de la
comptabilité nationale faisaient
même état d'une reprise de l'activité
économique en 1986, après six
années de récession. Le PIB aurait
progressé de 3,1 %, grâce à la bonne
tenue de l'agriculture (+ 6,8 %), de
l'industrie-manufacturière (+ 4,8 %)
et des mines (+ 5,3 %). Le Vénézuela a récolté les premiers fruits de
sa politique de diversification. La
dévaluation du bolivar, depuis 1983,
et la stagnation du marché pétrolier
mondial ont été à l'origine d'une
mise en valeur des ressources du
pays, négligées pendant la période
de prospérité pétrolière. L'exemple
le plus significatif est celui de l'agriculture. Au début des années quatre-
vingt, le Vénézuela couvrait la moitié de ses besoins alimentaires par
importation. Le renchérissement du
coût des importations et une politique incitative (crédits à des conditions préférentielles, relèvement des
prix, etc.) ont donné un coup de
fouet à l'agriculture permettant au
pays de couvrir plus de 80 % de ses
besoins en 1987.

Dans l'industrie, l'heure est à la
substitution des importations par
l'offre nationale. L'État continue à
jouer un rôle moteur dans la stratégie de valorisation en aval des ressources naturelles, notamment dans
le cadre des nouvelles industries du
« pôle de Guyane » (aluminium,
acier). La production d'aluminium
(Alcasa, Venalum) a augmenté de
50 % entre 1982 et 1985 et le Vénézuela a lancé un programme ambitieux d'investissements. La pétrochimie est également prioritaire dans le
cadre de *joint ventures* avec des
partenaires étrangers : le japonais
Mitsui pour le propylène et l'italien
ENI pour le MTBE. Enfin, la
compagnie pétrolière publique Pe-
troleos de Venezuela SA (PDVSA)
s'est associée à deux partenaires
étrangers (Arco et Agip Carbone)
pour l'exploitation d'une grande
mine de charbon dans l'État de
Zulina, à l'ouest du pays. Les prévisions de production sont de 6,5
millions de tonnes pour 1993.

Le pétrole devrait néanmoins rester la base de l'économie pendant
plusieurs années encore, ce qui est
un élément d'incertitude pour l'avenir. Toutefois, le gouvernement a
obtenu en février 1987 un aménagement de l'accord de rééchelonnement de la dette signé en février
1986 qui allège le profil des remboursements et réduit légèrement la
facture des intérêts. Ceci devrait
apporter un « ballon d'oxygène »
dans un pays qui est entré dans la
« crise » bien avant le reste de l'Amérique latine. La Commission économique pour l'Amérique latine des
Nations Unies (CEPAL) évalue la
baisse du PIB par habitant (c'est-
à-dire le niveau de vie) à 22 %
pendant la période 1981-1986. La
Confédération des travailleurs du
Vénézuela (CTV, liée à l'Action
démocratique au pouvoir) estime
que sur une population active de 6
millions de personnes, 45 à 50 % sont
en situation de chômage ou de sous-
emploi. Les grèves du début de 1987
et les troubles survenus à Merida en
mars 1987 ont montré l'ampleur de
la « pression sociale » latente malgré
la tranquillité apparente.

Au pouvoir depuis 1984, le président Jaime Lusinchi (Action démocratique, social-démocrate) a plutôt bien réussi ses premières années de gestion. Les grands équilibres financiers ont été maintenus, la diversification de l'économie a été accélérée, des mesures ont été prises en 1985 et en 1986 pour alléger la réglementation des investissements étrangers. Le Vénézuela, dont l'endettement extérieur reste relativement modeste (34,3 milliards de dollars à la fin 1985 selon l'OCDE), est considéré comme un « bon risque » par les milieux financiers internationaux. Le seul point noir réside dans le fait qu'il n'y a pas eu de « retour de la confiance » : les capitaux placés aux États-Unis ne sont pas revenus...

A l'approche des élections de décembre 1988, les partis politiques se mobilisent. Au sein de l'Action démocratique, Octavio Lepage, ancien ministre de l'Intérieur, apparaît comme le favori pour l'investiture officielle du parti aux présidentielles. Mais l'ancien président Carlos

Andres Perez a fait un retour en force et table sur sa popularité. Du côté du COPEI (Comité d'organisation politique électorale indépendant, démocrate-chrétien), deux candidats sont en lice : l'ancien président Rafael Caldera et le secrétaire général Eduardo Fernandez, surnommé « El Tigre ». La bataille électorale devrait se limiter essentiellement à ces deux grandes formations, comme à l'habitude, les autres partis n'étant pas en mesure de jouer un rôle significatif sur la scène politique. Les formations de gauche et d'extrême gauche – Mouvement électoral du peuple (MEP), Mouvement vers le socialisme (MAS), Mouvement de la gauche révolutionnaire (MIR), Parti communiste (PC) – n'arrivent pas à surmonter leurs divisions et sont en perte de vitesse. Le Vénézuela reste caractérisé par un système bipartiste dont la stabilité n'apparaît pas menacée.

Daniel Solano

Amérique andine

Bolivie, Colombie, Équateur, Pérou

La **Colombie** est traitée dans la section « Les 34 grands États ».

République de Bolivie
Nature du régime : présidentiel.
Chef de l'État et du gouvernement : Victor Paz Estenssoro.
Monnaie : peso (1 peso = 3,03 FF au 30.4.87).
Langues : espagnol, qechua, aymara, guarani.

En **Bolivie**, le gouvernement du président Victor Paz Estenssoro a poursuivi en 1987 la mise en place

d'une politique ultralibérale appuyée par le FMI. Il s'agit d'un plan cohérent et à long terme soutenu non seulement par les élus de son parti, le Mouvement nationaliste révolutionnaire (MNR), mais aussi par ceux de l'Action démocratique révolutionnaire (ADN) dont le leader – l'ex-dictateur Hugo Banzer (1971-1978) – apparaît comme le dauphin du président en exercice.

Ce plan implique une politique radicale de dénationalisation de l'économie, en particulier la fermeture des grandes mines d'étain, métal dont le coût de production est élevé et dont les cours se sont effondrés sur le marché mondial. La production bolivienne, qui était de 30 000 tonnes en 1977, ne sera plus que de 2 200 tonnes en 1987. Vingt

Caracas

VENEZUELA

L'ÉTAT DU MONDE 1987-1988
AMÉRIQUE ANDINE

355

PANAMA

Santa Marta 0,2
Barranquilla 1,0
Cartagena 0,5
Cucuta 0,4
0,4 Bucaramanga
COLOMBIE
Medellín 1,7
Manizalès 0,3
Buenaventura Pereira 0,3
0,2 Cali 1,2
1,5 **Bogotá** 4,7
Neiva 0,1
Pasto 0,1

Quito
0,8
ÉQUATEUR Ambató 0,1
1,2 Riobamba
Guayaquil
Cuenca 0,4

Iquitos

BRESIL

0,4 Piura
0,3 Chiclayo
Cajamarca
0,4 Trujillo
0,3 Chimbote

PEROU

Huancayo
1,2 0,2 Cuzco
Lima 0,2
Callao
4,6

Puno Lac Titicaca

BOLIVIE

La Paz
0,8 Cochabamba
Arequipa
0,6 Oruro Santa
0,3 Cruz

Sucre

PACIFIQUE

Arica
Iquique Potosi

Tarija PAR.

500 km

CHILI ARG.

• 100 000 habitants

○ Population urbaine,
0,2 en millions

mille mineurs, sur les trente mille de l'entreprise d'État COMIBOL, ont été ainsi brutalement mis à pied, et sont venus grossir les rangs des trente mille licenciés provenant d'autres entreprises du secteur public. La Centrale ouvrière (COB), privée de sa base sociale organisée et

AMÉRIQUE ANDINE

	INDICATEUR	UNITÉ	BOLIVIE	COLOMB
DÉMOGRAPHIE	Capitale		La Paz	Bogota
	Superficie	km²	1 098 581	1 138 91
	Population (*)	million	6,55	28,42
	Densité	hab./km²	6,0	25,0
	Croissance annuelle[e]	%	2,8	2,0
	Mortalité infantile[e]	‰	114	49
	Population urbaine[a]	%	47,7	69,9
CULTURE	Analphabétisme[a]	%	37	11,9
	Scolarisation 6-11 ans[a]	%	91,8	90,2
	12-17 ans[a]	%	41,2	75,3
	3e degré	%	16,4[d]	12,9[a]
	Postes tv[c]	‰ hab.	64	98
	Livres publiés	titre	301[c]	15 041[b]
	Nombre de médecins	‰ hab.	0,51[f]	0,58[g]
ARMÉE	Armée de terre	millier d'h.	20	53
	Marine	millier d'h.	3,6	9
	Aviation	millier d'h.	4,0	4,2
ÉCONOMIE	PIB[a]	million $	3 010	37 610
	Croissance annuelle 1978-1986	%	− 2,4	2,8
	1986	%	− 3,5	5,3
	Par habitant[a]	$	472	1 350
	Dette extérieure	milliard $	3,34	13,43
	Taux d'inflation	%	92,6	20,9
	Dépenses de l'État Éducation	% PIB	3,0[d]	3,3[b]
	Défense	% PIB	2,3[b]	1,1[a]
	Production d'énergie[a]	million TEC	4,50	28,49
	Consommation d'énergie[a]	million TEC	1,98	26,80
COMMERCE	Importations	million $	492[a]	3 862
	Exportations	million $	623[a]	5 102
	Principaux fournisseurs	%	Bre 21,8[a]	E-U 35,
		%	Arg 15,5[a]	CEE 19,
		%	E-U 21,1[a]	AL 24,
	Principaux clients	%	E-U 14,1[a]	E-U 32,8
		%	CEE 20,9[a]	CEE 34,
		%	Arg 55,9[a]	AL 14,0

minée par ses contradictions, a été incapable de s'opposer à cette politique.

L'objectif du gouvernement,

ÉQUATEUR	PÉROU
Quito	Lima
283 561	1 285 216
9,65	20,21
34,0	15,7
2,9	2,6
68	94
47,7	67,4
17,6	15,2
89,5	89,7
65,2	75,7
33,1[b]	21,5[d]
62	51
..	546[b]
1,0[b]	0,81[d]
35,0	85,0
4,0	27,0
3,0	15,0
10 880	17 830
2,5	1,3
1,7	8,5
1 160	905
7,54	14,30
27,3	62,9
3,9[b]	3,2[b]
1,7[b]	4,5[a]
22,31	16,32
9,61	12,40
1 815	2 598
2 183	2 509
E-U 33,1[a]	E-U 27,2
AL 16,8[a]	AL 26,5
CEE 20,7[a]	CEE 21,1
E-U 54,2[a]	E-U 30,1
AL 10,0[a]	AL 14,5
CEE 4,5[a]	CEE 24,9

après avoir jugulé l'inflation (50 % contre 15 000 % fin 1985), « privatisé » l'économie et réduit à l'impuissance les syndicats, est de faire appel aux investisseurs étrangers pour exploiter de nouvelles ressources minières dont le sous-sol est riche : en particulier le lithium et l'or.

Mais peu de candidats se sont manifestés et les exportations de gaz naturel, l'appui donné aux productions agricoles des zones tropicales et les crédits du F M I ont été impuissants à freiner la détérioration de l'économie. Le P I B a baissé officiellement de 3 % en 1986 (sa chute devait être plus importante en 1987), les exportations n'ont été que de 400 millions de dollars (contre 700 les années précédentes) et le chômage a touché 20 % de la population active.

Dans ces conditions, la production de cocaïne constitue un véritable ballon d'oxygène pour l'économie. Les revenus de la drogue qui restent dans le pays représentent de 500 à 800 millions de dollars, et cette activité fait vivre directement 600 000 personnes. Le plan triennal visant à l'éradication et à la substitution des cultures de coca ne pourrait être suivi d'effets – le gouvernement lui-même en convient – que si la Bolivie recevait une aide considérable de la part des États-Unis et de la communauté internationale.

République de l'Équateur
Nature du régime : présidentiel.
Chef de l'État et du gouvernement : León Febres Cordero.
Monnaie : sucre (1 sucre = 0,04 FF au 30.4.87).
Langues : espagnol, qechua.

Chiffres 1986, sauf notes : a. 1985 ; b. 1984 ; c. 1983 ; d. 1982 ; e. 1980-85 ; f. 1980 ; g. 1981.

(*) Dernier recensement utilisable : Bolivie, 1976 ; Colombie, 1985 ; Équateur, 1982 ; Pérou, 1981.

Si le tremblement de terre qui a frappé l'**Équateur** le 5 mars 1987 était imprévisible, par contre l'instabilité politique marquant la seconde étape du mandat présidentiel de León Febres Cordero a son origine dans le soulèvement du général Frank Vargas Pazzos, en mars 1986. C'est en effet pour exiger la libération de ce dernier, dont la cour de justice militaire avait ordonné la détention le 16 janvier, sur la base de Taura, que les commandos parachutistes de la Force aérienne ont séquestré le président et vingt-deux personnes de sa suite, parmi lesquelles les commandants en chef des trois armes.

Le président, libéré, mais dont l'autorité a été gravement bafouée durant cette crise, a refusé de démissionner comme le lui demandait le Congrès où l'opposition est majoritaire.

Le lundi 5 mars 1987, un violent tremblement de terre s'est produit dans la province de Napo, au nord-est du pays. Les pertes ont été estimées à plus d'un milliard de dollars. La conséquence la plus dramatique de cette catastrophe a été la destruction de l'oléoduc acheminant le pétrole jusqu'à la côte. La chute des cours internationaux avait déjà occasionné une baisse de 40 % des recettes. A cela s'est ajouté un manque à gagner de 180 millions de dollars dû à l'effondrement des prix du café.

La dégradation de la situation économique a entraîné une situation sociale explosive dont pourrait tirer parti l'opposition de gauche. C'est dans ce contexte qu'un parti de centre gauche, l'Action populaire révolutionnaire équatorienne (APRE), a proclamé, le 11 avril 1987, la candidature du général Vargas Pazzos à l'élection présidentielle prévue pour le 10 août 1988.

Ceux qui, au **Pérou**, attribuent au président Alan García l'entière responsabilité des excès de la répression dans les Andes et du massacre de près de trois cents militants du mou-

---

République du Pérou
Nature du régime : présidentiel.
Chef de l'État : Alan García.
Chef du gouvernement : Guillermo Larco Cox.
Monnaie : inti (1 inti = 0,43 FF au 30.4.87).
Langues : espagnol, qechua, aymara.

---

vement de guérilla Sentier lumineux dans les prisons de Lima, le 18 juin 1986, ont pu mesurer, en avril 1987, les difficultés qu'éprouve son gouvernement à contrôler l'armée. En effet, lorsque le pouvoir exécutif a décidé, le 1er avril, de remplacer les représentants des trois armes qui siègent au Conseil des ministres par un ministre de la Défense, dix-neuf généraux de division en position de réserve se sont prononcés contre cette initiative et le commandant en chef de la force aérienne, le général Abram Cavallerino, a tenté de créer un mouvement d'insubordination à l'intérieur des forces armées. Cette attitude a été renforcée par la multiplication des attentats personnalisés de Sentier lumineux contre des membres de l'institution, dont le plus audacieux a été l'assassinat de huit personnes à l'intérieur d'un club militaire de Lima, au mois de mars 1987.

Le développement de la guérilla rurale dans de nouveaux départements comme ceux de Puno et de Cuzco, les actions urbaines du Mouvement révolutionnaire Tupac Amaru (MRTA) et du Mouvement de la gauche révolutionnaire (MIR), qui s'appuient sur la masse des jeunes chômeurs et des intellectuels sous-employés, imposent au gouvernement une course de vitesse pour résoudre la crise avant que la situation ne devienne incontrôlable. La « nouvelle politique » appliquée par le président García a certes produit des effets positifs en 1986 : l'inflation a été ramenée à 70 %, la croissance économique a été de 8 % et les revenus les plus faibles ont légèrement augmenté. Mais, parallèlement, la chute des prix du pétrole et des principaux minerais dont le Pérou est exportateur a provoqué un manque à gagner de 500 millions de dollars et un déficit de la balance commerciale. Par ailleurs, en ce qui concerne le paiement de la dette, le président García a prolongé, en principe jusqu'en juillet 1987, la règle des « 10 % » (il s'agit de limiter à 10 % du montant des exportations le remboursement annuel de la dette de l'État) qu'il a étendue à la dette privée. Cette mesure a entraîné des tensions avec le Fonds monétaire international qui a suspendu ses prêts au Pérou. L'État ayant mené une politique d'élévation des salaires et de relance de la production, les réserves de devises étaient au niveau le plus bas en avril 1987 et le gouvernement en a été réduit à s'appuyer sur les industriels et à faire appel au « patriotisme » des grandes entreprises.

Dans les campagnes, la production agricole stagne. Faute de relais institutionnels, les mesures prises, comme l'octroi de crédits gratuits aux paysans indiens du Sud, n'ont eu que peu d'effets. En province, les notables du parti au pouvoir (Action populaire révolutionnaire américaine – APRA) sabotent la politique du gouvernement et là gauche les combat *a priori*. La loi de régionalisation promulguée en mars 1987 et l'octroi, en avril, de titres de propriété aux communautés indiennes, qui concerne cinq millions de paysans, ont eu un impact psychologique important. Mais est-ce suffisant pour priver la guérilla de ses bases dans les campagnes ? Le résultat des élections municipales de novembre 1986 a montré en tout cas que l'exercice du pouvoir n'avait pas encore trop entamé la popularité du président ni celle de son parti. L'APRA a obtenu 40 % des voix (10 % de moins que lors des élections générales de 1985). Ce sont les partis de la Gauche unie (IU) qui, avec 33 % des voix (contre 21 % en 85), ont capitalisé le mécontentement. Mais les querelles incessantes qui agitent cette alliance en font difficilement une alternative politique crédible.

Alain Labrousse

Cône Sud

Argentine, Chili Paraguay, Uruguay

L'**Argentine** est traitée dans la section « Les 34 grands États ».

République du Chili
Nature du régime : dictature militaire.
Chef de l'État et du gouvernement : général Augusto Pinochet.
Monnaie : peso (1 peso = 0,03 FF au 30.4.87).
Langue : espagnol, mapuche.

La visite du pape Jean-Paul II au **Chili**, du 1er au 6 avril 1987, a déçu les immenses espoirs de la population, toujours soumise à la dictature du général Augusto Pinochet. Les 500 000 personnes rassemblées au parc O'Higgins ont eu droit aux gaz lacrymogènes et aux charges des *pacos* (carabiniers) alors que le souverain pontife, imperturbable, poursuivait sa messe. Les habitants des *poblaciones*, quartiers pauvres à la périphérie de la capitale, ont dû ranger les pancartes qui suppliaient Jean-Paul II : « Emmène le tyran avec toi. » Certes, le Vicariat de la solidarité, organisme humanitaire dépendant de l'archevêché, s'est vu encourager dans son rôle, mais le général-président a pu aussi se prévaloir de la bénédiction papale. Au total, cette visite ambiguë a surtout confirmé qu'il y avait bien deux Chili. Et qu'ils n'attendaient pas le même pape.

Pinochet est resté maître de la situation, et a poursuivi la politique de la carotte et du bâton. Quelques milliers d'exilés ont eu la possibilité de rentrer au pays. Les partis politiques, « à l'exception de ceux qui professent des idéologies totalitaires basées sur la lutte des classes », ont été autorisés à avoir pignon sur rue. Les Chiliens ont été invités à s'inscrire sur de nouveaux registres électoraux, les anciens ayant été détruits après le renversement de Salvador Allende en 1973. Les revues d'opposition (*Apsi, Analisis, Cause, Fortin Mapocho, Hoy*...) ont retrouvé les faveurs des kiosques sans perdre leur tonalité critique, tandis que le quotidien *La Epoca*, lancé en mars 1987 avec le soutien de la démocratie chrétienne, contestait le monopole de fait du très conservateur *Mercurio*.

Le régime n'a pas pour autant renoncé à intimider ses détracteurs. Les procureurs militaires *ad hoc*, accaparant l'essentiel du pouvoir judiciaire, ont inculpé plusieurs représentants des secteurs progressistes en utilisant – rien de moins – la législation antiterroriste. Clodomiro Almeyda, dirigeant socialiste et ex-vice-président de la République, revenu au Chili le 24 mars 1987, a été relégué dans le sud du pays. Plus grave, deux adolescents, Rodrigo Rojas et Carmen Quintana, qui participaient à une manifestation le 1er juillet 1986, ont été aspergés d'essence par des soldats et gravement brûlés. Le premier est mort des suites de ses blessures. Un groupe paramilitaire a revendiqué le 12 septembre 1986 l'assassinat de quatre militants de gauche, parmi lesquels José Carrasco, journaliste à la revue *Analisis*.

La découverte, à la fin juillet 1986, d'imposantes caches d'armes du Front patriotique Manuel Rodriguez (FPMR, lié au Parti communiste), et l'attentat manqué de cette organisation contre le général Pinochet, le 7 septembre 1986, ont illustré la persistance de plusieurs stratégies dans l'opposition. Sa fraction modérée prônait le combat politique

contre le régime et tentait de mettre sur pied un mouvement en faveur d'élections libres, tandis que le PC maintenait deux fers au feu en avalisant « toutes les formes de lutte contre la dictature ».

Au plan économique, le gouvernement a renoué avec la croissance (+ 5 % en 1986) et a pu rééchelonner une partie de la dette extérieure qui s'élevait à 22 milliards de dollars. Les opérations de privatisation se sont poursuivies et ont atteint le secteur éducatif. Coût social attendu : licenciement de plusieurs milliers d'enseignants.

En février 1987, le capitaine Armando Fernandez, dont Washington a facilité la sortie du Chili, a fait de nouvelles révélations sur l'assassinat en 1976 de l'ancien ministre des Affaires étrangères de l'Unité populaire, Orlando Letelier, alors en exil aux États-Unis. « Le meurtre », a déclaré le repenti, « a été couvert par des officiers chiliens de haut rang. » Le Département d'État américain n'excluait pas une demande d'extradition des criminels impliqués. Les États-Unis pourraient utiliser cet « argument » pour dissuader le général-président de solliciter un nouveau mandat lors de la prochaine échéance de 1989. Mais Augusto Pinochet, au pouvoir depuis quatorze ans, se révèle plus difficile à déloger qu'à installer.

République du Paraguay
Nature du régime : présidentiel.
Chef de l'État et du gouvernement : général Alfredo Stroessner.
Monnaie : guaraní (1 guarani = 0,01 FF au 30.4.87).
Langues : espagnol, guarani.

Au **Paraguay**, le général Alfredo Stroessner a fêté le 4 mai 1987 le trente-troisième anniversaire du coup d'État qui l'a porté au pouvoir. Des lézardes sont cependant apparues dans l'édifice bâti par ce régime aussi anachronique qu'immuable. Cinq tendances rivalisent au sein du Parti colorado qui règne à Assomption, et ces divisions au sommet se sont répercutées dans les sections de

CÔNE SUD

Arica 0,1
Iquique 0,2

BOLIVIE

PARAGUAY

Concepción
Pedro Juan
Caballero

Antofagasta 0,2

Salta
0,2

Asunción
0,6

Caaguazú

San Miguel
de Tucumán
0,5

Villarica

CHILI

0,1
Santiago
del Estero

0,2

Corrientes
0,1

Coquimbo

San Juan
0,3

Córdoba
1,0

Santa Fe
0,4

BRÉSIL

Artigas

a del Mar
0,3

Valparaíso 1,2

Santiago
4,4

Mendoza
0,6

Salto

Melo

Rosario
1,0

Paysandú

URUGUAY

Buenos Aires 7,9

0,1 Talcahuano
0,2
Concepción

Temuco
0,2

ARGENTINE

La Plata
0,5

Montevideo
1,3

Bahía Blanca
0,2

Mar del Plata
0,5

Valdivia
0,2

Puerto
Mont.

San Carlos
de Bariloche

ATLANTIQUE

Comodoro-
Rivadaria

● 100 000 habitants

○ Population urbaine,
0,2 en millions

Falkland *(Brit.)*
2 000 hab.
Port Stanley

*Détroit de
Magellan*

500Km

Punta Arenas

Ushuaia

Détroit de Beagle

Cap Horn

L'ÉTAT DU MONDE 1987-1988
CÔNE SUD

361

base qui quadrillent le pays. La contestation sociale n'a pas été annihilée. Les paysans ont multiplié les occupations de terres. En 1986, les médecins des hôpitaux publics, et les étudiants, bravant la répression, sont descendus dans la rue.

Dans une conjoncture économi-

CÔNE SUD

	INDICATEUR	UNITÉ	ARGEN-TINE	CHILI
	Capitale		Buenos Aires	Santiag
	Superficie	km²	2 766 889	756 94
DÉMOGRAPHIE	Population (*)	million	31,03	12,35
	Densité	hab./km²	11,21	16,3
	Croissance annuelle[d]	%	1,6	1,7
	Mortalité infantile[d]	‰	35	23
	Population urbaine[a]	%	83,7	83,6
CULTURE	Analphabétisme	%	4,5[a]	5,6[c]
	Scolarisation 6-11 ans	%	100	99,3
	12-17 ans	%	74,0	91,3
	3e degré	%	36,4[a]	15,8[a]
	Postes tv[c]	‰ hab.	199	116
	Livres publiés	titre	4 216[c]	1 653
	Nombre de médecins	‰ hab.	2,6[e]	0,88[f]
ARMÉE	Armée de terre	millier d'h.	40	57,0
	Marine	millier d'h.	18	29,0
	Aviation	millier d'h.	15	15,0
ÉCONOMIE	PIB	milliard $	65,1[a]	16,8
	Croissance annuelle 1979-1986	%	− 0,5	1,5
	1986	%	5,9	5,7
	Par habitant	$	2 132[a]	1 36
	Dette extérieure	milliard $	50,30	20,6
	Taux d'inflation	%	81,9	17,4
	Dépenses de l'État Éducation[b]	% PIB	4,3	4,8
	Défense	% PIB	2-3[a]	7,8[a]
	Production d'énergie[a]	million TEC	61,0	6,68
	Consommation d'énergie[a]	million TEC	55,0	10,7
COMMERCE	Importations	million $	4 500	3 12
	Exportations	million $	6 900	4 20
	Principaux fournisseurs	%	E-U 18,2[a]	E-U 2
		%	CEE 28,0[a]	CEE 2
		%	AL 34,6[a]	AL 2
	Principaux clients	%	CEE 24,5[a]	E-U 2
		%	CAEM 20,8[a]	CEE 2
		%	AL 18,7[a]	AL 1

que morose – la croissance n'a pas dépassé 1,5 % en 1986 –, l'ampleur de la contrebande (bétail, voitures, ordinateurs...), désormais supérieure aux échanges commerciaux officiels, a provoqué des critiques grandissantes chez les entrepreneurs privés. Le gouvernement s'est efforcé d'isoler les protestataires. En butte à d'incessants brouillages, la radio *Nanduti*, véritable « porte-parole des sans-voix », a dû interrompre ses émissions le 14 janvier 1987. L'ambassadeur américain à Assomption, Clyde Taylor, s'est élevé contre cette mesure, provoquant un net regain de tension entre les États-Unis et le Paraguay.

Les principaux partis d'opposition, regroupés au sein de l'Accord national, n'ont pas encore su capitaliser tous les mécontentements. Ils hésitent aussi sur la conduite à tenir lors des élections présidentielles de février 1988. Le boycottage des précédents scrutins, marqués par la fraude, n'a pas empêché le maintien du régime. La levée, le 8 avril 1987, de l'état de siège, décrété pendant la guerre civile de 1947, encourage les partisans d'une participation aux élections. Reste un obstacle de taille : Alfredo Stroessner. Sa santé chancelante alimente les rumeurs. Mais en dépit de la guerre de succession déjà ouverte sous ses yeux, le vieux *caudillo*, âgé de soixante-quinze ans, n'a pas renoncé à briguer un nouveau mandat.

PARAGUAY	URUGUAY
Assomption	Montévidéo
406 752	176 215
3,79	3,03
9,3	17,2
3,0	0,7
44	30
41,5	85,0
11,8[a]	5,1[e]
79,4	82,2
51,2	68,2
9,7[b]	31,7[a]
24	125
..	1 206[b]
0,62[g]	1,9[f]
12,5	22,3
2,5	6,6
0,97	3,0
5,41	6,2
3,0	– 0,6
0,0	6,3
1 427	2 052
1,89	4,99
26,9	70,7
1,6	2,4
1,0	2,8[b]
0,14	1,10
0,99	2,36
578	820
234	1 088
Bré 31,6	CEE 20,7 [a]
Arg 13,7	AL 33,1 [a]
E-U 13,7	E-U 9,2[a]
PCD 30,2	E-U 41,6[a]
E-U 4,3	CEE 15,0[a]
AL 57,2	AL 17,0[a]

République orientale de l'Uruguay
Nature du régime : démocratie parlementaire.
Chef de l'État et du gouvernement : Julio Maria Sanguinetti.
Monnaie : peso (1 peso = 0,03 FF au 30.4.87).
Langue : espagnol.

Chiffres 1986, sauf notes : a. 1985 ; b. 1984 ; c. 1983 ; d. 1980-85 ; e. 1980 ; f. 1981 ; g. 1982.
(*) Dernier recensement utilisable : Argentine, 1980 ; Chili, 1982 ; Paraguay, 1982 ; Uruguay, 1975.

En **Uruguay**, l'adoption le 22 décembre 1986 de la *ley de impunidad* (loi d'amnistie) a ravivé le débat politique interne et relancé les interrogations sur l'avenir de la démocratie instaurée le 1er mars 1985. La décision du président Julio Sanguinetti de passer l'éponge sur les violations des droits de l'homme commises durant les douze années de dictature militaire s'inspirait à l'origine du même souci de réconciliation nationale que la loi argentine dite de « point final ». Elle a provoqué des résistances identiques.

La coalition de quatorze formations de gauche regroupées dans le Frente amplio (Front large), qui représente plus de 20 % de l'électorat, a dénoncé « une soumission inadmissible à la tutelle militaire ». Les organisations de défense des droits de l'homme ont souligné que ce renoncement à poursuivre ceux qui, fussent-ils galonnés, ont outrepassé les lois constituait « une véritable bombe à retardement pour la démocratie ». La loi d'amnistie a cependant été votée par les deux partis traditionnels, le colorado au pouvoir et le blanco d'opposition. Cet « accord historique » entre deux formations rivales a provoqué des remous au sein des blancos dont une minorité s'est désolidarisée de l'initiative du leader du parti, Wilson Ferreira Aldunate. Le Frente amplio, lui, tentait d'obtenir l'abrogation de la loi en collectant les quelque 550 000 signatures nécessaires à l'organisation d'un hypothétique référendum. Les militaires, sortis de la scène politique en évitant toute inculpation, ont été les principaux bénéficiaires de l'opération, qui a montré l'habileté manœuvrière du président Julio Sanguinetti.

Au plan économique, le gouvernement a pu faire état de quelques bons résultats. Tiré par la « locomotive brésilienne », le pays a connu en 1986 un taux de croissance d'environ 5 %, accompagné d'une hausse des exportations de 25 %, d'une réduction du chômage (qui est passé de 14 à 10 % de la population active) et d'une augmentation des salaires réels. Cette amélioration est intervenue alors que le pays renforçait sa politique de coopération régionale. Les dirigeants ont tablé sur la signature des accords d'intégration économique avec le Brésil et l'Argentine (août 1986) pour dynamiser un appareil productif encore ankylosé. Mais Montévidéo risque aussi de ressentir plus nettement les à-coups économiques de ses puissants voisins.

Yves Hardy

Croissant fertile

Irak, Israël Jordanie, Liban, Syrie

Israël est traité dans la section « Les 34 grands États ».

Pour l'**Irak**, l'année 1986 et les premiers mois de 1987 ont été dominés par une recrudescence des offensives iraniennes, dans cette « guerre

République irakienne
Nature du régime : militaire.
Chef de l'État et du gouvernement : Saddam Hussein.
Monnaie : dinar (1 dinar = 19,19 FF au 30.4.87).
Langue : arabe.

du Golfe » déclenchée par Bagdad le 22 septembre 1980. Même si les grandes offensives iraniennes n'ont été que des demi-victoires, très coûteuses en vies humaines, il est incon-

CROISSANT FERTILE

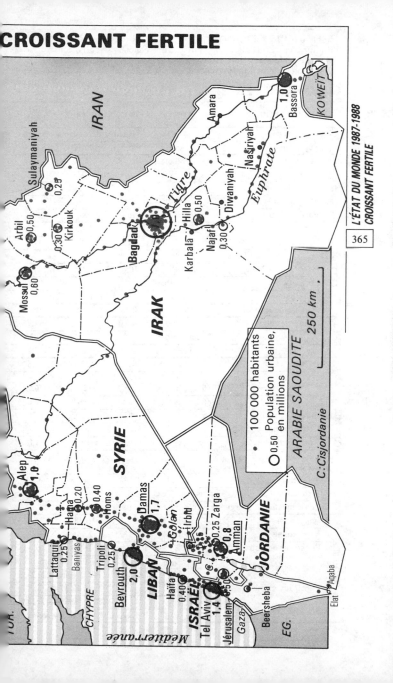

L'ÉTAT DU MONDE 1987-1988
CROISSANT FERTILE

365

testable que l'Irak a perdu des positions importantes. D'abord, la chute de Fao, le 10 février 1986, a été une humiliation pour l'armée de Bagdad, dont les multiples contre-offensives ont échoué. Avec l'offensive « *Kerbala 5* » (début janvier 1987), les forces iraniennes sont parvenues aux

CROISSANT FERTILE

	INDICATEUR	UNITÉ	IRAK	ISRAËL	JORDA-NIE
	Capitale		Bagdad	Jérusalem	Amman
	Superficie	km²	434 924	20 770	97 740
DÉMOGRAPHIE	Population (*)	million	16,49	4,30	3,64
	Densité	hab./km²	37,9	207,0	37,2
	Croissance annuelle[h]	%	3,7	1,8	3,8
	Mortalité infantile[h]	‰	74	14	54
	Population urbaine[a]	%	70,6	90,7	64,4
CULTURE	Analphabétisme[a]	%	10,7	4,9	25,0
	Scolarisation 6-11 ans[a]	%	99,0	..	..
	12-17 ans[a]	%	86,9	..	..
	3e degré	%	10,0[c]	34,2[b]	37,4[c]
	Postes tv[c]	‰ hab.	55	256	68
	Livre publiés	titre	1 205[e]	1 892[c]	..
	Nombre de médecins[f]	‰ hab.	0,56	2,5	0,83
ARMÉE	Armée de terre	millier d'h.	800,0	112	62,75
	Marine	millier d'h.	5,0	9	0,25
	Aviation	millier d'h.	40,0	28	7,2
ÉCONOMIE	PIB	milliard $	63,5	27,1	4,6
	Croissance annuelle 1979-1986	%	g	2,3	6,7
	1986	%	..	1,7	2,6
	Par habitant	$	3 854	6 307	1 264
	Dette extérieure	milliard $	75	23,87[a]	3,17
	Taux d'inflation	%	40,0	19,7	1,0
	Dépenses de l'État Éducation	% PIB	8,5[d]	8,4[d]	7,1[b]
	Défense	% PIB	20,3[a]	14,2 [d]	15,1
	Production d'énergie[a]	million TEC	139,9	0,07	–
	Consommation d'énergie[a]	million TEC	11,8	9,92	3,22
COMMERCE	Importations	million $	11 178[a]	10 487	2 432
	Exportations	million $	13 185[a]	7 136	733
	Principaux fournisseurs	%	Jap 14,4[a]	E-U 18,6	PCD 46,8[a]
		%	CEE 36,2[a]	CEE 51,5	ArS 12,3[a]
		%	CAEM 6,8[a]	PVD 6,1	Chi 23,2[a]
	Principaux clients	%	CEE 47,5[a]	E-U 30,3	PCD 17,6[a]
		%	PVD 42,5[a]	CEE 29,1	Irk 18,0[a]
		%	Bré 17,7[a]	PVD 11,3	Ide 13,6[a]

abords du port de Bassorah. En fait, l'objectif de « *Kerbala 5* », lancée peu avant le début de la conférence islamique de Koweït (26-29 jan-

LIBAN	SYRIE
Beyrouth	Damas
10 400	185 180
2,67 [a]	10,62
256,7	57,3
0,0	3,4
47	58
80,4	49,5
23,0	40,0
87,7	94,6
57,7	57,0
28,9[d]	16,4[c]
296	44
..	119[c]
1,5	0,4
15,0	320,0
0,3	2,5
..	70,0
..	17,06[a]
− 12,0[h]	2,3
..	− 3,0
..	1 661[a]
0,99	2,72
100	45,0
..	6,1[b]
..	17,2[a]
0,07	14,42
2,28	8,94
2 040	3 160
500	1 100
E-U 7,1[a]	CEE 31,5[a]
CEE 48,4[a]	CAEM 9,8[a]
PVD 26,5[a]	Iran 31,8[a]
PCD 17,8[a]	Ita 22,6[a]
M-O 51,7[a]	CAEM 33,4[a]
ArS 19,9[a]	PVD 10,7[a]

vier 1987), ne semble pas avoir été la prise du port, mais plutôt la ville de Zoubair, au sud-ouest de Bassorah, pour contrôler la route terrestre reliant Koweït à Bassorah, par où passe une partie du ravitaillement de l'Irak. Zoubair n'a pas été prise, mais les forces iraniennes ont pu franchir le Chatt el-Arab et établir une nouvelle tête de pont. Malgré la violence des combats et le très grand nombre de victimes, l'armée iranienne a poursuivi ses attaques et lancé de nouvelles offensives.

L'armée irakienne a multiplié les raids aériens contre les villes iraniennes, Téhéran répliquant en tirant des missiles sur Bagdad. Cette « guerre des villes » a fait de nombreuses victimes civiles. Parallèlement, les Irakiens ont poursuivi l'escalade militaire dans les eaux du Golfe, en attaquant les terminaux pétroliers iraniens et les bateaux qui chargent du brut iranien. Le terminal de l'île de Kharg a été de nouveau touché à plusieurs reprises en 1986. L'aviation irakienne a aussi frappé plus au sud, bombardant le terminal de Sirri (août 1986) et celui de Larak situé dans le détroit d'Ormuz (novembre 1986).

Bagdad doit affronter aussi le soulèvement d'une partie des Kurdes d'Irak, qui représentent environ 28 % de la population totale irakienne. En novembre 1986, les deux grands partis kurdes d'opposition, l'Union patriotique du Kurdistan (UPK) dirigée par Jalal Talabani et le Parti démocratique du Kurdistan (PDK) de Massoud Barzani, ont signé à Téhéran un accord politico-militaire, sous l'égide de la République islamique. Non seulement l'Iran

Chiffres 1986, sauf notes : a. 1985; b. 1984; c. 1983; d. 1982; e. 1980; f. 1981; g. – 55 % entre 1979 et 1982; h. 1980-85.

(*) Dernier recensement utilisable : Irak, 1977; Israël, 1983; Jordanie, 1979; Liban, 1970; Syrie, 1981.

fournit des armes aux opposants kurdes d'Irak, mais son armée a multiplié les offensives dans le Kurdistan irakien (automne 1986).

Sur le plan économique et financier, l'Irak a connu en 1986 une crise sans précédent. Au coût de la guerre s'est ajouté l'effondrement des recettes pétrolières par suite de la chute du prix du pétrole : 7,8 milliards de dollars en 1986 contre 13 milliards en 1985 et 26 milliards en 1980. Le gouvernement de Bagdad a été contraint de négocier de nouveaux rééchelonnements. En septembre 1986, la dette civile irakienne était estimée à environ 66,5 milliards de dollars (principalement envers les pays arabes du Golfe), et la dette militaire à 15 milliards de dollars (principalement à l'égard de l'URSS). Les « pétromonarchies » du Golfe, touchées par la crise, ont réduit leurs dons et leurs prêts, après avoir beaucoup aidé Bagdad au début des années quatre-vingt.

Le nouveau programme d'austérité, décidé en avril 1986, a encore réduit la consommation intérieure en limitant les importations pour poursuivre l'effort de guerre tout en préservant l'approvisionnement en matières premières nécessaires à l'industrie. Le gouvernement a également montré qu'il voulait lutter contre la corruption économique : un sous-secrétaire d'État au ministère du Pétrole et six hommes d'affaires ont été condamnés à mort pour prévarication et pendus le 2 octobre 1986.

La dégradation de la situation militaire, économique et financière est de plus en plus mal supportée par la population irakienne dont le niveau de vie a sensiblement diminué en 1986. De plus, la mobilisation est de plus en plus impopulaire dans un pays où la plupart des familles ont déjà à déplorer plusieurs morts sur le front. Incontestablement, le régime de Saddam Hussein commence à être ébranlé par la poursuite de la guerre.

La **Jordanie** a subi en 1986 les effets du contre-choc pétrolier et du

Royaume hachémite de Jordanie
Nature du régime : monarchie parlementaire.
Chef de l'État : roi Hussein.
Chef du gouvernement : Zaïd Rifaï.
Monnaie : dinar (1 dinar = 20,10 FF au 30.4.87).
Langues : arabe, anglais.

prolongement de la guerre Irak-Iran. Pendant une dizaine d'années, l'économie jordanienne avait bénéficié de multiples façons de l'euphorie pétrolière et de la soudaine richesse des monarchies du Golfe. Or, en 1986, l'aide arabe au royaume hachémite a atteint à peine 400 millions de dollars (2,2 milliards en 1981) et les rapatriements financiers des travailleurs jordaniens émigrés dans les pays du Golfe (40 % de la population active) ont été inférieurs à un milliard de dollars contre environ 1,5 milliard au début des années quatre-vingt.

La crise libanaise et la guerre Irak-Iran avaient bénéficié à la Jordanie, comme en a témoigné le développement spectaculaire du port d'Aqaba (13,6 millions de tonnes en 1984), profitant successivement de la paralysie du port de Beyrouth (à partir de 1975) et de la fermeture du port de Bassorah (à partir de septembre 1980). La Jordanie, très liée politiquement et économiquement à l'Irak, a subi les conséquences des énormes difficultés rencontrées par Bagdad en 1986. Mais elle a aussi souffert de la baisse des prix des phosphates, principale exportation du pays. Résultat : une faible croissance du PNB (1,5 % en 1986, alors qu'il avait augmenté de 13,5 % entre 1979 et 1981). Le chômage, déjà préoccupant, devrait s'aggraver dangereusement avec le retour des Jordaniens expatriés dans les pays du Golfe.

Le rapprochement avec la Syrie, amorcé en décembre 1985, après six ans de gel, s'est poursuivi par de multiples rencontres avec le président Hafez el-Assad. Mais, en juillet 1986, la tentative de médiation jordanienne entre l'Irak et la Syrie a échoué. Au début de 1987, pour défendre l'idée d'une conférence internationale de paix sur le Proche-Orient, le roi Hussein s'est rendu au Caire, à Damas, à Bagdad, et aussi à Paris et à Rome en janvier, à La Haye, à Bruxelles et à Londres en avril 1987. Le souverain hachémite a également sollicité le soutien financier des Occidentaux en faveur des territoires occupés. Amman a publié, le 4 août 1986, un plan quinquennal (1986-1990) pour le développement de la Cisjordanie et de Gaza, prévoyant 1,292 milliard de dollars d'investissements. Ce plan visait à contrecarrer l'influence de l'Organisation de libération de la Palestine (OLP) dans les territoires occupés, surtout après la rupture en 1987 de l'accord jordano-palestinien qui avait été signé le 11 février 1985 entre le roi Hussein et Yasser Arafat. Le gouvernement d'Amman s'est montré particulièrement inquiet de l'aggravation de la tension en Cisjordanie : multiplication des attentats contre des colons juifs et surtout affrontements de plus en plus violents entre jeunes Palestiniens et soldats ou civils israéliens. Quatre étudiants palestiniens ont été tués en décembre 1986 et un autre le 13 avril 1987.

République libanaise

Nature du régime : en théorie, démocratie parlementaire ; *de facto*, dictature des milices en raison de la guerre civile.
Chef de l'État : Amine Gemayel.
Chef du gouvernement : Selim Hoss (par intérim).
Monnaie : livre libanaise (1 livre = 0,05 FF au 30.4.87).
Langues : arabe, français, anglais.

Nul n'aurait pu prévoir que la guerre du **Liban**, ouverte le 13 avril 1975, serait aussi longue, aussi meurtrière. La crise libanaise juxtapose en fait plusieurs conflits étroitement imbriqués où les renversements d'alliance entre milices sont devenus fréquents, et les ingérences étrangères multiples.

De janvier 1986 à avril 1987, le pays a subi des interventions étrangères souvent directes : entrée de soldats syriens à Beyrouth-Ouest, retour de combattants palestiniens à Beyrouth-Ouest, et, de la part d'Israël, maintien d'une présence militaire à l'extrémité méridionale du Liban et raids aériens contre les camps palestiniens... A cela s'ajoute l'aide militaire, politique et financière apportée à certaines milices : l'Iran soutient le mouvement Hezbollah et la Syrie soutient le mouvement chiite Amal.

Dans la même période, de janvier 1986 à avril 1987, les combats entre milices libanaises ont été extrêmement violents. Aux traditionnels bombardements entre Beyrouth-Ouest et Beyrouth-Est, se sont ajoutés les affrontements à l'arme lourde, entre milices autrefois alliées, pour le contrôle de quartiers ou de secteurs urbains qui ont considérablement augmenté le nombre des victimes civiles. Les affrontements de Beyrouth-Ouest, sans doute les plus violents depuis 1975, ont entraîné un retour massif de l'armée syrienne dans ce secteur le 22 février 1987. Les troupes de Damas avaient quitté la ville durant l'été 1982, au moment de l'invasion israélienne. Après des mois d'anarchie meurtrière, la population de Beyrouth-Ouest a accueilli avec soulagement l'arrivée de cette armée, mais les troupes de Hafez el-Assad ont évité d'entrer dans la banlieue sud chiite, fief des miliciens du Hezbollah soutenus par l'Iran. Cependant, le 14 avril 1987, des unités d'élite de l'armée syrienne se sont déployées sur la route côtière, entre Beyrouth et Saïda, contrôlant l'entrée de tout véhicule dans la métropole du Liban-Sud. L'arrivée des Syriens dans Beyrouth-Ouest a permis de mettre fin à la « guerre des camps » : combattants et civils palestiniens, assiégés pendant plus de trois mois par les miliciens d'Amal, ont pu être enfin ravitaillés.

Le retour de la *pax syriana* est apparue fragile. Elle s'est heurtée au refus massif des chrétiens de Beyrouth-Est et à la résistance des intégristes chiites. Des attentats dirigés contre les Syriens ont eu lieu. En décembre 1986, à Tripoli, la répression menée par l'armée syrienne, à la suite de l'attaque de plusieurs de ses postes par des intégristes sunnites, a fait plusieurs centaines de victimes. Mais, une fois encore, la Syrie risque de s'enliser dans le « bourbier libanais », d'autant plus que pour l'opinion internationale elle est devenue directement comptable du sort des otages, libanais et surtout étrangers, détenus par les extrémistes chiites. Malgré la libération en 1986 de cinq otages français, une vingtaine d'otages occidentaux restaient encore au Liban en avril 1987. Bien que détenus au Liban, ils sont devenus une monnaie d'échange pour influencer l'orientation de la politique française et américaine dans le conflit Irak-Iran. En revanche, les attentats contre les militaires français de la Force intérimaire des Nations Unies (FINUL), qui ont conduit la France à rapatrier, en novembre 1986, la plupart de ses « casques bleus », étaient étroitement liés aux méandres de la crise libanaise, même si l'Irak a apporté un appui financier et logistique aux miliciens du Hezbollah, responsables de ces attentats.

Le 4 mai 1987, le Premier ministre, Rachid Karamé, a présenté sa démission. Le 1er juin, un attentat lui a coûté la vie. Selim Hoss a été nommé Premier par intérim.

L'économie libanaise a continué de se dégrader, comme en a témoigné la chute vertigineuse de la valeur de la livre libanaise qui est passée, comparée au franc français, de 1,50 franc en 1984 à 0,30 franc au début 1986, et à 0,05 franc au début 1987. Cette dépréciation a été un désastre, car l'essentiel des produits consommés au Liban est importé. Hormis une infime minorité de privilégiés, en particulier les « nouveaux riches de la guerre », la masse des Libanais s'est considérablement appauvrie en 1986. Les salaires ont augmenté en moyenne cinq fois moins vite que les prix et, surtout, le nombre des chômeurs n'a cessé de croître : aux effets de la crise libanaise s'est ajouté le retour massif de travailleurs libanais émigrés dans les pays du Golfe victimes du contre-choc pétrolier.

République arabe syrienne
Nature du régime : militaire.
Chef de l'État : Hafez el-Assad.
Chef du gouvernement : Abdel Raouf el-Kassem.
Monnaie : livre syrienne (1 livre = 1,52 FF au 30.4.87).
Langue : arabe.

La **Syrie** a connu une crise économique sans précédent, alors que l'image même du régime d'Hafez el-Assad était un peu ternie sur la scène internationale. De plus, le gouvernement de Damas semble avoir rencontré une série d'oppositions sur le plan intérieur : des attentats ont été signalés en avril et mai 1986 qui auraient fait cent quarante-quatre morts. Plusieurs « Frères musulmans » ont été arrêtés. Selon les autorités, ces attentats ont été l'œuvre d'agents irakiens ou israéliens.

À tort ou à raison, une partie de la presse occidentale a impliqué la Syrie dans les attentats terroristes commis en 1986 en Europe. Ces accusations se sont amplifiées après la condamnation à Londres de Nezar Hindawi, terroriste jordano-palestinien qui a mis en cause la Syrie dans un attentat manqué à l'aéroport londonien d'Heathrow (octobre 1986).

Appelés par les plus hautes autorités musulmanes du Liban, les Syriens sont intervenus à Beyrouth-Ouest en février 1987 pour mettre fin aux combats fratricides, mais aussi et surtout pour sauver leur allié privilégié au Liban, la milice chiite Amal. Or, c'est par l'intermédiaire d'Amal que Damas a essayé – en vain – de contenir la montée des intégristes chiites du Hezbollah et d'éliminer les combattants palestiniens favorables à Yasser Arafat. Par ailleurs, Damas a perdu toute influence sur les milices chrétiennes, avec l'élimination de Beyrouth-Est de Elie Hobeika, qui lui était favorable. Enfin, à Tripoli, dans le Nord-

Liban, les troupes syriennes se sont heurtées à une opposition armée des intégristes sunnites.

L'Iran, longtemps présenté comme un allié privilégié de Damas, apprécie de moins en moins la politique syrienne au Liban, où les deux pays ont des intérêts contradictoires. La « guerre des camps » a été très mal acceptée dans les différentes capitales arabes. La politique d'Hafez el-Assad cherchant à diminuer l'influence de Yasser Arafat semble avoir échoué, puisque le Conseil national palestinien a pu réunir, le 20 avril 1987 à Alger, autour du chef de l'OLP, diverses organisations palestiniennes jusqu'alors hostiles à Yasser Arafat.

Les difficultés économiques et financières se sont considérablement aggravées en 1986, et l'aide des pays pétroliers du Golfe a sensiblement diminué en raison du contre-choc pétrolier. En 1986, seule l'Arabie saoudite a apporté une aide à la Syrie (528 millions de dollars), alors qu'en 1980 l'aide des pays arabes avait atteint 1,7 milliard de dollars. De même, les rapatriements financiers des travailleurs syriens expatriés dans les pays du Golfe ont diminué de 50 % par rapport à l'année précédente. En outre, du fait de la chute des prix, les recettes pétrolières ont diminué de moitié en quelques mois. A la fin de 1986, la dette extérieure était de 14 milliards de dollars. L'intervention au Liban et l'état de mobilisation permanente du pays face à Israël coûtent cher : le budget approuvé le 15 juillet 1986 accordait 55 % des dépenses courantes et 31 % des dépenses totales à la défense nationale. Les difficultés de l'économie syrienne à la fin de l'année 1986 ne doivent pas masquer les atouts dont dispose ce pays s'il peut atténuer l'effort de guerre : des possibilités agricoles importantes (surtout après les grands aménagements hydrauliques réalisés sur l'Euphrate et sur l'Oronte) et un secteur industriel dynamique (particulièrement à Damas, Alep et Homs).

André Bourgey

Péninsule arabique

Arabie saoudite, Bahreïn, Émirats arabes unis, Koweït, Oman, Qatar, Yémen du Nord, Yémen du Sud

Royaume d'Arabie saoudite
Nature du régime : monarchie absolue, islamique.
Chef de l'État : roi Fahd ben Abd el-Aziz..
Chef du gouvernement : émir Abdallah (prince héritier).
Monnaie : riyal (1 riyal = 1,59 FF au 30.4.87).
Langue : arabe.

Pour l'**Arabie saoudite** a sonné l'heure du « nouvel ordre pétrolier mondial », aboutissement d'une année 1986 dominée par l'effondrement du prix du pétrole. C'est à l'initiative du gouvernement de Riyad que la « guerre des prix » avait été déclenchée, en décembre 1985, dans le but de rendre au pays la place prépondérante qu'il avait occupée sur le marché mondial. Officiellement, cette stratégie visait les pays producteurs non membres de l'OPEP, en particulier le Royaume-Uni, pour les forcer à restreindre leur production. En réalité, elle concernait également certains membres de l'OPEP, qui, comme l'Iran, ne respectaient ni les quotas ni les prix.

Or, cette politique voulue par Cheikh Ahmed Zaki Yamani a échoué dans tous les domaines. S'il y a bien eu, en 1986, reprise de la production pétrolière dans les monarchies du Golfe, l'effondrement du prix du pétrole, conjugué à la baisse du dollar, a accentué la chute des revenus de l'Arabie saoudite : 18 milliards de dollars en 1986, contre 27,8 en 1985, et 113,2 en 1981. Ce « contre-choc » pétrolier, qui a effacé en moins d'un an les effets du second choc pétrolier de 1979 et une partie de ceux du premier choc de 1973, a eu des prolongements sur le rayonnement régional du pays : diminution de l'aide aux pays arabes pauvres et mécontentement des émirats voisins, victimes également de la « guerre des prix ».

L'échec de cette politique a abouti, le 29 octobre 1986, à la destitution brutale de Cheikh Yamani, qui avait symbolisé la toute-puissance de l'OPEP dans les années soixante-dix, et dirigé durant vingt-quatre ans la politique pétrolière saoudienne. Par cette décision, le roi Fahd entendait réagir à l'impopularité croissante de son royaume à l'intérieur de l'OPEP, et éviter une confrontation avec l'Iran qui avait pris la tête des opposants au sein de l'OPEP et menaçait directement l'Arabie saoudite. D'autre part, la chute des recettes pétrolières avait déjà obligé le roi Fahd à reporter à deux reprises, en mars puis en août 1986, la publication du budget, finalement annoncée en décembre 1986. Il s'agit d'un budget d'austérité : les dépenses de l'administration et de la Défense nationale ont été diminuées, ainsi que les investissements de l'État dans le secteur économique, tandis qu'ont été relevés taxes et impôts, particulièrement ceux concernant les sociétés étrangères.

Les difficultés économiques ont conduit les autorités à envisager de refouler 50 000 travailleurs étrangers par mois (au début des années

quatre-vingt, la main-d'œuvre étrangère était évaluée entre 2,3 et 3 millions de personnes pour une population variant, selon les sources, de 7 à 11 millions d'habitants). Comme dans les émirats voisins, ce reflux de la main-d'œuvre étrangère est étroitement lié à la conjoncture économique et financière, mais aussi au fait que la plupart des grands travaux d'infrastructure ont été achevés et que les gigantesques complexes industriels réalisés à grands frais n'ont jamais été très rentables.

Au début de l'année 1987, le nouveau ministre saoudien du Pétrole, Hisham Nazer, a multiplié les voyages dans les pays pétroliers non membres de l'OPEP, espérant aboutir à une collaboration entre tous les pays producteurs, mais aussi à un accord avec les pays consommateurs et avec les grandes compagnies pétrolières, car tous ont finalement intérêt à éviter une trop grande instabilité des cours du pétrole. Le voyage en URSS, en janvier 1987, a été le plus surprenant, la monarchie saoudienne ayant longtemps refusé de reconnaître le « régime athée » de Moscou. L'Arabie saoudite n'en est pas encore à établir des relations diplomatiques avec l'Union soviétique, mais les premiers entretiens officiels ont été importants : ils ont concerné aussi bien le pétrole (l'URSS étant le premier producteur mondial) que la situation explosive du Proche et Moyen-Orient (guerre Irak-Iran, conflit israélo-arabe, crise libanaise, etc.).

Émirat du Bahreïn

Nature du régime : monarchie absolue (parlement dissous).
Chef de l'État : cheikh Issa Ben.
Chef du gouvernement : cheikh Khalifa Ben Salmane al-Khalifa.
Monnaie : dinar (1 dinar = 15,87 FF au 30.4.87).
Langue : arabe.

Bahreïn, archipel de dimension restreinte, est désormais relié à l'Arabie saoudite par un pont-digue, baptisé le « pont de l'amitié ». Long

PÉNINSULE ARABIQUE

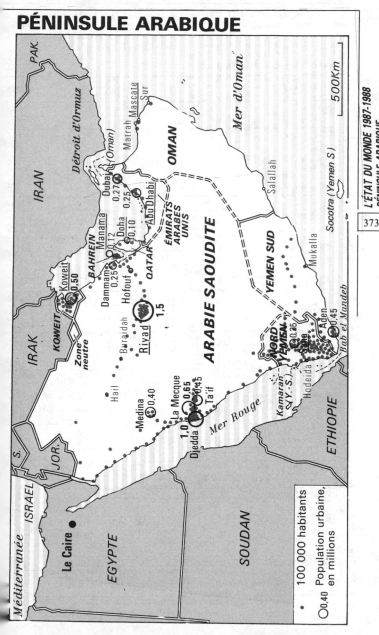

500Km

Méditerranée

ISRAEL

JOR.

S.

IRAK

IRAN

PAK.

KOWEIT

Koweit 0.50

Zone neutre

BAHREIN

Manama 0.12

Détroit d'Ormuz

Dubai (Oman)

0.27

0.25

Abu Dhabi

Doha 0.10

QATAR

ÉMIRATS ARABES UNIS

Matrah Mascate

Sur

OMAN

Mer d'Oman

Dammam 0.25

Hofouf

Buraïdah

Riyad 1.5

Hail

ARABIE SAOUDITE

Salallah

Medina 0.40

La Mecque 0.65

Ta'if 0.45

Djedda 1.0

Mer Rouge

YEMEN SUD

Mukalla

Socotra (Yemen S)

NORD YEMEN (Y.-N.) 0.54

Sana 0.25

Aden 0.45

Bab el Mandeb

Kamaran (Y.-S.)

Hodeida

ETHIOPIE

Le Caire

EGYPTE

SOUDAN

• 100 000 habitants

○0.40 Population urbaine, en millions

de vingt-cinq kilomètres et portant une autoroute à quatre voies, il a été solennellement inauguré le 26 novembre 1986 par l'émir de Bahreïn et le roi Fahd. L'Arabie saoudite a en effet entièrement financé cette construction qui a coûté 1,2 milliard de dollars. En raison même de ses

PÉNINSULE ARABIQUE

	INDICATEUR	UNITÉ	BAHREÏN	ÉMIRATS ARAB. UNIS	KOWE
DÉMOGRAPHIE	Capitale		Manama	Abu Dhabi	Kowe
	Superficie	km²	622	83 600	17 81
	Population (*)	million	0,44	1,41	1,79
	Densité	hab./km²	707,4	16,9	100,5
	Croissance annuelleg	%	3,8	6,2	4,5
	Mortalité infantileg	‰	31	37	23
	Population urbainea	%	81,7	77,8	93,7
CULTURE	Analphabétisme	%	27,3a	..	30,0a
	Scolarisation 6-11 ansa	%	82,1	97,9	87,6
	12-17 ansa	%	82,1	82,7	89,4
	3e degré	%	10,4b	7,8b	15,6b
	Postes tvc	‰ hab.	327	93.	258
	Livres publiés	titre	78c	84c	25f
	Nombre de médecins	‰ hab.	1,0f	1,97e	1,47e
ARMÉE	Armée de terre	millier d'h.	2,3	40,0	10,0
	Marine	millier d'h.	0,3	1,5	1,1
	Aviation	millier d'h.	0,2	1,5	2,0
ÉCONOMIE	PIB	milliard $	4,39	22,51	16,4
	Croissance annuelle 1979-1986	%	5,2i	1,7h	– 6,5h
	1986	%	..	..	– 20,0
	Par habitant	$	9 973	15 967	9 187
	Dette extérieurea	million $	..	..	..
	Taux d'inflation	%	..	..	0,6
	Dépenses de l'État Éducation	% PIB	3,3b	1,7b	4,2b
	Défense	% PIB	3,3a	8,4	11,3
	Production d'énergie	million TEC	8,3b	93,9b	103,0
	Consommation d'énergie	million TEC	5,5b	9,6b	10,0
COMMERCE	Importations	million $	2 427	7 326	6 042
	Exportations	million $	2 344	14 254a	7 342
	Principaux fournisseurs	%	ArS 50,3	Jap 18,9	Jap 26
		%	PCD 37,6	CEE 38,8	CEE 4
		%	CEE 19,9	E-U 9,6	E-U 9
	Principaux clients	%	PCD 21,2	Jap 49,4	Jap 11
		%	Jap 10,5	CEE 6,1	CEE 3
		%	EAU 18,9	PVD 19,6	PVD 3

Chiffres 1986 sauf notes : a. 1985; b. 1984; c. 1983; d. 1982; e. 1981; f. 1980; g. 1980-85; h. 1979-85; i. 1973-85.

(*) Dernier recensement utilisable : Arabie saoudite, 1974; Yémen du Nord, 1981; Yémen du Sud, 1973; Émirats arabes unis, 1980; Bahreïn, 1981; Koweït, 1980.

QATAR	ARABIE SAOUDITE	OMAN	YÉMEN DU NORD	YÉMEN DU SUD
Doha	Riyadh	Mascate	Sanaa	Aden
11 000	2 149 690	212 457	195 000	332 968
0,33	12,04	2,00[a]	7,03	2,36
30,0	5,6	9,4	36,1	7,1
6,9	4,3	..	2,7	3,1
37	82	108	122	122
88,0	73,0	8,8	20,0	39,9
48,9[e]	48,9[d]	..	86,3[a]	58,6[a]
94,4	64,5	69,4	42,8	74,6
79,5	44,2	31,0	14,8	45,6
18,3[b]	9,8[c]	–	1,2[f]	2,3[e]
509	264	43	2,7	18
337[f]	218[f]	..	..	..
0,75[e]	0,35[c]	0,67[e]	0,16[e]	0,13[e]
50	40,0	16,5	35,0	24,0
0,7	3,5	2,0	0,55	1,0
0,3	14,0	3,0	1,0	2,5
5,11[a]	77,41	8,36[a]	4,14[a]	1 130[a]
– 2,3[i]	– 1,2	4,0[g]	4,4[h]	0,1[h]
..	– 8,7	..	..	..
16 553[a]	6 430	4 180	605[a]	493[a]
..	..	2 368	2 039	1 531
..	– 1,7	..	..	..
4,7[b]	7,1[c]	3,9[b]	6,6[f]	7,4[d]
2,8[b]	18,9	20,1[a]	17,8[b]	17,2[b]
34,3[b]	249,0[a]	39,8[a]	–	–
6,4[b]	37,4[a]	1,4[a]	1,37[a]	2,22[a]
1 100[a]	22 200	3 022[a]	1 598[a]	897[a]
3 543[a]	20 800	4 405[a]	106[a]	322[a]
PCD 74,3	E-U 20,7	Jap 20,2	Jap 8,7	PCD 39,2
CEE 45,5	Jap 18,1	CEE 43,2	CEE 40,0	PVD 45,0
Jap 15,8	CEE 36,1	EAU 16,1	ArS 8,8	URSS 15,0
Jap 60,2	Jap 31,5	Asi 89,3	PCD 72,3	CEE 53,0
CEE 15,2	VD 35,5	Jap 64,3	PVD 25,6	PVD 32,9
PVD 16,9	CEE 18,5	CEE 3,1	Y-S 14,3	Y-N 10,5

ressources pétrolières très modestes, Bahreïn est déjà entré dans « l'ère de l'après-pétrole » : ayant fondé son développement sur la richesse des pétromonarchies voisines, il subit les conséquences de leurs difficultés. La capitale, Manama, devenue la grande place financière du Golfe grâce aux établissements *off shore*, a enregistré le départ de treize banques depuis 1984. Mais il en reste encore cent cinquante-six... Les activités industrielles demeurent importantes (grosse raffinerie, pétrochimie, aluminium), bien que la cale sèche géante soit victime de la crise pétrolière et de la tension dans le Golfe.

État des émirats arabes unis

Nature du régime : monarchie absolue, islamique.
Chef de l'État : cheikh Zayed, émir d'Abu Dhabi (au 30-5-87).
Chef du gouvernement : cheikh Rachid, émir de Dubaï (au 30-5-87).
Monnaie : dirham (1 dirham = 1,63 FF au 30.4.87).
Langue : arabe.

La prospérité des **Émirats arabes unis** (EAU) n'est plus ce qu'elle était, ce qui fait éclater au grand jour les tensions internes à cette fédération de sept émirats, dont le poids démographique et politique et les ressources économiques sont très différents. Au recensement de décembre 1985, Abu Dhabi regroupait 670 125 habitants, Dubaï 419 104, Sharjah 268 722, Ras al-Khaïma 116 470, Fujairah 54 425, Ajman 64 318, Umm al-Qaiwain 29 229.

Au moment de l'euphorie pétrolière des années soixante-dix et du début des années quatre-vingt, Abu Dhabi assurait l'essentiel du budget fédéral. Face à la crise économique et à la chute des recettes pétrolières (en 1986, les revenus pétroliers de la fédération ont atteint 7,8 milliards de dollars, contre 19,5 milliards de dollars en 1980), l'émir d'Abu Dhabi, Cheikh Zayed, a vivement souhaité que chaque émirat respecte l'obligation de verser

50 % de ses revenus au budget fédéral, qui est en baisse très sensible en 1986. L'émirat de Dubaï, le plus riche après Abu Dhabi, était particulièrement visé. En fait, depuis sa création en 1971, au moment de l'indépendance, la fédération a toujours souffert des rivalités permanentes entre Dubaï et Abu Dhabi.

Émirat du Koweït

Nature du régime : monarchie parlementaire, islamique.
Chef de l'État : cheikh Jaber al-Ahmed al-Sabah.
Chef du gouvernement : cheikh Saad al-Abdallah al-Salem al-Sabah.
Monnaie : dinar (1 dinar = 21,95 FF au 30.4.87).
Langue : arabe.

Koweït a accueilli du 26 au 29 janvier 1987 le cinquième « sommet islamique », malgré les menaces de Téhéran, qui considérait comme une provocation que l'Organisation de la conférence islamique (regroupant quarante-cinq États) se réunît dans un émirat allié de l'Irak. Hormis le président irakien, Saddam Hussein, la plupart des chefs d'États arabes étaient présents à Koweït et cette conférence a été principalement consacrée aux problèmes arabes.

Les attentats en Europe qui ont précédé le sommet islamique en janvier 1987, mais aussi le bruit sourd des combats acharnés qui se déroulaient dans le Chott el-Arab, de plus en plus perceptible à Koweït même, ont montré à quel point l'émirat était directement concerné par les prolongements de la guerre irako-iranienne. Au conflit voisin se sont ajoutés les effets de la chute du prix du pétrole et les contrecoups du *krach* boursier de 1982, toujours présent dans les esprits. Beaucoup de Koweïtiens ont pris conscience de la fragilité de leur situation et de la précarité de l'émirat, même si ce pays demeure encore une oasis de paix, malgré des attentats répétés depuis décembre 1983. Leur inquiétude s'est manifestée par une diminution des dépenses ostentatoires et par le développement des placements à l'étranger.

Les recettes pétrolières de l'émirat ont beaucoup baissé (6 milliards de dollars en 1986, contre 19,7 milliards de dollars en 1980). Elles sont complétées par les revenus financiers que procure une habile politique d'investissement réalisée sur les grandes places financières internationales. Le budget d'austérité présenté par le gouvernement pour 1986-1987 a prévu une réduction de 25 % des dépenses : suppression de certains projets, diminution des recrutements dans la fonction publique...

Le prolongement de la guerre du Golfe a accentué les clivages entre les sunnites, majoritaires, et les chiites qui représentent approximativement un tiers des 700 000 Koweïtiens (les nationaux formant 40 % et les étrangers 60 % de la population de l'émirat).

Sultanat d'Oman

Nature du régime : monarchie absolue, islamique.
Chef de l'État et du gouvernement : sultan Qabous ben Saïd.
Monnaie : riyal (1 riyal = 15,51 FF au 30.4.87).
Langue : arabe.

Le sultanat d'**Oman** dispose désormais d'une université, inaugurée solennellement le 9 novembre 1986. A la différence des autres pétromonarchies, la production omanaise d'hydrocarbures avait continué à augmenter régulièrement, permettant au sultan Qabous, au pouvoir depuis 1970, de transformer radicalement un pays jusqu'alors archaïque. Mais pour la première fois, en avril 1986, d'importantes compressions budgétaires ont dû être opérées. Le gouvernement de Mascate a décidé de réduire les dépenses et d'abandonner certains projets du plan quinquennal 1986-1990 (réduction de 10 % du budget de tous les organismes publics, à l'exception des dépenses prévues pour les secteurs

de la Santé et de l'Éducation nationale).

Émirat du Qatar

Nature du régime : monarchie absolue, islamique.
Chef de l'État : cheikh Khalifa ben Hamad al-Thani.
Chef du gouvernement : cheikh Hamad ben Khalifa.
Monnaie : riyal (1 riyal = 1,64 FF au 30.4.87).
Langue : arabe.

Qatar a vu rapidement fondre ses revenus pétroliers : en 1986, les recettes ont été inférieures de moitié à celles de 1985, qui avaient déjà diminué de 23 % par rapport à 1984. Aussi l'émir a-t-il été contraint d'annuler six projets de développement en 1986, et de retarder la mise en exploitation du riche gisement de gaz naturel situé dans le nord-ouest de la péninsule. Le 22 novembre 1986, une décision du ministre de l'Intérieur a ordonné à tout étranger n'ayant plus d'emploi de quitter le pays (les étrangers constituent 70 % de la population totale de l'émirat).

Les rapports avec Bahreïn ont été très tendus en 1986, à propos de l'îlot de Facht al-Dibel, objet de litige depuis plus de cinquante ans. En avril 1986, l'armée de Qatar a enlevé trente employés d'une compagnie néerlandaise travaillant pour Bahreïn sur l'îlot contesté. Une médiation saoudienne a permis le retrait des forces de Qatar, après destruction des installations militaires mises en place par Bahreïn.

République arabe du Yémen

Nature du régime : république militaire.
Chef de l'État : Ali Abdallah Saleh.
Chef du gouvernement : Abdel el-Aziz Abdel el-Ghani.
Monnaie : riyal (1 riyal = 0,66 FF au 30.4.87).
Langue : arabe.

Yémen du Nord. La République arabe du Yémen (R A Y) a suivi avec inquiétude les affrontements qui ont déchiré le Yémen du Sud en janvier 1986, d'autant plus que le président nord-yéménite, Ali Abdallah Saleh, entretenait d'excellentes relations avec son homologue du Sud renversé, Ali Nasser Mohammed. Le rapprochement entre les deux Yémen a survécu aux combats sanglants d'Aden. Dès avril 1986, des entretiens sur l'unification des deux pays ont repris, et le président Saleh devait rencontrer en Libye, au début juillet 1986, le nouveau président du Sud-Yémen.

Le pétrole découvert en 1985 dans l'Est du pays, le Jawf, région où les frontières sont mal délimitées aussi bien avec l'Arabie saoudite qu'avec le Sud-Yémen, permet d'envisager l'avenir avec moins d'inquiétude. Déjà une petite raffinerie pour la consommation nationale a été inaugurée en avril 1986 à Mareb, à deux cents kilomètres de Sanaa, la capitale. En attendant les revenus tirés du pétrole, le pays vit principalement des envois financiers de ses 750 000 émigrés temporaires installés en Arabie saoudite. Mais ses transferts d'argent, qui avaient atteint un milliard de dollars en 1985, ont sensiblement diminué en 1986, ainsi que les dons de l'Arabie saoudite, touchée par la crise pétrolière.

**République démocratique
et populaire du Yémen**

Nature du régime : démocratie populaire.
Chef de l'État : Haïdar Abou Bakr el-Attas.
Chef du gouvernement : Yassine Saïd Noomane.
Monnaie : dinar (1 dinar = 17,27 FF au 30.4.87).
Langue : arabe.

Yémen du Sud. La République démocratique et populaire du Yémen (RDPY) est le pays le plus pauvre de la péninsule arabique. Cette pauvreté a encore été accentuée par les treize jours de combats acharnés qui, en janvier 1986, ont fait dix à quinze mille morts et provoqué des destructions impressionnantes, particulièrement à Aden, le centre politique et économique du pays. La raffinerie de pétrole, principale activité industrielle de la capitale avec une capacité annuelle de 8,6 millions de tonnes, a été touchée dès le début des combats.

Ces affrontements, par leur férocité, ont surpris tous les observateurs, à commencer par l'URSS. La présence à Aden de plusieurs milliers de conseillers soviétiques n'a pas été suffisante pour empêcher le carnage entre fractions rivales du Parti socialiste yéménite (parti unique). En fait, cette sanglante « confrontation idéologique » était due avant tout aux ambitions personnelles et aux rivalités tribales. Pour préserver leurs positions, les Soviétiques ont abandonné le président Ali Nasser Mohammed, pour le remplacer par un homme de moindre envergure, Haïdar Abou Bakr el-Attas, chargé de poursuivre la même politique que son prédécesseur : maintien de l'orthodoxie marxiste et efforts d'ouverture vers les pays arabes modérés de la péninsule pour obtenir une aide financière. L'URSS reste donc bien implantée à Aden, position stratégique exceptionnelle à l'entrée de la mer Rouge, et le Yémen du Sud demeure son allié le plus sûr dans la région.

André Bourgey

Moyen-Orient

Afghanistan, Iran, Pakistan

L'**Iran** et le **Pakistan** sont traités dans la section « Les 34 grands États ».

République démocratique d'Afghanistan

Nature du régime : régime mis en place et maintenu par l'URSS.
Chef de l'État : Mohammed Tsamkanı (le secrétaire du Parti unique et l'homme fort du régime est Mohammed Najib).
Premier ministre : Soltan Ali Kechtmand.
Monnaie : afghani (1 afghani = 0,12 FF au 30.4.87).
Langues : pashtu, dari, etc.

La situation en **Afghanistan** et les rapports que ce pays entretient avec ses voisins restent déterminés par la poursuite de la guerre et de l'occupation soviétique. Malgré une certaine évolution, le régime communiste de Kaboul ne s'est pas renforcé. Le 4 mai 1986, Babrak Karmal, venu au pouvoir dans les fourgons soviétiques (décembre 1979), a été remplacé au poste de secrétaire général du Parti démocratique du peuple afghan (PDPA) par Mohammed Najib, ancien chef de la police secrète. Six mois plus tard, il perdait son poste de chef d'État au profit d'un « sans parti », Mohammed Tsamkani. Le nouveau régime de Najib s'est efforcé, sur le conseil des Soviétiques, d'élargir la base du pouvoir et d'attirer à lui des notables, des éléments tribaux, des réfugiés, voire d'anciens résistants lassés de la guerre, sans remettre en cause pour autant le rôle dirigeant du Parti communiste.

Cette politique a culminé avec l'annonce par Kaboul d'un cessez-le-feu unilatéral qui a débuté officiellement le 15 janvier 1987, mais qui n'a guère été respecté. L'islam a été remis à l'honneur avec la création d'un ministère des Affaires islamiques, et les différentes ethnies se sont vu promettre un statut de « nationalités » sur le modèle soviétique, qui distingue citoyenneté et nationalité. Cependant, les gains se révèlent fragiles : aucun retour en masse des réfugiés n'a été amorcé et les ralliements sont restés très épisodiques. En revanche, le remplacement de Babrak Karmal par Najib a exacerbé les tensions au sein du régime : des manifestations en faveur de Karmal ont même eu lieu lors d'une cérémonie en l'honneur du retrait (symbolique) d'unités soviétiques, en octobre 1986. Sur le plan international, l'assemblée générale de l'ONU a condamné la présence soviétique à une écrasante majorité (122 voix) en novembre 1986.

Parallèlement à ces offres de paix, les Soviétiques se sont efforcés de renforcer l'armée et le Parti communiste afghans, pour leur permettre d'affronter seuls les moudjahidines. De nouveaux cadres sont formés en URSS, tandis qu'est apparue une nouvelle génération aux postes de responsabilité (Razmju, chef du Parti pour Kaboul, Mazdak, président de l'Organisation de la jeunesse). Dans les zones contrôlées par le régime, la politique de soviétisation de la société afghane s'est accentuée. En particulier, l'économie est de plus en plus intégrée au bloc soviétique.

Mais l'économie afghane reste paralysée par la guerre : destructions de récoltes et de canaux d'irrigations par les forces d'occupation soviétiques, fuite des populations paysannes et inflation ont créé une pénurie alimentaire qui tourne à la famine dans des provinces qui n'ont pas reçu de pluie depuis quatre ans.

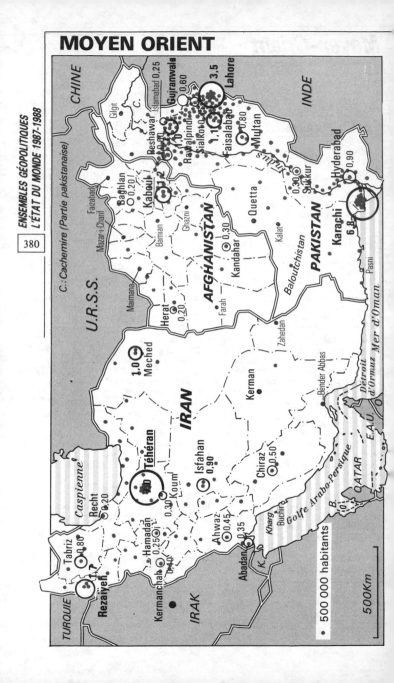

MOYEN ORIENT

CHINE

INDE

C.:Cachemire (Partie pakistanaise)

Gilgit

C.

Islamabad 0.25

0.60

Gujranwala

3.5

Lahore

Peshawar

Rawalpindi

Sialkot

1,1

Faisalabad

0.80

Multan

U.R.S.S.

Faizabad

Baghlan
0.20

Kaboul
1.2

Mazar-i-Charif

Maimana

Bamian

Ghazni

AFGHANISTAN

Quetta

Kalat

Sukkur
0.30

Hyderabad
0.90

Karachi
6.8

PAKISTAN

Balouchistan

Herat
0.20

Farah

Kandahar
0.30

Pasni

Meched
1.0

Kerman

Zahedan

Bender Abbas

Détroit d'Ormuz

Mer d'Oman

Caspienne

Recht
0.20

Téhéran

IRAN

Koum
0.30

Isfahan
0.90

Chiraz
0.50

E.A.U.

QATAR

Golfe Arabo-Persique

Tabriz
0.80

Hamadan
0.25

0.40

Ahwaz
0.45

0.35

Kharg

Bouchir

B.

Rezaiyeh

TURQUIE

Kermanchah

IRAK

Abadan

K.

• 500 000 habitants

500 Km

INDICATEUR	UNITÉ	AFGHA-NISTAN	IRAN	PAKIS-TAN
Capitale		Kaboul	Téhéran	Islamabad
Superficie	km²	647 497	1 648 000	803 943
Population (*)	million	18,60	45,49	99,16
Densité	hab./km²	28,7	27,6	123,3
Croissance annuelle[f]	%	2,6	2,9	3,1
Mortalité infantile[f]	‰	159	108	111
Population urbaine[a]	%	18,5	55	29,8
Analphabétisme[a]	%	76,3	49,2	70,4
Scolarisation 6-11 ans[a]	%	30,9	86,3	54,5
12-17 ans[a]	%	23,1	64,8	16,0
3e degré	%	1,4[d]	4,4[h]	2,0[e]
Postes tv[c]	‰ hab.	3,0	55	12
Livres publiés[c]	titre	415	4 835	1 600
Nombre de médecins	‰ hab.	0,06	0,39[d]	0,44
Armée de terre	millier d'h.	45,0	305	450
Marine	millier d'h.	–	14,5	13
Aviation	millier d'h.	5,0	35	17,6
PIB	milliard $	3,03[a]	..	29,7
Croissance annuelle				
1979-86	%	2,0[h]	1,9[g]	6,7
1986	%	..	– 12,0	7,5
Par habitant	$	168[a]	..	304
Dette extérieure	milliard $	3,5[ib]	5,5[a]	12,7[a]
Taux d'inflation	%	..	30,0	4,6
Dépenses de l'État				
Éducation	% PIB	1,8[e]	3,5[d]	2,1[c]
Défense	% PIB	9,5[a]	8,6[a]	6,2[a]
Production d'énergie[a]	million TEC	4,14	183,9	17,17
Consommation d'énergie[a]	million TEC	1,33	55,0	26,09
Importations	million $	1 014[a]	10 000	5 374
Exportations	million $	604[a]	7 500	3 384
Principaux fournisseurs	%	URSS 48,8[a]	CEE 40,1[a]	Jap 16,3
	%	Jap 10,7[a]	PVD 25,4[a]	PVD 33,3
	%	Sin 5,6[a]	Jap 13,4[a]	CEE 27,0
Principaux clients	%	URSS 65,0[a]	CEE 34,0[a]	Jap 9,8
	%	CEE 16,4[a]	PVD 37,6[a]	CEE 27,9
	%	PVD 3,6[a]	Jap 16,5[a]	PVD 39,9

Chiffres 1986, sauf notes : a. 1985; b. 1984; c. 1983; d. 1982; e. 1981; f. 1980-85; g. 1979-85; h. 1978-85; i. Envers l'URSS.

(*) Dernier recensement utilisable : Iran, 1976; Pakistan, 1981; Afghanistan, 1979.

Kaboul, la capitale, est surpeuplée et souffre de pénurie de biens alimentaires et d'énergie. Pourtant, le commerce avec le Pakistan voisin reste florissant, largement grâce à la contrebande traditionnelle (cigarettes, produits japonais).

La résistance contrôle toujours 80 % du territoire, mais la guerre déborde aussi sur les pays voisins : tensions accrues avec le Pakistan, dont les zones frontalières sont régu-lièrement bombardées, et qui manifeste une fermeté sans faille dans le soutien à la résistance, implication plus grande de l'Iran qui, en décembre 1986, est sorti de sa politique de soutien aux seules minorités chiites, militairement peu actives, pour recevoir officiellement le professeur Rabbani, chef du Jamiat-islami, le plus puissant parti sunnite de la résistance.

Olivier Roy

Périphérie de l'Inde

Bangladesh, Bhoutan, Maldives, Népal, Sri Lanka

(carte p. 108)

Créée en 1985, l'Association d'Asie du Sud pour la coopération régionale (SAARC), qui rassemble l'Inde, le Pakistan, le Bangladesh, le Népal, le Bhoutan, Sri Lanka et les Maldives, a tenu en novembre 1986 sa seconde réunion au sommet à Bangalore (Inde). Quoique fragile, la SAARC représente la première structure de concertation entre les chefs d'État d'Asie du Sud. Elle doit faciliter le règlement des problèmes économiques bilatéraux et multilatéraux. Mais elle risque d'achopper sur les questions politiques : ainsi la conférence de Bangalore n'est pas parvenue à un accord sur la lutte antiterroriste. Et les petits et moyens États continuent de se défier de l'Inde qu'ils soupçonnent d'ambitions hégémoniques.

Le **Bangladesh.** Dans un pays secoué depuis plus d'une décennie par des coups d'État répétés, l'année 1986 a semblé marquer un tournant. En organisant des élections, le général Hussein Mohammad Ershad a tenté de donner une légitimité populaire au pouvoir qu'il détient depuis

Bangladesh
Nature du régime : présidentiel autoritaire.
Chef de l'État : Hussein Mohammad Ershad.
Chef du gouvernement : Abdur Rahman Khan.
Monnaie : taka (1 taka = 0,19 FF au 30.4.87).
Langues : bengali, urdu, anglais.

1982. Mais l'absence de tradition démocratique, la pauvreté de masse, la vulnérabilité de la paysannerie aux cataclysmes naturels, et la dépendance économique et financière restent des facteurs profonds d'instabilité pour le pays.

Le rétablissement des libertés politiques a permis aux deux principaux groupes d'opposition de s'exprimer. La Ligue Awami (AL) dirigée par Sheikh Hasina Wajid, fille du fondateur du Bangladesh Mujibur Rahman, et le Parti nationaliste du Bangladesh (BNP) conduit par Begum Khaleda Zia, veuve de l'ancien président Ziaur Rahman, réclament tous deux le retour au régime civil. Mais, tandis que l'AL soutient des positions laïques et socialisantes et qu'elle prône une diplomatie pro-indienne, le BNP met l'accent sur les valeurs islamiques et manifeste des tendances pro-occidentales, se démarquant fort peu des positions du général Ershad et de son Jatiyo Party (JP).

Disposant d'un contrôle absolu de l'appareil étatique, le général Ershad a eu beau jeu de s'imposer, parvenant à obtenir par des concessions tactiques la participation électorale de l'AL désireuse de compter ses voix, tandis que le BNP se cantonnait dans une stratégie d'opposition extraparlementaire.

L'élection législative de mai 1986, marquée par des violences, a donné une courte majorité au JP bientôt rejoint par des députés indépendants, tandis que l'AL obtenait plus du quart des sièges. Le parlement a vite été paralysé par l'obstruction de l'AL.

Le général Ershad a organisé en octobre une élection présidentielle, boycottée par l'opposition. Il a obtenu 83 % des suffrages, le chiffre officiel de participation électorale (54 %) étant contesté par l'opposition et la plupart des observateurs. Un troisième acte a consisté à faire voter par le Parlement un amendement à la Constitution légalisant *a posteriori* toutes les mesures prises par le général Ershad depuis 1982 sous le régime de la loi martiale. Mais l'agitation sociale, notamment chez les étudiants, s'est poursuivie au début de 1987.

Les résultats économiques ont été médiocres : l'agriculture vivrière, après une campagne favorable en 1985-1986, a été affectée par des inondations à partir de septembre 1986, ce qui a provoqué une forte hausse des prix et une situation de grave disette dans le Nord. L'encouragement donné aux investissements privés dans l'industrie (45 % du capital en 1986 contre 15 % en 1972) n'a pas produit la croissance escomptée (moins de 5 %), tandis que la production de jute baissait. Le déséquilibre de la balance commerciale s'est trouvé aggravé par une chute de 20 % des exportations, et l'augmentation du service de la dette n'a été compensé que grâce à de nouveaux emprunts et à l'accroissement des sommes rapatriées par les travailleurs émigrés.

Les succès diplomatiques du régime ont été plus marquants : en tant que président de la SAARC, H. M. Ershad a obtenu des concessions de l'Inde (rectifications de frontières, partage des eaux du Gange) et il a poursuivi la normalisation des relations avec le Pakistan. Les visites de nombreux chefs d'État musulmans, puis celle du pape, ont donné au régime une consécration internationale. Cependant, la reprise de l'agitation des populations bouddhistes aux frontières de la Birmanie et de l'Inde peut devenir un facteur de tension.

Royaume du Bhoutan

Nature du régime : monarchie.
Chef de l'État : roi Jigme Singye Wangchuck.
Monnaie : ngultrum (1 ngultrum = 0,47 FF au 30.4.87).
Langue : dzong-ka (dialecte tibétain).

Au **Bhoutan,** classé parmi les pays les plus pauvres du monde, les équilibres écologiques et les systèmes sociaux anciens n'ont pas été rompus. Le régime monarchique poursuit avec prudence une politique d'ouverture contrôlée et de développement mesuré. Les monastères bouddhiques gardent une place centrale dans la société, en même temps que se constitue un appareil étatique dont le contrôle reste aux mains de l'entourage royal.

Le VIᵉ plan s'est fixé pour objectif l'équipement de petits centres régionaux, la construction d'un réseau de communications et d'une centrale hydroélectrique (Chukha), et l'établissement de petites industries respectant l'environnement (bois). Tirant la leçon de l'expérience népalaise, les autorités restreignent et contrôlent la circulation des étrangers, touristes ou travailleurs indiens des chantiers d'équipement.

Lié depuis 1949 par un traité avec l'Inde, le Bhoutan a cherché depuis les années soixante-dix à mener une diplomatie autonome. Des négociations directes avec la Chine se sont poursuivies en 1986 sur le tracé des frontières, mais seule la normalisation des relations sino-indiennes en Assam leur permettrait d'aboutir.

Les **Maldives**. Depuis l'arrivée au

pouvoir en 1978 du président Maumoon Abdul Gayoom, les dirigeants cherchent à concilier l'ouverture avec la préservation de l'identité

INDE ET PÉRIPHÉRIE DE L'INDE

	INDICATEUR	UNITÉ	BANGLA-DESH	BHOUTAN	INDE
DÉMOGRAPHIE	Capitale		Dakha	Thimbou	New Delhi
	Superficie	km²	143 998	47 000	3 287 590
	Population (*)	million	100,62	1,45	769,7
	Densité	hab./km²	698,8	30,9	234
	Croissance annuelle[e]	%	2,2	2,0	2,5
	Mortalité infantile[e]	‰	117	126	103
	Population urbaine[a]	%	11,9	4,5	25,5
CULTURE	Analphabétisme[a]	%	66,9	90,0[h]	56,5[a]
	Scolarisation 6-11 ans[a]	%	55,5	13,1	64,4
	12-17 ans[a]	%	20,4	7,1	27,3
	3e degré	%	4,9[b]	0,05[c]	..
	Postes tv	‰ hab.	0,9[c]	–	4,0[c]
	Livres publiés	titre	542[f]	..	9 954[b]
	Nombre de médecins	‰ hab.	0,16	0,06	0,28
ARMÉE	Armée de terre	millier d'h.	81,8	4,0[h]	1 100
	Marine	millier d'h.	6,5	–	47
	Aviation	millier d'h.	3,0	–	113
ÉCONOMIE	PIB	milliard $	16,1	0,19[a]	188,0
	Croissance annuelle 1979-86	%	3,5	6,2[i]	5,5
	1986	%	4,4	..	4,5
	Par habitant	$	160	134[a]	244
	Dette extérieure	milliard $	6,53[a]	0,01[c]	35,46[a]
	Taux d'inflation	%	10,4	..	9,2
	Dépenses de l'État Éducation	% PIB	1,9[b]	..	3,2[d]
	Défense	% PIB	1,0	..	3,8
	Production d'énergie[a]	million TEC	3,83	0,001[b]	179,5
	Consommation d'énergie[a]	million TEC	5,55	0,016[b]	190,1
COMMERCE	Importations	million $	2 486	..	14 785
	Exportations	million $	880	..	9 087
	Principaux fournisseurs	%	PCD 47,6	..	E-U 10,2[a]
		%	CAEM 6,3		CEE 26,4[a]
		%	PVD 31,5	Ide ..	PVD 36,6[a]
	Principaux clients	%	PCD 59,0	..	E-U 22,9[a]
		%	CAEM 7,8	..	CEE 18,8[a]
		%	PVD 31,8	Ide ..	PVD 23,0[a]

islamique. Dans un État composé d'atolls répartis sur plus de 1 000 kilomètres, l'économie traditionnelle était fondée sur les relations avec les

République des Maldives
Nature du régime : parlementaire, sans parti.
Chef de l'État et du gouvernement : Maumoon Abdul Gayoom.
Monnaie : rufiyaa (1 rufiyaa = 0,63 FF au 30.4.87).
Langues : divehi, anglais.

NÉPAL	SRI LANKA	MAL-DIVES
Katmandou	Colombo	Male
140 797	65 610	298
17,14	16,06	0,19
115,8	244,8	63,8
3,5	1,4	3,0
126	38	81
5,8	21,1	22
74,4	12,9	17,6
56,1	99,9	..
35,8	62,2	..
4,8[c]	4,1[c]	..
–	3,3[c]	6[f]
43[f]	1 951[c]	..
0,04	0,2	0,13
	30,0	..
30,0	3,96	..
	3,7	..
2,5	6,41	0,05[a]
3,0	5,2[i]	5,5[j]
4,2	..	..
148	399	271[a]
0,56[a]	3,53	0,09[a]
13,8	9,1	..
2,8[d]	2,9[b]	0,6[f]
1,3	4,8	..
0,048	0,283	–
0,284	1,929	0,012[b]
459	1 948	53[a]
142	1 215	23[a]
Jap 23,7[a]	Jap 17,4	PCD 27,7[a]
CEE 14,0[a]	CEE 15,5	Jap 19,0[a]
Ide 30,2[a]	PVD 47,1	Sin 44,0[a]
Ide 28,9[a]	E-U 26,0	PVD 77,3[a]
CEE 24,5[a]	CEE 23,6	Thai 53,4[a]
E-U 35,1[a]	PVD 32,5	CEE 4,2[a]

pays riverains de l'océan Indien, les produits de la pêche étant échangés contre des denrées alimentaires, des tissus, etc. A ce système ancien se superpose une économie nouvelle fondée sur la création d'un État bureaucratique dont les activités sont concentrées dans l'île-capitale de Malé (un quart de la population).

Les quelques grandes familles qui détiennent le pouvoir ont largement investi dans le tourisme – devenu la source majeure de devises du pays –, et dans les activités commerciales qu'il dynamise. Les dirigeants s'efforcent d'en contrôler les effets pervers en limitant les contacts avec la population, de réhabiliter la culture du cocotier et de moderniser la pêche, qui restent les secteurs dominants de l'économie. Il s'agit aussi d'améliorer les communications entre les îles, et de contrôler par là même les particularismes, notamment dans l'extrême Sud. Le président Gayoom entretient des contacts étroits avec les États musulmans de la région, de l'Arabie saoudite à la Malaisie, tout en améliorant ses relations avec l'Inde et Sri Lanka.

Chiffres 1986, sauf notes : a. 1985; b. 1984; c. 1983; d. 1982; e. 1980-85; f. 1980; g. 1977; h. 1981; i. 1979-85; j. 1973-85.
(*) Dernier recensement utilisable : Bangladesh, 1981; Bhoutan, 1969; Inde, 1981; Népal, 1981; Sri Lanka, 1981.

Royaume du Népal

Nature du régime : monarchie.
Chef de l'État : roi Birendra.
Chef du gouvernement : Marich Man Singh.
Monnaie : roupie népalaise (1 roupie = 0,28 FF au 30.4.87).
Langue : népali.

Le **Népal.** Dans le cadre d'un système fondé sur l'exclusion des partis politiques des consultations (système des *panchayat*), les élections générales de mai 1986 ont été marquées par une plus forte participation qu'en 1981, et par l'absence de candidats appartenant au seul parti d'opposition notable, le Congrès népalais. Néanmoins 20 % environ des élus l'ont été sur la base de positions critiques à l'égard du régime (népotisme et corruption). A la suite de ces élections, le gouvernement a multiplié les mesures d'intimidation à l'encontre de la presse. En revanche, lors des élections locales tenues en avril 1987, le Congrès népalais a pu mesurer la faiblesse de son audience en milieu rural, mais son influence dans les villes, prenant le contrôle de la municipalité de Katmandou en dépit d'irrégularités du scrutin.

La situation économique est inquiétante. La planification est un échec, alors que la population s'accroît rapidement. Les rendements agricoles stagnent, l'industrie représente moins de 5 % du PNB, et le déficit chronique du commerce avec l'Inde n'est plus compensé par le tourisme, la contrebande et les sommes envoyées par les soldats *(Gurkhas)* engagés dans les armées indienne et britannique, dont l'avenir est incertain. Le budget 1986 dépendait à 90 % de l'aide et des prêts étrangers.

Les problèmes des minorités auxquels le Népal et l'Inde se trouvent confrontés dans leurs régions frontalières ont pris de l'ampleur en 1986. Au Népal, dans la zone du Terai récemment mise en valeur, sont installés de nombreux immigrants indiens qui contribuent à la relative prospérité de la région mais supportent mal d'être considérés comme citoyens de seconde zone ; tandis qu'en Inde, dans le district de Darjeeling peuplé de Népalais, un « Front de libération nationale Gorkha » réclame la création d'un État autonome.

Dans ce contexte nouveau, conserver de bonnes relations avec la Chine sans dénoncer le traité indo-népalais de 1950 risque d'être difficile ; mais le choix de Katmandou comme siège du secrétariat permanent de la SAARC représente un succès pour la diplomatie népalaise.

─────────────

République démocratique socialiste du Sri Lanka

Nature du régime : présidentiel.
Chef de l'État : Julius Jayewardene.
Premier ministre : Ranasingh Premadasa.
Monnaie : roupie sri lankaise (1 roupie = 0,21 FF au 30.4.87).
Langues : cingalais, tamoul, anglais.

A **Sri Lanka,** les négociations menées grâce à la médiation de l'Inde se sont enlisées comme en 1985, en dépit des concessions faites par le gouvernement sri-lankais aux demandes tamoules : attribution de la citoyenneté à 96 000 Tamouls apatrides travaillant sur les plantations du centre de l'île, et surtout proposition de dévolution du pouvoir à l'échelle provinciale en matière de maintien de l'ordre, d'enseignement et d'attribution de terres. Les négociations ont achoppé sur la question du statut de la province orientale, devenue l'enjeu majeur du conflit.

Dans la province septentrionale, où les Tamouls forment la quasi-totalité de la population, le principal groupe armé, le LTTE (Tigres de libération de l'Eelam tamoul), a pratiquement éliminé ses rivaux, réduit les politiciens modérés du TULF (Front uni de libération tamoule) à un rôle de figurants, et contraint l'armée gouvernementale à rester dans ses casernes, le seul moyen de pression de Colombo étant un blocus de la péninsule de Jaffna qui achève de lui aliéner la population civile.

La situation est très différente dans la province orientale qui n'est peuplée qu'à 40 % de Tamouls, et pour le reste de musulmans et de Cingalais, et où se trouve la rade de Trincomalee, qui a toujours suscité les convoitises des puissances maritimes. Pour faire face au déplacement des activités terroristes tamoules vers l'est, le gouvernement a eu recours à des troupes spéciales entraînées par des instructeurs étrangers, et il a armé des milices cingalaises : les conditions d'une guerre civile se trouvent réunies. Enfin, les attentats tamouls dans les zones cingalaises de l'île se sont intensifiés en 1987. Dans ces conditions, la reprise des négociations est compromise, d'autant que l'évolution de la situation en Inde réduit la marge d'initiative de Rajiv Gandhi. Malgré l'apparente efficacité des interventions de l'armée gouvernementale en juin 1987, l'expérience récente permet de douter des chances de succès d'une « solution » militaire ; et toute concession majeure faite aux Tamouls risque de retourner contre le gouvernement une opinion cingalaise travaillée par la propagande chauvine de l'opposition, le Parti de la liberté de SriLanka de Mme Bandaranaike ayant obtenu l'appui de certains hauts dignitaires bouddhistes.

Après quatre ans de pourrissement, le coût de ce conflit bloqué est très lourd. Il risque de déstabiliser durablement le pays, par contrecoup, l'ensemble de la région. Économiquement, l'effort de développement entrepris en 1977 est définitivement compromis : les dépenses militaires obèrent le budget, les investisseurs se détournent, de même que les touristes, les projets agricoles sont menacés par les troubles, la production des pêcheries chute de 40 %, celle de paddy est affectée, celle de thé peut-être menacée, l'exode des cerveaux s'accentue. Socialement, la violence a fait plus de 5 000 victimes et plus de 100 000 réfugiés, et elle devient courante dans une société qui était jusqu'alors pacifique. Politiquement, le gouvernement qui avait déjà employé des méthodes peu démocratiques pour maintenir au pouvoir en 1982, peut être tenté, pour imposer une solution impopulaire, de suspendre le jeu des institutions. Diplomatiquement, si l'échec de la médiation indienne se confirme, le renforcement des liens de Colombo avec le Pakistan et les puissances occidentales risque d'affecter l'avenir de la SAARC et de bloquer toute solution durable, qui doit avoir l'aval de l'Inde pour réussir.

Éric Meyer

Indochine

Birmanie, Cambodge, Laos, Thaïlande, Vietnam

La **Thaïlande** et le **Vietnam** sont traités dans la section « Les 34 grands États ».

En **Birmanie**, rien n'a bougé en politique intérieure. Le 1er mars 1987 a marqué le vingt-cinquième anniversaire du coup d'État militaire qui a porté au pouvoir le général Ne Win et mis en place un parti unique, le Parti du programme socialiste birman (PPSB). Aucune forme d'opposition n'est tolérée et l'Assemblée nationale n'est qu'une chambre d'enregistrement. Le général San Yu, président de la République, et le chef du gouvernement, Maung Maung Kha, n'ont d'autre mission que d'appliquer strictement les décisions prises par Ne Win, âgé

**République socialiste
de l'Union birmane**
Nature du régime : militaire avec parti
unique.
Chef de l'État : San Yu.
Chef du gouvernement : Maung Maung
Kha.
Monnaie : kyat (1 kyat = 0,92 FF au
30.4.87).
Langues : birman, anglais, dialectes
des diverses minorités ethniques.

de soixante-seize ans, et seul maître
de la Birmanie de par sa fonction de
président du P P S B.

Le pays fait face depuis 1948, le
long de toutes ses frontières, à une
dizaine de rébellions de minorités
ethniques qui réclament l'indépendance : Karen, Môn, Shan, Kachin,
Chin, etc. Mais une autre révolte
armée, est mieux structurée : celle
du Parti communiste birman (PCB),
15 000 hommes opérant entre la
rivière Salouen et la province chinoise du Yunnan. A peu près lâché
par la Chine, soucieuse de conserver
le soutien diplomatique de la Birmanie qui condamne l'invasion de
l'Afghanistan et du Cambodge, le
P C B est moins actif mais son potentiel est intact. Pour pouvoir acheter
des armes, le P C B participe désormais activement au trafic de l'opium
et à la production de l'héroïne. Il
coopère ainsi avec l' « Armée shan
unifiée » du roi de la drogue, Khun
Sa, qui contrôle la plupart des fabri-
ques d'héroïne à la frontière thaïlandaise. La récolte annuelle d'opium,
en février 1987, était évaluée à huit
cents tonnes.

Le général Ne Win s'est rendu fin
mars aux États-Unis pour un voyage
dont on n'a rien su, sauf qu'il était
privé. Les relations avec la
Thaïlande se sont très peu améliorées malgré les visites du vice-
ministre thaïlandais des Affaires
étrangères Prapas Limpabandhu
(janvier 1987), puis du général
Chaovalit, commandant en chef de
l'armée (en mars), suivies du passage à Bangkok, en avril, du Premier
ministre birman.

Avec un revenu annuel par tête de
190 dollars, la Birmanie est restée

très pauvre. Pour l'année fiscale
1986-1987, qui s'est terminée le 31
mars 1987, les exportations, en
sérieuse régression, n'ont atteint que
418 millions de dollars. Les biens de
consommation sont rares et ne se
trouvent pratiquement qu'au marché noir, arrivant en contrebande
des pays voisins. La croissance
annuelle dépasse à peine 3 %. La
Birmanie bénéficie chaque année de
prêts étrangers d'un demi-milliard
de dollars, surtout de la part du
Japon. La dette extérieure au 1er
avril 1987 atteignait 3,4 milliards de
dollars et son service équivalait à
40 % du montant des exportations.
Les seules sociétés étrangères qui
avaient réussi à conserver des « bureaux de liaison », onze japonaises et
trois sud-coréennes, les ont fermés
en janvier 1987 sur l'ordre du gouvernement. La Birmanie de Ne Win
est hermétique à toute présence
extérieure.

République populaire du Kampuchea
Nature du régime : démocratie popu-
laire.
Chef de l'État : Heng Samrin.
Chef du gouvernement : Hun Sen.
Monnaie : riel.
Langues : khmer, français, anglais,
vietnamien.

Au **Cambodge**, la faiblesse du
Parti populaire révolutionnaire du
Kampuchea (PPRK) demeure un
problème : il comptait tout au plus
8 000 adhérents au 1er mai 1987. Les
membres du gouvernement Hen Sen
sont presque tous communistes mais
les vice-ministres et hauts fonctionnaires n'ont qu'une connaissance
superficielle du marxisme. L'armée
a augmenté ses effectifs (40 000
hommes) mais montre peu d'esprit
combatif. La présence au Cambodge d'au moins 120 000 militaires
vietnamiens a cependant permis
d'améliorer sensiblement la sécurité.
A l'exception des Khmers rouges,
qui, au nombre de 30 000, sont bien
armés par la Chine, via la Thaïlande,
la résistance au régime Heng Samrin ne fait guère preuve de pugnaci-

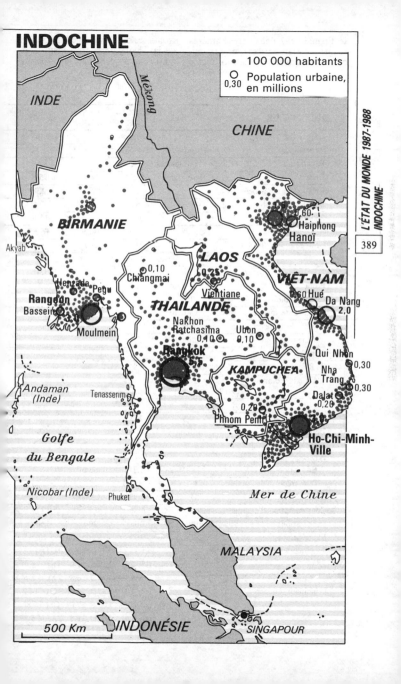

INDOCHINE

- • 100 000 habitants
- ○ Population urbaine, en millions
  0,30

INDE

CHINE

Mékong

BIRMANIE

LAOS

VIÊT-NAM

Akyab

0,10
Chiangmai

0,25
Vientiane

0,60
Haiphong
Hanoï

Henzada
Pegu

Rangoon
Basseim

Moulmein

THAILANDE

Hué

Da Nang
2.0

Nakhon
Ratchasima
0,10

Ubon
0,10

Bangkok
5.5

Qui Nhon

0,30
Nha
Trang

KAMPUCHEA

Dalat
0,20

0,30

Andaman
(Inde)

Tenasserim

Golfe
du Bengale

0,20
Phnom Penh

Ho-Chi-Minh-
Ville

Nicobar (Inde)

Phuket

Mer de Chine

MALAYSIA

500 Km

INDONÉSIE

SINGAPOUR

té. En mai 1987, deux bases khmères rouges causaient d'assez sérieux souci. La première, à la limite des frontières du Cambodge, du Laos et de la Thaïlande, à trois cents kilomètres au nord-est de Phnom Penh,

INDOCHINE

	INDICATEUR	UNITÉ	BIRMA-NIE	CAM-BODGE	LAOS
DÉMOGRAPHIE	Capitale		Rangoon	Pnom-Penh	Vientiane
	Superficie	km²	676 552	181 035	236 800
	Population (*)	million	37,15[a]	7,47	3,69
	Densité	hab./km²	54,9[a]	41,3	15,6
	Croissance annuelle[h]	%	..	2,6	2,9
	Mortalité infantile[h]	‰	69	144	114
	Population urbaine[a]	%	30,0	15,6	15,9
CULTURE	Analphabétisme	%	82[a]	41,9[f]	16,1[a]
	Scolarisation 6-11 ans[a]	%	71,9	..	75,3
	12-17 ans[a]	%	19,0	..	41,0
	3e degré	%	5,1[e]	..	1,4[c]
	Postes tv	‰ hab.	0,1[c]	8,7[c]	–
	Livres publiés	titre	14[b]	..	..
	Nombre de médecins	‰ hab.	0,3	..	0,05
ARMÉE	Armée de terre	millier d'h.	170,0	35,0	50,0
	Marine	millier d'h.	7,0	–	1,0
	Aviation	millier d'h.	9,0	–	2,0
ÉCONOMIE	PIB	milliard $	7,97	..	..
	Croissance annuelle 1979-1986	%	6,1	m	3,4[di]
	1986	%	3,7	..	..
	Par habitant	$	215	50[c]	184[b]
	Dette extérieure	million $	3 104	400[ak]	449[bl]
	Taux d'inflation	%	21,6	..	..
	Dépenses de l'État Éducation	% PIB	1,7[g]	..	..
	Défense	% PIB	3,7	..	..
	Production d'énergie[a]	million TEC	3,92	0,005	0,135
	Consommation d'énergie[a]	million TEC	6,36	0,026	0,317
COMMERCE	Importations	million $	306	200[a]	160[a]
	Exportations	million $	300	10[a]	40[a]
	Principaux fournisseurs	%	Jap 31,6[a]	PCD 46,2[c]	PCD 10,3[b]
		%	CEE 24,7[a]	URS 37,0[c]	Thai 18,4[b]
		%	PVD 28,2[a]	PVD 16,8[c]	CAEM 53,6[b]
	Principaux clients	%	CEE 10,0[a]	PCD 10,6[c]	PCD 14,2[b]
		%	Asi 52,3[a]	URS 57,6[c]	Chi 16,8[b]
		%	Jap 6,4[a]	PVD 31,8[c]	CAEM 61,0[b]

entretenait une certaine insécurité au nord de Siem Reap. La seconde, à la lisière (et même un peu à l'intérieur) de la province thaïlandaise de Trat, permettait aux Khmers rouges de maintenir l'agitation dans la région de Pursat.

Le Vietnam a affirmé toutefois qu'il retirerait ses dernières troupes en 1990. Il s'est dit prêt à souscrire à une solution politique à la condition formelle que la direction khmère rouge, civile et militaire, soit démantelée. La décision de Norodom Sihanouk, le 7 mai 1987, d'abandonner pour un an la Présidence du « gouvernement du Kampuchea démocratique » a gravement affaibli cet organisme qui n'est guère présent qu'à l'ONU.

La socialisation de l'économie est embryonnaire. Le Cambodge, pour la première fois depuis 1974, a été autosuffisant en riz, en 1987. Le commerce, sauf celui du riz et les transactions avec l'étranger, sont dominés par le secteur privé, extrêmement actif à Phnom Penh. La production industrielle est presque insignifiante et l'infrastructure reste dans un état désastreux. L'aide économique soviétique – cent millions de dollars en 1987 – est modeste pour un pays anéanti de 1969 à 1979, d'abord par la guerre, puis par le régime khmer rouge. L'éducation nationale a sérieusement progressé. La situation sanitaire, meilleure à Phnom Penh et dans les villes, est toujours mauvaise dans les campagnes. L'assistance à la santé publique par les organisations internationales a été de six millions de dollars en 1987. Les organismes caritatifs privés occidentaux mettent à disposition des ressources plus substantielles.

THAÏLANDE	VIETNAM
Bangkok	Hanoi
514 000	329 556
52,33	60,9
101,8	184,8
2,0	2,2
46	73
15,6	20,3
9,0[a]	16[j]
85,6	96,9
40,6	66,7
22,5[c]	2,2[f]
66	..
8 633[b]	2 225[a]
0,16	0,32[a]
166	1 000
42	40
48	15
42,10[a]	5,78[cd]
5,2	7,1[h]
4,3	..
821[a]	101[cd]
17 489[a]	4 900[b]
1,7	700
3,9[c]	..
4,0[a]	..
5,92	5,03
23,79	7,16[b]
9 154	1 823[b]
8 794	763[b]
Jap 26,2	CAEM 72,1[b]
E-U 14,2	URS 66,1[b]
MO 5,5	PCD 12,1[b]
Jap 14,1	CAEM 58,1[b]
E-U 17,9	URS 50,4[b]
CEE 21,5	PCD 12,0[b]

Chiffres 1986, sauf notes : a. 1985 ; b. 1984 ; c. 1983 ; d. Produit matériel net ; e. 1981 ; f. 1980 ; g. 1977 ; h. 1980-85 ; i. 1980-84 ; j. 1979 ; k. Presque entièrement envers l'URSS et le Vietnam ; l. Dont deux tiers aux pays du CAEM ; m. La consommation d'énergie a augmenté de 1,6 % par an entre 1980 et 1985.

(*) Dernier recensement utilisable : Birmanie, 1983 ; Cambodge, 1962 ; Thaïlande, 1980 ; Vietnam, 1979 ; Laos, 1985.

**République démocratique
populaire du Laos**

Nature du régime : démocratie populaire.
Chef de l'État : Phoumi Vongvichit (par intérim).
Chef du gouvernement : Kaysone Phomvihane.
Monnaie : nouveau kip (1 kip = 0,17 FF au 30.6.87).
Langues : lao, dialectes (taï, phou-theung, hmong), français, anglais.

Laos. Le quatrième congrès du Parti communiste laotien (PCL) en novembre 1986 a été marqué par l'entrée au Bureau politique et au Comité central de plusieurs généraux et dirigeants provinciaux. Kaysone Phomvihane a été réélu secrétaire général et demeure chef du gouvernement. Les ministres appartiennent au PC, mais non les vice-ministres, qui sont des technocrates. Phoumi Vongvichit, « numéro quatre » du Bureau politique, assure l'intérim du président de la République Souphanouvong, atteint d'une hémorragie cérébrale en octobre 1986.

Les relations du Laos communiste avec les nations occidentales sont convenables. Elles ne se sont guère améliorées avec la Thaïlande malgré la visite à Vientiane en décembre 1986 du secrétaire d'État thaïlandais aux Affaires étrangères, Arun Panupong, et celle du vice-ministre laotien Soubanh Srithirath à Bangkok en mars 1987.

Le Laos couvre à peu près ses besoins alimentaires. La socialisation touche à peine 10 % des paysans et la petite entreprise commerciale privée reste assez largement représentée à Vientiane et dans les villes de la vallée du Mékong. L'aide étrangère annuelle est de l'ordre de 80 millions de dollars en dons ou en prêts à très longs termes, dont la moitié vient des pays socialistes et le reste des organisations internationales et du monde occidental. Depuis 1987, la CEE finance plusieurs projets d'une valeur de l'ordre de 10 millions de dollars. Les exportations ont atteint 47 millions de dollars en 1986, dont 33 millions d'électricité produite par la centrale hydroélectrique de la Nam Ngum, vendue à la Thaïlande. Des progrès sensibles ont été enregistrés dans les secteurs de l'éducation et de la santé dans les villes. Mais la situation à cet égard demeure préoccupante dans les campagnes, faute de moyens de communication. Les cadres, dont les salaires sont très faibles, « s'en tirent » grâce aux appointements élevés de leurs parents employés dans le secteur privé.

François Nivolon

Asie du Sud-Est insulaire

Brunéi,
Hong-Kong,
Indonésie, Macao,
Malaisie,
Philippines,
Singapour, Taïwan

L'**Indonésie** et les **Philippines** sont traitées dans la section « Les 34 grands États ».

Sultanat du Brunéi

Nature du régime : sultanat.
Chef de l'État et du gouvernement : sultan sir Hassanal Bolkiah.
Monnaie : dollar de Brunéi.
Langue : malais.

Au sultanat de **Brunéi**, l'événement marquant de l'année 1986 a été la mort du père du sultan, sir Muda Omar Ali Saifuddin en septembre. Le sultan a ainsi perdu son principal conseiller et son ministre de la Défense. Cela a auguré d'une approche plus libérale en matière politique et religieuse. En politique

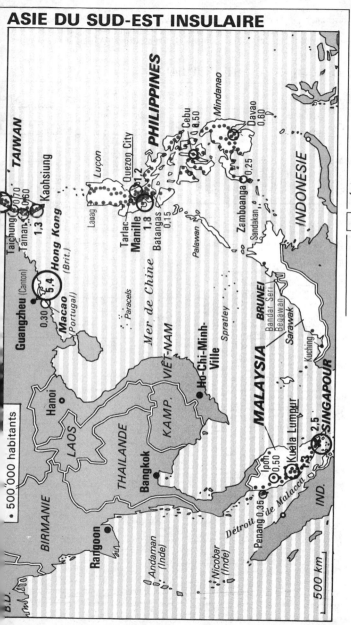

ASIE DU SUD-EST INSULAIRE

• 500'000 habitants

500 km

BIRMANIE

LAOS

THAILANDE

Hanoi

Bangkok

VIÊT-NAM

KAMP.

Ho-Chi-Minh-Ville

Rangoon

Andaman (Inde)

Nicobar (Inde)

IND.

Détroit de Malacca

Penang 0.35

Ipoh 0.50

Kuala Lumpur 1.3

2.5 SINGAPOUR

MALAYSIA

Kuching

Sarawak

Bandar Seri Begawan

BRUNEI

Mer de Chine

Paracels

Spratley

Palawan

INDONESIE

Guangzhou (Canton) 5.4

Macao (Portugal) 0.30

Hong Kong (Brit.)

Taichung 0.70

Tainan 0.60

Kaohsiung 1.3

TAIWAN

Laoag

Luçon

Tarlac

Manille 1.8

Batangas 0.15

Quezon City 1.2

PHILIPPINES

Cebu 0.50

Mindanao

Davao 0.60

Zamboanga 0.25

Sandakan

0.15

L'ÉTAT DU MONDE 1987-1988
ASIE DU SUD-EST INSULAIRE

étangère, placée sous la responsabilité d'un frère du sultan, les orientations traditionnelles ont été poursui-

vies : renforcer les liens avec les pays de l'Association des nations du Sud-Est asiatique (ANSEA) et avec les

ASIE DU SUD-EST INSULAIRE

	INDICATEUR	UNITÉ	BRUNÉI	HONG-KONG	INDONÉSIE
DÉMOGRAPHIE	Capitale		Bandar S.B.	H.-Kong	Jakar
	Superficie	km²	5 770	1 045	2 027
	Population (*)	million	0,23	5,83	166,9
	Densité	hab./km²	39,9	5,6	82,4
	Croissance annuelle[e]	%	3,9	1,5	2,2
	Mortalité infantile[e]	‰	16	10	79
	Population urbaine[a]	%	64	90,8	25,
CULTURE	Analphabétisme	%	22,2[g]	10,0[h]	25,9
	Scolarisation 6-11 ans[a]	%	..	100	82,
	12-17 ans[a]	%	..	78,1	47,
	3e degré	%	..	12,8[b]	6,5
	Postes tv	‰ hab.	138	228	35
	Livres publiés	titre	..	..	5 25
	Nombre de médecins	‰ hab.	0,5[c]	0,9	0,1
ARMÉE	Armée de terre	millier d'h.	3,38	–	21
	Marine	millier d'h.	0,47	–	38
	Aviation	millier d'h.	0,2	–	27
ÉCONOMIE	PIB	milliard $	3,94[a]	33,77[a]	98,
	Croissance annuelle 1979-86	%	– 4,7[i]	6,4[i]	4,
	1986	%	– 10,0	8,7	– 0
	Par habitant	$	16 263[a]	5 879[a]	58
	Dette extérieure	milliard $	..	1,0	35,
	Taux d'inflation	%	..	3,9	9,
	Dépenses de l'État Éducation	% PIB	1,8[d]	2,8[b]	2,
	Défense	% PIB	7,1[b]	–	2,
	Production d'énergie[a]	million TEC	23,9[b]	–	13
	Consommation d'énergie[a]	million TEC	3,0[b]	10,04	43
COMMERCE	Importations	million $	606[a]	35 366	10
	Exportations	million $	2 934[a]	35 440	14
	Principaux fournisseurs	%	Sin 24,4[a]	Jap 20,4	Jap
		%	Jap 19,8[a]	PVD 41,7	E-U
		%	E-U 15,6[a]	Chi 29,6	Sin
	Principaux clients	%	Jap 61,2[a]	E-U 31,4	Jap
		%	Sin 8,7[a]	CEE 14,3	E-U
		%	Thai 10,6[a]	PVD 38,7	Sin

Chiffres 1986 sauf notes : a. 1985 ; b. 1984 ; c. 1983 ; d. 1982 ; e. 1980-85 ; f. 1979-85 ; g. 1981 ; h. 1980 ; i. 1980-86.

(*) Dernier recensement utilisable : Brunei, 1981 ; Hong-Kong, 1981 ; Malaisie, 1980 ; Philippines, 1980 ; Singapour, 1980 ; Macao, 1981.

MALAISIE	PHILIP-PINES	SINGA-POUR	TAÏWAN	MACAO
Kuala Lumpur	Quezon City	Singapour	Taipei	Macao
329 750	300 000	618	35 980	16
16,00	55,58	2,59	19,6	0,41
48,5	185,3	4 190,9	544,7	25 625
2,6	2,4	1,2	1,5	4,3
30	49	9	8,9	12
31,5	39,6	74,2	67	97
26,6ᵃ	14,3ᵃ	13,9	10,3ʰ	..
93,6	82,4	97,9		..
66,1	65,5	68,9	..	..
6,1ᵇ	29,1ᵈ	11,8ᶜ	21,5ᵃ	..
106	38	188ᶜ	275ᵃ	..
3 975ᵇ	542ᵇ	1 927ᶜ	..	..
0,32	0,88	1,0	1,15ᵇ	0,44
90,0	70	45,0	270,0	–
9,0	26	4,5	38,0	–
11,0	17	6,0	39,0	–
31,93ᵃ	30,4	18,97ᵃ	72,5	1,03ᵃ
5,5	2,9	6,1	7,2	7,1ⁱ
0,0	0,1	1,9	10,8	6,0
2 048ᵃ	547	7 412ᵃ	3 701	2 514ᵃ
17,97ᵃ	26,18ᵃ	2,05ᵃ	10,1ᶜ	..
1,4	– 0,3	– 1,4	..	1,7
6,4ᵇ	1,3ᵇ	4,4ᵈ	4,7ᵃ	..
5,6	1,7	6,3	5,6	..
51,3	2,02	–	7,1ʰ	–
17,7	18,3	9,0	50,7ʰ	0,3
10 829	5 374	25 511	24 164	791ᵃ
13 875	4 771	22 509	39 789	988ᵃ
Jap 20,5	Jap 18,6	E-U 15,0	Jap 34,2	H-K 57,2ᵃ
E-U 19,2	E-U 27,1	Jap 19,9	ArS 3,8	Chi 34,4ᵃ
Sin 14,9	M-O 31,9	PVD 44,0	E-U 22,5	PCD 4,9ᵃ
E-U 16,5	E-U 35,8	E-U 23,4	H-K 7,3	E-U 34,1ᵃ
Jap 23,1	Jap 17,9	Jap 8,6	Jap 11,4	CEE 29,7ᵃ
Sin 17,0	CEE 18,4	PVD 48,7	E-U 47,8	H-K 22,0ᵃ

organisations islamiques internationales. Mais les rapports se sont aussi développés avec d'autres pays asiatiques comme la Corée du Sud, le Népal ou Hong-Kong. Sur le plan économique, en dépit de la baisse des prix du pétrole, les recettes sont restées importantes : Brunéi a développé une politique d'exportation agressive, cherchant à concurrencer la Malaisie. Cependant, plusieurs projets de développement ont été retardés. L'option économique d'ensemble reste celle de la diversification pour réduire à terme la dépendance envers le pétrole.

A **Hong-Kong**, colonie britannique, la politique a été dominée par des discussions sur les réformes politiques et sur la loi fondamentale de la future région administrative spéciale. En décembre 1986, la mort soudaine du gouverneur, sir Edward Youde, a créé des incertitudes. Des relations plus ou moins conflictuelles se sont développées au cours de l'année 1986 avec le responsable local de l'agence chinoise Xinhua, Xu Jiatun. Un litige a ainsi porté sur le mode d'élection des membres du Comité exécutif chargé de la loi fondamentale. La réorganisation du système électoral a renforcé la place d'organisations politiques plutôt favorables à Pékin. En octobre 1986, au cours d'une visite historique en Chine, la reine Élisabeth II est restée trois jours à Hong-Kong. Après la catastrophe de Tchernobyl, le projet de construction d'une centrale nucléaire à cinquante kilomètres de Hong-Kong fut un autre sujet de tension avec la Chine.

Sur le plan économique, après l'année noire 1985, le PIB a augmenté de 6 % en 1986 en raison d'une relance des exportations. Le chômage est resté relativement faible, ce qui explique l'absence de forts conflits sociaux. La baisse de la monnaie par rapport au dollar américain a largement contribué à l'amélioration de la situation extérieure, en dépit d'une hausse très nette des importations. La demande intérieure est restée hésitante et la

Bourse s'est quelque peu redressée, après la série de scandales qui l'avaient touchée en 1984 et 1985.

A **Macao**, province portugaise d'outre-mer, avec le changement de chef d'État au Portugal, l'amiral Vasco de Almeida e Costa a été remplacé au poste de gouverneur par Joaquim Pinto Machado. Comme pour Hong-Kong, la Chine prévoit de faire de Macao une région administrative spéciale. Elle est déjà présente avec plusieurs unités économiques et aucun grand projet ne peut être réalisé sans la présence d'une compagnie qui lui soit liée. Pékin a aussi envoyé de nombreux cadres parlant portugais, et Ma Man-kei, membre de l'Assemblée législative et président de la chambre de commerce chinoise de Macao, appartient au Comité permanent de l'Assemblée nationale populaire chinoise. Sur le plan économique, les exportations ont augmenté à la suite de la dévaluation du dollar américain. Le tourisme (25 % du PIB) et les jeux de casino restent cependant les activités principales de Macao. Les liens économiques se sont développés avec la Chine et Hong-Kong.

Ce sont les problèmes de politique intérieure qui ont marqué la **Malaisie** en 1986. En août, l'Association chinoise malaise a vu son président Tan Koon Swan condamné à deux ans de prison à Singapour pour inculpation dans une faillite frauduleuse. Un conflit entre Datuk Musa Hitam, le vice-Premier ministre, et Datuk Sari Mahatir, le Premier ministre, est apparu au grand jour,

---

Malaisie

Nature du régime : monarchie constitutionnelle.
Chef de l'État : roi Tuanku Mahmood Iskandar al-Haj.
Chef du gouvernement : Datuk Sari Mahathir Mohamad.
Monnaie : ringgit (1 ringgit = 2,41 FF au 30.4.87).
Langues : malais, chinois.

avec des répercussions au sein de l'Organisation nationale unie des Malais.

Lors des élections du mois d'août 1986, les électeurs chinois ont surtout voté pour le Parti d'action démocratique qui n'est pas membre du Front national (coalition gouvernementale). Tous ces événements ont rallumé les tensions raciales, rappelant celles de 1969. Au Parlement, Malais et Chinois ont débattu de leurs droits et privilèges respectifs. Une grande partie des électeurs a exprimé son mécontentement face au découpage racial, les Chinois et les Indiens réclamant notamment d'être considérés comme des citoyens de la Malaisie. Les résultats du Front national ont baissé (57,4 % contre 60,5 % en 1982) et le Parti Islam (opposition), avec 15,6 % des voix, n'a pas obtenu les résultats escomptés. Ces élections ont créé une situation politique plus tendue, les Malais soutenant le gouvernement et les Chinois glissant dans l'opposition. Les divisions raciales sont compliquées par le jeu des clivages religieux.

Au niveau économique, un programme de privatisation du secteur public a été engagé ainsi qu'une stratégie de défense des intérêts du pays en tant qu'exportateur de produits primaires. Cette politique a coïncidé avec une réduction des possibilités d'emprunt du gouvernement. Le déficit du secteur public et la détérioration des termes de l'échange ont poussé le gouvernement à adopter une nouvelle politique de réduction des dépenses publiques pour ne pas accroître son endettement extérieur. Ces difficultés sont apparues au moment de l'adoption du Vᵉ plan quinquennal, marqué par une tentative de relance des investissements privés et par un ensemble de mesures réformant le régime des investissements étrangers. Le secteur manufacturier est appelé à prendre plus d'importance et, à cette fin, la « Nouvelle politique économique » (consistant à donner plus de pouvoir aux Malais par rapport aux Chinois dans l'industrie

et la banque) a été quelque peu assouplie dans certaines branches. Le plan a prévu une concentration des investissements sur les industries manufacturières basées soit sur des marchandises que le pays produit à l'état brut ou semi-transformé, soit sur des productions assurées par les entreprises locales. Conséquence de la situation intérieure, la politique étrangère a été marquée par très peu d'initiatives. Une certaine tension s'est manifestée avec Singapour lors de la condamnation du président de l'Association chinoise malaise et la visite du président d'Israël Chaïm Herzog à Singapour a donné lieu à de nombreuses manifestations hostiles, non seulement en Malaisie, mais aussi à Brunéi et en Indonésie.

Singapour

Nature du régime : « démocratie » parlementaire contrôlée par un parti dominant.
Chef de l'État : Wee Kim Wee (président).
Chef du gouvernement : Lee Kuan Yew.
Monnaie : dollar de Singapour (1 dollar = 2,81 FF au 30.4.87).
Langues : malais, chinois, anglais, tamoul.

A **Singapour,** l'année 1986 a été celle du renforcement de l'autoritarisme. La vie politique a été dominée par un contrôle plus étroit sur l'appareil judiciaire et par la question de la succession du chef de gouvernement Lee Kuan Yew. Le premier vice-Premier ministre, Goh Chok Tong, a élargi ses responsabilités, et le fils du Premier ministre Lee Hsien Loong a été nommé président du Comité de modernisation de l'économie. La répression à l'encontre des deux seuls députés de l'opposition (sur soixante-dix-neuf parlementaires...) s'est poursuivie sous forme de persécutions judiciaires.

Un autre souci du gouvernement a été le déclin du taux de natalité et ses conséquences. Les ministres se sont particulièrement souciés du nombre de femmes diplômées restant célibataires et ils ont cherché à développer les rencontres entre les jeunes diplômés. Les autorités ont par ailleurs mené une campagne rétrograde auprès de couples ayant un bas niveau d'éducation pour les inciter à avoir moins d'enfants.

Dans le domaine des Affaires étrangères, Goh Chok Tong et le fils de Lee Kuan Yew ont multiplié les voyages à l'étranger, notamment pour développer les liens commerciaux. Les relations sont restées tendues avec la Malaisie (pour des raisons politiques), avec des répercussions économiques : la Bourse a mis plus de cinq mois à se redresser.

Les coûts unitaires de main-d'œuvre ont augmenté de 40 % entre 1980 et 1985, quatre fois plus vite que ceux de Taïwan ou des États-Unis, alors que les coûts coréens restaient stables et que ceux de Hong-Kong baissaient. Le gouvernement a décidé de contrôler l'évolution des salaires. Parallèlement, les impôts ont été réduits, et, pour combler le déficit budgétaire, il a été envisagé d'augmenter les taxes sur la consommation. A l'image de Taïwan, le mode de rémunération est désormais déterminé par un salaire mensuel de base et par une allocation variable liée aux profits et à la productivité dans l'entreprise. En dépit de nouveaux avantages concédés, les investissements directs en provenance de l'étranger n'ont pas progressé. En revanche, les investissements de portefeuille ont connu un essor lié au redressement de la Bourse. En 1986, la croissance économique réelle est restée modeste : 1,9 %.

République de Chine

Nature du régime : dictature présidentielle sous couvert de démocratie parlementaire.
Chef de l'État : Chiang Ching-Kuo (président).
Chef du gouvernement : Yu Kuo-hwa.
Monnaie : nouveau dollar de Taïwan.
Langue : chinois.

A **Taïwan**, le chef de l'État Chiang Ching-kuo a mené en 1986 une politique d'ouverture limitée. Les partis étant interdits, hormis le Guomindang, le président a envisagé de remplacer la loi martiale par une loi de sécurité nationale autorisant, notamment, l'établissement d'autres partis. Rapidement, et avant toute disposition législative, l'opposition a réagi en créant, en septembre 1986, le Parti du progrès démocratique, premier parti d'opposition organisé depuis quarante ans de domination du Guomindang. A partir de mai, des manifestations s'étaient développées contre la loi martiale ; le mouvement prenant plus d'ampleur lors des procès de six responsables de l'opposition.

En mars 1986, lors de la session plénière du Guomindang, Chiang n'a pu lire son discours et il semblait affaibli. Le problème de sa succession est posé. En cas de décès soudain, le vice-président Lee Teng-Hui deviendrait président, mais lui aussi est âgé. Le fils du chef de l'État, Chiang Hsiao-wu, s'est vu confier un poste diplomatique à Singapour, et, en juin, son plus jeune frère a été nommé au poste important de secrétaire général du Conseil national de sécurité. Au niveau des relations étrangères, Taïwan a consenti à rester membre de la Banque asiatique de développement (la dernière organisation économique ou politique internationale à laquelle il appartienne) en acceptant que sa désignation dans cette instance passe de « République de Chine » à « Taipei, Chine ». En mai 1986 des contacts directs et positifs ont été pris entre la Chine et Taïwan à l'occasion du détournement d'un *Boeing* à Canton.

Taïwan a connu une croissance économique réelle de 9,5 % en 1986, grâce à une forte reprise des exportations. De plus, la hausse du yen japonais par rapport au nouveau dollar de Taïwan a rendu les produits manufacturés locaux plus compétitifs sur les marchés étrangers, et la demande des États-Unis a progressé. Cependant, les fortes exportations ont entraîné une hausse des réserves en devises (créant une pression inflationniste) et un surplus commercial massif, cause de tensions croissantes entre Taïwan et les États-Unis. Ceux-ci ont demandé une réduction des tarifs douaniers sur de nombreux produits et réclamé des mesures d'ouverture du marché. Une importante réforme a été entreprise pour développer le marché financier et les placements de capitaux étrangers. Pour stimuler les exportations, les autorités financières avaient jusqu'en 1986 maintenu une sous-évaluation de la monnaie, le nouveau dollar de Taïwan. Après une période de hausse rapide, en août 1986, la Banque centrale s'est fixé une possibilité de hausse quotidienne plafonnée à 0,01 %.

Patrick Tissier

Asie du Nord-Est

Corée du Nord,
Corée du Sud,
Japon, Mongolie

(cartes pp. 83 et 114)

La **Corée du Sud** et le **Japon** sont traités dans la section « Les 34 grands États ».

République populaire démocratique de Corée

Nature du régime : démocratie populaire, parti unique.
Chef de l'État : Kim Il Sung, président.
Premier ministre : Kang Song San.
Monnaie : won.
Langue : coréen.

En **Corée du Nord**, l'année 1986 et le début de 1987 ont été marqués par de nombreux remaniements ministériels : le premier vice-Premier ministre a changé trois fois en un an et Kang Song San a été remplacé par Li Gun Mo au poste de chef du gouvernement en décembre 1986. Ces mouvements ont eu pour cause des changements de hiérarchie après le onzième plénum du VIᵉ Congrès du Parti du travail (5 au 8 février 1986) et la restructuration de l'administration économique effectuée à l'initiative de Kim Jong Il, fils et dauphin du président Kim Il Sung.

La création de grandes commissions économiques intégrant des ministères mineurs s'est inscrite dans une tentative visant à sortir l'économie nationale de son marasme, dans le cadre du IIᵉ plan septennal (1987-1993). Les principales difficultés identifiées lors du onzième plénum du Parti concernent surtout la technologie et la sidérurgie. N'ayant pas accès à la technologie occidentale malgré l'adoption, en septembre 1984, d'une loi sur les investissements étrangers, l'économie nord-coréenne connaît une sérieuse baisse de productivité dans certains secteurs clés. Dans la production d'acier, l'échec du IIᵉ plan (1978-1984), qui visait un objectif de 8 millions de tonnes, a compromis bien des projets industriels.

Le nouveau Premier ministre a annoncé une réorientation de la politique tendant à renoncer à l'ouverture à l'Ouest. Ce changement de politique s'explique en partie par un rapprochement avec l'URSS, qui s'est manifesté par de nombreuses visites officielles, dont celle de Kim Il Sung à Moscou en octobre 1986.

Des accords militaires mais aussi économiques ont été signés : assistance technique soviétique en matière nucléaire, dans le domaine sidérurgique et pour la recherche sous-marine de minerais, liaison ferroviaire directe avec Moscou ne passant pas par la Chine...

Cependant, ce rapprochement avec l'URSS ne signifie pas l'alignement de Pyongyang sur Moscou au détriment de Pékin. La Corée du Nord a toujours mené une politique d'équilibre entre Moscou et Pékin, savamment dosée selon les circonstances, seul moyen de garder une

ASIE DU NORD-EST

	INDICATEUR	UNITÉ	CORÉE DU NORD	CORÉE DU SU
DÉMOGRAPHIE	Capitale		Pyongyang	Séoul
	Superficie	km²	120 538	99 484
	Population (*)	million	20,89	41,84
	Densité	hab./km²	173,3	420,6
	Croissance annuelle[e]	%	2,5	1,6
	Mortalité infantile[e]	‰	30	30
CULTURE	Population urbaine[a]	%	63,8	65,3
	Analphabétisme[f]	%	..	8,3[f]
	Scolarisation 6-11 ans[a]	%	..	100
	12-17 ans[a]	%	..	88,8
	3e degré[a]	%	..	26,1[b]
	Postes tv	‰ hab.	..	175[c]
	Livres publiés	titre	..	35 446
	Nombre de médecins	‰ hab.	..	1,3
ARMÉE	Armée de terre	millier d'h.	750	520
	Marine	millier d'h.	35	25
	Aviation	millier d'h.	55	33
ÉCONOMIE	PIB	milliard $	h	98,1
	Croissance annuelle 1979-1986	%	j	6,6
	1986	%	..	11,9
	Par habitant	$	i	2 34€
	Dette extérieure	milliard $	2,4[c]	48,0[a]
	Taux d'inflation	%	..	1,3
	Dépenses de l'État Éducation	% PIB	..	4,8[b]
	Défense	% PIB	k	5,0
	Production d'énergie[a]	million TEC	51,15	20,14
	Consommation d'énergie[a]	million TEC	56,00	66,8(
COMMERCE	Importations	million $	2 030[a]	32 68
	Exportations	million $	1 259[a]	35 72
	Principaux fournisseurs	%	URS 42,3[a]	Jap 3
		%	Jap 13,4[a]	E-U 1
		%	Chi 13,0[a]	PVD
	Principaux clients	%	URS 38,2[a]	E-U 4
		%	Jap 12,8[a]	Jap 1
		%	Chi 17,9[a]	PVD 2

certaine indépendance vis-à-vis des deux géants voisins. En mai, une nouvelle preuve en a été donnée par la visite de Kim Il Sung en Chine,

JAPON	MONGOLIE
Tokyo	Oulan-Bator
372 313	1 565 000
121,47	1,94
326,3	1,2
0,7	2,6
7,0	52
76,5	51,8
–	7,4[a]
..	65,1
..	85,2
29,6[b]	25,5[e]
563[c]	46[a]
44 253[c]	7 740[a]
1,5	2,4[a]
155	22,0
44	–
44	3,5
1 958,5	..
3,8	6,4[g]
2,4	5,6
16 123	..
..	..
– 0,3	..
5,7[d]	..
0,98	..
53,94	2,45
466,13	3,41
127 553	881[a]
210 757	554[a]
E-U 23,0	CAEM 97,5[a]
CEE 11,1	APS[l] 1,5[a]
PVD 50,5	PCD 1,0[a]
E-U 38,8	CAEM 94,4[a]
CEE 14,8	APS[l] 1,7[a]
PVD 35,5	PCD 3,9[a]

« voisin fraternel le plus proche ».

Pyongyang a suspendu le dialogue avec Séoul en février 1986 pour protester contre des manœuvres militaires conjointes américano-sud-coréenne (intitulées *Team spirit*). Après la fin des manœuvres, Pyongyang a posé comme condition à la reprise du dialogue l'arrêt définitif de ce genre d'opération militaire. Cette condition a été rejetée par Séoul. Le 17 juin 1986, Pyongyang a proposé de réunir une conférence tripartite entre les deux Corées et les États-Unis pour tenter de réduire la tension militaire dans la péninsule. Cette proposition a été également repoussée, par Séoul et Washington. Mais, depuis le début de 1987, quelques signes de détente sont apparus. C'est ainsi qu'au mois de mars, Pyongyang s'est déclarée prête à avoir des contacts avec Washington sans poser de conditions préalables quant au lieu, aux procédures et au niveau de ces contacts. Il s'agissait d'une réponse à une décision prise peu avant par le Départe-

---

République populaire de Mongolie
Nature du régime : démocratie populaire, parti unique.
Chef de l'État et du gouvernement : Jambyn Batmönh.
Premier ministre : Dumaagiyn Sodnom.
Monnaie : tugrik.
Langue : mongol.

Chiffres 1986, sauf notes : a. 1985; b. 1984; c. 1983; d. 1982; e. 1980-85; f. 1980; g. 1980-86; h. Les estimations varient entre 19,7 milliards $ (CIA) et 30 milliards (universitaires sud-coréens; i. Entre 967 et 1 472 dollars; j. 4,2 % par an entre 1980-86 selon la Far Eastern Economic Review. 8,8 % entre 1977-84 selon le gouvernement; k. 23 % du PIB selon les estimations occidentales (1982). 14,1 % du budget, en 1985, selon le gouvernement; l. Autres pays socialistes.

(*) Dernier recensement utilisable : Corée du Nord, 1944; Corée du Sud, 1980; Japon, 1980; Mongolie, 1979.

ment d'État qui avait levé l'interdiction de principe qui pesait jusqu'alors à l'égard de telles rencontres.

En **Mongolie**, l'année 1986 a été marquée par le XIX⁰ Congrès du Parti communiste, tenu en mai, et par la première session de la onzième Assemblée nationale, convoquée en juillet. Ces deux réunions ont consolidé le pouvoir de Jambyn Batmönh, le Congrès l'ayant réélu au poste de secrétaire général du Parti, et l'Assemblée nationale l'ayant désigné président du Présidium du Parlement (chef de l'État).

Les relations extérieures du pays sont plus que jamais axées sur l'URSS, et Jambyn Batmönh a rencontré Mikhaïl Gorbatchev à deux reprises en 1986, en mai et en août. Une nouveauté, cependant : la Mongolie s'est efforcée d'améliorer ses relations avec la Chine comme en ont témoigné la conclusion d'un traité consulaire et d'un accord commercial entre les deux pays, ainsi que la visite à Oulan Bator, en août, du vice-ministre chinois des Affaires

étrangères, Liu Shuqing. Une détente jugée nécessaire par Moscou pour la mise en œuvre du projet de sécurité de l'Asie-Pacifique présenté par Gorbatchev dans son important discours de Vladivostok en juillet 1986. Pour montrer sa bonne volonté, l'URSS a annoncé, le 15 janvier 1987, son intention de retirer entre avril et juin une division et d'autres petites unités de ses troupes stationnées en Mongolie. L'établissement des relations diplomatiques avec les États-Unis, en janvier 1987, a été un autre signe d'ouverture de la Mongolie.

Dans le domaine économique, le XIX⁰ Congrès du Parti a adopté les grandes lignes du VIII⁰ plan quinquennal (1986-1990). Ses objectifs sont souvent plus modestes que dans le plan précédent : le gouvernement met l'accent sur l'intensification plutôt que sur l'expansion. A cela s'ajoutent les effets de la réduction du nombre de grands projets de construction financés par l'URSS. Enfin, la Mongolie fait un appel accru à l'aide des techniciens allemands et tchèques.

Bertrand Chung

Océanie

Australie, Nouvelle-Zélande, États et territoires du Pacifique

L'Australie est traitée dans la section « Les 34 grands États ».

L'Océanie comprend quatre grands ensembles ethno-politiques : les anciens « Dominions » britanniques de colonisation blanche (Australie et Nouvelle-Zélande) ; les minuscules îlots et atolls épars de Micronésie ; les pays de « l'arc méla-

nésien » (Nouvelle-Guinée, Salomon, Vanuatu, Nouvelle-Calédonie) et les vastes archipels coralliens ou volcaniques de la Polynésie (répartis à l'intérieur du triangle Nouvelle-Zélande-Hawaii-Île de Pâques).

Au nord de l'Équateur, pratiquement toutes les terres émergées du Pacifique sont sous contrôle américain. Le Sud-Pacifique au contraire, mis à part les trois « Territoires d'outre-mer » français (TOM) et la partie américaine des Samoa, est le domaine des États indépendants d'Océanie. Au nombre de treize, ceux-ci sont de taille très inégale, depuis l'Australie avec ses quinze millions d'habitants jusqu'au minuscule Tuvalu (6 000 habitants).

ÎLES DU PACIFIQUE

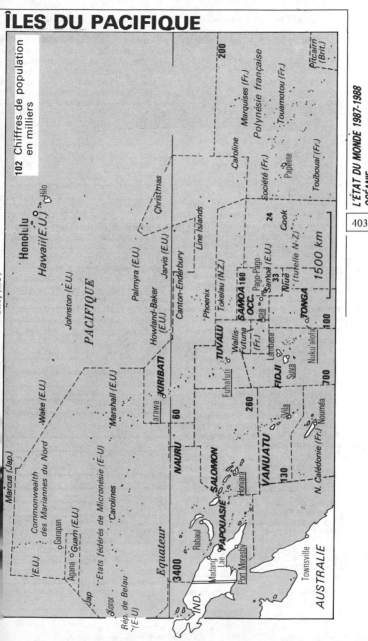

102 Chiffres de population en milliers

Tous ces États sont associés dans le « Forum du Sud-Pacifique », dont la politique de solidarité régionale s'est affirmée avec beaucoup de vigueur en 1986. Le Forum, lors de sa session annuelle à Suva (Fidji), a en effet décidé de soutenir à l'O N U la réinscription de la Nouvelle-Calédonie sur l'agenda du Comité de décolonisation, et a eu gain de cause à l'assemblée générale de novembre.

Cela a été un rude échec pour la France, soulignant une nouvelle fois le discrédit qui frappe dans cette région à la fois sa présence territoriale et sa politique nucléaire. La libération des époux « Turenge » en juillet 1986, séquelle de l'affaire du *Rainbow Warrior*, est apparue dans le Pacifique comme la pure expression d'un rapport de forces, contraignant la Nouvelle-Zélande à céder aux menaces que la France faisait peser sur les débouchés extérieurs de sa production agricole.

C'est aussi à l'automne 1986 que le gouvernement américain, inquiet des accords de pêche que l'Union soviétique négociait avec plusieurs petits États insulaires, a offert à ceux-ci un accord commercial global portant sur 60 millions de dollars, très avantageux. Washington en est ainsi venu à mettre fin à une longue période de « braconnage de haute mer », par lequel les thoniers californiens pillaient impunément les ressources poissonneuses des Z E E (zones économiques exclusives), théoriquement réservées à ces États dans un rayon de deux cents miles autour de leurs côtes.

Nouvelle-Zélande

Nature du régime : parlementaire.
Chef de l'État : reine Élisabeth II, représentée par un gouverneur : sir David Stuart Beattie.
Chef du gouvernement : David Lange.
Monnaie : dollar néo-zélandais (1 dollar = 3,47 FF au 30.4.87).
Langues : anglais, maori.

Nouvelle-Zélande. Le gouvernement néo-zélandais a confirmé en 1986 sa politique antinucléaire de principe. Les mesures d'interdiction des bâtiments nucléaires américains ont été maintenues. Les condamnations des essais de Mururoa ont été répétées. L'Année internationale de la paix proposée par l'O N U a été l'occasion de nombreuses initiatives, notamment dans les écoles. Plus de cent municipalités et autres collectivités locales du pays ont officiellement été déclarées *nuclear-free*. En 1986, une enquête publique sur la défense (*Defense Review*) a révélé qu'une large majorité (73 %) était en faveur de l'option non nucléaire du Premier ministre David Lange. Mais une majorité presque aussi large restait favorable à l'A N Z U S (pacte militaire regroupant l'Australie, la Nouvelle-Zélande et les États-Unis) et disait ainsi sa peur de l'isolement.

La Nouvelle-Zélande s'affirme de plus en plus comme un pays bien intégré dans la réalité régionale du Pacifique. La communauté maorie, autour du slogan *Aotearoa* (nom maori du pays), est très active politiquement, et elle est soutenue par les immigrés de pays polynésiens comme Niue, les Cook, Samoa. Auckland est la plus grande ville polynésienne du monde.

Mais le traditionnel modèle néo-zélandais de convivialité et de prospérité est entré en crise ouverte. Le coût de la vie augmente, le chômage s'étend, les débouchés pour les énormes excédents de viande, beurre et lait se raréfient, les jeunes des classes moyennes tendent à quitter le pays. Les bandes de *street kids* déracinés et déculturés envahissent les banlieues des grandes villes avec leur habituel cortège de désarroi, de délinquance, de drogue. Beaucoup d'entre eux sont des Maoris.

Pitcairn constitue la plus petite entité politique du monde. Ses soixante-sept habitants descendent des mutins du *Bounty* et c'est pour des motifs quasi idéologiques que l'Angleterre conserve à l'île son statut de « colonie de la couronne ».

INDICATEUR	UNITÉ	AUSTRA-LIE	NOUVELLE-ZÉLANDE	NOUVELLE-CALÉDONIE
Capitale		Canberra	Wellington	Nouméa
Superficie	km²	7 682 300	268 676	19 058
Population	million	15,97	3,28	0,16
Densité	hab./km²	2,1	12,2	8,4
Croissance annuelle[d]	%	1,4	0,9	1,9
Mortalité infantile	‰	10,0[d]	13,0[d]	42[c]
Population urbaine[a]	%	86,8	83,7	..
Scolarisation 2e degré	%	94[b] [f]	85[c] [g]	92[b] [g]
3e degré	%	27,1[b]	28,5[c]	5,2[b]
Postes tv[c]	‰ hab.	429	288	201
Livres publiés	titre	3 294[c]	3 452[b]	..
Nombre de médecins	‰ hab.	1,86	2,4	1,2[a]
Armée de terre	millier d'h.	32,1	5,8	–
Marine	millier d'h.	15,6	2,6	–
Aviation	millier d'h.	22,8	4,2	–
PIB	milliard $	161,4	26,1	860[a]
Croissance annuelle 1979-86	%	2,7	2,1	– 0,9[e]
1986	%	1,25	– 0,75	..
Par habitant	$	10 104	7 957	5 477[a]
Taux de chômage[h]	%	8,4	5,6	..
Taux d'inflation	%	9,8	16,0	– 0,5
Dépenses de l'État Éducation	% PIB	6,0[c]	4,9[b]	12,5[b]
Défense	% PIB	2,7	1,9[a]	–
Production d'énergie	million TEC	150,5[a]	9,0[a]	0,049[b]
Consommation d'énergie	million TEC	95,4[a]	11,0[a]	0,572[b]
Importations	million $	26 134	6 059	485
Exportations	million $	22 570	5 912	202
Principaux fournisseurs	%	PVD 16,9	Aus 16,3	Fra 50,3
	%	Jap 22,4	E-U 17,5	Aus 7,4
	%	CEE 24,5	Jap 21,1	Jap 5,2
Principaux clients	%	PVD 34,5	E-U 16,0	Fra 53,9[a]
	%	CEE 14,9	Jap 14,5	Asi 31,2[a]
	%	Jap 26,9	Aus 15,7	Jap 25,7[a]

DÉMOGRAPHIE · CULTURE · ARMÉE · ÉCONOMIE · COMMERCE

Chiffres 1986, sauf notes : a. 1985; b. 1984; c. 1983; d. 1980-85; e. 1973-85; f. 12-16 ans; g. 11-17 ans; h. Fin d'année.

(*) Dernier recensement utilisable : Australie, 1981; Nouvelle-Zélande, 1981; Nouvelle-Calédonie, 1983.

Les États mélanésiens indépendants

Papouasie-Nouvelle-Guinée

Nature du régime : parlementaire.
Chef de l'État : reine Elisabeth II, représentée par un gouverneur : sir Kingsford Dibela.
Chef du gouvernement : Paias Wingti.
Monnaie : kina (1 kina = 6,64 FF au 30.4.87).
Langues : pidgin mélanésien, anglais, 700 langues locales.

Papouasie-Nouvelle-Guinée. Ce pays fait figure de géant à côté des autres États insulaires du Pacifique. La politique de décentralisation, avec établissement de parlements régionaux, n'a pas suffi à supprimer les tensions entre gens de la côte, montagnards de l'intérieur, insulaires de la Nouvelle-Bretagne, de Bougainville et autres îles extérieures. L'influence australienne est restée très forte : experts, subventions, investissements dans les mines (cuivre, or) et l'abattage du bois, débouchés pour le café, le coprah, le cacao. L'exode rural concentre autour de Port Moresby ou de Rabaul une population flottante dans la détresse, surtout chez les jeunes.

Îles Salomon

Nature du régime : parlementaire.
Chef de l'État : reine Elisabeth II, représentée par un gouverneur : sir Baddeley Devesi.
Chef du gouvernement : Ezekial Alebua.
Monnaie : dollar des Salomon (1 dollar = 3,01 FF au 30.4.87).
Langues : pidgin mélanésien, anglais.

Iles Salomon. Restée membre du Commonwealth comme la Papouasie-Nouvelle-Guinée, cette ancienne colonie britannique est, elle aussi, très dépendante de l'aide australienne. Les plantations de café, coprah, cacao, sucre, travaillent pour l'exportation. Une vie politique s'amorce, avec des syndicats d'employés, des organisations féminines, des associations catholiques d'aide au développement.

République du Vanuatu

Nature du régime : parlementaire.
Chef de l'État : Ati George Sokomanu.
Chef du gouvernement : pasteur Walter Lini.
Monnaie : vatu (1 vatu = 0,05 FF au 30.4.87).
Langues : bislamar, anglais, français.

Au **Vanuatu**, ex-condominium franco-britannique des Nouvelles-Hébrides, le bilinguisme a survécu à la fois comme fait culturel et comme clivage politique. Ce sont les protestants anglophones du Vanua-aku Pati, bien enracinés à la base, qui ont gagné l'indépendance en 1980, alors que la France appuyait les sécessions avortées des îles de Tanna et Santo. L'économie rurale d'autosubsistance prédomine, soutenue par des coopératives, mais Vila est un port franc et un « paradis fiscal ».

Le Vanuatu, seul membre du groupe des « non-alignés » dans le Pacifique, entretient des relations diplomatiques avec divers pays socialistes. En 1986, il a signé un accord de pêche avec l'Union soviétique lui donnant accès à ses ports et aérodromes. Le Vanuatu soutient activement le mouvement kanak de Nouvelle-Calédonie et aussi les guérillas papoues de l'*Irian Jaya*, partie occidentale de la Nouvelle-Guinée sous occupation indonésienne.

Fidji

Nature du régime : parlementaire.
Chef de l'État : reine Elisabeth II, représentée par un gouverneur : Ratu Sir Penaia Ganilau.
Monnaie : dollar fidjien (1 dollar = 5,58 FF au 30.4.87).
Langues : fidjien, anglais.

Fidji s'apparente aux pays mélanésiens par son fonds ethnique et à la Polynésie par le poids de son aristo-

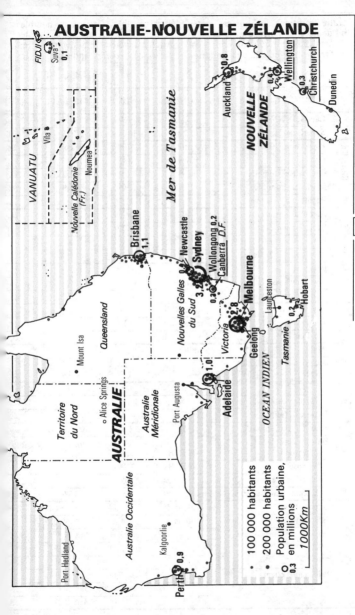

AUSTRALIE-NOUVELLE ZÉLANDE

FIDJI
Suva **0.1**

VANUATU
Vila **8**

Nouvelle Calédonie *(Fr.)*
Nouméa

Mer de Tasmanie

NOUVELLE ZÉLANDE

Auckland **0.8**
0.4
Wellington
Christchurch **0.3**
Dunedin

Brisbane
1,1

Newcastle **0.4**
Sydney **3,2**
Wollongong **0.2**
Canberra *D.F.* **0.2**

Nouvelles Galles du Sud

Melbourne
2,8

Queensland

Mount Isa

Alice Springs

Territoire du Nord

AUSTRALIE

Australie Méridionale

Port Augusta

Adelaide **1,0**

Victoria
Geelong
Launceston
Tasmanie
Hobart **0.2**

OCEAN INDIEN

Australie Occidentale

Kalgoorlie

Perth **0.9**

Port Hedland

Légende:
• 100 000 habitants
• 200 000 habitants
○ Population urbaine, en millions
0,3

1000 Km

cratie traditionnelle, qui est restée influente dans l'armée et le gouvernement. La politique fidjienne s'est longtemps limitée à la confrontation entre notables fidjiens et notables indiens (à l'époque coloniale, les Anglais avaient massivement importé des *coolies* indiens sur les

ILES DU PACIFIQUE

	INDICATEUR	UNITÉ	FIDJI	KIRIBATI	NAUR
DÉMOGRAPHIE	Capitale		Suva	Tarawa	Naur
	Superficie	km²	18 274	728	21
	Population (*)	millier	709	65	8[a]
	Densité	hab./km²	38,8	89,7	381[a]
	Croissance annuelle[e]	%	1,9	2,0	..
	Mortalité infantile	‰	30[e]	48,9[f]	19,0
	Population urbaine	%	41,2[a]	..	..
CULTURE	Analphabétisme	%	14,5[a]	..	..
	Scolarisation 6-11 ans[a]	%	100,0	..	..
	12-17 ans[a]	%	82,2	..	..
	3[e] degré	%	3,3[d]	..	..
	Postes tv	‰ hab.	..	..*	..
	Livres publiés[d]	titre	110[f]	..	..
	Nombre de médecins	‰ hab.	0,48	0,27[f]	
ARMÉE	Armée de terre	millier d'h.	2,5	..	..
	Marine	millier d'h.	0,17	..	..
	Aviation	millier d'h.	–	..	..
ÉCONOMIE	PIB	million $	1 190[a]	22[a]	..
	Croissance annuelle 1979-1986	%	1,5	– 9,4	..
	1986	%	6,4	3,0	..
	Par habitant	$	1 710[a]	345[a]	..
	Dette extérieure	million $	444[a]	..	..
	Taux d'inflation	%	1,8	..	..
	Dépenses de l'État Éducation	% PIB	6,4[c]	8,7[b]	..
	Défense	% PIB	1,2[a]	..	..
	Production d'énergie	millier TEC	35[b]	–	–
	Consommation d'énergie	millier TEC	285[b]	13[b]	59[b]
COMMERCE	Importations	million $	473	20,6[b]	..
	Exportations	million $	274	11,4[b]	..
	Principaux fournisseurs	%	Asi 29,1[a]	Aus 57,4[f]	..
		%	Jap 15,1[a]	Jap 12,9[f]	..
		%	A & N-Z 50,8[a]	E-U 7,3[f]	..
	Principaux clients	%	R-U 29,8[a]	R-U 89,2[f]	..
		%	A. & N-Z 18,2[a]	Jap 0,9[f]	..
		%	Asi 31,1[a]	Aus 0,8[f]	

Chiffres 1986, sauf notes : a. 1985 ; b. 1984 ; c. 1983 ; d. 1982 ; e. 1980-85 ; f. 1980 ; g. 1979 ; h. 1979-85 ; i. 1981-86 ; j. 1980-86.

(*) Dernier recensement utilisable : Fidji, 1976 ; Kiribati, 1978 ; Nauru, 1977 ; Papouasie, 1980 ; Samoa, 1976 ; Salomon, 1976 ; Tonga, 1976 ; Tuvalu, 1979 ; Vanuatu, 1979.

PAPOUASIE-Nle-GUINÉE	SAMOA	ILES SALOMON	TONGA	TUVALU	VANUATU
Port-Moresby	Apia	Honiara	Nuku'Alofa	Funafuti	Port-Vila
461 691	2 842	28 446	699	158	14 763
3 399	164	280	97	8[a]	148
7,4	57,9	9,8	139	51[a]	10
2,1	0,9	3,7	0,0	0,0	4,3
72[e]	65[d]	86[a]	..	..	..
14,3[a]	22[g]	..	..	..	18[c]
54,5[a]	–	..	–	..	47,1[g]
61,0	..	..	..	..	..
23,5	..	..	..	..	..
2,1[b]	..	..	..	..	..
–	25[c]	48[f]	–	..	..*
..	..	..	..	..	..
0,1	0,40[f]	..	0,38[f]	..	0,18[f]
2,85	..	..	..	..	..
0,3	..	..	..	..	..
0,09	..	..	..	..	..
2 470[a]	110[a]	140[a]	70[a]	5[c]	40[c]
2,1[h]	– 0,2[j]	3,5[i]	3,4[i]	..	..
..	2,0	..	..	..	..
742[a]	677[a]	519[a]	722[a]	680[c]	350[c]
2 239[a]	82[b]	72[a]	24	..	109[a]
5,3	2,7	23,6	..	..	6,5
4,7[g]	..	3,9[g]	7,8[c]	..	..
1,3[a]	..	..	..	..	..
57[a]	2[b]	–	–	..	–
1 056[a]	56[b]	64[b]	22[b]	..	26[b]
814[a]	47	60	39,1	2,67[c]	58
922[a]	10	65	6,9	0,07[c]	14
Aus 46,6[a]	N-Z 32,1[a]	Aus 39,4	N-Z 40,6[a]	Fij 51,8[d]	PCD 85,8[a]
Jap 16,5[a]	Aus 19,8[a]	Jap 16,8	Aus 13,6[a]	Aus 39,7[d]	Aus 25,5[a]
Sin 12,1[a]	Fig 15,8[a]	Sin 8,0	Fig 22,6[a]	N-Z 5,3[d]	CEE 35,5[a]
PVD 10,3[a]	PCD 93,7[a]	Jap 37,1	Aus 31,9[a]	Fij ..	PCD 60,1[a]
Jap 25,0[a]	N-Z 18,1[a]	R-U 8,7	N-Z 53,7[a]	Aus ..	RFA 39,0[a]
RFA 29,4[a]	E-U 61,5[a]	PVD 37,3	PVD 9,5[a]	N-Z ..	Jap 11,3[a]

plantations de sucre). Le Parti travailliste a été fondé en 1985 avec l'appui des syndicats et des intellectuels pour s'opposer à l'orientation pro-occidentale du Premier ministre au pouvoir depuis l'indépendance, Ratu Mara. Lors des élections du 12 avril 1987, les travaillistes ont remporté 28 sièges sur 52 et leur leader, le Dr Timoci Bavadra, est devenu Premier ministre, mais, le 14 mai, il était renversé par un coup d'État dirigé par le colonel Sitiveni Rabuka. Le gouverneur général, sir Penaia Ganilau, représentant la reine Élisabeth II a pris les pleins pouvoirs en attendant une réforme constitutionnelle dont la communauté indienne pourrait faire les frais. Les accords de Lomé III, en ouvrant le Marché commun au sucre fidjien, ont allégé les difficultés économiques du pays.

Les États polynésiens et micronésiens indépendants.

Les îles Cook bénéficient depuis 1965 d'un statut d'indépendance-association avec la Nouvelle-Zélande, Wellington contrôle la Défense, mais, en 1986, le Premier ministre Davis s'est ouvertement dissocié de la politique antinucléaire néo-zélandaise. Les versements familiaux des immigrés en Nouvelle-Zélande constituent une large part des ressources du pays.

Kiribati
Nature du régime : parlementaire.
Chef de l'État et du gouvernement : Iremia Tabai.
Monnaie : dollar australien.
Langue : anglais.

Kiribati (ex-îles Gilbert) contrôle un ensemble d'archipels micronésiens dispersés sur des milliers de kilomètres. Sa Constitution prési-

dentielle à l'américaine (il en est de même pour Nauru) contraste avec le système dit de Westminster, en vigueur dans les États polynésiens et mélanésiens. En 1985, un accord avec l'URSS avait concédé à celle-ci des droits de pêche. Cet accord n'a pas été renouvelé en 1986 mais le traité militaire avec les États-Unis est resté en vigueur.

République de Nauru
Nature du régime : parlementaire.
Chef de l'État et du gouvernement : Hammer De Roburt.
Monnaie : dollar australien.
Langue : anglais.

Nauru. La population micronésienne de cet atoll, bloc de phosphate presque pur, dispose d'un niveau de vie élevé. La compagnie minière de l'État réinvestit ses bénéfices dans l'immobilier, l'aviation, l'hôtellerie. Indépendant depuis 1968, Nauru fut colonie allemande, puis « mandat » australien.

Niue. Ce petit archipel polynésien, anciennement colonie, a, comme les îles Cook, un statut d'indépendance-association avec la Nouvelle-Zélande, où la majorité des autochtones a émigré.

Samoa occidental
Nature du régime : parlementaire.
Chef de l'État : Mallietoa Tanumafili II.
Chef du gouvernement : Va'ai Kolone.
Monnaie : tala.
Langues : samoan, anglais.

Samoa occidental. Attribué à l'Allemagne en 1888 lors du partage de l'archipel entre celle-ci et les États-Unis, ce territoire est devenu « mandat » néo-zélandais en 1919, puis État indépendant en 1962. Ce fut le premier pays décolonisé du Pacifique. La noblesse traditionnelle contrôle la vie politique et culturelle. L'émigration vers la Nouvelle-Zélande est importante, et les liens économiques avec cette dernière sont étroits.

Tonga
Nature du régime : monarchie.
Chef de l'État : roi Taufa'ahau Tupou IV.
Chef du gouvernement : prince Fatafeehi Tu'ipelehake.
Monnaie : pa'anga (1 pa'anga = 4,2 FF au 30.4.87)..
Langues : tongien, anglais.

Centre de l'« Empire tongien » au XVIII⁵ siècle, longtemps protectorat britannique, revenu à l'indépendance en 1970, **Tonga** est la dernière des monarchies polynésiennes « d'avant les Blancs ». C'est une société pauvre recevant une importante aide économique australienne et britannique.

Tuvalu
Nature du régime : parlementaire.
Chef de l'État : reine Elisabeth II, représentée par un gouverneur : sir Fiatau Penitalateo.
Chef du gouvernement : Dr Tomasi Puapua.
Monnaie : dollar australien.
Langues : tuvalien, anglais.

Ex-colonie britannique des îles Ellice, **Tuvalu** fut séparé du Kiribati micronésien au moment de l'accession à l'indépendance du fait de son appartenance polynésienne et malgré son exiguïté. C'est un exemple unique, dans le Pacifique, où un État indépendant ne reproduit pas le découpage territorial de l'époque coloniale. L'Australie apporte une aide économique.

Les possessions françaises

En **Nouvelle-Calédonie**, l'année 1986 s'était ouverte dans l'élan des élections de septembre précédent, favorables aux Kanaks. Dans les trois régions (sur quatre) qu'il con-

trôle, le Centre, le Nord et les Iles, le Front de libération nationale kanak et socialiste (FLNKS) élaborait des dossiers d'équipement, encourageait les initiatives économiques des tribus, municipalités et comités de lutte, mettait en œuvre sa ligne d'« autosuffisance élargie ». Mais le FLNKS n'a pas participé aux élections législatives françaises de mars 1986.

La droite revenue au pouvoir à Paris a pratiqué ouvertement une politique de restauration coloniale : dissolution de l'Office foncier, réinstallation de colons sur les terres « revendiquées » (en fait occupées) par les tribus, climat favorable à l'extrême droite, étouffement administratif et financier des régions, « nomadisation » militaire en tribu, dans le style de la guerre d'Algérie. Si, selon le « Plan Pons », un référendum a été annoncé pour l'été 1987, aucun accord politique n'a été recherché pour permettre la participation des Kanaks. Ceux-ci refusent que les voix des « Caldoches » et des « Métros » (50 000 personnes) et celles des ethnies immigrées du Pacifique (30 000) pèsent autant que celles des 60 000 Mélanésiens qui se considèrent concernés prioritairement par l'avenir de leur propre pays.

Le FLNKS, auquel se sont ralliés les modérés du LKS (Libération kanak socialiste), a vu son crédit politique renforcé par divers succès diplomatiques. A l'accueil triomphal fait à Jean-Marie Tjibaou au Sommet des non-alignés de Harāré, en août 1986, s'est ajoutée la position adoptée par le Forum du Pacifique (3 mars 1987), demandant à la France d'ajourner le référendum prévu et, le 17 mars 1987, celle du Comité de décolonisation des Nations Unies enjoignant Paris « d'ouvrir la voie à un véritable acte d'autodétermination, en accord avec les principes de l'ONU ».

Wallis et Futuna. Un terrible cyclone a dévasté ce territoire d'outre-mer en novembre 1986 et a mis en évidence la précarité et le sous-équipement de ce petit archipel polynésien. Ses principales ressources proviennent des versements familiaux envoyés par les Wallisiens émigrés en Nouvelle-Calédonie (soit la majorité de cette population).

En **Polynésie française**, aux élections territoriales de mars 1986, le groupe politique de Gaston Flosse, allié de Jacques Chirac, a obtenu la majorité des sièges, indice que la population *maohie* continue à appréhender l'avenir sans la France et sans Mururoa. Les groupes indépendantistes et antinucléaires n'ont recueilli qu'un petit nombre de suffrages. Sur 41 sièges, 3 sont allés au *Ia Mana Te Nunaa* et 2 au Front de libération de la Polynésie (FLP) d'Oscar Temaru. Gaston Flosse, qui règne en « parrain » par la poigne, le verbe et l'argent, a été nommé secrétaire d'État à Paris, chargé des problèmes du Pacifique-Sud dans le gouvernement de Jacques Chirac. Il a annoncé la création d'une université française du Sud-Pacifique, qui espère faire échec au discrédit qui frappe la France dans toute la région. En février 1986, Gaston Flosse a dû démissionner de l'Assemblée territoriale après avoir provoqué un scandale en désavouant une décision de justice concernant un de ses amis inculpé pour abus de confiance.

L'agitation sociale a touché divers secteurs et la crise mûrit dans la jeunesse des banlieues. Les financements dont bénéficie le Centre d'expérimentation du Pacifique (essais nucléaires) n'entretiennent qu'une prospérité factice.

La zone d'influence américaine

Guam, antique bastion espagnol, américain depuis 1898, vit de sa base stratégique et de son tourisme de masse. Les Micronésiens Chamorros résistent à l'assimilation culturelle.

Territoires sous tutelle de Micronésie. Les États-Unis administrent depuis 1947 ces anciens archipels japonais et les ont partagés en quatre entités dotées de statuts politiques différents : la République des **îles Marshall**, le « Commonwealth » des **Marianes du Nord**, les « **États fédérés de Micronésie** » (Truk, Yap Ponapé, Kosaie), la « **République de Palau** ». En échange d'une aide économique massive, ils ont fait accepter à ces micro-États un « compact » dit de libre association, qui leur donne toutes facilités militaires, notamment pour les bases de missiles. A la fin de 1986, le régime de « tutelle » était toujours officiellement en vigueur.

Le **Samoa oriental**, territoire américain depuis 1888, est une base industrielle (conserveries de poisson), un centre touristique et un relais du « mode de vie américain ».

Le site archéologique prestigieux de **Rapanui** (île de Pâques), terme extrême des anciennes migrations polynésiennes, est colonie chilienne depuis 1888. La NASA y a installé en 1986 une base *high tech* avec l'accord du gouvernement Pinochet.

Jean Chesneaux

Europe germanique

Autriche, Liechtenstein, RDA, RFA, Suisse

La **RFA**, est traitée dans la section « Les 34 grands États ».

République d'Autriche

Nature du régime : démocratie parlementaire.
Chef de l'État : Kurt Waldheim.
Chef du gouvernement : Frantz Vranitzky.
Monnaie : schilling (1 schilling = 0,47 FF au 30.4.87).
Langues : allemand, slovène.

EUROPE GERMANIQUE

Skagerrak

SUÈDE

Kattegat

DANEMARK

Copenhague

Mer du Nord

Baltique

Kiel

Bremerhaven
Wilhelmshaven

Lübeck

Rostock

Schwerin

R.D.A.

POLOGNE

Brème
0,55

Hanovre

Hambourg

Berlin
Est
1,2

Osnabrück

0,50

PAYS-BAS
Rotterdam

Rhin

Münster Bielefeld

Magdebourg

RUHR 9,2

Halle

Leipzig

Düsseldorf

Cassel

Erfurt

Dresde

Anvers
BELG

Cologne

Gera

0,35

0,50

Aix-la-Ch.

Bonn Coblence

Karl Marx Stadt 0,30

Prague

Trèves Wiesbaden

Francfort

0,60

TCHÉCOSLOVAQUIE

L

Mayence

R.F.A.

Mannheim

Nuremberg

Sarrebruck

Karlsruhe

0,50

Regensburg

FRANCE

Stuttgart

Danube

Augsburg

Linz

Vienne
1,6

Fribourg

Munich
1,2

Salzbourg

0,20

AUTRICHE

Bâle

Innsbruck

0,25

Neuchâtel

0,40

Zurich

Vaduz

Klagenfurt

Graz

Lausanne

0,30

Berne

Genève
0,35

ITALIE

YOUGOSLAVIE

• 100 000 habitants

O 0,50 Population urbaine,
en millions

200Km

L. LIECHTENSTEIN

Moins foudroyants que souvent escompté, les bouleversements du paysage politique de l'**Autriche** entraînés par l'élection de Kurt Wald- heim à la présidence de la République (juin 1986) ont néanmoins été considérables, sanctionnant la fin de l'« ère Kreisky ».

EUROPE GERMANIQUE

	INDICATEUR	UNITÉ	AUTRI-CHE	LIECHTEN-STEIN	RDA
DÉMOGRAPHIE	Capitale		Vienne	Vaduz	Berlin
	Superficie	km²	83 850	157	108 178
	Population (*)	million	7,56	0,03	16,62
	Densité	hab./km²	90,2	191,1	153,6
	Croissance annuelle[f]	%	0,0	1,9	− 0,1
	Mortalité infantile[f]	‰	12	..	11
	Population urbaine[a]	%	56,1	..	76,6
CULTURE	Scolarisation 2e degré[b]	%	76[k]	..	87[l]
	3e degré[b]	%	25,9	..	30,3
	Postes tv	‰ hab.	311[c]	288[h]	365[a]
	Livres publiés	titre	9 059[b]	..	7 794[a]
	Nombre de médecins	‰ hab.	2,27[e]	..	3,0[a]
ARMÉE	Armée de terre	millier d'h.	50,0	..	123,0
	Marine	millier d'h.	−	..	16,0
	Aviation	millier d'h.	4,7	..	40,0
ÉCONOMIE	PIB	milliard $	94,0	..	82,1[bj]
	Croissance annuelle 1979-86	%	1,9	..	4,4[j]
	1986	%	2,25	..	4,3[j]
	Par habitant	$	12 434	16 440[b]	4 946[bj]
	Taux d'inflation	%	1,1	..	..
	Taux de chômage [m]	%	3,5	..	..
	Dépenses de l'État Éducation	% PIB	5,9[b]	..	5,3
	Défense	% PIB	1,3	..	7,8[a]
	Recherche et développement	% PIB	1,2[e]	..	3,9[b]
	Production d'énergie[a]	million TEC	9,2	..	101,3
	Consommation d'énergie[a]	million TEC	30,0	..	129,3
COMMERCE	Importations	million $	26 851	..	24 440
	Exportations	million $	22 508	440[h]	24 810
	Principaux fournisseurs	%	RFA 44,0	..	PS 68,3
		%	CAEM 8,3	..	URS 41,2
		%	PVD 8,6	..	PCD 31,2
	Principaux clients	%	RFA 32,7	Sui 24[h]	PS 66,9
		%	CAEM 9,7	CEE 39[h]	URS 36,4
		%	PVD 11,5	AELE[i] 32[h]	PCD 32,1

Curieusement, ce sont aussi bien les populistes (conservateurs) de l'ÖVP que les sociaux-démocrates du SPÖ qui, dans un premier temps,

RFA	SUISSE
Bonn	Berne
249 147	41 288
60,90	6,37
244,4	154,3
– 0,2	0,0
11	8
86,1	60,4
..	..
29,1	21,2
360c	378c
48 836b	11 806b
2,3g	2,45g
340,8	580
36,3	–
108,7	45
897,5	134,0
1,4	1,8
2,4	2,0
14 737	21 036
– 1,1	0,0
8,0	0,8
4,5c	5,1c
2,6	2,0
2,5c	2,2c
170,9	6,3
357,6	25,3
191 071	41 039
243 327	37 471
CEE 52,2	PCD 89,9
CAEM 4,4	CEE 73,1
PVD 15,2	RFA 33,1
CEE 50,8	CEE 54,8
E-U 10,5	E-U 9,6
PVD 13,9	PVD 20,2

ont fait les frais du climat empoisonné suscité par l'« affaire Waldheim » (la controverse déclenchée à propos des activités de l'ancien secrétaire général de l'ONU sous le régime nazi). Lors des élections législatives anticipées du 23 novembre 1986, les premiers ont perdu quatre sièges tandis que les seconds, bien qu'en perdant dix, conservaient une courte majorité relative. A l'inverse, ce sont des « petits partis », de sensibilités opposées, qui ont tiré les marrons du feu : les Verts conduits par Freda Meissner-Blau, placés sur orbite par les mobilisations écologistes des années précédentes, ont fait une entrée remarquée au Parlement avec huit députés. Les libéraux ultra-conservateurs (FPÖ) dont le jeune et bouillant leader Jörg Haider a su capitaliser à droite l'« effet Waldheim » sont passés de huit à douze sièges.

Le chancelier sortant Franz Vranitsky (SPÖ) excluant toute coalition avec les libéraux, seule restait possible une « grande coalition » des perdants SPÖ-ÖVP. Les populistes ont alors voulu manifester qu'une page était tournée dans l'histoire de l'Autriche de l'après-guerre en exigeant – et obtenant – le poste de ministre des Affaires étrangères pour leur figure de proue, Aloïs Mock.

Annonciateur d'un réalignement de la politique extérieure autrichienne sur une certaine « orthodoxie occidentale » et présage d'une politique sociale de « rigueur », ce retour en force des conservateurs aux affaires a suscité l'ire de l'ex-chancelier Kreisky. Celui-ci a démonstrativement abandonné la pré-

Chiffres 1986, sauf notes : a. 1985; b. 1984; c. 1983; d. 1983; e. 1981; f. 1980-85; g. 1980; h. 1982; i. Association européenne de libre échange; j. Produit matériel net; k. 10-17 ans; l. 16-17 ans; m. Fin d'année.
(*) Dernier recensement utilisable : Autriche, 1981; Liechtenstein, 1981; RDA, 1981; RFA, 1970; Suisse, 1980.

Principauté du Liechtenstein
Nature du régime : monarchie constitutionnelle. **Chef de l'État** : prince Hans Adam. **Chef du gouvernement** : Hans Brunhart. **Monnaie** : franc suisse. **Langue** : allemand.

République démocratique allemande
Nature du régime : démocratie populaire. **Chef de l'État** : Erich Honecker. **Chef du gouvernement** : Willi Stoph. **Monnaie** : mark (1 mark = 3,34 FF au 30.4.87). **Langue** : allemand.

sidence d'honneur du SPÖ, stigmatisant ces « socialistes de la banque » si prompts à brader son héritage...

Au plan économique, l'année 1986 a été notamment marquée par les difficultés rencontrées par certaines entreprises du secteur public.

Excellente année pour le capital financier domicilié au **Liechtenstein** : en mai 1986, le volume d'affaires des trois banques de la principauté a, pour la première fois, dépassé les dix milliards de francs suisses. L'optimisme suscité à Vaduz par ces remarquables performances a malheureusement été contrarié par l'apparition de tensions entre le Liechtenstein et son voisin helvétique.

A la suite d'imprudentes manœuvres de l'armée suisse, une forêt représentant 1 % du territoire de la principauté s'est trouvée réduite en cendres. L'incident a pris des proportions suffisamment sérieuses pour qu'un conseiller fédéral helvétique se voie contraint de venir « à Canossa » (selon la formule de la presse suisse), à Vaduz, afin de « normaliser » les rapports entre les deux États.

A l'occasion, les habitants de la principauté ont su se souvenir que la majorité des 36 % d'étrangers installés au Liechtenstein est helvétique. De là à s'inquiéter du « protectorat » suisse sur leur petit pays... Le prince Hans Adam envisage d'ailleurs de demander l'admission du Liechtenstein aux Nations Unies.

En **République démocratique allemande** (RDA), on aurait pu s'attendre qu'Erich Honecker ne soit pas le dernier à se féliciter du nouveau cours introduit par Mikhaïl Gorbat-

chev, tant en politique intérieure que dans les relations avec l'Occident. Lui-même, en pleine froidure brejnévienne, n'avait-il pas entrepris de « dégeler » les rapports inter-allemands, noué le dialogue avec l'Église évangélique, fait souffler sur la société est-allemande le vent d'un « libéralisme » tempéré? Et les nouvelles orientations soviétiques n'étaient-elles pas vouées à renforcer la position privilégiée de la RDA dans le dialogue Est-Ouest, dont les rapports inter-allemands constituent un test permanent?

A l'usage, il s'est révélé que les choses étaient un peu plus complexes. Contrairement à toutes les prévisions, Honecker n'a pas honoré la RFA d'une visite officielle en 1986. Aucune initiative spectaculaire n'est venue attiser le dialogue entre les deux Allemagnes. Certes, un accord culturel liant les deux pays a été signé (en mai 1986). Certes, les dirigeants est-allemands ont donné un coup d'arrêt à l'immigration massive de réfugiés du tiers monde à Berlin-Ouest et en RFA *via* Berlin-Est (septembre 1986). Certes, le nombre de citoyens de RDA autorisés à séjourner à l'Ouest a sensiblement augmenté cette année (plus d'un demi-million de visites). Certes, enfin, les cérémonies du sept cent cinquantième anniversaire de la fondation de Berlin ont fourni à Honecker l'occasion de faire d'une pierre deux coups. Organisant à Berlin-Est – amplement rénové pour la circonstance – de nombreuses manifestations culturelles largement ouvertes au public et aux artistes occidentaux, il a pu réaffirmer solennellement le statut de « capitale d'État » du second Berlin...

Il n'empêche que tout se passe comme si la stratégie des petits pas en direction de la R F A et de l'Europe occidentale, opiniâtrement poursuivie par Honecker, se trouvait « débordée », voire handicapée par les incessantes et spectaculaires initiatives de Gorbatchev. Sans doute celui-ci est-il venu rendre un hommage appuyé aux performances économiques de l'industrieuse R D A à l'occasion du XIe Congrès du Parti socialiste unitaire (S E D) en avril 1986. Mais ce fut surtout pour lui l'occasion de ravir la vedette à son inusable secrétaire général (soixante-quinze ans en 1986) en lançant de Berlin-Est – et par-dessus sa tête – la proposition d'une réduction des armements classiques « de l'Atlantique à l'Oural »... Propos auxquels Hans-Dietrich Genscher, ministre des Affaires étrangères de R F A, devait à son tour faire écho en affirmant qu'il convenait de faire preuve de « vigilance positive » à l'égard du Kremlin afin de ne pas « laisser passer une chance pour la détente ».

Ainsi réduit à jouer les seconds rôles et irrité par l'écho suscité dans la population est-allemande par certaines des réformes à tonalité anti-bureaucratique promulguées ou envisagées à Moscou, Honecker a réagi en critiquant *mezzo voce* l'activisme novateur du secrétaire général du Parti communiste de l'Union soviétique, tandis que *Neues Deutschland*, l'organe du S E D, « omettait » de publier le passage du discours de ce dernier proposant l'élection de certains responsables du Parti au scrutin secret...

Dans le domaine économique, plusieurs indicateurs ont présenté un bilan favorable en 1986, notamment le revenu national, en augmentation de 4,3 %.

A signaler, enfin, l'initiative la plus spectaculaire de l'année des courants contestataires, plus ou moins directement rattachés à l'Église évangélique. Un appel signé par cent quarante personnes a invité le gouvernement de R D A à tirer toutes les conséquences de la catastrophe de Tchernobyl et à consulter la population est-allemande avant de franchir de nouveaux pas dans le développement du « tout-nucléaire » civil est-allemand.

───────────

Confédération helvétique

Nature du régime : démocratie parlementaire; éléments de démocratie directe.
Chef de l'État : Pierre Aubert (1.1.1987, pour un an).
Monnaie : franc suisse (1 franc = 4,08 FF au 30.4.87).
Langues : allemand, français, italien, romanche.

───────────

En 1986, la **Suisse** s'est trouvée livrée comme jamais au tourment des angoisses millénaristes. En mars 1986, le surprenant refus de trois citoyens helvétiques sur quatre de voir leur pays adhérer à l'O N U traduisait avant tout la crainte de se trouver un jour entraîné dans le maelström d'une conflagration mondiale.

De même, peut-on interpréter l'approbation par une fraction importante de l'opinion du renforcement de la politique de refoulement des réfugiés politiques, suspects d'importer dans la paisible Confédération des ferments de conflits ou d'actions terroristes venus d'ailleurs. Au cours du premier trimestre de l'année 1986, 1 606 demandes d'asile politique étaient ainsi rejetées, tandis que 222 étaient acceptées. Le plus souvent, les candidats malheureux sont refoulés dans leur pays d'origine, avec tous les risques que cela suppose, lorsqu'il s'agit, comme c'est souvent le cas, de Kurdes de Turquie, de Tamouls du Sri Lanka ou d'Albanais du Kossovo...

Mais c'est sur le terrain de l'écologie – et d'une manière mieux fondée – que cette angoisse du présent et de l'avenir s'est exprimée de la façon la plus spectaculaire. L'« effet Tchernobyl » – le « traumatisme de Tchernobyl », comme dit la presse suisse – a été foudroyant dans la Confédération. Tandis que se succédaient les manifestations en faveur de l'arrêt de la construction de toute nouvelle centrale nucléaire en

Suisse, que deux représentants des Verts (Freie Liste) faisaient leur entrée au gouvernement du canton de Berne, tandis qu'à droite surgissait un « Parti libéral écologiste de Suisse » et que les sociaux-démocrates plaidaient en faveur d'un moratoire du nucléaire civil, les sondages montraient qu'à l'évidence, la majorité de la population suisse était d'ores et déjà acquise à l'idée d'un abandon progressif du nucléaire civil.

Le courant sera bien difficile à remonter pour les tenants du lobby nucléaire suisse et pour le gouvernement de Berne. En dépit de leurs efforts pour mobiliser des « contre-angoisses » (pertes d'emplois, nécessité d'économies d'énergie drastiques en cas de tournant radical dans la politique énergétique), ce sont eux qui, désormais, font figure d'« attardés » aux yeux d'une fraction importante de la population helvétique.

À peine les effets du cauchemar de Tchernobyl commençaient-ils à s'estomper que survenait la catastrophe de Bâle (novembre 1986), le plus important accident chimique dont ait eu à souffrir cette région frontalière. Consécutif à un incendie survenu dans un entrepôt du trust pharmaceutique Sandoz, un nuage polluant recouvrait Bâle et Saint-Louis (en France) et plus de 20 000 mètres cubes d'eau polluée se déversaient dans le Rhin. Ainsi se trouvaient réduites à néant des années d'efforts entrepris pour assainir les eaux du Rhin. Pendant plusieurs jours, toutes les opérations de pompage d'eau du fleuve durent être interrompues jusqu'aux Pays-Bas. Tandis que la direction du groupe Sandoz s'obstinait à réduire l'accident aux proportions d'un incident sans gravité, on apprenait que quelques jours plus tôt, c'était le trust Ciba-Geigy qui avait déversé « par mégarde » 400 litres d'atrazine dans le Rhin. L'influente *Weltwoche* résumait alors le sentiment de l'opinion suisse en écrivant : « La catastrophe Sandoz prend des proportions insoupçonnées, (...) tandis que la politique d'information de l'industrie chimique s'avère n'être que tactique de camouflage et de dissimulation visant à nous tranquilliser... »

Le tableau des craintes millénaristes qui, désormais, hantent la conscience suisse serait incomplet si l'on ne mentionnait qu'avec ses quelque 20 000 habitants atteints par le SIDA, la Confédération se situe parmi les tout premiers pays européens touchés par le mal (de la fin) du siècle. Lentement mais sûrement, les *Angstreflexe* (réflexes de peur) viennent brouiller les évidences de la prospérité de ce « monde à part » que fut longtemps la Suisse.

Alain Brossat

Benelux

Belgique, Luxembourg, Pays-Bas

En **Belgique**, le gouvernement de Wilfried Martens, reconduit au pouvoir lors des élections d'octobre 1985, est enfin parvenu, le 23 mai 1986, à présenter son nouveau programme d'austérité. Non seulement un accord était nécessaire entre les deux partis de la coalition, sociaux-chrétiens et libéraux, mais encore

---

Royaume de Belgique

Nature du régime : monarchie constitutionnelle.
Chef de l'État : roi Baudouin Iᵉʳ.
Chef du gouvernement : Wilfried Martens.
Monnaie : franc belge (1 franc = 0,16 FF au 30.4.87).
Langues : français, néerlandais (flamand).

BENELUX

Mer du Nord

Groningue ○ 0,20

Le Helder

PAYS-BAS

Amsterdam 0,95
Haarlem 0,22

Enschede
0,26

La Haye
0,65

Hilversum

Utrecht
0,50

Arnhem
0,29

Europoort

Rotterdam
Dordrecht
0,20

Nimègue
0,22

R.F.A.

Tilburg 0,22

Breda

Eindhoven
0,38

Düsseldorf

Ostende

Anvers
0,60

Maastricht

Cologne

Bruges

Gand
0,23

Bruxelles

Louvain

Rhin

Lille

BELGIQUE

Liège
0,40

0,20
Charleroi

Mons

Namur

Dinant

Bastogne

FRANCE

LUXEMBOURG

0,28
Luxembourg

Esch-sur-A.

• 100 000 habitants

○ 0,20 Population urbaine,
en millions

100 Km

fallait-il tenir compte de leurs composantes linguistiques et ne pas trop mécontenter les syndicats chrétiens, puissants dans la partie flamande du pays. Le résultat traduit bien cependant une poursuite de la politique de rigueur menée depuis 1981, avec notamment une nouvelle réduction des budgets sociaux, une diminution des subventions aux entreprises nationalisées et la priorité donnée au rétablissement des grands équilibres économiques plutôt qu'à l'amélioration immédiate de l'emploi et du niveau de vie.

L'adoption de ce plan ne s'est pas faite sans réactions de l'opposition de gauche et des syndicats, surtout à Bruxelles et en Wallonie. La Belgique a ainsi connu en mai 1986 de grands mouvements de grèves, qui ont commencé de façon spontanée et localisée, avant de s'étendre très largement, surtout dans la fonction publique. Dans le Limbourg, de sérieux incidents ont opposé les mineurs à la police ; le 31 mai, cent mille personnes ont manifesté dans le centre de Bruxelles. Le Parlement a néanmoins voté le budget 1986... dans la nuit du 31 juillet au 1er août, entérinant ainsi le plan Martens. Un correctif lui a cependant été apporté en novembre pour essayer de faire face à l'aggravation du chômage (près de 13 % de la population active) : il comporte l'arsenal désormais classique des incitations à la création d'emplois (réduction de cotisations sociales par exemple), en particulier en faveur des jeunes.

La baisse des cours du pétrole et du dollar a bien facilité les choses. Au printemps 1987, la plupart des indicateurs économiques et financiers avaient meilleure allure qu'un an auparavant : inflation contenue (moins de 1 %), déficit public réduit, balance des paiements améliorée, taux de croissance satisfaisant (plus de 2 %), investissements industriels en hausse. Une reprise économique est-elle réellement amorcée ? Les experts de l'OCDE restent dubitatifs à cet égard. La Wallonie, qui fut touchée la première par la crise, sert un peu de baromètre en la matière.

Or elle a connu en 1986 des évolutions contradictoires : alors que la situation continuait à se dégrader dans les branches traditionnelles (annonce de la suppression de 8 000 emplois dans la métallurgie wallonne, notamment dans la région de Charleroi), de nouveaux investissements étaient réalisés dans des branches de pointe, principalement dans le cadre de petites et moyennes entreprises. Alors que les charbonnages wallons sont déjà un fait du passé, ceux du Limbourg flamand restent un point chaud de la vie économique et sociale de la Belgique : le 1er janvier 1987, le gouvernement adoptait ainsi un nouveau plan de « restructuration » prévoyant la suppression de 8 200 emplois.

En Belgique, les difficultés économiques ne font jamais durablement oublier les querelles linguistiques. Si l'épineux dossier du statut de Bruxelles a peu fait parler de lui (malgré quelques incidents dans la périphérie de la capitale), un autre abcès de fixation s'est réveillé : celui des Fourons, cette commune à majorité francophone rattachée contre son gré à la Flandre. En destituant le bourgmestre des Fourons, parce qu'il ne parlait pas assez bien le néerlandais, le Conseil d'État a déclenché une crise qui a coûté son poste au ministre de l'Intérieur et conduit le Premier ministre à présenter sa démission (octobre 1986), finalement refusée par le roi. Si le bourgmestre a retrouvé son écharpe, l'inamovible Wilfried Martens est lui aussi resté en place ; il est vrai qu'approchait l'échéance, pour la Belgique, d'occuper à son tour la présidence de la CEE (premier semestre 1987). L'expérience et le sens diplomatique du chef du gouvernement belge allaient se révéler bien utiles...

Au **Luxembourg**, l'année 1986 a été très bonne, si l'on excepte la sidérurgie, point faible de cet État exceptionnel où le chômage ne dépasse pas 1,5 % de la population active, et où la progression du niveau de vie n'a pas empêché de juguler

BENELUX

	INDICATEUR	UNITÉ	BELGIQUE	LUXEM-BOURG	PAYS-BAS
	Capitale		Bruxelles	Luxembourg	La Haye
	Superficie	km²	30 514	2 586	40 844
DÉMOGRAPHIE	Population (*)	million	9,91	0,37	14,56
	Densité	hab./km²	324,8	143,1	356,5
	Croissance annuelle[h]	%	0,1	0,1	0,5
	Mortalité infantile[h]	‰	12	10	8
	Population urbaine[a]	%	96	82	88
CULTURE	Scolarisation 2e degré	%	91[bi]	68[cj]	102[bi]
	3e degré	%	30,6[b]	3,4[c]	31,4[b]
	Postes tv[c]	‰ hab.	303	256	450
	Livres publiés	titre	8 065[c]	341[b]	13 209[b]
	Nombre de médecins[g]	‰ hab.	2,5	1,39	1,84
ARMÉE	Armée de terre	millier d'h.	67,4	0,69	66,2
	Marine	millier d'h.	4,5	–	17,1
	Aviation	millier d'h.	19,53	–	17,96
ÉCONOMIE	PNB	milliard $	111,0	5,1	171,1
	Croissance annuelle 1979-86	%	0,6	1,0	0,7
	1986	%	2,0	2,25	1,5
	Par habitant	$	11 201	13 784	11 751
	Taux d'inflation	%	0,6	– 1,4	– 0,1
	Taux de chômage[k]	%	10,8	1,5	9,6
	Dépenses de l'État Éducation	% PIB	6,0[b]	5,3[c]	7,7[d]
	Défense	% PIB	2,2	1,1	3,2
	Recherche et développement	% PIB	1,4[f]	..	2,0[c]
	Production d'énergie	million TEC	14,7[a]	0,01[b]	116,2[a]
	Consommation d'énergie	million TEC	55,4[a]	4,06[b]	92,6[a]
COMMERCE	Importations	million $	69 580[e]	2 729[b]	77 790
	Exportations	million $	68 809[e]	2 482[b]	84 295
	Principaux fournisseurs	%	CEE 72,3	Bel 37,1[b]	CEE 63,8
		%	E-U 5,0	RFA 30,8[b]	RFA 26,5
		%	PVD 10,2	Fra 13,1[b]	PVD 15,3
	Principaux clients	%	CEE 73,1	RFA 27,2[b]	CEE 74,4
		%	E-U 5,3	Bel 15,5[b]	RFA 28,3
		%	PVD 10,6	Fra 15,1[b]	PVD 10,1

Chiffres 1986, sauf notes : a. 1985 ; b. 1984 ; c. 1983 ; d. 1982 ; e. Belgique et Luxembourg ; f. 1980 ; g. 1981 ; h. 1980-85 ; i. 12-17 ans ; j. 12-18 ans ; k. Fin d'année.

(*) Dernier recensement utilisable : Belgique, 1981 ; Luxembourg, 1981 ; Pays-Bas, 1980.

Grand-Duché de Luxembourg

Nature du régime : monarchie constitutionnelle.
Chef de l'État : prince Jean.
Chef du gouvernement : Jacques Santer.
Monnaie : franc luxembourgeois, franc belge (1 franc = 0,16 FF au 30.4.87).
Langues : français, allemand, dialecte luxembourgeois.

---

l'inflation. Le renforcement de la fonction financière du grand-duché s'est confirmé, avec notamment l'implantation de la principale banque commerciale japonaise.

Les soucis sont plutôt venus du voisin français, avec les dossiers du nucléaire et de la télévision. La concession de la sixième chaîne, en février 1987, à un consortium mené par la Compagnie luxembourgeoise de télévision (CLT), a apaisé les rancœurs accumulées ces dernières années.

En revanche, les craintes exprimées depuis 1979 à l'égard de la centrale nucléaire de Cattenom (située à quelques kilomètres de la frontière luxembourgeoise), et avivées par l'accident de Tchernobyl, n'ont pas ému le gouvernement français : ni les manifestants ni le ministre luxembourgeois des Affaires étrangères (qui s'est rendu à Paris en septembre 1986) n'ont obtenu la moindre concession.

Royaume des Pays-Bas

Nature du régime : monarchie constitutionnelle.
Chef de l'État : reine Beatrix Ire.
Chef du gouvernement : Ruud Lubbers.
Monnaie : florin (1 florin = 2,94 FF au 30.4.87).
Langue : néerlandais.

Les **Pays-Bas** ont présenté en 1986 bien des points communs avec la Belgique voisine. Ici aussi, une coalition de droite a été reconduite au pouvoir : les élections de mai ont donné 81 sièges sur 150 à la coalition rassemblant les libéraux et les chrétiens-démocrates du Premier minis-

tre Ruud Lubbers. Ici aussi, cette reconduction s'est traduite par un renforcement de la politique d'austérité : le budget 1987, présenté en septembre 1986, se caractérise par une compression des dépenses publiques et prévoit une stagnation des traitements des fonctionnaires et une nouvelle diminution de la protection sociale. Ici encore, protestations et manifestations se sont multipliées de la part des socialistes, des syndicats et des catégories défavorisées ; mais, de même qu'en Belgique, le gouvernement a pu faire valoir une forte réduction de l'inflation : 0,2 % en 1986.

En revanche, contrairement à la Belgique, le chômage (plus de 12 % de la population active au début de 1987) a légèrement régressé, grâce surtout à la réduction de la durée du travail, et le taux de croissance (4 % environ) a été ici nettement plus élevé. Cependant, la baisse des cours du pétrole et du dollar a eu des effets négatifs à cause de son incidence sur les recettes provenant de la vente du gaz naturel, qui ont considérablement diminué en 1986 et 1987.

A côté de ces débats économiques et financiers, qui ont maintenu un climat politique et social très tendu, un événement a été l'occasion de célébrer l'unité nationale : l'achèvement du plan Delta par la construction du grand barrage mobile de l'Escaut oriental, inauguré par la reine en octobre 1986. Symbole de la lutte contre les eaux, mais aussi de la protection de l'environnement (le barrage permet le passage des marées), l'événement témoigne de la ténacité des Néerlandais face aux obstacles techniques et financiers. La présence de nombreux souverains et chefs d'État, dont ceux des pays riverains de l'Escaut, de la Meuse et du Rhin, a donné une tonalité européenne à la cérémonie. Le président Mitterrand y a-t-il évoqué le contentieux franco-néerlandais sur la pollution saline du Rhin par les mines de potasse d'Alsace (MDPA) ? Le mois précédent, la cour d'appel de La Haye avait confirmé un jugement de 1983 condamnant les

M D P A à indemniser les maraîchers hollandais lésés. En 1987, la France a enfin commencé à tenir ses engagements de réduire les rejets de saumures dans le Rhin.

Deux autres dossiers internationaux sont revenus au premier plan en 1986 et au début de 1987 : les relations avec l'Afrique du Sud et la situation au Surinam, deux États avec lesquels les Pays-Bas ont des liens historiques particuliers. Dans le premier cas, la contestation des investissements néerlandais a pris un tour violent avec la destruction par le feu de plusieurs hypermarchés. Quant au Surinam (l'ancienne « Guyane hollandaise », dont beaucoup de ressortissants vivent aux Pays-Bas), il a annoncé le 10 janvier 1987 l'expulsion de l'ambassadeur néerlandais, les Pays-Bas étant accusés d'être trop favorables à la rébellion qui conteste le régime militaire en place.

Jean-Claude Boyer

Europe du Nord

Danemark, Finlande, Groenland, Islande, Norvège, Suède

Royaume du Danemark
Nature du régime : monarchie parlementaire.
Chef de l'État : reine Marguerite II.
Chef du gouvernement : Poul Schlüter.
Monnaie : couronne danoise. (1 couronne = 0,89 FF au 30.4.87).
Langue : danois.

Au **Danemark**, la politique d'assainissement de l'économie intérieure entreprise par le gouvernement de centre droit de Poul Schlüter, au pouvoir depuis 1982, a enregistré en 1986 un succès notable : transformation du déficit budgétaire (9,9 % du PNB en 1982) en léger excédent (5 milliards de couronnes – environ 634 millions de dollars), maintien de l'inflation au-dessous de 4 % (contre 10 % en 1982), croissance soutenue du PIB (3,2 %), réduction du taux de chômage à 7,6 %, progression continue des investissements (15 %) et de la production industrielle (4 %).

Mais la médaille a son revers : massivement endetté, le Danemark est le pays qui a eu le plus recours à l'euromarché pour financer son économie : en 1986, sa dette externe s'est élevée à 262 milliards de couronnes – environ 33 milliards de dollars –, soit près de 40 % du PNB. Le déficit de la balance des paiements s'est encore creusé (33,4 milliards de couronnes – environ 4 milliards de dollars) en dépit d'un gain de 12 milliards de couronnes sur la facture pétrolière. Dans ce pays très dépendant sur le plan commercial, l'augmentation de la consommation intérieure (+ 4,5 %) a eu pour conséquence une croissance élevée des importations (+ 7,5 %) alors que les capacités exportatrices progressaient beaucoup moins (+ 2,2 %). Au déficit chronique des échanges pour les produits de haute technologie, s'est ajoutée en 1986 une forte diminution des exportations agricoles, conséquence de la chute du dollar et des ventes aux États-Unis, de la réduction des subventions communautaires et de la méfiance engendrée par l'accident nucléaire de Tchernobyl. Les Danois ont payé un lourd tribut à la politique économique.

Minoritaire, le gouvernement de coalition (centre droit) a dû négocier avec les radicaux-libéraux (opposition) pour ne pas être mis en difficulté : le 21 mars 1986, diverses taxes indirectes avaient été augmentées, mais, sous la pression des salariés du secteur public en grève et des radicaux-libéraux, le gouvernement a dû renoncer à une hausse de la

TVA. En octobre, pour la troisième fois en dix mois, de nouvelles mesures de rigueur restreignant le crédit à la consommation et encourageant l'épargne ont été votées, non sans mécontenter l'opinion. L'accord sur les salaires du secteur privé, signé le 20 janvier 1987, n'a prévu qu'une augmentation modérée (4 à 5 %), accompagnée d'une réduction de la

EUROPE DU NORD

	INDICATEUR	UNITÉ	DANE-MARK	FINLANDE	GROEN-LAND
DÉMOGRAPHIE	Capitale		Copenhague	Helsinki	Godthab
	Superficie	km²	43 070	337 010	2 186 000
	Population (*)	million	5,12	4,93	0,05
	Densité	hab./km²	118,9	14,6	0,02
	Croissance annuelle[e]	%	0,0	0,5	1,2
	Mortalité infantile[e]	‰	8	7	39
	Population urbaine	%	85,9[a]	66,9[a]	79
CULTURE	Scolarisation 2e degré	%	104[cm]	101[bn]	..
	3e degré	%	29,2[c]	30,6[b]	..
	Postes tv	‰ hab.	369[c]	432[c]	79[d]
	Livres publiés	titre	10 660[b]	8 563[b]	..
	Nombre de médecins	‰ hab.	2,0[g]	1,97[g]	..
ARMÉE	Armée de terre	millier d'h.	15,6	30,0	–
	Marine	millier d'h.	6,9	2,0	–
	Aviation	millier d'h.	7,0	2,9	–
ÉCONOMIE	PIB	milliard $	80,4	70,5	0,39[a]
	Croissance annuelle 1979-86	%	1,8	2,9	1,7[f]
	1986	%	2,75	1,5	..
	Par habitant	$	15 703	14 300	7 270[a]
	Taux d'inflation	%	4,3	3,4	..
	Chômage[h]	%	7,8	5,1	..
	Dépenses de l'État Éducation	% PIB	6,5[b]	5,7[c]	..
	Défense	% PIB	2,0	1,4	..
	Recherche et développement	% PIB	1,2[c]	1,5[b]	..
	Production d'énergie[b]	million TEC	3,69	5,31	–
	Consommation d'énergie[b]	million TEC	23,24	24,31	0,27
COMMERCE	Importations	million $	22 865	15 339	387[a]
	Exportations	million $	21 243	16 356	226[a]
	Principaux fournisseurs	%	CEE 52,0	CEE 43,1	Dnk 59,2[a]
		%	Scan[j] 19,0	URS 15,3	S & N[k] 17,5[a]
		%	PVD 10,9	Suè 13,6	Jap 3,7[a]
	Principaux clients	%	CEE 46,8	CEE 38,3	Dnk 75,4[a]
		%	Scan[j] 21,1	URS 20,3	Fra 4,4[a]
		%	PVD 13,0	Suè 14,8	RFA 6,9[a]

durée du travail. Se disant eux aussi soucieux d'agir en faveur d'une économie équilibrée, les sociaux-démocrates ont promis de mettre en œuvre une politique sociale moins restrictive et une politique des revenus concertée et non plus basée sur le *diktat* au cas où les élections envisagées pour juin 1987 les porteraient à nouveau au pouvoir.

ISLANDE	NORVÈGE	SUÈDE
Reykjavik	Oslo	Stockholm
103 000	324 220	449 960
0,24	4,17	8,36
2,3	12,9	18,6
1,1	0,3	0,1
7	8	7
89,6[a]	80,3[a]	85,5[a]
93[bo]	97[dn]	83[bn]
22,8[b]	29,3[c]	38,2[b]
293[c]	319[c]	390[c]
469[b]	5 540[c]	10 373[b]
2,14[i]	2,03[g]	2,2[g]
..	20,0	47,0
..	7,6	9,65
..	9,4	8,0
3,5	68,5	131,4
0,4	3,4	1,7
5,5	4,25	1,3
14 583	16 432	15 718
13,6	8,9	3,3
0,5	1,8	2,7
4,6[a]	7,0[c]	8,0[b]
..	3,0	2,8
..	1,4[d]	2,6[c]
0,47	104,2	14,68
1,22	27,2	38,96
1 119	20 319	32 563
1 099	18 229	37 211
CEE 51,8	Suè 18,0	CEE 56,9
S & N[k] 16,2	CEE 43,7	PVD 8,3
Jap 6,5	Jap 7,4	N & F[f] 12,4
E-U 21,9	Suè 9,8	CEE 49,8
CEE 50,4	CEE 65,4	PVD 10,9
Jap 4,8	PVD 13,0	N & F[l] 17,3

République de Finlande
Nature du régime : démocratie parlementaire.
Chef de l'État : Mauno Koivisto.
Chef du gouvernement : Harri Holkeri.
Monnaie : mark finlandais (1 mark = 1,37 FF au 30.4.87).
Langues : finnois, suédois.

En **Finlande**, les élections législatives des 15 et 16 mars 1987 ont renforcé la position du Parti conservateur (23,2 % des voix) qui était dans l'opposition depuis 1966, du Centre, ex-agrarien (17,7 %) et du Parti suédois (5,3 %). Ces deux partis « bourgeois » faisaient partie de la coalition gouvernementale sortante, dirigée par les sociaux-démocrates de Kalevi Sorsa, en léger recul (24,3 %). Le scrutin a consacré la défaite du Parti rural – de type populiste – (6,4 %) et réservé deux surprises : faible progrès des Verts (4 %), divisés et sans programme précis, bonne tenue des communistes en voix mais non en sièges. Ces derniers se sont présentés pour la première fois en deux formations, la Ligue démocrate populaire, regroupant eurocommunistes et socialistes de gauche (9,4 %), et l'Alternative démocratique, orthodoxe (4,4 %). Le 25 avril 1987, le président de la République, Mauno Koivisto, a nommé Harri Holkeri, conservateur,

Chiffres 1986, sauf notes : a. 1985 ; b. 1984 ; c. 1983 ; d. 1982 ; e. 1980-85 ; f. 1979-83 ; g. 1981 ; h. Fin d'année ; i. 1980 ; j. Pays scandinaves ; k. Suède et Norvège ; l. Norvège et Finlande ; m. 12-17 ans ; n. 13-18 ans ; o. 13-19 ans.

(*) Dernier recensement utilisable : Danemark, 1981 ; Finlande, 1980 ; Groenland, 1976 ; Islande, 1970 ; Norvège, 1980 ; Suède, 1980.

SCANDINAVIE

Leningrad

U.R.S.S.

FINLANDE

Kuopio

Vaasa
Tampere 0.24
Turku 0.25

Helsinki 1.1

Kirkenes

Hammerfest

Narvik

Tromsø

Kiruna
Gällivare

Luleå

G. de Botnie

Stockholm 1.5

Sundsvall

SUÈDE

Uppsala

Västerås 0.1

Norrköping

Malmö 0.45

Copenhague 1.5

Oulu

Trondheim

NORVÈGE

Oslo 0.7

Borås

Göteborg 0.7

Ålborg

Århus 0.25

Odense

DANEMARK

Bergen 0.22

Stavanger

Skagerrak

Cercle Polaire

Mer du Nord

Mer de Norvège

Féroé
(Dan.)

Tórshavn

ROYAUME UNI

ISLANDE

Reykjavik

Groenland
(Dan.)

- 100 000 habitants

O Population urbaine,
0.45 en millions

500Km

à la tête d'un gouvernement de coalition quadripartite qui réunit conservateurs et sociaux-démocrates pour la première fois depuis 1959, et relègue les centristes dans l'opposition. La vie politique a été peu perturbée en 1986, bien que le consensus social se soit effrité au moment des grèves du printemps, qui ont abouti, le 3 mars, à un accord valable jusqu'en avril 1988.

Soutenue par la poussée des salaires (7,1 %) et le tassement de l'inflation (3,6 %), la consommation privée a continué à augmenter, mais la croissance s'est sensiblement ralenti en 1986 : augmentation modérée du PIB (2 %), des investissements (0,9 %), légère élévation du taux de chômage (7 %), insuffisante progression des exportations (+ 0,6 %), en volume, par rapport aux importations (+ 5,7 %). La baisse du prix du pétrole a amélioré les termes de l'échange avec l'étranger, mais perturbé le commerce avec l'URSS fondé sur le troc *(clearing)*. Les exportations vers ce pays ont baissé. L'excédent commercial a été maintenu et la stabilité monétaire rétablie, après la fuite des capitaux du début de l'année.

Internationalisation croissante de l'économie, recherche de débouchés à l'Ouest, diversification vers les secteurs de pointe et restructurations dans la construction navale et l'industrie du bois, telles ont été les grandes tendances de l'économie. Afin d'accroître la compétitivité industrielle, enjeu majeur pour la Finlande, la fiscalité des entreprises a été allégée en 1986 et le budget 1987 a donné priorité à la recherche-développement.

Groenland

Nature du régime : territoire autonome rattaché à la couronne danoise.
Chef de l'exécutif : Jonathan Motzfeldt (en mai 1987).
Monnaie : couronne danoise.
Langues : groenlandais, danois.

Au **Groenland**, l'économie est restée très dépendante des échanges commerciaux avec l'étranger et la métropole : le Danemark absorbe la majeure partie des exportations et assure 75 % des importations. Le statut et la pratique de l'autonomie interne ont continué à faire l'objet de discussions. En février 1987, la question de la modernisation de la base américaine de Thulé a provoqué une rupture au sein de l'exécutif entre le Siumut, parti de Jonathan Motzfeldt, attaché à l'autonomie interne dans le respect de l'unité nationale, et l'Inuit Ataqatigiit, indépendantiste.

Aux élections législatives du 26 mai 1987, les partis Atassu et Siumut ont obtenu chacun 11 des 27 sièges, et l'Inuit Ataqatigüt 5 sièges.

République d'Islande

Nature du régime : démocratie parlementaire.
Chef de l'État : Mme Vigdís Finnbogadóttir.
Chef du gouvernement : Thorsteinn Palsonn.
Monnaie : couronne islandaise. (1 couronne = 0,15 FF au 30.4.87).
Langue : islandais.

L'**Islande** a connu en 1986 une forte reprise économique : croissance du PIB de 6 %, inflation ramenée à 12 % (32 % en 1985), chômage toujours inexistant (0,7 %), excédent commercial et réduction du déficit de la balance des paiements à 1,5 % du PNB (4,3 % en 1985). Facteurs essentiels de cette prospérité : une augmentation du tonnage de poissons capturés (8,5 %) et une conjoncture internationale favorable à ce pays si dépendant de son commerce extérieur : baisse du prix du pétrole et des taux d'intérêts, et hausse de la valeur marchande des produits de la mer qui constituent 75 % des exportations islandaises.

En décembre 1986, patrons et syndicats ont conclu un nouvel accord salarial compatible avec une inflation inférieure à 10 % et prévoyant l'augmentation des seuls bas salaires (30 %). Le gouvernement s'est engagé en retour : réforme fiscale, hausse limitée des tarifs publics et stabilité monétaire.

Le scrutin législatif du 25 avril 1987 a consacré la défaite du Parti de l'indépendance. La formation conservatrice, partenaire des progressistes au sein du gouvernement de coalition sortant de Steingrimur Hermannsson a perdu 5 sièges sur les 23 dont elle disposait auparavant. A gauche, le Parti des femmes a remporté un grand succès : avec 10,1 % des voix, il double sa représentation au Parlement (6 sièges). Le nouveau Parti des citoyens, de type populiste, fondé par l'ancien footballeur Albert Gudmunsson après son exclusion en mars 1987 du Parti de l'indépendance a également réalisé une percée spectaculaire (7 sièges). Les sociaux-démocrates ont, quant à eux, progressé (15,2 % des voix). Fin avril, les négociations en vue de former le nouveau gouvernement s'annonçaient difficiles.

Royaume de Norvège
Nature du régime : monarchie parlementaire.
Chef de l'État : roi Olav V.
Chef du gouvernement : Mme Gro Harlem Brundtland.
Monnaie : couronne norvégienne (1 couronne = 0,89 FF au 30.4.87).
Langue : norvégien.

1986 a été en **Norvège** l'année des désillusions. Jusque-là épargné par la crise grâce à ses revenus pétroliers, le pays a payé le prix de sa dépendance à l'égard de l'or noir et d'une croissance de la consommation privée qui s'était poursuivie à un rythme élevé (5,5 % en 1986). La chute du dollar et du prix du pétrole a gravement déséquilibré les comptes extérieurs (la balance des paiements a accusé un déficit record de 33 milliards de couronnes – environ 4,24 milliards de dollars –, soit 6,5 % du PIB) et provoqué une baisse de 6 % du revenu national disponible. Contraint d'oublier les généreuses réformes qu'avaient promises les travaillistes en 1985, le nouveau gouvernement de Mme Gro Harlem Brundtland a dévalué la couronne le 11 mai 1986 (de 10,5 % en termes effectifs), et fait adopter le 17 juin 1986 un programme de restriction des dépenses publiques, de hausses fiscales et de resserrement du crédit.

Ces mesures n'ont pas donné les effets escomptés, des défaillances structurelles intervenant aussi dans l'aggravation de la situation économique. La dévaluation a contribué à accroître l'inflation (7,2 %) sans empêcher l'augmentation des importations (8,8 % en volume) et la stagnation des exportations (1 %). A la perte de nombreux marchés internes et externes par l'industrie non pétrolière se sont ajoutées la poursuite de la détérioration de la compétitivité d'une économie fortement subventionnée et la persistance de coûts salariaux élevés (+ 9,5 %). Après de graves conflits sociaux (*lock-out* de 102 000 ouvriers, grèves dans les secteurs publics et pétroliers), les négociations salariales du printemps 1986, conclues pour deux ans, ont tourné à l'avantage des syndicats qui ont obtenu des augmentations annuelles de 7 à 9 % et une réduction de la durée du travail. Le gouvernement a jeté les bases d'une action concertée avec le patronat et les syndicats en matière de revenus et pris des mesures structurelles visant à stimuler la recherche et à améliorer la compétitivité. La conclusion, le 1ᵉʳ juin 1986, d'un accord entre l'entreprise norvégienne Statoil et six compagnies de gaz européennes (portant sur la livraison de 450 milliards de mètres cubes de gaz jusqu'en 2020) a témoigné d'un souci de diversification.

Menacée, l'économie norvégienne n'en a pas moins conservé ses atouts : des entreprises performantes (Norsk Hydro, Norsk Data), un chômage faible (1,9 %) et une dette extérieure raisonnable (15 % du PNB, contre 9,5 % en 1985). Prise en octobre 1986, puis renouvelée en janvier 1987, la décision de coopérer avec l'OPEP en réduisant l'extraction de pétrole de 7,5 % jusqu'en juin 1987 a été, dans le domaine de la politique étrangère, le changement le plus significatif introduit par le gouvernement de Mme Brundtland.

Minoritaire, celui-ci a fait le pari d'éviter l'instabilité politique et de durer jusqu'en 1989 en recherchant le soutien des partis du centre. Il a réussi à faire voter le 17 décembre 1986 un budget d'austérité en relatif équilibre, prévoyant une réduction des dépenses de 1,5 %, sauf dans les secteurs de la santé et de la recherche. L'élargissement de la base d'imposition a constitué une première étape de la réforme de la fiscalité envisagée. La remontée des travaillistes dans les sondages a peut-être montré que les Norvégiens, et pas seulement la classe politique, avaient pris conscience de la crise.

Royaume de Suède

Nature du régime : monarchie parlementaire.
Chef de l'État : roi Charles Gustave.
Chef du gouvernement : Ingvar Carlsson.
Monnaie : couronne suédoise. (1 couronne = 0,95 FF au 30.4.87).
Langue : suédois.

En **Suède**, le terrible mystère de l'assassinat d'Olof Palme n'avait toujours pas été levé au début de 1987. Sortis de l'état de choc initial, les Suédois ont plébiscité le nouveau Premier ministre qui a joué en 1986 d'une cote de popularité élevée. Personnalité mesurée et pragmatique, Ingvar Carlsson s'est montré capable de dialoguer et de consolider sa position, aidé en cela par la situation de transition qu'ont vécue les partis « bourgeois » (de 1984 à 1986 ils ont tour à tour changé de dirigeants).

La réforme en profondeur de la fiscalité – simplification et baisse des taux marginaux – a été de nouveau discutée, sociaux-démocrates et libéraux se montrant disposés à parvenir à un accord. En avril 1986, l'accident de Tchernobyl a engendré une situation longtemps préoccupante en Laponie et relancé le débat sur l'énergie nucléaire, qui couvre 42 % des besoins en électricité. Communistes et centristes ont demandé que les douze réacteurs nucléaires exis-

tants soient démantelés avant 2010, date initialement approuvée par le référendum de 1980. L'affaire des violations des eaux territoriales suédoises par les sous-marins soviétiques a connu de nouveaux développements, illustrés par la visite à Moscou de Ingvar Carlsson le 14 avril 1986 et par l'augmentation des crédits de la Défense dans le budget 1987-1988. (Cette mesure a renversé la tendance des vingt années précédentes.)

Plus largement ouverte au capital étranger depuis 1982, et engagée dans la voie d'un assouplissement progressif du contrôle des changes, l'économie suédoise a poursuivi son redressement en 1986, à la faveur de la baisse conjointe du dollar et du prix du pétrole. Le déficit de la balance des paiements (10,4 milliards de couronnes en 1985) s'est mué en excédent de 8,5 milliards. L'inflation (3,2 %) et le déficit budgétaire (40,5 milliards contre 57 milliards en 1985) ont continué à décroître. En quatre ans, celui-ci a été ramené de 13,1 à 4,1 % du PNB. Pour la première fois depuis longtemps, le pouvoir d'achat a augmenté (2 %) et le taux de chômage, déjà peu élevé, est descendu à 2,7 %. La croissance du PIB s'est maintenue (1,7 %) par la poussée de la consommation des ménages (3,5 %), alors que les investissements stagnaient (0,3 %). Le surplus commercial (31,8 milliards de couronnes – environ 4,37 milliards de dollars) est resté insuffisant pour restaurer l'équilibre de l'économie : la part de la haute technologie est encore trop faible dans les exportations qui ont moins augmenté en volume (2,8 %) que les importations (3,7 %). Le gouvernement s'est fixé comme objectifs prioritaires la correction des déséquilibres régionaux et sociaux, la réduction de la dette extérieure (128 milliards de couronnes – environ 17,6 milliards de dollars – en 1986) et des dépenses publiques, le développement de l'épargne et de la recherche.

L'insuffisante compétitivité de l'industrie et l'engrenage prix-salaires sont restés l'un des problèmes majeurs de l'économie. Signée au printemps 1986 pour deux ans, la convention sur les salaires du secteur privé n'a pas été révisée au début de 1987. Le 30 octobre 1986, après une grève d'un mois, les syndicats avaient obtenu pour 1,5 million de salariés du secteur public une augmentation de 8,8 % sur deux ans, mais ils s'étaient vu refuser la parité des salaires avec le secteur privé. Pour la première fois, le principe de solidarité, si cher à la centrale syndicale LO (Lands Organisasjonen), était ébranlé et sacrifié à la politique anti-inflationniste.

Martine Barthélémy

Iles Britanniques

Irlande, Royaume-Uni

Le **Royaume-Uni** est traité dans la section « Les 34 grands États ».

République d'Irlande

Nature du régime : parlementaire.
Chef de l'État : Patrick J. Hillery.
Chef du gouvernement : Charles Haughey (depuis le 11.2.1987).
Monnaie : livre irlandaise (1 livre = 8,91 FF au 30.4.87).
Langues : anglais, irlandais.

En **Irlande,** le bilan économique de l'année 1986 a été en légère amélioration par rapport à 1985. Certes, le PNB a diminué de 0,5 % et l'investissement a connu un déclin de 2,5 %, mais le taux d'inflation (3,9 %) a évolué très favorablement. Le résultat de la production agricole (en baisse) a été compensé par la croissance de la production manufacturière. Par ailleurs, la balance commerciale du pays est restée positive. Si l'on ajoute à ce tableau une balance des services également positive et une légère amélioration du revenu du travail et du revenu des capitaux irlandais, l'image ne paraît pas particulièrement sombre.

Mais la réalité, hélas, est différente en raison de l'ampleur de la dette publique. La seule dette extérieure est passée de 500 millions de livres en 1974 à 10 milliards en 1986 (140 % du revenu national).

En arrivant au pouvoir en 1982, le gouvernement Fine Gael-Travaillistes s'était donné pour tâche de mettre de l'ordre dans les dépenses publiques. Il a échoué. La crise politique qui s'est développée trouve en partie son explication dans cet échec. Grâce à la signature de l'Accord anglo-irlandais sur l'Ulster, le 15 novembre 1985, le gouvernement avait commencé le nouvel an avec quelques espoirs de remonter la baisse de popularité qu'indiquaient les sondages d'opinion. Douze mois plus tard, c'était l'échec. A l'assaut de ses opposants se sont ajoutées ses propres difficultés internes et surtout son incapacité à résoudre les problèmes du pays. Le Fine Gael a fait les frais des succès obtenus auprès de l'opinion par un nouveau parti politique créé à la fin de 1985, les Démocrates progressistes.

Une menace supplémentaire s'est dressée dans le champ politique à l'automne lorsque l'Armée républicaine irlandaise (IRA) d'abord, puis le Sinn Fein décidèrent de ne plus pratiquer l'abstentionnisme parlementaire. Mais c'est en son propre sein que la coalition Fine Gael-Parti travailliste a rencontré le plus d'ennuis : deux démissions du Fine Gael et, en fin d'année, la décision des

ILES BRITANNIQUES

ATLANTIQUE

Shetland

Orcades

Hébrides

Mer du Nord

Inverness

Aberdeen

Ecosse

Dundee

Edinburgh
0,60

**ROYAUME
UNI**

Glasgow

Irlande du Nord

Newcastle
1,1

Londonderry

Middlesbrough
0,60

Belfast
0,50

Man

Leeds-Bradford
2,0

York

IRLANDE

Blackpool

Hull

Dublin
0,60

Manchester
Liverpool 1,5

Sheffield

Dun
Laoghaire

Stoke 0,50

Nottingham
0,70

Norwich

Shannon
Limerick

Birmingham
2,8

Leicester
0,60

Cork
0,14

Waterford

*Pays
de Galles*

Coventry
0,75

Cambridge

Angleterre

Swansea

Oxford

Cardiff

Bristol
0,75

Southampton
0,50   0,50

Londres

Bournemouth

Brighton
Portsmouth

Plymouth

Manche

*Iles
Anglo-
Normandes*

FRANCE

- 100 000 habitants

○0,60 Population urbaine,
en millions

200 km

Chiffres 1986, sauf notes : a. 1985; b. 1984; c. 1983; d. 1982; e. 1980; f. 1981; g. 1980-85; h. 12-16 ans; i. 11-17 ans; j. Fin d'année.

(*) Dernier recensement utilisable : Irlande, 1981; Royaume-Uni, 1981.

ILES BRITANNIQUES

	INDICATEUR	UNITÉ	IRLANDE	ROYAUME-UNI
	Capitale		Dublin	Londres
	Superficie	km²	70 280	244 046
DÉMOGRAPHIE	Population (*)	million	3,58	56,56
	Densité	hab/km²	50,9	231,8
	Croissance annuelle[g]	%	0,9	– 0,1
	Mortalité infantile[g]	‰	11	10
	Population urbaine[a]	%	57	91,7
CULTURE	Nombre de médecins	% hab.	1,29[f]	1,7[e]
	Scolarisation 2e degré[d]	%	93[h]	86,0[i]
	3e degré	%	22,1[d]	20,3[c]
	Postes tv[c]	‰ hab.	249	479
	Livres publiés[b]	titre	799	51 411
ARMÉE	Armée de terre	millier d'h.	12,28	162,1
	Marine	millier d'h.	0,94	68,3
	Aviation	millier d'h.	0,89	93,4
ÉCONOMIE	PIB	millard $	25,1	547,7
	Croissance annuelle 1979-86	%	1,9	1,4
	1986	%	1,5	2,4
	Par habitant	$	7 011	9 660
	Taux d'inflation	%	3,2	3,7
	Taux de chômage[j]	%	18,8	11,2
	Dépenses de l'État Éducation[c]	% PIB	6,9	5,3
	Défense	% PIB	1,0	5,0
	Recherche et développement	% PIB	0,8[d]	2,3[f]
	Production d'énergie[b]	million TEC	4,85	283,3
	Consommation d'énergie[b]	million TEC	11,54	264,7
COMMERCE	Importations	million $	11 621	126 183
	Exportations	million $	12 654	106 982
	Principaux fournisseurs	%	CEE 62,8	CEE 55,2
		%	R-U 37,4	E-U 9,9
		%	E-U 15,7	PVD 13,9
	Principaux clients	%	CEE 66,3	CEE 48,0
		%	R-U 28,5	E-U 14,3
		%	E-U 8,7	PVD 21,0

travaillistes de ne plus faire partie d'une coalition après les élections de 1987. Enfin les problèmes sociaux du pays avec un chômage qui a atteint plus de 18 % et la reprise de l'émigration qui ne pouvait que toucher profondément un peuple hanté par les grandes vagues de départs du passé.

En avril, le Premier ministre, Garret Fitzgerald, a proposé un référendum pour amender la Constitution de 1937 afin de légaliser le divorce. Dès l'ouverture de la campagne, il est apparu que les forces en présence étaient trop inégales. D'un côté, bien financés et bien organisés, les opposants au divorce bénéficiaient de l'appui de l'Église catholique, du Fianna Fail et d'un groupe de pression (*Anti Divorce Campaign*, ADC). De l'autre, ceux qui soutenaient l'amendement n'étaient guère à la hauteur de la tâche : les députés du Fine Gael ne se sont pas mobilisés ; les Églises protestantes, trop minoritaires, ne pouvaient faire contrepoids à la puissante Église catholique. Les petits partis firent de leur mieux, mais leurs interventions, combinées à celles du groupe de pression favorable au divorce (*Divorce Action Group*, DAG) n'eurent de l'impact qu'auprès des convaincus. Finalement, le 26 juin 1986, 63,1 % des voix s'exprimèrent contre l'amendement de la Constitution. Ce choix en faveur du maintien d'un système de valeurs catholiques était un camouflet pour le Premier ministre et pour son idéal d'une grande Irlande tolérante et pluraliste. Un tel résultat, il faut le dire, ne réglait en rien l'énorme problème des 70 000 personnes vivant séparées dans le pays.

Après les élections législatives de février 1987, les défis que devait relever le nouveau gouvernement minoritaire formé par le leader du Fianna Fail, Charles Haughey, étaient nombreux. La poursuite de l'application de l'Accord anglo-irlandais n'était pas le moindre.

En Irlande du Nord, en 1986, les unionistes ont continué à rejeter toute tentative et toute proposition susceptibles d'aboutir à la création d'un Parlement à Belfast. Ce rejet s'est aussi manifesté par une augmentation de la violence des paramilitaires protestants (15 assassinats dans l'année). L'absence de mesures concrètes en faveur des catholiques justifie, aux yeux des républicains, la continuation de leur offensive. On leur a imputé la responsabilité de 37 morts, pour la plupart policiers ou soldats. En dépit de ces résistances, le nouveau statut de la province issu de l'Accord n'a pas été remis en question.

Paul Brennan

Europe latine

Andorre, Espagne, France, Italie, Monaco, Portugal, Saint-Marin, Vatican

L'**Espagne**, la **France** et l'**Italie** sont traitées dans la section « Les 34 grands États ».

La principauté d'**Andorre** est « parrainée » par deux « co-princes »,

---

Principauté d'Andorre

Nature du régime : fondé sur des institutions féodales, « parrainé » par deux co-princes : François Mitterrand, Joan Marti Alanis (évêque d'Urgel).
Président du Conseil général : Francesco Cerqueda Pascuet (syndic).
Chef du gouvernement : Joseph Pintat Argerich.
Monnaie : franc français, peseta espagnole.
Langues : catalan, français, espagnol.

EUROPE LATINE

	INDICATEUR	UNITÉ	ANDORRE	FRANCE	ESPAGNE
DÉMOGRAPHIE	Capitale		Andorra-la-V.	Paris	Madrid
	Superficie	km²	453	547 026	504 782
	Population (*)	million	0,03	55,3	38,82
	Densité	hab./km²	66,2	101,2	76,9
	Croissance annuelle[d]	%	0,3	0,5	0,6
	Mortalité infantile[d]	‰	..	9	10
	Population urbaine[a]	%	..	77,2	77,4
CULTURE	Analphabétisme[a]	%	..	..	5,6[a]
	Scolarisation 2e degré	%	..	90[c]	89[c]
	3e degré	%	..	26,8[c]	25,8[c]
	Postes tv	‰ hab.	147	375[c]	258[c]
	Livres publiés	titre	..	37 189[b]	30 764[b]
	Nombre de médecins	‰ hab.	..	2,0[f]	2,6[e]
ARMÉE	Armée de terre	millier d'h.	–	296,5	230
	Marine	millier d'h.	–	66,3	62,5
	Aviation	millier d'h.	–	96,0	33,0
ÉCONOMIE	PIB	milliard $	..	724,2	226,7
	Croissance annuelle 1979-86	%	..	1,3	1,7
	1986	%	..	1,9	3,0
	Par habitant	$	..	13 072	5 840
	Taux de chômage[h]	%	..	10,8	20,7
	Taux d'inflation	%	..	2,1	8,3
	Dépenses de l'État Éducation	% PIB	..	5,8[e]	2,5[c]
	Défense	% PIB	..	3,2	2,7
	Recherche et développement	% PIB	..	2,3[a]	0,5[c]
	Production d'énergie[a]	million TEC	..	80,3	31,5
	Consommation d'énergie[a]	million TEC	..	232,5	89,3
COMMERCE	Importations	million $	..	129 402	35 055
	Exportations	million $	..	124 948	27 187
	Principaux fournisseurs	%	Fra ..	CEE 59,4	CEE 50,3
		%	Esp ..	PVD 16,5	M-O 6,0
		%	–	E-U 7,5	E-U 9,9
	Principaux clients	%	Fra ..	CEE 55,3	CEE 60,3
		%	Esp ..	PVD 20,4	PVD 19,6
		%		Afr 8,2	E-U 9,2

	ITALIE	MONACO	PORTU-GAL	SAINT-MARIN
	Rome	Monaco	Lisbonne	San Marino
	401 225	1,81	92 080	61
	57,30	0,03	10,29	0,02
	189,9	16 575	112	327,9
	0,3	0,8	0,7	0,5
	13	..	20	..
	71,7	100	31,2	..
	3,0[a]	–	16,0	..
	74[b]	..	47[c]	..
	26,3[b]	..	11,5[d]	..
	409[e]	637[d]	151[c]	295[c]
	4 312[b]	105[e]	9 041[b]	15[f]
	2,9[e]	2,23[g]	2,08[g]	..
	270	–	40	–
	47,2	–	14,5	–
	71,0	–	13,8	–
	04,0	..	28,9	..
	0,7	..	2,7	..
	2,5	»..	4,25	..
	796	..	2 809	..
	11,5	..	..	..
	4,4	..	10,6	..
	5,7[c]	..	4,8[d]	..
	2,3	..	3,2	..
	1,2[b]	..	0,4[c]	..
	28,3	..	1,7	..
	78,4	..	13,9	..
	935	..	9 448	..
	796	..	7 200	..
	E 55,4	..	CEE 57,2	..
	D 21,7	..	E-U 7,3	..
	U 5,7	..	M-O 6,3	..
	E 53,6	..	PCD 67,6	..
	D 18,8	..	CEE 68,3	..
	I 10,7	..	PVD 8,9	..

suffrage universel ont renouvelé pour quatre ans l'ensemble du Conseil général qui, à son tour, a élu le syndic – ou président – Francesco Cerqueda Pasquet et le chef du gouvernement : Joseph Pintat Argerich. Le gouvernement se trouve confronté au problème de son intégration à la CEE.

Petit pays de langue catalane où le catholicisme est religion d'État, Andorre possède une législation en bien des points féodale (absence d'état civil et de mariage civil, droit de succession en faveur d'un seul enfant...), ce qui ne facilite pas les négociations. La législation sociale n'est pas en reste : pas d'allocation au-delà de vingt-cinq jours de chômage, licenciement sans indemnité, contrats de travail à durée déterminée (trois à six mois). Les étrangers sont majoritaires parmi la population active (à 70 % espagnole), ce qui ne peut qu'accentuer les tensions. En attendant, touristes et frontaliers remplissent le coffre de leur voiture de produits détaxés.

Principauté de Monaco
Nature du régime : constitutionnel.
Chef de l'État : prince Rainier III.
Ministre d'État : Jean Ausseuil.
Monnaie : franc français.
Langues : français, monégasque.

Territoire exigu (195 hectares), entre Nice et Menton, la principauté de **Monaco** ne cesse de conquérir de nouveaux espaces sur la mer. Mondialement connue par les histoires de cœur des deux princesses Caroline et Stéphanie, et du prince Rainier lui-même, par son rallye automobile, par son équipe de football, et par son casino (3,5 % des recettes de l'État, contre 95 % il y a un siècle!), la

Chiffres 1986, sauf notes : a. 1985 ; b. 1984 ; c. 1983 ; d. 1980-85 ; e. 1982 ; f. 1980 ; g. 1981 ; h. Fin d'année.
(*) Dernier recensement utilisable : Andorre, 1954 ; France, 1982 ; Espagne, 1981 ; Italie, 1981 ; Monaco, 1982 ; Portugal, 1981 ; Saint-Marin, 1982.

EUROPE LATINE

TCHÉCOSLOVAQUIE

HONGRIE

YOUGOSLAVIE

AUTRICHE

R.F.A.

SUISSE

Strasbourg
Mulhouse
Metz
Nancy
Dijon

Lille
Valenciennes
Dunkerque
Le Havre
Caen
Rouen
Brest
Rennes
Nantes
Tours
Orléans

FRANCE

Clermont-Ferrand
Limoges
St-Étienne
Lyon
Grenoble
Bordeaux 0.6
Toulouse 0.5
Montpellier 1.2
Marseille
Toulon
Cannes
Nice

Milan 10
Turin
Gênes 0.8
MONACO
ST-MARIN
Vérone
Venise
Padoue
Bologne 0.5
Florence
Trieste
Bolzano

Rome 2.8
Naples 2.8

ITALIE

Bari
Tarente
Reggio di C.
Catane
Messine
Palerme 0.7

Sicile
Sardaigne
Cagliari
Sassari
Ajaccio
Corse

Barcelone
Valence 0.8
Saragosse 0.6
Madrid
Tolède
Valladolid
Oviedo
Gijon
Bilbao
Santander
La Corogne

ANDORRE

ESPAGNE

Alicante
Carthagène
Murcie
Almeria
Grenade
Malaga 0.5
Cordoue
Séville 0.7
Cadix

PORTUGAL

Porto
Coimbre
Lisbonne 1,0
Évora
Beja
Faro

Méditerranée
Baléares
Palma

ATLANTIQUE

B.L.

Paris 8.5

250Km

• 100 000 habitants

○ Population urbaine,
0.5 en millions

principauté s'est orientée vers la création de commerces « propres » : environ 3 000 entreprises emploient 21 750 salariés dont 15 000 frontaliers, Français ou Italiens. Le budget pour 1986 a été de 1,9 milliard de francs.

Cette monarchie héréditaire et constitutionnelle fonctionne avec un Conseil communal renouvelé tous les quatre ans. Seuls les 4 300 Monégasques votent. Les hauts fonctionnaires tels que le ministre d'État Jean Ausseuil sont « prêtés » par l'administration française.

République de Saint-Marin

Nature du régime : parlementaire.
Chef de l'État : deux capitaines-régents élus tous les six mois. Ils président le conseil d'État (10 membres) qui assure le gouvernement.
Monnaie : lire italienne.
Langue : italien.

Enclavé au nord-est de l'Italie, l'État de **Saint-Marin** est la plus ancienne République libre du monde, elle fut fondée en 1686. Ses ressources sont limitées : le tourisme (trois millions de visiteurs en 1986), la philatélie, l'agriculture (céréales, vin, olives) et l'artisanat assurent un minimum vital. Quelques entreprises industrielles (ciment, cuir, caoutchouc, textiles) se sont établies. Mais ce sont les transferts effectués par les Saint-Marinais travaillant à l'étranger qui donnent à cet État les moyens de fonctionner : plus d'un tiers des 30 000 Saint-Marinais vivent aux États-Unis, en Italie ou en France (Metz, Grenoble et Paris). Un conseil général de soixante membres élus au suffrage universel (les femmes ont le droit de vote depuis 1964) contrôle l'action de deux capitaines-régents (élus pour six mois). La République de Saint-Marin a un observateur à l'ONU et plusieurs représentations diplomatiques. Une crise politique a eu lieu en mai 1986, provoquée par la décision du gouvernement italien de collecter la TVA à l'entrée de l'État de Saint-Marin. Le Parti communiste au pouvoir depuis 1978 a rompu son alliance avec les socialistes pour s'associer avec la Démocratie chrétienne afin de maintenir les privilèges fiscaux de l'État.

La Cité du **Vatican** (environ 1 000 habitant), au cœur de Rome, abrite le Saint-Siège. Elle a obtenu en 1929 une personnalité propre par les accords de Latran. Depuis 1984, le cardinal Casaroli assure la fonction de chef du gouvernement civil et le cardinal Gantin (Bénin) est à la tête de la congrégation des évêques.

La gestion de la Cité du Vatican n'est plus directement liée à celle du Saint-Siège. Elle dispose de sa propre poste, émettant des timbres, un quotidien (l'*Osservatore Romano*), un institut de télévision ouvert en 1985, une station de radio *(Cité Vatican)* et une gare internationale pour accueillir les pèlerins. Elle emploie 3 500 fonctionnaires civils.

En 1987, comme en 1986, Jean-Paul II a continué à rendre visite à de nombreuses communautés catholiques de par le monde. Son voyage dans le Cône Sud a été remarqué. Après une halte en Uruguay, il s'est rendu au Chili où la répression a de nouveau frappé les pauvres des banlieues de Santiago. Insistant sur le caractère strictement religieux de son séjour, il a déçu l'attente des partisans de la démocratie. En Argentine, il a appelé à la réconciliation nationale et renouvelé sa condamnation du divorce. Perez Esquivel, prix Nobel de la paix, a qualifié la tournée pontificale de « beau voyage touristique et non de visite pastorale ». Jean-Paul II s'est rendu ensuite en Allemagne fédérale où l'Église catholique gère un budget supérieur à celui du Vatican. Là aussi le pape a déçu en n'évoquant pas le rôle de Pie XII et des évêques allemands sous le régime nazi à l'heure même où il s'inclinait à la mémoire des martyrs des camps de la mort...

En Pologne, le pape a insisté sur les droits de l'homme et a rassuré les Polonais. En septembre 1987, Jean-

Paul II devait visiter les États-Unis où les féministes et les homosexuels ont annoncé qu'ils préparaient son arrivée. La Jeunesse ouvrière chrétienne (JOC) connaît une grave scission puisque plusieurs mouvements nationaux – dont la JOC de France – se sont retirés de l'organisation internationale. Ces derniers veulent réaffirmer leur conviction religieuse et ne souhaitent pas placer la politique sociale avant l'engagement spirituel. Le cardinal Ratzin-

ger, préfet de la Congrégation romaine pour la doctrine de la foi, est revenu sur la théologie de la libération en ne conseillant pas la traduction de certains ouvrages sud-américains inspirés des thèses de Leonardo Boff. Le Vatican ne peut se positionner en un monde chrétien en plein renouvellement sans adapter sa politique à cette nouvelle configuration géographique.

Thierry Paquot

Méditerranée orientale

Chypre, Grèce, Malte, Turquie

La **Turquie** est traitée dans la section « Les 34 grands États ».

République de Chypre

Nature du régime : démocratie parlementaire.
Chef de l'État et du gouvernement : Spyros Kyprianou.
Monnaie : livre chypriote (1 livre = 12,52 FF au 30.4.87).
Langues : grec, turc, anglais.

A **Chypre**, où existe une partition de fait depuis que l'armée turque a débarqué, en 1974, les incidents sur la ligne de démarcation se sont raréfiés en 1986. Le gouvernement légal administre le sud de l'île, soutenu par la Grèce et les résolutions des Nations Unies. La Turquie occupe le nord (un tiers du territoire) avec 50 000 soldats dotés d'armes modernes, et elle encourage un développement séparé : monnaie, transports, tourisme, écoles techniques... A la population chypriote turque initiale (130 000 habitants), se sont ajoutées 65 000 personnes venues de Turquie. Dans ce contex-

te, l'organisation d'un match de football entre le club champion de Chypre (APOEL) et son homologue turc (Bésiktas) est apparue, en octobre 1986, comme une affaire d'État, qui a suscité un débat national.

Au sud, le taux de croissance économique a été de 3 %, mais le chômage augmente autant que la population active. L'économie connaît des difficultés nouvelles : rétrécissement des marchés arabes, stagnation du nombre des compagnies hors taxe, ralentissement de la fréquentation touristique... Le déficit budgétaire prévu pour 1987 (136 millions de livres) représente 22 % des dépenses. Il doit être couvert par des emprunts locaux. La baisse de l'inflation (1 % en 1986 contre 5 % en 1983) et le ralentissement de l'import-export ont réduit le déficit commercial. Celui des transactions courantes (100 millions de livres, soit 7 % du PNB en 1985) devrait lui aussi se réduire nettement en 1987, laissant un surplus à la balance des paiements. La valeur relative de la production agricole a tendance à baisser (10 % de la PIB), tandis qu'augmente celle des services (41 % sans compter la construction).

L'association à la CEE pourrait relancer le développement économique et faciliter l'issue du contentieux

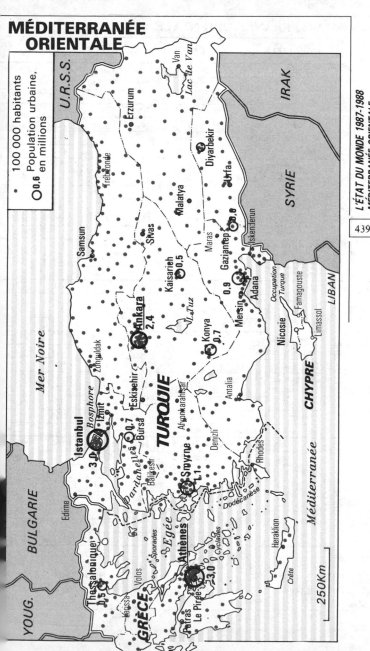

MÉDITERRANÉE ORIENTALE

- • 100 000 habitants
- ○0.6 Population urbaine, en millions

U.R.S.S.

IRAK

SYRIE

Van
Lac de Van
Erzurum
Trébizonde
Diyarbekir
Urfa
Malatya
Samsun
Sivas
Gaziantep
Iskenderun
Maras
Kaisarieh 0.5
Ankara 2.4
Konya 0.7
Mersin 0.9
Adana
Zonguldak
Eskisehir
Lac Tuz
Mer Noire
İzmit
Istanbul 3.0
Bursa 0.7
Bosphore
TURQUIE
Afyonkarahisar
Antalia
Occupation Turque
Famagouste
Nicosie
Limassol
CHYPRE
LIBAN
Edirne
Dardanelles
Balıkesir
Smyrne 1.1
Denizli
Rhodes
Dodécanèse
Méditerranée
BULGARIE
YOUG.
Mer Égée
Sporades
Volos
Larissa
Thessalonique 0.3
GRÈCE
Athènes 3.0
Le Pirée
Patras
Cyclades
Heraklion
Crète

250Km

L'ÉTAT DU MONDE 1987-1988
MÉDITERRANÉE ORIENTALE

439

MÉDITERRANÉE ORIENTALE

	INDICATEUR	UNITÉ	CHYPRE	GRÈCE	TURQUIE	MALTE
DÉMOGRAPHIE	Capitale		Nicosie	Athènes	Ankara	La Valett
	Superficie	km²	9 251	131 944	780 576	316
	Population (*)	million	0,67	9,99	50,30	0,39
	Densité	hab./km²	72,4	75,7	64,4	1 234
	Croissance annuelle[e]	%	1,2	0,6	2,1	1,0
	Mortalité infantile[e]	‰	16	17	90	13
	Population urbaine[a]	%	49,5	65,9	48,1	85,4
CULTURE	Analphabétisme	%	11,08[g]	7,7[a]	25,8[b]	15,9[a]
	Scolarisation 2e degré	%	..	85[di]	38[cj]	76[ck]
	3e degré[b]	%	..	17,7[c]	8,9[b]	4,4[b]
	Postes tv[c]	‰ hab.	139	178	127	265
	Livres publiés	titre	1 137[f]	4 048[f]	6 869[c]	313[b]
	Nombre de médecins[e]	% hab.	0,94[h]	2,55[h]	0,6[a]	..
ARMÉE	Armée de terre	millier d'h.		165,5	542	
	Marine	millier d'h.	130	19,5	55	0,75
	Aviation	millier d'h.		24,0	57	
ÉCONOMIE	PIB	milliard $	2,65[a]	39,1	59,0	1,19[a]
	Croissance annuelle 1979-86	%	5,0	1,0	4,2	2,6
	1986	%	3,5	0,6	7,75	..
	Par habitant	$	4 003[a]	3 914	1 173	3 082[a]
	Dette extérieure	milliard $	1,33[a]	18,64[a]	31,4	0,21[a]
	Taux d'inflation	%	2,5	16,9	30,7	1,4
	Dépenses de l'État Éducation	% PIB	3,9[c]	2,6[d]	2,5[b]	3,2[b]
	Défense	% PIB	2,3[a]	6,2[a]	3,3	1,5[b]
	Production d'énergie[b]	million TEC	–	8,6	17,6	–
	Consommation d'énergie[b]	million TEC	1,25	22,2	42,2	0,58
COMMERCE	Importations	million $	1 340	11 339	10 664	887
	Exportations	million $	500	5 644	7 583	497
	Principaux fournisseurs	%	CEE 57,0[a]	CEE 58,3	CEE 41,5	Ita 23,
		%	Jap 8,9[a]	PVD 21,2	E-U 10,2	R-U 17
		%	PVD 16,1[a]	M-O 12,7	M-O 15,4	RFA 18
	Principaux clients	%	M-O 47,9[a]	CEE 63,5	CEE 43,0	CEE 37
		%	CEE 27,6[a]	PVD 17,4	M-O 31,9	RFA 17
		%	R-U 16,1[a]	CAEM 4,8	E-U 7,4	PVD 7,6

Chiffres 1986, sauf notes : a. 1985; b. 1984; c. 1983; d. 1982; e. 1980-85; f. 1980; g.1976; h. 1981; i. 12-17 ans; j. 11-16 ans; k. 11-17 ans.

(*) Dernier recensement utilisable : Chypre, 1976; Grèce, 1981; Turquie, 1980; Malte, 1967.

qui divise l'île. Mais la place de Chypre dans les enjeux géostratégiques entre grandes puissances est de plus en plus manifeste : construction d'un aérodrome américain dans la zone nord, trafics – parfois illicites – utilisant les ports chypriotes, facilités accordées à diverses parties en conflit au Proche-Orient...

République de Grèce

Nature du régime : démocratie parlementaire.
Chef de l'État : Christos Sartzetakis.
Chef du gouvernement : Andreas Papandréou.
Monnaie : drachme (1 drachme = 0,05 FF au 30.4.87).
Langue : grec.

En **Grèce**, le recul du Mouvement panhellénique socialiste (PASOK) du Premier ministre Andréas Papandréou aux élections municipales d'octobre 1986 a relativisé son succès de 1985 aux législatives. Bien qu'ils n'aient pas retrouvé de leader indiscuté, les conservateurs de la Nouvelle démocratie, soutenus par les nostalgiques de la junte militaire qui sombra dans le désastre de Chypre (1974), l'ont emporté à Athènes, Le Pirée, Salonique, grâce à un mauvais report des voix communistes « orthodoxes ». Ailleurs, la gauche l'a emporté partout où elle se présentait en coalitions unies. Si le PASOK a conservé un léger avantage général, ce scrutin a signalé la reconstitution des bastions traditionnels de la droite (Sud Péloponnèse, Macédoine occidentale), confirmé le maintien de quelques fiefs notabiliaires et des banlieues rouges et il a vérifié l'emprise communiste sur les villes moyennes gonflées par l'exode rural et les retours d'émigration. Coup d'arrêt ou promesse d'échec pour le parti au pouvoir ? Puisque la compétence des municipalités reste limitée et que leur budget total n'atteint que 5 milliards de francs (5,25 fois moins qu'en France à population égale), il faut prendre ces résultats comme l'expression de la déception d'électeurs qui éprouvent la difficulté de vivre dans des villes

dont la croissance a été trop rapide pour être parfaitement équipées, et sont agacés devant le relèvement des impôts, la stagnation des niveaux de vie et le freinage de la consommation. C'est le même mécontentement qu'ont exprimé les grèves et manifestations organisées dans toutes les branches d'activité. Ces difficultés ont fait ressortir l'absence de coordination entre le PASOK et les forces syndicales.

Au printemps 1987, les socialistes ont dû aussi faire face à de vives et spectaculaires protestations du clergé orthodoxe. Celui-ci entendait ainsi s'opposer à la sécularisation des derniers biens d'Église voulue par le gouvernement.

Changeant seulement les titulaires de quelques ministères, le gouvernement s'en est tenu à la politique décidée en 1985 pour la modernisation du pays. L'entrée dans le Marché commun exigeait des réajustements durables : adapter une production agricole naguère diversifiée et autarcique aux quotas communautaires, modifier les structures très émiettées de l'appareil industriel et commercial, moderniser le système d'imposition (TVA), contenir les salaires pour faciliter l'investissement et reprendre le contrôle de l'inflation. Cette politique exigeante mise au point par le ministre Costas Simitis a surpris un peuple qui imaginait que l'assistance financière de l'Europe industrielle réglerait beaucoup des problèmes de croissance du pays. L'équipement s'est poursuivi : remembrement, agriculture de groupe, irrigation, hydro-électrification pour économiser le pétrole, électricité thermique sur lignite pour augmenter la puissance installée et mieux utiliser le réseau... Il a fallu adapter le secteur commercial aux règles du Marché commun et diversifier la production industrielle. Malgré d'utiles modernisations, la production agricole a peu augmenté (défauts de structure et aléas climatiques); les services stagnent (ralentissement du tourisme, marasme du commerce international et des affrètements), et le secteur secondaire (mines, industries, bâtiment) est soumis aux revendications salariales et traverse une crise d'adaptation. Le chômage affecte surtout les plus jeunes.

Ces difficultés économiques soulignent l'incertitude de la politique extérieure, dont la tendance tiersmondiste se heurte à l'équilibre des alliances conclues par la Grèce : les relations avec la Libye, pourtant utiles à l'approvisionnement en pétrole, ont été mises en sourdine ; les échanges avec le monde arabe ont été rendus périlleux par l'implication de la Grèce dans les conflits qui l'agitent. Le contentieux permanent avec la Turquie prend des formes multiples : Chypre, mer Égée, expulsion vers la Grèce de réfugiés iraniens. Il est d'autant plus sensible que les taux de croissance démographique des deux pays sont très inégaux. La Grèce est incitée à passer accord avec les États-Unis, malgré l'inégalité de l'aide apportée par ces derniers à chacun de leurs deux alliés antagonistes dans le cadre de l'OTAN. Du côté des Balkans, les différends hérités de l'histoire (dévolution de l'Épire du Nord, de la Macédoine, de la Thrace) pèsent sur les tentatives faites pour réduire les obstacles frontaliers et rendre un rôle important à Salonique. La Grèce, membre de l'OTAN et support de bases stratégiques, paraît manœuvrer en ce domaine au plus près : son électorat communiste potentiel reste important, mais une inclination trop marquée dans cette direction pousserait les États-Unis à privilégier la Turquie.

Dans ce contexte, les relations avec certains États européens ont une importance particulière. C'est le cas pour l'Allemagne fédérale, rendue familière par l'émigration et ses investissements industriels et touristiques, et pour la France, même si les partisans d'une *realpolitik* plus favorable aux Turcs s'y sont davantage fait entendre après mars 1986 que les philhellènes. Mais l'ancrage dans le Marché commun ne fait encore l'unanimité ni dans l'électorat ni dans aucun des partis.

> **République de Malte**
> **Nature du régime :** démocratie parlementaire.
> **Chef de l'État :** Agatha Barbara.
> **Chef du gouvernement :** Eddie Fenech-Adami.
> **Monnaie :** livre maltaise (1 livre = 17,44 FF au 30.4.87).
> **Langues :** maltais, anglais, italien.

A **Malte**, naguère foyer d'émigration, l'étendue des biens d'Église accéléra la deprise agricole. La fréquentation touristique aggrave le déficit en eau, mais la surévaluation de la monnaie locale tend à limiter le nombre de visiteurs à moins d'un million par an. L'essentiel de la population et des activités est rassemblé en une vaste agglomération dont les ports de La Valette sont l'origine. De petites industries s'y développent, servies par une main-d'œuvre de qualité et la position commerciale de l'île. Mais ces activités ne suffisent pas à résorber le chômage (8 %) provoqué par le départ de la garnison anglaise et la reconversion des arsenaux.

Le Parti travailliste a mené pendant seize ans une politique neutraliste : investissements allemands, achat d'un *Airbus* pour 1990, commandes de bateaux par l'URSS, traités avec l'Union soviétique, la Corée du Nord, la Libye, et la Chine, capitaux arabes... La politique économique était dirigiste : budgets en équilibre, prix et salaires bloqués, importations centralisées des biens de consommation... Cette politique neutraliste et dirigiste pourrait être modifiée par le Parti nationaliste, après sa victoire électorale du 9 mai 1987 (51,3 %), au terme d'une campagne marquée à ses débuts par des bagarres armées entre des militants de chaque camp.

Pierre-Yves Péchoux

Balkans

Albanie, Bulgarie, Roumanie, Yougoslavie

La **Yougoslavie** est traitée dans la section « Les 34 grands États ».

République populaire socialiste d'Albanie

Nature du régime : communiste, parti unique (Parti du travail, PTA).
Chef de l'État : Ramiz Alia.
Chef du gouvernement : Adil Carcani.
Monnaie : lek (1 lek = 0,76 FF au 10.6.87).
Langue : albanais.

En **Albanie**, le IXe Congrès du Parti du travail qui s'est tenu en novembre 1986 et l'élection d'une nouvelle Assemblée populaire en février 1987 (1 830 652 voix pour la liste unique, *aucune* voix contre, un bulletin nul) ont marqué les débuts de l'« après-hodjisme ». Certes, le chef de l'État, Ramiz Alia, reste fidèle aux « enseignements lumineux du camarade Enver », mais la relève des cadres s'est accélérée. Sur 250 députés, 97 étaient nouveaux et le gouvernement a été profondément remanié, renforçant le pouvoir de Hekuran Isai, qui cumule les postes de membre du Bureau politique, vice-Premier ministre et ministre de l'Intérieur. Celui-ci est ainsi devenu un autre « homme fort » du régime aux côtés de Ramiz Alia, de Foto Cami (secrétaire du Comité central et membre du Bureau politique)... sans oublier la veuve d'Enver Hodja. Si la langue de bois est encore pratiquée, parfois le discours devient plus nuancé. C'est ainsi que, dans le domaine culturel, le ton est plus critique. Mais on reste éloigné d'une quelconque « libéralisation » de la vie intellectuelle.

Le problème majeur reste l'état de l'économie. Les autorités souhaitent maintenir un rythme élevé du développement (+ 7 % en 1987 pour la production industrielle) en se limitant à l'utilisation des ressources propres. Pas de « réformes », mais plutôt un « perfectionnement » de la gestion. Dans le nouveau plan quinquennal, priorité est donnée à l'exploitation du chrome (l'Albanie est le troisième producteur mondial après l'URSS et l'Afrique du Sud) pour améliorer le niveau des exportations. Quitte à employer des voies détournées pour commercer avec certains pays comme les États-Unis.

Officiellement, aucun changement n'est intervenu dans le domaine de la politique étrangère. Tirana souhaite établir de bonnes relations avec tous les pays, indépendamment de leur système sociopolitique, mais refuse la « normalisation » avec Moscou et Washington. Des tentatives répétées de l'Union soviétique pour se réconcilier avec l'Albanie ont échoué, mais on observe néanmoins une amélioration des rapports albano-est-européens.

Avec la Yougoslavie – et malgré la tension persistante autour du problème du Kossovo –, l'Albanie a maintenu des relations au niveau gouvernemental. En août 1986, l'ouverture d'une liaison ferroviaire entre les deux pays a permis le rattachement du réseau albanais au réseau européen. Cela illustre bien le désir de Tirana de sortir de son isolement, comme en témoigne aussi le nombre croissant de visas désormais accordés aux journalistes et touristes occidentaux.

En **Bulgarie**, la « restructuration » du système, entamée en 1986 avant le XIIIe Congrès du Parti, s'est pour-

République populaire de Bulgarie
Nature du régime : communiste (le Parti communiste domine la vie politique du pays).
Chef de l'État : Todor Jivkov.
Chef du gouvernement : Gueorgui Atanasov (président du Conseil).
Monnaie : lev (1 lev = 7,03 FF au 10.6.87).
Langue : bulgare.

suivie avec la création de nouveaux « conseils » chargés de plusieurs secteurs économiques, scientifiques et culturels. Les représentants de la « nouvelle génération » occupent des positions importantes au sein de l'administration, mais les principaux titulaires des postes clés de la direction du Parti appartiennent toujours aux « anciens », généralement âgés.

La Bulgarie s'est engagée dans la refonte de la gestion de son économie, mais les effets des résolutions adoptées lors de différents plénums, et notamment celui de décembre 1986, ont été peu sensibles. Le plan quinquennal 1986-1990 accorde la priorité aux secteurs « scientifiques et technologiques avancés », avec pour contrepartie une baisse du rythme de la production industrielle. Une réforme importante des prix et des salaires en cours de réalisation a prévu aussi la diminution progressive des subventions aux entreprises et l'augmentation du rôle des banques. Parallèlement, grâce aux dispositions d'un nouveau Code du travail, l'intervention directe des travailleurs dans le fonctionnement de l'entreprise devrait être facilitée.

Dans le domaine de la politique étrangère, si l'on s'en tient aux formules, les relations avec l'Union soviétique sont restées « fraternelles et indestructibles », bien que les retombées de la catastrophe de Tchernobyl aient coûté plusieurs dizaines de millions de dollars à l'industrie touristique... Cependant, face au discours de Mikhaïl Gorbatchev, la satisfaction de certains dirigeants du Parti est restée tempérée. Les successeurs de Todor Jivkov seront sans doute plus sensibles à la nouvelle politique du Kremlin.

Les Bulgares maintiennent une politique balkanique active pour développer les liens avec tous les pays de la région. Cependant, le problème de la minorité turque du pays n'a pas évolué, et Ankara continue d'accuser Sofia de vouloir contraindre cette minorité (qui représente environ 10 % de la population) à renoncer à la pratique de sa langue propre.

République socialiste de Roumanie
Nature du régime : communiste, parti unique.
Chef de l'État : Nicolae Ceausescu.
Chef du gouvernement : Constantin Dascalescu.
Monnaie : lei (1 lei = 0,41 FF au 30.4.87).
Langues : roumain, hongrois (Transylvanie).

En **Roumanie,** la dégradation de la situation s'est généralisée. Malgré des rumeurs persistantes concernant son état de santé, Nicolae Ceausescu, le président-secrétaire général, régnait encore en maître absolu au printemps 1987. Aux maux traditionnels du pays : culte de la personnalité (encore renforcé), népotisme, corruption, répression policière, s'est ajoutée l'assimilation plus ou moins forcée des minorités allemande et surtout hongroise de Transylvanie. Pour éviter la formation de petites féodalités qui menaceraient la position du « génie des Carpates » (l'un des nombreux surnoms donnés par les médias roumains au président), la rotation des cadres de l'appareil de l'État et du Parti s'est accélérée.

Tous les moyens sont bons pour accréditer l'idée que le peuple soutient à l'unanimité et avec enthousiasme son chef. Témoin, ce référendum organisé en novembre 1986 pour réduire les dépenses militaires de 5 %. Résultat : 100 % des électeurs (pas un de moins !) se seraient prononcés en faveur de cette option (par autorisation parentale, les jeunes de 14 à 18 ans pouvaient voter). Et pourtant, la Roumanie figure

BALKANS

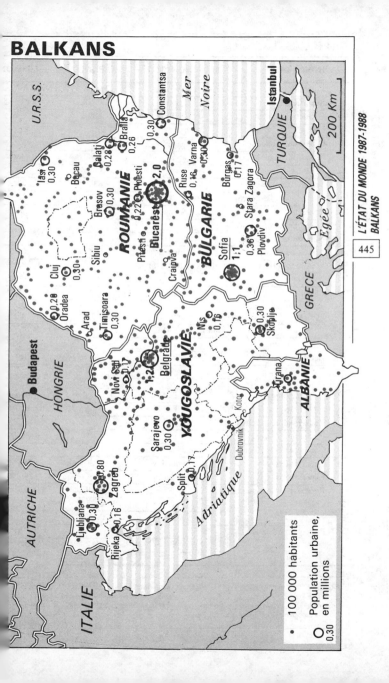

U.R.S.S.

Mer Noire

Istanbul

TURQUIE

200 Km

L'ÉTAT DU MONDE 1987-1988
BALKANS

445

Égée

GRÈCE

Iasi
0.30

Bacau

Galati
0.28

Braila
0.26

Constantsa
0.30

ROUMANIE

Brasov
0.30

Ploiesti
0.22

Bucarest 2.0

Ruse
0.16

Varna
0.30

Burgas
0.17

BULGARIE

Sibiu

Stara Zagora

Plovdiv
0.36

Craiova

Sofia
1.1

Cluj
0.30

Oradea
0.28

Arad

Timisoara
0.30

Nis
0.16

Skopje
0.30

HONGRIE

Budapest

Novi Sad
0.1?

Belgrade
1.2?

YOUGOSLAVIE

Tirana

ALBANIE

AUTRICHE

Sarajevo
0.30

Kotor

Dubrovnik

Zagreb
0.80

Split
0.17

Ljubljana
0.3?

Rijeka
0.16

Adriatique

ITALIE

• 100 000 habitants

○ Population urbaine,
0.30 en millions

BALKANS

INDICATEUR	UNITÉ	ALBANIE	BULGARI
Capitale		Tirana	Sofia
Superficie	km²	28 748	110 912
DÉMOGRAPHIE Population (*)	million	3,02	8,98
Densité	hab./km²	105,1	81,0
Croissance annuelle[f]	%	2,1	0,2
Mortalité infantile[f]	‰	45	18
Population urbaine[a]	%	33,8	68,0
CULTURE Scolarisation 2e degré	%	63[b]	90[b]
3e degré	%	7,0[b]	16,8[b]
Postes tv	‰ hab.	69[c]	190[a]
Livres publiés	titre	1 130[b]	5 171[a]
Nombre de médecins	‰ hab.	1,39[j]	3,5[a]
ARMÉE Armée de terre	millier d'h.	31,5	105,0
Marine	millier d'h.	3,3	8,5
Aviation	millier d'h.	7,2	35,0
PMN	milliard	1,93[k]	25,04[al]
ÉCONOMIE Croissance annuelle[g] 1979-1986	%	3,0[f]	4,3
1986	%	d	5,5
Par habitant		..	2 793[al]
Dette extérieure[i]	milliard $	–	1,0[b]
Taux d'inflation	%	..	..
Dépenses de l'État Éducation	% PMN	..	6,6[b]
Défense	% PMN	..	4,0[a]
Recherche et développement	% PMN	..	2,8[b]
Production d'énergie[a]	million TEC	7,39	20,07
Consommation d'énergie[a]	million TEC	4,43	50,98
COMMERCE Importations	million $	312[j]	15 060
Exportations	million $	305[j]	14 240
Principaux fournisseurs	%	You 19,2[j]	CAEM 7
	%	Rou 13,8[j]	PCD 15
	%	Tch 9,6[j]	PVD 6
Principaux clients	%	You 19,7[j]	CAEM 8
	%	Rou 12,1[j]	PCD 5
	%	Tch 11,1[j]	PVD 1

Chiffres 1986, sauf notes : a. 1985 ; b. 1984 ; c. 1983 ; d. Production agricole 2,8 %, production industrielle 5,8 % ; e. Dette brute ; f. 1980-85 ; g. 1981 ; h. Produit matériel brut en dollars ; i. Dette nette envers les pays occidentaux ; j. 1982 ; k. En dollars, d'après la CIA, en 1981 ; l. Lev ; m. PNB, en dollars, en 1984.

ROUMANIE	YOUGO-SLAVIE
Bucarest	Belgrade
237 500	255 804
23,18	23,28
97,6	91,0
0,7	0,7
26	30
51,0	46,3
73[b]	82[c]
11,7[b]	20,2[c]
171[a]	211[c]
5 276[a]	10 918[b]
2,1[a]	1,5[g]
150,0	161,5
7,7	12,5
32,0	36,0
39,7[m]	41,7[ah]
4,6	1,3
7,3	3,6
1 738[m]	1 805[ah]
5,8	19,38[ae]
..	..
2,1[b]	3,9[c]
1,6[b]	4,1[a]
..	0,8
92,33	34,61
106,15	54,62
11 410	11 753
12 190	10 353
CAEM 49,8	CAEM 32,0
PCD 16,4	PCD 48,0
PVD 31,0	PVD 20,0
CAEM 42,2	CAEM 47,7
PCD 32,8	PCD 35,6
PVD 17,7	PVD 16,6

(*) Dernier recensement utilisable : Albanie, 1979 ; Bulgarie, 1975 ; Roumanie, 1977 ; Yougoslavie, 1981.

parmi les principaux exportateurs d'armes vers les pays du tiers monde...

Nicolae Ceausescu a fait du remboursement de la dette extérieure roumaine une priorité absolue. Mais la désorganisation de la production énergétique (due en partie aux conditions météorologiques) et les retards considérables dans l'exécution des objectifs – irréalistes – du Plan ont pour conséquence inévitable la détérioration du niveau de vie, déjà l'un des plus bas du continent européen. En février 1987, des mesures draconiennes de contrôle de l'énergie ont été instaurées : coupures systématiques de l'électricité, restrictions pour l'utilisation des appareils ménagers, limitation à 14 degrés de la température dans les appartements... Paradoxalement, la bonne récolte de 1986 n'a pas amélioré le ravitaillement de la population, les produits de qualité étant destinés à l'exportation.

Nicolae Ceausescu exclut toute perspective de changement en profondeur de sa politique ; d'où son accueil plus que réservé aux réformes de Mikhaïl Gorbatchev. Certes, la Roumanie reste membre du pacte de Varsovie et du Conseil d'assistance économique mutuelle (C A E M), mais avec les ambiguïtés désormais bien connues de sa diplomatie. L'image de marque du régime – à l'intérieur comme à l'extérieur – ne cesse de se dégrader. Et plus que jamais, à Moscou et dans les autres capitales, on s'interroge sur l'avenir de la Roumanie lorsque Ceausescu et sa famille auront quitté la scène...

Thomas Schreiber

Europe centrale

Hongrie, Pologne, Tchécoslovaquie

La **Pologne** est traitée dans la section « Les 34 grands États ».

République populaire hongroise
Nature du régime : communiste, parti unique.
Chef de l'État : Pal Losonczi.
Chef du gouvernement : Gyorgy Lazar.
Monnaie : forint (1 forint = 0,13 FF au 30.4.87).
Langue : hongrois.

En **Hongrie**, le problème de la succession de János Kádár, qui a accédé au pouvoir en 1956 à l'issue de l'insurrection, donne lieu depuis un certain temps à de nombreuses spéculations, laissant prévoir son départ peut-être même avant la fin de 1987. Les candidats potentiels au poste de secrétaire général du Parti (Károly Grosz, Mátyás Szürös, János Berecz, László Maróthy, István Horváth, Csaba Hámori, Károly Németh et Imre Pozsgay) sont membres du secrétariat du Comité central et/ou du Bureau politique, sauf I. Pozsgay, secrétaire général du Front populaire patriotique. Unis sur l'essentiel de la ligne politique élaborée sous la direction de Kádár et très favorables aux idées de Mikhaïl Gorbatchev, ils représentent néanmoins des sensibilités différentes. En effet, deux tendances coexistent au sein de la direction hongroise, l'une plutôt réformatrice qui souhaite l'accélération de la démocratisation des institutions, l'autre, plutôt conservatrice, se montre réservée et voudrait bien limiter les réformes au domaine économique.

En cette matière, la Hongrie doit faire face à une situation difficile, avec une production industrielle en baisse et un déficit budgétaire qui a triplé en 1986 après avoir quadruplé en 1985. Alors que l'élargissement du secteur privé est encouragé, un nouveau système de salaires et des prix est en préparation pour 1988. La diminution du niveau de vie – malgré un ravitaillement abondant – provoque des tensions et menace sérieusement le « consensus » existant entre le pouvoir et l'opinion publique.

La dégradation du climat social explique la persistance du malaise entre les autorités et une partie des intellectuels. Bien que la Hongrie soit, avec la Pologne, le pays est-européen le plus « libéral », les autorités n'hésitent pas à invoquer la raison d'État pour neutraliser – généralement sans pratiquer une répression brutale – toute forme de contestation qui dépasserait des limites soigneusement fixées.

Pour ce qui est de la politique étrangère, l'URSS reste bien entendu l'allié privilégié mais, répète-t-on à Budapest à propos des pays socialistes, « l'unité n'est pas synonyme d'uniformité ». Parmi les partenaires particulièrement appréciés : de nombreux États occidentaux, dont la France. Les bons rapports établis avec le Saint-Siège ont permis la nomination de plusieurs prélats aux postes vacants de l'épiscopat ; c'est ainsi que Mgr László Páskai a succédé en mars 1987 au cardinal-primat Lékai, décédé. Enfin, autre nouveauté, des sujets délicats comme le sort de la minorité hongroise de Transylvanie sont désormais ouvertement évoqués par les dirigeants et les médias.

Thomas Schreiber

En **Tchécoslovaquie**, au printemps 1987, l'équipe dirigeante mise en place après l'intervention militaire soviétique d'août 1968 était pour l'essentiel toujours en place, avec Gustav Husák comme secrétaire général du Parti communiste tchécoslovaque (PCT) et président de la

République. Pourtant, la « normalisation » a conduit le pays a une profonde crise dont les symptômes se sont fortement accentués depuis la fin des années soixante-dix. La politique menée n'a pas réussi à assurer la progression du niveau de vie. Le « revenu national utilisé » était en 1985 plus faible qu'en 1980, les salaires réels des ouvriers et des employés plus bas qu'en 1978 et les termes de l'échange se sont détériorés de 33 % par rapport à 1970.

L'année 1986 a vu cette politique « normalisatrice » confrontée à l'effort de réforme entrepris par Mikhaïl Gorbatchev en Union soviétique. La critique du déclin économique et politique du pays a été de plus en plus forte, y compris au sein des structures du pouvoir. Jusqu'alors, ce genre de critique était limité aux cercles de l' « opposition non officielle », en particulier aux milieux proches de la Charte 77 (au début janvier 1977, cette communauté a commémoré le dixième anniversaire de son combat pour les droits de l'homme). Lors du XVIIᵉ Congrès du PCT, en mars 1986, la politique suivie n'avait pas encore été modifiée et les élections de mai 1986 ont, comme d'habitude, donné 99,9 % des voix aux candidats officiels.

Malgré l'augmentation du « revenu national brut » (3,4 % en 1986), le retard pris au niveau technique et en matière de qualité des produits n'a cessé de s'accentuer. En fin d'année 1986 la question clé qui se posait était celle d'une réforme économique susceptible de sortir la Tchécoslovaquie d'une stagnation durable. Cette question a divisé les dirigeants du pays : les « pragmatiques », comme le chef du gouvernement Lubomir Štrougal, se sont engagés en faveur de la réforme ; en revanche, de nombreuses réticences ont été exprimées par les « idéologues », et notamment par le chef de la fraction dure de l'appareil du PCT, Vasil Bilak. Depuis 1969, ces derniers redoutent tout changement qui pourrait à leurs yeux ouvrir la voie à un nouveau printemps de Prague.

Le principe de la réforme a tout de même fini par être accepté : le dirigisme de l'État dans l'économie devra être plus limité et l'autonomie des entreprises renforcée. Une lutte politique se déroule dont l'enjeu est la profondeur de cette réforme et son rythme de réalisation. Le pays a besoin de changer non seulement ses méthodes de gestion économique, mais aussi l'atmosphère sociale, le niveau de l'information, la politique culturelle... En outre, la tendance au déclin ne pourra être renversée sans une véritable ouverture au monde, un plus grand respect des droits des citoyens et une libéralisation de l'accès aux responsabilités, jusqu'alors monopolisées par les membres du PCT.

La visite de Mikhaïl Gorbatchev, du 9 au 12 avril 1987, semblait pouvoir conforter les partisans d'un nouveau cours politique. Nombreux étaient ceux qui attendaient de cette visite une réappréciation de l'attitude soviétique vis-à-vis de la démocratisation interrompue en 1968. Mais le secrétaire général du Parti soviétique n'en n'a pas soufflé mot dans ses discours publics ; il a semblé au contraire donner quitus à l'équipe en place.

Malgré le maintien de la vieille garde au pouvoir, l'état d'esprit a changé depuis 1986 qui a été dans ce sens l'année d'un « grand tournant ». Après maints désespoirs, maints découragements qui faisaient que tout semblait vain, l'espoir est réapparu. Quelque chose a commencé à remuer. Où cela mènera-t-il, on ne peut encore l'évaluer, mais le principal, c'est que le pire a déjà été évité.

Rudolf Slánský Jr.

EUROPE CENTRALE

INDICATEUR	UNITÉ	HONGRIE	POLOGNE	TCHÉCOSLOVAQUIE
DÉMOGRAPHIE				
Capitale		Budapest	Varsovie	Prague
Superficie	km²	93 030	312 677	127 880
Population (*)	million	10,63	37,46	15,53
Densité	hab./km²	114,3	119,8	121,4
Croissance annuelle[d]	%	− 0,1	0,9	0,2
Mortalité infantile[d]	‰	20	19	16
Population urbaine[a]	%	56,8	60,2	74,?
CULTURE				
Nombre de médecins[a]	‰ hab.	3,2	2,4	3,6
Scolarisation 2e degré[b]	%	73[f]	77[e]	42[e]
3e degré[b]	%	15,2	15,9	15,9
Postes tv[a]	‰ hab.	274	254	282
Livres publiés[a]	titre	9 389	9 649	6 956
ARMÉE				
Armée de terre	millier d'h.	83	295	145
Marine	millier d'h.	–	19	–
Aviation	millier d'h.	22	88	56
ÉCONOMIE				
P M N[h]	milliard	842,3[a]	8 586,4	552,3[a]
Croissance annuelle				
1979-86	%	0,9	0,2[g]	2,1
1986	%	0,5	5,0	3,4
Par habitant	[h]	79 317[a]	231 300	35 634[a]
Dette extérieure[c]	milliard $	7,8	35,5	2,0[a]
Taux d'inflation	%	5,3	18,0	
Dépenses de l'État Éducation[b]	% P M N	5,4[b]	4,6[b]	5,1[b]
Défense	% P M N	4,4[a]	3,6[a]	4,7[a]
Recherche et développement	% P M N	2,4[b]	1,0[b]	3,7[b]
Production d'énergie[b]	million TEC	22,7	173,4	67,4
Consommation d'énergie[b]	million TEC	40,9	167,3	96,6
COMMERCE				
Importations	million $	9 599	11 720	21 200
Exportations	million $	9 165	12 230	20 350
Principaux fournisseurs	%	URS 30,9	CAEM 73,3	CAEM 75,1
	%	PCD 36,1	PCD 21,8	PCD 16,0
	%	PVD 19,3	PVD 6,6	PVD 4,3
Principaux clients	%	URS 33,9	CAEM 67,2	CAEM 72,7
	%	PCD 29,0	PCD 22,0	PCD 15,8
	%	PVD 22,4	PVD 6,9	PVD 6,6

Chiffres 1986, sauf notes : a. 1985 ; b. 1984 ; c. Dette nette envers l'Occident ; d. 1980-85 ; e. 15-18 ans ; f. 14-17 ans ; g. 1980-86 ; h. Produit matériel net dans la monnaie nationale.

(*) Dernier recensement utilisable : Hongrie, 1980 ; Pologne, 1978 ; Tchécoslovaquie, 1980.

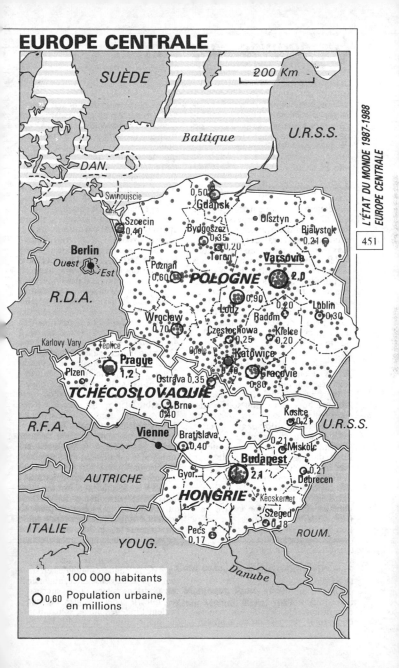

EUROPE CENTRALE

SUÈDE

200 Km

Baltique

U.R.S.S.

DAN.

Swinoujscie

Szczecin
0,40

Gdansk
0,50

Olsztyn

Bialystok
0,21

Bydgoszcz
0,35

Torun
0,20

Berlin
Ouest
Est

Poznan
0,60

POLOGNE

Varsovie
2,0

R.D.A.

Wroclaw
0,70

Lodz
0,90

Radom
0,20

Lublin
0,30

Karlovy Vary

Teplice

Czestochowa
0,25

Kielce
0,20

Prague
1,2

Opole

Katowice

Plzen

Ostrava 0,35

Cracovie
0,80

TCHÉCOSLOVAQUIE

Brno
0,40

Kosice
0,21

R.F.A.

U.R.S.S.

Vienne

Bratislava
0,40

0,21

Miskolc

Budapest
2,1

0,21
Debrecen

AUTRICHE

Gyor

Kecskemet

HONGRIE

ITALIE

Pecs
0,17

Szeged
0,18

ROUM.

YOUG.

Danube

- 100 000 habitants

O 0,60 Population urbaine,
en millions

Les peuples sans État

ENSEMBLES GÉOPOLITIQUES
L'ÉTAT DU MONDE 1987-1988

452

Dans cette rubrique régulière de *L'état du monde,* la situation de plusieurs « peuples sans État » est présentée. Cette année : les Basques, les Tibétains, les Tsiganes.

Les Basques

Venus probablement du Caucase à l'ère néolithique, bergers montagnards parlant un idiome pré-indoeuropéen, l'euskera, les Basques sont fiers de n'avoir jamais eu de roi : leur société était gouvernée par des assemblées démocratiques de chefs de famille. Rebelles à la romanisation et à toutes les conquêtes, les tribus de l'*Euskalherria* (Pays basque) ont longtemps résisté à la christianisation et ce n'est que par un acte d'allégeance volontaire, en 1512, que le « Royaume de Navarre » s'allie à la couronne de Castille.

En échange, Madrid a reconnu les *fueros* (Constitution) qui devaient régir les relations entre l'Espagne et le Pays basque durant trois siècles. Aujourd'hui encore, dans son inconscient collectif, c'est à ces *fueros* sur lesquels le roi d'Espagne prêtait serment au pied du chêne sacré de Guernica que le peuple basque se réfère dans sa lutte perpétuelle pour l'indépendance.

Le nationalisme moderne n'est né en tant que doctrine qu'à la fin du XIXᵉ siècle, au sein de la bourgeoisie industrielle, en réaction contre l'afflux d'ouvriers immigrés. La création du Parti nationaliste basque (PNV, traditionaliste, conservateur et chrétien) a coïncidé du reste avec celle, chez les immigrants du Parti socialiste ouvrier espagnol (PSOE).

On dénombre quelque 2,8 millions de Basques (sans compter une émigration considérable en Amérique latine), répartis sur sept provinces. Quatre en Espagne (Biscaye, Guipuzcoa, Alava et Navarre) forment *Euskadi-Sud,* et trois en France (Basse-Navarre, Labour et Soule) constituent *Euskadi-Nord,* qui ne compte que 200 000 habitants. Jamais les sept provinces n'ont été administrativement réunies. Même le premier statut d'autonomie, accordé en 1937 par la République espagnole, ne comprenait que la Biscaye et le Guipuzcoa. Le statut approuvé en 1979 par référendum a encore exclu la Navarre. Entretemps, quarante ans de dictature franquiste se sont traduits par des persécutions plus dures que partout ailleurs, et notamment par l'interdiction de tous les signes de l'identité « nationale » (partis politiques, langue, drapeau).

C'est pendant ces années noires qu'est née l'ETA (*Euskadi Ta Askatasuna,* Pays basque et Liberté), créée par de jeunes nationalistes lassés de l'immobilisme du vieux PNV. Face à la violence de Madrid, disaient-ils, seule la violence paye. Jusqu'à la mort de Franco, en novembre 1975, les attentats de l'ETA furent, dans toute l'Espagne, synonymes de lutte contre l'oppression, particulièrement celui qui, en 1973, a coûté la vie au Premier ministre du généralissime, l'amiral Carrero Blanco. L'impasse a commencé avec le retour à la démocratie et à l'autonomie d'*Euskadi.* La maladresse permanente de Madrid qui rechigne à transférer au gouvernement basque les compétences qui lui reviennent, la démagogie du PNV au pouvoir qui ne parvient pas à rejeter l'ETA dont il condamne pourtant les méthodes, les « bavures » de la police espagnole, et surtout la prise de conscience, au vu des consultations électorales successives, que 70 % des Basques, au fond, veulent l'indépendance, sont autant de justifications pour l'ETA de poursuivre son action violente (plus de 600 morts en douze ans). Et la poursuite de la violence justifie à son tour la méfiance, l'incompréhension et même l'animosité du reste de l'Espagne envers les Basques.

L'ETA – devenue un mouvement terroriste – rejette le statut d'autonomie et demande l'autodétermination et l'amnistie, qu'elle veut négocier avec Madrid en échange de l'abandon des armes. Le gouvernement refuse : il exige la fin des attentats comme préalable à toute négociation. Longtemps, le repli des *etarras* en *Euskadi-Nord* a constitué un contentieux entre la France et l'Espagne. Depuis 1983, et surtout depuis 1986, les polices des deux pays collaborent : cinquante Basques ont été expulsés de France de juillet 1986 à mars 1987.

L'insécurité, le prélèvement par l'ETA d'un « impôt révolutionnaire » auprès des industriels, la crise de la sidérurgie et des chantiers navals ont contribué à rendre la crise économique plus aiguë en *Euskadi* que dans d'autres régions d'Espagne. Premières au palmarès du revenu par habitant en 1976, les provinces basques sont tombées au onzième rang dix ans après. En 1986, le PNV, au pouvoir depuis la mise en place de l'autonomie en 1980, a vécu la scission d'un groupe critique dirigé par l'ancien *lehendakari* (Premier ministre), Carlos Garaikoetxea, ce qui a provoqué des élections anticipées, le 30 novembre. Loin de clarifier la situation, elles ont aggravé la confusion et le caractère ambigu de la politique basque. Le PSOE, arrivé en tête avec un siège d'avance sur le PNV, n'a pas été perçu vainqueur, car ce n'est pas ainsi que comptent les Basques. Face à Madrid, ils ont dénombré cette fois encore les voix de tous les partis « nationalistes », celles du PNV, comme celles de *Herri Batasuna*, – la couverture politique de l'ETA –, et estimé que 70 % des Basques veulent l'indépendance. Les négociations, qui n'ont abouti que le 9 mars 1987, ont permis la naissance du premier gouvernement de coalition entre socialistes et nationalistes : un test de la capacité de coexistence et de pacification.

Anne-Marie Romero

Les Tibétains

Lorsqu'en octobre 1950, l'Armée populaire de libération (APL) de Chine a vaincu les divisions du dalaï-lama, les puissances asiatiques et occidentales ne se sont guère émues. Et pourtant, c'était le premier pas du long calvaire d'un peuple qui, depuis le début du siècle, jouissait d'une indépendance de fait, garantie par sa situation géographique à l'abri de montagnes de plus de 5 000 mètres. Le régime théocratique dirigé par le dalaï-lama se perpétuait depuis des siècles, et si le mystère tibétain avait intéressé certains voyageurs occidentaux, ce pays restait fermé.

Jusqu'en 1956, les troupes chinoises se contentèrent de s'installer dans le pays sans intervenir dans les affaires intérieures de l'État, géré essentiellement par des moines sous la direction du dalaï-lama, réincarnation du Bouddha. En 1956, l'APL créa des comités pour superviser tous les départements du gouvernement tibétain. Puis, les autorités chinoises décidèrent de mettre en œuvre une réforme agraire. L'application de cette politique commença dans les zones périphériques : les terres des monastères furent divisées et les moines obligés de se marier et de cultiver la terre. Ces mesures furent ressenties comme un sacrilège, et les redoutables guerriers Khampas prirent les armes contre les envahisseurs. La révolte se propagea jusqu'à Lhassa et, en 1959, le dalaï-lama et son gouvernement se réfugièrent en Inde avec des dizaines de milliers de fidèles.

Les autorités chinoises – on était à l'époque du « Grand bond en avant » – se mirent alors à imposer des transformations sociales rapides. Pour supprimer les bases de l'ancien régime, elles s'attaquèrent aux monastères dont un grand nombre fut dynamité par l'armée, et interdirent le recrutement des jeunes moines. La propagande antireligieuse, les exécutions de résistants pris les armes à la main et accusés d'être des agents de l'Inde ou de la C I A se multiplièrent. Mais la « transformation socialiste » annoncée n'a produit aucun effet économique bénéfique. Les troupes chinoises vivaient à part, et les relations entre militaires han et résidents tibétains étaient exécrables. La situation a empiré au Tibet, comme dans toute la Chine au cours de la Révolution culturelle, avec une violence toute particulière non seulement dans la « région autonome tibétaine » où les Tibétains sont majoritaires, mais aussi dans les provinces comme le Qinghai où les lieux de culte furent également détruits. On estime que sur les 2 500 monastères que comptait le Tibet avant 1959, seuls une dizaine restaient debout en 1976. L'A P L avait été jusqu'à raser le grand monastère du Drepung au canon ! En même temps que la Chine se désinisait pour devenir la « page blanche » chère à Mao Zedong, la politique d'assimilation forcée prenait au Tibet des proportions délirantes. C'est ainsi que les autorités chinoises interdisaient aux Tibétains de planter l'orge qui, sous forme de *tsampa*, constitue l'essentiel de leur alimentation, pour le remplacer par le blé et le riz décrétés plus nourrissants par Pékin. La pratique religieuse, qui constitue le fondement de la culture tibétaine, était totalement interdite. Et ces vexations n'apportaient même pas en échange le minimum de modernisation que l'on aurait été en droit d'attendre : le Tibet végétait dans la crasse et dans la misère.

En 1978-1979, les autorités chinoises ont reconnu leurs erreurs et elles ont à nouveau autorisé, dans une certaine mesure, la pratique religieuse. Des temples ont été reconstruits (le plus souvent aux frais des fidèles) et les monastères peuvent à nouveau recruter des élèves. On note une nette détente, mais les rapports continuent d'être difficiles entre les deux communautés. Au début des années quatre-vingt, les autorités de Pékin ont fait des avances au gouvernement en exil du dalaï-lama, dont deux délégations ont visité le Tibet. La ferveur des Tibétains a été telle que les autorités chinoises ont pris peur.

Malgré une amorce de développement économique provoqué notamment par le tourisme, la grande majorité des 3,8 millions de Tibétains que compte la Chine regardent vers le dalaï-lama.

En octobre 1985, la venue à Lhassa du panchen-lama, qui, bien qu'il eût accepté de collaborer avec la Chine en 1959, a néanmoins passé plus de quinze ans en résidence surveillée à Pékin, a été l'occasion de manifestations de ferveur qui ont tourné à la démonstration nationaliste. Quels que soient les efforts des Chinois pour améliorer leur image de marque dans la région autonome, les Tibétains restent attachés à leur royaume théocratique et aspirent à sa restauration.

Jean-Philippe Béja

Les Tsiganes

Il est probable que les premières migrations tsiganes ont eu lieu, au départ de l'Inde, entre le IXe et le XIVe siècle, en plusieurs vagues. Quand les premiers groupes découvrent l'Europe, de l'Est à l'Ouest, aux XIVe et XVe siècles, ils suscitent l'étonnement : nul ne sait d'où ils viennent, ce qu'ils font, pourquoi ils nomadisent en famille, quelle langue est la leur.

Ce n'est qu'au XVIIIe siècle que l'on comprend que la langue tsigane est une langue de l'Inde, proche du sanskrit dont elle est dérivée. Mais la mouvance inquiète les populations et les autorités locales qui rejettent alors les Tsiganes. Elle gêne aussi les pouvoirs publics et la logique d'organisation de l'État. L'histoire écrite des Tsiganes est alors le plus souvent celle des textes répressifs qui les concernent.

A leur égard, les politiques ont été une négation des personnes et de leur culture. Ce fut d'abord et souvent, pendant des siècles, l'*exclusion*, par le bannissement hors du territoire de l'État, sous peine de châtiments corporels. Ce fut ensuite la *réclusion* et l'intégration autoritaire et généralement violente : séparation des enfants de leurs familles, obligation d'exercer des métiers « agréés », interdiction de parler la langue, éclatement des groupes familiaux, envoi aux galères, esclavage aussi. A la fin du XIXᵉ siècle, les mesures de repérage et de contrôle se sont précisées. Sous le régime nazi, le massacre de 300 000 Tsiganes considérés comme asociaux et racialement impurs allait endeuiller la quasi-totalité des familles tsiganes d'Europe, qui ne peuvent oublier.

Dans la seconde moitié du XXᵉ siècle, le développement des idées empreintes d'humanisme, couplées à une gestion technocratique de la société, va induire des politiques d'*inclusion*, caractérisées par l'assimilation du Tsigane considéré jusqu'alors comme un marginal posant des problèmes sociaux. Il n'est plus interdit mais contrôlé, il n'est plus rejeté mais assimilé. Une réglementation de plus en plus dense se met en place, qui concerne tous les aspects de la vie : les déplacements, les arrêts et le stationnement du nomade, le statut des personnes, l'exercice des activités ambulantes et artisanales... Tout, dans cette réglementation, n'est pas légal, ni constitutionnel, ni cohérent (par exemple interdictions de stationner et obligation scolaire). A cela s'ajoute la façon sélective avec laquelle de nombreux textes sont appliqués aux Tsiganes, et le rejet direct ou indirect, larvé ou violent, dont les collectivités locales et les populations font encore souvent preuve à leur égard.

En 1987, on peut estimer que les Tsiganes représentent environ 4 à 4,5 millions de personnes en Europe.

Ces données doivent être régulièrement actualisées, car les Tsiganes sont jeunes : la moitié ont moins de seize ans, et la natalité est importante. En raison de la diversité de l'histoire des divers groupes, de leurs voyages et de leurs fixations, de leurs contacts mutuels, de leur entourage, les communautés tsiganes offrent l'image d'une mosaïque de groupes diversifiés, avec leurs caractéristiques (métiers, variantes linguistiques...) qui les font apparaître comme des pièces uniques, mais chacune d'elles n'acquiert son importance que dans le tout dont elle fait partie : le fait d'être diversifié n'empêche pas l'ensemble d'être organisé.

Le dynamisme des communautés tsiganes est bien établi, tant par les preuves d'adaptation et de survie qu'elles ont données depuis des siècles dans des conditions difficiles, que par les mouvements nationaux et internationaux auxquels elles ont donné naissance.

C'est à la fin des années soixante que fut fondé en France le Comité international tsigane, qui devint vite le lien entre diverses associations nationales (au nombre de vingt-trois en 1972, représentant vingt-deux États). En 1971, il organisa à Londres le premier Congrès mondial tsigane avec des délégués de quatorze pays auxquels s'ajoutaient des observateurs d'autres pays. Les délégués rejetèrent les appellations généralement employées, et acceptèrent pour tous le terme de *Rom*. Dans un sentiment d'une forte unité, il fut proclamé que « tous les Roms sont frères ».

Le Comité international devint le secrétariat permanent du Congrès, qui demeure l'instance souveraine. Un drapeau et un hymne furent adoptés. Cinq commissions furent créées. Un slogan résumait le congrès : « Le peuple *rom* a le droit de rechercher sa propre voie vers le progrès. » Le deuxième Congrès mondial se tint à Genève en 1978. Le programme d'action adopté visait à la reconnaissance pour les Roms de leur spécificité culturelle. Il s'agissait d'être reconnu, de lutter contre les politiques de rejet et d'assimilation. La nouvelle organisation internationale issue du Congrès, l'Union des Roms (*Romano Ekhipé*), obtint en 1979 un statut consultatif auprès du Conseil économique et social des Nations Unies. Un troisième Congrès mondial a eu lieu en 1981 à Göttingen, en RFA.

L'émergence des organisations tsiganes se heurte à deux types d'ordres établis. L'ordre tsigane, qui repose sur une organisation sociale segmentée, s'accommodant mal d'une logique d'unité et de fédération, et celui des non-tsiganes qui, dans le contexte des politiques d'assimilation, se passeraient volontiers de ces groupes de pression. Mais cette mutation est nécessaire car l'existence d'un pouvoir tsigane permettrait d'éviter que l'assimilation en cours parvienne à ses fins. La récente attention portée par des institutions de la Communauté européenne et du Conseil de l'Europe, peut apporter une aide aux communautés tsiganes.

Jean-Pierre Liégeois

ÉVALUATION DU NOMBRE DE TSIGANES DANS LES PAYS DE LA CEE ET DANS QUELQUES AUTRES PAYS EUROPÉENS (en milliers)

COMMUNAUTÉ EUROPÉENNE			AUTRES PAYS EUROPÉENS		
Belgique	12	à 15	Autriche	8	à 10
Danemark	1	à 1,5	Chypre	0,5	à 1
Espagne	350	à 450	Finlande	5	à 7
France	220	à 300	Norvège	0,25	à 0,5
Grèce	100	à 120	Suède	6	à 10
Irlande	20	à 25	Suisse	12	à 15
Italie	60	à 90	Tchécoslovaquie	300	à 400
Luxembourg	0,2	à 0,4	Bulgarie	300	à 500
Pays-Bas	30	à 38	Hongrie	400	à 600
Portugal	20	à 30	Roumanie	500	à 800
RFA	55	à 65	Yougoslavie	700	à 900
Royaume-Uni	80	à 110			
Total	948,2	à 1 244,9			

Source : Jean-Pierre Liégeois.

L'ÉVÉNEMENT

LE MONDE EN GUERRE

Forces militaires et tendances antinucléaires dans le Sud-Pacifique

Ce ne sont guère les États indépendants issus de la décolonisation qui sont responsables de la militarisation croissante de l'immense Pacifique sud. Sur onze d'entre eux, tous membres du Forum du Pacifique sud aux côtés de l'Australie et de la Nouvelle-Zélande, seuls la Papouasie-Nouvelle-Guinée, Fidji et Tonga possèdent une armée proprement dite; les autres n'ont que de simples forces de police.

L'Australie et la Nouvelle-Zélande disposent quant à elles de forces pleinement équipées, de terre, de mer et d'air, régulièrement modernisées. Ces deux pays sont liés aux États-Unis par le pacte militaire A N Z U S – nommé d'après les initiales des trois partenaires –, conclu en 1951 : manœuvres aéronavales annuelles, réseaux *high tech* de communications gérés en commun, coopération régulière. Mais l'A N Z U S est virtuellement en sommeil depuis qu'en 1986 la Nouvelle-Zélande a interdit l'accès de ses ports aux navires nucléaires américains. Les manœuvres communes de 1986 ont dû être annulées.

Les récents progrès du militarisme nucléaire dans cette partie du Pacifique peuvent donc être attribués principalement aux États-Unis. Sous l'autorité du Pacom (Commandement du Pacifique), les sous-marins nucléaires, les vaisseaux et bombardiers équipés de missiles *Trident* et *Tomahawk*, les équipements de guidage nucléaire s'y déploient librement à partir des

bases américaines de Californie, de Hawaii, de Micronésie et des Philippines. Les relais dits de « C3-I » (Command, Control, Communications et Intelligence, c'est-à-dire renseignement) assurent aux États-Unis un quadrillage serré de l'espace Pacifique, appuyé sur leurs réseaux de satellites. Certaines des plus importantes bases de « C3-I » sont situées en Australie (Nurrumgar, North West Cape, Pine Gap) et en Nouvelle-Zélande (Christchurch, Rangimoana).

Mais les Américains ont cessé de faire pleine confiance à leurs partenaires de l'A N Z U S et ils cherchent à s'installer dans la région à leur propre compte. Ils y disposent de leur vieille colonie des Samoa orientales, mal équipée militairement; cependant, leur coopération militaire bilatérale avec Fidji, renforcée depuis 1985, a été remise en question avec les élections législatives d'avril 1987 qui ont dégagé une majorité hostile à la présence de navires nucléaires sur leur territoire.

Péril soviétique?

Alors que la confrontation soviéto-américaine est réelle et critique dans le nord du Pacifique, avec le face-à-face Kamtchatka-Alaska, il ne faut pas grossir l'éventualité d'une telle confrontation dans le Pacifique sud. L'URSS n'est guère capable de franchir l'arc presque continu de bases américaines qui s'allonge à travers le Pacifique central, de la Californie aux Philippines. Elle ne peut faire circuler au sud de ces bases que de petits bâtiments d'observation vite repérés; elle n'y dispose pas d'appuis politiques qui lui offriraient les mêmes possibilités que Cuba dans la Caraïbe ou l'Éthiopie dans la corne de l'Afrique. Qu'elle ait passé des accords techniques de pêche avec des gouvernements de la région comme Kiribati ou le Vanuatu – lesquels gardent des liens étroits avec l'Occident – ne lui ouvre guère de facilités militaires.

Autant que les nécessités de l'expérimentation de la force de frappe, c'est pourtant le péril soviétique qui est souvent invoqué à l'appui de la présence militaire française dans le Sud-Pacifique. La France est militairement active dans cette région, avec son Centre d'expérimentation du Pacifique (CEP) de Papeete-Mururoa, ses bases aéro-navales de Hao et de Papeete, ses sous-marins nucléaires. Quant à la Calédonie, elle est très loin d'être le « porte-avions » que certains ont célébré. Si la France y concentre des forces importantes, c'est surtout pour tenir tête au mouvement kanak. Les installations militaires de Nouméa sont rudimentaires et le projet de leur transformation en base stratégique, formulé à l'issue du voyage présidentiel, en mai 1985, n'est plus considéré comme un objectif prioritaire. Plus étoffées, les bases de Polynésie ne pèseraient pas lourd non plus en cas de conflit international d'envergure; leur seule fonction est finalement de protéger les installations nucléaires de Mururoa dont la finalité se trouve à l'autre extrémité de la planète, à savoir la dissuasion nucléaire française « indépendante » contre une éventuelle attaque russe en Europe. Présente *dans* le Pacifique, la France n'est pas une véritable puissance militaire *du* Pacifique.

Le mouvement antinucléaire est aussi influent en Australie et en Nouvelle-Zélande que dans les pays polynésiens, mélanésiens et micronésiens. En 1983 et 1986, il a mobilisé des centaines de milliers de manifestants à travers toute la région. Il est fortement soutenu par les Églises chrétiennes, les milieux écologistes, le mouvement syndical et travailliste, les peuples autochtones en lutte pour leurs droits politiques (Maoris de Nouvelle-Zélande, Chamorros de Guam, Kanaks, Aborigènes, Maohis de Polynésie française). On n'a pas oublié que c'est dans le Pacifique que la guerre nucléaire a tué : les bombes d'Hiroshima et de Nagasaki en 1945 au Japon, les essais américains à l'air libre dans les années cinquante aux îles Marshall, sans parler des essais français...

Mururoa, seule base nucléaire proprement dite dans le Pacifique

---

BIBLIOGRAPHIE

CHESNEAUX J., *Transpacifiques. Observations et considérations diverses sur les terres et archipels du grand océan*, La Découverte, Paris, 1987.

CHESNEAUX J., « Grandes puissances et micro-États dans le Pacifique sud : comment adapter la présence française aux priorités régionales », *Le Monde diplomatique*, décembre 1986.

DASSÉ M., « Asie-Pacifique : la nouvelle bataille », *Défense nationale*, n° 42, février 1986.

« La France et le Pacifique sud », *Politique étrangère*, n° 1, 1987.

Institut du Pacifique, *Le Pacifique « nouveau centre du monde »*, Berger-Levrault, Paris, 1986.

sud, est une des principales cibles du mouvement antinucléaire. Mais celui-ci dénonce aussi les puissantes installations de missiles en Micronésie américaine. C'est pourquoi le traité de Rarotonga, adopté en août 1985 par les treize États du Forum, n'est considéré que comme une demi-mesure. Il institue une zone dénucléarisée du Sud-Pacifique, mais il ne vise ni les installations nucléaires américaines au nord de l'Équateur ni la circulation des bâtiments nucléaires. L'Australie, très influente dans la région, n'a pas voulu gêner les États-Unis. Elle leur a même donné satisfaction en annonçant, en mars 1987, un plan de renforcement de son dispositif stratégique, alors que la Nouvelle-Zélande a de son propre chef interdit la relâche dans ses ports de leurs navires nucléaires.

Jean Chesneaux

Le traité de Rarotonga

Adopté le 6 août 1985 par les treize États membres du Forum du Pacifique sud, le traité de Rarotonga interdit la fabrication, le stockage et l'expérimentation de l'arme nucléaire dans les pays membres. Il prévoit un système de contrôle de l'application du traité.

Ont ratifié : l'Australie, la Nouvelle-Zélande, Fidji, Cook, Kiribati, Niue, Tuvalu, Samoa occidental ; Nauru et la Papouasie-Nouvelle-Guinée l'ont signé sans le ratifier ; Salomon, Tonga et Vanuatu n'avaient pas signé, en janvier 1987.

Trois protocoles ont été adjoints au traité à l'intention de pays non membres du Forum mais qui ont la responsabilité de territoires situés dans la région. L'U R S S a signé les deux protocoles la concernant le 15 décembre 1986, la Chine le 10 février 1987. Les États-Unis, la France et le Royaume-Uni ont refusé d'y souscrire.

Iran-Irak : sept ans de guerre

Le 22 septembre 1987, la guerre du Golfe devait entrer dans sa huitième année sans que les médiations de toutes sortes (Nations Unies, Organisation de la conférence islamique-O C I-, Arabie saoudite, Algérie...) laissent espérer une solution négociée à brève échéance entre l'Irak et l'Iran. Pourtant le bilan est lourd : le chiffre d'un million de morts – difficile à vérifier – est avancé par diverses sources et les dégâts matériels (armes mises hors d'usage, installations économiques et civiles détruites, manque à gagner sur les exportations de pétrole) sont estimées à environ 450 milliards de dollars.

Le 2 août 1986, le président irakien, Saddam Hussein, a lancé un nouvel appel à Khomeyni pour l'ouverture de négociations à quatre conditions : retrait total, sans condition, des armées sur les frontières internationales ; échange des prisonniers de guerre ; signature d'un traité de paix ; engagement des deux pays à réaliser la sécurité et la stabilité dans la région. Khomeyni a rejeté ces propositions : il a répété que « la paix imposée serait pire que la guerre imposée » et réitéré ses trois exigences préalables : condamnation de l'Irak comme agresseur ; chute du Baas irakien et de son chef, Saddam Hussein ; paiement de 250 milliards de dollars de dommages de guerre.

Sur le plan militaire, le conflit est dans sa sixième phase ouverte par l'offensive *Aurore VIII* lancée le 10 février 1986 pour commémorer la victoire de la révolution en 1979; elle a permis la prise du port de Fao par les Iraniens dans le sud de l'Irak.

La première phase avait été caractérisée par l'attaque surprise de l'Irak, le 20 septembre 1980, et l'occupation d'une partie du Khouzistan (ou Arabistan, i.e. pays des Arabes). La deuxième (27 septembre 1981-juin 1982) fut celle de la reconquête par les Iraniens du territoire perdu. La troisième, celle des « vagues humaines » lancées à la conquête de l'Irak par le slogan « le chemin de Jérusalem passe par Bagdad », commençait le 13 juillet 1982 avec l'offensive *Ramadan* et s'étendait jusqu'à la fin de 1983. La quatrième (1984) était dominée par les actions terroristes, inspirées par l'Iran, en Irak et dans les États du Golfe, l'utilisation des armes chimiques par l'Irak et les affrontements navals. La cinquième (1985) était placée sous le signe de l'aviation, avec la « guerre des villes » et la « guerre des capitales ».

La sixième phase se distingue par les « opérations coup de poing » : l'Iran – qui n'a pas réussi à mener à bien la grande offensive annoncée périodiquement depuis 1982 pour faire tomber Bagdad – s'est efforcé de grignoter le territoire irakien, d'affecter le moral de l'ennemi et de provoquer un effondrement du régime de l'intérieur grâce à des offensives ponctuelles. Bien que las de la guerre, les Irakiens (y compris la majorité de 55 % de chiites) qui ne veulent pas d'une république islamique, ont résisté à un contre trois grâce à la supériorité de leurs armes. Les deux belligérants ont aussi eu recours aux moyens des précédentes phases (aviation, gaz, terrorisme). On constate cependant que, sans renoncer aux vagues humaines, l'armée classique iranienne et celle des *Pasdaran* (Gardiens de la révolution) ont amélioré leur technicité et la qualité de leur matériel. L'Irak (15 millions d'habitants) a utilisé intensément son aviation pour épargner ses troupes face au réservoir iranien (50 millions d'habitants). Il a cherché à porter des coups de plus en plus sévères à l'économie ennemie pour réduire ses rentrées en devises, entraver ses achats d'armes et l'obliger à négocier. Après avoir détruit le terminal pétrolier de Kharg, l'Irak a bombardé, à partir de mars 1986, le terminal flottant de Sirri, puis, à partir de novembre, celui de Larak, situés respectivement à 800 et à 1 250 kilomètres de ses côtes, de sorte que Téhéran a accusé le Koweït et les émirats d'avoir servi d'escale.

L'Iran a riposté par l'envoi de missiles sol-sol (à partir de février 1986) contre les installations pétrolières de Kirkouk produisant un million de barils par jour (75 % des exportations irakiennes); l'arraisonnement de navires occidentaux susceptibles de ravitailler l'Irak; les prises d'otages américains et français, par Hezbollah libanais interposé, pour obtenir des armes de Washington et contraindre Paris à cesser son aide militaire au régime baassiste; des pressions sur le front nord (Kurdistan), central (reprise de Mehran en mai 1986) et surtout sud.

La tension a atteint son point

BIBLIOGRAPHIE

Balta P., *Iran-Irak, une guerre de cinq mille ans*, Anthropos, Paris, 1987.

Balta P., « Irak-Iran : les étapes de la guerre », *Maghreb-Machrek*, n° 113, juillet-septembre 1986.

King R., *La guerre Irak-Iran*, Bosquet, Paris, 1987.

culminant dans les semaines qui ont précédé le cinquième sommet de l'OCI (26-29 janvier 1987), Téhéran refusant qu'il se tienne à Koweït. Les Iraniens ont menacé le port de Bassorah qui n'a plus d'importance stratégique (exportations et importations passent par la Jordanie, le Koweït et la Turquie), mais dont la chute aurait un terrible impact psychologique; ils ont tenté aussi de couper la route reliant l'Irak à l'émirat mais ont échoué sur le double plan militaire et diplomatique. En outre, l'Égypte, alliée de l'Irak, a réintégré l'OCI.

Les ambitions hégémoniques de Khomeyni

A partir d'octobre 1986 ont commencé les révélations de « l'Irangate » qui ont dévoilé les incohérences de la politique américaine au Proche-Orient et les ambitions hégémoniques du régime de Khomeyni dans la région. Bien qu'ayant condamné l'Iran comme État terroriste, les États-Unis ont livré secrètement en 1985 et en 1986 du matériel militaire à Téhéran sur les conseils d'Israël qui lui en fournit depuis 1982; ce faisant, Washington nourrissait l'espoir – aléatoire – d'encourager une relève modérée en Iran et d'obtenir la libération de ses otages. Les États arabes modérés se sont sentis trahis et ont vu dans cette orientation un changement de stratégie visant à faire de l'Iran, à leur détriment, le principal bouclier devant la pénétration soviétique vers les mers du Sud.

De son côté, l'Arabie saoudite avait, en mai 1984, noué avec Téhéran des contacts secrets qui se sont poursuivis au grand jour. Un de ses objectifs : s'assurer qu'un effacement du seul Saddam Hussein ouvre la voie à une négociation. Lors de la tournée du roi Fahd en Europe (avril 1987), elle a admis son échec sur ce point et reconnu que Téhéran réclame un droit de regard sur les lieux saints de l'islam (La Mecque et Médine) et sur toutes les affaires concernant le monde musulman, y compris la question palestinienne. Alliée de Téhéran, la Syrie craint néanmoins d'être prise en tenaille entre l'Iran et son instrument au Liban, le Hezbollah, tandis que l'URSS constate avec inquiétude que la poursuite de la guerre, s'ajoutant au conflit afghan, favorise la pénétration des idées fondamentalistes dans ses Républiques musulmanes.

Paul Balta

Afghanistan

L'année 1986 a été celle du renforcement des bastions militaires de la résistance afghane alors que le régime mis en place par l'Union soviétique n'a réussi à élargir son périmètre de sécurité qu'autour de quelques villes comme Kaboul et Mazar-i Sharif.

La résistance s'est professionnalisée dans ses bastions du Nord-Est, de Herat, du Paktia et de Kandahar. Elle dispose désormais d'un armement nettement plus important : mortiers, roquettes sol-sol de 107 et 122 mm, mitrailleuses lourdes et enfin missiles anti-aériens *Stinger*. Ces derniers, apparus à la fin de l'été 1986, ont été livrés aux fronts proches de la frontière pakistanaise; les quantités (on parle de trois cents pour 1987) sont encore insuffisantes pour créer de véritables sanctuaires, mais les pertes soviétiques en aéronefs ont probablement doublé à partir de l'automne 1986.

Les Soviétiques ont lancé une

vaste offensive en avril 1986 contre la province du Paktia, à la frontière pakistanaise; ils se sont emparés de la base de Jawar, mais ont dû l'évacuer après quelques jours, faute de troupes suffisantes pour tenir le terrain. Depuis, les offensives soviétiques en Afghanistan ont eu pour but essentiellement de dégager les grandes villes (Herat en août 1986, Kandahar à l'automne). Les Soviétiques semblent soucieux d'éviter les pertes. En même temps, si l'armée gouvernementale a fait quelques progrès (par la constitution de régiments de supplétifs tribaux), elle est restée entièrement dépendante du soutien logistique et de l'appui direct soviétiques. L'afghanisation de la guerre a été un échec. Bien plus, les Soviétiques n'ont pas réussi à menacer sérieusement les voies de communication de la résistance, malgré une meilleure adaptation de leurs troupes à une guerre de contre-guérilla (embuscades de nuit, commandos héliportés). C'est seulement autour de Kaboul et de Mazar qu'une politique d'établissement de ceintures de sécurité, combinée avec la désertification de la campagne, a réellement gêné la résistance. Cependant, l'amélioration de la portée des armes lourdes fait que la résistance a pu bombarder Kaboul tout au long de l'année (en particulier, elle a spectaculairement fait sauter le plus gros dépôt de munitions de l'armée à Kargha, près de la capitale, fin août 1986).

Pendant ce temps, les bastions de la résistance se sont renforcés : le commandant Massoud a réussi à étendre sa zone militaire sur tout ou partie de cinq provinces, en dehors de sa vallée du Pandchir (Parwan, Kapisa, Baghlan, Takhar, Badakhshan). Il a pris successivement deux bases gouvernementales (Farkhar, fin août 1986, et Nahrin, fin novembre) et a mis sur pied l'embryon d'une armée nationale.

Vers un désengagement militaire soviétique?

Le retrait militaire soviétique, annoncé à grand renfort de publicité en juillet 1986, a été largement symbolique : retrait d'unités anti-aériennes, inutiles dans ce genre de conflit, ou de troupes qui de toute façon devaient être relevées (octobre 1986). Cependant, les signes d'une volonté soviétique de désengagement militaire se sont multipliés, même si l'URSS s'efforce toujours de maintenir un régime communiste stable en Afghanistan.

La résistance afghane est plus forte militairement que politique-

BIBLIOGRAPHIE

BAZGA S., *Afghanistan, la résistance au cœur*, Denoël, Paris, 1987.

BURES de A., CHALIGNY J.M., *Le défi afghan. L'URSS en échec*, Anthropos, Bureau international Afghanistan, Paris, 1986.

HAIDAR M., « Les intellectuels afghans et la résistance », *Défis afghans*, n° 10, novembre 1986.

POCHOY M., « Afghanistan : sept ans de malheurs », *Défense nationale*, février 1987.

STEELE J., « Moscow's Kabul Campaign », *Merip Report*, n° 141, juillet-août 1986.

TERRENOIRE M.O., « Afghanistan : la guerre, les femmes, l'islam », *Cosmopolitiques*, n° 2, février 1987.

ment; pourtant les sept principaux partis sunnites ont constitué en avril 1985 une unité qui a pour vocation de devenir une sorte de gouvernement en exil. La présidence est tournante. Mais cette unité reste très symbolique et voit se déchirer radicaux (Hekmatyar et Sayyaf) et « modérés ». La percée diplomatique de cette alliance (dont une délégation a été reçue par le président Reagan et d'autres dirigeants occidentaux) est un élément lourd de menaces pour les Soviétiques.

Islamabad et Kaboul (en fait Moscou) sont censés discuter à Genève d'une solution politique du conflit. La question essentielle est celle du délai de retrait des troupes soviétiques : un délai inférieur à un an laisse à la résistance tous ses moyens; s'il est plus long, elle y perd ses forces. Les discussions qui se sont déroulées à Genève en mars 1987 ont marqué un pas vers un accord portant le délai de retrait à moins d'un an. L'Iran, inquiet de voir les Pakistanais être les interlocuteurs privilégiés des Soviétiques, s'est aussi impliqué plus largement dans le conflit, surtout en ce qui concerne la zone clé de Hérat.

Loin de s'estomper, la guerre d'Afghanistan a pris en fait plus d'ampleur.

Olivier Roy

Nicaragua :
échec de l'encerclement

La mise en œuvre du projet nord-américain d'encercler le Nicaragua en conjuguant des moyens militaires, politiques, idéologiques et économiques apparaît de plus en plus difficile dans une Amérique centrale exsangue, fatiguée des conflits internes et externes. Pour les États-Unis, le Nicaragua sandiniste est un défi dans une région qu'ils considèrent essentielle pour leur sécurité nationale, et leur objectif est de l'isoler de la communauté internationale. En aidant la *Contra* (opposition armée nicaraguayenne), l'administration Reagan favorise le pourrissement interne de la situation, attise le mécontentement de la population et prive ainsi les sandinistes de leurs soutiens initiaux. Ce type d'intervention correspond à ce que les stratèges militaires appellent un « conflit de faible intensité »; dans cette guerre non conventionnelle, tous les moyens sont bons pour faire tomber l'adversaire à condition d'éviter un affrontement direct entre deux armées régulières. En décembre 1986, le choc entre soldats sandinistes et honduriens a failli déclencher une guerre entre les deux pays.

C'est la *Contra* qui mène la guerre militaire, largement conseillée et aidée matériellement par les États-Unis (100 millions de dollars en 1986). Ceux-ci se chargent de la guerre psychologique (croisade anti-communiste) et de l'activité diplomatique destinée à faire pression sur les gouvernements centraméricains (mais aussi sur ceux qui déploient des efforts en faveur de la paix dans la région, comme le Mexique et le Panama) dans le but de constituer en Amérique centrale deux blocs idéologico-politico-militaires opposés selon la logique Est-Ouest. Les multiples tournées dans la zone de l'envoyé spécial de Washington, Philip Habib, témoignent de la difficulté d'une telle entreprise : d'une part, la *Contra* apparaît de moins en moins capable de gagner sur le terrain militaire, malgré la recrudescence des attentats et sabotages à l'intérieur du Nicaragua; d'autre part, les pays centraméricains, par-delà leurs divergences avec le Nicaragua et leur degré de dépendance à l'égard des États-Unis, n'ont aucun intérêt à isoler un partenaire commercial et membre à part entière des organismes d'intégration de la communauté centraméricaine; en effet, les intérêts nationaux et la sécurité nationale de chaque État de la région ne vont pas forcément dans le sens des intérêts de Washington.

Ainsi, la réunion de San José, organisée au Costa Rica en février 1987 sans le Nicaragua, sous la pression des États-Unis, a été un échec. En revanche, les observateurs ont souligné les côtés positifs des rencontres et initiatives regroupant tous les pays de la région, comme la réunion des présidents centraméricains à Esquipulas (Guatémala) en mai 1986, ou celle qui a regroupé, en février 1987, les ministres des Relations extérieures de la CEE, de l'Amérique centrale, et les représentants des groupes de Contadora (Mexique, Vénézuela, Colombie, Panama) et de Soutien (Argentine, Brésil, Pérou, Uruguay) en février 1987.

Depuis l'arrivée au pouvoir de Vinicio Cerezo au Guatémala et d'Oscar Arias au Costa Rica, une nouvelle dynamique régionale s'est développée, qui se veut complémentaire des initiatives extérieures à la région, amorcées depuis plusieurs années par des acteurs internationaux comme l'Internationale socialiste, le Mouvement des non-alignés, le Parlement européen, l'Union interparlementaire (dont la réunion à Managua en avril 1987 a été une réussite diplomatique pour le Nicaragua). Ainsi, l'idée guatémaltèque d'un Parlement centraméricain, ou le plan Arias, ont complété les efforts des groupes de Contadora et de Soutien dans la recherche d'une solution non militaire des conflits.

Alors que les combats se sont poursuivis aux frontières avec le Honduras et le Costa Rica, au plan international, le Nicaragua a bénéficié en 1986 d'une conjoncture plus favorable (l'affaire de l'« Irangate » qui a affaibli le président Reagan, l'arrivée au Congrès américain d'une majorité démocrate, les condamnations internationales de l'intervention étrangère en Amérique centrale...) et de plusieurs victoires diplomatiques : arrêt de la Cour internationale de justice du 27 juin 1986 en sa faveur et contre les États-Unis, condamnation par les Nations Unies, le 5 décembre 1986, de l'embargo commercial imposé au Nicaragua par Washington et du financement « d'activités militaires et d'autre nature qui bloquent le développement socio-économique et violent les droits fondamentaux du peuple nicaragayen ».

Managua n'en a pas moins continué de demander la reprise du dialogue avec les États-Unis, bloqué depuis 1984. Cependant, certaines de ses initiatives, bien que fondées, sont apparues maladroites : en portant plainte devant la Cour internationale de justice contre le Honduras et le Costa Rica qui violent le droit international en permettant les actions de l'opposition armée nicaraguayenne à partir de leurs territoires, il a non seulement envenimé les rapports avec ses voisins, mais il a contribué à l'enlisement du processus de médiation du groupe de Contadora dont la signature de l'Acte de

---

BIBLIOGRAPHIE

Barre M.-C., « Les États-Unis face au Nicaragua : intervenir directement ou pas ?, *Études*, mars 1987.

Barrios de Chamoro V., « The Death of la Prensa », *Foreign Affairs*, hiver 1986/87.

Burin de Roziers P., « Le Nicaragua : complexité d'une révolution », *Études,* janvier 1986.

Ramonet I., « La longue guerre occulte contre le Nicaragua », *Le Monde diplomatique*, janvier 1986.

Stührenberg M., Venturini E., *Amérique centrale, la cinquième frontière*, La Découverte, Paris, 1986.

paix se trouve bloquée depuis le 6 juin 1986. Le gouvernement de Daniel Ortega a néanmoins fait quelques concessions, comme le renvoi de plusieurs centaines de conseillers cubains, l'amorce d'un dialogue avec certains secteurs indiens de la *Contra*, en même temps qu'il s'est montré ouvert à l'intégration centraméricaine, perçue comme une manière d'alléger le poids des facteurs extra-régionaux.

La communauté internationale, pour sa part, continue de s'interroger sur l'avenir du Nicaragua : la radicalisation de la révolution sandiniste est-elle le résultat de l'agression nord-américaine, par *Contra* interposée, ou répond-elle à une logique intrinsèque au sandinisme ? Quant au risque d'une intervention directe des États-Unis, il était toujours peu probable en juin 1987 : plus que les rebondissements de l' « Irangate », le manque de consensus régional en faveur d'une telle hypothèse interdisait à Ronald Reagan de se lancer dans cette aventure.

Marie-Chantal Barre

Le conflit du Sud-Soudan

Le gouvernement de Sadek el-Mahdi n'a pu résoudre le conflit qui, depuis 1983, déchire le Soudan en opposant le Nord arabo-musulman au Sud animiste et chrétien. Bien au contraire, la tension s'est aggravée depuis que l'Armée de libération du peuple soudanais (A L P S), le mouvement rebelle du Sud, a détruit, en août 1986, un avion civil de la Sudan Airways. Cet acte a mis fin à tout espoir de voir se tenir une conférence constitutionnelle rassemblant tous les partis politiques en vue d'une solution négociée, conférence attendue aussi bien par le pouvoir central que par les belligérants du Sud.

Nord et Sud constituent deux régions aux caractères géoclimatiques et culturels totalement différents. Le Nord, aride, formait déjà au XIXᵉ siècle une entité où des populations hétérogènes, nomades et sédentaires, étaient unies par l'islam et la langue arabe. Le Sud, protégé par la barrière naturelle du Sadd (marécages couverts d'une végétation inextricable), abrite des peuples nilotiques (Dinkas, Nuers, Shillucks...) aux cultures et aux modes de vie participant du monde africain. En majorité animistes, ils comptent 10 % de chrétiens. Mais, là se trouvent les principales richesses du Soudan : eau, bétail et pétrole.

À l'indépendance, en 1956, le Sud a été rattaché au Nord pour des raisons de stratégie touchant au contrôle des eaux du Nil. Deux idées de l'unité nationale se sont alors développées : l'une définit le Soudan comme une nation arabe et musulmane avec l'islam pour instrument d'unification, l'autre comme une nation afro-arabe dont la diversité culturelle constitue une richesse à préserver. Le premier courant de pensée anime sous sa forme extrémiste le Front national islamique (F N I) d'Hassan el-Tourabi et, de manière plus nuancée, les deux partis traditionnels, l'Umma de Sadek el-Mahdi et le Parti démocratique unioniste, qui forment tous trois la coalition au pouvoir, issue du remaniement ministériel de mai 1987.

De 1955 à 1972, une première guerre, menée par le mouvement sudiste Anya-Nya, n'a pris fin qu'avec les accords d'Addis-Abeba qui octroyaient l'autonomie aux trois provinces du Sud (Haut-Nil, Equatoria et Bahr-el-Ghazal) avec Juba pour capitale. Un calme relatif en a résulté pendant dix ans. Mais rien ne fut fait pour la mise en valeur économique de la région méridionale. Les sudistes eurent le sentiment que les grands projets mis en chantier dès 1978 étaient destinés au développement du Nord et ne leur profitaient en rien; ainsi de la construction d'un oléoduc qui devait transporter à Port-Soudan, dans le Nord, le pétrole découvert à Bentiu et à Bor dans le Sud; quant au canal de Jonglei, il devait drainer vers le Nord et l'Égypte huit milliards de mètres cubes d'eau qui s'y évaporent et se perdent en marécages.

En 1983, le président Gaafar Nemeiry a mis le feu aux poudres en redivisant le Sud en trois provinces et en imposant la *charia* (législation islamique) à tout le pays. Un jeune officier sudiste, John Garang, est devenu alors le chef du Mouvement de libération du peuple soudanais (MPLS) et de sa branche armée, l'Armée de libération du peuple soudanais (ALPS). Contrairement au mouvement Anya-Nya I, le MPLS lutte pour l'unité nationale où le Sud serait reconnu à part entière avec ses valeurs. Il réclame le retour aux accords d'Addis-Abeba de 1972 et la suppression de la *charia* qui reste l'obstacle majeur à toute solution du conflit. Sadek el-Mahdi en avait promis l'abolition lors de sa campagne électorale. Mais, paralysé par les revendications incompatibles du Front national islamique qui en demande une application stricte et celles du MPLS qui en exige l'abrogation comme préalable à toute négociation, il a opté pour une législation d'inspiration islamique adaptée aux temps modernes, respectant les droits des non-musulmans. Compromis inacceptable pour le MPLS.

La signature d'un « pacte de fraternité » entre l'Égypte et le Soudan en février 1987 a avivé la méfiance des sudistes et la création d'un Conseil chargé de l'administration du Sud a été dénoncée par le MPLS et les partis sudistes siégeant au Parlement comme « anticonstitutionnelle et antidémocratique », provoquant la démission de deux ministres sudistes. La présence au gouvernement du FNI, appelé au pouvoir après le remaniement ministériel de mai 1987, a encore aggravé les tensions.

Impuissant à régler le conflit par la négociation, le pouvoir central a tenté de renforcer son potentiel militaire et de renverser le rapport de forces sur le terrain où le MPLS contrôle deux des trois régions. Le mouvement rebelle n'est certes pas à bout de souffle, mais il doit faire face à de nombreuses difficultés. S'il conserve le soutien de l'Éthiopie, il a perdu celui de la Libye qui s'est rapprochée de Khartoum après la chute de Nemeiry. De plus, il semble que la destruction d'avions civils en août 1986 et en mai 1987 n'ait pas été approuvée par tous les responsables du MPLS. Enfin, certaines formations sudistes craignent l'hégémonie Dinka, ethnie à laquelle appartient John Garang, et ont accepté avec le gouvernement central une « alliance conjoncturelle » (c'est notamment le cas d'Anya-Nya II qui combat la guérilla avec l'armée gouvernementale).

Les solutions envisagées s'étant évanouies au fil des événements, le conflit s'éternise et coûte au pays deux millions de dollars par jour, alors que deux millions de personnes souffrent de la faim sur les terres les plus fertiles du Soudan.

Anne Kraft

BIBLIOGRAPHIE

GÉRARD A., « La situation au Sud-Soudan », *Maghreb-Machrek*, n° 107, janvier-mars 1985.

MILLER C., « Langues et intégration nationale au Soudan », *Politique africaine*, n° 23, septembre 1986.

NEHME J., « Le Soudan ou la quadrature du cercle », *Géopolitique africaine*, n° 11, mars 1986.

Sudan Peoples' Liberation Movement, *Sudan Today*, Community Press, Londres, 1985.

ORGANISATIONS INTERNATIONALES

La crise financière de l'ONU

En août 1985, le Congrès des États-Unis prenait la décision de réduire d'un cinquième le montant de la contribution américaine au budget des Nations Unies si la méthode de vote en vigueur (un État, une voix) n'était pas remplacée par celle du « vote pondéré » qui attribue à chaque État un nombre de voix proportionnel à sa contribution (amendement Kassebaum). Cette décision était suivie de plusieurs autres (amendement Sundquist, loi Gramm Rudman) qui eurent pour effet de réduire la contribution américaine non plus d'un cinquième mais de moitié.

Ces mesures exprimaient la mauvaise humeur de l'administration Reagan et du Congrès à l'égard des prises de position politiques de l'ONU sur Israël et la Palestine, sur l'apartheid, sur la politique étrangère américaine en général et sur l'idéologie dirigiste du Nouvel ordre économique international. Elles visaient à obtenir une réforme qui permettrait aux pays riches, et aux États-Unis en particulier, de reprendre le contrôle d'une organisation qui, après quarante ans d'existence, est dominée par la majorité des pays en développement.

Pour comprendre les relations entre les aspects financiers et politiques de la crise ainsi déclenchée, il faut tenir compte des trois points suivants :

– L'ONU ne peut avoir de déficit budgétaire ; sa situation financière a toujours été difficile, beaucoup d'États membres étant en retard de paiement ou retenant volontairement une partie de leurs contributions.

– Le budget annuel de l'ONU, qui s'élève à 800 millions de dollars environ, est alimenté par des contributions obligatoires des États membres calculées selon une formule complexe, dont le facteur le plus important est le produit national brut de chaque pays. Or une trentaine de pays riches paient plus de 85 % de ce budget parmi lesquels les États-Unis 25 %, l'Union soviétique 11,82 %, le Japon 10,84 %, l'Allemagne fédérale 8,26 %, la France 6,37 %, le Royaume-Uni 4,86 % ; les cent vingt-neuf autres, pays en développement du « groupe des 77», détiennent une majorité très supérieure à celle des deux tiers requise par la Charte pour l'adoption du budget.

– L'adoption d'un système de « vote pondéré » qui renverserait la majorité existante est considérée par tous les diplomates (y compris ceux des États-Unis) comme impossible, parce qu'une révision de la Charte de l'ONU n'est pas envisageable en 1987. En revanche, une réforme des mécanismes de préparation et d'adoption du budget qui accroîtrait les possibilités de contrôle des pays « gros contributeurs » est jugée à la fois souhaitable et possible par de nombreuses délégations.

Pour faire face à la crise, le secrétaire général de l'ONU, Javier Perez de Cuellar, a fait adopter un plan d'économies. Par ailleurs, l'Assemblée générale (résolution 40/237 du 18 décembre 1985) a créé un groupe de dix-huit experts pour examiner les problèmes administratifs et financiers de l'Organisation. En août 1986, ce groupe a formulé soixante et onze recommandations sur les questions administratives : réduction des effectifs, politique de personnel, coordination, structure du secrétariat, évaluation et inspection, étude ultérieure sur la structure de la machinerie intergouvernementale. Mais le groupe n'ayant pas réussi à trouver un accord sur une réforme de la procédure budgétaire, les experts ont proposé trois solutions différentes.

Le poids des gros contributeurs

Les solutions envisagées s'inspirent d'une même idée : un comité restreint, dans lequel les pays « gros contributeurs » auraient une représentation raisonnable, aurait plus de chances de dégager un accord sur le montant du budget et la répartition des ressources que l'Assemblée générale elle-même. Les divergences ont porté sur les compétences de ce comité (délégation de pouvoirs de l'Assemblée générale ou rôle consultatif) et sur le choix de l'organe qui assurerait ces fonctions (l'un des deux comités subsidiaires existants,

ou un comité résultant de leur fusion). Une résolution du 19 décembre 1986 a finalement chargé le Comité du programme et de la coordination (vingt et un membres) de donner son avis à l'Assemblée générale qui garde toutes ses prérogatives. Le compromis est si peu clair que chacun peut s'estimer satisfait. L'administration américaine, pour sa part, a crié victoire. En réalité, rien n'est résolu et la crise a toute raison de continuer tant que les idées sur la nature des enjeux ne seront pas davantage clarifiées.

La confusion qui prévalait au début de 1987 s'explique par des conceptions et des aspirations contradictoires. D'une part, les gouvernements se sentent obligés de participer à une organisation universelle qui défend des idéaux respectés. En même temps, ils ne peuvent que constater son absence d'importance réelle, puisque tous les problèmes reconnus comme mondiaux sont discutés ailleurs : sommets Est-Ouest pour le contrôle des armements ; sommets occidentaux pour les questions monétaires et économiques ; instances bilatérales pour l'aide au développement, etc. L'ONU apparaît donc en définitive comme un simple forum de propagande, privilégiant les relations Nord-Sud. Nul ne sait encore quels sont les types de réforme qui pourraient rendre cette

BIBLIOGRAPHIE

Académie de droit international, *L'adaptation des structures et méthodes des Nations Unies*, Martinus Nijhoff Publishers, Dordrecht, 1986.

Bertrand M., « Un nouveau dialogue Nord-Sud ? », *Le Monde diplomatique,* avril 1987.

Bertrand M., *Refaire l'ONU, un programme pour la paix*, Zoé, Genève, 1986.

Bertrand M., « La dimension mondiale », *Le Débat*, n° 42, novembre-décembre 1986.

Brisset C., « La crise des Nations Unies », *Le Monde diplomatique*, décembre 1985.

Ghebali V.Y., *La crise du système des Nations Unies*, La Documentation française, Paris, 1987.

institution plus utile, et le scepticisme continue de prévaloir au sujet de la possibilité même d'une réforme importante.

De cette confusion commence toutefois à émerger l'idée que si l'ONU ne répond pas au besoin de plus en plus reconnu d'un centre de discussions, de négociations et de décisions qui permette de résoudre en commun, au niveau mondial, les problèmes posés par le développement rapide d'une interdépendance croissante, c'est parce que ses structures ne sont pas adaptées à un tel rôle. Une telle institution suppose un système de représentation des pays, petits et moyens, à une table de négociation où les grands États accepteraient également de s'asseoir. Le problème qui se pose ici est de même nature que celui de la recherche d'un système d'adoption du budget de l'ONU, mais il est plus grave. Il concerne au premier chef le tiers monde qui risque d'être exclu. La continuation de la crise permettra peut-être de cerner un peu mieux le problème et d'engager à ce sujet un nouveau dialogue Nord-Sud.

Maurice Bertrand

Amnesty International : vingt-cinq bougies

Contrôles de sécurité, badges magnétiques personnalisés, deux cents salariés de trente-cinq nationalités dont cent chercheurs triés sur le volet, calme et efficacité : le secrétariat d'Amnesty International, à Londres, confirme la réputation de sérieux et d'indépendance dont jouit depuis vingt-cinq ans cette organisation, véritable multinationale consacrée à la défense des droits de l'homme.

Au départ, en 1961, une idée simple. Les gouvernements jettent en prison des citoyens ordinaires simplement parce qu'ils ont exprimé leur opinion. Ils les soumettent à la torture, les exécutent. « Il faut que cela cesse. » Le fait même d'appartenir à l'espèce humaine nous place, au moins théoriquement, sous la protection directe de l'ensemble des hommes. Cette idée va donner naissance à l'un des rares mouvements capables de transcender les frontières, les races, les confessions, et de faire plier un gouvernement, qu'il soit de gauche, de droite, du Nord ou du Sud.

En 1987, les résultats sont là. Plus de quatre-vingts pays ont ratifié le Pacte international relatif aux droits civils et politiques, inexistant en 1961, qui affirme les libertés de conscience, d'expression, d'association, de réunion. Ses dispositions ont force de loi pour les signataires. Il y a vingt-cinq ans, aucune convention internationale contre la torture n'existait. Aujourd'hui, plus de quarante gouvernements ont signé ce document, qui énonce des dispositions détaillées sur les poursuites à l'encontre des tortionnaires.

C'est à la seule force de l'opinion publique, exprimée par les lettres signées des membres d'Amnesty International, que l'on doit ces progrès formels essentiels, mais aussi la libération de plusieurs milliers de prisonniers. Un gouvernement, dans sa réponse à l'organisation, avouait avoir reçu plus de cent mille lettres lui demandant la libération d'un seul prisonnier... Lorsque la presse prend le relais de cette multitude d'initiatives individuelles, l'image de marque des gouvernements qui souhaitent à tout prix protéger les apparences se ternit et les portes des prisons s'ouvrent. Mais trop peu souvent.

Couronnée par le prix Nobel de la paix en 1977, l'action d'Amnesty, véritable signal d'alarme, se fonde sur une indépendance morale, politique et financière farouchement défendue. N'acceptant aucune subvention d'origine gouvernementale ou partisane, l'organisation ne soutient ni ne combat aucun gouvernement, système ou idéologie. Sa bible est son mandat, strict, étroit, mais hautement efficace dans son application :

– Opposition à la peine de mort, à la torture et autres traitements cruels, inhumains et dégradants pour *tous les prisonniers.* Un exemple parmi des centaines d'autres : un enseignant latino-américain, qui a pu survivre à ses tortures, écrivait de l'hôpital : « Ils ont tué ma femme. Ils m'auraient tué moi aussi, mais Amnesty est intervenue. Vous m'avez sauvé la vie. » Sa femme n'avait pas supporté le cris de son mari, transmis au téléphone par les tortionnaires.

– Procès équitables et rapides pour les *prisonniers politiques.* En Afrique du Sud, un opposant à l'apartheid incarcéré et torturé pendant trois cent soixante-dix jours : « Merci à Amnesty. Vous nous avez sauvé la vie. Vous pouvez encore en sauver de nombreuses. »

– Libération immédiate et inconditionnelle des *prisonniers d'opinion* détenus en raison de leurs convictions, leur couleur, sexe, langue ou religion, s'ils n'ont pas usé de la violence, ni préconisé son usage. Témoignage d'un prisonnier soviétique interné dans un hôpital psychiatrique pour possession de livres « subversifs » : « Croyez-moi, en tant qu'ancien prisonnier qui n'a été libéré que grâce à l'aide venue de l'étranger, je peux dire que seule la voix d'Amnesty est prise au sérieux par les responsables des prisons psychiatriques. »

Les finances d'Amnesty proviennent exclusivement des cotisations et des dons reçus des membres et du public. La gestion, comme l'action générale de l'organisation, fait l'objet d'un contrôle démocratique, transparent, garant de la bonne utilisation des fonds. Cet argent permet de recueillir, recouper et publier les informations, d'envoyer sur place des missions, de rencontrer les prisonniers et leurs avocats, parfois de soutenir financièrement leurs familles. Autant par sécurité que par souci d'impartialité, les groupes d'Amnesty International ne travaillent pas sur des cas individuels dans leur propre pays, ce qui ne les empêche pas de faire des démarches auprès de leur gouvernement pour qu'il ratifie les traités internationaux relatifs aux droits de l'homme.

La publication principale d'Amnesty est son *Rapport annuel...* Dans un style inimitable – entre le procès-verbal de police, l'extrait de jugement et la résolution onusienne –, il brosse un tableau sinistre de l'état des droits de l'homme dans le monde. Pour qui sait lire entre les lignes, c'est aussi un baromètre des grands enjeux de ce monde. Au Brésil, en 1985, Amnesty a dénoncé « le nombre d'assassinats dont ont été victimes des ouvriers agricoles et leurs conseillers (...). L'organisation a estimé que ces crimes avaient pour seul mobile l'appartenance des victimes à un syndicat agricole ou à

Amnesty International en chiffres

1961 : publication à Londres par l'*Observer* d'un article de l'avocat britannique Peter Benenson : « Les prisonniers oubliés ». Naissance de l'organisation.
1962 : budget : 72 000 FF ;
210 prisonniers pris en charge ;
5 000 messages envoyés ;
4 missions.
1977 : prix Nobel de la paix ;
100 000 membres.
1987 : 500 000 membres dans 150 pays ;
3 400 groupes dans le monde ;
actions en faveur de plus de 4 000 prisonniers ;
une « action urgente » par jour.

d'autres groupes cherchant à informer les ouvriers de leurs droits et à régler des litiges fonciers. (...) Amnesty International estime que l'incapacité persistante à poursuivre les personnes responsables de tels abus pourrait démontrer la connivence des autorités locales avec les coupables de ces exactions et ne pouvait que les encourager ».

Impartiale, Amnesty est aussi critiquée de toutes parts. Le Premier ministre de l'État australien du Queensland en faisait, en 1981, « un instrument de la propagande communiste ». En 1980, le journal soviétique, les *Izvestia*, dénonçait son « financement par les services de sécurité impérialistes », tandis que le procureur général du Kénya y voyait en 1977 des « vieilles femmes et jeunes gens frustrés ». L'éventail politique de ces critiques donne la mesure de leur pertinence, ce qui n'a pas empêché, en 1986, d'anciens membres de la section française de mettre violemment en cause les principes de fonctionnement de l'organisation. Sans succès.

Frédéric Mounier

472

La Cour internationale de justice

La Cour internationale de justice a été créée comme l'organe judiciaire principal des Nations Unies en vertu des articles 92 et suivants de la Charte de San Francisco du 26 juin 1945. Mais ce n'était pas une innovation : une Cour permanente de justice internationale fondée après la Première Guerre mondiale dans le cadre de la Société des Nations, avait ouvert la voie à l'organisation d'un haut tribunal compétent pour juger les litiges entre les États.

Deux problèmes majeurs dominent la vie de cette institution qui, malgré une évolution positive, n'ont pas été réglés de manière totalement satisfaisante : il s'agit de son universalité et de son efficacité.

En théorie, l'universalité est assurée par les règles de composition de la Cour. Elle est formée de quinze membres, de nationalités différentes, élus par une codécision de l'Assemblée générale et du Conseil de sécurité des Nations Unies (les membres permanents du Conseil de sécurité ne sont pas autorisés à faire usage de leur droit de veto dans ce domaine). Le statut prévoit que les grandes formes de civilisation et les principaux systèmes juridiques du monde doivent y être représentés. L'examen des nationalités représentées depuis la date de création de la Cour jusqu'en 1987 fait apparaître : seize juges en provenance du continent américain, seize provenant d'États européens (y compris les États socialistes), sept de pays asiatiques, trois de pays d'Afrique et un juge australien. Cela a valu à la Cour d'être considérée pendant longtemps comme un « tribunal des Blancs » et a suscité la réticence évidente des États du tiers monde à utiliser ses services. Malgré la présence d'un juge soviétique depuis 1946 et parfois d'un second juge représentant les États socialistes, ces derniers ont eux aussi manifesté des réserves à l'égard d'un règlement juridictionnel international.

Cependant, les choses ont évolué sur ce point. Dans sa composition en 1986-1987, la Cour comptait quatre juges de l'Europe de l'Ouest, deux de l'Europe de l'Est, trois juges africains, trois juges asiatiques, trois juges américains. Cette meilleure représentation de la diversité du monde semble avoir eu pour conséquence un renouveau de confiance des États autres qu'occidentaux envers la haute juridiction de La

Haye. Dans les années quatre-vingt, la Tunisie et la Libye (en 1982), le Mali et le Bourkina (1984), le Nicaragua (1986) ont choisi de confier leurs intérêts en litige à la Cour. La mise en application, pour la première fois en 1982 (à propos d'un litige entre les États-Unis et le Canada sur leur frontière maritime dans le golfe du Maine), de la possibilité prévue par le statut de l'Organisation que soit constituée, pour une affaire précise, une chambre *ad hoc* comprenant une partie seulement des juges de la Cour choisis par le président avec l'accord des parties, a constitué un facteur d'attrait certain.

Le consentement préalable des États

L'efficacité de la Cour comme institution chargée de régler les litiges entre États souffre de plusieurs limites. La première découle de la nécessité du consentement préalable des États concernés. En effet, la compétence contentieuse de la Cour ne saurait s'exercer à l'encontre d'un État qui refuse de s'y soumettre. Le consentement des États parties doit avoir été exprimé clairement. Il peut l'être, soit à propos d'une affaire déterminée, les deux parties qui décident de porter leur différend devant la Cour signant à cet effet un compromis, soit par le mécanisme plus subtil de la « clause facultative de juridiction obligatoire ». Le paradoxe n'est qu'apparent. Il s'agit de l'engagement qu'un État peut prendre ou ne pas prendre de porter devant la Cour ses différends éventuels. Déclaration unilatérale, elle est alors porteuse d'obligations pour l'avenir.

Mais ce respect du consensualisme a conduit à une dégradation de la situation. Certains groupes d'États (les États socialistes) n'ont jamais voulu s'engager par cette clause. D'autres, après l'avoir signée, ont été amenés à la dénoncer parce que, sur une affaire précise, ils ne voulaient pas se soumettre au jugement de la Cour. Tel a été le cas de la France qui a dénoncé la clause en 1974 pour ne pas retrouver l'Australie dans le prétoire de la Cour à propos des essais nucléaires. De même, les États-Unis ont dénoncé la clause après l'arrêt du 26 novembre 1984 dans l'affaire des activités militaires au Nicaragua (arrêt par lequel la Cour se prononçait positivement sur sa compétence). En 1987, sur les cent soixante États membres des Nations Unies, moins d'une cinquantaine sont liés par la clause de juridiction obligatoire.

Si les États peuvent se dérober à la juridiction de la Cour, il est encore plus grave qu'ils puissent se dérober à l'exécution des jugements une fois que ceux-ci sont rendus. Sur ce point, la réalité est en nuances. Fruit d'une juridiction, les arrêts de la Cour (au contraire des avis qu'elle peut émettre à la demande des organisations internationales et qui, eux, sont facultatifs) sont définitifs et obligatoires. Mais cette force juridique théorique peut se heurter à la mauvaise volonté d'un État. Tel a

BIBLIOGRAPHIE

COT J.-P., PELLET A., *La Charte des Nations Unies*, Economica, Bruylant, Paris, 1985.

EISEMAN P.M., COUSSIRAT-COUSERE V., HUR P., *Petit manuel de la jurisprudence de la Cour internationale de justice*, Pedone, Paris, 1984.

GUYOMAR G., *Commentaire du règlement de la Cour internationale de justice*, Pedone, Paris, 1983.

été en partie le cas de l'arrêt rendu en 1980 dans l'affaire du personnel diplomatique des États-Unis à Téhéran (constatant des violations du droit international par l'Iran telles que sa responsabilité était engagée et des réparations dues) et de l'arrêt rendu le 27 juin 1986 entre les États-Unis et le Nicaragua (sommant les premiers à cesser les violations du droit international et les condamnant à verser des réparations au Nicaragua). La saisine du Conseil de sécurité prévue dans cette hypothèse est une solution de peu d'efficacité. La fragilité relative du mécanisme ne doit pas cependant faire douter de la nécessité de l'institution ni de la réalité du droit qu'elle met en œuvre. Le droit international ne peut être que le produit des États qui en sont à la fois les auteurs et les destinataires. Que les États cherchent à se dérober à des règles qu'ils ont contribué à poser, si celles-ci leur deviennent défavorables, n'a rien d'étonnant.

Dans sa composition moderne, la Cour a bien compris l'impact de son action. Puisant les règles applicables aux différends qui lui sont soumis d'abord dans les traités par lesquels les États se sont engagés eux-mêmes, mais aussi dans les principes généraux et la coutume internationale, elle a montré dans les années quatre-vingt son aptitude à prendre en compte le droit international dans toute sa complexité, c'est-à-dire à intégrer ce que l'on appelle le droit international nouveau, celui qui se construit lentement mais de manière perceptible dans le cadre des Nations Unies, avec une active participation des États issus de la décolonisation. Le mécanisme profond par lequel le règlement juridictionnel s'imposera (outre le fait qu'il est la seule alternative à la guerre) est dans les fondements mêmes de la réciprocité. Accepter la juridiction de la Cour de La Haye et s'incliner devant ses arrêts, c'est pour un État créer une situation permettant d'exiger des autres États le même comportement.

Monique Chemillier-Gendreau

CONTROVERSES

Paris, capitale arabe?

S'il est difficile, notamment à cause des immigrés clandestins, d'évaluer précisément le nombre de ressortissants arabes et musulmans vivant dans l'Hexagone – 2,5 à 3 millions – une chose est sûre : la France reste le premier pays musulman (Africains, Pakistanais, Turcs, Iraniens) et surtout arabe d'Europe (environ 800 000 Algériens, 520 000 Marocains, 200 000 Tunisiens et plus de 20 000 Proche-Orientaux originaires pour la plupart du Machrek, les ressortissants du Golfe continuant à préférer Londres). On compte en outre plus de mille lieux de prière et une centaine de mosquées. L'inauguration, prévue fin 1987, de l'Institut du monde arabe (IMA), gigantesque projet de plus de 400 millions de francs installé au cœur de Paris avec musée, bibliothèque, centre de documentation et auditorium devrait enfin, selon ses promoteurs, « faciliter l'accès à la culture arabe ».

Les liens historiques de la France avec les pays arabes – ancienne puissance coloniale au Maghreb, elle exerça un mandat sur la Syrie et le

Liban – ne sont évidemment pas étrangers à l'existence de cette importante communauté. Si le développement d'une presse, de radios, de banques – et aussi d'innombrables restaurants – constitue en quelque sorte les « signes extérieurs » de cette présence, Paris est également une « capitale politique » arabe. Particulièrement en ce qui concerne les affaires du Maghreb mais aussi lorsqu'il s'agit du Proche-Orient.

Les médias et les banques

L'éclosion de la presse arabe en France a sans doute été – entre 1977 et 1981 – le signe le plus spectaculaire de cette présence. Le boom des prix du pétrole fut à l'origine d'un véritable « âge d'or » d'une presse – magazines et hebdomadaires – financée en majorité par l'Irak et l'Arabie saoudite. Mais la chute des prix du pétrole, et aussi la guerre irano-irakienne qui a épuisé financièrement l'Irak, n'ont pas tardé à se répercuter sur les recettes de publications qui ne comptaient ni sur les ventes ni sur la publicité pour vivre, mais sur les « abonnements » souscrits par les gouvernements arabes.

Cette source de revenus ayant chuté au même rythme que le prix du baril de brut, la crise, latente jusqu'en 1984, est devenue aiguë début 1986. Certains journaux, à commencer par l'un des premiers, créé en 1977, *Al Watan Al Arabi,* sont en faillite. D'autres ont déserté leurs luxueux bureaux des Champs-Élysées pour s'installer à Chypre où charges et salaires sont moins élevés. D'autres enfin, comme l'hebdomadaire *Al Mostakbal* qui, par mesure d'économie, est désormais tiré à Beyrouth, ont réduit d'un tiers leur volume.

Presse d'argent grâce à laquelle les régimes arabes cherchaient à s'offrir présence et influence à Paris, elle paie aujourd'hui le prix de

n'avoir pas été assez indépendante pour donner une information crédible susceptible d'attirer un vrai lectorat. Comment, par exemple, traiter de la guerre Iran-Irak quand un journal critiquant un des pays du Golfe s'expose à être interdit dans tous les autres ?

En s'installant à Paris – et à Londres – la presse arabe n'aura en fait gagné qu'une amélioration technique (mise en pages, couleur, etc.) mais, de l'aveu même du responsable d'un hebdomadaire, elle n'a en rien progressé dans le domaine de la liberté d'information. En dépit de cette crise, de nouveaux journaux ont été lancés en 1987 tandis que deux quotidiens, l'un koweitien, l'autre égyptien, publiés à Paris, affichent un tirage important : *Al Qabas* et *Al Ahram*.

Côté radio, on assiste à une bataille des ondes, plusieurs stations se trouvant en concurrence pour décrocher la « fréquence arabe » que la Commission nationale de la communication et des libertés (C N C L) n'avait toujours pas attribuée en mai 1987. Trois d'entre elles peuvent en réalité y prétendre : *Radio-soleil goutte d'or* (pour l'immigration), *Radio-Orient* financée par le milliardaire libano-saoudien Rafic Hariri, qui retransmet la « prière du vendredi » en direct de La Mecque, et enfin, *Radio arabe de Paris*, propriété de Rifaat el-Assad, le frère du président syrien.

L'importance de la communauté maghrébine et proche-orientale en France a amené de nombreuses banques arabes à s'y installer. Mais dans ce domaine plus que dans tout autre, c'est la hausse du prix du pétrole et la nécessité de recycler les pétrodollars depuis la fin 1973 qui ont été décisifs dans le boom bancaire. A partir de 1978, l'arrivée des banquiers libanais fuyant la guerre civile dans leur pays a fait le reste. Au total, trente-cinq banques arabes (cinq maghrébines, douze proche et moyen-orientales et dix-huit libanaises) présentent un bilan global de 185 milliards de francs et constituent près du quart des établissements bancaires sous contrôle étranger en France dont ils recueillent 40 % des capitaux déposés.

La politique

Reste enfin l'aspect d'une ville – Paris – que deux éléments essentiels ont transformée en capitale politique arabe : l'existence d'une importante communauté maghrébine et la présence de nombreux hommes politiques du Maghreb et du Proche-Orient qui transitent régulièrement par la France ou qui y sont installés. L'un des moindres n'étant d'ailleurs pas Rifaat el-Assad qui, par hebdomadaire et radio interposés, se donne les moyens de se présenter comme une alternative au pouvoir en Syrie et, au minimum, d'établir un rapport de forces avec Damas. Avec son hebdomadaire *Al Yom Al Sabeh*, l'Organisation de libération de la Palestine (OLP) a également choisi d'« étoffer » sa présence à Paris. Les rencontres secrètes – on a évoqué à maintes reprises une entrevue entre l'Israélien Shimon Pérès et le roi Hussein de Jordanie –, les tractations tout aussi discrètes – par exemple entre la Tunisie et la Libye en 1986 – ont aussi contribué à établir cette réputation. L'arrivée massive des Libanais et l'activité politico-diplomatique qui s'est ensuivie ont pris une telle envergure que

Paris a eu vite fait de devenir un véritable « Beyrouth-sur-Seine »...

Par ailleurs, l'importance des immigrés maghrébins a fait que leur contrôle et leur encadrement sont devenus un enjeu politique de taille pour les pays du Maghreb. Particulièrement pour Alger, dont l'Amicale des Algériens en Europe déploie une intense activité afin de contrôler l'opposition algérienne qu'elle redoute de voir s'organiser en France.

« Capitale arabe » menant, qui plus est, une politique arabe active – au moins avant que l'affaire des otages ne paralyse en partie la diplomatie française dans la région –, Paris n'a pas manqué de subir les retombées de cette ambition. La période des règlements de comptes entre services de renseignement arabes – notamment syriens – et français paraît certes avoir pris fin depuis la visite en Syrie de François Mitterrand (novembre 1984), tandis que la « sanctuarisation » par la Libye du territoire français semble être toujours d'actualité. Mais la volonté de la France de soutenir activement l'Irak en guerre contre l'Iran et, parallèlement, de maintenir son engagement politique au Liban n'est sans doute étrangère ni à la prise d'otages français à Beyrouth ni surtout à la série d'attentats à la bombe qui a ensanglanté Paris en septembre 1986...

José Garçon

L'aide à l'Éthiopie, pourquoi?

Le 2 décembre 1985, les vingt-deux membres d'une équipe de l'organisation non gouvernementale (ONG) française, Médecins sans frontières (MSF), étaient expulsés d'Éthiopie. Depuis plusieurs semaines, les responsables parisiens de l'organisation avaient critiqué dans la presse la politique éthiopienne de transfert brutal de populations, dénoncé l'évacuation précipitée des camps et le détournement de l'aide

pour réduire les rébellions du Nord. MSF partait pour avoir dit la vérité.

La fondation Liberté sans frontière, émanation de MSF, déclenchait alors une campagne de dénonciation qui s'appuyait sur un rapport interne du Programme alimentaire mondial (PAM) paru en 1985 et sur des « révélations » de l'ONG irlandaise, Concern : 100 000 personnes déplacées seraient mortes par suite des conditions de transport. Par ailleurs, le rapport de Jason Clay et Bonnie Holcomb réalisé pour Cultural Survival, une ONG américaine, et celui du journaliste suisse Peter Niggli sur les réfugiés éthiopiens au Soudan faisaient état de rafles perpétrées par l'armée sur les paysans du Tigré et du Wollo; le régime vidait les régions en rébellion « comme on vide un étang pour attraper les poissons » (Niggli). Les deux rapports affirmaient que la politique agraire poursuivie par le lieutenant-colonel Mengistu, privilégiant les exploitations collectives et les fermes d'État, avait aggravé la crise climatique et, indirectement, provoqué la famine. Mais, comme le notait François Jean dans *Éthiopie, du bon usage de la famine*, publié en 1986 par MSF, ne s'agissait-il pas, pour les militaires éthiopiens, de créer un « homme nouveau », dégagé des entraves de la culture ancestrale et du mode de production paysan ?

Ce fut ensuite une avalanche d'articles, de livres et d'émissions dont le brio du ton était censé suppléer la pauvreté de l'information. Que de textes bâclés après quelques jours passés dans les hôtels d'Addis-Abeba ! Au mieux, une compilation des mêmes rapports, des mêmes dépêches, des mêmes dossiers. Pourtant, force est de constater que la vague médiatique déclenchée en 1986 en France, mais aussi aux États-Unis, au Royaume-Uni et en Allemagne de l'Ouest n'a pas contribué à améliorer les capacités d'aide à l'Éthiopie qui, selon Charles Condamines, atteignait 6 dollars par habitant, contre 20 dollars en moyenne pour l'ensemble des pays africains.

Le 29 octobre 1986, le Comité de vigilance pour l'observation des droits de l'homme en Éthiopie réunissait à Paris un colloque organisé par MSF et financé par Claude Malhuret, ancien président de MSF devenu secrétaire d'État aux Droits de l'homme. La classe politique française défila pour assurer son soutien à l'organisation humanitaire et avoua son ignorance de la situation éthiopienne. Dans la succession des orateurs, seuls J. Clay, P. Niggli et les représentants des mouvements d'opposition du Tigré et d'Érythrée présentèrent un témoignage concret de la famine et des réfugiés. Les participants firent le procès politique du régime de Mengistu à la manière du tribunal Russell. Les ONG demeurées sur le terrain furent critiquées, avec moins de sévérité cependant que dans le livre

---

BIBLIOGRAPHIE

CLAY J., HOLCOMB B., *Politics and the Ethiopian Famine, 1984-1985*, Cultural Survival, Cambridge (Mass.), Report n° 20, décembre 1985.

CONDAMINE C., « Les dérives de la campagne contre l'aide à l'Éthiopie. De l'antimarxisme à la sélection des victimes... », *Le Monde diplomatique*, janvier 1987.

FOUCHER M., « L'Éthiopie, à qui sert la famine ? », *Hérodote*, n° 38, octobre-décembre 1985.

GRESH A., « Une fondation au-dessus de tout soupçon », *Le Monde diplomatique*, mai 1985.

JEAN F., *Éthiopie, du bon usage de la famine*, MSF, Paris, 1986.

LECOMTE G., « Utopisme et transferts de population en Éthiopie », *Esprit*, n° 115, juin 1986.

WOLTON T., GLUCKSMANN A., *Silence on tue*, Grasset, Paris, 1986.

d'André Gluscksmann et Thierry Wolton, *Silence on tue*. Pour les participants au colloque, il ne fallait pas continuer à aider l'Éthiopie à moins d'envoyer au préalable une commission d'enquête sur place. Tel était aussi l'avis de la majorité des personnes qui s'étaient exprimées par ailleurs sur le sujet.

Pourtant, quelques voix, peu nombreuses il est vrai, expliquèrent qu'il fallait rester en Éthiopie. Le Comité catholique contre la faim et pour le développement (CCFD), le Secours populaire et l'Action internationale contre la faim (AICF), parmi d'autres, tentèrent de justifier leur décision. Ils aidaient les Éthiopiens par esprit de solidarité humaine sans tenir compte de l'étiquette politique de leur gouvernement. Le risque était plutôt que les frontières se referment ; comment savoir alors ce qui se passe sur le terrain ? En effet, les populations éthiopiennes sont protégées des autorités par la présence, sur leur sol, d'une quarantaine d'ONG.

Pas plus que ses prédécesseurs, le gouvernement révolutionnaire de Mengistu n'a respecté les droits de l'homme. La révolution n'a rien changé à l'exercice concret du pouvoir : celui qui le détient le montre par son arrogance et sa brutalité. On a obligé les paysans à se rassembler, puis on les a transférés sans leur demander leur avis. Il en a toujours été ainsi quand le souverain se déplaçait : c'est à coups de bâton que les habitants des campagnes et des villes apportaient le ravitaillement ou étaient convoqués pour terminer la route ou bâtir les arcs de triomphe. Les transferts de populations exécutés avec les hélicoptères et les avions soviétiques ont été planifiés

vingt ans plus tôt, sous Haïlé Selassié. La « villagisation » n'a été que la poursuite d'un mouvement de regroupement des populations du Sud commencé il y a un siècle sous Menilek. Autrement dit, la violence et les exactions de l'armée ne sont pas apparues avec l'arrivée d'un régime allié à Moscou ! Si l'aide d'urgence devait être subordonnée à la cessation des opérations militaires, jamais elle n'aurait pu être acheminée en Éthiopie !

Dirigée en premier lieu contre le régime Mengistu, le procès instruit par MSF visait aussi un autre adversaire : le tiers mondisme dont la fondation Liberté sans frontière est l'ennemi déclaré. Les auteurs de *Silence on tue* ne se sont pas embarrassés de précautions pour matraquer leurs distinction : Pol-Pot = Mengistu = Staline ; tiers mondisme = socialisme = famine. Cet ouvrage, sans doute le plus violent, anathémise et « diabolise » plus qu'il ne démontre, selon les procédés bien connus de l'amalgame. Il était tentant, en effet, de débusquer les tiers mondistes dans leurs derniers refuges, en les faisant complices par angélisme d'un génocide *(sic)*, d'un Auschwitz *(sic)*...

Si l'aide à l'Éthiopie ne peut être poursuivie à n'importe quel prix, il est choquant qu'elle serve d'enjeu dans un règlement de comptes entre factions idéologiques occidentales. La simple solidarité humaine, et non le tiers mondisme, exige que l'on porte secours aux victimes, même si elles vivent dans un État dictatorial. Comment peut-on soutenir ce sinistre paradoxe : couper les vivres aux victimes pour faire plier les bourreaux ?

André Daussy

L'affaire Waldheim

Qui aurait pu supposer, au mois de septembre 1985, au moment où Kurt Waldheim faisait officiellement acte de candidature à la Présidence de la République d'Autriche, qu'allait bientôt se développer la polémique la plus aiguë dans l'histoire du pays depuis la fin de la guerre?

Aux yeux des Autrichiens et du monde, cette candidature à la magistrature suprême était finalement naturelle : elle correspondait à une montée en puissance de l'opposition conservatrice bénéficiant de l'usure subie par les socialistes, au pouvoir depuis près de quinze ans. Kurt Waldheim, bien que non inscrit formellement au Parti populiste (ÖVP), s'imposait tout naturellement comme son porte-drapeau et son expérience de secrétaire général de l'ONU à partir de 1972 en faisait l'Autrichien le plus connu de la planète après le chancelier Bruno Kreisky. C'est alors qu'une rumeur s'est mise à courir dans Vienne : le passé de Kurt Waldheim ne serait pas aussi limpide que voudraient le faire croire les biographies officielles. On commence à évoquer de plus en plus ouvertement le « cas Waldheim ».

L'affaire débute en fait au printemps 1985 : à l'origine des bruits, l'activité de Georg Tidl, historien et membre du Parti socialiste. Tidl s'intéresse à l'histoire du général Loehr, condamné à mort pour crimes de guerre et fusillé par les Yougoslaves en 1947, et se plonge dans les archives de la guerre des Balkans. Au passage, et sans chercher dans une direction précise, il découvre la présence du lieutenant Waldheim dans l'organigramme de l'état-major du Heeresgruppe E, commandé par Alexander Loehr.

A ce stade, le Parti socialiste (SPÖ), à l'instar du public et de la grande presse, n'accorde qu'une attention mineure aux accusations portées contre Waldheim : d'abord, l'ancien secrétaire général de l'ONU avait déjà pris contact avec le SPÖ en vue d'être le candidat unique des deux grands partis; ensuite, il lui aurait fallu rompre la complicité qui le liait historiquement au Parti populiste dans la résistance aux mesures de dénazification imposées à l'Autriche par les Alliés en 1945. Les socialistes savaient qu'il serait suicidaire pour leur parti de porter la responsabilité d'une lourde et douloureuse révision de la mémoire du pays. Deux éléments vont contraindre le Parti socialiste à sortir de sa réserve : l'investigation menée par un journaliste de l'hebdomadaire *Profil*, Hubertus Czernin, et l'intervention du Congrès juif mondial (CJM).

Alerté par les rumeurs concernant le passé de Kurt Waldheim, Czernin obtient en février 1986 l'autorisation de consulter son dossier personnel conservé aux archives nationales. Stupéfait par ce qu'il y découvre, il demande aussitôt une audience au candidat, qui nie avoir jamais appartenu à des organisations nazies durant sa jeunesse viennoise. Fin février, nouvelle rencontre, mais cette fois Waldheim reconnaît avoir servi dans les Balkans en tant qu'officier de renseignement. Le 3 mars, *Profil* publie son premier article concernant le passé décomposé du candidat conservateur et s'attache désormais principalement à éclairer les points de la biographie de Waldheim ayant trait à ses liens avec les organisations nazies pendant ses années d'étude. Le 4 mars, paraît aussi un premier article dans le *New York Times*. Peu après, la presse yougoslave prend le relais : journalistes autrichiens et yougoslaves font la navette entre Vienne et Belgrade, tandis que le quotidien new-yorkais rend compte des découvertes aux archives de Washington, et que la presse européenne mène ses propres enquêtes.

Le Congrès juif mondial, quant à

BIBLIOGRAPHIE

COHEN B., ROSENZWEIG L., *Le mystère Waldheim*, Gallimard, Paris, 1986.

lui, est d'abord alerté par deux canaux différents : le *New York Times* (informé par Georg Tidl) et son représentant à Vienne, Léon Zelman. Israël Singer, le jeune directeur exécutif du CJM, prend aussitôt les choses en main et choisit une tactique qui avait fait ses preuves dans l'affaire du Watergate : elle consistait à s'appuyer sur les médias internationaux pour maintenir l'opinion publique en éveil, en apportant chaque jour une information nouvelle. À cet effet, l'institution engage un professeur de l'université de Caroline du Sud, Richard Herzstein, pour extraire des archives de Washington les éléments concernant Kurt Waldheim.

Mais cette méthode avait un défaut de taille : tandis qu'elle laissait les projecteurs de l'actualité braqués sur le « cas Waldheim », elle se devait de répondre aux lois de la dramatisation médiatique. Or, ce que le public attendait au bout du compte, c'était un document accablant montrant Waldheim dans ses œuvres de criminel de guerre. L'affaire, en réalité, était plus complexe, Waldheim apparaissant comme un acteur à la limite du savoir et du pouvoir, un rouage mineur, certes, mais indispensable à la machine nazie, qui avait tiré aussi loin qu'il était possible l'excuse absolutoire du devoir accompli et de l'obéissance aux ordres.

Dans leur contre-offensive, les partisans de Kurt Waldheim, du reste, ne se sont pas privés d'utiliser à plein ce défaut, en fustigeant le « complot international », en insistant sur le patronyme juif des principaux accusateurs et en jouant sur la corde nationaliste de l'électorat autrichien. Cette riposte a contraint le Congrès juif mondial à changer son fusil d'épaule : le résultat des recherches n'est bientôt plus rendu public mais remis au président de la République d'Autriche, Rudolf Kirchschläger, dont l'autorité morale est grande dans le pays. Mais celui-ci, en rendant ses conclusions, s'est interdit de porter tout jugement sur le fond de l'affaire, pour finalement déclarer qu'il appartenait au peuple de trancher. Les dés étaient jetés : Kurt Waldheim a manqué d'un rien la majorité absolue au premier tour de l'élection présidentielle du 4 mai 1986, et a écrasé son concurrent socialiste, Kurt Steyrer, un mois plus tard, devenant ainsi le neuvième chef de l'État autrichien depuis 1918.

En réveillant le vieux débat sur le rôle du pays et des Autrichiens sous le IIIe Reich, l'affaire Waldheim a contraint l'Autriche à sortir de son amnésie forcée, même si paradoxalement elle l'a fait en consolidant chez certains la puissance de l'oubli et du refoulement. Un travail de redécouverte de la responsabilité historique du pays dans le drame nazi s'est enfin amorcé à l'instigation d'intellectuels comme Peter Handke.

L'affaire laisse également la communauté internationale dans l'embarras, confrontée qu'elle est à un chef d'État qui a sciemment trompé le monde entier sur la foi d'une biographie truquée. L'image internationale de l'Autriche s'en est trouvée considérablement dégradée. La difficile position d'équilibre qu'elle maintenait entre l'Est et l'Ouest, entre Arabes et Israéliens, symbolisée par l'activité diplomatique du chancelier Kreisky, est pour longtemps compromise. Au lendemain de l'élection, les termes très peu chaleureux des messages français, italien ou britannique, marquaient tous une volonté de prise de distance, tandis que l'ambassadeur des États-Unis n'assistait même pas aux cérémonies d'intronisation. La décision du département américain de la Justice, fin avril, de mettre Waldheim sur la liste des « personnes indésirables » a encore alourdi le climat. Et puis l'outrance de la satisfaction affichée à Moscou, à Tripoli ou dans les pays du Golfe, est de nature à rendre encore plus difficile, voire impossible, la poursuite d'une diplomatie « équilibrée »...

Luc Rosenzweig

Les manipulations génétiques sortent des laboratoires

Les manipulations génétiques consistent à greffer des gènes d'une espèce d'êtres vivants à une autre espèce. Dans les années soixante-dix, ce type d'expérience ne se faisait guère que sur des bactéries ou des micro-organismes, et seulement à des fins de recherche fondamentale. Depuis le début des années quatre-vingt, des firmes pharmaceutiques et biotechnologiques ont commencé à se servir des microbes génétiquement manipulés pour produire, au moyen de fermenteurs industriels de grande capacité, des substances d'intérêt médical, comme des hormones par exemple. En 1986, plusieurs substances produites de cette façon ont été autorisées sur le marché dans de nombreux pays : l'insuline (hormone pour les diabétiques), l'hormone de croissance (pour soigner les enfants nains) et l'interféron (substance antivirale et anticancéreuse).

Comme les firmes utilisant les microbes génétiquement manipulés se sont multipliées, l'OCDE a publié, en été 1986, des recommandations afin d'harmoniser les politiques des différents pays industrialisés en matière de sécurité de ces processus industriels. Il importe, en effet, que des microbes génétiquement manipulés ne puissent s'échapper des fermenteurs industriels et provoquer des maladies chez les travailleurs ou les populations environnantes. L'OCDE a recommandé que les entreprises pharmaceutiques et biotechnologiques s'efforcent de suivre ce que l'on appelle « de bonnes pratiques » industrielles en ce domaine, c'est-à-dire se préoccupent des problèmes de sécurité, mais sans qu'elles y soient contraintes par une législation spécifique. Le mot d'ordre de la plupart des gouvernements est en effet qu'il ne faut pas entraver le développement de la bio-industrie par des lois qui risqueraient de dissuader les investisseurs.

Cependant, ce type de politique peut conduire à des situations où les travailleurs ou les populations qui seraient accidentellement victimes de microbes génétiquement manipulés n'auraient aucun recours légal contre les industries coupables. En fait, les recommandations de l'OCDE se fondent largement sur l'idée qui prévaut depuis la fin des années soixante-dix, selon laquelle il aurait été définitivement établi que les manipulations génétiques sur microbes ne sont pas dangereuses. Toutefois, cette idée a été quelque peu ébranlée par la survenue de plusieurs cas de cancer à l'Institut Pasteur de Paris, qui ont entraîné deux morts. Les chercheurs de cet institut soupçonnaient en effet qu'une manipulation génétique sur microbe avait mal tourné, et une commission d'enquête a été mise en place en mai 1986 pour élucider ce problème.

La dissémination volontaire d'organismes manipulés

Le grand événement de la période 1986-1987 a cependant été les premières disséminations volontaires dans l'environnement de microbes génétiquement manipulés. Aux Etats-Unis, des chercheurs avaient modifié génétiquement des bactéries du genre Pseudomonas pour qu'elles ne sécrètent plus dans l'environnement une protéine qui accélère la prise en glace de l'eau. Les souches naturelles de cette bactérie qui vivent à la surface des feuillages des plantes sont responsables des dégâts causés aux productions agricoles par les gelées tardives de printemps. Une firme biotechnologique américaine, Advanced Genetic Sciences (AGS), a indiqué son intention de vendre cette bactérie « antigel » aux agriculteurs, dans la mesure où elle serait susceptible de prendre la place des Pseudomonas normaux sur les feuilles des céréales. Toutefois, on pouvait se demander si les Pseudomonas génétiquement manipulés ne risquaient pas de se propager hors des champs, avec des conséquences écologiques indésirables (comme, par exemple, favoriser le développement des mauvaises herbes). C'est pourquoi les tests en plein champ de cette bactérie antigel ont été vivement contestés par des groupes écologistes américains, menés notamment par Jeremy Rifkin. Ce dernier a intenté un certain nombre de procès aux diverses autorités chargées de contrôler la sécurité de ces tests et ceux-ci ont été bloqués de 1983 à 1987. En janvier 1986, un premier épandage avait failli se faire dans la région de Salinas (Californie), mais la population, alertée par les écologistes, avait prié AGS d'aller faire son expérience ailleurs ! Enfin, après un dernier procès, la firme biotechnologique a pu procéder le 24 avril 1987 à la dissémination de la bactérie sur un champ de fraisiers de huit cents mètres carrés en Californie ; une tentative de sabotage de dernière minute (l'arrachage des fraisiers) a failli faire échouer l'expérience.

Cependant, au niveau international, c'est la France qui a été le premier pays à faire une expérience de dissémination volontaire de bactéries génétiquement manipulées dans l'environnement. Une équipe de l'Institut national de recherches agronomiques, à Dijon, a répandu, en mars 1987, des bactéries manipulées du genre Rhizobium dans un champ de pois de cent mètres carrés. Mais elle n'a demandé l'autorisation ni à la Commission nationale de sécurité des manipulations génétiques, ni à une Commission du ministère de l'Agriculture créée spécialement en février 1987 pour évaluer les risques liés à ces expériences de dissémination. La France serait-elle le pays où l'on se soucie le moins des problèmes d'environnement ? En Grande-Bretagne, la même expérience avec le Rhizobium a été rejetée, sous la forme initialement proposée par les chercheurs, par la Commission nationale de sécurité des manipulations génétiques. En République fédérale d'Allemagne, une Commission parlementaire d'étude sur les bénéfices et les risques des manipulations génétiques a proposé un moratoire de cinq ans sur toute libération volontaire dans l'environnement des organismes génétiquement manipulés. Au Danemark, un moratoire de ce type a été adopté dès 1986.

A la fin d'avril 1987, une autre nouvelle liée aux manipulations génétiques a fait grand bruit : le Bureau des brevets aux États-Unis a annoncé qu'il acceptait les demandes de brevet sur les animaux génétiquement manipulés (appelés animaux transgéniques). Des programmes de recherches ont, en effet, commencé aux États-Unis (mais aussi en France, au Canada, en Australie...) pour faire des greffes de gènes aux animaux domestiques, afin qu'ils soient plus grands, pro-

BIBLIOGRAPHIE

BLANC M., *L'ère de la génétique*, La Découverte, Paris, 1987.

HOUBEDINE L.-M., « Les animaux transgéniques », *La Recherche*, n° 188, mai 1987.

TEMPE J., SCHELL J., « La manipulation génétique des plantes », *La Recherche*, n° 188, mai 1987.

duisent plus de lait ou de laine, etc. Tandis que les groupes écologistes américains ont tenté de faire annuler cette décision par le Congrès, d'autres initiatives visaient à susciter un débat public sur cette importante question. Ainsi un appel à un moratoire sur les recherches visant à créer des animaux transgéniques a été lancé lors d'un colloque des Amis de la terre sur les biotechnologies, tenu à Paris en avril 1987.

Les années 1986 et 1987 ont donc représenté un épisode marquant pour les manipulations génétiques : leur introduction progressive dans l'environnement et la vie économique interpelle directement les autorités politiques.

Marcel Blanc

Lutte contre la drogue, ordre moral et tiers monde

1986 a été, aux États-Unis, l'année de la « croisade contre la drogue ». La campagne lancée par Ronald Reagan et son épouse, Nancy, a eu des répercussions dans le monde entier : les États-Unis consomment en effet 60 % de la production mondiale de drogue, ce qui les amène à financer des « programmes » dans une quinzaine de pays et à assumer l'essentiel des dépenses des Nations Unies dans ce domaine. L'annonce du plan antidrogue au cœur de la campagne pour les élections au Congrès (novembre 1986) n'était d'ailleurs pas dépourvue d'arrière-pensées électoralistes visant à mobiliser les secteurs conservateurs de l'opinion.

Il en a été de même en France où un plan de lutte contre la drogue a été présenté à l'automne 1986 par le ministre de la Justice, Albin Chalandon. Visant à accentuer le caractère répressif de la législation, il s'intégrait à la campagne « d'ordre moral » lancée par le gouvernement de Jacques Chirac.

Le projet approuvé par le Congrès des États-Unis en octobre 1986 prévoit une augmentation du budget consacré à la lutte contre la toxicomanie (3 milliards de dollars contre 850 millions en 1982 par exemple) ; on note cependant que les sommes concernant la prévention stagnent. Parmi les autres mesures, on relève les tests obligatoires imposés à tous les employés de la fonction publique ; la peine de mort pour certains crimes liés à la drogue et une peine de prison à vie pour tout vendeur de drogue à un adolescent. En revanche, aucune mesure ne prévoit le renforcement du contrôle du système bancaire qui « blanchit » pourtant les sommes considérables provenant du trafic (100 à 150 milliards de dollars en 1986). Enfin, le 8 avril 1986, un décret présidentiel permettait l'intervention des forces armées dans la lutte contre la drogue.

L'autre volet de la « croisade » des États-Unis a été une intervention accrue dans un certain nombre de pays producteurs. En particulier en Bolivie – l'opération *Black Furnace* – où cent soixante *rangers* ont

BIBLIOGRAPHIE

DELPIROU A., LABROUSSE A., *Coca coke*, La Découverte, Paris, 1986.

LAUDE Y., *La drogue à l'école*, Marabout, Paris, 1986.

MILL F., *L'empire clandestin*, Albin Michel, Paris, 1987.

appuyé de la mi-juillet à la mi-septembre 1986 les agents de la Drug Enforcement Administration (DEA). D'autres pays d'Amérique latine ont refusé ce type d'intervention : c'est le cas du Pérou où, en Amazonie, se sont poursuivies les opérations *Condor* qui ont abouti à la saisie de quarante tonnes de pâte-base de cocaïne. En Colombie, à la suite de l'assassinat par la mafia du directeur du journal *El Espectador*, Guillermo Cano, en décembre 1986, le gouvernement de Virgilio Barco a déclenché une violente répression contre les trafiquants, à laquelle l'armée a participé activement. Elle a abouti en particulier, le 4 février 1987, à l'arrestation de l'un des chefs de la mafia, Carlos Lehder, immédiatement extradé par les États-Unis.

Le gouvernement américain a également signé d'importants accords avec des pays comme le Mexique, le Pakistan, la Thaïlande ou la Birmanie pour lutter contre le trafic et développer des cultures de substitution.

Cependant, dans la mesure où le développement de la production de drogue dans les pays du tiers monde est lié essentiellement à la croissante inégalité des échanges Nord-Sud, au problème de la dette, etc., l'efficacité des mesures prises par les États-Unis reste douteuse. La production de marijuana en Amérique latine a effectivement diminué en 1986, mais l'opération menée en Bolivie a été un échec et la production d'opium a doublé en Thaïlande par rapport à l'année précédente.

En France, en attendant la présentation du projet de loi sur la toxicomanie, le ministre de la Justice avait recommandé aux magistrats d'appliquer la loi de 1970 dans un sens plus « contraignant » : cette dernière tendait en effet à assimiler le toxicomane à un malade plus qu'à un délinquant. Mais en présentant son projet au Sénat, le 5 février 1987, il déclarait que la loi de 1970 était une « bonne loi » : il n'était plus question « d'internement d'office » à la demande des familles, de prisons pour drogués, de camps de travail, etc. Cette volte-face était sans doute due à l'opposition des milieux spécialisés et aux manifestations étudiantes de décembre 1986, dont la répercussion a dépassé les seuls problèmes universitaires.

Cette attitude du gouvernement français coïncidait avec les conclusions d'un rapport sur la drogue examiné par le Parlement européen le 10 octobre 1986 : il recommandait en particulier d'éviter de « criminaliser » inutilement les toxicomanes et de faire une distinction entre ces derniers et les délinquants. Il proposait également de « financer des programmes de reconversion des cultures dans les pays producteurs ». Mais pas plus que les États-Unis, les pays européens ne proposent de s'attaquer au secret bancaire qui est sans doute un des maillons essentiels du trafic.

Alain Labrousse

SPORT ET CULTURES

Les combines du CIO

Le Comité international olympique (CIO), créé par le Congrès de Paris le 23 juin 1894, a pour mission essentielle d'orienter et de maintenir le sport dans le noble idéal antique de pureté, de loyauté et d'amitié entre les peuples. En moins d'un siècle, « l'autorité suprême » et ses agences, les Comités nationaux olympiques (CNO), ont converti la planète entière à la doctrine philoso-phico-religieuse du père fondateur, Pierre de Coubertin. Les membres du C I O, tous gens de bonne famille, prétendent avoir toujours agi, au nom de l'Idée olympique, en toute indépendance, loin des basses manœuvres et des vilaines combines. Or, l'Idée n'est qu'un mythe. L'histoire des Jeux montre combien l'organisme dominant du sport mondial, contrairement à ce qu'il affirme, louvoie en permanence entre les grandes puissances politiques et économiques.

L'institution olympique est traversée par une contradiction majeure qui s'exprime par le fossé béant existant entre l'idéologie officielle proclamée (volonté de paix, de fraternité, de sincérité) et la crise endémique d'un mouvement ébranlé par les boycottages successifs, traversé par les conflits Est-Ouest et Nord-Sud, miné par les soubresauts du marché mondial et gangrené par les effets délétères de la course acharnée aux records (dopage, violence). Le C I O nie cette contradiction et croit échapper à toute critique en se plaçant délibérément au-dessus de la mêlée.

Sur le plan politique, le système de cooptation, maintenu malgré de nombreuses tentatives de réforme, est présenté comme l'arme absolue contre toute ingérence extérieure. En réalité, de savants dosages entre les « blocs » président au recrutement du C I O dont la proclamation d'indépendance serait également plus crédible si, d'une part, plus d'un tiers de ses membres n'étaient pas d'anciens fonctionnaires ou hommes d'État et si, d'autre part, les Conseils nationaux n'étaient pas le plus souvent que des émanations de leurs gouvernements bailleurs de fonds.

Mais enfin et surtout, le Comité international est totalement intégré au jeu diplomatique mondial pour la simple raison qu'il doit discuter des dossiers les plus brûlants de la politique internationale : participation refusée à l'Allemagne (1919), organisation des Jeux dans l'Allemagne nazie (1936), entrée de l'URSS (1952), exclusion de l'Afrique du Sud (1964), problème rhodésien (1972), réintégration de la Chine (1979), Jeux de Moscou et invasion de l'Afghanistan (1980), etc. La « haute assemblée » ne peut échapper aux pressions de tous ordres tant la « grande foire quadriennale du muscle » représente à la fois une formidable caisse de résonance pour les États et une source de profits considérables pour les entreprises retenues. L'acte de baptême de l'olympisme est lui-même marqué de « l'infamie de la politisation et de l'argent ».

Sur leurs relations avec la sphère économique, les dirigeants du C I O se montrent fort discrets. En 1984, en réponse au rapport de l'Anglais Denis Howell, ils se déclarèrent même seuls habilités à étudier leurs liens avec les *sponsors*! Multinationale du sport, le Comité international fait gérer ses intérêts par des firmes dont on devine sans mal quel peut être le rôle dans le choix des sites organisateurs. I S L Marketing, qui assure la commercialisation des Jeux, est la propriété d'Adidas dont le président, Horst Dassler (décédé en avril 1987), n'a jamais caché ses préférences pour Séoul (1988) et Barcelone (1992), la Corée du Sud et l'Espagne étant deux marchés d'avenir. En octobre 1986, le président du CIO, Juan Antonio Samaranch, fut d'ailleurs vivement accusé par un certain nombre d'observa-

---- *BIBLIOGRAPHIE* ----

Brohm J.-M., *Le mythe olympique,* Bourgois, Paris, 1981.
Caillat M., Brohm J.-M., *Les dessous de l'olympisme,* La Découverte, Paris, 1984.

teurs, habituellement peu enclins à dénoncer les magouilles, d'avoir favorisé la cité ibérique au détriment de Paris dans la course à l'organisation des Jeux de 1992. Le journal espagnol *La Vanguardia* affirma que M. Dassler avait assuré le vote d'au moins trente des quatre-vingt-neuf membres du CIO. Le président – catalan de surcroît – eut beaucoup de mal à dissiper tous les doutes.

Le gouvernement olympique doit donc composer avec les « parrains » qui font vivre les Jeux et encouragent – rentabilité oblige – la professionnalisation, c'est-à-dire la participation des meilleurs sportifs (footballeurs, tennismen). L'article 26 de la Charte sur le code de l'athlète est d'ailleurs l'objet d'une belle bataille entre les « marchands du temple » et les représentants des pays de l'Est, farouches défenseurs du faux amateurisme d'État. Le CIO doit enfin s'accommoder des exigences des chaînes de télévision qui payent des droits de retransmission exorbitants et imposent de plus en plus leurs vues sur le programme olympique et sur les horaires des compétitions.

Pris dans ces rapports de forces, le Comité international olympique manœuvre au mieux de ses intérêts, en soutenant avec une insolente hypocrisie qu'il travaille les mains libres.

Michel Caillat

La littérature chinoise s'ouvre sur le monde

« Pourquoi un pays de vieille culture comme le nôtre n'obtient-il pas le prix Nobel de littérature ? » Les écrivains chinois n'en reviennent pas. A quoi peut servir de s'ouvrir au monde si celui-ci ne vous reconnaît pas ? Il est bien loin, en effet, le temps où, sous la plume de Hao Ran, les romans chinois ne décrivaient que des hommes de marbre écrasant les ennemis de classe pour avancer sur la voie du socialisme. Aujourd'hui, poètes, romanciers, dramaturges s'interrogent sur les éternels problèmes de l'homme : l'amour, les passions, le sexe même, et le désespoir, surtout, ont fait une entrée fracassante sur la scène littéraire de la République populaire. Malgré les nombreux mouvements de critiques lancés par un département de la propagande du Comité central allergique à l'existentialisme et autres formes bourgeoises de modernisme, les écrivains chinois, aux premiers rangs desquels se situent ceux qui appartiennent à la génération perdue des gardes rouges, n'ont pas quitté le refuge de leur monde intérieur, malgré les injonctions répétées du pouvoir.

C'est sur la ruine des illusions brisées par la Révolution culturelle que la nouvelle génération de poètes et d'écrivains, celle qui a commencé à se faire connaître dans les revues parallèles distribuées près des « murs de la démocratie » du printemps de Pékin (1978-1979), est entrée en littérature. Fils d'intellectuels martyrisés ou de cadres satisfaits, ils ont senti dans leur chair l'absurdité d'un monde dans lequel ils avaient voulu s'intégrer pour pouvoir le transformer sur l'ordre du Grand Timonier. Arrachés à leur famille, envoyés au fin fond des campagnes, ils ont eu tout le temps de réfléchir au rôle qu'on leur avait fait jouer. Les uns sont revenus en ville la rage au cœur et ont rejoint les anciens droitiers de 1957 pour dénoncer les excès d'un système inhumain, tandis que d'autres cherchaient refuge dans leur « monde intérieur », sans se préoccuper de l'« effet social » de leurs œuvres. Au premier courant se rattachent des poètes comme Ye Wenfu, des romanciers comme Yu Luojin qui n'excluent pas la dimension individuelle de la tragédie, mais font surtout œuvre de critique sociale. Ils rejoignent les adeptes de la littérature de dénonciation des années cinquante qui ont repris la plume pour rendre à la littérature son rôle de porte-parole du citoyen dans un pays sans presse libre. Les plus fameux sont Liu Binyan, l'auteur d'*Entre homme et démons* et de *La Deuxième Forme de loyauté,* ou Wang Ruowang, rendu célèbre tant par sa *Trilogie de la famine* que par ses prises de position courageuses contre les bureaucrates.

Retour au « monde intérieur »

Mais c'est le deuxième courant qui constitue la véritable nouveauté : des poétesses comme Shu Ting, des poètes comme Mang Ke, Bei Dao, Yang Lian, Jiang He abandonnent le style épique en vigueur pendant les années cinquante et, sur un ton étonnamment « moderne », disent la difficulté d'être, le désespoir de vivre et la beauté de l'amour. Dans le même temps, de jeunes romanciers quittent les sentiers battus du réalisme, qu'il soit véritable ou « révolutionnaire », et brisent la linéarité du récit. Certains se réclament de Gabriel Garcia Marquez, d'autres du « nouveau roman ». A Cheng, Gu Hua partent à la recherche de leurs racines *(xun gen).* Les sentiments apparus au cours des dizaines d'années de règne du Parti communiste, ambition, mépris de l'autre, arrivisme forcené, s'étalent au grand jour dans les romans de Zhang Xinxin. *(Sur la même ligne d'horizon, La Folie des orchidées royales).*

Les formes nouvelles d'écriture se multiplient et de véritables critiques littéraires font leur apparition : les uns (Liu Zaifu) affirment que les écrivains chinois doivent, à l'instar de Dostoïevski, faire entrer le repentir dans leur création, tandis que d'autres (Liu Xiaopo) critiquent ouvertement la recherche du sens en littérature et affirment que le roman doit avant tout être l'expression du moi profond, sans se soucier de ses effets sur la mentalité du peuple. Liu Zaifu note qu'alors que les écrivains de la « nouvelle culture » (mai 1919) cherchaient à « sauver les enfants » (Lu Xun), c'est-à-dire à changer la société pour se sauver eux-mêmes, ceux d'aujourd'hui cherchent à se comprendre pour changer la société.

D'autres auteurs s'intéressent aux Chinois ordinaires et on a vu apparaître un nouveau genre littéraire en 1985, le recueil de récits d'expériences personnelles. Lancé par Zhang Xinxin et Sang Ye dans *Hommes de Pékin* qui présente cent portraits, ce genre a été développé en 1986 dans *Cent Chinois racontent les dix ans qui ébranlèrent la Chine,* par Feng Jicai qui décrit cent itinéraires ordinaires pendant la Révolution culturelle.

Parallèlement, se développe une littérature de quais de gare, romans de cape et d'épée, romans érotiques, histoire des révolutions de palais qui ont bouleversé le sérail de Zhongnanhai au cours de la Révolution culturelle. A ce foisonnement s'ajoutent les plagiats de la littérature occidentale contemporaine : depuis 1985, celle-ci fait l'objet d'une véritable boulimie parmi les jeunes écrivains.

En janvier 1987, avec la critique nominale de Liu Binyan et de Wang Ruowang, le Parti s'est attaqué aux tenants les plus audacieux de la littérature de dénonciation, amputant la littérature chinoise de l'un de ses rameaux les plus intéressants. Reste à savoir si la campagne contre la « libéralisation bourgeoise » frappera aussi les jeunes auteurs.

Jean-Philippe Béja

Le raï

Le raï est partout en Algérie, dans les cafés, les bars, les cabarets et les boutiques. Il a dépassé les frontières. Né dans les années trente dans la région d'Oran, réputée pour ses joutes oratoires poético-érotiques, chantées notamment par les *chikhat* (ces professionnelles de la musique et de la danse qui animent les cérémonies de mariage, de circoncision et toutes les réjouissances privées ou publiques), ce genre musical apparenté au rock exprime l'érotique et le grivois – certains disent le vulgaire – et s'accompagne souvent de danses d'une grande sensualité.

Le raï attire les foules par dizaines de milliers, anime les nuits d'Alger, fait oublier l'ennui. Pour les jeunes Algériens, c'est un chant de fête, de défoulement, une occasion de « communier » par la danse. Le spectacle n'est pas seulement sur la scène. Malgré l'interdiction de danser, on se laisse aller aux mouvements évocateurs du désir.

La langue raï, c'est celle du peuple, la langue régionale oranaise, avec son accent et ses intonations propres, qui s'oppose à la langue nationale. Les textes ne sont pas l'œuvre de génies ou de poètes : pas d'allusion directe à la politique, la légèreté semble leur raison d'être. Les mots sont crus : ils parlent de sexe, d'alcool ou de sorcellerie et de la *mehna*, la peine qui s'empare des jeunes. « Tant pis pour moi » est un thème qui revient souvent. Les mélodies sont le plus souvent improvisées et s'accompagnent d'instruments occidentaux : guitare électrique, synthétiseur, batterie, trompette...

L'enfant terrible du raï, Chab Khaled, vingt-huit ans, est insaisissable. Vedette du *hit-parade* en Algérie et dans les autres pays du Maghreb, il cultive le silence et alimente autant de rumeurs que de mystères. Ce Michael Jackson oranais vaut de l'or et de nombreux éditeurs de disques au Maghreb le traquent pour obtenir l'exclusivité de ses enregistrements. Mais il est le dernier à pouvoir expliquer ce qu'il improvise depuis 1976 et définir ce qu'il incarne. Sa voix envoûtante chante aussi bien la religion que le vin et les femmes. Le raï, pour lui, « n'est ni plus ni moins vulgaire que d'autres genres musicaux, mais c'est seulement une manière de dire ». Auteur de ses chansons, *Le Prophète, Zina, La gazelle*, il compose aussi sa musique et joue de tous les instruments. Le synthétiseur est roi. A son actif, cinq disques enregistrés pour la plupart en 1974, à l'âge de quatorze ans, et depuis, une cinquantaine de cassettes. Six chants par cassette. Un million de cassettes vendues.

Autre figure de proue : le groupe Raïna Raï qui a rencontré à Paris, en 1986, un grand succès auprès des Maghrébins. Raïna Raï signifie « notre opinion est le raï ». Ces musiciens s'identifient entièrement à leur création et trouvent leur inspiration dans leur héritage culturel traditionnel. « Il y a des gens qui pensent que le raï est un chiffon sale. C'est leur problème. Pour nous, il est partie prenante de notre patrimoine culturel et de notre personnalité. D'ailleurs, tous les Algériens, toutes régions confondues, s'y retrouvent. C'est un trait d'union entre tous les jeunes du pays, et demain, pourquoi pas, entre tous ceux du Maghreb. » Telle semble bien être l'originalité du raï : une tradition redécouverte par la jeune génération – Chab Khaled et Raïna Raï mais aussi Chab Fadela, Chab Mami, Chab Shraoui, Bellemou Massaoud, le groupe Nedjma – qui a su lui donner un ton et des accents modernes.

Le raï intrigue et agace ; ses adversaires les plus farouches se trouvent parmi les dirigeants politiques et les musulmans rigoristes : ils ne cachent pas leur virulente opposition à ce genre musical « qui conduit à la débauche », même si aucun interdit ne figure dans le Coran concernant la musique et la danse. Au début, le pouvoir central a tout fait pour l'ignorer et lui a fermé l'accès à la radio et la télévision d'État. Mais depuis 1985, il a dû se rendre à l'évidence que le raï était un phénomène innovateur, propre à une jeunesse dont il ne pouvait se couper. Il a même commencé à s'y intéresser lorsqu'il a compris que, en essayant de pénétrer la culture officielle propagée par l'État, le raï contribuait à créer une image de modernité dont il pouvait tirer parti, au grand dam des oulémas et des intégristes musulmans.

Plus qu'un phénomène musical, le raï fait la synthèse entre les courants culturels traditionnels et progressistes. Il exprime les difficultés d'une société qui cherche à s'ouvrir sur l'Occident tout en restant fidèle à ses racines.

Ezzedine Mestiri

Japon-création

L'art pour l'art est une notion étrangère au Japon, tout comme la distinction entre beaux-arts et artisanat. L'art n'est pas un univers à part, vers lequel on se déplace (les musées sont, pour cette raison, relativement peu nombreux), dont il faut tenter de percer les mystères. Si l'art ne suscite pas une curiosité spécifique, c'est sans doute parce que, du fait d'une longue tradition artisanale, il innerve la vie quotidienne des Japonais, véhiculant une notion aiguë de l'esthétique, valeur dominante de la civilisation nippone.

A côté d'un art de caractère lyrique, orienté vers la pureté, le raffinement, la perfection, que l'on trouve quasiment figé dans le théâtre nô, le nihonga (peinture), la musique ou la danse traditionnelles, et de formes d'art populaire, variant selon les époques, qui souvent marient raffinement et trivialité (les estampes de l'époque d'Edo en sont un bon exemple), une deuxième période de création s'est ouverte, au contact de l'Occident, à partir de l'époque Meiji (1868).

Longtemps influencé par l'art européen, l'art moderne japonais a commencé à retrouver ses sources vers la fin des années soixante-dix, souvent d'ailleurs à travers « le regard étranger », fasciné par la culture asiatique. Plusieurs mouvements dits « japanesques » ont ainsi joué en faveur d'une véritable reconquête du pouvoir de création. Dans les années quatre-vingt, la nouvelle vague des créateurs s'est doublement affranchie de l'influence étrangère et de sa propre culture. Tout est choix. Tous les styles existent, se juxtaposent plus qu'ils ne se succèdent.

Création d'avant-garde ou, fidèle à l'idée dominante d'un art non dérangeant, création en vue de plaire au plus grand nombre, dans l'un ou l'autre cas, elle dépend de son support économique. Au Japon, en effet, la culture n'est pas une affaire d'État. Ce qui n'est peut-être pas un mal, car celui-ci, dans le passé, a fait preuve d'un dirigisme préjudiciable. L'Agence pour les affaires culturelles, dépendant du ministère de l'Éducation (il n'y a pas au Japon de ministère de la Culture), se contente d'accorder des subventions à la culture officielle (musées, sites historiques, institutions et instituts nationaux...). Le budget total de l'Agence, 37 billions de yen, représente moins de 1 % du budget de l'Éducation, et 0,07 % du PNB.

La prise en charge des activités artistiques est assurée par un *sponsoring* privé, les groupes de presse et les grands magasins. Mais, bien que les manifestations qu'ils organisent ne leur soient, financièrement, d'aucun profit, ce mode d'aide ne saurait être un vrai mécénat. Lié à la consommation, il privilégie les artistes qui servent son image de marque, but de l'opération. D'où la vitalité de la mode, des arts graphiques, de la musique... et l'engourdissement de la danse, de la photographie, du cinéma, du théâtre, de la littérature, par nature plus provocateurs et qui subsistent grâce à un public de fidèles. On assiste néanmoins à une résurrection tranquille du cinéma (Yoshimitsu Morita, Mitsuo Yanagimachi, avec des réalisateurs de moins de trente ans : Kyoshi Kurosawa, Shinji Somai, Kaizo Hayashi). Tandis que le *shogekijo,* théâtre *underground* (quatre cents à cinq cents troupes), nourri de sa seule énergie, reste la coqueluche d'un public étudiant.

Au sommet de la pyramide des domaines florissants, l'architecture se caractérise par une pluralité des styles. Modernes (Kenzo Tange), post-modernes (Arata Isozaki) et une nouvelle vague d'architectes « stylistes », créent les nouveaux lieux de la capitale (Tadao Ando, Fumihiko Maki...). Dans l'aménagement intérieur, les *designers* réinventent des espaces vides et esthétiques à l'aide de matériaux bruts : béton, fer rouillé, tuyauterie (Masayuki Kurokawa, Takashi Sugimoto).

Cette sensibilité « traditionnelle-moderne » a largement bénéficié, au début des années quatre-vingt, de l'influence de la mode : Issey Miyake, Yoji Yamamoto, Rei Kawakubo ont introduit une nouvelle architecture du corps. Tokyo est branché sur le style, des quartiers entiers sont dédiés à la mode. Finie l'époque artisanale des *manshion makers*, les stylistes sont désormais à la tête de petits empires, soit indépendants (AT de Atsuro Tayama), soit parrainés par des sociétés de la puissante industrie du prêt-à-porter (VivaYou de Hiromichi Nakano) ou par un indépendant comme Issey Miyake (IS de Chisato Tsumori), et brassent 5 à 10 milliards de yen de chiffre d'affaires annuel dès leur première collection.

Autres artisans du style, les illustrateurs (Katsuhiko Hibino, Peter Sato), graphistes, directeurs artistiques (Kohei Sugiura, Eiko Ishioka) ou dessinateurs de B D (Katsuhiro Otomo) sont choyés comme des stars. A telle enseigne que les artistes plastiques, à part une poignée de marginaux comme Yokoo Tadanori, Shinro Ohtake, émergent rarement d'un univers grouillant de tous les courants, passés, présents et même futurs, faisant de Tokyo un *happening* permanent.

Corinne Bret

Aggiornamento culturel dans l'URSS de Gorbatchev

« La littérature – c'est la conscience de notre société, son âme. » Cette phrase de Dimitri Likhatchev – un de ces « gourous culturels » désormais autant prisés du public que du (nouveau) pouvoir – est essentielle pour comprendre la nature des changements survenus dans le domaine de la culture et, surtout, le poids de cette dernière dans la société soviétique. Elle met en effet le doigt sur ce qui peut être considéré comme un consensus pérenne de la culture russo-soviétique : l'art

doit *dire le vrai*, refléter le réel, éduquer la conscience collective.

Ce statut spécifique échu à l'art (dont l'imbrication avec la politique renvoie, au-delà du problème de la censure, à une tradition plus vaste) donne à l'artiste un rôle de mentor, de vecteur de l'opinion publique inconnu à l'Ouest. Aussi est-on habitué à le voir prendre position sur des sujets dont les connotations et les enjeux vont bien au-delà de la sphère culturelle *stricto sensu* : l'écologie, la protection des monuments historiques, la mémoire historique en général ; thèmes qui mettent en cause des réalités aussi peu « littéraires » que... le fonctionnement de la planification, l'interprétation du passé et le droit de regard (et de savoir) du citoyen dans ce domaine.

Aussi la frontière entre la littérature et le journalisme apparaît-elle souvent floue et l'on assiste à un essor de la *publitsistika* : Sergueï Zalyguine, promu en août 1986 rédacteur en chef de la légendaire revue *Novy Mir*, y a ainsi signé son premier article sur la lutte contre le projet de détournement des fleuves. C'est donc avant tout dans la presse que, depuis le milieu des années quatre-vingt, écrivains, cinéastes, dramaturges, peintres, etc. ont pris (ou repris) la parole.

Comme l'a écrit J.-M. Chauvier, « c'est dans les principaux livres de ces dernières années que beaucoup de Soviétiques se sont informés et formés à une nouvelle conscience critique. Il n'est pas de grand problème social qui n'ait été révélé, porté par la littérature ». La prise en compte de ce phénomène, largement occulté dans les médias occidentaux, oblige à relativiser la « cassure » introduite par l'arrivée de Gorbatchev au pouvoir et à récuser l'idée selon laquelle les « œuvres-événements » de l'année ne seraient qu'« œuvres de commande ». Bien loin de donner l'image « d'artistes en uniforme », le « cru culturel 1986 » met au contraire en relief des faits significatifs.

Un air déjà connu

Premier fait marquant, les célébrités d'aujourd'hui sont les célébrités d'hier ; aucune génération nouvelle n'a (encore ?) été révélée par la mise en œuvre de la prétendue politique de « transparence ». (La *glasnost*, notion plus complexe que ne la suggère cette traduction approximative, renvoie en effet à l'idée de porter à connaissance, de *rendre*

public mais aussi à celle d'un *débat public* nécessaire).

Autre fait marquant, les thématiques des œuvres-phares de l'année 1986 (*Le Billot* de Tchingyz Aïtmatov, *L'Incendie* de Valentin Raspoutine, *Triste policier* de Viktor Astafiev, *Le Ravin* d'Andreï Voznessenski) chantent un « air déjà connu » (en l'occurrence celui du sort ou de la dégradation des valeurs morales dans la société soviétique). C'est donc moins la nouveauté du propos qui frappe que son caractère plus approfondi, plus « aigu » (ainsi de la thématique religieuse dans l'œuvre d'Aïtmatov). De même, les films-événements qu'ont été *Mon ami Ivan Lapchine* et *Vérification* d'Alekseï Guerman ou *Repentir* de Tenguiz Abouladze corroborent cette impression puisque, longtemps retenus par la censure, ils ont été conçus et réalisés *avant* la mort de Tchernenko. Ou, comme le fait remarquer avec une ironie très politique le même Abouladze : « Il arrive *aussi* que les artistes soient en avance sur leur temps. » Outre le fait qu'elles aient été sorties du tiroir, c'est peut-être la publicité dont ces œuvres ont été l'objet qui marque un saut qualitatif : ainsi *Mon ami Ivan Lapchine* (portrait mi-nostalgique, mi-effrayé des années trente) a été diffusé à la télévision à une heure de grande écoute. Aussi serait-il plus juste pour l'heure de parler en termes de « légitimation » de courants et d'idées qui, s'ils s'exprimaient auparavant de façon plus ou moins ouverte, ne bénéficiaient pas toujours pour autant d'un cadre de débat institutionnalisé.

Peut-être faudrait-il cependant tempérer cette affirmation dans la mesure où des pans entiers de la réalité du paysage culturel ne nous sont précisément pas « révélés » par la *glasnost*. Ainsi des pièces à succès (telles *Les Noces d'argent* de Machourine et *Parle !* de Bouravski), dont le propos corrosif a été célébré à Moscou, se sont vues interdites par les autorités locales de certaines villes de province. Quelle est dès lors l'influence (le poids) de ceux qui se trouvent définis par une question récurrente que leur prêtent leurs adversaires : « Tout cela est-il bien nécessaire ? »? De même la *glasnost* nous a-t-elle laissés pour l'instant sans informations sur la « seconde culture », celle des jeunes, qui, grâce à la « révolution du magnétophone » (et maintenant celle de la vidéo) vit en dehors des cadres institutionnels. La « seconde chance » intéresse-t-elle au demeurant cette « seconde culture » et ses adeptes qu'un récent documentaire choc *(Est-il facile d'être jeune?)*, montrait sous ce jour : « Au nom de quoi vivre, lutter et mourir? On n'a plus rien... »

Au fond, la « cassure » que l'histoire ne manquera pas d'écrire a été sensible essentiellement au niveau du fonctionnement des institutions. A cet égard, le congrès des cinéastes (mai 1986) a joué le rôle d'événement-symbole : trois jours de discussions animées, de protestations unanimes contre la censure, une ancienne direction littéralement balayée après un vote qui a vu le mode d'élection changer en cours de route (les délégués ayant ajouté de nouveaux noms à la liste unique), une nouvelle direction composée d'hommes longtemps persécutés par la censure (Elem Klimov et Alekseï Guerman entre autres), qui met immédiatement sur pied une commission chargée de récupérer et visionner les films « bloqués » et annonce, déjà, quinze d'entre eux prêts à sortir sur les écrans... Le même scénario s'est reproduit lors du congrès des écrivains : les « fonc-

tionnaires de la littérature » ont été attaqués, pour une part non réélus, une vague de critiques a stigmatisé la « littérature des secrétaires » (un palmarès des invendus a fait figurer en bonne place les œuvres des responsables de l'Union) et la censure.

Politique de la main tendue

En insistant sur le rôle déterminant de l'art et sur son caractère par essence *engagé* dans une société socialiste (cf. les résolutions du XXVIIᵉ Congrès), les autorités politiques ont visiblement encouragé la vague déferlante de critiques stigmatisant « l'océan d'analphabétisme culturel ». Car au-delà d'une politique de laisser-faire, des garanties ont été données. Désormais le trop célèbre Clavlit (qui *de facto* exerce la censure) n'a plus le droit d'officier dans le domaine littéraire : les rédacteurs des revues seront seuls à juger de « l'opportunité » de telle ou telle publication. Désormais aussi, les pièces de théâtre ne sont plus soumises à la « seconde censure » (lors de la mise en scène). Que l'on appelle cela une entreprise de récupération des intellectuels ou qu'on le juge comme une « normalisation » nécessaire et courageuse, la politique est bien celle de la main tendue. Une main tendue qui, au demeurant, ne semble pour le moment privilégier aucun

BIBLIOGRAPHIE

ALEXANDRE N.L., « Maintenant ou jamais? Correspondance de Moscou », *La Nouvelle Alternative*, n° 5, mars 1987.

BERELOWITCH A., « La littérature soviétique à la recherche du réel », *L'Autre Europe*, n° 6, 1985.

CHAUVIER J.-M., « L'heure des " réalités vraies " en Union soviétique. Ceux par qui le changement arrive... », *Le Monde diplomatique*, juin 1986.

MEDVEDEV R., « Panorama de la vie culturelle en URSS en 1986 », *La Nouvelle Alternative*, n° 4, décembre 1986.

« URSS 86 », *La Quinzaine littéraire*, n° 468, août 1986.

courant particulier comme en témoignent les nominations aux postes de rédacteurs en chef de différentes revues ou la création (novembre 1986) du nouveau Fonds soviétique de la culture. Le pouvoir se trouve dans une situation où il doit donner des *preuves* et la politique de publication/republication en est visiblement une, tout au moins aux yeux des intellectuels soviétiques. La publication du chapitre censuré des *Mémoires* du maréchal Joukov mettant en cause le rôle néfaste de Staline dans la lutte contre l'Allemagne nazie, du roman « enterré » d'Anatoli Rybakov (*Les Enfants de l'Arbat*) relatant l'année trente-quatre et les conditions réelles du meurtre de Kirov, de l'inédit de Vladimir Doudintsev traitant de l'affaire Lyssenko *(Les Vêtements blancs)* aurait pu relever de calculs politiciens pour un pouvoir qui se cherche de nouvelles « statues de substitution » (ni Staline, ni Khrouchtchev), de « nouveaux »

référents historiques. Mais, si Boris Pasternak a été réhabilité (*Le Docteur Jivago* paraîtra en janvier 1988), qu'en est-il de Nabokov-l'émigré, de Goumiliev-fusillé comme contre-révolutionnaire en 1921, de Platonov, de Zamiatine, de Boulgakov, et, éventuellement (« Rien n'est exclu » a déclaré le rédacteur de *Novy Mir*), de Soljénitsyne ? Impossible ici de dresser la liste de tous ces « revenants » tant chaque mois apporte son lot de découvertes ou de redécouvertes pour les Soviétiques. Et, comme le faisait remarquer à nouveau Likhatchev, il reste tant d'œuvres à ratisser dans les friches des archives »...

Le poids du passé

1956-1986 : l'anniversaire-symbole doit-il faire croire à une répétition de l'histoire ? Une reprise de l'histoire plutôt, semble répondre depuis peu la voix de l'art. Celui-ci, qui a pris en charge à nouveau des fonctions échues ailleurs à d'autres « disciplines » (aucune revue historique n'a semble-t-il évoqué le trentième anniversaire du XXᵉ Congrès), a montré qu'il ne s'agissait pas ici de commémoration mais d'une question douloureuse et lancinante comme un doigt amputé. Cette histoire-là n'est pas cicatrisée, il faut encore y revenir. Le « motif », tout d'abord suggéré par les secteurs les plus prompts à réagir à « l'air du temps » (théâtre et *publtsistika*), est aujourd'hui largement repris en chœur, nourrissant une réflexion nouvelle sur la période stalinienne. Le véritable choc provoqué par le *Repentir* d'Abouladze (qui a transgressé plus qu'un tabou en suggérant dans son film un parallèle entre Staline et Hitler ou Mussolini) en témoigne.

Au-delà d'une simple dénonciation du stalinisme, la réflexion concerne le poids du passé sur un présent bien incertain : peut-être ne surmonterons-nous jamais cet héritage – telle est la question angoissée que pose le metteur en scène Oleg Efremov. Et, de manière générale, une angoisse diffuse perce à travers la joie que suscite ce vent nouveau : peur qu'on en reste aux mots, peur que la vague ne retombe et que l'histoire ne se répète, peur que cette « seconde et dernière chance » ne s'échappe... Autant de thèmes développés par l'événement théâtral qu'a été le « procès du socialisme » intenté par Mikhaïl Chatrov dans sa pièce *La Dictature de la conscience* où l'on retrouvait ce même mélange d'optimisme et d'angoisse : « C'est la chance de notre génération (celle de 1956) et de la vôtre... peut-être n'y aura-t-il jamais plus un concours de circonstances aussi heureux (...) nous pouvons maintenant lutter pour rendre aux mots leur valeur et leur sens originel. »

Véronique Garros

MOUVEMENTS SOCIAUX

La lutte anti-apartheid aux États-Unis

La politique officielle des États-Unis d'« engagement constructif » en Afrique du Sud a eu du mal à résister, en 1986, aux critiques croissantes des mouvements noirs et de l'opinion libérale. Elle s'est heurtée, de surcroît, aux réserves grandissantes du Congrès, partisan d'exercer sur Prétoria une pression plus forte par une politique de sanctions économiques.

Dans un premier temps, en 1985, les adversaires de l'apartheid avaient porté leurs efforts sur des manifestations publiques : près de cinq mille personnes au total étaient interpellées, entre novembre 1984 et novembre 1985, à l'occasion de défilés de protestations quotidiens devant l'ambassade d'Afrique du Sud à Washington. Une offensive menée sous l'impulsion de l'organisation TransAfrica, dirigée par Randall Robinson, un juriste diplômé de Harvard.

Créée en 1977, TransAfrica est une émanation du Black Caucus. Celui-ci fonctionne, au Congrès, comme un intergroupe parlementaire aspirant à tenir, en faveur de l'Afrique noire, un rôle analogue à celui du Comité des affaires publiques américano-israélien pour la défense de l'État hébreu. Malgré de faibles moyens (son budget se situait autour de trois cent mille dollars en 1984), les manifestations organisées par TransAfrica, soutenues par le Free South Africa Movement, ont pris de l'ampleur en 1984-1985 en raison précisément de la spectaculaire action de harcèlement pacifique des missions diplomatiques sud-africaines aux États-Unis.

Cette mobilisation des milieux libéraux, noirs et blancs, s'est effectuée aussi par l'intermédiaire des Églises : à l'initiative d'une trentaine d'entre elles, un comité d'urgence (Churches' Emergency Committee) a été mis en place en janvier 1986. Les syndicats ne sont pas restés à l'écart du mouvement : au début de 1986, avec d'autres organisations anti-apartheid, ils ont lancé, par exemple, une campagne de boycottage de la compagnie Shell, accusée de violer l'embargo pétrolier international contre Prétoria.

Ces pressions, conjuguées à la détérioration de l'image du régime sud-africain, n'ont pas manqué d'avoir des répercussions sur le plan parlementaire. Qu'ils soient démocrates ou républicains, de nombreux congressistes ont été choqués par le rétablissement, le 12 juin 1986, de l'état d'urgence levé trois mois plus tôt seulement. Et les tracasseries grandissantes – allant de la censure à l'expulsion – imposées par les autorités sud-africaines aux représentants de la presse étrangère les ont convaincus que la politique d'accommodement de Ronald Reagan n'était strictement d'aucun effet.

Aussi bien, le 2 octobre 1986, à l'issue d'une bataille de plusieurs mois, le Congrès levait, à une écrasante majorité, le veto opposé par le président aux sanctions économiques approuvées par la Chambre des représentants et le Sénat. Un geste qui remettait en cause la politique suivie depuis cinq ans par les États-Unis dans la région. Ces sanctions prévoyaient l'interdiction de nouveaux investissements américains en Afrique du Sud et l'importation par les Américains de matières premières (charbon, uranium) et d'autres produits (acier, textiles) en provenance de Prétoria. Les dépôts de fonds gouvernementaux sud-africains dans des banques américaines étaient, en outre, rendus impossibles. La compagnie aérienne South African Airways se voyait retirer ses droits d'atterrissage aux États-Unis.

Une telle évolution politique a encouragé le mouvement de repli déjà amorcé par les sociétés américaines. Pour les deux années 1985 et 1986, quelque quatre-vingt-dix firmes ont décidé de mettre fin à leur activité au pays de l'apartheid, représentant environ 20 % des investissements des États-Unis dans la région. Parmi ces sociétés figuraient quelques-unes des plus grandes comme IBM, Rank Xerox, General Motors, Kodak. Le mouvement s'est poursuivi en 1987 avec le départ de Dow Chemical. En cinq ans, de 1981 à 1986, les investissements américains en Afrique du Sud ont diminué de deux tiers, passant de 3,9 milliards de dollars à 1,3 milliard.

Simultanément, de nombreux États, villes et universités ont décidé de retirer leurs fonds placés dans des entreprises ayant des intérêts en Afrique du Sud. Ce désinvestissement a porté sur plusieurs dizaines de milliards de dollars.

Toutefois, ces initiatives n'ont pas toujours eu l'effet souhaité par leurs promoteurs. Ainsi, le départ des sociétés américaines a surtout profité à la communauté sud-africaine blanche. Seule ou presque, la compagnie Coca-Cola a revendu ses installations à des hommes d'affaires noirs. D'autre part, le changement de propriété des filiales concernées n'a pas nécessairement entraîné un affaiblissement de leur activité sur place. Ford, qui avait quitté l'Afrique du Sud en 1985, occupait toujours, deux ans plus tard, 20 % du marché automobile local.

Sur le plan politique, Ronald Reagan, tout en condamnant « moralement » l'apartheid, a continué de faire confiance au président sud-africain Pieter Botha pour favoriser l'accession des Noirs à l'égalité civique et politique. Et il a fait savoir sans ambages qu'appliquer des sanctions économiques à Prétoria était « un acte de folie ».

Manuel Lucbert

L'agitation ouvrière en Inde

En Inde, l'année 1986 a été relativement calme sur le front de l'agitation ouvrière, du moins dans le secteur urbain « organisé ». Peu ou pas de conflits marquants, si ce n'est à Delhi où, en mai, les 20 000 ouvriers des cinq grandes usines textiles de la capitale et sa banlieue se sont mis en grève générale à la suite d'un conflit portant sur les salaires. Un compromis a pu être trouvé sur les gains de productivité, notion que le patronat indien a tendance à mettre de plus en plus en avant : « D'accord pour augmenter les salaires », entend-on dire du côté patronal, « mais à condition d'augmenter la productivité et la qualité de la production. » Un langage qu'on apprécie du côté du gouvernement : le Premier ministre, Rajiv Gandhi, a dénoncé à plusieurs reprises la mauvaise qualité des produits indiens, mettant l'accent sur les nécessités de la compétitivité internationale. « Modernisez l'appareil productif », rétorque-t-on du côté des syndicats qui fustigent la propension des industriels indiens à préférer le marché noir à l'investissement, et qui aimeraient participer à la gestion des entreprises pour bénéficier de la part supplémentaire de profits que dégageraient les gains de productivité.

De fait, l'outil productif indien aurait grand besoin d'être modernisé. On reste parfois confondu devant la vétusté de machines et les conditions de travail abominables qui prévalent en Inde, un pays qui se hisse pourtant au dixième rang des puissances industrielles du monde. En novembre 1986, la très sérieuse revue *Economic and Political Weekly* de Bombay publiait une enquête sur les usines de verrerie de Firozabad, dans l'État d'Uttar Pradesh : 50 000 enfants de moins de quatorze ans y seraient soumis à des conditions de vie et de salaire dignes du XIXe siècle. La moindre velléité de protestation est sanctionnée par le licenciement immédiat et les dizaines de milliers de chômeurs qui se pressent aux portes de l'usine n'attendent que cela pour trouver du travail... Autre secteur, autre exemple : une étude publiée par le même hebdomadaire à la fin de l'année 1986 révélait que 15 à 20 % de la main-d'œuvre employée dans les mines et la sidérurgie n'étaient pas directement embauchés par l'employeur mais par l'intermédiaire d'un sous-traitant, le *contractor*. En échange d'une commission, celui-ci recrute souvent sa main-d'œuvre à plusieurs centaines de kilomètres du lieu de travail. Transplantée dans un milieu qu'elle ne connaît pas et dont parfois elle ignore la langue, cette masse d'hommes et de femmes déracinés est très difficilement organisable sur le plan syndical. Elle se laisse, en revanche, facilement manipuler par des chefs de gang locaux qui ont souvent mains liées avec le pouvoir et le patronat de la région. De véritables mafias sont ainsi parvenues à dominer tout un bassin minier, comme à Dhanbad au Bihar. Ailleurs, ce sont des personnalités plus ou moins troubles qui ont supplanté les directions syndicales tra-

ditionnelles et lancé les travailleurs dans des mouvements d'agitation sans issue réelle. Le cas s'était produit en 1982 à Bombay lorsqu'une grève de dix-huit mois avait paralysé toute l'industrie textile; elle avait été un échec pour les travailleurs mais le patronat en avait profité pour « dégraisser » les effectifs. En 1986, on apprenait que les promoteurs de cette grande grève, le « docteur » Samant et son syndicat général des travailleurs du Maharashtra étaient impliqués par ailleurs dans une affaire de meurtre.

Dans ces conditions, on comprend que la violence soit le lot quotidien de la vie ouvrière en Inde. D'après une enquête du ministère du Travail publiée à la fin de l'année 1985, 13,4 % des conflits du travail ont pour origine « la violence »; 26,6 % sont liés à des questions d'augmentations de salaires et seulement 1,9 % sont dus à des différends portant sur les congés ou la durée de la journée de travail... Autre indice des tensions au sein des entreprises : sur les 29,2 millions de journées de travail chômées pour fait de conflits en 1985, 18,9 millions l'ont été à la suite de *lock-out*, 10,3 millions seulement pour cause de grèves.

Les oubliés des secteurs informel et agricole

Encore faut-il souligner que les statistiques indiennes ne s'intéres-

BIBLIOGRAPHIE

BREMAN J., « I am the Labour Officer... », *Economic and Political Weekly* (Bombay), n° 24, 15 juin 1985.

« Contract Labour in a Steel Plant. A Study of a Trade Union Group of Research », *Economic and Political Weekly* (Bombay), 29 novembre 1986.

HEUZE G., « Nouvelles formes d'actions syndicales », *Esprit*, n° 107, 1985.

Statistical Outline of India, 1986-1987, Tata Services Ltd, Department of Statistics, Tata Press, Bombay, 1986.

sent pratiquement qu'à la classe ouvrière du secteur industriel le plus développé. Peu de données d'ensemble existent sur les ouvriers du secteurs « informel » ou sur ceux qui travaillent dans des établissements de moins de dix salariés. Or ceux-ci représentent environ la moitié des 35 à 40 millions de personnes que comptait en 1986 la classe ouvrière indienne au sens large (industrie, mines et carrières, transport), si l'on se tient aux chiffres du recensement décennal de 1981. Et ce sont eux – et surtout les femmes – qui subissent les conditions d'exploitation les plus dures. Ils n'appartiennent à aucun des quelque 39 000 syndicats officiellement recensés en 1986 ni à aucune des quatre ou cinq grandes centrales syndicales du pays dont la principale est contrôlée par le parti au pouvoir, le Parti du Congrès. Quasiment corvéables à merci, leur situation est à peine moins précaire que celle des salariés agricoles.

Ces derniers représentaient environ 65 millions de personnes en 1986. Sous-payés, en butte aux pires vexations quotidiennes, les ouvriers agricoles appartiennent massivement à la caste des « intouchables ». Officiellement, l'Inde recensait encore 289 204 paysans soumis au servage pour dette en 1986. Si le sort de ces ouvriers est décent dans les États du Bengale occidental et du Kérala, à majorité communiste, il est nulle part pire qu'au Bihar : Belchi, Pipra, Parasbigha, Gua, Banjhi, Arwal, Kansara; autant de noms de villages dont la presse indienne s'est fait l'écho en 1986. Là, des milices privées, louées par de gros propriétaires fonciers, ont tué, parfois par dizaines, des hommes et des femmes qui ne luttaient que pour un minimum de dignité. Relativement calme en ce qui concerne la classe ouvrière urbaine, l'année 1986, l'a été beaucoup moins pour celle des villages. L'agitation dans les campagnes serait-elle à l'avenir appelée à prendre le pas sur celle des villes ?

Max-Jean Zins

Asie: Le syndicalisme dans les pays nouvellement industrialisés

Le syndicalisme des nouveaux pays industrialisés d'Asie a peu de points communs avec le « modèle » occidental tant il s'est constitué en s'adaptant aux caractéristiques locales. En Corée du Sud, la contestation estudiantine continue une tradition nationaliste qui remonte au soulèvement de novembre 1929 contre le colonisateur japonais. Depuis, l'influence du christianisme a contribué à placer le respect de la dignité humaine au-dessus de la soumission traditionnelle alors que le patriotisme s'est tourné contre la domination économique américano-nippone ; cette évolution s'est traduite par une plus grande politisation du mouvement syndical au niveau national, étroitement liée à la défense des droits de l'homme. A l'usine, en revanche, ce sont les femmes, les plus exploitées et préoccupées avant tout du bien-être de leur famille, qui se montrent les plus acharnées dans les revendications salariales. Au contraire, à Singapour, Hong-Kong et Taïwan, peuplés de Chinois pour lesquels, selon la doctrine confucianiste, un compromis avec le pouvoir, même à perte, est préférable à un conflit, le syndicalisme a peu de prise sur le monde du travail.

Corée du Sud : alliance ouvriers-étudiants

En Corée du Sud, depuis le coup d'État militaire du 17 mai 1980, le droit de grève est pratiquement interdit et la Fédération des syndicats coréens, qui regroupe les syndicats formés au niveau des entreprises, est manipulée par le gouvernement. Sous l'impulsion des étudiants s'est d'abord constitué, en décembre 1983, le Comité démocratique des travailleurs contre les listes noires (registres des noms de grévistes qui par la suite ne peuvent plus trouver d'emploi); puis, en mars 1984, le Conseil de l'aide sociale aux travailleurs coréens à l'église de Hongiaedong de Séoul, qui entretient des relations avec le Comité industriel urbain, protestant.

L'interpénétration des mouvements ouvriers et étudiants forme un mélange détonant qui, depuis 1986, constitue une menace pour la stabilité du gouvernement. La première manifestation dure a été déclenchée à Inchon le 3 mai 1986; en juin, le gouvernement a annoncé qu'un salaire minimum serait instauré pour les ouvriers à partir de juillet 1987, mais l'échéance a été repoussée à janvier 1988. En octobre-novembre 1986, de nouveaux affrontements ont eu lieu à Séoul, le gouvernement en profitant pour dissoudre vingt-quatre organisations ouvrières accusées (sans preuve) d'allégeance communiste. En janvier 1987, sur les 1 300 détenus connus, 800 étaient des étudiants et 200 des syndicalistes.

Phénomène nouveau, les ouvriers ont pris conscience qu'ils sont les boucs émissaires du « miracle économique » dont ils rejettent le slogan « produire d'abord et distribuer ensuite », exigeant un « partage immédiat ». Selon les syndicats, 20 % des 8 millions d'ouvriers gagnent moins de 120 dollars par mois, alors que le gouvernement avance le chiffre de 8,9 %. Étudiants et ouvriers revendiquent une augmentation des salaires, la liberté syndicale, le droit de grève, l'élimination des listes noires. Alors que seulement 7 % de la population active sont syndiqués, et un ouvrier sur huit, Kim Dae Jung, une des vedettes du Parti néo-démocratique, a qualifié le mouvement syndical de dangereux parce que dirigé par des étudiants, oubliant qu'il bénéficie aussi de l'aide des autorités religieuses.

Singapour : la carotte et le bâton

En revanche, les grèves sont pratiquement inconnues à Singapour où le Premier ministre, Lee Kuan Yew, pratique avec habileté l'art de la carotte et du bâton. Conformément à son projet de faire de Singapour un État où les habitants jouiraient d'un revenu parmi les plus élevés du monde, Lee Kuan Yew fait partager les fruits du capitalisme triomphant en imposant de hauts salaires pour tous. En contrepartie, un salarié, quel que soit son rang, qui manifeste trop d'indépendance risque non seulement de perdre son emploi mais aussi de ne plus retrouver de travail. Docilité et labeur étant les deux

─── BIBLIOGRAPHIE ───

CHANG PAEK-SAN, « The Phoenix of 1984 : a Vibrant Mass Movement Erupts in South Korea », *Ampo,* n° 1, 1985.

« Focus on Asia's Unions », *Far Eastern Economic Review,* 3 avril 1986.

MIZUSHIMA YU, « A Close Encounter with the Korean Democratic Movement », *Ampo,* n° 1, 1985.

mamelles d'un succès garanti par le gouvernement, le syndicalisme exerce peu d'attrait sur les travailleurs. L'ordre règne donc à Singapour d'autant que, depuis la loi d'avril 1983, le Congrès national des syndicats a été transformé en une branche du parti gouvernemental, le Parti de l'action populaire. Aux yeux de Lee Kuan Yew, les membres du Congrès national des syndicats doivent collaborer avec le Conseil national des salaires et la Fédération nationale singapourienne des employeurs : il en va de l'intérêt commun. Quant au Congrès, qui regroupe 90 % des syndiqués – mais seulement 16 % de la population active adhère à un syndicat –, il demande aux patrons d'accorder des privilèges à ses membres et d'expliciter leurs bénéfices afin que les augmentations de salaires se fassent harmonieusement. Enfin, le gouvernement exerce une pression constante sur les syndicats indépendants, qui ne peuvent se créer qu'au niveau de l'usine ou de la firme, pour qu'ils rejoignent les rangs du Congrès. Ces idées sont d'autant mieux acceptées par les cadres et intellectuels qu'ils sont en accord avec Lee Kuan Yew pour trouver des formules « originales » afin de bien montrer à l'Occident qu'ils peuvent le dépasser dans tous les domaines sans avoir à l'imiter.

Hong-Kong, Taïwan : le syndicalisme ne prend pas

A Hong-Kong, les regards sont tournés vers 1997, date à laquelle la Chine retrouvera la souveraineté sur ce territoire. En effet, la Fédération des syndicats (FS) pro-Pékin (73 syndicats affiliés et 166 461 adhérents en 1984) fait tout pour occuper le terrain sans avoir à recourir à la force. Ainsi, en octobre 1986, lorsqu'un incendie a fait treize morts parmi les ouvriers d'une usine de fourrures artificielles, récemment immigrés de Chine pour la plupart, le syndicat d'obédience F S a obtenu du directeur de l'usine qu'il soutienne financièrement les familles des victimes et organise, avec l'aide de l'agence Xinhua, le voyage à Hong-Kong des parents des victimes. Le syndicat indépendant, de tendance protestante, n'a pu que s'incliner.

Depuis 1981, le Comité industriel chrétien (CIC) essaie de regrouper les syndicats indépendants représentés surtout par les fonctionnaires et professeurs, et qui comptaient 155 768 membres en 1984. Quant au Conseil des syndicats, pro-taïwanais, il est le plus faible avec 71 syndicats et 34 564 membres. Son sort paraît scellé et après 1997 il devra se replier sur Taïwan laissant face à face le FS, les indépendants et le CIC. Cependant, la tendance des effectifs est à la baisse, les syndiqués ne représentant que 14 % de la masse salariale en 1986. Les Chinois ne croient guère à l'utilité des syndicats et préfèrent, comme à Taïwan, compter sur leurs propres capacités.

A Taïwan, la nouvelle loi sur l'emploi adoptée en août 1984 a été discutée pendant dix ans avant d'être promulguée dans une indifférence quasi générale. Cette indifférence s'explique d'abord par le fait que Taïwan a été largement épargnée par le chômage, grâce à une réussite économique exceptionnelle; ensuite par l'attitude de l'ouvrier qui ne considère pas son patron comme un exploiteur mais comme le modèle du succès à atteindre, et enfin par l'existence d'un seul syndicat, l'officielle Fédération chinoise du travail; la création de syndicats indépendants est pratiquement impossible, et la grève interdite. A Taïwan, le respect de l'individu est proportionnel à sa richesse et devenir membre d'un syndicat est considéré comme un signe d'infériorité, de manque de capacité à lutter dans la vie. Si 32,5 % des 4 millions d'ouvriers sont syndiqués (la proportion tombe à 17 % pour l'ensemble de la population active), c'est pour réclamer de meilleures conditions d'hygiène et une meilleure prévention des accidents, nombreux, mais négligés au nom de la productivité et du profit réunis.

Martial Dassé

Chili : la politique autrement

Dans les pays à régime autoritaire, l'image de la vie politique est souvent réduite au couple répression-résistance. Pourtant, on a vu émerger dans certains de ces pays des mouvements qui se distinguent radicalement des pratiques politiques traditionnelles. Foisonnement des structures populaires de base, auto-organisation de la société civile – souvent avec l'appui de l'Église –, exigence démocratique dans les fonctionnements collectifs, rôle en retrait de l'idéologie...

Le cas du Chili est de ce point de vue significatif. La politique néolibérale du régime Pinochet a abouti à privatiser de nombreux services publics et à démanteler des institutions qui menaient des activités d'intérêt général. L'État s'est désengagé progressivement dans presque tous les domaines : formation, enseignement, santé, protection sociale, recherche, etc. Cette politique a créé une situation paradoxale. Pays de dictature, le Chili, en appliquant la doctrine de l'État minimum, a, dans les faits, ouvert des espaces à l'initiative des citoyens, laissant la place aux organismes privés et aux institutions alternatives. Le nombre et la variété des organisations non gouvernementales qui interviennent dans les domaines de l'action sociale et de l'éducation populaire sont ainsi devenus une donnée majeure du paysage sociopolitique du pays.

Plus de deux cents organismes ou réseaux employant environ mille cinq cents permanents salariés assistés par une multitude de bénévoles s'efforcent de répondre à d'innombrables besoins : cantines pour les enfants, ateliers de chômeurs, formation syndicale, alphabétisation, formation professionnelle, appui à des projets économiques artisanaux ou ruraux, protection infantile, théâtre populaire, promotion de technologies appropriées, éducation à la défense des droits de l'homme, etc.

Ces organismes ont désormais une vocation propre dans la société chilienne et ne se confondent pas avec les syndicats et partis, bien qu'il existe entre eux de nombreuses passerelles. Certains font figure de véritables institutions et mettent en

---

BIBLIOGRAPHIE

BAJOIT G., « Chili. Mouvements sociaux et politiques, 1983-1985 », *Problèmes d'Amérique latine,* n° 79, 1ᵉʳ trimestre 1986.

CORDELLIER S., « Le Chili des ONG – Éducation populaire en régime autoritaire », *Démarches éducatives, cahier AFIP,* n° 2, mars 1986.

GARRETON M.A., « Chili. Partis politiques et autres acteurs sociaux », *Amérique latine,* n° 24, octobre-décembre 1985.

TOURAINE A., SCHKOLNIK M., FOXLEY A.M., ZAPATA F., « La démocratie souterraine – Chili 1973-1984 », *Autogestions,* n° 17, 1984

œuvre des programmes de travail très élaborés, sur plusieurs années. C'est le cas par exemple du Conseil de l'éducation des adultes d'Amérique latine (CEAAL) ou de nombreux centres de recherche et d'initiative issus de l'Académie d'humanisme chrétien, comme le Groupe de recherches agraires (GIA), le Programme d'économie du travail (PET), etc.

Agissant au grand jour et à l'occasion de manière concertée, ces institutions alternatives bénéficient pour la plupart d'un important soutien des Églises et certaines sont financées par des fondations internationales, souvent scandinaves ou nord-américaines.

Aussi variées soient-elles, leurs activités relèvent d'une même volonté de soulager des situations de pauvreté, de domination ou de désarroi, contribuant ainsi à maintenir l'espoir en un ordre social différent. A leur utilité concrète s'ajoutent un objectif de solidarité et d'organisation collective, une pédagogie de l'autonomie et de la participation. En alliant rigueur professionnelle et comportement militant, ces organisations se distinguent également de l'action politique traditionnelle : la dimension éducative l'emporte sur le discours proclamatoire.

Autant d'éléments qui apparaissent porteurs d'une « autre manière de faire de la politique », réduisant les clivages entre les actes et les discours, les experts et les militants, les professionnels et les bénévoles. Ces organismes donnent à réfléchir sur des questions politiques essentielles : rapports entre éducation et démocratie, entre idéologie et pratique, place des spécialistes dans les mouvements populaires, rôle des alternatives ponctuelles dans les projets politiques, etc.

Pour autant, l'auto-organisation populaire peut-elle suffire à assurer un changement politique ? Qu'en est-il des organisations verticales et notamment des partis ? Ont-ils aussi changé leurs pratiques ? On peut en douter. Les appareils politiques chiliens, historiquement très marqués par l'idéologie, ont peu renouvelé leurs méthodes de fonctionnement et d'action. Les jeux politiciens et les calculs pour l'hégémonie du pouvoir dictent encore pour une grande part les stratégies des organisations et fractions. C'est là un obstacle majeur au débouché politique des aspirations populaires.

L'un des objectifs de Pinochet était de supprimer les partis dans leur rôle de médiateurs sociaux, pour instaurer un rapport direct État-société, vertical et autoritaire. Les conséquences de la répression et de la clandestinité ont été particulièrement tragiques : imprégnés de doctrine, les partis chiliens ont de tout temps éprouvé beaucoup de difficultés à s'adapter aux situations nouvelles et à négocier des alliances stables. Ce n'est pas le moindre des paradoxes de ce régime que d'avoir involontairement contribué à rééquilibrer la société civile par rapport à une société politique jusqu'alors omnipotente. Dans cette évolution, l'Église a joué le rôle de principal médiateur social – et partiellement politique – face à l'État, en substitution des partis.

Il reste que, quatorze ans après le coup d'État, la question de la démocratisation au niveau du pouvoir d'État reste entière.

Serge Cordellier

L'amère victoire des étudiants et lycéens français

Si l'ancien secrétaire d'État aux universités, Roger-Gérard Schwartzenberg, avait prédit, en juin 1986, que le projet de réforme universitaire d'Alain Devaquet amènerait une « période d'instabilité et de désordre institutionnel pour les universités », la classe politique n'avait pas prévu l'ampleur du mouvement étudiant et lycéen de la fin de l'automne 1986.

On avait oublié que la jeunesse est d'abord un phénomène temporel. Les analyses qui fleurissaient naguère reprenaient, pour l'exalter ou le déplorer, le qualificatif de « bof génération », forgé à la fin des années soixante-dix. Le culte du « retour au privé » et des « gagneurs » servait de prisme sociologique sur la jeunesse. Seuls quelques-uns s'interrogeaient sur la portée de sa participation massive à des phénomènes tels que SOS-Racisme ou aux actions humanitaires en faveur du tiers monde.

Les enfants des soixante-huitards n'ont pourtant connu que la crise, avec son cortège d'angoisse du chômage, de montée de la xénophobie et de l'exclusion sociale, mais aussi des avancées essentielles dans les domaines de la culture et des modes de vie. En face, une université en crise permanente, éliminant de son accès la majorité des jeunes issus des classes moins aisées, remplit difficilement ses missions.

Alors qu'une enquête du CEREQ (Centre d'étude et de recherche sur les qualifications, organisme officiel), publiée en 1986, révélait, d'une part, que le nombre des diplômés encore chômeurs neuf mois après l'obtention du diplôme n'était que de 14 %, d'autre part, que le taux d'échec en premier cycle atteignait 20 %, le projet de loi du ministre délégué à la Recherche et à l'Enseignement supérieur, Alain Devaquet, s'appuyant sur des statistiques inexactes, noircissait ce tableau. Présenté le 12 juin 1986, après une offensive des ultra-libéraux regroupés dans le GERUF (Groupe d'étude pour la reconnaissance de l'université française), ce projet passa presque inaperçu. Ses dispositions les plus marquées : disparité entre les valeurs des diplômes (notamment entre Paris et la province), possibilité de sélection accordée aux universités à l'entrée des premier et second cycles, différenciations (du simple au double) pour les frais d'inscriptions, développement du financement patronal, accroissement du poids des « mandarins » dans les conseils d'université. Un projet qui renforçait les inégalités dans l'accès aux universités.

Le 17 novembre 1986, après une rentrée presque discrète, l'université de Paris-XIII, Villetaneuse, se mettait en grève, à la suite du vote de la loi au Sénat. Le 22, des états généraux étudiants, impulsés par l'Union nationale des étudiants de France-Indépendante et démocratique (UNEF-ID, le principal syndicat estudiantin), lançaient un appel à la grève des cours et à une manifestation le 27 novembre. Dès le 25 novembre, on dénombrait cinquante universités (sur soixante-dix-huit) en grève, tandis que les lycéens, particulièrement inquiets de la sélection, rejoignaient soudainement le mouve-

BIBLIOGRAPHIE

ASSOULINE D., ZAPPI S., *Notre printemps en hiver. Le mouvement étudiant de novembre-décembre 1986,* La Découverte, Paris, 1987.

DRAY J., *SOS Génération,* Ramsay, Paris, 1986.

FERRY L., RENAUT A., *68-86. Itinéraires de l'individu,* Gallimard, Paris, 1987.

JOFFRIN L., *Un coup de jeune,* Arléa, Paris, 1987.

« La nouvelle vague », *Libération,* n° hors série, janvier 1987.

« Le printemps de décembre », *Actuel,* n° spécial 87, janvier 1987.

ment. Le jeudi 27, bousculant les prévisions, deux cent cinquante mille jeunes défilaient à Paris (et autant en province) jusqu'à l'Assemblée nationale. Le report du débat parlementaire, puis les propos lénifiants du Premier ministre, le 30 novembre, ne firent pas reculer le mouvement : la Coordination nationale étudiante appela à une nouvelle manifestation pour le jeudi suivant.

« Tout le monde attend le 4 », déclarait imprudemment, la veille, le ministre de l'Éducation nationale, René Monory. Huit cent mille manifestants (et trois cent mille en province) attendirent ce jour-là, sur l'esplanade des Invalides, une réponse simple : le retrait total de la loi. Le gouvernement fit, à cet instant, le choix du mépris : chiffres de participation fortement minorés, stratégie d'intoxication sur la « manipulation de l'extrême gauche », refus de céder. Alors que la délégation de la Coordination revenait du ministère avec ce refus, la violence policière s'abattait sur des jeunes pourtant déterminés à maintenir le caractère pacifique de leurs actions : soixante-sept blessés, dont trois mu-

Le mouvement lycéen espagnol

Deux millions et demi de jeunes Espagnols, essentiellement des lycéens, se sont engagés, à la mi-janvier 1987, dans une grève des établissements scolaires. Ils réclamaient depuis deux mois la suppression de l'examen sélectif à l'entrée de l'université, la diminution des droits d'inscription (jusque-là situés entre 2 500 et 6 000 francs), l'augmentation des bourses et du budget de l'Éducation nationale, un salaire minimal pour les étudiants des familles défavorisées. Le défilé massif du 23 janvier, à Madrid, était dramatisé par la blessure d'une lycéenne de quinze ans, atteinte par une balle policière.

Le ministre de l'Éducation nationale, le socialiste Jose Maria Maravall, acceptait peu après l'ouverture de négociations avec les lycéens. Le 18 février 1987, après plusieurs dérobades gouvernementales, un compromis fragile se faisait sur la gratuité globale de l'enseignement pré-universitaire, la gratuité de l'université pour les familles disposant d'un revenu annuel de 1 700 000 pesetas (huit foyers sur dix), et la révision du système de sélection universitaire.

Un an après l'entrée de l'Espagne dans la Communauté économique européenne, les jeunes Espagnols appréhendent le chômage (21,3 %, taux le plus élevé d'Europe occidentale), alors qu'ils ont grandi dans le climat libéral post-franquiste.

La première grande contestation estudiantine du gouvernement de Felipe Gonzalez qui a suivi le mouvement des jeunes Français ne lui est pourtant pas identique. En France comme en Espagne, la dégradation générale des conditions de vie a constitué le ferment de la révolte et l'on a vu se développer, dans les deux pays, des formes similaires de mobilisation. Mais en Espagne, l'exclusion des fils d'ouvriers a joué un rôle prépondérant dans la mobilisation des adolescents. Par ailleurs, leur participation au mouvement contre le maintien de l'Espagne dans l'OTAN qui a précédé le référendum du 12 mars 1986 éclaire leurs motivations sur les choix budgétaires. Enfin, les divisions entre le syndicat des scolaires et la coordination nationale a été un frein pour la résolution du conflit, dont a su profiter le gouvernement.

Jean-Louis Peyroux

tilés. Le lendemain, le demi-recul de René Monory s'accompagnait de l'assassinat d'un étudiant, Malik Oussekine, par des policiers motorisés.

La crise devenait politique. Dès le 5 décembre, des responsables et des ministres de la majorité, centristes ou libéraux, se prononçaient pour le retrait du projet de loi. La vieille garde gaulliste, dont le ministre de l'Intérieur, cherchait toujours à « faire passer en force » sa réforme, selon l'expression de Jacques Chirac. Le 6 décembre, des manifestations d'indignation, avec une présence significative de parents d'élèves, parcouraient les agglomérations. La hargne sécuritaire suscitait des appels syndicaux à des débraya-

Les émeutes à Alma-Ata et la question nationale

Les étudiants sont descendus dans la rue les 17 et 18 décembre 1986 à Alma-Ata, la capitale du Kazakhstan – République soviétique d'Asie centrale –, pour protester contre la nomination, le 16, d'un Russe, Guennadi Kolbine, à la tête du parti Kazakh, en remplacement du « vieux brejnévien » Dinmoukhamed Kounaev, soixante-quinze ans, un Kazakh qui occupait ce poste depuis quelque vingt-cinq ans. Parties des universités, les manifestations se sont étendues, semble-t-il – cette crise a permis de constater les limites de la « transparence » –, à d'autres éléments de la population et ont tourné à l'émeute. Des magasins et des voitures ont été incendiés, « des voies de fait » perpétrées. La troupe a été obligée d'intervenir. Officiellement, deux personnes ont été tuées, environ deux cents blessées. Les affrontements ont été jugés si graves qu'un membre du Politburo, Mikhaïl Solomentsev, s'est rendu immédiatement sur place.

Ces émeutes, qui montrent combien la question nationale peut devenir explosive, sont un exemple des résistances auxquelles se heurte la politique de restructuration de Mikhaïl Gorbatchev. Cette politique se traduit entre autres par un brassage des cadres entre les Républiques au nom d'une meilleure efficacité. Au Kazakhstan, de mauvais résultats économiques ont amené Moscou, depuis 1985, à attaquer à maintes reprises les dirigeants et à en écarter plusieurs. Le « parachutage » d'un gestionnaire énergique qui a fait ses preuves, un proche de la nouvelle direction soviétique, sans lien avec la bureaucratie locale, rendant ainsi plus facile la lutte contre la corruption, a été un élément de cette reprise en main. Celle-ci ne pouvait que heurter le sentiment national dans cette République où, à la différence des autres Républiques musulmanes voisines, les nationaux sont minoritaires (36 %, alors que près de 50 % sont Slaves-Russes, Ukrainiens, Biélorusses) mais en constante augmentation : ils pourraient dépasser les Slaves à la fin du siècle.

Le pouvoir a réagi à cette colère nationale de manière conciliante (création d'une commission sur la représentation ethnique dans les institutions), mais ferme : les manifestations de nationalisme ont été condamnées, de nombreuses sanctions ont été prises. Il a aussi fait preuve d'habileté en tirant parti de la crise pour expliquer la nécessité de changements économiques et d'une lutte contre la corruption et l'incompétence.

Anne de Tinguy

ges, tandis que la Coordination nationale étudiante lançait un appel à la population pour une grève générale le 10 décembre. Miné par ses tiraillements internes, inquiet d'éventuels développements sociaux, le gouvernement annonçait, par la bouche du Premier ministre, le retrait du projet de loi le lundi 8 décembre, puis une « pause » dans le train des « réformes de société ».

Le plus grand mouvement de la jeunesse, par le nombre, que la France ait connu, venait d'obtenir une victoire amère face au gouvernement. Une génération entière a réhabilité les valeurs républicaines d'autonomie, d'égalité, de solidarité, de fraternité. Les futurs « décideurs » de l'an 2000 ont fait l'apprentissage de la démocratie directe, sans remettre en cause la démocratie participative, mais en refusant le cynisme et la violence des spécialistes de la politique.

Cependant, les milieux universitaires conservateurs ont obtenu en partie gain de cause dès janvier 1987, par un décret favorisant la minorité de professeurs titulaires dans la gestion des carrières, et par une note ministérielle maintenant les quinze conseils d'université hostiles aux modifications institutionnelles égalitaires de la loi Savary.

Fin mars 1987, les états généraux de l'Université ont réuni un millier de délégués étudiants. Réticents à précipiter la formation d'un appareil syndical unique, ils se sont engagés sur une charte unique et sur un programme d'action pour un collectif budgétaire d'urgence, pour la libre inscription des bacheliers dans les universités et contre les discriminations envers les étudiants étrangers.

Jean-Louis Peyroux

La marée étudiante chinoise

Pour la première fois depuis la prise du pouvoir par le Parti communiste en 1949, les étudiants des plus grandes universités du pays ont manifesté en faveur de la démocratie en décembre 1986. Les premières manifestations importantes ont eu lieu le 5 décembre à la prestigieuse université des sciences et des techniques – dont le vice-doyen est le physicien Fang Lizhi, un apôtre de la démocratie –, pour exiger que les dirigeants tiennent leurs promesses sur la liberté des candidatures aux élections locales. Le 9, ils obtenaient gain de cause. Le mouvement s'est alors propagé à Wuhan, Kunming et à Shanghaï où il a pris une ampleur extraordinaire puisque les manifestations des 20 et 21 décembre ont vu des dizaines de milliers d'étudiants et d'ouvriers défiler sur la place du Peuple à Pékin. La vague a touché toutes les grandes universités du pays, de Nankin à Tianjin, de Chengdu à Hangzhou.

C'est sur fond de misère matérielle, de dégoût provoqué par le piston, de ras-le-bol à l'égard des sutras du Parti que le mouvement s'est développé. Il ne faut cependant pas oublier non plus le rôle des jeunes enseignants qui ont leur franc-parler et n'hésitent pas à se plaindre du carcan idéologique que le Parti fait peser sur toute la vie intellectuelle. Si les motivations variaient selon les endroits, on a vu fleurir, lors des démonstrations, des mots d'ordre communs, en faveur notamment de la démocratie, et de la liberté de la presse. Dans l'ensemble, les manifestants réclamaient surtout un approfondissement et une accélération de la réforme du système politique prônée par Deng Xiaoping.

Au début du mouvement, les porte-parole officiels, à Hefei et à Shanghaï, ont affirmé que les actions des étudiants étaient tout à fait constitutionnelles. C'est lorsqu'un danger de jonction étudiants-ouvriers s'est fait jour dans la plus grande ville du pays que les autorités se sont raidies, imposant des règlements draconiens qui revenaient à interdire toute manifestation sur la voie publique. Le calme est alors revenu dans le grand port, mais le mouvement a touché la capitale, culminant dans une manifestation interdite sur la place Tian'anmen, un lieu saint du régime, le 1er janvier 1987.

L'absence de répression violente a frappé les Chinois comme les observateurs étrangers. L'étrange ballet du 1er janvier où les manifestants ont obtenu des tout-puissants organes de la dictature l'élargissement des vingt-quatre étudiants arrêtés est un fait sans précédent dans l'histoire de la République populaire. Certes, les cameramen de la sécurité publique ont accumulé les preuves, et les règlements de comptes pourraient bien intervenir « après la moisson d'automne ». Pourtant, au cours d'un mois de manifestation, aucun étudiant n'a été arrêté, ce qui en soi constitue un fait remarquable. En revanche, le parti de la classe ouvrière n'a pas hésité à emprisonner les jeunes travailleurs et les chômeurs qui ont pris part aux défilés. Cela montre que le régime ne tient pas à se couper de ceux qu'il considère comme ses futures élites, mais qu'il craint sérieusement que les ouvriers expriment publiquement leurs revendications.

Par ailleurs, ceux qui sont considérés comme les véritables responsables du désordre, les intellectuels audacieux comme Fang Lizhi, Liu Binyan ou Wang Ruowang, et leurs protecteurs au sein du Parti, le secrétaire général Hu Yoabang et le chef du département de la propagande, Zhu Houze, n'ont pas été épargnés.

Les manifestations largement spontanées des étudiants ont donc été utilisées par les réformateurs modérés comme Deng Xiaoping qui craignaient que l'ouverture de 1986 ne conduisît à la mise en cause des « quatre principes fondamentaux » et par les conservateurs inquiets de la marche en avant des réformes dans tous les domaines. Mais le mouvement a également montré que, malgré les lourdes condamnations infligées aux animateurs du printemps de Pékin de 1978-1979, les idées de démocratie et de droits de l'homme continuent d'être très présentes dans la jeunesse chinoise.

Jean-Philippe BÉJA

QUESTIONS ÉCONOMIQUES

Le Big Bang de la City

Le Big Bang londonien du 27 octobre 1986 constitue une étape fondamentale dans le processus de déréglementation et de mondialisation des marchés financiers, inauguré avec l'euromarché, et qui s'est accéléré aux États-Unis à la fin des années soixante-dix. L'aboutissement en sera la création d'un marché mondial des valeurs mobilières (actions et obligations), avec des avantages évidents pour les grands opérateurs internationaux, mais aussi des risques énormes pour la stabilité, la moralité, voire la pérennité, du système.

La révolution du Big Bang repose sur quatre éléments :

– La cotation électronique. L'irruption de l'ordinateur dans les méthodes de cotation a rendu caducs les temples boursiers traditionnels, où était centralisée l'exécution matérielle des transactions, sur un laps de temps limité. Désormais, des terminaux sont installés chez chaque intermédiaire, informant en temps réel sur l'état du marché, et exécutant les transactions sur une journée entière.

– Le market making et la négociabilité des courtages. Le montant des courtages apparaît désormais intégré dans les fourchettes (*bid and ask,* prix de vente, prix d'achat) affichées par les *market makers* sur les écrans d'ordinateur. Par exemple, l'intermédiaire va être acheteur d'ICI à 11 livres, et vendeur à 11,2 livres, les 20 pence de différence constituant, à conditions de marché inchangées, son courtage. Cette innovation s'est traduite par une forte baisse des rémunérations unitaires, compensée en partie par un fort développement des transactions, notamment entre intermédiaires.

– La suppression de l'opposition traditionnelle entre jobbers et brokers. Le Big Bang a fait disparaître la séparation absolue entre *jobbers* (contrepartistes) et *brokers* (courtiers), c'est-à-dire que les intermédiaires agissent désormais simultanément en tant que courtiers recueillant les ordres de la clientèle, et contrepartistes réalisant matériellement la transaction. Cette confusion des rôles ne paraît pas étrangère à la multiplication des scandales d'initiés (comme celui de Morgan Grenfell en février 1987), l'intermédiaire ayant une propension « naturelle » à jouer les ordres de ses clients afin d'en tirer un profit.

– L'ouverture du Stock Exchange. Ce considérable essor du rôle matériel des intermédiaires imposait un renforcement de leur capacité financière, qui s'est accompli à travers un processus classique de concentration et d'ouverture du capital. En quelques mois, les grands groupes bancaires et financiers du monde entier ont pris le contrôle de la quasi-totalité des grands agents de change londoniens : sur deux cent huit firmes de brokers existantes, soixante-quatre ont été vendues, dont dix-neuf parmi les vingt plus importantes. Au nombre des acheteurs, on relève les grandes banques commerciales britanniques, nord-américaines et d'Europe continentale ; quant aux grands brokers américains et japonais, ils ont préféré s'implanter directement en achetant un siège.

Le marché mondial des valeurs mobilières

En fait, la présence de quelques banques d'Europe continentale ne peut masquer les tendances hégémoniques des Anglo-Saxons et des Japonais, dont les ambitions paraissent claires : ordonner le marché mondial des valeurs mobilières autour de trois pôles : Wall Street pour l'Amérique, Tokyo pour l'Asie et Londres pour l'Europe. Là seront concentrés les quelques dizaines d'intervenants qui domineront les marchés – au premier rang desquels la quinzaine de firmes « mondiales » dont les plus belles illustrations sont les américains Merrill Lynch et Salomon Brothers, et le japonais Nomura. Avec plusieurs dizaines de milliers d'employés et des bureaux tout autour de la planète, elles bénéficient de fonds propres qui se chiffrent par milliards de dollars.

Dans un premier temps, l'extension du marché mondial aux actions (après le boom de l'euromarché obligataire) ne concerne que les grandes valeurs, pour la plupart des sociétés multinationales. En Europe, il s'agit d'une quinzaine de titres par pays, mais qui pèsent lourd dans les capitalisations boursières nationales (20 % à 50 %). D'ores et déjà, la City réalise des transactions très significatives, par exemple sur les valeurs-vedettes *(blue chips)* françaises comme Peugeot, Michelin, BSN, Moet, Carrefour, CSF, l'Oréal ou Club Med.

Cette mondialisation des marchés porte en germe de lourdes menaces pour l'économie mondiale :

– L'absence de contrôle des autorités monétaires et financières nationales engendre une inflation des nouvelles créances et titres de propriété, dont la valeur, gonflée par la spéculation, s'éloigne de plus en plus des réalités économiques ; accessoirement, les sanctions contre les initiés deviennent quasi impossibles du fait de la multiplication des intermédiaires-écrans.

– Les *raiders* internationaux font peser la menace de transferts massifs de propriété des entreprises, de leur dépeçage, et donc de l'atteinte aux forces vives des économies nationales.

– Enfin et surtout, la disparition progressive des protections traditionnelles des épargnes nationales accroît potentiellement leur instabilité : qu'adviendrait-il des bourses mondiales si les petits épargnants prenaient peur et décidaient de vendre massivement ?

Michel Durand

Le piratage industriel en Asie

En 1981, un homme d'affaires descend dans un hôtel de Taïpeh avec une montre, un jean, un livre, puis se rend chez le meilleur contrefacteur de sa connaissance et lui passe sa commande. En 1982, Taïwan imite par dizaines de milliers, les vendant 75 % moins cher, les ordinateurs américains Apple, les montres Rolex et Cartier, alors que les habits de haute couture et les cassettes vidéo en provenance de Hong-Kong et de Singapour inondent le marché asiatique. Premières pressions américaines, premiers procès : en janvier 1983, Taïwan modifie sa loi sur la protection des droits d'auteur et des brevets. Mais en 1984, les copies venues d'Indonésie, de Thaïlande, de Corée du Sud, de Malaisie et des Philippines donnent une nouvelle dimension au problème. En 1985, les imitations s'étendent aux produits pharmaceutiques, au matériel de guerre, et Washington menace de supprimer certains privilèges commerciaux accordés aux pays d'Asie s'ils ne mettent pas fin à cette nouvelle législation. En 1986, le piratage fait perdre 8 milliards de dollars aux États-Unis, alors que le chiffre d'affaires des contrefacteurs du monde entier s'élève à 60 milliards de dollars, dont 60 % au moins reviennent à l'Asie. Le piratage est devenu un important facteur d'antagonisme dans les relations Amérique-Asie.

Singapour est considéré par les États-Unis comme la capitale mondiale du piratage, suivi par Taïwan, Hong-Kong et l'Indonésie, qui constituent les quatre grands de la contrefaçon. La Thaïlande vient ensuite dans une position intermédiaire et, en queue du peloton, on trouve la Corée du Sud, la Malaisie et les Philippines. Chacun de ces pays possède ses spécialités. A Taïwan, l'électronique et les ordinateurs (Apple et IBM), toutes les marques célèbres de montres (Cartier, Rolex, Dupont, Laroche, etc.), les jouets, les appareils photographiques et les caméras. A Hong-Kong, la haute couture internationale, ainsi que toute la gamme des articles Dunhill sont imités, alors qu'à Singapour, on débite à la chaîne les composants d'ordinateurs et les cassettes audio et vidéo. L'Indonésie tend de plus en plus à supplanter ses trois concurrents, en particulier Singapour, dans le domaine des cassettes, grâce à la meilleure qualité de ses fabrications mais aussi parce qu'elle est le fournisseur privilégié du Moyen-Orient et du Nigéria. L'Indonésie a exporté 2 millions de copies du concert « Live Aid » de Bob Geldof, lui faisant perdre 7,5 millions de dollars mais n'acceptant d'en rembourser que 30 000. La Thaïlande copie tous les produits de luxe du cuir (bagagerie et chaussures Charles Jourdan, Bally, etc.) et a pratiquement le monopole des chemises Lacoste avec 10 millions d'exemplaires par an contre 8 millions pour la France. En Corée du Sud, Malaisie et Philippines on imite, mais sur une échelle plus limitée, ce que l'on trouve déjà partout ailleurs : les cassettes et les livres scolaires, universitaires ou les romans de langue anglaise. De chaque pays occidental, le meilleur est copié. De France et d'Italie, la mode et les articles de luxe qui confèrent un statut social, et des États-Unis, la technologie. Taïwan a vu revenir d'Amérique certains de ses ressortissants qui participent à cette nouvelle industrie grâce à laquelle on devient très vite riche.

Depuis 1985-1986, cette activité ne se limite plus à ces plagiats bénins mais s'étend à des produits pharmaceutiques et alimentaires qui peuvent être dangereux pour la santé du consommateur. Ainsi sont vendus non seulement en Asie mais sur les autres continents de faux sirops pour la toux, des cachets d'aspirine, des pilules contraceptives, ainsi que des jus de fruits, limonades et alcools (cognac). Au niveau industriel, les ersatz d'insecticides détruisent les récoltes, et des pièces de voitures, d'avions et d'hélicoptères civils et militaires ont déjà causé des accidents. Il ne s'agit donc plus d'une banale escroquerie pour un livre ou un attaché-case, mais de faussaires mettant en péril la vie de clients

ignorants. En revanche, en Thaïlande, en Indonésie et à Taïwan on fabrique aussi d'authentiques médicaments avec les vrais ingrédients (le plus souvent importés), mais sous un autre label, et dans ce cas-là, ils sont destinés au marché local.

Cependant, sous l'injonction des États-Unis et par suite des revendications de quelques firmes comme Dunhill, Cartier et Vuitton, les pays d'Asie ont pris conscience du problème et tentent de modifier leur législation. Après Taïwan (1983), c'est Singapour qui a donné le signal en avril 1986, puis l'Indonésie (janvier 1987) et la Thaïlande (février 1987) ont accepté de discuter de cette question. En revanche, la Corée du Sud attend 1988 pour agir, alors que la Malaisie prétend être en règle et que les Philippines ont d'autres chats à fouetter. Les États-Unis ne s'estiment toujours pas satisfaits et le président Reagan a envisagé en février 1987 d'interdire la fabrication et la vente d'appareils permettant la reproduction de cassettes vidéo et audio car, dans ce seul domaine, les pertes s'élèvent à 1,5 milliard de dollars annuellement. Ainsi, Singapour qui fabrique chaque année de 60 à 100 millions de cassettes pirates n'en a saisi que 631 000 entre 1981 et 1987, et le fait qu'elles aient été détruites de manière spectaculaire par des bulldozers, devant des journalistes, n'a convaincu personne.

En fait, ces efforts paraissent vains et le piratage industriel gagne du terrain. En 1987, ce ne sont plus seulement Cartier et Vuitton qui sont imités, mais tous les grands de

BIBLIOGRAPHIE

« Counterfeit Products Flood World Markets », *Newsweek*, 24 décembre 1986.

LOROT P., SCHWOB T., *Singapour, Taïwan, Hong-Kong, Corée du Sud, les nouveaux conquérants*, Hatier, Paris, 1986.

« Pirates Repelled », *Far Eastern Economic Review*, 24 avril 1986.

la haute couture. Le contrefacteur n'attend plus que son client lui demande un modèle, il lui propose un catalogue d'imitations parfaites – ou presque – à des prix extrêmement bas : cinq francs pour une cassette radio et douze francs pour une chemise Lacoste. Les touristes sont les premiers à profiter de l'aubaine, repartant habillés de pied en cap, munis de valises et de portefeuilles signés des plus grands noms, la différence de prix ayant largement payé leur voyage. Pour se justifier, les pays d'Asie revendiquent le droit à la santé, aux études ou tout simplement au développement économique. Enfin, les 250 000 emplois supprimés aux États-Unis et les 100 000 en Grande-Bretagne se retrouvent ici et les devises procurées par ces exportations (80 à 90 % de la production) expliquent en partie la richesse surprenante de ces pays. Quel gouvernement s'acharnerait à fermer une mine d'or dont il profite?

Martial Dassé

L'impasse de l'endettement africain

Avant 1982, la première grande année de la crise de l'endettement qui a éclaté avec le cas mexicain, onze États avaient déjà demandé le rééchelonnement de leur dette, c'est-à-dire l'allongement de la durée des paiements et leur suspension provisoire dans l'immédiat, pour une partie tout au moins. Sur ces onze pays incapables d'assurer le service de leur dette, six appartenaient au continent africain : Centrafrique, Libéria, Sénégal, Soudan, Togo et Zaïre. Deux ans plus tard, à la fin de 1983, ils étaient dix, rejoints en particulier par la Côte d'Ivoire, le Maroc et le Nigéria. A la fin de 1985, la Guinée, le Mozambique, mais aussi l'Afrique du Sud faisaient partie de ce vaste ensemble où seuls le Cameroun, le Gabon, et le Congo ne figuraient pas. Le marasme du marché pétrolier devait bientôt confirmer les inquiétudes que l'on pouvait avoir sur les comptes extérieurs de ce dernier carré et, en 1986, le Gabon et le Congo sollicitaient à leur tour la restructuration de leur dette.

Ce décompte ne reprend pas les rééchelonnements rampants de certains pays où se sont multipliés arriérés de paiement ou tout simplement annulations de la dette par certains créanciers. Officiellement, une vingtaine de pays africains ont des difficultés de remboursement de leurs emprunts extérieurs, mais il en existe peu qui ne soient touchés par le problème.

Pourtant, le montant absolu des engagements extérieurs du continent africain reste le plus faible du monde, avec un dixième de la dette mondiale estimée à mille milliards de dollars à la fin de 1986. Les créances privées sur l'Afrique, c'est-à-dire les prêts bancaires excluant les créances publiques bilatérales et multilatérales, s'élevaient en 1984 à un peu moins de 490 milliards de francs pour les institutions financières commerciales déclarantes à la Banque des règlements internationaux (B R I). L'Amérique latine leur doit quatre fois plus, et le Moyen-Orient, agrégé aux pays à économie planifiée (l'Europe de l'Est), trois fois plus (en 1986). Mais cet étalon de l'endettement ne fait apparaître que le stock des créances et on oublie l'essentiel du fonctionnement du système financier mondial : les flux. Ceux-ci, sous forme d'intérêts, constituent les rentrées des prêteurs et alimentent les nouveaux prêts qui permettent à leur tour aux États de satisfaire leurs besoins de financement extérieur.

Le poids du service de la dette

Or, pour les pays de l'Afrique subsaharienne, c'est le poids du service de la dette par rapport à leurs recettes extérieures qui les a menés à cesser d'honorer leurs remboursements. Ainsi, entre 1980 et 1984, le service de la dette des États de cette zone a crû de 18 % de leurs revenus d'exportation à 20 %, et ce n'est qu'une moyenne ; certains ont percé le plafond des 30 % et 40 %, et parmi eux se trouvent des pays comme la Zambie dont le stock de dettes rapporté au produit national brut s'élève à 84 % (contre 48 % pour le Niger).

Ainsi, le déficit des paiements extérieurs ne semble pas avoir pour cause principale l'importance du montant de l'endettement par rapport à la richesse nationale, mais la faiblesse des revenus extérieurs. Une telle situation est particulièrement critique, car tout programme d'ajustement fondé sur le développement des rentrées liées aux exportations bute sur la limite du service de la dette qui absorbe les surplus dégagés ou espérés. Pour les pays les plus pauvres du continent africain – selon les critères de la Banque mondiale, il s'agit de trente-neuf États qui, à la fin de 1984, avaient un P N B par tête d'habitant inférieur à 550 dollars –, le total de la dette représente 350 % du montant des exportations.

Cette constatation appelle une première remarque : la dette africaine, qui a connu une croissance très forte entre 1970 et 1980 (+ 20 % par an), plus rapide que celle de l'Amérique latine, n'a pas servi à développer les capacités exportatrices mais a plutôt contribué à l'intensification des importations. Pour l'ensemble de l'Afrique subsaharienne, alors que les exportations se réduisaient annuellement de 5 % entre 1973 et 1983, les importations s'accéléraient de 3,3 % par an et l'on sait que cet accroissement a surtout porté sur des biens de consommation, l'alimentation et le pétrole.

Outre la défaillance des politiques économiques liées en partie à des alliances politiques constituées après les indépendances, les chocs écologiques, la forte croissance démographique et l'absence de réforme agraire ont beaucoup contribué à faire de cette zone un marché de consommateurs, sans qu'apparais-

sent ni l'autosuffisance alimentaire ni la diversification exportatrice. Les taux de change réels plus élevés que dans beaucoup d'autres pays du tiers monde potentiellement concurrents ont aggravé ces déviations structurelles. Cette dérive est d'autant plus consternante qu'en 1984 le niveau de consommation était inférieur à celui de 1960. La baisse, en termes réels, du revenu par tête d'habitant supplante en fait le problème de la dette, car l'amortissement de celle-ci ne semble pas envisageable sans un accroissement de la richesse africaine. Les programmes d'ajustement de la dette s'ajoutent aux autres causes précitées pour expliquer le déclin du revenu par habitant; leur objectif de limiter les importations explique en partie la baisse de la consommation à base de marchandises importées, baisse observée depuis 1981.

Les experts de la Banque mondiale, comme la plupart des observateurs, estiment donc que pour se développer, l'Afrique doit retrouver son niveau d'importations du début des années quatre-vingt. Si cet impératif paraît répondre aux capacités d'exportation des pays industrialisés fournisseurs, il semble difficilement conciliable avec les charges liées à l'endettement de la plupart des pays africains. En effet, le niveau d'importations qu'il serait souhaitable de retrouver – celui des années 1980-1982 – était envisageable à l'époque parce que le niveau du service de la dette s'établissait annuellement à un peu moins de sept milliards de dollars pour l'ensemble de l'Afrique

subsaharienne. Pour la période 1986-1990, ces mêmes États devraient rembourser un peu plus de dix milliards de dollars par an pour honorer leurs engagements extérieurs. Cela signifie bien sûr que les exportations africaines devraient progresser nettement pour dégager les dix milliards en question, mais sans que le niveau d'importations ne progresse par rapport au creux enregistré depuis les difficultés accrues de 1982.

Selon les statistiques de la Banque mondiale, la contrainte du service de la dette pèse sur les pays les plus pauvres comme le Bénin, Madagascar, le Mali, le Togo, la Zambie, la Somalie, la Mauritanie, le Niger, mais elle paraît également disproportionnée pour les économies les plus avancées, comme celles du Nigéria ou de la Côte d'Ivoire. Un rééchelonnement massif semble s'imposer qui, en tablant sur une remontée des exportations, laisserait les importations progresser sensiblement. Cette solution, à la fois souhaitable et nécessaire, se heurte cependant à des obstacles de tailles.

Les obstacles au rééchelonnement

Sur une dette globale de cent milliards de dollars en 1984, incluant les engagements à court terme et les arriérés, le cinquième est dû à des organisations multilatérales comme la Banque mondiale et

BIBLIOGRAPHIE

HUGON P., « L'Afrique subsaharienne face au Fonds monétaire international », *Afrique contemporaine*, n° 139, juillet-septembre 1986.

PAYE D., « La dette des pays du sud du Sahel », *Le Mois en Afrique*, n° 241-242, 1986.

CELESTE M.-C., OMRANA A., « Un fonds monétaire africain pour quoi faire ? », *Le Monde diplomatique*, août 1986.

le FMI, qui ont pour principe de ne pas rééchelonner leurs prêts : ceux-ci sont recyclés en général vers d'autres États emprunteurs. Les autres créanciers – parmi lesquels se trouvent les compagnies publiques d'assurances à l'exportation et les banques commerciales – ont assez peu prêté aux États les plus pauvres. Quant aux pays dont une part importante de la dette est due à des prêteurs privés ou est liée aux importations, ils n'ont conservé le « crédit » de ces derniers qu'en souscrivant à des plans d'ajustement dans lesquels interviennent pour une large part les financements du FMI et de la Banque mondiale qui conditionnent les rééchelonnements et les prêts privés.

Il sera donc difficile pour les pays d'Afrique de sortir de l'impasse de l'endettement par des voies classiques, c'est-à-dire par des rééchelonnements, des annulations ou des répudiations de la dette. Le continent a besoin non seulement de voir son service de la dette allégé mais aussi de flux supplémentaires de ressources. Cela suppose un grand effort d'imagination pour les créanciers, comme la recherche d'une efficacité maximale dans l'obtention

et l'utilisation des ressources par les emprunteurs. Quant aux organisations internationales, si elles ne peuvent accepter de rééchelonner, il serait souhaitable qu'elles augmentent leurs apports, ce qui permettrait à certains pays africains de rembourser, au moins nominalement, ce qu'ils doivent au FMI. Lors de sa session du printemps 1987, le Fonds a prôné des efforts supplémentaires pour alléger le poids de la dette africaine, sans toutefois répondre directement aux propositions européennes (notamment de la France et du Royaume-Uni) d'allonger jusqu'à vingt ans les périodes de remboursement négociées avec le Club de Paris.

Les propositions de traitement de la dette africaine oscillent entre des solutions caritatives ou des schémas ultra-libéraux mis en pratique à travers certains programmes d'ajustement. Dans les deux cas, l'impasse est faite sur l'absence réelle de développement des capacités productives (qu'elles soient financières ou technologique) et le faiblesse de la demande, qui tient essentiellement à l'inégalité de la distribution des revenus.

Olivier Vallée

Le développement du secteur privé dans les économies planifiées

Depuis les changements politiques en Chine (1978), et l'avènement de Mikhaïl Gorbatchev en URSS (1985), les médias occidentaux se font l'écho du développement du secteur privé dans les deux plus grandes économies planifiées (EP) du monde. A en croire même certains commentateurs, on pourrait penser qu'une sorte de capitalisme rampant, imité de l'Occident, s'installe petit à petit dans l'ensemble des économies de type soviétique et dans l'économie chinoise.

S'il se passe effectivement, à l'Est, quelque chose de nouveau,

bien des ambiguïtés doivent être levées, des contresens évités.

Le secteur privé a toujours subsisté, surtout dans l'agriculture des EP. Pendant longtemps, il est resté greffé sur le système coopératif. Il s'agit des « lopins », dont l'État reste propriétaire, mais qui sont mis à la disposition des paysans. Ces derniers les exploitent librement à leur profit.

Le cas de l'agriculture montre bien la complexité des formes juridiques mises en place dans les différents pays. Si en Pologne et en Yougoslavie, la plus grande partie de la terre appartient effectivement aux paysans, dans les autres pays, « l'agriculture privée » désigne en fait des activités individuelles à l'intérieur d'un cadre étatique.

C'est bien ce que l'on a observé en Chine depuis 1979. L'État, qui est resté propriétaire de la terre, l'a mise à la disposition des foyers individuels par le biais de contrats d'une durée qui peut aller jusqu'à quinze ou même trente ans.

Réalisée en cinq ans, la « privatisation » de l'agriculture chinoise succédant à vingt années de forte concentration a donné des résultats immédiats importants. De 1981 à 1984, la production agricole a augmenté, dans son ensemble, au rythme de 11 % par an, et la récolte céréalière de 8 %. Cependant, cette dernière a enregistré un net recul en 1985 (–10 %), à peine comblé en 1986. La très petite taille des exploitations nuit à la mécanisation encore peu développée, et la productivité du travail reste faible par rapport aux autres pays asiatiques.

Par ailleurs, un ensemble de dispositions juridiques a donné un statut aux entreprises privées dans l'économie chinoise. A la fin de 1986, ces entreprises étaient au nombre de 11,3 millions, réparties dans les secteurs jusqu'alors les plus retardataires : la restauration et le commerce de détail. Là aussi, l'exploitation familiale domine : la plupart n'emploient pas de salariés, et avec 17,6 millions de personnes employées, elles ne représentent qu'une très faible part de la population en âge de travailler (600 millions d'individus âgés de 15 à 65 ans!).

En URSS, le Soviet suprême a adopté en novembre 1986 une loi sur « l'exercice individuel des métiers ». Il s'agit en fait d'autoriser plusieurs personnes à s'associer en coopérative. Déjà, depuis 1977, certaines entreprises d'État passaient des contrats de sous-traitance avec des équipes de travailleurs groupés en coopératives. La loi de novembre 1986 a permis à ce système de s'étendre, mais surtout a tenté de combler les insuffisances de nombreux services à la population (taxi, restauration, réparation automobile, commerce de détail).

En 1987, 3 millions de personnes pourraient travailler selon cette formule, sur une population active estimée à 120 millions. Cependant, dans bien des cas, la participation au secteur privé sera une seconde activité pour des personnes ayant, par ailleurs, un emploi dans le secteur d'État.

La Hongrie est sans conteste le pays du bloc soviétique qui a fait le premier une place importante aux activités privées dans son économie. Dès la fin des années soixante-dix, des individus ont pu se grouper en

---

BIBLIOGRAPHIE

AUBERT C. (sous la dir. de), « Les réformes en Chine », *Revue tiers monde*, n° 108, octobre-décembre 1986.

DRACH M., *La crise dans les pays de l'Est*, La Découverte, collection « Repères », Paris, 1985.

GIPOULOUX F., « La réforme économique en Chine dix ans après la mort de Mao », *Courrier des pays de l'Est*, n° 312, novembre 1986.

GLOBOKAR T., « Le rôle des entreprises privées en Pologne, RDA, Tchécoslovaquie, Yougoslavie », *Courrier des pays de l'Est*, n° 281, février 1984.

LEMOINE F., *L'économie chinoise*, La Découverte, collection « Repères », Paris, 1986.

petites sociétés auxiliaires des coopératives agricoles. Celles-ci se sont ainsi diversifiées dans certains secteurs tels que l'agro-alimentaire, le bâtiment, la production d'outillage.

Depuis 1981, l'État a donné en gérance à des personnes privées certains de ses établissements dont la gestion bureaucratisée était critiquée. Il s'agit surtout de l'hôtellerie, de la restauration et du commerce de détail. Officiellement, on estimait en 1987 que la part des activités privées dans l'emploi total était de près de 20 %.

Dans les autres pays, la percée des activités privées est beaucoup plus timide, voire inexistante (R D A, Tchécoslovaquie, Bulgarie, Roumanie). Certes, en Pologne et en Yougoslavie, ce secteur est présenté officiellement comme un recours possible pour sortir du marasme l'industrie et les services (Pologne), ou pour réduire le chômage (Yougoslavie). Mais les évolutions restent lentes et peu significatives au niveau macroéconomique.

Pallier les insuffisances du système

Même si les formes d'organisation sont variables selon les pays, certains traits communs apparaissent dans les économies qui sont les plus avancées dans la voie des réformes.

La taille des activités privées est toujours faible, les autorités voulant limiter le développement du salariat dans ce secteur. Les domaines où elles s'exercent (agriculture, construction, services à la population) correspondent aux carences les plus graves du système centralisé, celles qui touchent directement la vie quotidienne de la population.

Le rôle du secteur privé est donc clair : pallier les insuffisances du système, surtout en période de crise ou de pénuries accentuées. De plus, son développement permet de canaliser et de réduire les effets les plus voyants des activités parallèles illégales. Il s'agit des multiples marchés noirs qui fluctuent au rythme des pénuries et des incohérences du système centralisé.

L'objectif n'est certes pas de supprimer le secteur parallèle qui, dans certains cas, est indispensable au fonctionnement du système officiel. Il est de mieux le contrôler et aussi de le soumettre partiellement à une taxation à laquelle il échappe lorsqu'il est totalement rejeté dans l'illégalité.

A l'intérieur du cadre qui vient d'être défini, le développement du secteur privé ne peut rester, à court ou moyen terme, que limité. Plusieurs obstacles empêchent celui-ci de sortir de son rôle d'économie auxiliaire du système centralisé.

Le premier est à coup sûr politique. Dans l'ensemble des pays considérés, la bataille entre dirigeants novateurs et dogmatiques est loin d'être terminée. Et l'on sait qu'il existe, notamment en U R S S depuis l'origine, un mouvement de balancier dans les réformes.

Au plan économique, il faut considérer que les pénuries de matières premières, produits semi-finis, et main-d'œuvre (sauf en Chine et en Yougoslavie) sont générales. Or, les activités privées sont tributaires du système d'État pour leurs approvisionnements, et du marché du travail pour s'étendre...

Dominique Redor

SANTÉ, SCIENCES ET TECHNIQUES

Les retombées de Tchernobyl

L'accident de Tchernobyl qui a eu lieu dans la nuit du 25 au 26 avril 1986 dans la centrale située à cent trente kilomètres de Kiev est le pire qui se soit produit dans les quarante-trois ans d'âge de l'industrie nucléaire. Aucun autre accident n'avait libéré autant de radioactivité : cinquante millions de curies. Il s'est produit dans le réacteur IV, en fonction depuis 1983. Ce réacteur, du type R B M K, largement répandu en U R S S, utilise – comme les trois autres unités de cette centrale – le dioxyde d'uranium (U238 enrichi à 2 % d'U235 fissile) comme combustible, l'eau comme réfrigérant et le graphite comme modérateur pour ralentir le cas échéant les neutrons provoquant la réaction en chaîne ; la chaleur dégagée par celle-ci permet la production de vapeur qui actionne la turbine génératrice d'électricité. La réaction en chaîne produit aussi du plutonium à usage militaire.

Le rapport remis par les atomistes soviétiques le 25 août 1986 à l'Agence internationale pour l'énergie atomique (A I E A) de Vienne impute l'accident à une expérience hasardeuse tentée sur le réacteur IV et au cours de laquelle on a transgressé six règles de sécurité et volontairement déconnecté un certain nombre de systèmes d'alarme. « Il est paradoxal », a souligné à Vienne l'académicien Valeri Legasov, « de noter que l'expérience était en fait destinée à vérifier précisément la sécurité de la centrale. »

Le rapport soviétique a été salué par les experts internationaux tant pour son excellente facture scientifique que pour son extrême franchise : non content d'énumérer les erreurs humaines, il montre en effet comment celles-ci ont transformé les faiblesses de conception du R B M K 1 000 en défauts mortels. Les deux explosions ont dispersé du matériel radioactif chaud, provoquant une trentaine d'incendies qui n'ont pu être maîtrisés qu'après plusieurs heures de lutte.

Quant à la combustion du graphite au cœur du réacteur, elle n'a été contrôlée que le 6 mai. Entre le 26 avril et le 5 mai, cinquante millions de curies ont contaminé le voisinage, la radioactivité la plus importante ayant été libérée dès la première explosion, qui a envoyé les produits de fission à 1 200 mètres d'altitude. Les niveaux de radiation, très élevés sur le site, ont fait trente et une victimes (brûlures et maladie des rayons) parmi les équipes de secours et le personnel. A l'extérieur de l'usine, les niveaux de radiation ont augmenté rapidement quelques heures après la catastrophe. Les vents ont transporté les débris sur la ville de Pripyat (49 000 habitants), à dix kilomètres de Tchernobyl, où la radioactivité, dans la matinée du 27 avril, était 50 000 fois supérieure à la normale (entre 180 et 600 millirems) ; en fin d'après-midi, elle atteignait 720 à 1 000 millirems. Au total, 135 000 personnes ont été évacuées dans un rayon de trente kilomètres autour de la centrale et, selon Aleksander Lyashko, Premier ministre d'Ukraine, « il est difficile de prévoir quand ces personnes retrouveront leur foyer ».

On estime qu'il faudra quatre ans pour effectuer les travaux nécessaires à la stabilisation de la zone contaminée. Le réacteur sera encastré dans un sarcophage de béton muni d'une circulation d'azote liquide pour évacuer tout excès de chaleur car les lois de l'énergie nucléaire font qu'une fois démarrée, la réaction nucléaire ne peut jamais plus être arrêtée. Les habitants de Pripyat ont reçu des doses de radioactivité telles que la morbidité par cancer augmentera de quelque 2 %. A l'extérieur de la zone des trente kilomètres, l'exposition aux radiations a été naturellement moins importante mais le fait que des millions de personnes aient été affectées laisse prévoir un fort accroissement du nombre de cancers. Selon un rapport américain publié début 1987, 4 000 cas de cancers supplémentaires sont à craindre pour l'Europe et 10 000 pour l'Union soviétique.

A long terme, la menace la plus sérieuse, pour la santé et l'environnement, provient du césium 137 radioactif dont la demi-vie est de trente ans. Pour la seule Ukraine, cet élément augmenterait la mortalité par cancer de 0,4 % sur soixante-dix ans. Ces chiffres donnent lieu, bien sûr, à de vigoureuses controverses. Toutefois, la Commission internationale de protection radiologique affirme qu'il n'existe pas de seuil au-dessous duquel il n'y a pas d'effets génétiques induits : la plus petite dose de radiation y suffit. Heureusement, sur les trois cents bébés nés dans la zone affectée neuf mois après Tchernobyl, le Dr Robert Gale de l'Université de Californie – qui a effectué dix-neuf greffes de moelle sur les victimes – n'a décelé aucune anomalie.

Au plan financier, les pertes ont été évaluées à deux mille milliards de roubles, selon un document présenté à la session spéciale du Politburo de juillet 1986. A Tchernobyl et à Pripyat, il a fallu enduire les murs extérieurs au silicate de sodium pour prévenir la contamination de la nappe phréatique et de la rivière Pripyat par les matières radioactives déposées qui risquaient d'être lessivées par la pluie. On a dû construire des barrages pour empêcher les effluents et les eaux de cette rivière d'atteindre ce cours d'eau et planter des espèces capables de neutraliser les éléments dangereux du sol.

Enfin, quatre responsables de haut rang ont été démis de leurs fonctions, victimes à leur manière de Tchernobyl, et « rigoureusement punis selon les règles du Parti », tel Evgenii Kulov, président du Comité d'État pour la sécurité dans l'industrie nucléaire. Un nouveau ministère de l'Énergie nucléaire – à l'échelle de toute l'URSS – a été établi avec mission « d'élever le niveau de ges-

BIBLIOGRAPHIE

« L'accident nucléaire. Prévention, mesure d'urgence, réparation », *Problèmes politiques et sociaux*, n⁰ˢ 552-553, janvier-février 1987.

HAWKES N., LEAN G., LEIGH D., McKEE R., PRINGH P., WILSON A., *Tchernobyl, le récit de la première catastrophe nucléaire majeure de l'histoire*, Presses de la Cité, Paris, 1986.

MACKENZIE D., « The Rad Reindeer », *New Scientist*, 18 décembre 1986.

PHARABOD J.-P., CHAPIRA J.-P., ZERBID J.-C., « Tchernobyl : un nuage d'incertitudes », *La Recherche*, n° 180, septembre 1986.

STROHL P., « Tchernobyl et le problème des obligations internationales relatives aux accidents nucléaires », *Politique étrangère*, n° 4, hiver 1986.

Tchernobyl, anatomie d'un nuage, Lebovici, Paris, 1987.

tion et de responsabilité » dans le domaine du nucléaire. Cet organisme a d'ores et déjà décidé de revoir les réacteurs en service pour en améliorer la sécurité.

Les retombées de Tchernobyl ne se sont pas arrêtées à la frontière soviétique. En France, dès le 29 avril, l'Institut de biogéochimie marine de l'École normale supérieure a décelé des concentrations anormales d'iode et de césium radioactifs, notamment dans l'air de la capitale. A l'extrême nord de la Suède, le mode de vie des Lapons semi-nomades est menacé du fait de la contamination du renne par le césium, contamination que l'on trouve aussi dans le mouton du pays de Galles. En Allemagne fédérale, on a tenté d'exporter vers le tiers monde du lait en poudre contaminé et les fruits secs turcs ont été refoulés de Grande-Bretagne pour radioactivité élevée.

L'avenir de l'électricité nucléaire

Après Tchernobyl, de nombreux pays ont décidé de surseoir à la construction de nouvelles centrales nucléaires. La Finlande ne construira pas son cinquième réacteur d'origine soviétique et la Pologne a clairement fait savoir que le réacteur en construction à Zarnowiec est à eau pressurisée (REP) et que, contrairement à celui de Tchernobyl, il sera doté d'une enceinte de confinement ; ce qui n'a pas empêché trois mille habitants de Bialystok, dans la zone la plus touchée par les retombées de Tchernobyl, de demander au Parlement l'arrêt des travaux. Dans le tiers monde, le Mexique a suspendu le programme nucléaire projeté et les Philippines ont décidé d'abandonner le réacteur quasi achevé qui avait valu à Marcos un pot de vin de dix-sept millions de dollars du constructeur américain Westinghouse.

L'avenir de l'électricité nucléaire n'est pas pour autant en danger car tout a été fait pour éviter le débat à l'occasion de cet accident.

L'après-Tchernobyl pose pourtant de redoutables questions aux spécialistes : l'interface homme-réacteur, la lutte contre le feu dans les centrales, les effets biologiques et, à long terme, les systèmes de sécurité incapables de se prémunir contre une cascade d'erreurs comme cela a été le cas à Tchernobyl et à Three Miles Island en 1979... « Cet accident », assure Bernard Laponche, directeur général de l'Agence française pour la maîtrise de l'énergie, « montre que la probabilité d'une catastrophe majeure, longtemps considérée comme nulle, ne l'est justement plus, et qu'il faut prendre en compte cette nouvelle donne dans l'évaluation des programmes énergétiques. »

Mohamed Larbi Bouguerra

La bataille du SIDA

Printemps 1984 : le virus du SIDA (syndrome d'immuno-déficience acquise) est officiellement identifié. Un grand journal américain titre : « Un cauchemar transformé en Rubik's Cube. » La formule résume parfaitement le sentiment des scientifiques. Dorénavant, médecins et chercheurs ne se trouvent plus face à un inexplicable fléau, mais devant un problème qu'ils espèrent résoudre tôt ou tard. A la fatalité nue succède un combat implacable utilisant les armes les plus sophistiquées de la biologie moderne.

Le SIDA apparaît en juin 1981. A cette époque, personne n'a la moindre idée de ce qui cause le *cancer gay*, ainsi appelé parce qu'on croit à tort qu'il ne frappe que les homosexuels. Pendant six mois, les chercheurs vont patauger dans les hypothèses les plus fantaisistes. Début 1982, les données épidémiologiques suggèrent que la maladie est due à un virus inconnu jusqu'ici, lequel détruit les défenses immunitaires. En quelques années, ce virus nouveau a été identifié et analysé en détail. On a commencé à déchiffrer son fonctionnement. On a testé plusieurs traitements et ébauché la piste d'un vaccin.

En dépit de ces résultats remarquables, surtout par la rapidité avec laquelle ils ont été obtenus, l'heure est moins que jamais au triomphalisme. Le SIDA est un casse-tête infiniment plus complexe que le Rubik's Cube. On ne sait toujours pas exactement comment le virus pénètre dans les cellules. On ignore le mécanisme par lequel il tue les lymphocytes T4, cellules qui jouent un rôle clé dans la défense de l'organisme. Du point de vue du traitement, la seule certitude est qu'il n'y a pas de molécule « miracle ». Il est probable que la solution thérapeuthique passe par des combinaisons d'antiviraux – tels que l'HPA 23, la suramine, la ribavirine ou l'azydothymine (AZT) – et de traitements agissant sur le système immunitaire. Un peu comme pour le cancer, on aboutira sans doute à des stratégies thérapeutiques modulables selon les cas.

En ce qui concerne le vaccin, on se heurte à de graves difficultés. D'une part, le virus varie beaucoup. Il est comme un coffre-fort dont la combinaison changerait sans cesse. Un vaccin n'aurait d'intérêt que s'il était efficace contre toutes les souches de virus, malgré cette variabilité. D'autre part, on n'a pas trouvé de modèle animal adéquat pour tester un éventuel vaccin. Au début de 1987, les scientifiques pensaient qu'on ne disposerait pas d'un vaccin anti-SIDA avant cinq ans, certains pessimistes estimant même que le problème ne sera jamais résolu.

Perspective d'autant moins rassurante que, sur le plan épidémiologique, une course contre la montre est engagée. Près de quarante mille malades ont été recensés par l'Organisation mondiale de la santé (OMS) dans soixante-quinze pays, mais le nombre de personnes contaminées par le virus est beaucoup plus élevé. On estimait, début 1987, le nombre de sujets séropositifs à deux millions aux États-Unis, et à cinquante mille en France. En Afrique, la situation est encore bien plus inquiétante, même si l'on dispose de peu de chiffres fiables. Ajoutons que si la proportion de séropositifs qui développent réellement la maladie ne semble pas, en 1987, dépasser

---

BIBLIOGRAPHIE

Cassuto J.-P., Pesce A., Quaranta J.-F., *Le sida*, PUF/Que Sais-je?, Paris, 1987.

Jossay M., Donadieu Y., *Le sida. Étude, prévention, traitement*, Maloine, Paris, 1987.

Montagnier L., *Vaincre le sida*, Fondation internationale pour l'information scientifique, CANA, Paris, 1986.

« Sida et tiers monde », *Environnement africain*, n° 118, Enda/Panos, Dakar, avril 1987.

« Sida. Robert Gallo s'explique », *La Recherche*, n° 180, septembre 1986.

Sinoussi-Barre F., Chermann J.-C., Rozenbaum W., *Le sida en questions*, Plon, Paris, 1987.

10 %, on ne peut pas préjuger de ce qu'il en sera dans dix ou vingt ans.

Alors que l'épidémie atteint désormais une dimension planétaire, les autorités de plusieurs pays envi-

L'Afrique, continent le plus touché

Quelle est l'extension réelle du SIDA dans le monde et en Afrique? Les bruits les plus contradictoires circulent à ce sujet depuis l'isolement du virus par les équipes du professeur Luc Montagnier (Institut Pasteur de Paris) et du professeur Robert Gallo (Institut national de la santé américain). La maladie est-elle particulièrement fréquente en Afrique? Y est-elle présente sous une forme mineure, atténuée?

Lors de son assemblée annuelle, en mai 1987, l'Organisation mondiale de la santé (OMS), a répondu à quelques-unes de ces interrogations. Examinant l'activité de son programme spécial de lutte contre le SIDA, elle a aussi fourni les informations épidémiologiques qui manquaient. Il s'agit, déclare l'OMS, « d'un problème de santé d'une portée extraordinaire, touchant les pays industrialisés comme les pays en développement. (...) Au 29 avril 1987, 48 500 cas ont été notifiés à l'OMS dans le monde, par 104 pays ». Mais, ajoute l'OMS, ce chiffre ne représente qu'une fraction du total, « estimé à plus de 100 000 ». L'Organisation estime aussi qu'en 1987, 5 à 10 millions de personnes dans le monde sont infectées par le virus du SIDA et que, d'ici à 1991, il y aura eu un million de cas de SIDA déclarés.

Alors qu'en Amérique (du Nord et du Sud), en Europe et en Australie, la plupart des cas se rencontrent chez les hommes jeunes, homosexuels et bisexuels, et chez les toxicomanes (mais le nombre des cas contractés par contact hétérosexuel augmente), en Afrique, la maladie frappe autant les femmes que les hommes.

Sur le continent noir, ajoute l'OMS, on connaît mal l'incidence exacte de la maladie, compte tenu de la faiblesse des moyens de dépistage et de diagnostic. Il faut donc se contenter d'approximations. Celles-ci sont des plus alarmantes, puisque les estimations font état d'un million de personnes infectées par le virus (ou plus exactement par les virus, puisqu'il en existe deux, connus en 1987, également responsables de la maladie chez l'homme, donc également virulents). Selon l'OMS, le nombre annuel de nouveaux cas survenant en Afrique serait de 10 000, estimation jugée minimale par bon nombre de scientifiques. Il n'existe pas de SIDA « atténué » : il existe des situations de « pré-SIDA » qui ne tardent pas, en règle générale, à évoluer vers la maladie.

L'Afrique serait donc de très loin le continent le plus frappé. Selon certaines estimations, jusqu'à 10 % de la population urbaine serait séropositive dans plusieurs pays tels que le Zaïre, la Zambie, l'Ouganda, le Congo, l'Angola, le Kénya et la Tanzanie.

Mais la maladie a pris, en Europe également, une allure épidémique. Entre 500 000 et un million de personnes y seraient porteuses du virus – donc contagieuses – et à la fin de 1988, estime l'OMS, le nombre des cas déclarés pourrait osciller entre 25 000 et 30 000. Les taux les plus élevés (nombre de cas par million d'habitants) sont relevés en Suisse, au Danemark, en France et en Belgique.

Enfin, le virus n'a pour l'instant exercé que peu de ravages en Asie. Nul ne peut prédire jusqu'à quand.

Claire Brisset

sagent de mettre en place un quadrillage sanitaire afin de prévenir l'extension de la maladie. Un dépistage obligatoire, systématique ou réservé à certaines catégories, ne constituerait pas seulement une atteinte aux libertés. Il serait inefficace, sinon inapplicable. La seule prévention possible du SIDA relève de la responsabilité personnelle, et passe par l'information et la dédramatisation.

Sur le plan économique, on estime que le marché mondial du SIDA – diagnostic, traitement et vaccin compris – représentera quatre cent cinquante millions de dollars en 1989, plus d'un milliard de dollars en 1992. D'où une concurrence effrénée entre laboratoires, illustrée par la polémique qui a opposé Français et Américains sur la « paternité » du virus. Celui-ci a été identifié pour la première fois à l'Institut

Pasteur, par l'équipe du professeur Luc Montagnier. Il a reçu le nom de « LAV ». L'année suivante, le groupe de l'Américain Bob Gallo – National Cancer Institute de Bethesda, Maryland – le « découvrait » à son tour et le rebaptisait « HTLV-III ».

En décembre 1983, l'Institut Pasteur a déposé auprès de l'Office des brevets américain une demande de brevet portant sur les tests de diagnostic du SIDA. Six mois plus tard, Gallo en a fait autant. Or, l'Américain a obtenu satisfaction dès 1985. En avril 1986, le Patent Office a pris une curieuse décision : l'Institut Pasteur obtiendrait le brevet sauf si le ministère de la Santé américain réussissait à prouver, avant deux ans, que les travaux de Gallo avaient l'antériorité sur ceux de Montagnier... Le contentieux a été réglé par un accord intervenu le

31 mars 1987 : la valeur des deux brevets a été reconnue et la répartition des bénéfices résultant de ces brevets a été fixée.

Une autre ambiguïté a été levée : dorénavant, le virus ne s'appellera plus ni L A V ni H T L V-III, mais H I V, pour *human immunodefi-ciency virus.* Ainsi en a décidé une commission internationale de virologues. Mais quel que soit le nom qu'on donne au virus, la bataille contre le S I D A est loin d'être gagnée. En somme, ce n'est pas encore le commencement de la fin, mais c'est la fin du commencement...

Michel de Pracontal

La pathologie en Afrique : échecs et espoir

L'Afrique, déjà frappée de maux multiples – désertification, sécheresse, dette, urbanisation effrénée, malnutrition – voit-elle en outre s'aggraver l'état de santé de sa population? La question est posée, à l'évidence, surtout lorsque surgissent de « nouvelles » pathologies, telles que le S I D A, qui atteignent massivement le continent noir. Il serait cependant excessif de dire qu'il y a alourdissement uniforme de la pathologie en Afrique : certaines maladies s'aggravent, d'autres stagnent, d'autres enfin régressent.

Parmi celles qui s'aggravent figure à l'évidence le paludisme, et ce pour deux raisons. D'abord parce que les moustiques vecteurs de la maladie, les anophèles, sont devenus de plus en plus résistants aux insecticides classiques. Il faut donc, pour toute stratégie antivectorielle, recourir à des procédés de plus en plus coûteux et aléatoires. Deuxième raison d'inquiétude : le parasite lui-même, dans le corps humain, devient résistant aux médicaments. Cette résistance, d'abord apparue en Asie, a gagné l'Amérique latine et atteint maintenant l'Afrique. Surtout présente à l'est du continent, elle a déjà fait son apparition en

quelques points d'Afrique de l'Ouest.

L'espoir de la lutte antipalustre réside donc à la fois dans la mise au point de nouveaux médicaments, dans de nouveaux progrès de la lutte antivectorielle, et dans l'élaboration d'un vaccin. Sur ce dernier point, les travaux sont intenses, mais ils sont quelque peu freinés par les efforts sans précédent consacrés au S I D A, qui absorbent énergie et argent.

Une autre maladie pose en Afrique des problèmes irrésolus : les leishmanioses, transmises par la piqûre d'un insecte, et dont une forme au moins est mortelle. Elles progressent alors que la lutte contre l'insecte vecteur marque le pas.

D'autres affections continuent de peser considérablement sur des systèmes de santé déjà squelettiques, alors qu'elles devraient théoriquement pouvoir être enrayées ou contrôlées. Il en est ainsi de la bilharziose, maladie invalidante qui attaque les voies urinaires ou le système intestinal, transmise par un parasite dont l'hôte intermédiaire est un escargot aquatique. S'il existait des systèmes d'évacuation des *excreta* humains, l'escargot porteur ne serait pas infecté et les cours d'eau ne

---

BIBLIOGRAPHIE

« La santé dans le tiers monde », *Le Monde diplomatique*, avril 1987.

seraient pas potentiellement dangereux pour l'homme. Or la bilharziose, qu'il serait en principe simple d'éradiquer, progresse en Afrique à la faveur des travaux d'irrigation, grands ou petits. On dispose certes de médicaments antibilharziens, mais ils sont onéreux, et relativement toxiques.

Pourraient aussi, théoriquement, être contrôlées, les six « maladies-cibles » que l'Organisation mondiale de la santé (OMS) et l'UNICEF (Fonds des Nations Unies pour l'enfance), ont inscrites dans le « Programme élargi de vaccination » (PEV). Il s'agit de la rougeole, de la tuberculose, de la poliomyélite, de la diphtérie, du tétanos et de la coqueluche. Il existe contre ces six mala-

La mortalité maternelle dans le tiers monde

L'un des tout premiers risques auxquels est exposée une femme, dans le tiers monde, est... d'accoucher. Lorsque, dans les pays industrialisés, un enfant meurt, il en meurt dix dans le tiers monde. Cette proportion est déjà insoutenable. Or, on sait aujourd'hui que pour une femme qui meurt en couches dans les pays industrialisés, ce sont cent femmes qui succombent à l'accouchement dans les pays du tiers monde. Un risque cent fois supérieur... Comment s'explique une telle disproportion?

C'est la Banque mondiale qui a jeté ce cri d'alarme en organisant sur ce thème, en février 1987, un colloque à Nairobi (Kénya), en collaboration avec l'Organisation mondiale de la santé (OMS) et le FNUAP (Fonds des Nations Unies pour les activités en matière de population).

Les chiffres fournis par la Banque mondiale sont en effet « consternants », pour reprendre le terme même de ses responsables : 500 000 femmes meurent chaque année dans le tiers monde pour des raisons liées à la grossesse et à l'accouchement, dont 300 000 en Asie du Sud et 150 000 en Afrique subsaharienne. Ruptures utérines, extraction impossible de l'enfant, hémorragies massives, infections foudroyantes, impossibilité – faute de moyens de transport – de transférer la femme dans une maternité équipée, absence de personnel qualifié, voilà les premières causes de cette hécatombe.

Le problème n'est pas seulement dramatique pour les femmes elles-mêmes, directement exposées. Il l'est aussi, à l'évidence, pour l'ensemble du groupe familial et social. Un seul exemple : la quasi-totalité des nourrissons dont la mère meurt de cette manière, à supposer qu'ils soient sauvés, meurent eux-mêmes dans les deux ans qui suivent.

Les remèdes à apporter à une telle situation seraient évidemment multiples. L'un des plus efficaces, souligne la Banque mondiale, serait non seulement d'améliorer les conditions générales d'existence des femmes, d'augmenter leurs sources de revenus, mais aussi de leur faciliter l'accès au contrôle des naissances. Car les avortements clandestins restent une cause majeure d'accidents et de morts. La Banque mondiale estime en ce sens que « si toutes les femmes qui souhaitent ne pas ou ne plus avoir d'enfants pouvaient agir en conséquence, il serait possible d'éviter 15 à 40 % environ de la mortalité chez les mères » dans le tiers monde.

Claire Brisset

dies des vaccins efficaces et relativement simples à administrer. Depuis le début des années quatre-vingt, de nombreux États africains ont déployé des efforts sans précédent pour accélérer leurs programmes, l'objectif – théorique – étant la couverture vaccinale généralisée des enfants d'ici à 1990. Il ne sera qu'approché, mais l'incidence des six maladies aura certainement décru d'ici là.

Cela dit, un certain nombre d'affections sont en dehors des grands programmes vaccinaux alors qu'elles exercent encore des ravages. Parmi celles-ci figure l'hépatite B, dont on sait à présent qu'elle détermine, à long terme, l'apparition du cancer du foie ; la rage, toujours mortelle ; la fièvre jaune et la méningite cérébro-spinale. Des vaccins existent contre chacune de ces maladies ; il faudrait, pour les généraliser, des moyens logistiques et financiers.

La lèpre et le choléra restent présents en Afrique, et cela sans vaccination efficace. Contre la lèpre, on dispose de médicaments bon marché et actifs : les sulfones. Mais des résistances apparaissent là encore. Il existe de bons médicaments contre le choléra, mais le vaccin est peu performant. Il faut donc – et c'est ce à quoi s'emploie l'industrie –

mettre au point un vaccin réellement protecteur contre le choléra.

Il existe néanmoins des signes d'espoir : la lutte victorieuse contre la variole en est sûrement le plus tangible. Depuis 1977, date à laquelle les derniers cas ont été identifiés en Somalie, la maladie semble avoir totalement disparu d'Afrique et l'OMS a pu déclarer la maladie définitivement éradiquée.

Des progrès considérables ont aussi été obtenus dans la lutte contre l'onchocercose, la « cécité des rivières », transmise par un moucheron et qui infestait une très grande partie de l'Afrique soudano-sahélienne. Depuis 1974, un très vaste programme d'éradication de la mouche vectrice a été mis en place grâce à la coopération internationale. La zone traitée est aujourd'hui presque indemne de la maladie et les vallées fertiles, jadis abandonnées par leurs habitants en raison même de cette maladie, ont repris vie.

Échecs et espoir alternent donc sur le continent noir. Mais les dernières années ont été sombres puisque, malgré tous ces efforts, la mortalité infantile s'y est aggravée. Sécheresse et malnutrition y étaient pour beaucoup. Les bonnes saisons des pluies de 1985 et 1986 autorisent peut-être quelque espoir.

Claire Brisset

PORTRAITS

Wole Soyinka

A l'annonce du prix Nobel de littérature, Wole Soyinka est parti pour le Nigéria, où il a reçu des mains du président Ibrahim Babangida la plus haute décoration du pays. « Je ne l'aurais pas acceptée d'un autre que vous », a-t-il déclaré au président. Il mettait ainsi à nouveau en pièces le mythe de l'écrivain

africain, contestataire permanent, qui ne sort de prison que pour se réfugier dans l'exil. Il a certes connu l'une et l'autre, mais pour l'heure, la « démocratie militaire » nigériane est un moindre mal.

Soyinka est devenu une autorité politique et morale dans son pays. Dès 1960, c'est à lui qu'était commandée une pièce célébrant l'indépendance : *La Danse de la forêt* (traduit en français en 1969). Jugé trop iconoclaste, le texte fut retiré des cérémonies officielles. Dans les années qui précèdent la guerre civile (1960-1967), Wole Soyinka est déjà au centre de la vie politique et intellectuelle du pays. Le roman *Les Interprètes* (traduit en 1979) rend compte de cette période. A Dakar, au premier Festival des arts nègres, sa pièce *Kongi's Harvest* (La Moisson de Kongi), une violente satire de Kwame Nkrumah, est primée. En pleine guerre du Biafra, en 1967, désireux de s'entremettre pour la paix, il est incarcéré. Ses amis le croient mort ; des pétitions circulent : il sort de prison en 1969 pour tenir le rôle-titre d'un des premiers – et des plus mauvais ! – longs métrages nigérians, *Kongi's Harvest*, tiré de sa pièce. Il retrouve son poste à l'université d'Ibadan, écrit le récit des terribles années de détention et s'éloigne pour quelque temps du Nigéria, en 1972, dès la parution de l'ouvrage *The Man Died* (Cet homme est mort, 1986). Il s'installe à Accra où il devient secrétaire général de l'Union des écrivains africains, tout en assurant la rédaction en chef du magazine *Transition*, devenu *Chindabaa* (1975).

Il est sans faiblesse à l'endroit des dictateurs africains : le président ougandais Idi Amin Dada sera violemment dénoncé dans les colonnes de la revue et beaucoup reprocheront à Wole Soyinka ce manque de solidarité entre frères de couleur. Comme en réponse à ses détracteurs, il monte aux États-Unis, en 1979, la pièce écrite pendant les années d'exil : *Death and the King's Horseman* (La Mort et l'écuyer du roi, 1986), dans laquelle la solidarité ethnique et familiale, assumée, est vécue comme une tragédie.

En 1976, il s'installe à Ifé où il dirige l'école d'art dramatique et enseigne la littérature comparée. Les années d'Ifé sont celles d'une grande activité politique et littéraire : il anime la compagnie de l'université, défend par de multiples interventions la liberté de la presse et les franchises académiques contre les « kleptocrates » qui s'emparent du pouvoir à la promulgation de la IIᵉ République, en 1979. Vigoureusement antimarxiste, il n'en défend pas moins les figures de proue du tiers mondisme comme Walter Rodney, assassiné en 1980, ou Bala

---

BIBLIOGRAPHIE

Œuvres de W. Soyinka traduites en français :

Théâtre :

Le lion et la perle, CLE, Yaoundé, 1969.

La danse de la forêt, Oswald, Paris, 1971.

Les gens des marais. Un sang fort. Les tribulations de frère Jero, Oswald, Paris, 1971.

La métamorphose de frère Jero, Présence africaine, Paris, 1986.

La mort et l'écuyer du roi, Hatier/CEDA, Paris, 1986.

Fiction :

Les interprètes, Présence africaine, Paris, 1979.

Aké, Belfond, Paris, 1979.

Cet homme est mort, Belfond, Paris, 1986.

Une saison d'anomie, Belfond, Paris, 1987.

Poésie :

Idanre, Les Nouvelles éditions africaines, Abidjan, Dakar, 1982.

Muhammad, un intellectuel nigérian, assassiné la même année par les « gros bras » des partis de droite, dans l'indifférence de la police. Wole Soyinka devient la voix de l'opinion publique. Il ouvre un nouvel espace de liberté aux professionnels de l'écriture. Sa notoriété grandit à l'étranger : en 1983, il dénonce le trucage des élections et réussit à se faire un nom comme chanteur, en s'en prenant au régime Shagari, celui des « share-gari », les partageurs de semoule...

La parution d'*Aké* (1981, traduit en français en 1984) a fait émerger son œuvre à l'attention du grand public français. Cette enfance noire, dans un milieu urbanisé et christianisé, proche pourtant des dieux des ancêtres, déconcerte et séduit. Sa fortune littéraire dans les pays francophones est désormais assurée : certes connu depuis longtemps, il était mal compris. Victime de la guerre civile, comme les Biafrais, il n'était pas de leur bord ; critique virulent de l'impérialisme, il n'avait que peu d'estime pour les marxistes nigérians ; pénétré de culture yorouba, c'est Euripide *(Les Bacchantes)* qu'il

mit en scène à Londres en 1973 dans une adaptation qu'il a écrite. Ce pourfendeur de l'État-nation, qui avait failli mourir pour l'unité du Nigéria, a toujours été un grand défenseur de l'État démocratique. Comme Nelson Mandela, à qui est dédié le *Discours de Suède*, il croit aux droits de la personne, « au suffrage universel, à la paix », à tous les droits formels dont il perçoit bien le caractère révolutionnaire dans nombre de situations africaines. « Conscient de la portée limitée de son action », ne « nourrissant pas trop d'illusions sur la capacité de l'art à réformer le monde », comme il le dit dans le message qu'il a adressé aux gens de théâtre, à l'occasion de la Journée mondiale du théâtre, le 27 mars 1987, en sa qualité de président en exercice de l'Institut international du théâtre de l'UNESCO, il propose une nouvelle figure de l'écrivain en Afrique : à l'avant-garde des combats pour la liberté d'expression, mais jaloux de l'indépendance de son art. C'est sans doute cela aussi que le prix Nobel a honoré.

Alain Ricard

Raïssa Gorbatchev

Catherine la Grande a introduit en Russie la pensée allemande, sa place dans l'histoire est assurée. En ira-t-il de même pour Raïssa la Rouge qui a fait pénétrer en URSS la haute couture française ?

Raïssa Maximovna Gorbatcheva doit se poser la question. Fêtée en Occident comme le symbole du renouveau soviétique, elle joue en effet une partie bien plus difficile dans son propre pays : cette élégante brune d'une cinquantaine d'années a choisi de rompre avec la tradition et de sortir de l'ombre dans laquelle se cantonnaient les épouses des maîtres successifs du Kremlin. Aux côtés de Mikhaïl Gorbatchev lors de ses déplacements, dans le monde « capitaliste » comme dans les provinces

d'URSS, elle s'est forgée une image de star à l'étranger, mais elle irrite plus d'un *apparatchik* soviétique. La *Pravda* en parle, n'en parle pas, en parle à nouveau : nullement dues au hasard dans un pays où la presse est le reflet du pouvoir, ces apparitions en dents de scie montrent bien qu'il est plus facile d'évoquer Shakespeare à Londres que l'émancipation à Moscou.

Résultat : le public soviétique ignore tout ou presque de Raïssa Gorbatchev, née Titorenko. Les Occidentaux, eux, ont tenté de percer un peu ce mystère, alléchés qu'ils étaient par les premières apparitions surprenantes de cette femme de goût et de tête chez les couturiers français et dans les bijouteries britanniques. Pour le moment, la récolte est maigre, car aucune biographie officielle – et *a fortiori* complète – n'existe. Tout juste a-t-on appris qu'elle est docteur de philosophie marxiste-léniniste et auteur d'une étude sur les kolkhozes (fermes collectives) de Stavropol, ancien fief de son mari dans le lointain Caucase; est-elle de la famille de Souslov, l'ancien faiseur de rois du Kremlin? ou alors nièce de Gromyko, comme la rumeur en a circulé? On ne connaît de sa famille que la beauté de sa fille Irina qui a frappé plus d'un photographe occidental sur la Place rouge, et sa petite-fille Oxana.

Depuis le 11 mars 1985, date de l'arrivée au pouvoir de son mari, Raïssa Gorbatchev a posé un premier jalon pour officialiser son statut délicat : elle est membre du présidium du Fonds pour la culture, créé en novembre 1986. Est-elle l'inspiratrice d'une nouvelle politique dans ce secteur ou applique-t-elle simplement les idées de son mari? Toujours est-il que c'est précisément dans le domaine de la culture que les choses ont le plus bougé en URSS. Des films longtemps interdits sont enfin projetés, des pièces de théâtre controversées sont à l'affiche, les peintres non officiels peuvent montrer leurs tableaux naguère maudits, le rock et le jazz ont droit de cité. Autre initiative à laquelle Mme Gorbatchev s'est étroitement associée : le lancement, début 1987, d'une édition russe du magazine allemand *Burda*, avec ses recettes de cuisine, ses photos de mode et surtout ses patrons... convoités comme des trésors dans un pays où la qualité et l'élégance des vêtements relèvent de l'utopie. Puis elle a favorisé l'ins-

tallation d'une usine de confection de Pierre Cardin et fait venir l'exposition des créations d'Yves Saint-Laurent à Moscou et Leningrad, mettant ainsi à profit les rencontres avec ces deux couturiers lors de sa visite à Paris en automne 1985.

Cultiver et embellir la femme soviétique, c'est donc par là que Raïssa a commencé à l'évidence sa révolution à elle. Il reste que l'inégalité entre les sexes n'a pas bougé d'un pouce en deux ans de règne gorbatchevien. Les emplois les moins bien rémunérés sont toujours le lot des femmes; comme avant, ce sont elles qui assument la triple charge du travail à plein temps, du ménage et des files d'attente aussi longues aujourd'hui qu'hier. C'est peut-être dans cette différence entre l'image de la femme libérée et cultivée projetée par Raïssa et la vie quotidienne en URSS qu'il faut chercher les limites de son action. Et de sa « popularité ».

Le premier accroc est intervenu en mars 1987 : le *New York Times* a annoncé qu'une vidéocassette circulait à Moscou pour illustrer – l'image vaut mieux que le ragot – les goûts de luxe de la nouvelle « tsarine » : achats de bijoux avec une carte *American Express* (la version « or » de surcroît, comme si les *babouchkas* pouvaient faire la différence...), visites chez les couturiers les plus réputés à Paris et quatre robes différentes dans la journée. A défaut de pouvoir tirer directement sur le mari qui secoue des milliers de bureaucrates bien installés et réticents à tout changement, on le vise à travers sa femme : dénigrez, il en restera toujours quelque chose.

Regula Schmid

Georges Ibrahim Abdallah

A cause de lui, Paris a été mis à feu et à sang en septembre 1986; si l'on en croit les policiers, c'était pour forcer sa sortie d'une prison où il est détenu depuis octobre 1984. Geor-

ges Ibrahim Abdallah a assurément le profil type du terroriste international tel qu'on se plaît à l'imaginer.

Glacial, changeant de nationalité,

porteur de « vrais-faux » passeports qui témoignent des soutiens étatiques dont il bénéficie, cet ancien instituteur âgé de trente-cinq ans a utilisé plus d'une dizaine d'identités au fil de voyages incessants à travers l'Europe et le Proche-Orient. Ni sa comparution devant la cour d'assises chargée de le juger le 23 février 1987 à Paris ni la manière dont il a accueilli – en riant – sa condamnation à perpétuité n'ont contribué à changer cette image. « Si notre peuple ne m'a pas confié l'honneur de participer aux actions anti-impérialistes que vous m'attribuez, au moins j'ai l'honneur d'en être accusé et de défendre leur légitimité face à la criminelle légitimité des bourreaux », assène-t-il, impassible, à ses juges, avant de quitter la salle du tribunal, en conclusion d'un long morceau de bravoure décliné dans la langue de bois archéomarxiste qu'il aime utiliser.

L'analogie avec l'archétype du terroriste s'arrête pourtant à ces « signes extérieurs ». Ni rejeté de sa société, ni pauvre, Abdallah n'a pas connu le désespoir de tant de jeunes Palestiniens qui ont grandi dans des camps de réfugiés dans la hantise de bombardements israéliens ou de massacres que savent aussi perpétrer les « frères » arabes.

Chrétien libanais, doté d'une solide culture politique, connaissant parfaitement l'Europe et la France, Abdallah milite dès l'âge de quinze ans. D'abord au PPS (Parti populaire syrien), un parti libanais comme son nom ne l'indique pas, né dans le sillage du fascisme méditerranéen et partisan de la « Grande Syrie ». Après un flirt avec les communistes, il quitte le PPS pour rejoindre les organisations palestiniennes comme des centaines de militants de la gauche libanaise au début des années soixante-dix. Abdallah choisit le Front populaire (FPLP, marxiste) de George Habache et les « services spéciaux » de cette organisation. Son ami Waddi Haddad aussi : d'Entebbe à Mogadiscio, ce dernier est l'homme de tous les détournements d'avion des

années soixante-dix et du massacre de l'aéroport de Lod.

En 1977, Abdallah quitte le FPLP, pour les mêmes raisons que Waddi Haddad qui reproche à l'organisation de George Habache de ne pas « utiliser partout dans le monde la violence armée révolutionnaire contre l'impérialisme américain, les chiens sionistes et leurs complices européens ». « Contact » entre différentes fractions libanaises et la gauche communiste européenne, travaillant pour les services de sécurité syriens et surtout algériens, restant toujours en rapport avec le FPLP, Abdallah ambitionne dès lors de remobiliser l'extrême gauche européenne sur une base « réellement anti-impérialiste ». Il fréquente donc la Fraction armée rouge allemande et les Brigades rouges italiennes et croise, de la Syrie au Sud-Yémen ou en Libye, dans l'Algérie aux pays de l'Est, les grands noms du terrorisme international : Carlos, l'Arménien Agop Agopian et Anis Naccache qui, des années plus tard, dirigera le commando qui tentera d'assassiner à Paris l'ancien Premier ministre du chah, Chapour Bakhtiar. Pourtant, à l'inverse de Carlos ou d'Abou Nidal, Abdallah est autre chose qu'un tueur mercenaire : il est un militant aux convictions profondes.

En 1980, il fonde les fameuses Fractions armées révolutionnaires libanaises (FARL). C'est en fait un petit groupe – frères, cousins, amis, tous chrétiens – du village maronite désormais célèbre dans le monde entier et dont Abdallah est originaire : Kobeyat, dans la plaine du Akkar au Nord-Liban. Nul mieux que Joseph, le frère aîné de Georges, n'expliquera comment la solidarité familiale, clanique, y soude les hommes et les femmes : « La famille joue sur le plan politique le rôle de cellule dans le parti unique », écrit-il dans sa thèse de troisième cycle soutenue à Paris en 1983. Plus encore que l'« arabo-marxisme » de Georges et de ses amis – « je suis un combattant arabe », proclame-t-il à son procès –, c'est cette logique clanique qui soude les FARL. Et en novembre 1981, celles-ci frappent en Europe : un attentat manqué puis, tour à tour, l'assassinat de l'attaché militaire américain à Paris, Charles Ray, et d'un diplomate israélien, Yacov Barsimantov. Dès l'arrestation d'Abdallah, le clan de Kobeyat se remobilise, mais cette fois pour sauver l'un des siens. D'abord en tentant de l'échanger contre un diplomate français enlevé à Tripoli, puis au prix d'une démesure meurtrière dans les rues de Paris, dont ils ne sont d'ailleurs pas les seuls responsables, les « services » des pays de la région s'étant empressés de leur prêter main-forte, voire de les relayer complètement.

Si contre toute attente – et en dépit des engagements pris par le gouvernement français envers ses amis et ses « protecteurs » algériens – une « cour spéciale » l'a condamné à finir ses jours en prison, Georges Ibrahim Abdallah peut ne pas se départir de son sang-froid : comme un autre détenu célèbre, Anis Naccache, il a l'intime conviction qu'en fin de compte sa libération ne se décidera pas devant un tribunal.

José Garçon

John K. Singlaub

Le 21 mai 1987, John K. Singlaub, général en retraite des États-Unis, la soixantaine bien portée, le cheveu ras, les oreilles bien dégagées, entre dans une salle du Congrès, afin de témoigner sur son rôle dans le grand scandale de l'« Irangate-Contragate ». « Je suis un héros de l'Amérique », soutient-il, « ce que j'ai fait, c'était pour aider les combattants de la liberté au Nicaragua contre le communisme ! »

De fait, les *contras* (les contre-révolutionnaires opposés au régime sandiniste) lui doivent beaucoup : il avoue 5,7 millions de dollars expédiés en deux ans et l'ouverture de comptes bancaires en Suisse afin de permettre aux rebelles de s'approvisionner sur le marché ; il avoue également avoir fait partie d'un vaste plan secret, monté par le lieutenant-colonel Oliver North, membre du Conseil national de sécurité à la Maison Blanche ; un plan destiné à aider la *Contra* malgré les avis négatifs formulés à plusieurs reprises par le Congrès. Une action illégale qui dure depuis plus de deux ans.

Mais, précisément, le général n'est pas un débutant en la domaine : en 1944, le jeune Singlaub appartient à une unité spéciale de l'OSS (les premiers services secrets américains) dans le cadre de l'opération Jedburgh. Cette opération ultra-secrète vise à détruire l'infrastructure allemande en France par le parachutage de commandos derrière les lignes ennemies, en liaison avec la résistance. Un de ses chefs d'équipe lui sera bien utile par la suite : William Casey, devenu chef de la CIA (Central Intelligence Agency) entre 1981 et 1986. Après la guerre, les *jed-teams* sont envoyées en Asie du Sud-Est ; Singlaub assure la liaison pour la CIA en Chine puis en Mandchourie avant de devenir lui-même chef de l'antenne de la CIA à Séoul pendant la guerre de Corée.

Au milieu des années soixante, devenu spécialiste de la guerre non conventionnelle (ou de « faible intensité »), il prend la tête d'une unité spéciale en contact avec la CIA et le Pentagone, le MACVSOG. C'est cette unité qui est à l'œuvre lors de la fameuse opération *Phoenix* dans la guerre du Vietnam : le plan initial, préparé par la CIA, prévoyait l'élimination des cadres vietcongs du Sud-Vietnam par la disparition pure et simple de leur environnement. L'opération dérape ; on parle de vingt mille à cent mille morts, de tortures, d'exécutions sommaires et de « bavures » diverses lors de transferts de populations dans des hameaux stratégiques.

Du MACVSOG proviennent en

partie les membres du futur « réseau North » : John Singlaub lui-même, les généraux Harry (« Heinie ») Aderholt et Richard Secord, Nestor Sanchez, le colonel Robert Brown, Andy Messing et bien sûr, à un niveau subalterne à l'époque, le futur lieutenant-colonel North. S'y trouvent également associés, pour le compte de la CIA, Theodore Shackley et Thomas Clines, et, dans une moindre mesure, le général Edward Landsdale. Désormais, ces hommes ne se perdront plus de vue.

A la fin 1978, le général Singlaub est chef d'état-major de l'armée américaine en Corée. Après une dispute avec le président Jimmy Carter quant à l'opportunité de maintenir des troupes dans ce pays, Singlaub démissionne avec perte et fracas. Politiquement ultraconservateur, il s'engage très vite dans l'American Security Council, émanation du lobby des officiers supérieurs réservistes. En 1980, il participe aux activités d'une organisation internationale, contrôlée en fait par Taïwan, la Corée du Sud, l'Arabie saoudite et les États-Unis : la Ligue anticommuniste mondiale (WACL) dont il crée en 1981 la branche américaine, le Conseil américain pour la liberté du monde (USCWF). A cette date, il contribue sans doute déjà à l'élaboration d'un plan à long terme visant à faire sous-traiter par le secteur privé les guerres anticommunistes où les États-Unis ne peuvent pas directement intervenir. C'est le cas en particulier du Nicaragua où, depuis 1979, Washington soutient la *Contra* par l'intermédiaire des services secrets argentins et de mercenaires américains dirigés par une « équipe secrète » dont les chefs sont entre autres Shackley, Clines et Secord.

En 1981, Ronald Reagan donne l'autorisation à la CIA d'intervenir et, très vite, l'opinion publique et le Congrès, atteints par le « syndrome vietnamien », s'y opposent. En 1983, Singlaub s'assure le contrôle de la WACL et dispose ainsi d'un réseau international qu'il va mobiliser pour la *Contra*. A la même époque, il prend la tête d'un comité secret au Pentagone composé des meilleurs experts de la guerre « de faible intensité » dont Messing, Aderholt et Landsdale, afin de préparer un rapport sur l'Amérique centrale. Ce rapport sera étudié attentivement au Conseil national de sécurité par Oliver North, chargé depuis peu du dossier. Messing a confirmé par la suite que les membres de ce comité ont fait appel au secteur privé lorsque le Congrès a refusé en octobre 1984 de voter l'aide à la *Contra*. Au même moment, North a demandé à l'équipe secrète de reprendre ses activités auprès des forces antisandinistes.

Quand le scandale éclate, en novembre 1986, Singlaub est accusé directement, mais il nie : « J'ai envoyé de l'argent, mais pas d'armes », dit-il. Il finira par avouer la vérité.

Cheville ouvrière du « Contragate », Singlaub est-il fini comme le sont apparemment les autres protagonistes ? Pas sûr ! Depuis l'irruption du scandale, il vit en partie aux Philippines où il rencontre, comme par hasard, des officiers supérieurs opposés à Cory Aquino. Petit, borné, avec ses oreilles en chou-fleur qui l'ont fait surnommer Mickey Mouse par ses ennemis, le général Singlaub, reconnu comme un excellent organisateur, a, semble-t-il, du mal à prendre sa retraite.

Pierre Abramovici

TENDANCES

1986. *Les catastrophes naturelles*

« Catastrophes naturelles » ou « catastrophes et nature »? 1986, ordinaire pour les catastrophes naturelles, a marqué pour les désastres technologiques : *Challenger*, Tchernobyl, la « mort du Rhin ». Moins meurtriers que le gaz du lac Nyos au Cameroun, mais ruineux, ils touchent l'orgueil des pôles industriels. On dit : carences dans le système de décision de la NASA et dans le pilotage du réacteur soviétique. Bavures, donc? Plutôt une perte de sensibilité à la nature dans des sociétés productivistes, même soucieuses de protection de l'environnement.

La désintégration de la navette spatiale *Challenger* (janvier 1986) vient du refus de décideurs de compter avec un événement climatique rare mais connu, un *northern* (advection froide) réfrigérant le pas de tir de la navette. Double carence : on ne sent plus les fluctuations du temps, et, imbu de *high tech*, prisonnier des capacités de décision de systèmes-experts, on méprise les lois élémentaires de la physique (la perte d'étanchéité de joints par rétraction au froid).

Une même légèreté explique l'emballement du réacteur de Tchernobyl, (avril 1986), cataclysme, hélas, représentatif. Combien d'incidents jugulés *in extremis*, pas seulement en URSS, dus à l'insuffisante attention à des problèmes de transit et de refroidissement des fluides dignes de l'ère pré-électronique. Les dirigeants soviétiques ont aussi minimisé les aléas du climat : malades du secret, ils ont parié sur une contamination proche, contre la réalité variable des flux. Un « retour d'Est », non imprévisible, explique les retombées en Scandinavie et Europe centrale, qui les ont forcés à parler.

La pollution du Rhin à Bâle (novembre 1986), presque banale après Seveso et Bhôpal, signifie qu'en stockant des déchets très toxiques chez Sandoz, on a écarté l'idée simple qu'ils puissent se retrouver – quand il faut noyer un incendie – là où finit le cycle de l'eau local, au *Vater Rhein*.

Fausses et vraies catastrophes

En fait, on tend à refuser les aléas du temps dans les sociétés urbaines. Depuis trois hivers dans l'hémisphère nord, on se scandalise de la *récurrence des vagues de froid* avec les mêmes jérémiades (temps détraqué, etc.); mais aussi la même impréparation. En France, on revoit les routiers paralysés sans gazole adapté, les services parisiens dépassés par la neige, les pontes d'Électricité de France frémir devant la courbe de consommation qui sollicite le réseau. On déleste, renvoyant sans préavis à l'obscurité et au froid pré-électriques quartiers et régions. Après tout, ces coups de froid sont de fausses catastrophes vues par des sociétés nanties.

Le vrai drame ne se noue-t-il pas avec *les sécheresses et inondations* auxquelles est voué le monde tropical, sec, pauvre? Pourtant, en 1986, à mesurer les faits, c'est le monde riche des États-Unis qui est le plus touché : en février, la Californie subit neuf jours d'orages qui enchaînent de dantesques inondations, d'où émergent, surréalistes, les échangeurs des *highways,* des glissements de terrain et des avalanches. En tout, dix-huit morts, trente mille sans-abri, sept mille maisons à rebâtir, un désastre pour les cultures délicates. En juillet, une canicule de 40° C sur le Sud-Est décime les élevages avicoles, sèche le maïs, les deux tiers du coton, la moitié du soja (2 milliards de dollars), fait plus de quarante victimes. C'est un tableau « sahélien » : champs pulvérulents, troupeaux exsangues, etc.

En Afrique, en revanche, la sécheresse cède devant la pluie. Mais sans disparition magique de lourdes séquelles, du fait de l'insécurité;

en Éthiopie, la rude politique de « villagisation » ajoute au traumatisme de populations affaiblies par la famine. Et il y a encore des îlots de sécheresse au Soudan, où les affamés servent d'otages aux rebelles, et au Mozambique, guetté par l'anarchie; dans chaque pays, deux millions de ventres-creux hantent les chemins. Et la pluie ramène la menace des criquets; on a noté des foyers d'explosion du fléau, éteints au fort de la sécheresse.

Mobilité de l'écorce terrestre

De surcroît, fait rarissime, l'Afrique fait aussi la une pour les catastrophes d'origine tectonique, avec celle qui a anéanti au Cameroun (21 août 1986) plus de mille sept cents personnes et tout leur bétail. Cataclysme curieux qui excite les chercheurs : comment a pu s'échapper du profond lac de cratère Nyos une grosse bulle de gaz carbonique, d'oxyde de carbone et d'hydrogène sulfuré, pour emprunter une vallée fertile, y asphyxiant tout? Microséisme, glissement sous-lacustre, basculement de la stratification thermique des eaux? L'effet a été sinistre, comme une démonstration de la bombe à neutrons : vie animale détruite, décor intact. En même temps, à l'autre bout du monde, en Alaska, on a assisté à un phénomène aussi singulier, mais moins dramatique : la crue du glacier Hubbard (quinze mètres par jour), à la joie des savants accourus, au grand dam des pêcheurs : le fjord Russell, barré, devient un lac d'eau douce qui menace de se déverser dans la rivière à saumons Situk. Ces deux raretés, en émoustillant l'intérêt scientifique, ont rejeté dans l'ombre *l'activité sismique, modeste en 1986, des ceintures méditerranéenne et pacifique*. Calamata (Messénie grecque) a été secouée (septembre 1986) par un choc de 6,2 (vingt morts, trois cents blessés, nombre d'immeubles réputés antisismiques détruits, dont la plupart des occupants étaient heureusement sur le port). San Salvador (Amérique centrale) subit en octobre un séisme moyen (5,2), mais quatre cents morts, six mille blessés, des destructions étendues sanctionnent le mauvais état du bâti, surtout dans les *slums* périphériques.

Le niveau réduit des vraies catastrophes naturelles en 1986 n'empêche pas de redouter des cataclysmes futurs majeurs, capables de compromettre définitivement des équilibres planétaires, du fait des activités humaines, et pas seulement nucléaires (après Tchernobyl). La crainte eschatologique d'une Apocalypse insidieuse s'alimente à de réelles menaces. La forêt reste la première visée. Le rythme de disparition des espèces s'accélère avec le recul massif (− 44 %) de *la forêt tropicale humide*. Or, sur 7 % du globe, elle en abrite la moitié, stock de diversité génétique nécessaire pour pallier les risques de dégénérescence des lignées domestiques à haute productivité. Inquiétude encore plus fondamentale avec *le trou noir de l'ozone atmosphérique* observé depuis 1983, surtout au-dessus de l'Antarctique. Cycle naturel, ou effet de la destruction de l'ozone par les chlorofluorocarbonés, produits pervers de la civilisation industrielle dans ses aspects futiles (bombes aérosols)? On peut frémir : la vie sur la Terre, protégée des ultraviolets par la couche d'ozone, est vraiment en jeu.

Jean-Jacques Dufaure

La montée des Églises et des sectes afro-chrétiennes

Le 17 octobre 1986, à Kigali (Rwanda), la Cour de sûreté de l'État jugeait deux cent quatre-vingt-dix-huit membres de quatre

« sectes » illégales (les Témoins de Jéhovah, les Sauvés, les Tempérants d'Afrique centrale, et les Enfants de Dieu repentants) et prononçait des peines de quatre à douze ans d'emprisonnement ferme à leur encontre. Le 25 décembre 1986, à Port-Gentil (Gabon), vingt-cinq Témoins de Jéhovah étaient arrêtés dans leur temple et condamnés le 13 janvier 1987 à des peines de prison « pour maintien d'association dissoute ». Le même jour, à Yaoundé (Cameroun), l'archevêque catholique, Mgr Jean Zoa, menaçait de sanctions ecclésiastiques les prêtres de son diocèse qui pratiquaient le rite fétichiste du « Tso » et qui allaient jusqu'à immoler un cabri au cours de la messe pour conjurer le malheur.

Encore en décembre 1986, à Bingerville (Côte d'Ivoire), le gouvernement faisait arrêter Jeannot Koudou, « le Christ noir de Lakota », qui, depuis une dizaine d'années, attirait les foules par ses exorcismes, ses guérisons et sa lutte farouche contre les sorciers.

En cette fin de décennie, l'Afrique croyante connaît une effervescence qui, on le voit, n'est pas sans inquiéter les instances politiques et religieuses établies. Trois phénomènes caractérisent la situation religieuse de l'Afrique à la fin des années quatre-vingt :

– L'attrait des religions, associations et sectes étrangères venues principalement d'Amérique et d'Asie. Si la Franc-Maçonnerie européenne et la Rose-Croix (AMORC et Max Heindel) recrutent intensément parmi les élites des capitales africaines, des organisations comme celles de Moon, le Mahikari, Eckhankar, la Foi Baha'ïe, ou des sectes comme celles des Témoins de Jéhovah, des Étudiants de la Bible, des Adventistes du septième jour... font chaque jour de nombreux adeptes dans tous les milieux. La virulence de certaines d'entre elles et leur contestation sans nuance des symboles du pouvoir établi expliquent l'attitude répressive des autorités locales à leur endroit.

– Le retour aux religions ancestrales est la deuxième caractéristique du paysage religieux africain. Il se manifeste sous forme de cérémonies traditionnelles publiques et solennelles, de pratiques individuelles occasionnelles, de croyances revalorisées. Aux yeux de beaucoup, l'abandon de la religion des ancêtres a conduit les sociétés africaines à une impasse. D'où également la tentative de certains qui, comme V.K. Damuah, ex-prêtre ghanéen, ex-ministre du gouvernement révolutionnaire de Jerry Rawlings et fondateur de la religion « Africania », veulent redynamiser et moderniser la religion traditionnelle. Condamnées à une mort certaine par des africanistes et des ethnologues de renom, les religions ancestrales se montrent plus que jamais vivaces au sein des populations.

– Le troisième phénomène, qui retiendra ici toute l'attention, est la montée des Églises et des sectes afro-chrétiennes, créées par des Africains. Elles combinent pour la plupart des croyances, des pratiques et des symboles africains avec des éléments du christianisme choisis et retenus selon des critères spécifiques.

Contestation du christianisme occidental

Le christianisme tel qu'il fut introduit en Afrique subsaharienne il y a un siècle et demi par les catholiques, les protestants et les orthodoxes venus d'Europe et d'Amérique s'est trouvé très rapidement confronté à un phénomène de dissidence et de contestation dont l'ampleur ne cesse d'étonner ou d'inquiéter les observateurs de tous bords. Chaque année, en effet, depuis le début du siècle, mais plus particulièrement depuis la fin de la Seconde Guerre mondiale, un nombre toujours croissant d'Africains fondent des communautés ou

Tableau 1. Situation des Églises afro-chrétiennes en 1967

	Nombre d'Églises et de sectes		Nombre d'adhérents
Afrique occidentale			
Total	783		918 600
Nigéria		500	
Ghana		200	
Afrique centrale			
Total	576		1 212 600
Zaïre		500	
Afrique orientale			
Total	339		980 000
Kénya		160	
Afrique australe			
Total	3 260		3 719 000
Afrique du Sud		3 000	
Total	4 958		6 750 200

des mouvements religieux autonomes se réclamant du christianisme mais n'ayant aucun lien juridique avec les Églises établies par les missionnaires. Les chiffres du tableau 1 donnent une idée de cette intense fermentation, de ce que d'aucuns appellent le « champignonnage » ou la « prolifération » des Églises nègres.

En 1987, on peut estimer à environ 10 000 le nombre total des Églises et mouvements afro-chrétiens et à 33 millions celui de leurs adeptes, sur un total continental de 150 millions de baptisés. En vingt ans, ils ont connu une rapide croissance, comme le montre le tableau 2.

Il ne s'agit là que de simples estimations, souvent en deçà de la réalité. Les mêmes causes produisant les mêmes effets, on ne prévoit pas de ralentissement notable du phénomène d'ici à l'an 2000.

Pourquoi une telle explosion continue du christianisme africain? Les raisons en sont à la fois multiples et complexes.

Elles tiennent d'abord à la nature du christianisme, religion du Livre, et soumis de ce fait à la diversité des interprétations et à l'émergence de courants contestataires et de formations dissidentes. Depuis ses origines, l'Église n'a jamais été une, et, bien avant Luther, des milliers de dissidents avaient fondé quantité de mouvements et de sectes aux fortunes diverses. La même tendance se vérifie et se perpétue aujourd'hui en Afrique au fur et à mesure que la *Bible* est traduite en langues africaines, réinterprétée et réappropriée.

Tableau 2. Évolution du nombre d'Églises et de sectes afro-chrétiennes (estimations)

	Nigéria	Ghana	Zaïre	Kénya	Afrique du Sud
1967	500	200	500	160	3 000
1987	900-1 000	500	800	800	5 000 (?)

Pluralisme africain

Ce foisonnement s'explique aussi par le contexte particulier de l'Afrique : l'extrême diversité des peuples, des langues et des coutumes, ainsi que les difficultés séculaires de coexistence entre ethnies antagonistes constituent pour les confessions chrétiennes autant de causes potentielles de dissensions et d'éclatements. Le christianisme missionnaire s'étant présenté divisé et sectarisé, il a induit les néophytes africains à suivre l'exemple de la pluralité et de la division. La situation coloniale de l'Afrique, ainsi que le contexte d'apartheid prévalant en Afrique du Sud ont puissamment contribué à susciter un fort courant de contestation et de rejet des institutions et du pouvoir blancs, courant initié ou canalisé par des leaders religieux vénérés comme des martyrs ou comme de véritables « messies noirs ». Dans la mesure où le christianisme apporté par les missionnaires n'a pas su pénétrer l'âme africaine ni combler ses aspirations, une profonde insatisfaction devant un christianisme demeuré par trop occidental et étranger a poussé à la fondation d'Églises et de communautés plus spécifiquement enracinées dans les traditions et dans la sensibilité africaines. Enfin – mais ceci n'est pas particulier à l'Afrique –, certains fondateurs de sectes ne sont que d'habiles exploiteurs de l'angoisse et de la crédulité des masses, qui, sous couvert de religion, édifient de véritables entreprises d'escroquerie. Ces centaines de *business churches* sont d'ailleurs aussi éphémères que farfelues.

Quelles seront les tendances, d'ici à l'an 2000 ? On peut s'attendre à une plus grande vigilance des États et gouvernements africains à l'égard des Églises et sectes africaines dont la prolifération et le non-conformisme semblent déstabiliser la société. Des tentatives de restructuration institutionnelle interne (hiérarchie, diète, juridiction), de fusions ou d'alliances interconfessionnelles, et même d'affiliation au Conseil œcuménique des Églises seront faites par nombre d'Églises afro-chrétiennes en quête de reconnaissance ; par ailleurs, le besoin de formation religieuse solide poussera certaines Églises à la fondation d'écoles bibliques ou de facultés théologiques pour les leaders (comme la déjà « vieille » Faculté de théologie kimbanguiste de Kinshasa). Enfin, les querelles internes dues surtout à la rivalités de personnes continueront d'ébranler l'unité des Églises les plus récentes et provoqueront de multiples scissions.

Le tournant du XXIᵉ siècle s'annonce donc comme une ère de turbulences où foisonneront de nouveaux prophètes et messies africains qui laisseront sans doute derrière eux d'innombrables Églises et sectes afro-chrétiennes.

Sidbé Semporé

BIBLIOGRAPHIE

ASCH S., *L'Église du prophète Kimbangu. De ses origines à son rôle actuel au Zaïre,* Karthala, Paris, 1983.

DESROCHES H., *Dieux d'hommes : dictionnaire des messianismes et millénarismes de l'ère chrétienne,* Mouton, Paris, 1969.

LANTERNARI V., *Les mouvements religieux des peuples opprimés,* Maspero, Paris, 1962.

ROSNY de E., « Les Églises indépendantes africaines. Fonction sociale et originalité culturelle », *Études,* n° 358, janvier 1983.

SEMPORÉ S., « Le défi des Églises afro-chrétiennes », *Lumière et Vie,* n° 159, septembre-octobre 1982.

SUNDKLER B., *Bantu Prophets in South Africa,* Oxford University Press, Londres, 1961.

Les Robins des Bois du développement

Le vent de polémique qui a soufflé en France en 1985 et 1986 à propos du tiers mondisme a placé les organisations non gouvernementales au centre du débat. Leur essor, dans les années soixante et soixante-dix, a pris de multiples chemins conduisant, progressivement, à une meilleure prise en compte des conditions nécessaires à une réelle efficacité de l'action volontaire en faveur du développement. Depuis le début des années quatre-vingt, l'évolution a semblé s'accélérer. L'utilisation des médias, le recours à des techniques de sensibilisation et d'action de plus en plus spectaculaires – à l'image de Band Aid – ont peu à peu dessiné un nouveau paysage de la solidarité.

Les organisations non gouvernementales sont-elles devenues des « entreprises de charité » et leurs responsables des hommes d'affaires vendant la cause qui leur est chère? L'auteur, en décrivant notamment l'évolution française – qui, bien que particulière, est significative –, situe les termes des débats en cours.

S'agissant de la lutte contre le sous-développement ou contre la faim, c'est d'abord aux organisations non gouvernementales (ONG) que les opinions publiques occidentales accordent leur confiance. Divers sondages en font foi. Est-ce parce que « les Robins des Bois du développement », comme les appelait A. W. Klausen, l'ancien président de la Banque mondiale, doivent faire parler d'elles et savent le faire? C'est un fait que, dans les relations Nord-Sud, le rôle des ONG est devenu incontournable. Même les gouvernements semblent l'admettre : pour l'ensemble des pays de l'OCDE, les subventions publiques accordées aux organisations bénévoles ont augmenté et représentent en 1987 le tiers des disponibilités financières des ONG.

Le boom des ONG

Au total, en 1983, les organisations humanitaires ont transféré vers les pays en voie de développement (PVD) quatre milliards de dollars, soit le dixième de l'aide publique au développement. Dix mille volontaires européens bénévoles (dont mille cinq cents Français) travaillent dans divers pays d'Afrique, d'Amérique Latine et d'Asie. Dans la plupart des pays riches, le nombre des ONG n'a cessé de croître : sur les cent trente ONG que compte le Japon, soixante-dix avaient moins de dix ans en 1986. Dans les PVD eux-mêmes, elles sont encore plus nombreuses : les estimations varient de dix à vingt mille, l'Afrique faisant encore une fois figure de parent pauvre comparée à l'Asie et à l'Amérique latine. Pour le seul milieu rural du Bangladesh, il y en aurait plus de cinq cents. Pour les trois continents du Sud, B. Schneider, dans *La Révolution aux pieds nus* (Fayard, 1986), a évalué à cent millions le nombre de paysans bénéficiaires ou membres d'une ONG de développement.

La première impression qui domine est celle d'une grande diversité de situations. Au Nord et davantage encore au Sud, l'appellation ONG recouvre des réalités fort disparates, pour ne pas dire contradictoires. Trois éléments semblent cependant devoir être retenus pour les caractériser :

— Un rapport spécifique à l'argent et au profit; les valeurs de désintéressement et de gratuité sont fortement perçues et revendiquées.

— Un rapport spécifique aux gouvernements, aux partis et, de façon générale, à la politique; l'apolitisme est constitutif de l'identité même dans la mesure où il s'agit précisément d'une organisation non gouvernementale.

— Enfin, un rapport spécifique à l'espace international et plus précisément à l'espace Nord-Sud; il est le théâtre d'activités diverses : transfert de personnel, de denrées, d'argent, d'informations, etc.

Petites ou grandes, anciennes ou nouvelles, nationales ou locales, confessionnelles ou laïques, indépendantes ou rattachées à un syndicat, une municipalité, un parti politique, une Église ou même une entreprise; avec ou sans volontaires, de courte ou de longue durée (plus de deux ans); spécialisées ou non sur un village, un pays ou un continent du Sud; concentrant ou non leurs efforts sur un domaine particulier (santé, éducation, enfance, alimentation), les ONG, en France, se comptent par milliers. Le volume des activités salariées ou bénévoles qu'elles canalisent ne cesse de s'accroître : les réunions internes ou publiques se comptent par dizaines de milliers; les bulletins, par millions, les *mailings*, par dizaines de millions et le montant cumulé de leurs ressources financières s'élève à un milliard trois cents millions de francs (selon les chiffres fournis pour 1985 par la Commission coopération et développement mise en place par Jean-Pierre Cot). 69 % de ces ressources sont transférés dans les PVD. L'Afrique en absorbe la moitié. Les actions de développement, les secours d'urgence et les frais occasion-

LA PART CROISSANTE DES SUBVENTIONS GOUVERNEMENTALES
DANS LES RESSOURCES DES ONG
(en millions de dollars constants de 1982)

	Fonds propres		Subventions publiques		Total		Total/habitant 1983 en dollars
	1973	1983	1973	1983	1973	1983	
Australie	30	38	0,25	12	30	50	3,3
Belgique	21	35	10	32	31	67	6,7
Canada	123	125	20	118	143	243	10
France	12	44	—	17	12	62	1,2
RFA	287	398	—	190	287	588	9,5
Japon	15	27	1	28	16	54	0,4
Pays-Bas	30	120	—	97	30	217	15
Royaume-Uni	101	106	6	5	107	121	2,3
Suède	34	83	11	40	45	123	15
États-Unis	1 760	1 272	—	573	1 760	1 845	8,5
Ensemble OCDE	2 550	2 408	72	1 217	2 621	3 624	5

NB — De 1973 à 1983, la part des subventions dans les ressources totales des organisations non gouvernementales des pays de l'OCDE est passée de moins de 3 % à 34 %. La part de ces mêmes organisations dans l'aide au développement a baissé de 14 % à 11 %.

Source : OCDE, Comité d'aide au développement.

nés par les volontaires représentent respectivement la moitié, le quart et le dixième des dépenses réalisées sur le terrain.

Pour certaines ONG, les subventions publiques constituent l'essentiel des recettes. Par exemple l'Association française des volontaires du progrès fait l'objet d'une ligne spéciale au budget du ministère de la Coopération. Le ministre, J.-P. Cot (1981-1982), avait fortement accru l'accès des ONG à des fonds publics. En 1987, Michel Aurillac l'a réduit de 30 %. En 1983, quand le gouvernement français donnait un franc à des ONG françaises, celui du Canada en donnait six (cf. tableau). De 1976 à 1986, les ONG françaises ont reçu plus d'argent de la CEE que du gouvernement français.

Les apports des entreprises ou des mairies au budget des ONG sont marginaux (moins de 2 %). Restent donc les contributions volontaires privées. De plus grands encouragements fiscaux, la modernisation des méthodes de récolte de fonds *(fund raising)*, la médiatisation des situations d'urgence (« les camions de l'espoir » en faveur du Sahel, les concerts de Live Aid à Wembley et Philadelphie, puis celui de La Courneuve pour l'Éthiopie) ont contribué à leur augmentation. Un certain

nombre d'ONG françaises ont plus de cinq cent mille noms dans leur ordinateur et disposent d'un budget supérieur à cent millions de francs (Médecins sans frontières, Comité catholique contre la faim et pour le développement, Comité français pour l'UNICEF...)

Mais quelle que soit l'estimation retenue, les Français (avec vingt francs par personne et par an) restent moins généreux pour « les pauvres du Sud » que les Belges, les Hollandais, les Allemands ou les Nord-Américains. Pour trouver plus avares, il faut aller au Japon, en Espagne ou en Italie, ou encore dans les pays de l'Est qui n'ont pas d'ONG. En 1986, les Nord-Américains ont versé, à titre bénévole, deux milliards de dollars pour les PVD. A elle seule, la Fondation Rockefeller en a transféré quatre cents millions. Une puissante ONG nord-américaine, Care, a un budget de cent seize millions de dollars. Celui de World Vision est deux fois plus gros. Le Catholic Relief Service

JE LEUR DONNERAIS BIEN À MANGER À CEUX-LÀ MAIS ILS NE PARLENT PAS FRANÇAIS !!!

PLANTU

dépasse les quatre cents millions et fait deux fois moins que la Croix-Rouge.

Cantonniers et ambulanciers

Certaines ONG ont pour principal objectif de soutenir des groupes sociaux existant dans les PVD, de manière à leur permettre de renforcer leur pouvoir culturel, social et politique. D'autres insistent plutôt sur les performances techniques et économiques. D'autres encore s'efforcent de porter remède à certaines manifestations d'extrême pauvreté : absence d'eau potable, sous-alimentation, analphabétisme. Un petit nombre (Frères des hommes, Terre des hommes, Peuples solidaires, etc.) s'attachent à intervenir en France même pour modifier les mentalités, les comportements ou encore les décisions des gouvernements ou des entreprises. L'importance de leurs groupes ou réseaux locaux leur donne une réelle densité associative. En ce qui concerne l'amélioration de l'environnement international dans un sens plus favorable aux habitants du tiers monde, un certain nombre de succès peuvent être enregistrés à leur actif : modification des politiques d'aide alimentaire en France et au niveau européen; adoption par l'assemblée générale de l'Organisation mondiale de la santé (OMS) d'un code de conduite concernant la commercialisation des aliments pour nourrissons, etc.

Dans les années 1984-1985, les secours d'urgence aux pays frappés par des catastrophes naturelles ou politiques (avec volontaires blancs, le plus souvent des infirmières ou des médecins s'activant parmi les décombres) ont à nouveau occupé le devant de la scène, et les querelles ont parfois été vives entre les « cantonniers » du développement et les « ambulanciers ». Ici, la générosité et la compétence du volontaire; là, l'appui à la capacité d'entreprendre du partenaire local. Ici, aucune frontière ne doit venir entraver le libre exercice du droit à porter assistance à personne en danger; là, souci d'améliorer un environnement international souvent défavorable aux initiatives des PVD, puisque ce sont eux qui peuvent et doivent être les protagonistes de leur propre développement.

BIBLIOGRAPHIE

Bettati M., Dupuy P.-M., *Les ONG et le droit international*, Economica, Paris, 1986.

Boucher J.D., *Volontaires pour le tiers monde*, Karthala, Paris, 1986.

Condamines C., « Le grand bazar de la charité », *Le Monde diplomatique*, septembre 1986.

Condamines C., « Voyage au cœur des ONG : fric, business et bons sentiments », *Croissance des jeunes nations*, n° 294, mai 1987.

Gueneau M.-C., *Afrique : les petits projets de développement sont-ils efficaces?*, L'Harmattan, Paris, 1986.

Joly C., *ONG françaises et développement*, Economica, Paris, 1985.

Rouillé d'Orfeuil H., *Coopérer autrement*, L'Harmattan, Paris, 1984.

Schneider B., *La révolution aux pieds nus*, Fayard, Paris, 1986.

La question est désormais posée de savoir si le rôle d'une O N G se limite à organiser la charité privée des riches en faveur des pauvres, étant entendu que le développement ne peut être l'affaire des seuls gouvernements et agents économiques.

Est-il vrai, oui ou non, que si elles se mêlent de développement, les O N G sortent de leur domaine et mélangent dangereusement des genres qui doivent être soigneusement distingués ?

Charles Condamines

La social-démocratie européenne sur la défensive

En repli général en Europe du Nord, en position toujours dominante en Europe du Sud, la situation de la social-démocratie européenne est contradictoire : ses bastions traditionnels s'effritent alors que ses conquêtes les plus récentes renforcent sa capacité de résister à la montée des partis conservateurs. L'élection du nouveau président du Parlement européen (en janvier 1987) a donné une mesure assez fidèle du rapport de forces global qui prévaut en Europe avec la courte victoire du conservateur britannique, sir Henry Plumb, soutenu par le bloc compact du centre-droit. La social-démocratie reste la première force politique en Europe, mais elle se trouve en position défensive, faute de pouvoir agréger autour d'elle une majorité électorale et politique.

La situation la plus inquiétante est celle des sociaux-démocrates d'Europe du Nord : le travaillisme britannique, divisé, est toujours minoritaire, du fait de l'hémorragie persistante d'électeurs au profit de l'Alliance centriste (libéraux et sociaux-démocrates dissidents du Labour) ; le Parti du travail néerlandais (PVDA) a connu une sévère défaite aux législatives (mai 1986) face aux démocrates-chrétiens et le Parti socialiste autrichien (SPÖ), en recul, a dû concéder au Parti populiste (ÖVP) un gouvernement de coalition, formé en janvier 1987. Surtout, le parti dominant du socialisme européen et international, le Parti social-démocrate allemand (SPD), a échoué aux élections de janvier 1987 dans sa tentative de reconquête du pouvoir.

Europe du Nord : l'État-providence battu en brèche

Dans chaque cas, les raisons du recul s'expliquent par des facteurs spécifiques : au Royaume-Uni, les lacérations du Labour et l'irréalisme de sa politique de défense ont été déterminants. En Autriche, l'usure du pouvoir et la décadence du groupe dirigeant ont pesé lourd. En République fédérale d'Allemagne, le problème principal est un problème de fond qui se retrouve dans tous les autres partis : face au libéralisme économique pratiqué par les démocrates-chrétiens et libéraux, le SPD peut-il encore prôner le vieux modèle d'État-providence des années cinquante et soixante dont il fut le principal promoteur et défenseur ? La crise économique mondiale, la crise fiscale de l'État, l'internationalisation accélérée de la production, des échanges et des circuits financiers, la troisième révolution industrielle réduisent à néant les conceptions traditionnelles des socialistes, fondées sur un État social, moteur de la croissance, du plein emploi et de la redistribution des richesses. Mais la reconnaissance de l'inadaptation du vieux modèle se heurte aux aspirations d'une large partie de la base sociale et électorale du parti (sans toutefois l'emporter comme dans le cas du Labour, dont l'aile gauche défend une position ultra-ouvriériste).

La réflexion qui s'est poursuivie en 1986 au sein du S P D est, de ce point de vue, significative.

Depuis 1977 et la prise de conscience des mutations qui s'amorçaient, le S P D a amorcé la mise au point d'un nouveau programme fondamental destiné à remplacer le vieux programme de Bad-Godesberg, approuvé il y a un quart de siècle (1959). Sous la pression des thèmes écologistes et pacifistes dont l'essor coïncide avec le début des travaux des commissions, les principes du futur *Grundsatzprogramm* (adoptés dès 1985) intègrent une vision de l'avenir de l'humanité nettement pessimiste qui tranche avec l'optimisme évolutionniste et productiviste de 1959 : l'humanité est menacée par un double danger de mort, nucléaire et écologique, la responsabilité de la paix et de la nature doit donc être le fondement de toute politique. Sur cette trame de fond qui emprunte à la philosophie des Verts, le S P D a tenté de bâtir un programme fidèle à sa vocation du « travail pour tous » et de la recherche de la cohésion sociale (contre la « société des deux tiers »). C'est en 1986 que le programme fondamental aurait dû être achevé et approuvé afin de servir de base à la plate-forme électorale du parti. Il n'en a rien été, les tenants de la gauche radicale (qui avaient donné le ton aux travaux des commissions) ne parvenant pas à trouver un compromis crédible avec l'aile modérée du parti, soucieuse avant tout de garder la confiance de l'électorat traditionnel du S P D, moins

concerné par l'environnement et ne croyant guère aux vertus de l'économie environnementale pour résoudre le problème du chômage. Le programme de compromis élaboré pour les élections de janvier 1987 a finalement permis d'éviter l'hémorragie des votes traditionnels, mais il n'a pas permis d'enrayer l'ascension des Verts dans les nouvelles générations et chez les intellectuels.

Le S P D se trouve ainsi face à un problème incontournable : tout virage écologiste lui aliénerait les votes ouvriers et tout repli sur la ligne traditionnelle le voue à demeurer minoritaire. Cette hésitation est largement à l'origine de la crise de la direction, qui a abouti à la démission anticipée de Willy Brandt en mars 1987 et à son remplacement à la présidence par Hans-Jochen Vogel, homme de compromis mais chef de file des modérés, qui ont pu tuer dans l'œuf les tentatives de prise de contrôle du parti par la gauche moderniste et son chef de file, Oskar Lafontaine, leader de ce socialisme pacifiste et écologiste. La perte du *Land* de Hesse (bastion traditionnel du S P D) début avril 1987, après la rupture de la coalition S P D-Verts, a bien montré les données du problème, trois mois à peine après l'échec aux législatives.

Europe du Sud : l'épreuve du pouvoir

Au pouvoir depuis quelques années seulement, après de longues années dans l'opposition et la minorité, les socialistes d'Europe du Sud ne connaissent pas – ou pas encore – ces problèmes. Dans aucun pays du

─────── **BIBLIOGRAPHIE** ───────

GLOTZ P., « La gauche allemande fait mouvement ». *Politique aujourd'hui,* nº 13, mars-avril 1986.

GLOTZ P., « Manifeste pour une nouvelle gauche européenne », *Projet,* nº 203, janvier-février 1987.

Sud, la concurrence écologiste ne se fait vraiment sentir au moment où l'effondrement du communisme ou sa stagnation donnent enfin une position hégémonique aux partis socialistes (à l'exception de l'Italie).

1986 a été une année exceptionnellement favorable pour ce socialisme du Sud. En Espagne, le Parti socialiste ouvrier espagnol (PSOE) a gagné triomphalement les élections législatives en juin malgré un léger effritement (44,5 % contre 48 % en 1982, mais la majorité absolue aux Cortes), après l'avoir emporté en mars au référendum sur le maintien de l'Espagne dans l'OTAN, seul contre tous les autres partis. Au Portugal, en février, Mario Soarès a réussi à renverser la tendance pour vaincre le candidat conservateur aux élections présidentielles. En France, l'échec aux élections législatives de mars tient davantage à l'effondrement du parti communiste qu'au résultat du PS qui, avec 32 % des suffrages, a enregistré le meilleur résultat de son histoire après les élections exceptionnelles de juin 1981. Si l'on y ajoute le maintien du PASOK (Mouvement panhellénique socialiste) au pouvoir en Grèce et les progrès du Parti socialiste italien aux élections législatives de juin 1987, c'est un maintien global de l'influence socialiste dans cette région qu'il faut constater. Ayant accédé récemment aux responsabilités gouvernementales, jouant habilement des divisions de leurs adversaires, se présentant davantage comme des forces de modernisation sociale que comme des partis sociaux-démocrates traditionnels, ces partis ont réussi l'épreuve du pouvoir.

1986 a cependant enregistré les premières fêlures dans cette hégémonie : le PS français a dû abandonner le gouvernement et le PASOK a perdu les élections locales d'octobre 1986 du fait de son incapacité à résoudre la crise sociale et économique ; le PSOE a dû faire face durant l'hiver 1986-1987 à une révolte étudiante de grande ampleur causée par la sélection à l'entrée des universités et la peur du chômage. En Italie, après de nombreuses péripéties, Bettino Craxi a dû abandonner le pouvoir en avril 1987. En Europe du Sud aussi, la crise économique éprouve les socialistes qui n'échapperont peut-être pas aux défis qui interpellent leurs camarades du Nord.

Hughes Portelli

Les populations carcérales en Occident

Les statistiques pénales se prêtent difficilement aux comparaisons internationales : comme celles du chômage, elles appartiennent en effet à un domaine bien souvent obscurci par l'importance des enjeux sociopolitiques qu'il soulève. Pour les pays d'Europe de l'Est et la plupart des États du tiers monde, obtenir des données fiables sur la population des prisons reste une gageure. Si on se limite à l'Occident, les difficultés techniques inhérentes à toute démarche comparative se trouvent accentuées par la diversité des systèmes juridiques et des institutions répressives ; diversité que l'on retrouve à l'intérieur même de certains États très décentralisés en la matière (Royaume-Uni, États-Unis, Canada...). Des efforts ont cependant été accomplis depuis 1983 sous l'égide du Conseil de l'Europe par la mise en place d'une statistique périodique sur la population carcérale des États membres. La présentation qui suit s'appuie sur ces données, complétées par d'autres sources concernant les États-Unis, le Canada et le Japon.

Premier indicateur permettant de

mesurer la dimension des populations carcérales, le *taux de détention* est obtenu en rapportant le nombre de personnes détenues, à une date donnée, au nombre d'habitants (tableau 1). Au 1ᵉʳ septembre 1986, les pays du Conseil de l'Europe comptaient 65 détenus pour 100 000 habitants. Ce taux est bien inférieur à ceux de l'Amérique du Nord (le taux canadien est presque double, celui des États-Unis plus que quadruple), mais nettement supérieur à celui du Japon (de l'ordre de 50).

Cette mesure recouvre en fait des situations très variables : de moins de 30 à plus de 100 pour 100 000. On constate, en première approximation, que le taux de détention a tendance à augmenter avec le nombre d'habitants. Les pays dont le nombre d'habitants est inférieur à 1 million ont des taux particulièrement faibles (Malte : 29 pour 100 000 ; Islande : 34 ; Chypre : 41). Avec plus de 88 détenus pour 100 000, le Luxembourg fait exception à cette règle.

Pour les pays dont la population est comprise entre 3 et 15 millions, les taux de détention varient entre 45 et 70 pour 100 000 (Norvège : 48 ; Suède : 49 ; Irlande : 52 ; Belgique : 62 ; Danemark : 65 ; Suisse : 67). Mais on trouve dans cet ensemble deux pays ayant des taux très faibles (Pays-Bas : 34 et Grèce : 39) et deux pays où ils sont élevés (Portugal : 82 et Autriche : 102).

Quant aux pays dont le nombre

Tableau 1. Conseil de l'Europe : dimension et structure des populations carcérales

	Total de la population carcérale [a]	Taux de détention pour 100 000 [a]	Accroissement annuel moyen de l'effectif en % [b]	Proportion de prévenus en % [a]	Proportion de femmes en % [a]
Autriche	7 778	102,5	− 2,5	23,0	3,8
Belgique	6 193	62,2	− 1,7	51,1	3,6
Chypre	229	41,0	6,8	7,0	2,8
Danemark	3 322	65,0	2,1	26,9	4,3
Espagne	25 059	64,6	19,6	46,4	5,3
France [c]	47 628	84,0	8,0	45,9	3,9
Grèce	3 780	38,8	0,4	26,3	4,3
Irlande	1 853	52,4	8,1	5,6	2,9
Islande	83	34,3	13,3	6,0	4,8
Italie	43 685	76,3	1,8	51,8	5,0
Luxembourg	323	88,5	9,7	37,2	5,0
Malte	95	28,8	− 0,7	50,5	8,4
Norvège	2 021	48,5	1,4	22,2	...
Pays-Bas	4 906	34,0	7,0	40,5	2,8
Portugal	8 100	82,0	10,0	40,9	4,3
RFA	53 619	87,9	− 4,6	23,3	3,8
Royaume-Uni	53 971	95,3	2,5	21,9	3,4
Suède	4 098	49,0	− 2,5	18,9	4,6
Suisse	4 300	66,6	2,4	25,6	5,2
Turquie	52 718	102,3	− 11,6	41,6	3,9

a. 1.9.1986 ; b. 1.9.1983-1.9.1986   c. Départements d'outre-mer compris.

d'habitants est supérieur à 30 millions, ils ont plus de 75 détenus pour 100 000 habitants (Italie : 76 ; France : 84 ; RFA : 88 ; Royaume-Uni : 95 ; Turquie : 102). Seule l'Espagne a un taux de 65 pour 100 000.

Si la connaissance de ces taux est un préalable à toute analyse comparative, il convient de ne pas tirer de conclusions hâtives des écarts observés. En effet, l'effectif de la population carcérale, à une date donnée, sur lequel repose le calcul du taux de détention peut connaître des variations importantes sur de courtes périodes – variations saisonnières (vacances judiciaires...) ou conjoncturelles (amnisties, grâces collectives...). On doit aussi s'interroger sur la composition des populations selon le statut pénal – en particulier le poids de la détention provisoire. Par ailleurs, le taux de détention ne fournit qu'une vision purement statique de la situation : deux indices voisins peuvent parfois recouvrir des situations très différentes en termes de mouvements de population et de durées de détention.

Des évolutions contrastées

A partir des données produites par le Conseil de l'Europe depuis 1983, on peut observer une augmentation continue du taux de détention moyen. Mais cette tendance à la hausse recouvre encore des situations très différentes. L'accroissement annuel moyen a été particulièrement élevé dans les pays suivants : Chypre (7 %), Pays-Bas (7 %), France (8 %), Irlande (8 %), Luxembourg (10 %), Portugal (10 %), Islande (13 %), Espagne (20 %). Pour montrer l'importance de ces taux, on peut calculer qu'une population évoluant à taux d'accroissement annuel constant égal à 7 % verrait son effectif doubler en dix ans. La période de doublement est de moins de quatre ans pour un taux de 20 %. En revanche, dix États ont connu une certaine stabilité (accroissement compris entre – 2,5 % et + 2,5 %). Seuls deux pays ont vu leur population carcérale diminuer de façon subs-

Tableau 2. Dimension et structure des populations carcérales aux États-Unis, au Canada et au Japon

	États-Unis	Canada	Japon
Total de la population carcérale	696 884 [a]	27 099 [c]	54 569 [e]
Taux de détention pour 100 000	291,7 [a]	107,8 [c]	45,7 [e]
Accroissement annuel de l'effectif en %	5,5 [b]	– 1,8 [d]	0,3 [f]
Proportion de prévenus en %	16,0 [a]	12,5 [c]	17,7 [e]
Proportion de femmes en %	5,3 [a]	. . .	4,0 [e]

a. 1.1.1985 ; b. 1984 ; c. Moyenne sur l'année fiscale 1984-1985 ; d. 1983-1985 ; e. 1.1-1984 ; f. 1983.

tantielle : la RFA (– 5 %) et la Turquie (– 12 %). Quant aux populations des prisons canadiennes et japonaises, elles connaissent une certaine stabilité, alors qu'aux États-Unis, la croissance du nombre de détenus, qui était de plus de 5 % en 1984, semble s'être accélérée depuis (tableau 2).

L'analyse de la structure selon le sexe fait apparaître une grande homogénéité des situations (la proportion de femmes dans les prisons occidentales étant presque partout inférieure à 6 %). Il n'en va pas de même quand on s'intéresse au statut juridique des détenus. En effet, la population des prisons n'est pas seulement constituée de personnes exécutant une peine privative de liberté mais aussi de « prévenus » dont la proportion varie de façon considérable d'un pays à l'autre. Ainsi, certaines populations sont presque exclusivement composées de condamnés (Irlande, Islande, Chypre) alors que dans d'autres, plus d'un détenu sur deux n'a pas encore fait l'objet d'une condamnation définitive (Italie, Belgique, Malte). De manière plus globale, une distinction assez nette se dessine entre l'Europe du Nord, les îles Britanniques et l'Europe germanique, où les taux de prévenus sont généralement infé-

rieurs à 25 % – comme d'ailleurs aux États-Unis, au Canada et au Japon –, et le reste de l'Europe où plus de 40 % des détenus sont prévenus (à deux exceptions près : Chypre et la Grèce).

Durées moyennes de détention : un à dix mois

Les informations qui précèdent concernent l'effectif et la structure des populations à un instant donné –

DE TOUTES FAÇONS ILS NE SONT JAMAIS CONTENTS !

statistiques dites « de stock ». Mais il est important de noter que l'effectif de ces populations résulte de mouvements considérables – statistiques de « flux ». A partir du nombre d'incarcérations en 1985, on a calculé des *taux d'incarcérations* – nombre d'entrées de l'année rapporté au nombre moyen d'habitants sur la période (tableau 3). La dispersion est grande, ce taux variant de 81 pour 100 000 (Malte) à 729 (Danemark). Mais un problème de définition se pose. Dans les enquêtes du Conseil de l'Europe, on se réfère à la notion « d'entrée » et non à celle de « personne ». Une même personne peut donc être comptabilisée plusieurs fois (incarcérations pour une même affaire à différentes étapes du processus pénal, incarcérations pour différentes affaires). La fréquence de ces incarcérations multiples d'une même personne peut évidemment varier d'un pays à l'autre en fonction du cadre juridique et des pratiques judiciaires.

Enfin, pour avoir une vision plus dynamique des populations étudiées, il est intéressant de mettre en relation le nombre d'entrées et l'effectif des détenus à un instant donné. Il est ainsi possible d'estimer les durées moyennes de détention (D) en effectuant le quotient des effectifs moyens de 1985 (P) par le flux d'entrées de cette période (E) – durée exprimée en mois $D = 12 \times P/E$. Les nombres obtenus, d'un mois au Danemark à plus de dix mois au Portugal, doivent être considérés comme des indicateurs de ces durées et non comme le résultat d'une mesure. A la lecture

Tableau 3. Conseil de l'Europe : flux d'incarcérations et durées de détention

	Nombre d'incarcérations [a]	Taux d'incarcération p. 100 000 [a]	Proportion de prévenus à l'entrée (%) [a]	Indicateur de la durée moyenne de détention en mois [a]
Autriche	. . .	. . .	. . .	. . .
Belgique	19 879	199,8	74,7	3,8
Chypre	626	116,2	23,6	3,5
Danemark	37 621	728,6	51,7	1,0
Espagne	73 058	189,6	90,3	3,6
France (métro.)	82 917	150,2	80,0	5,7
Grèce [b]	10 108	103,5	28,6	4,3
Irlande [b]	6 276	178,9	33,0	3,0
Islande	349	145,2	42,4	3,2
Italie	91 762	161,1	82,6	5,7
Luxembourg	617	169,0	77,6	5,2
Malte	269	81,3	70,3	3,9
Norvège	10 712	258,4	32,0	2,1
Pays-Bas [b]	25 500	175,9	. . .	2,3
Portugal	10 457	106,3	82,0	10,5
RFA	99 051	162,3	. . .	6,8
Royaume-Uni	207 565	367,7	40,9	3,1
Suède	. . .	. . .	. . .	. . .
Suisse [b]	27 487	387,3	62,9	1,9
Turquie	116 903	232,8	74,1	7,2

a. 1985, sauf précision contraire ; b. 1984.

de ces indicateurs, on constate que c'est la durée de détention plutôt que la fréquence des incarcérations qui détermine l'ampleur des taux de détention. Ainsi, à l'exception du Royaume-Uni, les pays dont le taux de détention est supérieur à 75 détenus pour 100 000 doivent cette situation à la longueur des durées de détention – plus de cinq mois – plutôt qu'à l'importance des entrées dont le nombre est, en valeur relative, inférieur à la moyenne européenne. Nous ne disposons pas de données de flux pour les États-Unis et le Japon. Au Canada, le taux d'incarcérations – comme le taux de détention – est supérieur à tous les taux européens – 794 pour 100 000 sur l'année fiscale 1984-1985 –, la durée moyenne de détention étant en revanche très faible (1,6 mois).

Il est tentant de tirer des conclusions sur le caractère plus ou moins répressif de tel ou tel pays à partir d'une description comparative des statistiques pénitentiaires au plan international. L'exercice est périlleux, car l'effectif de la population des prisons, sa composition et ses modes de renouvellement résultent d'un processus complexe où interviennent la fréquence et la gravité des infractions commises; l'efficacité des services de police; la rigueur de la loi et l'application qu'en font les juges; les modalités d'exécution des peines (remises de peine, amnisties, libérations conditionnelles...). Si les problèmes de comparaisons rencontrés dans le cadre pénitentiaire sont considérables, ils le sont encore bien davantage en amont du processus pénal – activités des services de police et des juridictions – où le manque de bases de données internationales se fait durement sentir.

Pierre Tournier

BIBLIOGRAPHIE

ANCEL M. (sous la dir. de), « Les systèmes pénitentiaires en Europe occidentale », *Notes et études documentaires,* n° 4645-4646, 1981.

« Libéral nous voilà : prisons privées, le refus », *Justice,* n° 113, janvier 1987.

TOURNIER P., *Rapport sur la démographie carcérale dans les États membres du Conseil de l'Europe,* Sixième conférence des directeurs d'administration pénitentiaire, Conseil de l'Europe, Strasbourg, 1983.

TOURNIER P., *Quelques données statistiques sur les populations carcérales des États-Unis, du Canada et du Japon,* Centre de recherches sociologiques sur le droit et les institutions pénales, CNRS, Paris, 1986.

L'environnement, luxe des pays riches?

Mars 1987 : début de « l'Année européenne de l'environnement ». Objectifs : sensibiliser, informer, convaincre, susciter de nouveaux efforts, rassembler les énergies. Quinze ans après les grandes prises de conscience (Rapport du Club de Rome, Conférence de Stockholm, etc.) l'environnement reste une préoccupation importante pour les populations des pays développés.

Pourtant un certain nombre de progrès ont été enregistrés : la pollution de l'air dans les villes a diminué ; la qualité de l'eau s'est améliorée ; la fréquence des « marées noires » s'est réduite ; les systèmes de traitement et de gestion des déchets, industriels ou ménagers, se sont perfectionnés ; les émissions dans l'environnement de produits chimiques persistants (PCB, DDT, mercure) ont été réduites ; la protection de zones naturelles s'est étendue ; certaines espèces menacées de la flore et de la faune sauvages ont vu leurs populations s'accroître...

Ces progrès doivent finalement assez peu au ralentissement de la croissance économique, et beaucoup plus aux politiques volontaires entreprises. Au Japon, par exemple, les émissions d'oxydes de soufre ont diminué de 77 % tandis que le PIB augmentait de 60 %. Ils restent inégalement répartis : aux États-Unis et dans le nord de l'Europe, deux tiers des habitants sont désormais desservis par une station de traitement des eaux usées, contre un tiers dans l'Europe du Sud et au Japon. Enfin, ces progrès n'ont eu, selon l'OCDE, que des « conséquences modérées sur les prix » tandis que des « effets positifs sur l'emploi » ont été mis en évidence dans plusieurs pays. Mais tout ne va pas pour le mieux dans le meilleur des mondes (développés) : dans tous les domaines évoqués ci-dessus, des problèmes subsistent, d'autres sont apparus.

Les plus préoccupants sont sans doute la pollution à grande échelle de l'atmosphère par les oxydes d'azote et de soufre et les hydrocarbures, ainsi que le transport à longue distance de leurs dérivés (oxydants photochimiques, composés acides). Nul ne doute plus aujourd'hui qu'ils sont des composants majeurs du « dépérissement des forêts ». Après avoir ravagé l'Europe centrale, celui-ci s'est étendu à tous les pays d'Europe, sans y prendre toutefois même dimension tragique. Il n'épargne pas les États-Unis et le Canada.

La préservation de l'environnement dans les pays riches est un éternel recommencement. On consomme moins de pétrole, plus de charbon et de nucléaire ? Les problèmes se déplacent sans disparaître, de nouvelles inquiétudes surgissent. Le mouvement écologiste Greenpeace sauve les baleines, mais voilà qu'on s'inquiète pour les oursins. Mais si rien n'est jamais définitivement acquis, rien, ou presque, n'est jamais définitivement perdu non plus. Le pessimisme radical n'est plus de mise. « On va tous crever », certes, mais finalement moins vite que nos aïeux ou les habitants des régions pauvres du globe. Et si « 80 % des cancers sont dus à l'environnement » (Centre international de recherches sur le cancer de Lyon), le tabac, l'alcool et les erreurs alimentaires sont autrement plus coupables que

BIBLIOGRAPHIE

AFME-CAS, *Des watts pour la vie,* Les cahiers de « Systèmes solaires », Paris, 1987 (8, rue de Richelieu 75001 Paris).

AIMEDIEU P., « Inquiétante disparition de l'ozone dans l'Antarctique ? », *La Recherche,* n° 186, octobre 1986.

KEMPF C., PIANTANIDA T., *Les forêts meurent aussi,* Bueb & Reumaux, Strasbourg, 1986.

OCDE, *L'état de l'environnement 1985,* OCDE, Paris, 1985.

THEYS J. et al., *L'environnement face à la crise,* GERMES, Paris, 1987 (23, rue Froidevaux, 75014 Paris).

la pollution urbaine ou les retombées de Tchernobyl. Bref, les « dégâts du progrès » (cent dix millions de personnes exposées à des niveaux de bruit trop importants dans les pays de l'OCDE, par exemple) ne l'emportent pas sur ses avantages.

Tiers monde : crise du bois, de l'eau

La situation est bien différente dans les pays « en développement ». La crise du bois de feu, la dégradation des sols cultivables, le manque d'eau potable, l'asphyxie des villes menacent directement la survie de millions d'hommes et de femmes. Cent millions de personnes souffrent déjà de la pénurie de bois (source d'énergie principale d'un habitant du globe sur trois) : ils seront deux milliards dans vingt ans, selon la FAO, tandis qu'auront disparu 40 % des forêts tropicales. Le surpâturage, la déforestation abusive, l'irrigation mal contrôlée, les cultures d'exportation, le raccourcissement des jachères ont déjà entraîné la stérilisation ou la dégradation d'une superficie de terres voisine de celle actuellement cultivée – plus de dix millions de kilomètres carrés. Ces pratiques sont liées, bien sûr, à la croissance démographique, mais tout autant au maintien de systèmes fonciers profondément inégalitaires... En Afrique et en Asie, la désertification ne cesse de gagner du terrain : vingt millions d'hectares perdus chaque année – le tiers de la France. La crise de l'eau concerne indistinctement populations rurales et urbaines; plus d'un milliard de personnes n'ont aucun accès à l'eau potable, près de deux ne disposent d'aucune installation sanitaire. Les maladies d'origine hydrique touchent un milliard d'individus. Dans les mégapoles du « Sud » – plus de quarante compteront plus de quatre millions d'habitants en l'an 2000 –,

les problèmes de déchets et de pollution de l'air sont plus qu'inquiétants. Selon un groupe de cent intellectuels mexicains, l'intoxication par le plomb de nombreux habitants de Mexico serait déjà cinq fois supérieure au seuil de toxicité, par exemple.

L'environnement, ce « luxe des pays riches », est en fait la question centrale du « type de développement » du reste du monde. Des solutions existent pourtant. Dans la double crise du bois de feu et de l'eau (donc de l'alimentation), loin des grands réseaux d'électricité et des structures d'approvisionnement régulier en combustibles liquides, les énergies renouvelables, par exemple, peuvent jouer un rôle utile. Mais au-delà de leurs aspects purement techniques, c'est leur capacité à s'intégrer dans des projets de développement assumés par les populations locales qui sera décisive – la qualité prime sur la quantité dans les rapports de coopération Nord-Sud et « l'aide au développement ».

Trop-plein de CO_2 et trou d'ozone

Si l'inégalité face à l'environnement est donc la règle, deux menaces globales pèsent sur tous les habitants de la planète sans distinction. La première est liée à l'augmentation de la teneur de l'atmosphère en gaz carbonique. Elle pourrait, par « effet de serre », augmenter la température moyenne à la surface du globe, et en bouleverser les climats. Origines de cette augmentation : l'ensemble de nos combustions énergétiques, et la destruction accélérée du principal régulateur à court terme de la teneur en CO_2 de l'atmosphère : la végétation, et d'abord les forêts tropicales. Mais rien ne prouve pour l'instant que cette augmentation de CO_2 – avérée – puisse être reliée au réchauffement constaté sur un siècle environ –

de 1850 à 1950. Augmentation relativement minime par comparaison avec celles du passé.

Seconde menace : la destruction de la couche d'ozone de la haute atmosphère, protégeant l'ensemble des êtres vivants des effets destructeurs des rayons ultraviolets « durs » du soleil. Principal agent de cette destruction : les chlorofluorocarbones (CFC), utilisés dans les réfrigérateurs, les bombes aérosols et certaines mousses. L'inquiétude déjà ancienne des chercheurs s'est accrue à la suite de la découverte, en mai 1985, par trois spécialistes britanniques, d'un véritable « trou » dans notre couverture d'ozone au-dessus de l'Antarctique. Ce « trou » s'observe à la fin de l'hiver austral, et se creuse régulièrement depuis la fin des années soixante-dix. En fait, les particularités de la circulation atmosphérique au-dessus du pôle Sud font de cette région, isolée de longs mois durant des zones contiguës de l'atmosphère, un accélérateur de la destruction de l'ozone par les CFC. C'est, au minimum, un indicateur à surveiller de près.

Cédric Philibert

Les réfugiés dans le monde

Douze millions de réfugiés dans le monde! Jamais, sans doute, depuis la fin de la Seconde Guerre mondiale, on n'a compté un si grand nombre de personnes déplacées. Qui sont-elles au juste? Aux termes de la Convention relative au statut des réfugiés, adoptée par la conférence des Nations Unies le 28 juillet 1951, et le protocole additionnel de 1967, est réfugié quelqu'un « qui, craignant avec raison d'être persécuté du fait de sa race, de sa religion, de sa nationalité, de son appartenance à un certain groupe social ou de ses opinions politiques, se trouve hors du pays dont il a la nationalité et qui ne peut ou, du fait de cette crainte, ne veut se réclamer de la protection de ce pays ».

En 1951, le problème était encore essentiellement européen. L'Occident, relevé de la guerre, accueillait alors ses frères de culture, venant pour la plupart de l'autre côté du rideau de fer. Dans les années soixante, le problème s'est rapidement déplacé vers les pays du tiers monde : guerres de libération nationale, processus de décolonisation plus ou moins bien préparés, frontières mal découpées, problèmes tribaux, ethniques et politiques ont créé autant de situations explosives qui ont engendré les premiers réfugiés en Afrique et en Asie.

Le phénomène a pris une ampleur sans précédent à partir des années soixante-dix, avec des mouvements de plus en plus massifs : immigrations catastrophiques de près de dix millions de Biharis en Inde en 1971, exodes dus aux guerres d'Indochine (Sud-Vietnamiens après la chute de Saïgon en 1975, Laotiens et Cambodgiens après la vietnamisation de leur pays) et, depuis 1980, départ des familles de résistants afghans et d'Éthiopiens, fuyant la famine.

Dans les années quatre-vingt, le phénomène s'est aggravé non seulement du fait de l'accroissement du nombre des réfugiés, de la multiplication des zones de tension et de la persistance de ces crises, mais aussi par la tendance d'un nombre toujours plus grand de réfugiés à chercher asile en Europe. Ce phénomène est lié à la démocratisation des voyages, à l'attrait d'un Occident « ouvert et libéral », mais pour certains, il peut masquer aussi une tentative d'immigrer pour des raisons purement économiques, quand le profil de « persécuté politique » peut servir à contourner les lois sur l'immigration. Les *jet people* des années quatre-vingt ont succédé aux *boat people* des années soixante-dix. L'Europe a pris peur!

Et pourtant! La vieille « Mère-Europe », patrie du droit d'asile, avec ses 700 000 réfugiés, n'héberge que 6 % du nombre total de personnes à la recherche d'un pays d'accueil. Si les demandeurs d'asile posent problème en Europe occidentale, inquiètent les autorités et interpellent les opinions publiques, c'est surtout parce qu'ils arrivent de pays toujours plus lointains, et à un rythme qui s'est fortement accéléré depuis le début des années quatre-vingt. Aux Hongrois, Polonais, exilés après 1956, aux Portugais, Espagnols, Tchèques, aux Latino-Américains et Indochinois des années soixante-dix, ont succédé Kurdes, Afghans, Iraniens, Haïtiens, Africains et Tamouls dont les différences de langue, de mentalités et de culture sont autrement plus problématiques pour les pays d'accueil.

80 % de réfugiés dans le tiers monde

Mais le problème a cessé d'être l'apanage des pays européens. Le phénomène a basculé vers les pays en voie de développement, où se trouvent plus de 80 % de la population réfugiée du monde. Là précisément, hélas, où les infrastructures locales sont généralement peu aptes à recevoir brusquement plusieurs dizaines, voire des centaines de milliers de réfugiés et à leur assurer les moyens d'une survie élémentaire. L'Afrique, à elle seule, abrite plus de cinq millions de réfugiés, principalement concentrés dans la Corne de l'Afrique (sept cent mille en Somalie) et au Soudan (plus d'un million). La guerre civile en Éthiopie, la sécheresse et la faim, ont condamné plus d'un million de personnes à l'exil vers les pays voisins. Le Zaïre et la Tanzanie, qui jouxtent des États en proie à des conflits armés (Angola, Ouganda, Soudan et Mozambique) se situent aussi en bonne place parmi les pays d'accueil.

Le continent asiatique vient en seconde position : trois millions d'Afghans réfugiés au Pakistan, deux millions en Iran, et toujours des centaines de réfugiés indochinois – Laotiens, Cambodgiens, Vietnamiens – condamnés à l'attente dans des centres de transit en Malaisie, en Indonésie, à Hong-Kong ou en Thaïlande, dans l'espoir d'une hypothétique réinstallation en Occident. En fermant le camp de Khao-I-Dang, à la fin de 1986, les autorités thaïlandaises ont manifesté leur lassitude de voir se prolonger l'attente de milliers de réfugiés cambodgiens sur leurs frontières. Globalement, le nombre de personnes réinstallées diminue : 63 000 en 1984, seulement 47 000 en 1986.

Quel espoir?

Que faire ? Depuis sa création en 1951, le Haut-Commissariat des Nations Unies pour les réfugiés (HCR) a directement aidé plus de vingt-six millions de réfugiés à acquérir un autre statut, par le biais de trois solutions (le cas des réfugiés palestiniens relève de l'UNRWA, l'Office de secours et de travaux des Nations Unies pour les réfugiés de Palestine au Proche-Orient). Le rapatriement volontaire reste, de loin, la solution idéale. Des centaines de Birmans (1978), de Bengalais (1971), de Zimbabwéens (1980), de Guinéens (1984) et d'Argentins (1984), entre autres, y ont eu recours. En revanche, des centaines de milliers de Rwandais désèspèrent, depuis 1959, de pouvoir un jour regagner leurs collines.

Autre solution, l'installation dans le premier pays d'asile. Ainsi, 50 % des 280 000 réfugiés du Vietnam arrivés en Chine populaire sont devenus autosuffisants. En Tanzanie, des communautés entières de Burundais et de Rwandais se sont intégrées au tissu local. De même les Angolais et les Ougandais au Zaïre, les Salvadoriens et les Haïtiens à Panama.

Enfin, le transfert et la réinstallation dans un pays tiers. Sans être la panacée, cette solution continue de

---
BIBLIOGRAPHIE

BETTATI M., *L'asile politique en question*, PUF, Paris, 1985.

Droit d'asile, France terre d'asile, Paris, 1986.

« Le droit d'asile en question », *Hommes et migrations*, nᵒˢ 1095 et 1096, septembre et octobre 1986.

JACQUES A., *Les déracinés*, La Découverte, Paris, 1985.

« Réfugiés : tour d'horizon 1986 », *Réfugiés*, n° 36, décembre 1986.

« Spécial réfugiés », *Croissance des jeunes nations*, n° 288, novembre 1986.

PRINCIPALES DÉPENSES GLOBALES DU H C R POUR 1986 *	
Soudan	74 176 200
Pakistan	70 757 300
Éthiopie	38 279 300
Somalie	36 365 500
Thaïlande	26 755 100
Honduras	13 444 200
Costa Rica	8 944 400
Iran	8 831 600
Philippines	8 304 500
Ouganda	7 303 000
Zaïre	6 146 300
Tanzanie	5 793 300
Malaisie	5 779 400
Afrique de l'Ouest	4 902 400
Hong-Kong	4 332 200
Chine	4 326 000
Algérie	4 027 200
Angola	3 885 300
Indonésie	3 512 700
Italie	3 227 700
* en dollars.	

RÉPARTITION DES RÉFUGIÉS DANS LE MONDE : LES VINGT PREMIERS PAYS *	
Pakistan	2 702 500
Iran	2 300 000
Soudan	1 164 000
États-Unis	1 000 000
Somalie	700 000
Canada	353 000
Zaïre	283 000
Chine	279 800
Burundi	267 500
Tanzanie	212 900
Mexique	175 000
France	174 200
Algérie	167 000
Ouganda	151 000
Inde	136 700
Royaume-Uni	135 000
R F A	134 000
Thaïlande	130 400
Zambie	103 600
Malaisie	99 700
* Chiffres au 1ᵉʳ janvier 1986.	

faire rêver des cohortes entières de réfugiés. Ainsi le Canada a-t-il accueilli entre 1979 et 1985 plus de 130 000 réfugiés de tous les horizons. Près de 100 000 Indochinois se sont installés en France pendant la même période. Les États-Unis un quota annuel de plus de 6 000 places à l'immigration pour les réfugiés.

Mais derrière le mirage de solutions définitives, les problèmes de fond demeurent entiers. L'écrasante majorité des réfugiés contemporains vivant dans les pays du tiers monde ne correspond plus à la définition formelle, et essentiellement individuelle, fournie par la Convention de 1951. Ils appartiennent à une plus vaste catégorie de personnes qui ont quitté en masse leur pays à la suite de conflits armés, de troubles internes ou de tout autre menace physique pesant sur leur sécurité. Or, à défaut de pouvoir éradiquer les causes de l'exil, la communauté internationale et les États responsables devraient créer rapidement les conditions favorables au libre rapatriement des réfugiés et faire en sorte que les camps de transit ne deviennent pas des mouroirs. Mais sur le terrain, rien ne se fera sans la recherche de solutions politiques spécifiques, régionales ou globales, pour éviter que les réfugiés ne deviennent les otages de ceux qui les gouvernent.

Yvan Conoir

LES MÉDIAS
DANS
LE MONDE

La presse dans le monde : les défis de la modernisation

Mirage des images délivrées par satellite aux quatre coins du monde, croissance continue des heures passées devant la télévision, stars du petit écran qui jettent un voile sur les autres professionnels de l'information, écrans télématiques qui apportent à domicile une information spécialisée et ouvrent l'accès à des banques de données dont la capacité de stockage s'accroît de façon décisive avec la mise au point des compact-disques... Comment ne pas se demander si, dans ce tourbillon, la presse écrite ne va pas peu à peu s'étioler en un média de second rang, réduit à un positionnement élitaire, à la fragilité économique faute d'intérêt des annonceurs et des publicitaires et miné par la croissance des coûts techniques et rédactionnels ?

Disons-le tout net : ce scénario de la marginalisation progressive de l'écrit n'est pas le nôtre et les Cassandres se font d'ailleurs maintenant beaucoup plus rares qu'à la fin des années soixante-dix. Non que la concurrence sur le marché publicitaire ne s'aiguise pas, particulièrement en Europe de l'Ouest où les chaînes commerciales de télévision naissent à cadence régulière. Non que la bataille des différents médias des pays développés pour capter l'attention de leur audience ne devienne de plus en plus vive, alors que le temps d'écoute quotidien de la télévision dépasse les trois heures en Grande-Bretagne ou au Japon et s'en approche rapidement en France et en Italie. Mais dans le même temps, la presse quotidienne comme la presse magazine soutiennent un impressionnant mouvement d'adaptation dont les leviers essentiels ont nom modernisation, innovation, diversification, internationalisation et concentration : un mouvement qui frappe l'attention par le niveau des capitaux engagés, le caractère spectaculaire des stratégies mises en

œuvre mais qui accuse le déséquilibre de la production et de la consommation d'information entre pays riches et pays pauvres et pose en termes plus aigus que jamais la question de l'indépendance de la presse.

Modernisation de la fabrication

Si la presse vaut aux yeux de ses lecteurs et dans l'arène sociopolitique par les contenus qu'elle diffuse, elle s'appuie sur une chaîne de production dont la modernisation s'est accélérée au point de faire de chaque décision d'investissement un pari coûteux et risqué. Il a fallu près d'un siècle pour passer de la composition par linotype à la photocomposition et à l'impression offset. Introduits aux États-Unis au début des années soixante-dix, les premiers systèmes rédactionnels appuyés sur l'informatique et l'introduction directe des textes par les journalistes ne sont apparus en Allemagne et en Italie qu'à la fin de la même décennie, plus tardivement encore en France et surtout en Grande-Bretagne où la composition au plomb vient à peine de battre en retraite sous la pression des nouveaux patrons de Fleet Street, Rupert Murdoch (*The Times* et *The Sun*) et Robert Maxwell (*The Daily Mirror*).

L'accélération de la modernisation se confirme avec l'arrivée sur le marché de « systèmes rédactionnels totaux » où le montage des pages, le tirage de plaques offset, le traitement des photos peuvent être assurés par l'ordinateur et confinent le personnel ouvrier aux seules rotatives d'impression. Avec le fac-similé (transmission électronique des clichés des pages), cette impression peut être réalisée à distance et facilite la distribution finale des journaux. Chaque jour, le *Financial Times* est imprimé simultanément à Londres, Francfort, New York et Hong-Kong, certains quotidiens français (*Libération, Le Matin, Le Parisien*, etc.) sortent en même temps des presses de Paris, Nantes, Marseille et Toulouse. L'informatisation de la collecte, du traitement et de la transmission de l'information marque la fin des concentrations ouvrières, l'émergence d'une presse « en gants blancs », où le papillotement des écrans verts remplace le crépitement des télex d'agences et éloigne le martèlement des rotatives. Redistribution des rôles entre journalistes, secrétaires de rédaction, maquettistes, souplesse dans le traitement des photos grâce à leur numérisation, possibilité de fabriquer des suppléments en quadrichromie... Sitôt amorcée, l'informatisation de la production laisse entrevoir des possibilités de renouvellement rédactionnel et graphique immenses... au prix d'investissements que seuls les plus solides pourront réaliser.

Innovation et diversification

Le coût et les risques associés au lancement d'un quotidien dans un marché en croissance lente font de chaque apparition d'un nouveau titre un événement. La Grande-Bretagne n'en est pas avare, avec les quotidiens *Today* en 1985, *The Independant* en 1986, *The London Evening News* en 1987; il suffit quelquefois d'un seul titre pour faire évoluer l'ensemble de la presse vers un ton, une présentation différents : que l'on songe au rôle joué par *Libération* en France, la *Repubblica* en Italie, *El País* en Espagne et dans un autre registre, *USA Today* aux États-Unis, à la suite duquel des centaines de quotidiens américains se sont tapissés de cartes météo abondamment colorées ! Déjà ancienne aux États-Unis, l'adjonction de suppléments thématiques au quotidien tend à se généraliser : elle leur permet de concurrencer directement les magazines en « surfant » sur les modes, le sport et la forme hier, la Bourse et l'économie aujourd'hui. Avec son numéro dominical riche d'une dizaine de sections et dont le poids dépasse 1,5 kg, le *New York Times* incarne-t-il une version achevée de ce modèle ? En fait, peu de marchés publicitaires en Europe peuvent soutenir une telle inflation et la voie suivie par *Le Figaro* en France paraît plus vraisemblable : des suppléments moins nombreux mais au format magazine et en couleurs.

Face au torrent d'informations déversé en continu par la radio et depuis peu par la télévision (par exemple, le développement de *Cable News Network* dans le monde entier), les lecteurs des journaux indiquent, dans les pays développés, une préférence croissante pour une mise en perspective de l'information. Si les grands quotidiens populaires atteignent des tirages considérables (5,5 millions pour *Bild* en Allemagne, 4,2 millions et 3,5 millions pour le *Sun* et le *Daily Mirror* en Grande-Bretagne), ils paraissent avoir atteint leur étiage et ne se maintiennent plus que grâce à de coûteuses loteries. Derrière leurs tirages plus modestes, le *Financial Times* (250 000 exemplaires) et le *Wall Street Journal* (1,1 million) affichent des taux de progression élevés et débordent leurs préoccupations premières (finance et économie) pour s'imposer comme des quotidiens généralistes. A la segmentation du lectorat et à l'apparition de nouveaux modes de distribution de l'information (télématique, banques de données) correspond donc un mouvement brownien de journaux, à la recherche d'un positionnement de plus en plus précis : la presse n'est plus désormais une simple affaire de journalistes et de mécènes fascinés par le quatrième pouvoir jusqu'à y engloutir leur fortune, elle voit se pencher sur elle les bonnes fées du

La presse écrite nigériane

La presse écrite nigériane est sans conteste la plus abondante du continent africain, et la plus libre de ses opinions. Forte d'une tradition plus que centenaire, elle compte plus d'une vingtaine de titres quotidiens, et fait preuve d'une étonnante vitalité. Elle est dans de nombreux cas une affaire rentable, même si une demi-douzaine de titres paraissent puis disparaissent épisodiquement. Loin de s'attacher uniquement à l'information, les journalistes nigérians (dont quelques excellents éditorialistes) se sentent investis d'une mission d'éducation, voire d'arbitre, quand ce n'est pas de critiques farouches des institutions.

Des quotidiens en plusieurs langues

Très affectée par la limitation des importations de papier (faute de devises), la presse quotidienne a dû diminuer ses tirages, et les chiffres ne sont donc pas significatifs. Le Guardian *(créé en 1983) et le* National Concord *(créé en 1980) sont les deux derniers grands succès de la presse privée qui tirent au-delà de 300 000 exemplaires. Beaucoup plus ancien, le* Daily Times *(qui appartient pour 60 % au gouvernement fédéral) tire à plus de 250 000 exemplaires, mais dispose d'éditions du soir et de nombreux suppléments. Tous les quotidiens ont un supplément dominical. Ils sont tous publiés en anglais, la langue nationale, mais certains proposent des éditions en langue vernaculaire, tels le* National Concord *ou le* Daily Sketch *pour le yorouba (langue du Sud-Ouest du pays). Le* New Nigerian *(qui appartient à 100 % au gouvernement fédéral), seul grand quotidien du Nord, vend une édition en haussa, la langue vernaculaire parlée dans près de la moitié du pays.*

Le Nigéria compte également trois hebdomadaires économiques. Business Concord, Financial Punch *et* Business Times, *suppléments de quotidiens connus (*National Concord, The Punch – *célèbre pour sa femme nue en page 3 – et* Daily Times*).*

Le modèle américain

La presse à scandale n'est pas oubliée et chaque vendredi, le Lagos Week End, *autre journal du groupe* Times, *fait s'arrêter toutes les administrations à l'heure de sa distribution.*

Il existe enfin plusieurs hebdomadaires sur papier glacé, sur le modèle américain de Time *ou* Newsweek. *Certains sont même, pour des raisons purement techniques, imprimés à l'étranger.* Newswatch, *créé en 1985, est d'un excellent niveau rédactionnel, malgré la disparition de son principal animateur, Dele Giwa, assassiné en 1986 par un colis piégé dont l'origine n'a toujours pas été déterminée.*

Distribués par voiture dans l'ensemble de la Fédération, les journaux sont vendus dans la rue à un prix très modique. Il est cependant courant, du fait de la forte demande, d'être obligé d'acheter plusieurs quotidiens pour avoir droit à celui que chacun s'arrache.

Malgré le succès de la presse écrite, il ne faut pas oublier que pour une population majoritairement analphabète, le transistor reste le premier moyen d'information.

François-Xavier Harispe

marketing et du management stratégique. Pivot de l'entreprise de presse, l'imprimé devient un support parmi d'autres dans l'entreprise de communication.

La redistribution des cartes qu'implique la diversification de la presse vers d'autres médias ne se fait pas sans heurts. Qu'on en juge : les quotidiens régionaux français n'ont pu imposer les radios qu'ils avaient créées et ne jouent qu'un rôle mineur dans la télévision privée ; la presse allemande investit des sommes considérables dans sa chaîne de TV, *SAT 1* avec une perspective de rentabilité très aléatoire ; la presse italienne s'est déjà repliée sur ses positions traditionnelles, laissant le champ libre au condottiere Silvio Berlusconi. Aux États-Unis, les quotidiens, à la suite du *New York Times*, se sont désengagés de la télématique en concédant l'exploitation de leur fonds documentaire à des spécialistes venus de l'informatique. D'une logique offensive d'intégration des contenus, on passe à une stratégie plus défensive, où l'on valorise surtout l'image de la presse et où l'on cherche à protéger son accès au marché publicitaire.

Concentration

Ces ajustements stratégiques s'opèrent à l'initiative de groupes devenus, au fil des absorptions, extrêmement puissants. Robert Hersant en France, Murdoch en Australie et en Grande-Bretagne, le groupe Springer en Allemagne, contrôlent entre 30 et 75 % de la presse quotidienne dans ces différents pays. Spécialistes de la reprise des titres en difficulté, ils parviennent, en s'appuyant sur les économies d'échelle (Murdoch imprime au même endroit ses quatre journaux britanniques avec cinq cents ouvriers) et la centralisation de la vente d'espace publicitaire, à compléter à moindres frais leur écurie de titres.

Condition même du fonctionnement des systèmes politiques démocratiques, le pluralisme de la presse devient une denrée plus rare au fur et à mesure que les gouvernements, par souci politique ou réalisme économique, refusent de consolider les digues censées protéger la diversité. L'absorption par Murdoch de la centaine de quotidiens et périodiques du groupe australien *Herald Weekly Times* en 1987, du *Progrès de Lyon* par Hersant en 1986, le rapprochement, la même année, de *La Stampa*, du *Corriere della Sera* et de la *Gazzetta dello Sport* sous les auspices de la Fiat se sont faits malgré les législations existantes. Peut-on dès lors considérer les seuils de concentration d'aujourd'hui comme définitifs ? Plus que la stra-

---

BIBLIOGRAPHIE

Baistow T., *Fourth Rate Estate*, Comedia, Londres, 1985.

Charon J.-M., *Les stratégies multimédias des quotidiens européens*, CEMS-CNRS, Paris, 1986.

Centre de formation et de perfectionnement des journalistes (CFPJ), *La presse aujourd'hui*, Paris, 1985.

« La crise mondiale des agences de presse », *Media pouvoirs*, n° 5, décembre 1986.

Guillou B., *Les stratégies multimédias des groupes de communication*, La Documentation française, Paris, 1985. 2e éd.

Isaac N., *Untended Gates*, Columbia University Press, New York, 1986.

Rieffel R., *L'élite des journalites*, PUF, Paris, 1984.

Roux B., *Chaud les médias*, Trimédia, Lille, 1985.

Chine : des expériences sans lendemain

A la faveur de l'ouverture des années 1985-1986, Shangaï, Canton, Shenzhen ont été les lieux privilégiés d'une expérience de presse, sinon autonome, du moins audacieuse. Mais l'oiseau qui sort la tête se la fait couper dès que les autorités le décident.

Créé par le Centre de recherches sur l'économie mondiale de Shanghaï, l'hebdomadaire Shijie jingji daobao *(World Economic Herald) s'occupait de moins en moins d'économie et de plus en plus de politique depuis 1986. A l'avant-garde du mouvement pour la réforme du système politique lancée par Deng Xiaoping et Hu Yaobang, il n'a cessé de présenter des libres opinions de spécialistes étrangers ou chinois d'outre-mer sur le fonctionnement des régimes démocratiques occidentaux et sur les tares de la bureaucratie dans les pays de l'Est. Sa grande tendresse pour les intellectuels les plus avancés, Fang Lizhi, Wang Ruowang et Liu Binyan, auxquels il a consacré des pages entières, en ont fait une cible évidente du mouvement « contre la libération bourgeoise » lancé en 1987. Le titre existe toujours, mais une reprise en main en douceur a permis de lui ôter son odeur de poudre, ce qui montre bien que l'autonomie dont il se vantait n'était que toute relative.*

Un autre périodique de Shanghaï, Shehuixue bao *(Sociologie) s'intéressait aux conditions sociologiques de la réforme, et présentait les thèses des penseurs les plus avancés du pays, tandis que* Xiandai ren *(L'Homme moderne) proposait aux Cantonais des articles sur les sciences sociales occidentales, s'efforçant de faire sortir les Chinois de la mentalité féodale qui, selon lui, continue de régner. Ce dernier, dirigé par des fils de cadres supérieurs s'est lui aussi placé à l'avant-garde de la lutte pour la réforme politique. En janvier 1987, les deux journaux ont été fermés sur ordre du Comité central.*

Publié dans la zone économique spéciale qui jouxte Hong-Kong, le Shenzhen Qingnian bao *(Journal de la jeunesse de Shenzhen) a été « contaminé » par l'atmosphère de liberté qui règne dans la colonie. Ses colonnes servaient de refuge à toutes les réflexions les plus audacieuses sur la manière de démocratiser le régime. Il est allé jusqu'à proposer, en octobre 1986, que Deng Xiaoping prenne sa retraite. C'en était trop, et dès la reprise en main de janvier 1987, ses dirigeants principaux ont été remplacés par des orthodoxes.*

Quelles qu'aient été les tentatives effectives de la part de la presse chinoise de s'émanciper de la tutelle du Parti, elles sont restées très liées à l'atmosphère politique et ne bénéficiaient d'aucune garantie juridique. Il a suffi d'une reprise en main au Centre pour qu'elles fassent long feu.

Jean-Philippe Béja

tégie des grands groupes, toujours prompts à saisir les occasions disponibles, le maintien de la diversité dépend de la solidité financière des journaux indépendants.

Dans cette perspective, le succès des appels à la contribution des lecteurs apparaît comme un indice rassurant. En donnant une valeur monétaire au contact intellectuel et affectif qui les lie avec leur journal, les lecteurs de *De Morgen* en Belgique, du *Monde* et de *L'Événement du Jeudi* en France, de *Reporter* en

Italie, ont garanti, mieux que ne le pouvait la loi, l'indépendance des titres et de leurs journalistes.

Le quatrième pouvoir en question?

L'affaire du Watergate (1972) avait donné à la presse américaine et à sa tradition d'investigation une aura inégalée, justifiant avec éclat la mission de contre-pouvoir vigilant que lui avait assignée les pères de la Constitution. Pourtant, nombreuses sont les voix américaines qui, en 1987, dénoncent les excès auxquels conduit la concurrence entre les titres, l'affadissement de la référence à la « responsabilité sociale » de la presse, énoncée en 1957 par Wilbur Schramm, l'accroissement du spectaculaire dans le traitement de l'information. L'affaire du prix Pulitzer décerné au *Washington Post* en 1980, pour une histoire aussi tragique – l'histoire d'un enfant héroïnomane de huit ans – que fausse, a jeté une ombre sur la corporation journalistique jugée souvent coupée du monde extérieur, avide de *scoops* et peu soucieuse de rendre compte de la réalité économique et sociale.

Simple retour de balancier après l'euphorie des années soixante-dix, crise de confiance d'une presse trop sûre d'elle-même, alibi pour les hommes politiques désireux de maîtriser cet observateur remuant? A la vérité, la presse est largement protégée par les ambiguïtés de ceux qui la condamnent. Tandis que les sondages traduisaient une baisse de confiance des Américains dans leur presse, éclatait, à l'automne 1986, le scandale de l'« Irangate ». Et, en 1985, l'affaire Greenpeace a plus fait pour le prestige de la presse française, peu friande du journalisme d'enquête, que bien des éditoriaux sentencieux.

Au royaume de la presse, il est des pays, des lecteurs et des journaux pour lesquels les problèmes abordés jusqu'alors paraissent exotiques. Comment comparer les 13 millions d'exemplaires du *Yomiuri Shimbun* de Tokyo et la *Nouvelle Marche*, quotidien de quatre pages du parti unique du Togo? Comment rapporter avec une égale sérénité les déboires de la presse américaine et la censure qui s'exerce en Afrique du Sud depuis l'introduction de l'état d'urgence? Au déséquilibre des flux et des sources d'informations dénoncé par le rapport McBride, présenté à l'UNESCO en 1980, il faut ajouter les conditions difficiles faites à la presse d'opposition dans la plupart des pays d'Afrique et d'Amérique du Sud. Interdictions, restrictions de papier ou d'encre, censure d'articles, décrets limitant l'accès aux sources non gouvernementales : du Ghana au Nicaragua, de la Sierra Léone au Chili, journaux et journalistes sont en liberté surveillée, voués à la fragilité. Si généreuse soit-elle dans son esprit, la proposition du rapport McBride d'encourager la naissance d'agences de presse internationales propres aux pays en voie de développement se heurte à un double obstacle : l'analphabétisme et la faiblesse du niveau de vie qui limitent les débouchés, le contrôle par les gouvernements en place de l'information primaire. Les grandes agences mondiales, Associated Press, Reuter, AFP, devenues trois avec le repli d'United Press International sur les terres mexicaines de son nouveau propriétaire, resteront longtemps encore les sources de référence.

A l'opposé des souhaits de l'UNESCO, on ne peut manquer de constater que l'intérêt des agences se concentre sur le marché occidental rentable et des produits très spécialisés... Reuter doit désormais 90 % de ses bénéfices à son service d'informations et de transactions financières.

Une telle diversification n'est pas encore sur l'agenda de Tass ou de Chine nouvelle. Mais sait-on jamais! La presse chinoise, forte de son immense marché et du cours nouveau du développement économique, s'ouvre à la collaboration industrielle avec ses voisins, puissants quotidiens du Japon et de Hong-Kong où Murdoch s'est implanté en acquérant le *South China Morning Post*. L'Union soviétique a approché les éditeurs allemands de magazines pour lancer de nouveaux titres en URSS. Sans doute cela a-t-il peu à voir avec le *free flow of information*

prôné sans nuance par les États-Unis. Mais ces initiatives indiquent des voies moins tonitruantes et plus riches de perspectives que les discours de tribune, dont le seul résultat est de renforcer les positions les plus dures des deux blocs.

Bernard Guillou

L'Europe au cœur de la bataille mondiale de l'audiovisuel

Jusqu'à la fin des années soixante-dix, les industries de l'audiovisuel – chaînes de télévision et industries de programmes – reposaient sur des marchés nationaux cloisonnés. Les firmes américaines de production (les « majors » d'Hollywood) et les chaînes de télévision (les trois *networks* ou réseaux, National Broadcasting Corporation – NBC –, Columbia Broadcasting System – CBS –, Americain Broadcasting company – ABC) se satisfaisaient alors d'un marché intérieur de 200 millions d'âmes consommant quotidiennement près de quatre heures de télévision, et de recettes publicitaires dont les perspectives de croissance atteignaient 15 % par an.

Les années du protectionnisme européen

Dans les années cinquante, les États-Unis avaient inventé la télévision commerciale et la mine d'or semblait inépuisable. De l'autre côté de l'Atlantique, les pays européens s'étaient hérissés d'un arsenal réglementaire autour de la gestion des fréquences, ressources rares détenues par des monopoles d'État. L'explosion des chaînes de télévision

relevait, sauf rares exceptions, de sociétés de service public, astreintes à de contraignants cahiers des charges, dans l'intérêt du patrimoine culturel national et en vertu d'une mission pédagogique assignée à la télévision. Difficile d'édifier plus solide rempart que ces quotas, taxes, et autres barrières protectionnistes contre les offensives étrangères autour d'une télévision conçue comme un foyer de la culture et de l'identité nationale. L'audiovisuel, à l'inverse de la publicité ou de la distribution cinématographique, ne se laisserait pas coloniser.

La pénétration des séries américaines, mais aussi des images d'information produites par Visnews, Reuter ou United Press International (UPI), s'était cependant effectuée sans résistance dans les petits pays européens (Belgique ou Pays-Bas) auxquels la faible assise de la redevance n'autorisait pas de coûteux investissements en production originale : jusqu'à 30 % des programmes du *prime time* (de 19 à 22 heures, créneau horaire où l'audience est la plus forte) de la chaîne publique belge étaient d'origine américaine. Mais il ne s'agissait là que de petits marchés : en 1975, les ventes de programmes américains en Europe n'excédaient pas 250 millions de francs, qui pesaient de peu de poids en regard des 13 milliards de dollars de recettes des trois grands *networks*.

Parallèlement, les chaînes européennes démontraient leur incapacité à vendre leurs programmes à l'étranger. A l'exception de la B B C qui profitait de sa communauté linguistique avec les pays du Commonwealth et les anciennes colonies britanniques, les services publics européens étaient freinés par leur balkanisation et leur protectionnisme culturel pour affronter les marchés étrangers.

En dehors de l'Europe de l'Ouest et des États-Unis, piliers de l'audiovisuel mondial, les autres continents apparaissaient encore davantage repliés sur leurs prés carrés nationaux ; nulle part ne se dessinait d'ouverture pour les intérêts étrangers : ni au Japon, très libéral en matière audiovisuelle, mais doté d'une culture peu exportable ; ni dans les pays de l'Est, dont la télévision était aussi peu ouverte vers l'extérieur que l'économie ; ni dans les pays du tiers monde où, là où elle était développée, la télévision constituait un outil d'affirmation des valeurs nationales.

L'offensive des programmes américains

C'est d'ailleurs l'Europe qui est rapidement devenue le théâtre privilégié des batailles mondiales de l'audiovisuel. Au début des années quatre-vingt, des brèches se sont ouvertes dans les monopoles publics : le financement des chaînes de service public par la publicité – premier pas dans l'engrenage de la télévision commerciale – a pris une importance grandissante et les achats de programmes ont crû rapidement au détriment de la production originale. Les chaînes publiques se sont laissé séduire par les charmes universels des fictions américaines d'un coût dix fois inférieur à celui de créations originales. En 1982, les trois chaînes françaises en consommaient près de

300 heures annuelles et... 537 heures en 1984.

Mais c'est en Italie que les distributeurs américains ont réalisé leur plus fulgurante percée. L'apparition en 1982, en marge de la réglementation, de télévisions privées, rapidement fédérées en réseaux, a bouleversé la politique d'approvisionnement en programmes jusqu'alors pratiquée par les chaînes de service public de la R A I : animés par des préoccupations de profit à court terme, ces réseaux privés *(Canal 5, Italia 1, Rete 4)* achètent 40 % en moyenne de leurs programmes diffusés aux distributeurs américains.

C'est donc à partir des années quatre-vingt que l'internationalisation du champ audiovisuel s'est amorcée par le jeu des exportations massives de programmes fabriqués outre-Atlantique qui ont quadruplé en moins de cinq ans. Cette éclosion de feuilletons *yankee* sur les petits écrans européens *(Dallas, Dynastie* et autres) apparaît comme une condition nécessaire à une plus large implantation des capitaux américains dans les rouages de l'audiovisuel européen ; les Américains ont apporté la preuve qu'ils pouvaient dépasser les particularismes nationaux et s'ériger en unificateurs de l'Europe ! Face à cette offre de programmes, les groupes européens qui avaient des visées en Europe n'avaient rien à opposer ; n'étant pas parvenus à produire pour l'ensemble du continent, les coûts de leurs programmes n'étaient pas compétitifs. Dans la bataille des droits, les Américains régneraient sur un empire sans partage.

L'exploitation des chaînes : grandes manœuvres

Mais la stratégie américaine ne comptait pas s'arrêter en si bon chemin ; nul n'ignore en effet que les plus grands profits se réalisent dans l'exploitation des chaînes de télévision et non sur la seule vente de programmes. Dans le bastion de plus en plus perméable des chaînes publiques, les vacillements de la résistance européenne ont ouvert la porte de la programmation à la concurrence. Cette ouverture n'étant pas entérinée par la loi (en 1987), le contournement des services publics s'effectue dans de nombreux pays (RFA, Belgique) grâce aux nouvelles technologies de diffusion, câble et satellite; parce qu'ils n'ont pas d'assise nationale et que leur délocalisation rend leur contrôle difficile, les satellites permettent d'entrer sur des marchés verrouillés par la réglementation et donnent lieu à des batailles entre chaînes qui ne sont soumises à aucune règle du jeu. En contribuant à lever le problème de la rareté des fréquences, ces nouvelles technologies offrent donc une emprise à la déréglementation du secteur et favorisent l'internationalisation du domaine.

La Grande-Bretagne, pays le plus libéral en matière audiovisuelle – dès 1954, un réseau privé, Independent Television (ITV), existait aux côtés de la British Broadcasting Company (BBC) –, a constitué le levier idéal pour les intérêts américains; les chaînes anglaises à vocation européenne qui ont vu le jour en 1984, relayées par satellite à travers toute l'Europe, ont reçu l'appui financier des grands groupes américains. *Première* (chaîne cinématographique) compte dans son capital, aux côtés de Thorn Emi et de Goldcrest, sociétés anglaises, la Fox et HBO, filiale du groupe américain Time; *Ten* (chaîne de divertissement) a accueilli trois *majors* du cinéma américain (Paramount, MGM, Universal) et *Sky Channel* a été créée à l'initiative de Rupert Murdoch dont le groupe News Corporation a déjà investi dans la presse britannique. L'exploitation naissante des réseaux câblés ouverts au privé a été confiée à des consortiums où les Américains, une fois encore, ont été partie prenante.

Entre 1980 et 1985, de nouveaux groupes européens sont pourtant apparus : Silvio Berlusconi qui, en un temps record, a bâti la télévision italienne privée à coup de rachats de stations et au prix d'un endettement massif, trône à la tête de chaînes disposant, dès 1983, de 40 % de l'audience et de 4 milliards de francs de recettes publicitaires; Robert Maxwell, patron de presse anglais, a mis un pied dans l'audiovisuel avec l'acquisition de 20 % du capital d'une station régionale du réseau britannique ITV; enfin, Thorn Emi, géant de l'électronique anglaise, s'est engagé à partir des matériels, vers l'aval, dans les programmes.

D'autres acteurs se sont renforcés : présent depuis plus de trente ans sur la scène audiovisuelle, le groupe multinational de la Compagnie luxembourgeoise de télévision (CLT) – dont les principaux actionnaires sont la puissante banque Bruxelles-Lambert, Havas, Paribas et l'État Luxembourgeois – a diversifié ses intérêts dans le cadre d'une stratégie multimédia dans plusieurs pays européens (France, RFA, Belgique).

La télévision de l'Europe unie?

Pour ces multinationales, l'enjeu est double : à court terme, il apparaît déterminant de se tailler des parts de marché sur des espaces publicitaires télévisuels sous-développés par trente ans de service public, offrant de fortes perspectives de croissance et qui, pour les Américains, représentent un relais à un marché intérieur en voie d'essoufflement. A plus long terme, se profile une stratégie visant à réaliser un marché européen unifié, levier d'investissements publicitaires d'entreprises internationales prêtes à acheter très cher leurs annonces. Les modalités de ces stratégies sont diverses : la plus courante est de s'associer dans le cadre de *joint ventures* avec des partenaires nationaux, alliances permettant à la fois une répartition des risques et une coloration nationale des candidatures. En règle générale, les multinationales ne jouent pas le rôle de simples partenaires financiers mais se posent en exploitants de ces chaînes, dont elles assurent la programmation, la régie publicitaire, voire la production de programmes.

Dans une Europe où les services publics sont confrontés à une diminution du rendement de la redevance et sont remis en cause par le vent de libéralisme qui souffle... des États-Unis, qui, des firmes américaines ou des entreprises du Vieux Continent, dominera la télévision européenne ?

Les ardeurs américaines ont été tempérées par les échecs des deux chaînes britanniques *Ten* et *Première* qui ont fusionné dans l'espoir d'améliorer leur pénétration et ont été revendues à Maxwell. Quant à *Sky Channel*, cinq ans après son lancement, elle n'avait toujours pas équilibré ses comptes.

Par ailleurs, les pouvoirs publics semblent être mus dans ce domaine par un certain « nationalisme européen ». Dans le cadre de procédures de déréglementation contrôlées, les décideurs politiques manifestent un double rejet : refus des solutions purement nationales dont ils craignent la fragilité, et méfiance vis-à-vis des opérateurs américains déjà très (trop ?) présents dans les programmes. Ces réticences sont dues pour une part à des considérations culturelles : le modèle américain, là où il s'implante, laisse les cadavres de la création originale de fiction pour lui substituer des programmes à faibles prétentions culturelles qui heurtent une partie de l'intelligentsia. Certes, les Américains n'ont malgré tout pas d'égaux pour vendre leur culture et leur style de vie... au mépris de l'intelligentsia. Il reste que, dans les débats sur l'identité culturelle, ils effraient davantage que leurs partenaires privés européens. Mais des motivations politiques interviennent également dans ces choix : la vision instrumentaliste de la télévision qu'ont les dirigeants politiques les conduit à privilégier des candidatures conformes à leurs ambitions et visées politiques ; à ce titre, les États-Unis continuent de heurter l'esprit d'indépendance de nombreux pays européens.

En raison du consensus relativement large dont jouit la perspective de la construction européenne, et de la volonté des États européens de se réserver des monnaies d'échange économiques avec leurs partenaires (« une chaîne de télévision contre des marchés à l'exportation dans l'agriculture »), les perspectives d'avenir sont donc apparues favorables, dès 1984, à des groupes européens tels que Berlusconi et à la C L T qui disposaient déjà, en outre, de nombreux atouts : l'expérience d'opérateurs, des appuis politiques, du professionnalisme, des capitaux.

Or à partir de 1985, les événements se sont précipités : si l'Italie avait déjà trouvé son sauveur en la personne de

BIBLIOGRAPHIE

GUILLOU B., *Les stratégies multimédia des groupes de communication*, La Documentation française, Paris, 1985 2e éd.

LE DIBERDER A., COSTE CERDAN N., *La télévision*, La Découverte, collection « Repères », Paris, 1986.

LEFEBVRE G., *Le choc des télés*, I P Éditions, Robert Laffont, Paris, 1987.

LHOEST H., *Les multinationales de l'audiovisuel en Europe*, P U F, Paris.

Berlusconi, la France s'interrogeait sur l'attribution d'une cinquième fréquence à un acteur privé. Peu de groupes nationaux se dégageaient qui réunissaient l'ensemble des conditions souhaitées : faire l'objet d'un consensus politique, disposer de capitaux suffisants et, accessoirement, maîtriser un savoir-faire en matière de programmation. Berlusconi, au grand dam de toute une fraction de l'opinion française effrayée par le « repoussoir » italien, a hérité du cinquième canal français contre... la CLT. Un an plus tard, la CLT a obtenu une compensation avec la concession d'exploitation de la sixième fréquence.

Dans la brèche des monopoles publics européens désormais béante, devraient s'engouffrer, en 1987 et 1988, l'Espagne avec la création de trois chaînes privées, et surtout la RFA, qui est restée longtemps le bastion le plus solide du modèle européen de télévision, malgré l'enclave de *RTL+*, filiale de la CLT, et de *SAT 1*, la chaîne des patrons de presse allemands : la publicité télévisuelle y est très peu développée et seules les chaînes publiques disposent d'une couverture nationale.

Les favoris et les « outsiders »

Face à ces différents enjeux et stratégies, le partage du continent entre les membres d'un oligopole privé de groupes européens sera-t-il entériné ? Les premières réalisations concrètes militent dans ce sens (en France *la Cinq* à Berlusconi et *la Six* à la CLT, Maxwell dans *TF1*). La déréglementation de la télévision en Espagne donne à nouveau Berlusconi favori bien que les intérêts américains soient solidement représentés dans d'autres secteurs économiques (les télécommunications notamment). Un partage de l'Europe entre les pays du Sud pour Berlusconi, et la zone germanophone pour la CLT semble déjà se dessiner.

Dans ce contexte, les satellites ne seraient donc plus les leviers d'une intensification de la concurrence, une fois les brèches ouvertes, mais un moyen pour ces groupes d'asseoir leurs recettes publicitaires sur leur propre zone ; c'est ainsi qu'il faut interpréter la candidature de la CLT pour accéder au satellite luxembourgeois *ASTRA* et celle de Berlusconi pour le satellite français *TDF1*.

Néanmoins, face à ces favoris, des *outsiders* attendent ; parmi eux, le puissant groupe allemand Bertelsmann qui pourrait mener une contre-offensive sur les pays germanophones, et Maxwell qui pourrait jouer les trouble-fête avec la chaîne *Première*, sa participation dans Central TV – station régionale de ITV –, ses réseaux câblés, et qui un entre s'intéresse de près au réseau *ASTRA*. En revanche, il faut signaler plusieurs abandons sur le créneau des chaînes généralistes européennes : Thorn Emi, qui s'est retiré progressivement du champ et a cédé ses participations dans *Music Box* ; et d'une certaine façon Havas, qui s'est recentré sur le créneau plus étroit mais moins concurrentiel des chaînes thématiques payantes.

Plus originale paraît être la stratégie du groupe Murdoch : en effet, en dehors de l'expérience non concluante de *Sky Channel*, son groupe de presse s'est plutôt diversifié sur le continent américain, où il a successivement racheté en 1985, la station Métromédia qui à elle seule touche 25 % de la population américaine, puis la Fox, l'une des *majors* du cinéma, riche de son vaste catalogue de droits et de ses structures de production. On lui prête également l'intention de former parallèlement à NBC, CBS et ABC un quatrième réseau avec ses propres stations affiliées. Mais cette stratégie s'inscrit désormais dans un marché américain qui accuse des signes de faiblesse : les recettes publicitaires s'essoufflent et l'audience des *networks* continue à marquer le pas. Il ne serait donc guère surprenant de voir le groupe de Murdoch se redéployer sur le continent européen... La lutte sera chaude entre tous ces candidats, d'autant qu'il faudra attendre quelques années encore pour voir se réaliser ce vaste marché européen unifié. Certains candidats y laisseront des plumes.

Pourtant, il serait prématuré de sonner le glas des intérêts américains en Europe. A la faveur d'une alliance locale et d'un revirement possible du consensus autour de l'Europe, ils peuvent faire une offensive remarquée sur l'un des territoires et renverser à leur avantage les positions acquises.

Nathalie Coste-Cerdan

Les flux d'images d'actualité télévisées

Chaque jour, les satellites et les faisceaux hertziens utilisés pour transmettre des documents télévisés sont mobilisés sur l'ensemble de la planète afin de fournir aux télévisions nationales leur moisson d'images d'actualité. La transmission vers Paris d'une tentative de coup d'État à Manille, par exemple, mobilise un réseau d'une complexité extrême et d'une valeur de plusieurs milliards de dollars.

L'organisation, la gestion et la commercialisation de ce flux d'images s'intègrent dans un processus où la géopolitique, le commerce international et la technique imposent une multitude de règles. Trois types de partenaires se confrontent quotidiennement sur le réseau mondial : les agences internationales qui s'efforcent par tous les moyens d'assurer le tournage et la transmission des événements d'actualité; les organismes de coordination qui constituent une véritable bourse d'échanges, et les sociétés de télévision, à la fois diffuseurs et producteurs d'images d'actualité.

Les agences internationales

Sur tous les points chauds de la planète, les agences internationales bénéficient d'équipes bien rodées qui doivent assurer, dans de bonnes conditions techniques, le tournage des sujets susceptibles d'avoir un impact international et, tout aussi important, de faire en sorte que les sujets réalisés soient transmis dans les meilleurs délais. Parfois réduite à une seule personne, l'équipe doit donc réunir toutes les qualités d'une équipe de télévision et avoir de surcroît une bonne capacité de négociation pour ce qui est de la diffusion. Des moyens financiers sont également à sa disposition pour racheter des sujets intéressants qui auraient été tournés par une télévision locale ou un indépendant.

La compétence britannique dans le domaine s'est établie avec Visnews, né de l'alliance entre la British Broadcasting Corporation (BBC), Reuter et les télévisions publiques canadiennes, australiennes et néo-zélandaises. Avec quinze bureaux répartis dans le monde et une politique active d'achat, Visnews offre une couverture globale de l'actualité.

Son principal concurrent est WTN (Worldwide Television News) qui a été pendant trente ans la branche actualité télévisée de l'agence UPI (United Press International) avant d'être revendue à ABC (American Broadcasting Company) et aux télévisions privées britanniques ITV (Independent Television). L'état-major des quatorze bureaux régionaux se trouve à Londres d'où

Images télévisées et politique

A la suite de la crise pétrolière de 1973, le public américain a découvert l'importance du Moyen-Orient et de pays « exotiques » comme l'Iran. En 1970, les grandes télévisions américaines se contentaient de quelques documents plus ou moins récents sur l'actualité internationale ; dix ans plus tard, les nouvelles arrivent en continu par satellite pour alimenter les journaux télévisés du matin et du soir, sans parler du réseau CNN (Cable News Network) qui couvre l'actualité vingt-quatre heures sur vingt-quatre. Les conflits entre nations donnent lieu à un véritable « ping-pong verbal » par vidéotransmissions. Supprimez la collecte des images et l'information disparaîtra...

Faute d'un support d'images retraçant l'invasion soviétique en Afghanistan en 1979, le Conseil national de sécurité des États-Unis avait été dans l'incapacité de susciter une réaction rapide et unanime contre l'initiative soviétique. Il n'en avait pas été de même en 1968, au moment où l'Armée rouge était entrée dans Prague : plusieurs opérateurs de télévision américaine avaient pu filmer les affrontements et passer la frontière avec leurs documents. Ces deux exemples mettent en évidence l'importance stratégique de la circulation de l'image télévisée.

Le reportage comme acteur politique

L'exploitation par les autorités iraniennes (1980) de la prise en otage du personnel de l'ambassade des États-Unis à Téhéran a été le premier cas dans l'histoire où l'actualité télévisée a joué un rôle décisif dans un conflit. Dans les années soixante-dix, la guerre du Vietnam, l'accord de paix entre Israël et l'Égypte (Camp David) les navettes diplomatiques de Henry Kissinger avaient déjà mis en évidence l'importance de la télévision ; avec l'épisode des otages de Téhéran, ce sont les règles mêmes des confrontations internationales qui ont changé : les experts ès terrorisme de la Maison Blanche ont conseillé de résoudre une crise d'une gravité extrême en moins de trente-six heures, délai nécessaire à la mise en place d'une couverture télévisée internationale. Passé ce délai, les otages seraient devenus les héros involontaires d'un feuilleton planétaire qui, de direct en direct, aurait tenu en haleine l'opinion publique internationale.

La vidéo portable et la diffusion par satellite ont ainsi fait de l'actualité télévisée un acteur à part entière de crises dont le dénouement était auparavant la seule affaire des diplomates et des politiciens.

partent les programmes sous forme de liaisons satellites et de cassettes vers les mille télévisions abonnées.

Troisième système mondial, CBS News qui est l'exploitation, sous forme d'agence, de l'immense système de collecte d'information du réseau CBS (Columbia Broadcasting System). Particulièrement actif en ce qui concerne la couverture de l'actualité américaine, CBS News

assure néanmoins l'ensemble des tâches d'une agence mondiale.

Ces trois agences, établies depuis les débuts de la télévision (années cinquante), sont les partenaires naturels des télévisions nationales de type service public. En Europe, elles participent à part entière à la bourse d'échanges entre télévisions organisée par l'Union européenne de radiodiffusion (UER).

Gouvernants et groupes d'opposants utilisent désormais la télévision pour engager une négociation, menacer, apitoyer ou retourner une opinion publique. La concurrence aidant, la plupart des reporters de télévision acceptent de jouer ce rôle même si parfois la notion de responsabilité les amène à refuser de retransmettre des mises en scène trop manipulatrices. En France, les journaux télévisés ont décidé d'un commun accord de censurer les cassettes où les otages de Beyrouth lançaient des appels au secours. Il est probable que dans une situation de concurrence réelle, ces scrupules auraient été balayés.

Tout concourt donc à faire du reportage télévisé un acteur plus qu'un témoin des conflits de la planète. Il est désormais possible d'émettre vers un satellite international un événement au moment même où il se déroule devant la caméra. La multiplication du matériel vidéo grand public de bonne qualité (une caméra coûte 15 000 francs) rend possible le tournage et le passage sur antenne d'un événement imprévu, comme l'atterrissage de l'avion du jeune Allemand de l'Ouest, Mathias Rust sur la place Rouge, le 28 mai 1987.

Le jeu de la concurrence

La diffusion de l'actualité, telle qu'elle arrive sur le réseau CNN a introduit une rupture définitive : la prise des otages américains sur l'aéroport de Beyrouth en juin 1985 a amené le réseau à couvrir les événements presque uniquement en direct pendant les dix-sept jours qu'ont duré les négociations.

Les autres réseaux ont été obligés de répondre à ce type d'initiative en réalisant, par exemple, des ponts satellites entre personnalités américaines et soviétiques ou en coproduisant des concerts ou des manifestations internationales. Seuls quelques grands réseaux aux moyens considérables peuvent se permettre de montrer ce type d'événements qui ont pour vocation d'alimenter en mondiovision tous les écrans de la planète. Une seule logique est alors à l'œuvre, celle du libre commerce : les quelques centres multinationaux qui traitent et diffusent l'image télévisée ont une position hégémonique face à des télévisions nationales de moins en moins capables d'assurer le maintien de leur propre production ou d'une quelconque identité culturelle. Les modes de consommation comme les équilibres sociaux se trouvent ainsi mis en cause par une mondialisation rapide des flux d'images télévisées où quelques acteurs disposant d'un grand savoir-faire et de technologies sophistiquées jouent le rôle de chef d'orchestre de l'actualité de notre planète.

Antoine Lefébure

La bourse européenne d'images télévisées

Chaque jour à 11 heures, 16 h 30 et 18 h 30, trente-deux pays entrent en liaison grâce au réseau son, télex et images de l'Union européenne de radiodiffusion pour offrir ou demander les documents d'actualité qui illustreront leurs journaux télévisés. L'organisation technique du réseau et sa planification sont assurées par le centre de l'UER de Bruxelles qui opère avec les services de télécommunication nationaux (les PTT en France, Bristish Telecom au Royaume-Uni, etc.) les commutations de réseaux nécessaires.

La consommation de télévision dans le monde

Pays	Durée d'écoute par individu (minutes/ jour)	Pourcentage de foyers équipés de téléviseur	Pays	Durée d'écoute par individu (minutes/ jour)	Pourcentage de foyers équipés de téléviseurs
Afrique b			**Europe de l'Est**		
Algérie	37	29	Pologne a	180	98
Égypte	30	19	Yougoslavie a	165	80
Sénégal	19	6	Hongrie a	145	96
Amérique			URSS b	128	93
États-Unis a	270	98	**Europe de l'Ouest** a		
Canada a	264	96	Royaume-Uni	228	97
Brésil b	121	58	Espagne	207	98
Mexique b	116	49	France	178	95
Argentine b	103	71	Irlande	145	95
Asie			Pays-Bas	140	98
Japon a	190	98	RFA c	137	97
Corée du Sud b	114	88	Belgique	132	99
Chine b	36	19	Italie	129	98
Inde b	21	8	Suisse	125	93
Océanie b			Norvège	124	97
Australie	220	94	Autriche	122	96
Nlle-Zélande	123	77	Danemark	113	96
			Finlande	112	96
			Suède	105	93

Sources. a : Peter Diemm et GEAR; b : BIPE, d'après UNESCO, documents d'ambassades et banque de données *BIPE-Audiovisuel-international*; c : D'autres sources (GFK) indiquent pour la RFA une audience beaucoup plus forte (plus de 200 mn/jour).

Un Occidental passe, en moyenne, dix fois plus de temps devant son téléviseur qu'un habitant du tiers monde. Même parmi les pays riches, les écarts peuvent varier du simple au double, comme entre la Belgique et les États-Unis. Ces différences sont la résultante complexe de facteurs tels que la richesse des populations, la plus ou moins grande abondance de l'offre de programmes, la force de l'identité culturelle du pays et les modes de vie. Pourtant, malgré ces différences, l'audience de la télévision est un phénomène mondial et sans doute la pratique culturelle qui unifie le plus la planète. Dallas, La petite maison dans la prairie, les jeux Olympiques, les coupes du monde de football sont le point commun des loisirs de près d'un milliard et demi d'êtres humains.

Le taux d'équipement en téléviseurs est une donnée relativement fiable et régulièrement obtenue pour la quasi-totalité des pays. Il n'en va pas de même de l'audience, qui n'est mesurée régulièrement que dans les pays riches occidentaux. Et même pour ces derniers, les méthodes de mesure peuvent varier sensiblement d'un pays à l'autre. Elles font toutefois l'objet de tentatives d'harmonisation, en particulier au sein du *GEAR* (Group of European Audience Researchers). Les données pour les autres pays sont présentées ici à titre indicatif ; elles ont été élaborées d'une façon rigoureuse, mais à partir de sources hétérogènes.

Alain Le Diberder

A Genève, le coordonnateur Eurovision réglemente les liaisons entre télévisions membres avec l'aide d'un coordonnateur d'actualités. Ce dernier, choisi pour dix jours au sein des rédactions des différentes chaînes de télévision, est responsable de toutes les décisions journalistiques qui se posent à chaque moment; c'est lui qui, à partir de la lecture des télex descriptifs, choisit les sujets proposés par le bureau de coordination de l'UER à New York. Il choisit également, parmi les sujets proposés par les trois agences d'images, ceux qui seront diffusés sur le réseau.

Pour bénéficier de ce service, chaque télévision paie un abonnement forfaitaire à l'UER auquel s'ajoute un abonnement à chaque agence pour avoir le droit de piocher dans les sujets proposés par ces dernières. Entre télévisions nationales, les sujets s'échangent gratuitement; seuls se paient les coûts de liaison, beaucoup plus chers quand il s'agit d'une liaison « unilatérale », une seule télévision déclarant son intérêt pour un sujet traité par une autre. La durée moyenne de sujets est de deux minutes et huit mille sujets d'actualité sont échangés chaque année.

Déréglementation

Dans les années quatre-vingt, l'essor des télévisions privées a remis en cause un mode d'organisation qui s'est révélé utile entre télévisions de service public mais qui se trouve dépassé par des concurrents; ceux-ci ont mis en évidence les failles d'un système où les solidarités effectives restent limitées mais où les lourdeurs corporatistes pèsent de tout leur poids. L'Eurovision est entrée en crise.

Ted Turner et son réseau CNN (Cable News Network) a été le premier à lancer aux États-Unis une offensive réussie contre les trois grands réseaux ABC, CBS, NBC (American Broadcasting Company, Columbia Broadcasting Corporation et National Broadcasting Corporation), et cela sur leur point fort, l'information. Avec une conception nouvelle de l'actualité mise en format de vingt minutes, constamment renouvelée, avec des contrats publicitaires bien bouclés et un accès privilégié aux têtes de réseaux câblés, Ted Turner a gagné son pari : il bénéficie de 34 millions de téléspectateurs potentiels aux États-Unis, il dispose de huit bureaux dans le monde et, à la fin 1986, il diffusait déjà son programme à 35 000 chambres d'hôtel au Japon et 85 000 en Europe. Le satellite luxembourgeois *ASTRA* devrait distribuer le signal de CNN au-dessus de l'Europe en 1989.

Il ne restera vraisemblablement pas le seul sur ce marché puisque le Britannique Robert Maxwell, fort de son implantation européenne, a

—————— *BIBLIOGRAPHIE* ——————

« L'actualité télévisée », *Visu*, n° spécial, juillet-septembre 1985.

CONSEIL O., *Les métiers du journalisme*, Éditions l'Étudiant, Paris, 1987.

MOUWLANA H., *Global Information and World Communication*, Annenberg, White Plains, N.Y., 1986.

SCHILLER H., *Information in the Age of the Fortune 500*, Ablex, États-Unis 1985.

WANNISKI J. *The 1987 Media Guide*, Perennial Library, États-Unis, 1987.

tenté de lancer un service de ce type, de même que Rupert Murdoch qui, au printemps 1987, comptait s'allier avec Hachette et la télévision japonaise NHK (Nippon Hoso Kyokai) en quête de partenaires européens.

Antoine Lefébure

L'édition mondiale : concentration et intégration

En 1960, on a édité 332 000 titres dans le monde, et 780 000 en 1984. Europe et URSS totalisaient en 1960 72 % des livres publiés et représentaient 28 % de la population du globe ; elles n'en représentaient plus que 16 % en 1984 et produisaient 53 % des titres. Cette évolution a profité à l'Amérique du Nord (5,4 % des titres en 1960, 12,8 % en 1984, une augmentation de 18 000 à 100 000 titres par an), et dans une moindre mesure à l'Amérique latine et à l'Afrique. En 1984, l'Asie a produit 22 % des titres, dont un cinquième édité en Chine.

Toutefois, il faut souligner que la production en nombre de titres a doublé dans l'ensemble des pays développés (285 000 titres en 1960 et 573 000 en 1984), alors que ces pays ne représentent plus que 25,2 % de la population mondiale (41,6 % en 1960). Les pays en voie de développement, eux, regroupaient en 1984, 74,8 % de la population ; et si leur production de livres a doublé depuis 1960, elle n'atteint que 25,6 % du total.

La moyenne par million d'habitants a été en 1984 de 477 titres dans les pays développés, et de 58 dans les autres. Le sous-équipement industriel – qui n'épargne évidemment ni l'industrie graphique ni les réseaux de diffusion –, le retard de l'instruction et la faiblesse du pouvoir d'achat hypothèquent l'essor de l'édition dans les pays du tiers monde ; ainsi l'Afrique noire, en dépit d'efforts multiples (création en 1972 par les États sénégalais, ivoirien et togolais des Nouvelles Éditions africaines) reste largement tributaire de l'apport étranger, en livres comme en équipements et en formation. Une édition ouvrant de multiples perspectives à la connaissance, à la réflexion, au loisir, et exprimant toutes les nuances d'identité et d'évolution d'une communauté, demeure un luxe réservé à moins de la moitié de la planète. D'un côté on manque des ouvrages de base les plus indispensables ; de l'autre on regorge... du meilleur et du pire.

Dans les pays développés, la litté-

LES GRANDS PAYS PRODUCTEURS DE LIVRES

Pays	Nombre de titres par an
URSS	82 790 [a]
RFA	57 623 [b]
Royaume-Uni	52 994 [b]
États-Unis	env. 50 000 [b]
Japon	44 253 [a]
Espagne	34 752 [b]
Corée du Sud	35 446 [a]
Chine	34 920 [a]
France	29 068 [b]
Italie	22 683 [b]
Brésil	19 479 [a]

Inde, Autriche, Belgique, Danemark, Pays-Bas, Portugal, Suède, Suisse, Tchécoslovaquie, Hongrie, Pologne, Yougoslavie produisent entre 9 000 et 15 000 titres par an [a].

Source : a. UNESCO, chiffres pour 1984 ; b. Chiffres pour 1985 fournis par les revues professionnelles de l'édition.

rature générale, accrue par l'édition de poche et la production massive de romans de grande diffusion (policiers, sentimentaux, etc.), représente de 15 à 30 % des titres. Les proportions des autres grands secteurs d'édition – ouvrages scolaires, pour la jeunesse, sciences et techniques, livres pratiques, sciences humaines et sociales – varient d'un pays et d'une année à l'autre. L'accroissement global de la quantité de titres tient pour une part à l'expansion continue, depuis le début des années soixante, du livre de poche. En France, la proportion est passée, entre 1964 et 1983, de 14,5 % à 18,9 % des titres et de 23,5 % à 35,7 % des exemplaires édités. En Grande-Bretagne, le livre de poche a atteint 35,2 % des ventes totales en 1985. En RFA, où sa croissance a été plus tardive, il représentait la même année 14,2 % des titres et la moitié des ventes.

Rayonnement linguistique et marchés

Le partage des marchés de l'édition (que l'on peut définir par l'importance numérique, le taux d'instruction et le pouvoir d'achat des populations concernées) fait apparaître trois types de pays. D'abord ceux dont la production éditoriale, pour des raisons surtout linguistiques, est essentiellement diffusée sur le marché national. Moins peuplés et plus riches, les pays développés d'Europe et le Japon ont tendance à produire beaucoup de titres avec de faibles tirages : pour 56,3 millions d'habitants, l'Italie a édité, en 1985, 22 683 titres avec un tirage moyen de 6 206 exemplaires ; ce tirage est presque deux fois supérieur en France, pour une population identique – mais complétée par un important marché extérieur. Au Japon, avec 119 millions d'habitants et 44 253 titres édités en 1983, le tirage moyen atteignait 16 214

exemplaires. En URSS (272 millions d'habitants), il est de 17 705 exemplaires. La palme revient à la Chine, qui, avec un milliard d'habitants, a pu éditer 155 919 exemplaires de chaque titre en 1984. La demande chinoise en matière de livres est importante : 300 000 personnes environ y sont employées à traduire des ouvrages étrangers, et, même si elle n'avait pas encore signé en 1986 les conventions internationales sur les droits d'édition, la Chine noue des relations de plus en plus suivies avec les éditeurs occidentaux.

Le second groupe de pays est celui des gros producteurs et exportateurs de livres, ceux dont l'idiome couvre une aire géographique importante. Ainsi, sont exportés 6 à 8 % de la production des États-Unis, environ 13 % de la production ouest-allemande (pour la moitié vers la Suisse et l'Autriche). En 1984-1985, la Grande-Bretagne a réalisé à l'export 32,8 % du chiffre d'affaires total de l'édition britannique, une proportion qu'explique notamment l'étroitesse de son marché intérieur. La France a exporté environ 20 % de sa production, en valeur, en 1985. L'édition belge, elle, repose pour plus de 50 % sur les marchés extérieurs, en grande partie à cause de la bande dessinée dont elle est le premier producteur mondial ; en revanche, 60 % de sa consommation intérieure portent sur des livres importés. De la même façon, l'Espagne édite à 40 ou 50 % pour l'Amérique latine (Argentine, Mexique, Vénézuela, Colombie...) dont les difficultés, au début des années quatre-vingt, ont mis en péril des maisons d'édition importantes comme Brughera à Barcelone, ou Aguilar à Madrid.

Le tiers monde à l'écart des flux d'exportation

Leur faible pouvoir d'achat est en effet le problème majeur des pays du troisième groupe – en gros, ceux du tiers monde –, largement dépendants des pays développés pour lesquels le livre est aussi un moyen d'influence culturelle et politique. En fait, les grands flux d'exportation s'effectuent majoritairement en dehors d'eux. 84 % des livres exportés par les États-Unis vont vers dix-sept pays développés (dont le Canada, pour 40,4 %, la Grande-Bretagne, l'Australie...), et le reste vers 131 autres pays. 76 % des exportations britanniques sont écoulés sur les marchés d'Europe de l'Ouest, des deux Amériques et d'Australie alors que l'Afrique, l'Asie et l'Inde n'en reçoivent que le cinquième. Canada, Belgique et Suisse absorbent plus de la moitié des exportations françaises, mais l'Afrique noire – avec plus de 100 millions de francophones! – n'en a reçu que 10 % en 1985. Quant aux 6 300 exemplaires de tirage moyen des livres espagnols, étant donné la forte proportion de l'export, ils en disent long sur les capacités d'achat des pays latino-américains, dont les principaux producteurs après le Brésil sont le Mexique et l'Argentine (environ 4.000 titres par an chacun).

Les pays du tiers monde s'équipent en priorité de livres « utiles » : plus de la moitié des livres français vendus au Sénégal, au Cameroun ou en Côte d'Ivoire sont des ouvrages scolaires, pratiques, techniques ou scientifiques. C'est l'Inde qui a le mieux réussi à s'arracher à la dépendance, en développant, surtout depuis les années soixante-dix, sa propre production de livres en anglais (la troisième au monde) et dans les quinze langues locales ; elle parvient même à exporter vers quatre-vingts pays. Outre la fragilité du pouvoir d'achat (cause d'un important piratage), les pays occidentaux rencontrent dans le tiers monde la concurrence des livres soviétiques de littérature, enseignement, sciences et techniques, écrits en anglais, français ou espagnol, et commercialisés à très bas prix : une étude américaine a révélé qu'à Lima, pour un livre nord-américain vendu treize dollars, on trouve à trois dollars un livre soviétique équivalent... Bien équipé en imprimeries, Cuba exporte chaque année environ un million de livres vers l'Amérique latine et les pays lusophones africains.

Continuation de l'export par d'autres moyens, les traductions sont un indicateur du dynamisme de l'édition dans un pays, et aussi de son influence politique : ainsi les premiers pays traducteurs de livres soviétiques sont les pays d'Europe de l'Est. C'est toutefois l'anglais qui prédomine, avec 18 445 traductions

BIBLIOGRAPHIE

Annuaire statistique de l'UNESCO, UNESCO, Paris, 1986.

« Le livre et la lecture en France », *Problèmes politiques et sociaux*, n° 558, avril 1987.

« Tiers monde libérez les livres! », *Croissance des jeunes nations*, n° 292, mars 1987.

Revues professionnelles de l'édition et de la librairie : *Livres hebdo* (France); *Bookseller* (Grande-Bretagne); *Publishers Weekly* (États-Unis); *El Libro español* (Espagne); *Giornale della libreria* (Italie).

Nouvelles de l'exportation, publication du Syndicat national de l'édition, reproduit régulièrement des informations parues dans des nombreuses revues françaises et étrangères concernant la vie de l'édition dans les différents pays.

dans le monde en 1981, sur un total de 43 841. Plus de la moitié des traductions réalisées la même année en Belgique, France, RFA, Italie, Espagne, ainsi qu'au Japon et au Danemark provenaient de l'anglais. Le russe vient en deuxième position avec 5 919 traductions (Lénine était encore en 1980 l'auteur le plus traduit dans le monde!), suivi du français (4 977 traductions, surtout littéraires), de l'allemand, de l'italien, du suédois et de l'espagnol.

Encore les ouvrages de langue anglaise peuvent-ils bien souvent se passer de traduction! Les livres et revues de recherche scientifique et médicale sont de plus en plus lus – et écrits – en anglais partout dans le monde, où ils concurrencent, voire marginalisent, les travaux rédigés en d'autres langues, et produits par des éditeurs internationaux. Premier américain en ce domaine, McGraw Hill diffuse, outre des livres, trente publications périodiques à travers le monde, de 100 000 à 1,5 million d'exemplaires. Présents dans les plus grandes capitales, l'éditeur hollandais Elsevier Science Publishing, l'ouest-allemand Springer, qui ont su percevoir assez tôt la nécessité d'une diffusion internationale pour amortir le coût de ces ouvrages à faible tirage, et celle, concomitante, de développer l'édition en anglais (60 % des livres de Springer), attirent de plus en plus de chercheurs, créant ainsi une dynamique d'expansion difficilement réversible; trop tard venues, les tentatives identiques de Masson, premier éditeur français dans ce secteur, n'ont guère dépassé l'Italie et l'Espagne.

Concentration multimédia, distribution de masse

L'édition scientifique n'a d'ailleurs pas le monopole de l'intégration galopante. Longtemps dévolue à l'entreprise familiale et reposant sur des réseaux de libraires économiquement et numériquement stables, l'édition de livres a été saisie, depuis l'après-guerre, par la concentration « multimédia » et la distribution de masse. Sans doute, avec par exemple 4 000 éditeurs au Japon, 1 200 en Espagne, 2 000 en France et même 200 sur un petit marché comme la Norvège, la liberté d'éditer ne paraît pas menacée; mais en France, trois groupes d'édition (Hachette, Presses de la Cité, Compagnie européenne de publications – CEP) réalisent 75 % du chiffre d'affaires total de la profession; en Grande-Bretagne, huit éditeurs (dont Pearson Longman, Octopus, Collins, Reed) en ont totalisé plus de la moitié en 1985. L'évolution de l'édition aux États-Unis est particulièrement éclairante : Macmillan, septième groupe en termes de chiffre d'affaires, a absorbé une vingtaine de maisons en 1984-1985. En 1986, l'anglais Penguin, déjà possesseur aux États-Unis de Viking Penguin, s'est adjoint la New American Library et E. P. Dutton (chiffres d'affaires cumulés : 100 millions de dollars). La même année, après Bantam, premier éditeur mondial de livres de poche, le groupe Doubleday, qui conjugue édition, imprimerie et librairies, est passé sous le contrôle du groupe ouest-allemand Bertelsmann, qui est ainsi devenu le second éditeur américain, le premier étant Simon and Schuster (921 millions de dollars de chiffre d'affaires en 1985).

Second groupe multimédia au monde après CBS, l'empire Bertelsmann, avec 6,7 milliards de marks de chiffre d'affaires, contrôle deux cent quatre-vingts entreprises dans le monde, dont trente maisons d'édition; ses clubs du livre, comme France-Loisirs, associé aux Presses de la Cité, touchent seize millions d'adhérents dans vingt-quatre pays. Bertelsmann contrôle en outre vingt-six magazines grand public en RFA, France, Espagne et aux États-Unis. La même fièvre d'expansion marque Octopus en Angleterre, Timon en Espagne ou en France, Hachette – la « pieuvre verte » – qui contrôle directement ou indirectement vingt éditeurs, quarante titres de presse, 28 % de la distribution du livre, la totalité de celle de la presse, une radio, et possède différents intérêts dans la production audiovisuelle.

De plus en plus, l'édition de livres apparaît comme un secteur particulier des groupes dits de « communication » (de la publicité au cinéma en passant par la presse et le disque...), eux-mêmes contrôlés parfois par d'autres secteurs industriels : Hachette est une filiale des armements Matra, les Presses de la Cité sont contrôlées par la Générale occidentale, la CEP (Larousse, Nathan, le Robert, Tests...) a pour principaux actionnaires Havas, Reed international (GB) et une compagnie bancaire.

Du côté de la commercialisation, le développement rapide depuis les années soixante, dans les pays développés, des chaînes de libraires, des circuits de grande distribution et de la vente par correspondance ou clubs, contribue à aspirer la circulation du livre vers des canaux initialement développés pour d'autres produits, favorisant l'expansion du livre de grande consommation et de vente prévisible (roman sentimental aussi bien qu'ouvrage pratique ou guide touristique) au détriment d'ouvrages de création et de recherche, de vente plus incertaine et au public plus limité; dichotomie encore accrue par les coûts publicitaires, pratiquement rédhibitoires pour le livre, hormis les séries de grande diffusion.

S'oriente-t-on vers une édition – et

une commercialisation – à deux vitesses, sans rapport l'une avec l'autre? Le débat mené en Europe sur le prix du livre, librement fixé par le libraire ou imposé par l'éditeur comme c'est le cas en France, est entièrement sous-tendu par ces évolutions.

François Taillandier

L'audiovisuel en Afrique : le transistor-roi

Dans un continent tardivement et peu alphabétisé, l'émergence de nouveaux moyens d'information et surtout du sacro-saint transistor a fait croire un moment que l'on pourrait dorénavant se passer de l'écrit pour l'information et l'éducation.

Foyer de la tradition orale, où selon un dicton célèbre « chaque vieillard qui meurt est une bibliothèque qui brûle », le continent africain a vite adopté les petits transistors portables qui se passent désormais d'électricité et de fils. Dans les villages où l'électricité n'est pas connue, et où il n'est même pas envisagé qu'elle arrive un jour, l'apparition des premières radios portatives a vite suscité un grand émoi. De fait, le transistor – maintenant doté de l'équipement pour les cassettes – est devenu l'un des achats prioritaires ; il permet de suivre les épreuves sportives, les grands événements, dans un style parlé coutumier de l'Afrique où la presse écrite est réservée aux plus instruits et où la distribution des journaux ne concerne que les citadins. Les Africains semblent vivre avec l'oreille collée à la radio.

Signe de richesse, les « voyageurs » dans les aérogares européennes comme en Afrique arborent leur poste chromé, trop précieux pour être confié au compartiment à bagages. Conflits, expulsions, exil : le transistor à cassettes est toujours le premier bien à sauver.

Pour le soldat tchadien entre deux combats, le repos, c'est d'écouter sur son appareil minicassette la « musique soudanaise », avant de se brancher aux heures d'information sur *Radio France Internationale* (R F I) pour y entendre les nouvelles de son propre pays. Chaque pèlerin revient de La Mecque avec sa minichaîne, même si pour l'acheter il a dû se priver de nourriture. L'adjonction de la fonction magnétophone à la radio permet également d'utiliser le poste comme élément de la vie sociale (veillée notamment), et non plus pour la seule information.

Cependant, faute de statistiques fiables (les appareils sont généralement importés en contrebande), aucun chiffre sérieux ne peut être donné.

La radio instrument du pouvoir

A cet engouement, il a fallu que les autorités répondent vite, mais les moyens leur manquaient. En effet, le monopole des grands émetteurs radio à caractère continental appartient dans la plupart des cas aux « occidentaux » (la B B C britannique, la R F I et la Voice of America V O A), même si certains pays de l'Est ont augmenté la puissance de leurs émetteurs, conscients de l'impact d'une telle mesure. Le grand émetteur d'*Africa n° 1*, au Gabon, financé avec une très importante participation française, ne mérite pas le label de radio entièrement africaine, même si la station est effectivement captée sur l'ensemble du continent.

Au niveau national, les autorités des pays les plus riches ont constitué comme au Nigeria, une *Voix du Nigéria* à destination de l'étranger; d'autres, plus modestes, se sont contentées d'adapter et de traduire en langue vernaculaire les émissions diffusées en langue nationale et réservées aux citadins à même de les comprendre. Dans certains pays, des heures sont réservées à l'information officielle. Les citoyens doivent écouter religieusement les « avis de convocation pour examen » de tels étudiants, la convocation dans la capitale de tel préfet, voire les mots d'ordre et avertissements du gouvernement. Des avis ont ainsi été affichés dans les lieux publics du Bénin, stipulant que toutes les conversations doivent obligatoirement s'arrêter pendant la diffusion des informations. Fin 1986 et début 1987, le procès de l'ex-empereur de Centrafrique, Jean-Bedel Bokassa, a été diffusé en direct sur la radio nationale, celle-là même où « papa Bok » aimait, lorsqu'il était au pouvoir, prononcer de longs discours pour « informer ses enfants », le peuple centrafricain.

La radio a une importance telle que, dans la plupart des pays africains, elle est synonyme de pouvoir. Prendre la présidence et la maison de la radio est le premier objectif de tout coup d'État, ce qui explique que les immeubles des radios soient toujours bien gardés par des unités « fidèles » lorsque le régime se sent en danger. La diffusion de musique militaire ou classique est l'annonce d'événements graves.

La télévision, plus récente, n'a pas le même impact que la radio, pour des raisons évidentes. Elle coûte cher et nécessite l'électricité. Elle reste donc, dans la plupart des pays, une denrée pour les seuls nantis. Elle a cependant été utilisée, notamment au Niger, dans le cadre d'opérations de télévision scolaire pour les écoles les plus isolées, fonctionnant parfois grâce à des batteries solaires. Véhicule de l'enseignement conventionnel, elle sert aussi à l'éducation des masses, comme au Nigéria où, peu avant sa nomination au poste de ministre de la Santé (fin 1985), Olikoye Ransome Kuti, comme d'autres médecins, expliquait en langue vernaculaire les principes d'hygiène élémentaires.

La radio comme la télévision sont en général des organismes d'État soucieux du contrôle de l'information, voire de la propagande. Mais il existe également quelques stations privées, notamment au Libéria où certaines radios appartiennent à des organisations religieuses.

Le plus bel exemple de diversité audiovisuelle reste celui du Nigéria où, pendant la période de gouvernement civil (1979-1983), ce pays a disposé du troisième plus important réseau mondial de télévision et d'une quarantaine de stations de radio. La radio et la télévision fédérales disposaient alors, outre leur siège à Lagos, de centres régionaux, lesquels avaient des filiales dans presque chacun des dix-neuf États de la Fédération. Confrontés à la propagande officielle du pouvoir central, les gouverneurs de l'opposition avaient tous décidé de se doter de stations « indépendantes », seules capables, selon eux, de faire contrepoids et de faire valoir leurs mérites auprès des électeurs potentiels. L'arrivée au pouvoir des militaires en décembre 1983 a très vite bouleversé le paysage audiovisuel, le centralisme reprenant le dessus : les stations peu viables ont été fermées ou se sont bornées à répercuter les émissions émanant du pouvoir central. Pendant ce temps, le Cameroun voisin, pourtant cité comme l'une des réussites économiques du continent, a attendu 1986 pour démarrer sa première chaîne de télévision.

Un métier difficile

Quant aux journalistes africains, ils exercent leur métier, pour la plupart, dans des pays où le pouvoir absolu n'engendre pas l'ambiance favorable à une information de qualité. Pour un observateur occidental, les bulletins souffrent d'une présentation trop souvent hiérarchique ; ils commentent d'abord les activités du chef de l'État, puis celles des autres dignitaires pour passer – s'il reste du temps – aux « autres nouvelles », nationales ou internationales. Par souci de faire du dictateur une « star » on le montre trop souvent assis, regardant le spectacle, alors que ce sont les acteurs qu'il faudrait montrer...

Mais le grand problème dont souffrent la plupart des médias audiovisuels africains est évidemment celui du matériel. Les problèmes de maintenance et l'absence de ressources obligent les professionnels à travailler dans des conditions parfois moyenâgeuses : caméra unique, matériel vidéo ne résistant pas au climat, films qu'il faut développer à l'étranger, lignes téléphoniques de piètre qualité ; bien souvent les émissions ressemblent plus à un savant bricolage qu'à un vrai travail.

François-Xavier Harispe

« *Glasnost* » et médias en URSS

Que recouvre, en URSS, la notion de « médias »? Moyens de communication, d'information ou de propagande, la terminologie soviétique paraît hésiter sur le contenu à donner au concept. Terminologique, l'ambiguïté est aussi institutionnelle, fonctionnelle : l'agence de presse Novosti est « l'organe de l'Union des journalistes *et* des écrivains »; les écrivains se font souvent publicistes et les journalistes utilisent à souhait des procédés littéraires pour « traiter » l'information. Ainsi s'affirme (et de façon plus complexe que ne le suggère le lieu commun de « la langue de bois ») une prééminence *revendiquée* du texte et des idées sur les faits et les événements, où s'efface souvent la frontière entre « information » et « activité de création ».

Cette conception spécifique de l'information se retrouve dans la politique de *glasnost* où, contrairement à la lecture qu'en font les médias occidentaux, le problème posé n'est pas tant l'« objectivité » ou la rapidité de l'information fournie que ce qui peut en avoir le *statut*. Propos qui renvoie à la formule de Lénine : « Un journal n'est pas seulement un propagandiste et un agitateur collectif, c'est aussi un organisateur collectif. » Ici encore la *glasnost* semble ne pas démentir la tradition et s'appuyer sur la double fonction attribuée aux médias : celle, traditionnelle, d'« aider le Parti » en « aidant » la population à comprendre la nouvelle politique qui est la sienne; celle, pour le moins négligée auparavant, d'informer le pouvoir sur le « pays réel », de lui donner une mesure régulière de l'opinion publique. Les médias pallient en effet l'absence ou la carence d'« institutions-relais » entre les citoyens et le pouvoir – ce dont témoigne l'importance du courrier des lecteurs (800 000 lettres par an pour la seule *Pravda*). Si l'importance et le « poids » des médias en URSS sont déterminés par la multiplicité de leurs fonctions, ils le sont aussi par la taille du pays et son hétérogénéité, notamment linguistique.

Tout en s'inscrivant dans la tradition, le mot d'ordre de *glasnost* semble rompre cependant avec des pratiques qui étaient autant de règles d'or du fonctionnement antérieur des médias.

La *glasnost* est tout d'abord une traduction... singulièrement dépourvue de « réalité ». Elle n'est pas en effet la « transparence » mais tout au plus une volonté de transparence et renvoie en fait à une réalité « binaire » : sous-tendue par l'idée de porter à connaissance, de *rendre public*, la notion recèle également l'idée de *débat public* nécessaire.

Le droit à la vérité

Dans un premier temps, le « droit à la vérité » – qui suppose aussi de « rendre » au public sa mémoire historique – paraît dénoncer non pas tant le mensonge que l'omission, les « qui de droit » et « au nom·de quoi » se faisait (se fait) la sélection de l'information. La notion de secret, régissant la vie des médias et faisant de l'accès à l'information un privilège, se trouve ainsi attaquée de plein fouet : les débats qui ont surgi en mars 1987 au sujet de l'ouverture des fonds « non publics » (de la bibliothèque Lénine) et du problème des réhabilitations « historiques » en sont un prolongement direct. Depuis le plénum d'avril 1985, la réduction progressive de « zones interdites » à la critique a fait voler en éclats autant de tabous et d'interdits pesant sur les médias : évocation de catastrophes naturelles ou industrielles (Tass a mis quelques heures pour annoncer la rupture d'un barrage dans le Tadjikistan le 16 mars 1987), de phénomènes de société taxés il y a peu encore de « capitalistes » (SIDA, développement de la consommation de la drogue, renouveau de la religion, du nationalisme), reportages jetant une lumière très crue sur certains « dysfonctionnements » du système, présentés non plus comme des cas exceptionnels mais comme la réalité quotidienne (enquête de six journalistes chargés d'acheter six produits de base dans six villes différentes : qu'ont-ils trouvé et en combien de temps ?...), innombrables « réhabilitations » de *persona non grata* (Sakharov certes, mais aussi d'écrivains et de personnalités historiques), mise en cause d'institutions et de personnes hiérarchiquement intouchables (un responsable du K G B cloué au pilori en première page de la *Pravda* pour avoir emprisonné un journaliste « dérangeant ») ; impossible ici d'évoquer toutes ces petites révolutions quotidiennes que, depuis l'arrivée au pouvoir de Mikhaïl Gorbatchev, les médias font vivre aux citoyens soviétiques.

Ce faisant, la *glasnost* apparaît aussi comme une pratique (et un apprentissage) difficile. À leur congrès de mars 1987, les journalistes ont dressé eux-mêmes la liste des « zones encore intouchables » : si la révolte des étudiants du Kazakhstan n'a pas été évoquée, l'Afghanistan l'a été. Au cours de débats tumultueux, plusieurs types d'obstacles ont été désignés : le premier concerne ni plus ni moins la nécessité « d'en finir avec l'autocensure » pour liquider « la grisaille, la pensée enchaînée », les « stéréotypes » ; autre obstacle de taille, les journalistes eux-mêmes sont... « mal informés », propos qui met le doigt sur « l'absence de données et de statistiques » sociétales à laquelle la *glasnost* doit précisément remédier, et sur la difficulté des autorités à appréhender l'état du « pays réel » ; enfin, en évoquant le fossé immense qui sépare la presse centrale, prompte à répondre au mot d'ordre de *glasnost*, et la presse locale, toujours grise et routinière, prête à utiliser tous les moyens pour « étouffer la critique » (« journalistes discrédités, licenciés, exclus du Parti, parfois emprisonnés »), certains congressistes ont dessiné la carte politique des « foyers de résistance » à la *glasnost* (pouvoirs locaux et institutions nommément désignés, tels les ministères de la Défense et des Affaires étrangères) et « révélé » que le « tout-puissant Politburo » ne contrôle pas la presse comme il veut...

La découverte de l'opinion publique

L'autre réalité à laquelle renvoie la notion de *glasnost* – celle de débat public – montre que ses enjeux vont bien au-delà de l'évocation de Tchernobyl ou de l'apparition de Sakharov à la télévision. Elle a tout d'abord été à l'origine de cette véritable révolution dans les médias qu'a été la découverte du « direct » : ainsi voit-on, dans de nouvelles émissions (telles *Douzième étage, Problèmes, Recherches, Solutions*), de hauts dirigeants pris à partie par les auditeurs, sommés de répondre immédiatement à leurs « questions ». Ainsi voit-on se multiplier tables rondes et sténogrammes de débats publics contradictoires qui consacrent l'irruption de la notion d'opinion publique dont on découvre qu'elle n'est nullement une et indivisible. Ce processus de reconnaissance progressive de contradictions et d'intérêts sociaux divergents entame ce présupposé idéologique fondamental qu'est « l'homogénéité de la société soviétique ».

En dénonçant explicitement la règle de fer à laquelle les médias étaient soumis auparavant (si les phénomènes négatifs pouvaient être évoqués, ils ne devaient l'être qu'en tant que cas particulier, à partir duquel toute généralisation était interdite), la *glasnost* permet d'amorcer une analyse en termes de système. Ainsi, au-delà de la dénonciation de cadres incompétents ou corrompus (que les journalistes sont appelés à mettre en cause personnellement), les médias contribuent à

Les médias soviétiques en chiffres

- **Journalistes :** *on en compte 100 000 (dont 85 182 membres de l'Union des journalistes) et 6 millions de correspondants exerçant une autre activité.*
- **Journaux :** *au nombre de 8 427 (en 1985), édités en 55 langues nationales et 9 langues étrangères, ils peuvent être répertoriés selon plusieurs typologies :*
  - *territoriale :* 31 édités au niveau de l'Union, 163 au niveau des Républiques fédérées, 4 185 au niveau d'autres circonscriptions administratives et territoriales (région, district, République autonome, ville, etc.), 560 au niveau des kolkhozes, 3 488 journaux « de base » (entreprise, etc.) ;
  - *par catégorie d'âge :* Pravda, Pravda des Komsomols, Pravda des Pionniers... ;
  - *professionnelle :* Gazette littéraire *(organe de l'Union des écrivains),* Gazette médicale, Vie rurale, *etc. ;*
  - *institutionnelle :* Pravda *(organe du PCUS),* Izvestia *(organe du Soviet des députés du peuple),* Troud *(organe du Conseil central des syndicats), etc.*

  Quelques tirages (en millions d'exemplaires) : Troud : 16,7 ; Pravda des Komsomols : 13,2 ; Pravda : 10,5 ; Pravda des Pionniers : 10,4 ; Vie rurale : 9,2 ; Izvestia : 6,7 ; Sport soviétique : 4,6 ; Gazette littéraire : 3. *Moyenne nationale (calculée sur le tirage par numéro) : 68 exemplaires pour 100 habitants.*
- **Revues et publications périodiques :** *au nombre de 5 180 (en 1985), éditées en 44 langues nationales et 25 langues étrangères ; moyenne nationale (calculée sur le tirage par numéro) : 82 exemplaires pour 100 habitants.*

  Quelques tirages (en millions d'exemplaires) : Santé : 16,6 ; la Travailleuse : 16,1 ; la Paysanne : 14,6 ; Krokodil *(revue satirique) :* 5,3 ; l'Homme et la loi : 10,2 ; Au volant : 3,9 ; la Famille et l'école : 2,6 ; l'Agitateur : 1,5.
- **Télévision :** *le réseau couvre un territoire où vit 93 % de la population ; 92 postes pour cent foyers ; émissions diffusées en 45 langues nationales,*
  - *Deux chaînes centrales (programmation de Moscou) émettant de 8 heures à 24 heures (cinq zones horaires).*
  - *Une chaîne pour les programmes régionaux ; émissions dans la langue locale, environ six heures par jour.*
  - *Une chaîne à caractère essentiellement pédagogique (programme intégré pour certaines régions à ceux des chaînes centrales.).*
- **Radio :** *couvre « la presque totalité du territoire soviétique », 90 postes pour cent foyers ; fonctionne selon le même système que la télévision : central (trois stations), local.*

Véronique Garros.

révéler le « vrai » paysage politique et à alimenter une réflexion où l'on n'hésite plus, par exemple, à parler d'une bureaucratie produite par le système. Désintérêt pour l'information, dépolitisation du discours médiatique (et de ses destinataires), c'est au fond cela que la *glasnost* vient remettre en cause : à travers l'expression encore embryonnaire du jeu des forces sociales, le processus paraît déjà mettre à mal la « binarisation » – l'opposition terme à terme gouvernement/dissidents – et la simplification de la vie idéologique. Ce faisant, nous est révélée peu à peu une société soviétique complexe, hétérogène, un paysage socio-politique auquel nous avaient peu habitués... les médias occidentaux.

Véronique Garros

Le Nouvel ordre mondial de l'information : la fin d'une belle idée?

En novembre 1985, le comité politique spécial de l'Assemblée générale de l'ONU adoptait une résolution réaffirmant le rôle privilégié de l'UNESCO dans la mise en place du Nouvel ordre mondial de l'information (NOMI). Malgré la majorité écrasante – quatre-vingt-dix pour, six contre et dix-sept abstentions – ou peut-être à cause de cette majorité, on peut se demander si ce vote a marqué la fin d'une belle idée. On survit rarement à une telle unanimité !

En effet, on avait pu croire un temps que le rapport McBride approuvé par la conférence générale de l'UNESCO en 1980 allait réussir là où bon nombre de vœux pieux avaient échoué et que l'on assisterait effectivement à un rééquilibrage des flux d'information en faveur des pays du tiers monde ; d'autant plus qu'en 1983, les pays occidentaux avaient fait adopter par l'UNESCO un amendement prévoyant que la mise en œuvre du NOMI se ferait « de façon continue et évolutive ». Tous les espoirs étaient donc permis. Fini le temps des stéréotypes sur l'Afrique mal partie, l'Orient aux mille mystères et l'Amérique latine des coups d'État! Enfin le Sud pourrait conquérir la place qui lui revient sur les téléviseurs du Nord et les agences d'information cesseraient de contribuer uniquement à la machine impérialiste américaine.

Le rapport McBride au placard

Deux ans plus tard, l'amendement avait disparu du texte final et les derniers espoirs de voir le rapport de Sean McBride émerger du placard de la bureaucratie internationale s'évanouissaient. Que s'était-il passé ?

La crise de l'UNESCO et le raidissement de la politique américaine face aux organismes internationaux sont certes les premiers responsables, mais il ne faut pas oublier certaines initiatives douteuses de la part des partisans les plus acharnés du NOMI. Que penser de cette proposition de l'UNESCO en 1984 d'imposer des permis de travail aux correspondants internationaux, prétendument pour assurer leur protection dans les régions dangereuses? En novembre 1985, la Cour interaméricaine de justice a réaffirmé que cette pratique de l'enregistrement des journalistes, généralisée en Amérique latine, était contraire à la Déclaration universelle des droits de l'homme. L'UNESCO a donc dû faire marche arrière et abandonner son projet.

Malgré leurs discours, bon nombre de pays n'ont pas hésité à expulser des journalistes et museler les rapports de presse. En avril 1984, le nouveau gouvernement militaire nigérien a même fait adopter une loi imposant rétroactivement un contrôle des médias. Au même moment, l'Égypte saisissait des exemplaires d'un quotidien sous prétexte qu'il donnait une mauvaise image du pays à l'étranger. En Inde, des correspondants internationaux furent menacés de poursuites juridiques. En Turquie et en Corée du Sud, des centaines de journalistes sont encore détenus ou exclus de la profession.

L'information, et surtout l'information internationale, est en effet jugée trop importante pour être laissée entre les mains des journalistes et les États, quelles que soient les plaintes sur la façon dont ils sont traités, ne sont pas prêts à se soumettre à un quelconque code d'éthique en la matière. On l'a bien vu dans le cas de l'Éthiopie, où le gouvernement a d'abord nié les problèmes de famine tout en limitant le nombre des journalistes à Addis Abeba invités à suivre les fêtes du dixième anniversaire de la Révolution.

Le tiers monde court-circuité

Pourtant, le problème de l'information dans les pays du tiers monde est loin d'être résolu. Les obstacles d'hier sont encore solidement en place : analphabétisme, centralisation des structures administratives, censure gouvernementale, pauvreté des moyens, divisions linguistiques. De plus, rares sont ceux qui croient encore que la simple création de télévisions nationales ou d'agences de presse régionales va tout régler.

En Afrique, 85 % des programmes de télévision sont importés. Et comment peut-on rentabiliser une cinématographie africaine quand le nombre de salles diminue (il est passé de 300 à 250 depuis 1970)? Certains pays, dont le Sénégal, ont abandonné jusqu'à l'idée d'une responsabilité gouvernementale dans l'audiovisuel. La privatisation frappe sans distinction pays développés et pays du tiers monde.

Quant à l'industrie de l'information, elle n'a pas attendu le rapport McBride pour éclater. Aujourd'hui, bon nombre de pays se préoccupent davantage des flux transfrontières des données (Transborder Data Flows) que du droit à la spécificité médiatique. Qui va contrôler ces mégabanques de données? Qui va les alimenter? Qui va réglementer les protocoles de transmission? Chaque mois, l'équivalent électronique de deux millions de pages d'information traverse la frontière canado-américaine. L'arrêt de ces transferts d'information étranglerait l'économie canadienne en moins de soixante-douze heures.

Alors que l'Europe en est encore à tenter de créer des mastodontes administratifs, tel le projet *ESPRIT* (European Strategic Program for Research and Development in Information Technologies), les États-Unis ont décidé de jouer à fond la carte de la compétition et de laisser les forces du marché déterminer la structure du nouvel ordre électronique. Depuis 1982, ils ont fait du droit de produire, transporter, allouer et vendre des informations digitalisées, la pierre de touche de leur nouvelle stratégie internationale

---

BIBLIOGRAPHIE

« La crise mondiale des agences de presse », *Media pouvoirs*, n° 5, décembre 1986.

SCHILLER D., « Comment perpétuer la domination sur les télécommunications », *Le Monde diplomatique*, février 1985.

STERLING C.H., *International Communications and Information Policy*, Washington, D C, Communications Press, 1984.

en matière de communications. C'est ainsi qu'il faut comprendre leur décision (novembre 1985) de casser le monopole dont jouissait INTELSAT pour les réseaux de télécommunications sur l'Atlantique nord. Décision surprenante à première vue, mais qui se comprend dans la mesure où les États-Unis n'y contrôlaient plus qu'une minorité des votes : ils préfèrent désormais s'en remettre aux géants comme ITT, Bell et ATT pour pénétrer les marchés étrangers grâce à des ententes de coopération. Coincés entre les multinationales américaines et certains pays occidentaux qui voient d'un mauvais œil ces visées américaines, les pays du tiers monde assistent impuissants à la mise en place de réseaux dont ils sont déjà exclus.

L'offensive américaine ne se limite d'ailleurs pas à l'électronique. La Société américaine d'éditeurs de journaux accueille chaque année une douzaine de journalistes étrangers pour des stages de longue durée dans le domaine du journalisme électronique. De même, l'Institut de formation en matière de télécommunications, créé en 1983, compte déjà quatre cents diplômés de soixante-quinze pays du tiers monde, tandis que l'Agence des États-Unis pour le développement international (US-AID) a fait des communications, et surtout de la gestion de l'information, l'un de ses champs privilégiés d'intervention à côté de l'agriculture et de la santé publique.

On a peut-être eu raison dans les années soixante-dix de se préoccuper du rôle des grandes agences de presse internationales. Elles étaient souvent les seules sources d'approvisionnement pour la majorité des médias et, dans cette mesure, responsables de l'inégalité des échanges en matière d'information. Mais à la fin des années quatre-vingt, les agences de presse sont en chute libre et même les réseaux (*networks*) américains voient leur monopole sur l'information internationale remis en question. Les nouveaux équipements de transmission télévisuelle et la multiplicité des canaux disponibles permettent aujourd'hui à la moindre chaîne locale américaine d'avoir accès instantanément à des images du monde entier sans devoir payer les frais d'une présence permanente à l'étranger ni subir l'interprétation des commentateurs de la capitale. L'information est devenue la matière première par excellence d'un ordre économique qui ne reconnaît plus les frontières géographiques et idéologiques habituelles mais qui a approfondi les disparités Nord-Sud. Les pays du tiers monde qui n'ont ni correspondants ni antennes paraboliques mobiles sont plus que jamais tenus à l'écart.

Quant à l'UNESCO, elle assiste, impuissante, au déclin de son NOMI. Après la table ronde d'Igls (Autriche) en 1983, elle a dû battre en retraite et concentrer ses efforts sur la compilation d'une bibliographie et l'organisation de douze symposiums régionaux. En 1986-1987, elle n'a consacré que 60 000 dollars à la promotion du NOMI, soit trois millièmes du montant alloué à ses activités dans le cadre du programme intitulé « Les communications au service de l'homme ». Depuis 1984, le Programme international pour le développement des communications, qui devait être le fer de lance du NOMI, a modifié considérablement ses priorités en faisant de la formation du personnel de la promotion du livre et de la lecture un de ses principaux axes d'intervention.

Le NOMI n'est pas mort pour autant. Il prospère dans les conférences de l'Union internationale des télécommunications, les protocoles de flux transfrontières, les nouvelles ententes sur la télévision par satellites... Seules la nature et l'ampleur des inégalités en matière de communications ont changé depuis le rapport McBride.

Daniel Latouche

STATISTIQUES MONDIALES

Tableau de bord de l'économie mondiale en 1986-1987

1986 a été extrêmement décevante. Pour la deuxième année consécutive, le taux de croissance de l'économie mondiale s'est ralenti et, en juillet 1987, on prévoyait un nouveau ralentissement pour l'année en cours.

En comparant les périodes 1968-1979 et 1979-1986 (tableau 1), on constate que ce sont les pays en voie de développement qui ont le plus souffert de la crise liée au second choc pétrolier (1979-1980), à la hausse des taux d'intérêt (1980), à l'arrêt brutal de nouveaux crédits bancaires (1982) et aux politiques d'austérité appliquées en Europe (depuis 1979).

Les stratégies de développement à l'épreuve de la crise

Le tableau 2 montre le taux de croissance des PVD par continent. Ce qui frappe le plus, si l'on compare les périodes 1979-1986 et 1968-1979, c'est l'effondrement de la croissance dans tous les continents, sauf l'Asie. On a parfois attribué l'amélioration de la performance de cette dernière, alors que le reste du monde subissait la pire récession de l'après-guerre, à la rapide croissance de pays comme Singapour, la Corée du Sud et Hong-Kong, pays « fortement orientés vers l'extérieur ». Certaines institutions internationales – notamment la Banque mondiale – en ont rapidement conclu que ce type d'orientation était le plus prometteur pour les pays pauvres. A y

regarder de plus près, cette analyse se révèle totalement fausse. Bien qu'ils aient gardé des taux de croissance honorables, ces pays ont tous vu leur croissance se ralentir en 1979-1986, faisant descendre le taux moyen de l'Asie par rapport à la période précédente. Ce sont au contraire les pays « fortement tournés vers l'intérieur » – la Chine et l'Inde en particulier – qui ont accéléré leur croissance (tableau 3) et c'est la bonne performance de ces pays qui explique l'accélération de la croissance asiatique.

S'ils servent au moins à rétablir les faits – le développement autocentré n'est pas aussi catastrophique qu'on le dit et il n'est pas avéré que les pays qui l'ont pratiqué ont moins bien résisté à la crise mondiale –, les chiffres du tableau 3 ne permettent de tirer que très peu de conclusions, tant les deux groupes de pays sont différents, que ce soit par leur taille ou par leur niveau de développement. En effet, le PIB par habitant est de près de 7 000 dollars à Singapour et à Hong-Kong, de 2 150 dollars en Corée du Sud, et seulement de 290 dollars en Inde et Chine. Une conclusion prudente, compte tenu de l'expérience d'autres pays, serait de dire que la stratégie de développement la plus « payante » dépend à la fois de la taille du pays, de la situation du marché mondial (phase d'expansion régulière ou phase de crise), de la compétence de l'administration et du niveau d'instruction de la population. La stratégie optimale, pour un pays en développement, serait probablement d'alterner des phases d'ouverture et des phases de repli, suivant l'évolution des circonstances.

Tableau 1. PRODUCTION MONDIALE
(taux de croissance annuel)

	1968-79	1979-86	1984	1985	1986
Monde	4,2	2,5	4,4	3,1	2,9
PCD [1]	3,4	2,1	4,7	3,0	2,4
PVD [2]	5,9	2,8	4,1	3,2	3,5
URSS et proches [3]	5,6	3,7	3,4	3,5	4,3

1. Pays capitalistes développés; 2. Pays en voie de développement; 3. URSS, Bulgarie, Tchécoslovaquie et RDA. La Roumanie, la Pologne et la Hongrie (membres du FMI) sont inclus dans les PVD.

Tableau 2. PAYS EN VOIE DE DÉVELOPPEMENT
(taux de croissance annuel)

	1968-79	1979-86	1984	1985	1986
Monde	5,9	2,8	4,1	3,2	3,5
Afrique	4,9	1,4	1,7	2,0	1,6
Amérique latine	5,8	1,8	3,2	3,5	4,0
Asie	5,7	6,1	7,9	5,9	5,7
Europe	5,8	2,3	3,6	2,1	3,2
Moyen-Orient	7,6	− 0,7	0,9	− 1,0	0,0

Tableau 3. DEUX TYPES DE PAYS EN DÉVELOPPEMENT

	1965-80	1980-85	% du PIB asiatique
Corée du Sud	9,5	7,9	
Hong-Hong	8,5	5,9	
Singapour	10,2	6,5	
Ensemble	9,4	7,2	15,3
Chine	6,4	9,8	
Inde	3,8	5,2	
Ensemble	5,3	8,3	48,5

Source : Rapport sur le développement dans le monde, 1987, Banque mondiale.

Planification et marché libre

Le tableau 1 montre que les pays classés dans la rubrique « U R S S et proches », qui ont gardé des méthodes de planification centralisée « orthodoxes », ont mieux résisté à la crise que les pays développés en général, et notamment les pays européens à économie de marché de niveau comparable (Grèce, Irlande, Espagne). Le cas de la Roumanie (qui pratique aussi cette forme de planification et dont le taux de croissance a été de 4,5 % par an pendant la période 1979-1986) en fournit un autre exemple. Il reste que la planification centralisée, avec ses « lourdeurs bureaucratiques » et l'attachement à la routine, ne permet à ces pays d'atteindre qu'une fraction de leur croissance potentielle. En effet, en raison de leur retard technologique sur l'Occident (qu'ils peuvent rattraper par grands bonds), leur taux de croissance pourrait être bien supérieur, comme l'a été celui du Japon dans les années cinquante et soixante. L'appel aux mécanismes du marché semble de nature à stimuler les nombreuses initiatives privées qui seraient nécessaires à une croissance plus rapide, mais les pays qui ont introduit de telles réformes (la Hongrie par exemple), se sont aussi ouverts largement au marché mondial et ceci, dans une période où il connaissait de fortes perturbations. Le résultat global a été de détériorer encore les taux de croissance qui n'ont été, dans la période 1979 à 1986, que de 0,9 % par an en Hongrie et de 1,3 % en Yougoslavie, autre pays où le marché joue un rôle important. Les mécanismes de marché ne semblent donc pas être la solution à tous les problèmes, et il existe bel et bien des circonstances dans lesquelles la planification centralisée est plus performante que le marché libre (effort de guerre, rattrapage d'un retard dans des domaines précis, périodes de perturbation des marchés, etc.). Les pays en développement auraient tort de l'oublier, en dépit de malencontreuses expériences de planification dans lesquelles certains se sont embourbés. Reste à savoir si, dans les années à venir, l'Union soviétique saura trouver un compromis qui lui procurera les avantages des deux méthodes de régulation de l'économie, compromis que la Chine, à un tout autre niveau de développement, semble avoir trouvé.

Les pays développés

La grande déception de l'année 1986 a été cependant le ralentissement du taux de croissance des pays développés. La baisse du prix du pétrole, qui devait avoir un impact favorable sur l'économie, a exercé un effet clairement négatif. Quant à la baisse du dollar, elle a aussi eu pour conséquence de ralentir la croissance, ce qui s'explique par les réactions assymétriques que cette dévaluation a engendrées au Japon et en R F A d'un côté, aux États-Unis de l'autre. Dans les deux premiers pays, la hausse de la monnaie a fortement augmenté le prix en dollars des marchandises exportées. Au lieu de répondre à ce défi en investissant plus pour améliorer leur productivité, les industriels allemands et japonais semblent avoir perdu courage et ont fortement réduit leurs efforts d'équipement. Or, cette réduction n'a pas été compensée, aux États-Unis, par une augmentation de l'investissement : les industriels américains semblent en effet peu pressés de récupérer les marchés qu'ils ont perdus lorsque le dollar était surévalué. Peut-être ne s'en sentent-ils pas capables...

Le tableau 4 montre que c'est le taux de croissance du Japon qui a le plus chuté en 1986, ce qui souligne la fragilité de la croissance nipponne des trois années précédentes, fortement dépendante des exportations

Tableau 4. Pays capitalistes développés
(taux de croissance annuel)

	1968-79	1979-86	1984	1985	1986
États-Unis	2,8	2,2	6,8	3,0	2,9
Japon	5,8	3,8	5,1	4,7	2,5
RFA	3,4	1,4	3,0	2,5	2,4
France	4,4	1,3	1,5	1,4	2,0
Royaume-Uni	2,3	1,3	2,2	3,7	2,2
Europe (OCDE)	3,5	1,3	2,6	2,5	2,4
Ensemble	3,4	2,1	4,7	3,0	2,4

vers les États-Unis. Cependant, à la mi-1987, des signes encourageants indiquaient que le Japon était peut-être en train de réussir sa conversion vers une croissance fondée sur l'expansion de la demande intérieure opportunément stimulée par un gouvernement plus pragmatique que celui de Bonn.

On constate aussi que, pour la période 1979-1986 dans son ensemble, la croissance a été à peu près la même en France, en RFA et au Royaume-Uni. En effet, la France a relativement mieux traversé la récession (1980-1982), sans diminution de sa production, mais elle a aussi faiblement participé à la reprise. Au Royaume-Uni, en revanche, la récession a été importante tandis que la reprise a été un peu plus rapide qu'ailleurs en Europe. Quant à la République fédérale d'Allemagne elle a connu une évolution intermédiaire.

Le tableau 5 montre un certain nombre de pays développés classés d'après l'importance de leur taux de chômage. Celui-ci ne semble pas avoir d'explication simple et unique : aucune variable précise n'est liée étroitement au niveau du chômage, ni la croissance des exportations, ni celles du PIB et de la production industrielle, ni le degré de contrôle de l'inflation. D'autres variables, qui n'apparaissent pas dans ce tableau, comme le poids de l'État dans l'économie, l'importance des syndicats ou la performance de l'investissement semblent tout aussi peu déterminantes.

On peut classer les pays développés en trois catégories selon l'évolution de leur taux de chômage depuis 1979. Ceux où le chômage est pratiquement resté le même : Japon, Suisse, Suède, Norvège, Autriche, Finlande. Ceux où le chômage s'est fortement accru mais a sensiblement diminué à partir de 1983 : États-Unis et Danemark. Ceux, enfin, où le chômage n'a pratiquement pas diminué : France, Royaume-Uni, RFA et les autres.

Un accord semble se dégager parmi les économistes concernant les pays qui ont évité le chômage. Ces derniers y seraient parvenus en raison du consensus qui règne dans leurs sociétés. C'est ce que tendrait à confirmer l'absence de corrélation entre la performance économique (PIB et production industrielle) et le niveau du chômage dans les six pays du premier groupe et qui figurent en bas du tableau 5. Cette solidarité leur a permis de s'attaquer

Tableau 5. PAYS DÉVELOPPÉS : TAUX DE CHÔMAGE, INFLATION ET CROISSANCE

| | Fin 1986 | | Taux de croissance annuel 1979-1986 | | |
	Taux de chômage	Inflation	PIB	Production industrielle	Exportations
Italie	11,5	4,2	0,7	0,6	2,4
Royaume-Uni	11,2	3,7	1,3	0,4	3,2
France	10,8	2,1	1,3	0,4	1,8
RFA	8,0	− 1,1	1,4	0,7	3,9
Danemark	7,8	4,3	1,8	4,2	4,4
États-Unis	6,6	1,1	2,2	1,6	− 1,5
Finlande	5,1	3,4	2,9	3,4	3,2
Autriche	3,5	1,1	1,9	1,8	4,8
Japon	2,9	− 0,3	3,8	3,5	7,4
Suède	2,7	3,3	1,7	1,5	3,9
Norvège	1,8	8,9	3,4	4,3	4,2
Suisse	0,8	1,2	1,8	1,2	3,5

avec détermination, et dès leur apparition, aux différentes causes et manifestations du chômage. Les mesures prises (reconversion, formation professionnelle, programmes ciblés en faveur des jeunes, des chômeurs de plus de cinquante ans, des chômeurs de longue durée, etc.) n'ont pas été le seul fait de l'État, mais aussi des associations, des Églises, des municipalités et des entreprises.

Quant aux deux pays du deuxième groupe qui, depuis 1983, ont réussi à réduire considérablement leur niveau de chômage, leurs situations, fort différentes, rendent toute comparaison difficile. Pour ce qui est des États-Unis, où le chômage est passé de 10,8 % à la fin de 1982 à 6,1 % en juin 1987, la plupart des économistes conviennent que cette performance s'explique en grande partie par la politique de stimulation fiscale fortement expansionniste qui a activé la demande. La question se pose donc de savoir si les pays européens qui ont, au contraire,

appliqué, pour la plupart, des plans d'austérité et de réduction des dépenses de l'État, pourraient, en suivant l'exemple des États-Unis, obtenir des résultats similaires. Sur ce sujet, les avis sont partagés.

Rigidité de l'économie ?

La première thèse qui est celle de la *Bundesbank* et du ministère des Finances allemand, a été fortement défendue par l'OCDE. Elle soutient que la faible croissance de l'Europe et le chômage qui en résulte ont des. causes « structurelles ». Les structures sociales et économiques de l'Europe seraient « sclérosées », « rigides »... La rigidité, sur laquelle on insiste le plus, est caractéristique du marché du travail, accusé d'être peu « flexible » : les ouvriers ne veulent pas, ou ne peuvent pas, aller d'une région à l'autre, changer de métier, accepter les déclassifications ou les réductions de salaires que la situation exigerait (temporairement, précise-t-on). Si la demande venait à augmenter plus rapidement, la production ne suivrait pas, car les nouveaux postes qu'il faudrait créer ne correspondraient pas aux qualifications des chômeurs, les salaires qui seraient attribués à ces postes ne seraient pas compatibles avec les exigences des conventions collectives, les régions qui assureraient la meilleure rentabilité de nouvelles unités de production ne seraient pas celles où le chômage est le plus élevé, etc. Dans ces conditions, une relance de la demande, n'aurait d'autre effet que d'aggraver le taux de pénétration des marchandises étrangères et/ou de ranimer l'inflation.

Selon les tenants de cette thèse, la création d'emplois aurait été possible aux États-Unis, depuis 1983, précisément à cause de la grande flexibilité du marché du travail qui ferait totalement défaut à l'Europe.

Notons qu'il existe une variante française de cette théorie du « chômage structurel » que l'on associe souvent à Edmond Malinvaud, directeur de l'INSEE : la faiblesse de l'investissement, depuis 1975, aurait considérablement réduit l'équipement rentable des entreprises industrielles ; une augmentation de la demande buterait donc rapidement sur l'insuffisance de « capacité installée » (qui ne serait plus apte à absorber toute la population active) ; la relance, encore prématurée, pourrait néanmoins revenir à l'ordre du jour lorsque, au bout de quelques années, l'amélioration des profits aurait rétabli l'investissement et les capacités installées.

Insuffisance de la demande?

La seconde thèse, – en faveur d'une stimulation de la demande – a elle aussi, plusieurs adeptes. Aux États-Unis, les nouveaux « pragmatiques » qui entourent le ministre des Finances, James Baker, espèrent qu'une croissance accélérée de l'Europe (et du Japon) contribuera à la résorption du déficit commercial américain. La Commission économique de la CEE est également favorable à une stimulation de la demande, bien qu'elle ait adopté, dans ses propositions pour une « Stratégie de coopération pour la croissance et l'emploi », une position conciliante, prônant simultanément une plus grande flexibilité. Enfin, la Banque des règlements internationaux, depuis 1986, s'est fortement associée à ce point de vue.

Quelles sont les grandes lignes de leur raisonnement ? La faible croissance de l'Europe s'explique principalement par les politiques monétaires et fiscales restrictives qui ont freiné excessivement la demande. Le champion dans l'application de ces politiques a été l'Allemagne fédérale dont la consommation privée a légèrement diminué entre la fin de 1982 et la mi-1986 (alors que, dans la même période, elle augmentait de 14 % aux États-Unis). La politique restrictive allemande a empêché les autres pays européens de stimuler leur demande, un différentiel de conjoncture avec la RFA se traduisant rapidement par un déficit commercial pour le pays dont la croissance est plus rapide. C'est ce qu'ont constaté, à leurs dépens, la France en 1981-1982 et le Royaume-Uni depuis le milieu de 1986.

Toujours selon ce point de vue, le marché du travail, dans l'industrie tout au moins, est aussi peu flexible aux États-Unis qu'en Europe, même si la rigidité se manifeste dans des domaines différents. En simplifiant, les industriels européens envieraient aux Américains la liberté de licenciement, alors que ces derniers aimeraient avoir la liberté d'embaucher et d'affecter le personnel dont jouissent leurs homologues d'outre-Atlantique. Enfin, depuis le début des années quatre-vingt, la flexibilité du marché du travail en Europe s'est considérablement améliorée, ce qu'attestent l'essor impressionnant des contrats à durée déterminée et à temps partiel, l'abolition des contraintes administratives au licenciement et la forte chute de la part des salaires dans le revenu national. Pourtant, ces « améliorations » ne semblent pas se traduire par une augmentation de l'emploi.

Des raisons sérieuses militent en faveur de la deuxième thèse, celle d'une stimulation concertée de la demande en Europe et au Japon. Il n'est plus possible, en effet, d'invoquer, à l'encontre de cette politique, les arguments qui avaient cours à la fin des années soixante-dix : sur le front de l'inflation, d'abord, des progrès considérables ont été enregistrés dans tous les pays; les marchés sensibles, où l'augmentation de la demande ranimait l'inflation dans le passé (prix des matières premières, salaires, etc.) sont caractérisés aujourd'hui par un fort excès de l'offre; les déficits budgétaires ont diminué presque partout; quant à l'augmentation des dépenses socia-

les escomptées du fait du vieillissement de la population, elle n'interviendra qu'au XXIᵉ siècle. Ces dépenses seront inéluctables et on voit mal comment des politiques qui freinent la croissance aujourd'hui pourront contribuer à faire face aux exigences de demain.

Mais l'argument le plus impérieux en faveur d'une augmentation des dépenses de l'État – outre les répercussions sur la demande – réside sans doute dans le fait qu'elle permettrait de rattraper le retard accumulé dans les travaux d'infrastructure qui, partout, ont souffert de l'austérité. En effet, dans les dernières années, de nombreux projets éminemment rentables pour la société sont restés dans les tiroirs, faute de moyens. Pour ne citer qu'un exemple, on voit mal comment, en France, on pourra s'approcher du taux de 80 % de jeunes ayant le niveau du baccalauréat, sans augmenter les dépenses pour construire des salles, équiper des laboratoires, embaucher des enseignants, etc.

Francisco Vergara

L'atterrissage en douceur du dollar

Une des évolutions les plus remarquables du marché monétaire, depuis 1985, réside dans le fait que, contrairement à ce que l'on avait pu craindre, le dollar – dont la valeur avait augmenté régulièrement, passant de 1,8 mark allemand en 1980 à 3,3 marks au début de 1985 – ne s'est pas effondré. Il s'est dévalorisé progressivement, sans déclencher de panique chez les détenteurs de titres américains qui auraient pu tenter de convertir massivement leurs dollars en d'autres devises pour éviter des pertes de taux de change.

Lorsque le dollar grimpait vers

des sommets de plus en plus vertigineux, beaucoup d'investisseurs estimaient, conformément aux croyances du moment, que son taux ne faisait que refléter la nouvelle situation engendrée par la « révolution reaganienne », qui avait redonné une extraordinaire compétitivité à l'industrie américaine. Cette croyance se trouvait confortée par une deuxième idée revenue à la mode, à savoir que les marchés libres fixent des prix (le taux de change est un prix) qui reflètent avec précision les raretés relatives, dans le cas des marchandises, et les compétitivités, pour ce qui est des taux de change.

La hausse du dollar avait été provoquée par la concurrence des capitaux étrangers pour acheter la devise américaine en vue d'investir dans les bons et les actions des États-Unis. Mieux valait en effet miser sur la compétitivité de l'économie américaine que sur celle de l'Europe que l'on croyait en plein déclin, sans parler du tiers monde où personne ne voulait plus investir. La valeur du dollar ne paraissait pas excessive en regard des profits que l'on attendait des Silicon Valley, Peoples Express et autres!

Au début de 1985, il est apparu que la compétitivité américaine avait été largement surestimée et que le dollar était fortement surévalué par rapport aux « données fondamentales ». Pourtant, la bulle spéculative sur le dollar n'a pas éclaté, elle s'est lentement dégonflée et cela, malgré la diminution des taux d'intérêt américains qui – avec l'idée qu'on se faisait du dynamisme de l'économie américaine – constituait le grand attrait des placements en dollars. Comment expliquer cet atterrissage en douceur?

L'attrait
des placements
en dollars

Lorsque les investisseurs s'attendent à la dévaluation d'une monnaie, et plus encore lorsqu'ils pensent qu'elle va continuer de perdre sa valeur pendant un certain temps, on peut imaginer que personne ne songera à acheter des titres libellés en cette monnaie. Pourtant, le flux des capitaux vers les États-Unis, loin de se tarir, n'a subi qu'un léger déclin, passant de 123 milliards de dollars en 1985 à 108 milliards en 1986. Dans le même temps, les sorties de capitaux à long terme du Japon ont fait un véritable bond, passant de 65 à 132 milliards de dollars, dont la plus grande part (102 milliards) représentait l'achat de titres étrangers libellés en dollars. Quelles sont les raisons de cette forte demande de titres étrangers, en particulier américains?

En premier lieu, la baisse régulière des taux d'intérêt américains a ouvert la perspective d'importantes plus-values aux acheteurs de bons du Trésor et d'obligations à rendement fixe. En effet, un bon ou une obligation qui rapporte 10 dollars par an vaut 100 dollars sur le marché si le taux d'intérêt est de 10 %. Si ce dernier descend à 5 %, le titre en question double de valeur car il rapporte désormais autant qu'un dépôt de 200 dollars. Cette perspective de plus-value a ainsi compensé en partie la crainte d'une perte provenant de la dévalorisation du dollar et d'un manque à gagner dû à la baisse des taux d'intérêt. De fait, les investisseurs privés japonais n'ont commencé à se détourner des obligations libellées en dollars que vers la fin de 1986, lorsque les taux d'intérêt américains ont à nouveau commencé à monter. Mais les banques centrales (celle du Japon en particulier) ont alors pris la relève, de sorte que, pour toute l'année 1986, près d'un quart du déficit des paiements américain a été financé par des acheteurs officiels de dollars.

Les investissements
japonais

Le deuxième facteur qui explique la persistance de la demande de titres étrangers au Japon réside dans le fait que les grands investisseurs institutionnels (compagnies d'assurance, banques de gestion de patrimoines, etc.), cherchaient, depuis un certain temps, à diversifier leurs portefeuilles. Ces institutions, qui disposaient de fonds surabondants sous forme de titres japonais, ont eu la possibilité de diversifier leurs risques, le gouvernement japonais ayant, à deux reprises en 1986, élevé la limite fixée aux investissements en titres étrangers. A la fin de 1986, cette limite légale atteignait 30 % de la valeur des portefeuilles. On peut dire que, dans les calculs des investisseurs, le risque de voir s'effondrer la valeur des titres japonais (la bourse de Tokyo connaissait une effervescence spéculative aussi impressionnante que celle qui frappait le dollar) a en quelque sorte compensé la crainte de perdre sur les titres américains.

Un troisième facteur a maintenu la demande de titres en dollars : l'approfondissement de l'écart entre les taux d'intérêt à court terme et les taux à long terme offerts pour cette devise. La perspective de la dévalorisation du dollar a ranimé la crainte de voir l'inflation s'accélérer aux États-Unis. En effet, la dévaluation tend à augmenter le prix en dollars des produits importés et, par voie de conséquence, peut provoquer aussi une hausse des prix des produits domestiques. Les analystes pensent que cette augmentation de l'inflation « anticipée » a pu être un des facteurs de la hausse des taux à long terme. Quoi qu'il en soit, les institutions financières japonaises, agissant désormais à l'échelle planétaire, ont saisi l'occasion qu'offrait ce différentiel, empruntant des dollars à court terme sur l'Euromarché et investissant dans des titres américains à long terme. Le Japon est ainsi devenu un importateur massif de capitaux à court terme (57 milliards de dollars en 1986 contre 10 milliards en 1985).

Ces trois facteurs semblent pouvoir expliquer la chute « ordonnée » du dollar, tout au moins pendant la

première phase de ce processus. Plus récemment (depuis la fin de 1986), l'action coordonnée des banques centrales a sans doute joué un rôle décisif et, au milieu de l'année 1987, la valeur du dollar étant assez faible et la crainte de grandes dévaluations passée, les titres américains sont redevenus extrêmement intéressants pour les investisseurs privés étrangers.

L'évolution du dollar depuis 1980 montre qu'il existe souvent (mais pas toujours) des mécanismes de type « main invisible » qui ont pour effet de redresser des tendances excessives. Mais elle montre aussi que ces mécanismes peuvent se faire trop attendre et qu'ils ont une fâcheuse tendance à sur-réagir. L'atterrissage en douceur du dollar montre que l'action concertée des gouvernements (et pas uniquement sous forme d'achats par les banques centrales mais aussi par le biais de déclarations communes, de modifications concertées de la réglementation et des taux d'intérêt) peut jouer un rôle crucial dans le repli en bon ordre d'une devise qui avait été surévaluée. Ainsi, il n'est pas impossible aux gouvernements d'éviter à l'économie réelle des chocs et des ruptures que le marché, laissé à ses seules forces spontanées, aurait probablement provoqués. Le laissez-faire qui avait prévalu, depuis 1979 en matière de taux de change sort affaibli de cette expérience, alors que l'attitude de « préoccupation active » des gouvernements, qui fait son chemin depuis 1985, en sort renforcée. On peut espérer que la « coordination » et la « préoccupation active » ne se limiteront pas aux seules urgences extrêmes et que leur succès récent encouragera les gouvernements à s'attaquer, de la même manière, à des problèmes plus durables comme les faibles taux de croissance et le niveau élevé du chômage.

Francisco Vergara

Les effets pervers de la baisse du pétrole

Grande déception en 1986 : la baisse du prix du pétrole n'a pas stimulé l'économie des pays occidentaux contrairement à ce qu'avaient prévu la plupart des institutions internationales, notamment l'Organisation pour la coopération et le développement économiques (OCDE). Le « contre-choc » pétrolier a eu un résultat global négatif sur la croissance en général et sur l'investissement en particulier. Qu'est-ce qui a fait croire que la baisse du brut donnerait un coup de fouet à l'économie ?

L'espoir déçu de l'OCDE

Les effets escomptés de la baisse du brut étaient de plusieurs ordres.

Pour ce qui est des *effets directs,* on pensait que les entreprises des pays développés (ce sont elles qui achètent directement le pétrole), à quantité importée égale, auraient leur capacité à payer 63 milliards de dollars en moins dans l'année si le prix du pétrole descendait à 15 dollars le baril. Qu'adviendrait-il de cet argent ? Trois cas de figure pouvaient être envisagés :
– Si les entreprises gardaient cette somme pour elles, le résultat serait double : non seulement leur capacité de financement s'améliorerait et rendrait plus facile l'investissement, mais le nombre de projets industriels rentables pourrait sensiblement augmenter du fait de la baisse des coûts (puisque le prix de revient des marchandises dont la fabrication consomme de l'énergie diminuerait).

Aubaine, donc, pour l'investissement. La baisse du brut était censée avoir le même effet qu'une diminution des salaires sans en avoir les inconvénients (une baisse des salaires rétrécit d'autant le marché intérieur).

– Si les entreprises industrielles répercutaient une partie de la baisse du brut sur les consommateurs, en diminuant leurs prix ou en les augmentant moins rapidement, elles pourraient vendre plus et accroître leur production. En effet, une baisse des prix des marchandises équivaut – toutes choses étant égales par ailleurs – à une augmentation de la demande. A cela, on voyait deux avantages :

• il n'y aurait pas de reprise de l'inflation, la baisse du brut agissant dans le sens contraire ;

• le surcroît de demande ne se tournerait pas – comme cela arrive lorsque la demande augmente dans un seul pays – vers des marchandises en provenance de pays non membres de l'OCDE, car le commerce des pays de cette zone s'effectue essentiellement entre eux.

Ainsi, la baisse du prix du pétrole paraissait avoir toutes les vertus d'une relance sans avoir les effets négatifs que l'on tend à attribuer, depuis quelques années, à toute action gouvernementale délibérée en faveur de la demande.

– Enfin, troisième cas de figure, si les États prélevaient – par de nouvelles taxes – une partie de la manne pétrolière, cette ponction permettrait de diminuer le déficit budgétaire et/ou de réduire les impôts. La baisse du prix du pétrole donnerait ainsi la possibilité d'avancer dans la voie préconisée par le monétarisme (réduction des déficits budgétaires) et par « l'économie de l'offre » (réduction des impôts), sans en passer par des mesures impopulaires comme la diminution des dépenses sociales. Là encore, l'investissement se trouverait encouragé.

Quant aux *effets indirects* de la baisse du brut, ils semblaient eux aussi aller dans un sens positif. L'inflation serait encore ralentie ; or les institutions internationales pensent qu'une diminution de l'inflation de 4 à 2 % est en soi bénéfique pour la croissance (notons toutefois que cette conviction n'est étayée par aucun raisonnement économique probant et qu'elle relève largement de l'acte de foi). Par ailleurs, cette désinflation devrait d'une part inciter les taux d'intérêt nominaux à la baisse (ce qui ne pourrait que stimuler l'investissement et l'achat à crédit), et, d'autre part, exercer une influence psychologique sur les banques centrales qui seraient moins tentées de serrer les freins face à l'augmentation rapide de la masse monétaire.

L'OCDE n'était certes pas aveugle aux effets négatifs que pouvait engendrer la chaîne complexe des répercussions de la baisse du brut. Les pays exportateurs de pétrole, par exemple, réduiraient leurs achats aux pays développés, ce qui tendrait à diminuer la demande mondiale. Mais, parmi eux, les pays riches comme l'Arabie saoudite, ne restreindraient pas leurs achats dans la même mesure que leurs recettes déclinaient, car ils pourraient puiser dans leurs avoirs extérieurs. On prévoyait aussi que si les entreprises pétrolières des pays développés étaient amenées à faire des coupes dans leurs dépenses de prospection et de forage, l'effet, bien que négatif pour la demande globale, ne suffirait pas à annuler l'ensemble des incidences positives.

Selon l'OCDE, le bilan global de la baisse du brut devait être une augmentation de 1 % du PIB de l'ensemble des États-membres par rapport à ce qu'il aurait été au milieu de 1987. Cette prévision s'est révélée fausse et, bien qu'il soit impossible de distinguer les effets de la baisse du pétrole de ceux (également négatifs) de la baisse du dollar, il semble assez clair que la diminution du prix du brut a eu, à elle seule, un effet dépressif sur l'économie mondiale.

Les erreurs
d'analyse

L'analyse sur laquelle se fondait cette prévision recèlait en effet des erreurs quantitatives dans l'estimation chiffrée des différentes répercussions; en outre, – et c'est plus grave – elle négligeait totalement les effets psychologiques induits par une fluctuation majeure des prix qui ajoutait au climat d'incertitude chez les entrepreneurs, déjà peu enclins aux décisions d'investissement.

Les erreurs quantitatives n'ont rien de surprenant. Le transfert de revenu en faveur des pays développés a été un peu plus important que prévu, de l'ordre de 1,25 % de leur PIB. Pour la seule Europe (sans le Royaume-Uni et la Norvège, exportateurs de pétrole), l'amélioration totale des termes de l'échange (baisse du dollar comprise) a permis un gain de revenu équivalent à 2,5 % du PIB. Mais, par ailleurs, les exportations nettes vers les pays en développement ont diminué au-delà des prévisions, ce qui a eu pour effet de réduire la production des pays de l'OCDE de 1 % (par rapport à ce qu'elle aurait pu être). Quant au secteur pétrolier des pays développés, ses investissements ont chuté bien plus qu'on ne l'attendait. Le résultat net de ces trois facteurs paraissant néanmoins assez équilibré, il ne suffit pas à expliquer le ralentissement du taux de croissance de l'économie occidentale qui est passé, en rythme annuel, de 3,3 % au deuxième semestre de 1985 à 2,3 % à la même période en 1986, pour descendre encore à environ 2 % au début de 1987.

Les évolutions décrites ont effectivement amélioré les marges des entreprises, qui auraient disposé de beaucoup d'argent si elles avaient voulu investir. Leurs coûts ont diminué, en sorte que la rentabilité des projets a sensiblement augmenté. Par ailleurs, la baisse du brut a sans doute contribué au ralentissement de l'inflation et, à travers elle, à la diminution des taux d'intérêt. Les moyens d'investir (les marges) et les motivations (la rentabilité) ont donc été renforcés. Même le coût du capital (le taux d'intérêt) a diminué. Tout semblait donc propice, du côté de l'offre, à une accélération de la croissance.

Le hic de
la demande

Mais des problèmes sont apparus du côté de la demande. Les ménages ont fait « leur devoir » : au niveau de l'OCDE, en moyenne, ils ont dépensé la totalité, ou presque, du revenu supplémentaire dont ils disposaient. En y regardant de plus près, néanmoins, on voit que le taux d'épargne des ménages a fortement augmenté en RFA, en Italie, en Belgique et au Japon. Or, contrairement à une croyance répandue, il n'est pas toujours bon que les ménages épargnent plus. Si, dans le même temps, les entreprises augmentent leurs investissements, tout se passe comme si le pays, dans son ensemble, achetait moins de biens de consommation et plus de biens d'équipement, ce qui est positif pour la croissance. Mais si l'augmentation de l'épargne coïncide au contraire avec une diminution de l'investissement, on assiste à une baisse simultanée de la demande de biens de consommation des ménages et de la demande de biens d'équipement des entreprises. C'est le ralentissement inattendu de l'investissement qui explique, en 1986, la faible croissance de la demande globale.

C'est en effet dans l'investissement des entreprises – deuxième composante de la demande du secteur privé – que se trouve l'essentiel du problème. Dans les dix plus grands pays industrialisés, l'investissement productif du secteur privé, qui avait connu une hausse de 6,7 % en 1985, n'a augmenté que de 1,9 % en 1986. La baisse du brut semble avoir clairement été un facteur d'incertitude supplémentaire pour les entrepreneurs. Or, comme l'écrit le directeur de la Banque des règlements internationaux dans le rapport de cette institution (15 juin 1987) : « Le climat d'incertitude (...) est le pire ennemi de l'investissement. » Le prix du brut allait-il se maintenir à ce faible niveau, et pour combien de temps ? Subirait-il une nouvelle hausse brutale, comme en 1980 ? A quel niveau s'établirait le prix à moyen terme ? Les projets d'investissement apparemment rentables aujourd'hui, au nouveau prix du brut, le seraient-ils demain, à son prix à moyen terme ? La hausse du pouvoir d'achat des ménages en Europe, en 1986, était-elle durable, ou s'agissait-il d'une simple embellie ? Autant de questions qui ont contribué à l'attentisme...

Le retour de Keynes ?

La baisse du prix du pétrole est arrivée à point nommé pour les partisans des politiques libérales de non-intervention de l'État. En effet, après le ralentissement des économies occidentales, à la fin de 1984, les pressions d'inspiration keynésienne en faveur d'une intervention plus active des gouvernements sur la croissance se sont accentuées. La baisse du prix du brut a permis, pendant un certain temps, de croire que cette intervention était superflue et que les forces du marché allaient, miraculeusement, apporter le stimulant nécessaire, juste au bon moment.

Or, le constat des effets pervers de la baisse du brut a remis à l'ordre du jour la question du rôle des États dans l'évolution de la demande. En effet, les événements de 1986 montrent que même lorsque les conditions, du côté de l'offre, sont optimales, il n'existe aucun mécanisme de marché qui garantisse que la demande suffira à assurer la pleine utilisation du potentiel productif. L'expérience de 1986 suggère même que la baisse de l'investissement depuis 1973 n'était peut-être pas due à l'affaiblissement des profits et au niveau élevé des salaires, comme on a trop rapidement voulu le croire,

mais aux nombreux chocs que l'économie a subis depuis cette date : deux hausses brusques du prix de l'énergie ; deux récessions, dont la seconde a été aggravée par la politique monétariste américaine ; progression effrénée de la demande aux États-Unis en 1983-1984 ; hausse des taux d'intérêt jusqu'à 22 % ; forte diminution des importations en Amérique latine en 1982 ; politiques d'austérité et baisse du revenu des ménages, en RFA puis, en France ; augmentation soudaine mais éphémère du revenu et de la consommation des ménages en 1986, etc. De toute évidence, les politiques d'inspiration monétariste et les plans d'austérité de type classique ont encore perturbé les anticipations (concernant les profits et les débouchés) des investisseurs.

Or, la plupart des spécialistes estiment que la stabilité de l'évolution de la consommation des ménages est l'élément-clé de la régulation de la demande. C'est, en effet, à moyen terme, une condition *sine qua non* pour assurer aux entrepreneurs des marchés en expansion et les inciter à l'optimisme dans leurs projets d'investissement. Pourtant, quand les deux chocs pétroliers ont brusquement amputé le pouvoir d'achat dans les pays développés, les gouvernements n'ont pas compensé cette diminution de la demande ; ils l'ont au contraire aggravée afin de rétablir les balances commerciales, les marges des entreprises, et de ralentir l'inflation déclenchée par la hausse du pétrole. Ainsi, de choc en choc, est-on arrivé, en 1986, à une situation d'incertitude telle que les investisseurs n'ont tout simplement pas réagi à l'augmentation du pouvoir d'achat des ménages.

En juillet 1987, la reprise de l'investissement paraîssait donc peu probable. D'où viendrait la demande nécessaire à l'accélération de la croissance ? Comme l'écrit la Banque des règlements internationaux : « On ne voit guère comment, en l'absence de toute incitation budgétaire, on pourrait parvenir à un tel résultat. »   Francisco Vergara

Les productions agricoles en 1986

CÉRÉALES

Pays	Millions tonnes	% du total
Chine	351,1	18,8
États-Unis	316,1	16,9
U R S S	199,7	10,7
Inde	167,8	9,0
Canada	59,5	3,2
France	49,7	2,7
Indonésie	45,0	2,4
Brésil	36,9	2,0
Roumanie	30,4	1,6
Turquie	29,4	1,6
Argentine	27,1	1,4
R F A	26,1	1,4
Bangladesh	25,3	1,4
Mexique	25,1	1,3
Australie	25,0	1,3
Pologne	24,9	1,3
Royaume-Uni	24,4	1,3
Thaïlande	22,8	1,2
Pakistan	20,4	1,1
Italie	18,8	1,0
Total (20 pays)	**1 525,5**	**81,6**
Total monde	**1 870,1**	**100,0**

MILLET ET SORGHO

Pays	Millions tonnes	% du total
États-Unis	23,92	23,5
Inde	19,00	18,7
Chine	12,64	12,4
Nigéria	7,37	7,2
Mexique	6,00	5,9
Argentine	4,44	4,4
Soudan	4,15	4,1
U R S S	3,20	3,1
Niger	1,74	1,7
Bourkina	1,70	1,7
Ouganda	1,35	1,3
Australie	1,32	1,3
Éthiopie	1,30	1,3
Mali	1,28	1,3
Total (14 pays)	**89,41**	**87,9**
Total monde	**101,75**	**100,0**

RIZ

Pays	Millions tonnes [a]	% du total
Chine	177,0	37,1
Inde	92,0	19,3
Indonésie	39,3	8,2
Bangladesh	24,2	5,1
Thaïlande	18,2	3,8
Vietnam	16,2	3,4
Japon	14,6	3,1
Birmanie	14,5	3,0
Brésil	10,4	2,2
Philippines	9,5	2,0
Corés S.	7,8	1,6
États-Unis	6,1	1,3
Corés N.	6,0	1,3
Pakistan	4,8	1,0
Total (14 pays)	**440,6**	**92,4**
Total monde	**476,8**	**100,0**

a. Paddy.

BLÉ

Pays	Millions tonnes	% du total
U R S S	92,3	17,2
Chine	89,0	16,6
États-Unis	56,8	10,6
Inde	46,9	8,8
Canada	31,9	6,0
France	26,6	5,0
Turquie	19,0	3,5
Australie	17,4	3,3
Pakistan	14,0	2,6
Royaume-Uni	13,9	2,6
R F A	10,4	1,9
Italie	9,1	1,7
Argentine	8,9	1,7
Roumanie	7,9	1,5
Pologne	7,4	1,4
Iran	7,1	1,3
Hongrie	5,8	1,1
Total (17 pays)	**464,4**	**86,7**
Total monde	**535,6**	**100,0**

CAFÉ

Pays	Milliers tonnes	% du total
Brésil	1 004	19,1
Colombie	714	13,6
Indonésie	348	7,3
Côte d'Ivoire	280	5,3
Mexique	278	5,3
Éthiopie	260	4,9
Ouganda	220	4,2
Guatémala	174	3,3
Salvador	156	3,0
Costa Rica	138	2,6
Philippines	135	2,6
Équateur	131	2,5
Inde	120	2,3
Kénya	116	2,2
Cameroun	114	2,2
Pérou	96	1,8
Zaïre	90	1,7
Madagascar	82	1,6
Honduras	78	1,5
Rép. Dom.	70	1,3
Vénézuela	69	1,3
Nicaragua	58	1,1
Papoua N. G.	54	1,0
Total (23 pays)	4 711	89,7
Total monde	5 254	100,0

THÉ

Pays	Milliers tonnes	% du total
Inde	620	27,1
Chine	489	21,4
Sri Lanka	209	9,1
U R S S	158	6,9
Kénya	140	6,1
Turquie	137	6,0
Indonésie	125	5,5
Japon	100	4,4
Argentine	47	2,1
Iran	40	1,7
Bangladesh	35	1,5
Total (11 pays)	2 100	91,7
Total monde	2 289	100,0

CACAO

Pays	Milliers tonnes	% du total
Côte d'Ivoire	520	26,0
Brésil	457	22,8
Ghana	240	12,0
Malaisie	130	6,5
Nigéria	125	6,2
Cameroun	120	6,0
Équateur	100	5,0
Colombie	44	2,2
Rép. Dom.	43	2,1
Mexique	40	2,0
Indonésie	36	1,8
Papoua. N. G.	30	1,5
Total (12 pays)	1 885	94,2
Total monde	2 002	100,0

CAOUTCHOUC (naturel)

Pays	Milliers tonnes	% du total
Malaisie	1 450	33,4
Indonésie	1 030	23,7
Thaïlande	790	18,2
Chine	201	4,6
Inde	195	4,5
Sri Lanka	135	3,1
Philippines	135	3,1
Libéria	89	2,0
Nigéria	60	1,4
Vietnam	60	1,4
Côte d'Ivoire	48	1,1
Brésil	44	1,0
Total (12 pays)	4 237	97,5
Total monde	4 346	100,00

MAÏS

Pays	Millions tonnes	% du total
États-Unis	209,6	43,3
Chine	65,6	13,6
Brésil	20,5	4,2
Roumanie	20,0	4,1
Mexique	13,6	2,8
Yougoslavie	12,5	2,6
URSS	12,5	2,6
Argentine	12,4	2,6
France	10,8	2,2
Afr. du Sud	8,1	1,7
Inde	8,0	1,7
Hongrie	7,2	1,5
Canada	6,7	1,4
Italie	6,6	1,4
Indonésie	5,8	1,2
Total (15 pays)	**419,9**	**86,8**
Total monde	**483,6**	**100,0**

SOJA

Pays	Millions tonnes	% du total
États-Unis	54,69	57,5
Brésil	13,28	14,0
Chine	11,01	11,6
Argentine	7,30	7,7
Inde	1,30	1,4
Canada	0,98	1,0
Total (6 pays)	**88,56**	**93,2**
Total monde	**95,05**	**100,0**

L'ÉTAT DU MONDE 1987-1988
STATISTIQUES MONDIALES

603

SUCRE BRUT

Pays	Milliers tonnes	% du total
Brésil	8 560	8,5
URSS	8 150	8,1
Inde	7 600	7,6
Cuba	7 335	7,3
Chine	6 650	6,6
États-Unis	5 806	5,8
Mexique	3 696	3,7
France	3 650	3,6
RFA	3 400	3,4
Australie	3 350	3,3
Thaïlande	2 586	2,6
Afr. du Sud	2 170	2,2
Indonésie	1 860	1,9
Italie	1 850	1,8
Pologne	1 790	1,8
Turquie	1 630	1,6
Philippines	1 470	1,5
Royaume-Uni	1 350	1,3
Pays-Bas	1 300	1,3
Colombie	1 260	1,3
Pakistan	1 210	1,2
Argentine	1 120	1,1
Espagne	1 065	1,1
Total (23 pays)	**78 858**	**78,7**
Total monde	**100 259**	**100,0**

COTON (fibres)

Pays	Milliers tonnes	% du total
Chine	4 100	26,4
URSS	2 550	16,4
Etats-Unis	2 132	13,8
Inde	1 360	8,8
Pakistan	1 170	7,5
Brésil	730	4,7
Turquie	450	2,9
Égypte	434	2,8
Australie	258	1,7
Grèce	165	1,1
Syrie	162	1,0
Total (11 pays)	**13 511**	**87,1**
Total monde	**15 505**	**100,0**

Production de matières premières pour l'agriculture en 1986

AMMONIAC

Pays	Milliers tonnes[a]	% du total
Pays Éco. Plan[b]	39 462,5	47,1
États-Unis	10 069,8	12,0
Inde	4 173,1	5,0
Canada	3 628,7	4,3
Pays-Bas	2 268,0	2,7
France	2 086,5	2,5
Mexique	1 814,4	2,2
Royaume-Uni	1 812,0	2,2
Japon	1 632,9	1,9
RFA	1 631,0	1,9
Italie	1 179,3	1,4
Total (11 pays)	**69 758,2**	**83,2**
Total monde	**83 823,9**	**100,0**

a. Azote contenu ; b. Pays à économie planifiée.

SOUFRE *

Pays	Milliers tonnes	% du total
États-Unis	11 200	20,4
Canada	6 550	11,9
Japon	2 500	4,5
Mexique	2 300	4,2
France	1 650	3,0
RFA	1 550	2,8
Espagne	1 250	2,3
Total (7 pays)	**27 000**	**49,1**
Total monde	**55 000**	**100,0**

* Toutes sources. Les pays à économie planifiée sont inclus dans le total monde.

POTASSE

Pays	Milliers tonnes [a]	% du total
URSS	9 800	35,8
Canada	6 000	21,9
RDA	3 480	12,7
RFA	2 400	8,8
France	1 750	6,4
Israël	1 100	4,0
États-Unis	1 100	4,0
Espagne	650	2,4
Jordanie	600	2,2
Royaume-Uni	330	1,2
Total (10 pays)	**27 210**	**99,3**
Total monde	**27 400**	**100,0**

[a] K_2O contenu.

PHOSPHATE (naturel)

Pays	Milliers tonnes [a]	% du total
États-Unis	40 000	28,4
URSS.	32 200	22,8
Maroc	21 000	14,9
Chine	12 000	8,5
Jordanie	6 500	4,6
Tunisie	4 500	3,2
Israël	4 100	2,9
Togo	2 500	1,8
Afr. Sud	2 400	1,7
Sénégal	1 700	1,2
Total (10 pays)	**126 900**	**90,0**
Total monde	**141 000**	**100,0**

[a] Minerai.

Les productions minières et métallurgiques en 1986

BAUXITE

Pays	Milliers tonnes[b]	% du total
Australie	30 268,0	34,3
Guinée	14 329,0	16,2
Jamaïque	6 963,9	7,9
URSS	6 400,0[a]	7,2
Brésil	6 240,0	7,1
Surinam	3 738,3	4,2
Yougoslavie	3 459,0	3,9
Hongrie	3 021,9	3,4
Inde	2 433,0	2,8
Guyane	2 206,4	2,5
Grèce	2 184,8	2,5
Chine	2 100,0	2,4
France	1 302,0	1,5
Sierra-Léone	1 144,7	1,3
Total (14 pays)	**85 791,0**	**97,1**
Total monde	**88 333,7**	**100,0**

a. 1985 ; b. Poids brut des minerais.

ALUMINIUM (primaire)

Pays	Milliers tonnes[b]	% du total
États-Unis	3 036,5	19,9
URSS	2 200,0	14,4
Canada	1 363,5	8,9
Australie	876,8	5,8
RFA	765,1	5,0
Brésil	757,4	5,0
Norvège	729,1	4,8
Vénézuela	420,5	2,8
Chine	410,0	2,7
Espagne	354,7	2,3
France	321,8	2,1
Yougoslavie	284,5	1,9
Royaume-Uni	275,9	1,8
Pays-Bas	258,0	1,7
Inde	257,1	1,7
Italie	242,6	1,6
Nlle-Zélande	237,0	1,6
Indonésie	225,0	1,5
Roumanie	220,0	1,4
Égypte	178,5	1,2
Bahreïn	174,8	1,1
Afr. Sud	172,3	1,1
Émirats A.-U.	154,8	1,0
Total (23 pays)	**13 915,9**	**91,3**
Total monde	**15 248,0**	**100,0**

FER (minerai)

Pays	Millions tonnes	(Teneur moyenne en %)	% du total
URSS	252,0	(60)	28,9
Brésil	128,0	(68)	14,9
Australie	99,6	(64)	11,4
Chine	82,3	(50)	9,4
Inde	51,8	(63)	5,9
États-Unis	41,4	(63)	4,8
Canada	40,6	(61)	4,7
Afr. Sud	23,4	(60-65)	2,7
Suède	18,3	(60-65)	2,1
Vénézuela	17,3	(64)	2,0
Liberia	15,2	(68)	1,7
Total (11 pays)	**769,9**		**88,3**
Total monde	**871,5**		**100,0**

ÉTAIN

Pays	Millions tonnes [a]	% du total
Malaisie	29,1	15,2
Indonésie	28,0	14,6
Thaïlande	20,7	10,8
Chine	18,0	9,4
Brésil	17,9	9,3
URSS	16,0	8,3
Bolivie	10,8	5,6
Australie	8,7	4,5
Royaume-Uni	5,0	2,6
Pérou	4,8	2,5
RDA	2,8	1,5
Afr. Sud	2,1	1,1
Canada	2,0	1,0
Zaïre	1,9	1,0
Birmanie	1,2	0,6
Mongolie	1,0	0,5
Total (16 pays)	**170,0**	**88,6**
Total monde	**191,9**	**100,0**

a. Métal contenu dans les minerais et concentrés.

ZINC

Pays	Milliers tonnes [b]	% du total
Canada	1 199,7	18,2
URSS	1 000,0 [a]	15,1
Australie	639,0	9,7
Pérou	553,5	8,4
Mexique	270,7	4,1
Japon	222,2	3,4
Espagne	220,0	3,3
États-Unis	216,1	3,3
Suède	213,9	3,2
Chine	200,0 [a]	3,0
Pologne	190,9	2,9
Corée N.	185,0 [a]	2,8
Irlande	181,7	2,8
Brésil	112,5	1,7
RFA	104,4	1,6
Afr. Sud	96,8	1,5
Yougoslavie	90,4	1,4
Zaïre	72,0	1,1
Total (18 pays)	**5 768,8**	**87,4**
Total monde	**6 601,8**	**100,0**

a. 1985 ; b. Métal contenu dans les minerais et concentrés.

MANGANÈSE

Pays	Milliers tonnes [a]	% du total
URSS	9 991,0	43,8
Afr. Sud	3 719,3	16,3
Brésil	2 400,0	10,5
Australie	1 648,9	7,2
Chine	1 636,0	7,2
Gabon	1 332,0	5,8
Inde	1 240,0	5,4
Ghana	307,0	1,3
Total (8 pays)	**22 274,2**	**97,6**
Total monde	**22 827,0**	**100,0**

a. Poids des minerais et concentrés.

ANTIMOINE

Pays	Tonnes [b]	% du total
Chine	13 500,0 [a]	24,8
Bolivie	10 257,0	18,8
Afr. Sud	6 650,0	12,2
URSS	6 500,0 [a]	11,9
Mexique	4 300,0	7,9
Canada	3 900,0	7,2
Thaïlande	1 800,0	3,3
Turquie	1 700,0	3,1
Australie	1 400,0	2,6
Yougoslavie	940,0	1,7
Tchécoslovaquie	900,0	1,7
Maroc	800,0	1,5
Total (12 pays)	**52 647,0**	**96,7**
Total monde	**54 431,0**	**100,0**

a. 1985 ; b. Métal récupérable dans les minerais et concentrés.

CUIVRE (primaire)

Pays	Milliers tonnes[b]	% du total
Chili	1 399,8	15,7
États-Unis	1 149,7	12,9
URSS	1 030,0	11,5
Canada	743,2	8,3
Chine	620,0	6,9
Zambie	494,8	5,5
Zaïre	479,0	5,4
Pologne	432,0	4,8
Pérou	386,3	4,3
Australie	239,3	2,7
Philippines	222,6	2,5
Afr. Sud	205,7	2,3
Papouasie N.G.	174,0	1,9
Mexique	170,0	1,9
Yougoslavie	139,3	1,6
Mongolie	136,0	1,5
Indonésie	90,0	1,0
Suède	86,3	1,0
Total (18 pays)	**8 198,0**	**91,9**
Total monde	**8 925,0**	**100,0**

a. Métal récupérable dans les minerais et concentrés.

PLATINE

Pays	Tonnes[b]	% du total
Afr. Sud	73,0	67,4
URSS	30,0*	27,7
Canada	3,5	3,2
Total (3 pays)	**106,5**	**98,3**
Total monde	**108,3**	**100,0**

a. 1985 ; b. Métal récupérable dans les minerais et concentrés.

OR

Pays	Tonnes[a]	% du total
Afr. Sud	638,0	41,6
URSS	272,0	17,7
Canada	104,4	6,8
États-Unis	91,8	6,0
Chine	80,0	5,2
Australie	72,8	4,7
Colombie	40,8	2,7
Papouasie N.G.	34,8	2,3
Philippines	25,3	1,6
Brésil	24,1	1,6
Chili	18,6	1,2
Total (11 pays)	**1 402,6**	**91,4**
Total monde	**1 534,0**	**100,0**

a. Métal récupérable dans les minerais et concentrés.

ARGENT

Pays	Tonnes[b]	% du total
Mexique	2 159	16,9
Pérou	1 824	14,0
URSS	1 623	12,5
Canada	1 086	8,3
Australie	1 055	8,1
États-Unis	995	7,6
Pologne	831*	6,4
Chili	477	3,7
Japon	352	2,7
Corée N.	270	2,1
Afr. Sud	222	1,7
Espagne	199	1,5
Suède	199	1,5
Yougoslavie	177	1,4
Maroc	139	1,1
Total (15 pays)	**11 608**	**89,2**
Total monde	**13 019**	**100,0**

a. 1981 ; b. Métal récupérable dans les minerais et concentrés.

TUNGSTÈNE

Pays	Tonnes[a]	% du total
Chine	12 000,0	28,9
U R S S	8 902,0	21,5
Corée S.	2 455,0	5,9
Autriche	1 526,0	3,7
Portugal	1 500,0	3,6
Australie	1 426,0	3,4
Canada	1 416,0	3,4
Birmanie	1 150,0	2,8
Bolivie	1 117,0	2,7
Corée N.	1 000,0	2,4
France	980,0	2,4
Brésil	940,0	2,3
États-Unis	780,0	1,9
Pérou	742,0	1,8
Thaïlande	600,0	1,4
Espagne	460,0	1,1
Total (16 pays)	**36 994,0**	**89,2**
Total monde	**41 451,0**	**100,0**

a. Métal contenu dans les minerais et concentrés.

COBALT

Pays	Tonnes[a]	% du total
Zaïre	18 143,7	57,0
Zambie	3 628,7	11,4
U R S S	2 721,6	8,5
Canada	2 720,0	8,5
Cuba	1 360,8	4,3
Finlande	907,2	2,8
N. Calédonie	680,4	2,1
Albanie	589,7	1,9
Australie	453,6	1,4
Total (9 pays)	**31 205,7**	**98,0**
Total monde	**31 842,2**	**100,0**

[a] Métal contenu dans les minerais.

CHROME

Pays	Milliers tonnes[a]	% du total
Afr. Sud	3 452,5	34,3
U R S S	2 953,7	29,4
Albanie	902,0	9,0
Brésil	716,0	7,1
Inde	560,0	5,6
Zimbabwé	516,0	5,1
Nlle. Calédonie	235,6	2,3
Turquie	214,0	2,1
Finlande	208,6	2,1
Philippines	157,4	1,6
Total (10 pays)	**9 915,8**	**98,7**
Total monde	**10 051,0**	**100,0**

a. Poids des minerais et concentrés.

PLOMB

Pays	Milliers tonnes[b]	% du total
U R S S	580,0[a]	16,2
Australie	434,5	12,2
États-Unis	349,1	9,8
Canada	319,4	8,9
Mexique	194,3	5,4
Pérou	185,4	5,2
Chine	175,0[a]	4,9
Yougoslavie	112,4	3,1
Bulgarie	97,0	2,7
Afr. Sud	96,4	2,7
Suède	87,9	2,5
Corée N.	80,0[a]	2,2
Maroc	80,0	2,2
Espagne	58,7	1,6
Pologne	51,3[a]	1,4
Namibie	48,0	1,3
Japon	40,3	1,1
Irlande	38,6	1,1
Roumanie	36,4	1,0
	35,0	1,0
Total (20 pays)	**3 099,7**	**86,8**
Total monde	**3 572,0**	**100,0**

a. 1985 ; b. Métal contenu dans les minerais et concentrés.

CADMIUM

Pays	Tonnes[b]	% du total
URSS	2 750,0[a]	15,1
Japon	2 542,0	13,9
États-Unis	2 351,5	12,9
Canada	1 553,8	8,5
Belgique	1 374,0	7,5
RFA	1 217,9	6,7
Australie	870,0	4,8
Mexique	763,9	4,2
Pologne	610,0[a]	3,3
Pays-Bas	565,4	3,1
Finlande	523,0	2,9
Corée S.	460,0	2,5
France	443,7	2,4
Chine	380,0	2,1
Royaume-Uni	378,8	2,1
Corée N.	360,0	2,0
Italie	321,0	1,8
Zaïre	280,0	1,5
Espagne	246,6	1,4
Brésil	222,7	1,2
Total (20 pays)	18 214,3	99,9
Total monde	18 238,0	100,0

a. 1985 ; b. Métal produit de sources domestiques et importé.

MOLYBDÈNE

Pays	Milliers tonnes[b]	% du total
États-Unis	40,4	44,3
Chili	16,3	17,9
Canada	12,0	13,2
URSS	11,0[a]	12,1
Mexique	4,1	4,5
Pérou	3,5	3,8
Chine	2,0	2,2
Total (7 pays)	89,3	97,9
Total monde	91,2	100,0

a. 1985 ; b. Métal récupérable dans les minerais et concentrés.

TITANE

Pays	Milliers tonnes[b]	% du total
Australie	962,0	30,0
Afr. Sud	520,0	16,2
Canada	500,0	15,6
Norvège	357,6	11,1
URSS	240,0[a]	7,5
États-Unis	140,0	4,4
Malaisie	120,0	3,7
Inde	100,0	3,1
Sierra-Léone	80,0	2,5
Chine	75,0[a]	2,3
Sri-Lanka	72,0	2,2
Brésil	42,0	1,3
Total (12 pays)	3 208,6	100,0
Total monde	3 208,7	100,0

a. 1985 ; b. Contenu en dioxide de titane des minerais et concentrés.

NICKEL

Pays	Milliers tonnes[b]	% du total
URSS	177,0	22,8
Canada	174,3	22,4
Australie	78,0	10,0
Nlle. Calédonie	63,4	8,2
Indonésie	59,3	7,6
Cuba	34,6	4,5
Afr. Sud	29,0	3,7
Rép. dom.	22,0	2,8
Chine	21,6	2,8
Botswana	19,0	2,4
Colombie	18,0	2,3
Grèce	16,8	2,2
Philippines	13,7	1,8
Brésil	13,5	1,7
Finlande	11,8	1,5
Albanie	10,0[a]	1,3
Zimbabwé	9,6	1,2
Total (17 pays)	771,6	99,3
Total monde	776,6	100,0

a. 1985 ; b. Métal contenu dans les minerais et concentrés.

Les productions énergétiques et industrielles en 1986

URANIUM

Pays	Tonnes[a]	% du total
Canada	10 977,0	29,3
Afr. Sud	5 460,0	14,6
USA	5 308,0	14,2
Australie	4 154,0	11,1
Namibie	3 487,0	9,3
France	3 220,0	8,6
Niger	3 107,0	8,3
Gabon	899,0	2,4
Total (8 pays)	**36 612,0**	**97,9**
Total Occident	**37 406,0**	**100,0**

a. Métal contenu dans le minerai.

GAZ NATUREL

Pays	Millions TEC[a]	% du total
URSS	921,5	39,4
États-Unis	605,8	25,9
Europe occ.	232,1	9,9
Moyen-Orient	71,6	3,1
Afrique	63,9	2,7
Total monde	**2 340,9**	**100,0**

a. Tonnes d'équivalent charbon.

CHARBON (houille)

Pays	Millions tonnes	% du total
Chine	825,0	25,1
États-Unis	750,4	22,9
URSS	591,0	18,0
Pologne	192,0	5,8
Inde	155,3	4,7
Australie	152,3	4,6
Royaume-Uni	108,1	3,3
RFA	87,1	2,7
Total (8 pays)	**2 861,2**	**87,1**
Total monde	**3 283,1**	**100,0**

ACIER

Pays	Millions tonnes	% du total
URSS	161,0	23,7
Japon	98,3	14,5
États-Unis	72,9	10,7
Chine	52,1	7,7
RFA	37,1	5,5
Italie	22,9	3,4
Brésil	21,2	3,1
France	17,9	2,6
Pologne	17,1	2,5
Tchécoslovaquie	15,1	2,2
Royaume-Uni	14,8	2,2
Roumanie	14,4	2,1
Canada	14,1	2,1
Espagne	12,0	1,8
Inde	11,9	1,8
Belgique	9,7	1,4
Afr. Sud	9,1	1,3
RDA	8,0	1,2
Mexique	7,1	1,0
Australie	6,0	0,9
Total (20 pays)	**622,7**	**91,6**
Total monde	**680,0**	**100,0**

CIMENT

Pays	Millions tonnes	% du total
Chine	154,2	15,2
URSS	133,4	13,2
Japon	78,9	7,8
États-Unis	72,6	7,2
Italie	40,8	4,0
Inde	34,5	3,4
RFA	31,8	3,1
Espagne	31,8	3,1
France	25,4	2,5
Total (9 pays)	**603,4**	**59,6**
Total monde	**1 012,4**	**100,0**

AUTOMOBILES

Pays	Milliers[a]	% du total
Japon	7 836	23,5
États-Unis	7 617	22,8
RFA	4 273	12,8
France	3 037	9,1
Italie	1 681	5,0
URSS	1 300	3,9
Espagne	1 290	3,9
Canada	1 082	3,2
Royaume-Uni	1 019	3,1
Brésil	508	1,5
Corée S.	457	1,4
Suède	423	1,3
Australie	318	1,0
Total (13 pays)	**30 841**	**92,3**
Total monde	**33 398**	**100,0**

a. Voitures particulières.

ÉLECTRICITÉ (nucléaire)

Pays	Millions TEC[a]	% du total
États-Unis	168,4	30,3
France	81,6	14,7
Japon	61,8	11,1
URSS	52,5	9,5
RFA	40,7	7,3
Canada	25,2	4,5
Royaume-Uni	19,0	3,4
Belgique	13,4	2,4
Espagne	12,4	2,2
Total (9 pays)	**475,0**	**85,6**
Total monde	**554,9**	**100,0**

a. Tonnes d'équivalent charbon.

ÉLECTRICITÉ (hydraulique)

Pays	Millions TEC[a]	% du total
États-Unis	131,6	17,0
Canada	103,0	13,3
URSS	78,4	10,1
Chine	42,1	5,4
Japon	29,3	3,8
Suède	22,4	2,9
France	20,4	2,6
Italie	15,5	2,0
Suisse	13,0	1,7
Espagne	9,9	1,3
Total (10 pays)	**465,6**	**60,1**
Total monde	**774,6**	**100,0**

a. Tonnes d'équivalent charbon.

PÉTROLE

Pays	Millions tonnes	% du total
URSS	615,0	21,1
États-Unis	477,1	16,4
Arabie Saoud.	263,8	9,1
Mexique	137,6	4,7
Chine	130,7	4,5
Royaume-Uni	126,9	4,4
Iran	94,1	3,2
Vénézuela	93,7	3,2
Canada	83,8	2,9
Irak	83,1	2,9
Koweït	74,1	2,5
Nigéria	72,8	2,5
Indonésie	69,7	2,4
Émirats A.U.	69,5	2,4
Libye	51,1	1,8
Algérie	46,1	1,6
Norvège	42,4	1,5
Égypte	41,1	1,4
Inde	30,2	1,1
Brésil	29,5	1,0
Total (20 pays)	**2 632,3**	**90,3**
Total monde	**2 913,9**	**100,0**

Les indicateurs statistiques

Les définitions et commentaires ci-après sont destinés à faciliter la compréhension des données statistiques présentées dans les sections « Les 34 grands États » et « Les 33 ensembles géopolitiques ». On trouvera page 14 la liste des symboles utilisés dans les tableaux.

Démographie et culture

• Le chiffre fourni dans la rubrique *population* donne le nombre d'habitants en milieu d'année, estimé soit par extrapolation à partir du dernier recensement, soit à partir de sondages, lorsque les recensements disponibles sont trop anciens ou peu fiables. Pour les pays disposant de données suffisamment précises, le *taux de croissance annuelle* est évalué par différence entre les naissances et les décès, l'immigration et l'émigration. Dans les autres cas, il est estimé à partir du taux de croissance observé entre deux recensements, ou par des sondages, ou encore par une combinaison de toutes ces méthodes.

• Le *taux de mortalité infantile* est le nombre de décès d'enfants âgés d'un an rapporté au nombre d'enfants nés vivants pendant l'année indiquée.

• L'*espérance de vie* est le nombre d'années qu'un nouveau-né peut espérer vivre (en moyenne) si les conditions sanitaires et autres restent identiques.

• La *population urbaine*, exprimée en tant que pourcentage de la population totale, est une donnée très approximative, tant la définition urbain-rural diffère d'un pays à l'autre. Les chiffres sont donnés à titre purement indicatif.

• Le *taux d'analphabétisme* est la part des illettrés dans une catégorie d'âge donnée de la population. Tous les chiffres pour 1985 se réfè-

rent à la catégorie « 15 ans et plus ». Les taux des autres années ne se réfèrent pas toujours à la même catégorie d'âge.

• *Niveau de scolarisation.* Pour les pays du tiers monde, l'indice choisi est le taux d'inscription scolaire pour deux tranches d'âge : celle de six-onze ans et celle de douze-dix-sept ans. Il s'agit, dans chaque cas, du nombre d'enfants de cet âge allant à l'école divisé par le nombre total d'enfants appartenant à cette catégorie d'âge. Cet indicateur reflète mieux la part de la population couverte par le système scolaire que les taux d'inscription dans le primaire et le secondaire. Pour les pays développés, le taux d'inscription dans le secondaire a été retenu, en spécifiant la catégorie d'âge concernée. Pour l'ensemble des pays, le taux d'inscription au « 3e degré » (niveau universitaire) correspond au nombre d'étudiants divisé par la population ayant vingt à vingt-quatre ans. Dans les petits pays, ce taux n'est pas toujours significatif dans la mesure où une part importante des universitaires étudie parfois à l'étranger. Dans les pays développés, le taux en question peut refléter le caractère plus ou moins élitiste du système universitaire.

Économie

Les pays à économie de marché et les pays à économie dirigée ont des systèmes de comptabilité nationale très différents. La Hongrie (et dans une moindre mesure la Chine et Cuba) a commencé à tenir une comptabilité dans les deux systèmes.

Dans les pays à économie de marché, la production est mesurée par le P I B et le P N B.

• Le *produit intérieur brut* (P I B) mesure la richesse créée dans le pays pendant l'année, en additionnant la valeur ajoutée dans les différentes branches. La valeur de la production paysanne pour l'autoconsommation, ainsi que la valeur des « services non marchands » (éducation publique, défense nationale, etc.) sont inclus. En revanche, le travail au noir, les activités illégales (trafic de drogue) et le travail domestique des femmes mariées n'est pas comptabilisé (un homme qui se marie avec sa domestique diminue ainsi le P I B).

• Le *produit national brut* (PNB) est égal au P I B, additionné des revenus rapatriés par les travailleurs et les capitaux nationaux à l'étranger, diminué des revenus exportés par les travailleurs et les capitaux étrangers présents dans le pays.

Dans les pays à économie planifiée, la production est mesurée par le PSG et le PMN.

• Le *produit social global* (PSG) est la somme de la valeur de la *production* des différentes branches (et non seulement de la valeur ajoutée, comme dans le P I B). Le PSG compte ainsi deux fois certaines valeurs, comme le blé, qui est compté une fois comme production agricole, une seconde fois comme biscuits ou pâtes alimentaires (production industrielle). Il diffère aussi du .'I B, dans la mesure où il compte seulement les services marchands : l'éducation, la défense, la médecine gratuite, etc. sont donc exclus.

• Le *produit matériel net* (PMN) est la valeur globale de la production matérielle : agriculture + industrie + services directement productifs, moins les consommations intermédiaires des deux premières branches. C'est donc la somme de la valeur ajoutée des branches productives. Le produit matériel net exclut les services non productifs comme le commerce.

Certains pays à économie de marché utilisent le P I B comme indicateur de croissance, d'autres utilisent le PNB. Pour des périodes de dix ans, la différence est en général négligeable. Mais pour des pays très liés à l'extérieur, la différence pour une année donnée peut être considérable. Les pays à économie planifiée

diffèrent aussi quant à l'indicateur de croissance qu'ils privilégient, certains choisissant le PMN, d'autres le PSG, d'autres encore utilisant le produit matériel brut.

Contrairement à une croyance très répandue, la valeur de la production et son taux de croissance ne sont pas nécessairement surestimés par le système de comptabilité des pays à économie planifiée. Si le PSG compte certaines valeurs deux fois, il ne compte pas l'éducation et la médecine gratuites, ni la défense nationale. De même, il n'est pas prouvé que cette comptabilité exagère les taux de croissance : en effet, dans les économies modernes, les services non marchands tendent à augmenter plus vite que la production matérielle (gonflant le taux de croissance du P I B), tandis que l'effet du double comptage (dans le PMN) devient moins sensible, celui-ci étant déjà présent dans les chiffres de l'année précédente. En réalité, le PMN est presque identique à un indicateur très important que l'INSEE surveille de près : le *produit intérieur brut marchand.* Quant au taux de croissance du PSG, il n'est rien d'autre qu'une somme pondérée de trois des indices les plus importants utilisés dans les comptabilités des pays occidentaux : le volume de la production industrielle, le volume de la production agricole et le volume des ventes du commerce au détail ; chaque terme étant pondéré par le chiffre d'affaires de la branche considérée.

Dans la décomposition par branches du P I B, la production d'eau, d'électricité et de gaz a été inclue dans la branche « industrie ». Dans la décomposition par branches du PMN, la branche « services » ne comprend pas les services non productifs (santé, éducation, commerce, etc.) En revanche, tous les employés des services gouvernementaux et du commerce sont compris dans la partie « services » de la rubrique « population active » des pays à économie planifiée.

• *Le P I B exprimé en dollars.* L'utilisation du taux de change courant pour exprimer les P I B dans une monnaie commune (le dollar) ne signifie pas vraiment que ceux-ci deviennent comparables, d'autant plus que depuis 1985, certaines monnaies comme le mark, le franc et le yen se sont fortement réévaluées par rapport à la devise américaine. Ainsi, la France, dont la croissance économique a été très faible, a vu son P I B passer de 9 000 à 13 000 dollars par habitant; cette augmentation est due presque exclusivement à la baisse du dollar.

• Par *population active*, on entend la population en âge de travailler, à l'exclusion des étudiants, des membres des forces armées, des femmes mariées occupées aux tâches ménagères et des chômeurs qui ne cherchent pas « activement » un emploi. Les chômeurs ayant travaillé auparavant sont classés en tant qu'actifs de la branche à laquelle ils participaient. La somme des trois branches (agriculture, industrie et services) n'épuise donc pas la catégorie « population active »; restent à classer les chômeurs n'ayant jamais travaillé et les personnes ayant une activité « mal définie », (cette dernière catégorie étant assez importante dans certains pays du tiers monde). Pour les pays développés et la Turquie, les données fournies sont celles calculées par l'O C D E qui néglige ces deux catégories; agriculture + industrie + services totalisent donc 100 % pour ces pays. Pour les autres pays, ces trois catégories ne totalisent pas 100 %.

• Le *taux de chômage* est le rapport entre le nombre de chômeurs – dont la définition est très variable d'un pays à l'autre – et la population active qui, bien que la définition de base soit la même, est calculée de manière un peu différente dans chaque pays. La comparaison des taux de chômage d'un pays à l'autre exige donc une grande circonspection.

• *Taux d'inflation*. L'indicateur choisi est le rapport entre l'indice officiel des prix à la consommation de décembre 1986, et celui de décembre 1985.

• *Dette extérieure*. Pour les pays du tiers monde, la dette brute, publique et privée, est donnée, sauf lorsqu'il est indiqué qu'il s'agit de la dette publique seulement (dette de l'État + dette du secteur public + dette privée garantie par l'État). Pour les pays à économie planifiée, la dette brute est donnée et parfois aussi la dette nette (dette brute moins dépôts en devises auprès des banques occidentales). Les banques comme les pays ayant fait de grands progrès dans l'évaluation de leur dette totale, les chiffres fournis, qui concernent la fin de 1985 ou 1986, ne sont pas comparables avec ceux des années précédentes.

Autre difficulté : pour certains pays, la dette est largement libellée en dollars (Mexique par exemple), pour d'autres, elle est libellée en francs (suisses et français), en marks, etc. (Cuba par exemple). Les chiffres et leur évolution reflètent donc plus les fluctuations des taux de change que le véritable recours à l'emprunt net. Ces chiffres et leur évolution doivent donc être interprétés avec prudence.

• Par *production d'énergie*, on entend la production d' « énergie primaire », non transformée à partir de ressources nationales. Est donc exclue l' « énergie secondaire » (par exemple l'électricité obtenue à partir de charbon, ce dernier ayant déjà été compté comme énergie primaire). En revanche, l'électricité d'origine nucléaire est comptée dans la production d'énergie primaire, même si l'uranium utilisé est importé. L'uranium produit par un pays et exporté n'est pas compté comme énergie primaire. Le rapport entre énergie produite et énergie consommée indique le degré d'indépendance énergétique du pays.

Commerce extérieur

• Le *commerce extérieur*, estimé en pourcentage du P I B, est calculé en additionnant la valeur des exportations et des importations de biens, services et autres revenus, et en divisant ce total par 2 × PNB. Ce rapport donne une indication du degré d'ouverture (ou de dépendance) de l'économie sur l'extérieur.

• *Commerce extérieur par produits.* On a distingué les produits agricoles, miniers et industriels. Tous les produits alimentaires sont inclus sous la dénomination « agricoles », quel que soit leur degré d'élaboration. La dénomination « produits agricoles » correspond aux rubriques 0 + 1 + 2 – 25 – 27 – 28 + 4 de la nomenclature internationale CTCI (Classification type du commerce international); elle inclut donc les produits de la pêche. La dénomination « produits miniers » inclut tous les produits énergétiques, quel que soit leur degré d'élaboration, mais exclut les

métaux et les engrais élaborés. Elle correspond aux rubriques 27 + 28 + 3 de la nomenclature internationale. Tous les autres produits sont classés sous la dénomination « industriels ».

• *Commerce extérieur par origine et destination.* L'évaluation de la part des différents partenaires commerciaux des pays d'Afrique au sud du Sahara, des petits pays des Caraïbes, et de quelques pays asiatiques (Birmanie et Thaïlande surtout), pose de graves problèmes. Certains de ces pays n'ont pas communiqué leurs chiffres depuis très longtemps; pour d'autres, les chiffres fournis sont douteux. Leur commerce est donc estimé d'après les statistiques de leurs partenaires.

Francisco Vergara.

Les unités de mesure

LONGUEUR

1 pouce (in.) = 25,4 millimètres (mm)
1 pied (ft.) = 0,305 mètre (m)
1 yard (yd.) = 0,914 mètre
1 mille = 1 609 mètres
1 mille marin = 1 852 mètres

SURFACE

1 are (a) = 100 mètres carrés (m²)
1 acre (a) = 40,5 ares = 0,405 hectares (ha)
1 hectare = 10 000 m² = 100 ares

POIDS

1 once avoir du poids (oz) = 28,35 grammes (g)
1 livre avoir du poids (lb.) = 16 onces = 0,454 kilogrammes (kg)
1 once troy (oz) = 31,104 g
1 tonne courte = 2 000 livres = 907 kg
1 tonne longue = 2 240 livres = 1 016 kg
1 tonne métrique = 2 205 livres = 1 000 kg
1 carat = 2 dg (mesure de poids pour les diamants)

VOLUME ·

Mesures américaines
1 once liquide (oz fl) = 29,573 millilitres (ml)
1 pint = 16 oz fl = 0,473 litres (l)
1 quart = 2 pint = 0,946 litres
1 gallon = 4 quart = 3,785 litres

1 peck = 8,81 décimètres cube (dm³)
1 boisseau (bushel) = 4 pecks = 35,236 dm³
1 tonne métrique de maïs = 39,7 boisseaux
1 tonne métrique de blé = 36,8 boisseaux
1 tonne métrique de soja = 36,4 boisseaux

1 baril (pétrole) = 159 litres
1 tonne métrique de pétrole = 7,3 à 7,5 barils de pétrole (selon la densité)
1 tonne de pétrole (densité moyenne) = 1,164 m³
Poids spécifique du pétrole brut = 0,8 à 0,95

1 sac de café = 60 kg
1 balle de coton = 177 à 220 kg selon les pays

ÉNERGIE

1 tonne d'équivalent charbon (TEC) = 7.10⁶ kilocalories (Kcal) = 0,0293076 térajoules (TJ)
1 tonne d'équivalent pétrole (TEP) = 10,18.10⁶ Kcal = 0,0426216 TJ
1 TEC = 0,6876 TEP = 8 130 Kwh
1 calorie = 4,1868 joules
1 000 Kwh = 0,123 TEC = 0,0846 TEP = 3 412 British Thermal Units (BTU) = 0,86.10⁶ Kcal

Index

─────── Z ───────

Zaïkov, Lev, 80.
Zakharov, Guennadi, 62.
Zaïl Singh, 106.
Zaïre, 292, **301**, 310.
Zalyguine, Sergueï, 491.
Zambie, 52, 66, 302, **314**,
316.

ZANU (Union nationale
africaine du Zimbabwé),
315.

ZAPU (Union du peuple
africain du Zimbabwé),
315.

Zayed (cheikh), 376.

Zezeru, 315.

Zhao Ziyang, 68, 97, 103,
104.
Zhu Houze, 506.
Zia ul-Haq, Mohammad,
59, 111, 141.
Zimbabwé, 51, 52, 253,
315, 316.
Zhou Houzi, 70, 103.
Zumel, José, 200.

Index des cartes

Liste alphabétique des pays

■ Colonie, DOM-TOM, territoire associé à un État.
● État non membre de l'ONU.
Les pays en caractères gras sont traités dans la section « grands États »; les autres, dans la section « ensembles géopolitiques ».

L'ÉTAT DU MONDE
vous y prépare,

CANADIEN INTERNATIONAL
vous y mène!

Canadi➤n

*Des ailes
sur cinq continents*

Achevé d'imprimer
en septembre 1987

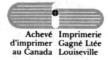

Achevé   Imprimerie
d'imprimer Gagné Ltée
au Canada Louiseville